遂昌年鉴

（2022）

遂昌县党史和地方志研究室 编

方志出版社
Publishing House of Local Records

图书在版编目（CIP）数据

遂昌年鉴. 2022 / 遂昌县党史和地方志研究室编.
北京：方志出版社，2022.12
ISBN 978-7-5144-5587-8

Ⅰ. ①遂… Ⅱ. ①遂… Ⅲ. ①遂昌县－2022－年鉴
Ⅳ. ①Z525.54

中国版本图书馆 CIP 数据核字(2022)第 252528 号

责任编辑：刘方圆
责任校对：张玉霞
责任印制：梅中英
出 版 者：方志出版社
地　　址：北京市朝阳区潘家园东里 9 号（国家方志馆 4 层）
邮　　编：100021
网　　址：http://www.zgfzcb.cn
发　　行：方志出版社图书营销中心（010-67110500）
印　　刷：遂昌县日日彩印厂
开　　本：889 毫米×1194 毫米　1/16
印　　张：26
字　　数：651 千字
版　　次：2022 年 12 月第 1 版
印　　次：2022 年 12 月第 1 次印刷
定　　价：198.00 元

SUICHANG YEARBOOK 2022

《遂昌年鉴（2022）》编纂委员会

主　　任：李　锋

副 主 任：顾奕滨　苏中山

成员单位：县委办公室　县政府办公室　县委组织部　县委宣传部

县发改局　县财政局　县统计局　县档案馆

《遂昌年鉴（2022）》编辑部

主　　编：肖陈明

副 主 编：华金芽　潘伟平

执行主编：王　兴

责任编辑：戴崇山　包土瑞

编　　务：邓洪香

彩图提供：章建辉　王久伟

排　　版：王丽娟

编辑说明

一、《遂昌年鉴》是中共遂昌县委员会、遂昌县人民政府主办，遂昌县党史和地方志研究室编纂的年度资料性文献，集资料、信息、知识于一体，旨在如实记载遂昌县政治、经济、文化、社会、生态建设等各方面情况，为各级党政机关、研究部门和社会各界了解、研究、宣传遂昌，提供全面、翔实、系统的信息资料，并为遂昌县逐年积累历史资料。

二、《遂昌年鉴（2022）》（以下简称本年鉴）以马克思列宁主义、毛泽东思想、邓小平理论、“三个代表”重要思想、科学发展观、习近平新时代中国特色社会主义思想为指导，坚持辩证唯物主义和历史唯物主义的立场、观点和方法，紧紧围绕遂昌县委、县政府中心工作，全面、真实、准确地记述2021年遂昌县政治、经济、文化、社会、生态建设各方面的情况。

三、本年鉴框架由卷首、正文、卷尾3个部分组成。除特载、附录收录综合性文章外，其余采用类目、分目、条目3个层级记录，以条目为基本记述层次。卷首设特载、专记、大事记、县情概览，正文设中共遂昌县委员会等22个类目，卷尾设组织机构及负责人名录、人物·先进、附录、统计资料。全书约651千字。

四、本年鉴所载内容由遂昌县各部门、各单位指定专人撰写和提供，经供稿单位审核后由《遂昌年鉴》编辑部定稿，具有权威性。收录范围以遂昌县行政区划为界，记述时间原则上为2021年1月1日至12月31日。全书力求体现时代特点，突出地方特色。

五、本年鉴采用的各项数据均由供稿单位提供，凡遇到数据来源、统计方法有疑或口径不一的，以统计部门数据为准。根据图书出版要求，文中“亩”“公里”“公斤”分别换算成“公顷（平方米）”“千米”“千克”，个别情况例外。根据行文需要，本年鉴对单位名称采用全称和简称并用的方法，第一次出现采用全称，之后使用简称。

六、本年鉴供稿人员姓名，附在所提供文字的后面。部分单位稿件由编辑人员整理完成的，统一署单位名称。特载、大事记和附录不署名。县情概览等综合性内容，由《遂昌年鉴(2022)》编辑部汇编成稿。

遂昌县城西南区块(2021年)　　遂昌县文化和广电旅游体育局 提供

遂昌县城区图

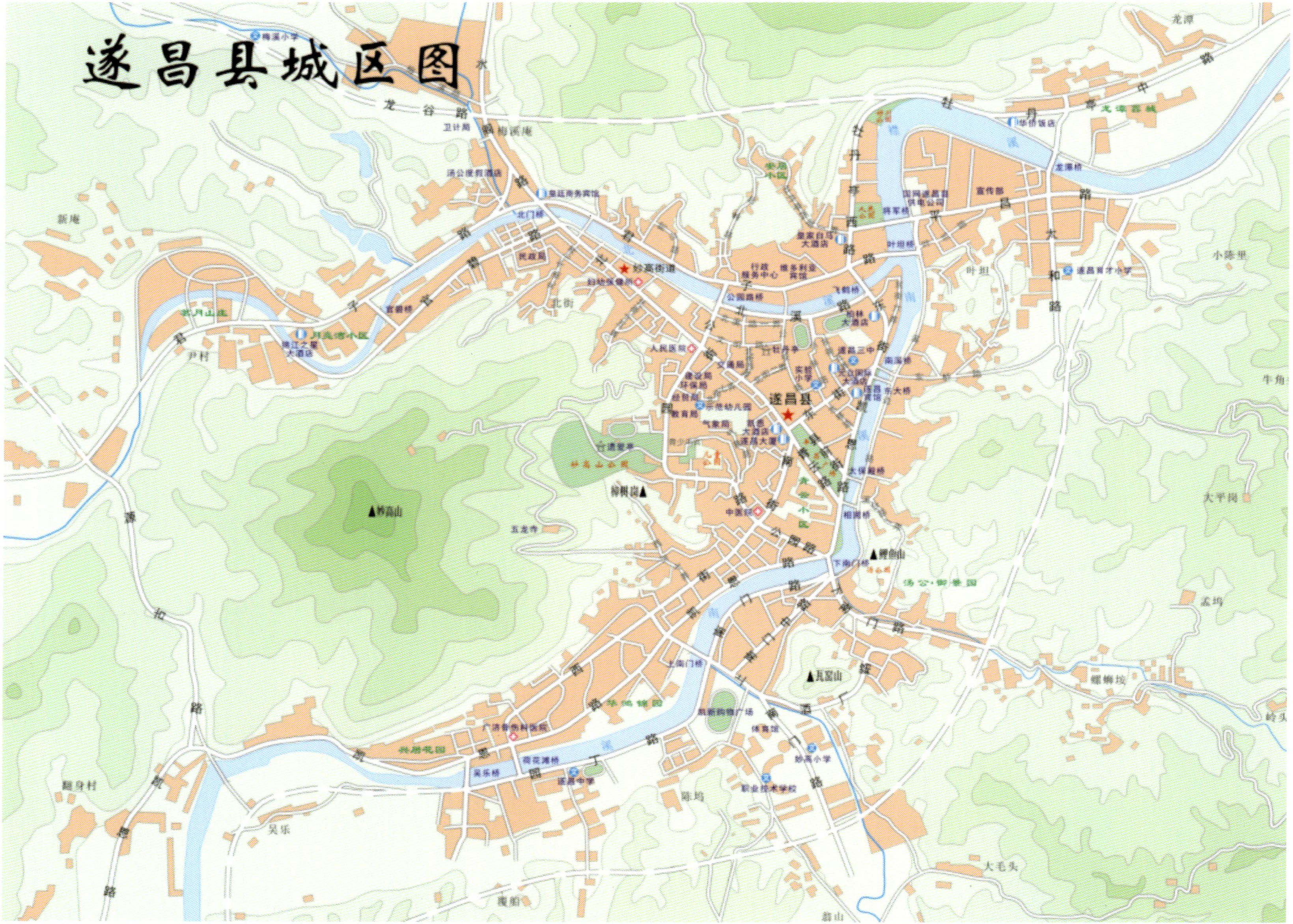

审图号：浙S(2021)253号

区 图

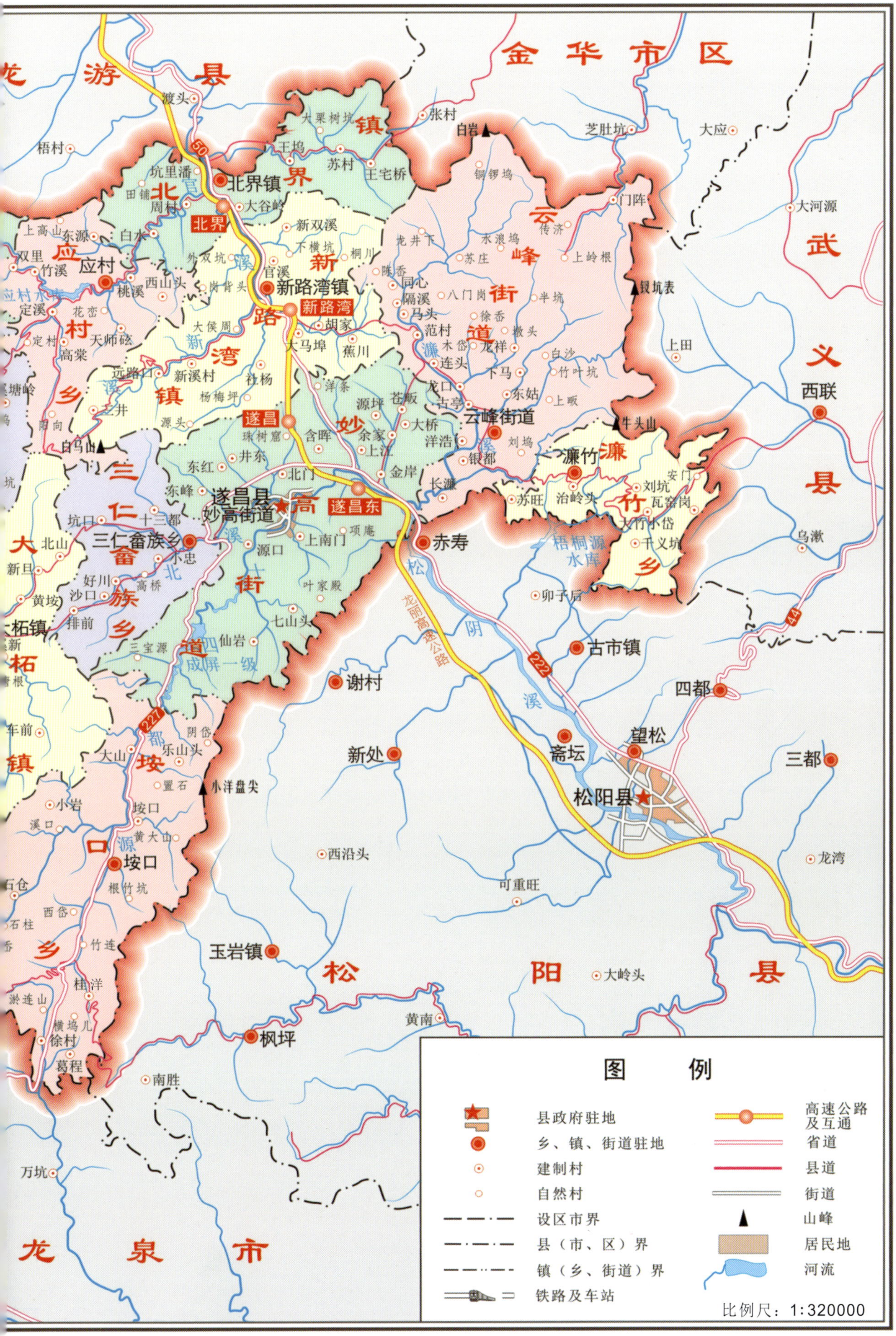
金华市区
龙游县
武义县
松阳县
龙泉市
北界镇
新路湾镇
云峰街道
濂竹乡
妙高街道
应村乡
三仁畲族乡
大柘镇
垵口乡
遂昌县
妙高街道
北界
新路湾
遂昌
遂昌东
应村
三仁畲族乡
赤寿
古市镇
谢村
四都
望松
斋坛
新处
三都
松阳县
西联
玉岩镇
枫坪
垵口
大柘镇
梧桐源水库
成屏一级
应村水库
龙丽高速公路
松阴溪
白岩
牛头山
白乌山
小洋盘尖
银坑表
渡头
梧村
张村
大应
芝肚坑
大河源
上田
乌漱
卯子后
西沿头
可重旺
龙湾
大岭头
黄南
南胜
万坑
图例
县政府驻地
乡、镇、街道驻地
建制村
自然村
设区市界
县（市、区）界
镇（乡、街道）界
铁路及车站
高速公路及互通
省道
县道
街道
山峰
居民地
河流
比例尺：1:320000

庆祝中国共产

1. 6月10日，遂昌县向首批33名老党
2. 7月6日，遂昌县“民星欢乐荟”广
3. 3月23日，在中共遂昌县委机关驻
4. 4月19日，云峰中心学校开展“唱
5. 5月1日，王村口镇开展“红心向党
6. 6月30日，遂昌金矿有限公司举行
7. 7月23日，遂昌县举办“讲好红色
8. 9月30日，县实验小学举办“童心

党成立100周年

颁发“光荣在党50年”纪念章。
场健身舞沙龙红舞专场在古院广场举行。
旧址内，管理员讲述革命故事。
山歌给党听”主题快闪活动。
”乡贤新生代“培根”活动。
祝中国共产党成立100周年文艺晚会。
事 弘扬革命精神”主题演讲比赛。
祖国”活动。

1		2	
3		4	
5	6	7	8

遂昌县政

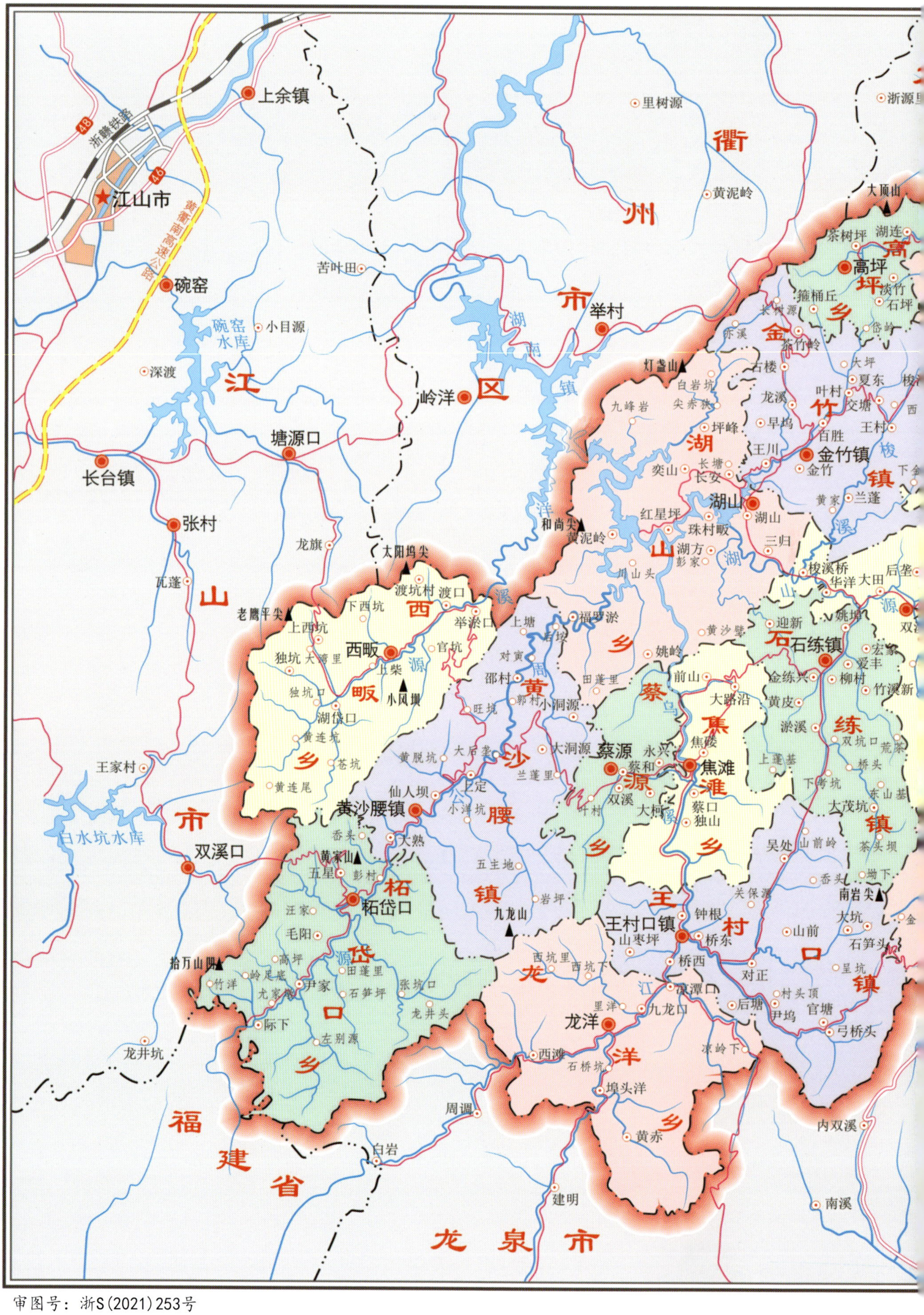

审图号：浙S(2021)253号

2月28日至3月2日，遂昌县第十六届人民代表大会第五次会议在汤显祖大剧院召开

2月27日至3月2日，政协第九届遂昌县委员会第五次会议在汤显祖大剧院召开

3月29日，遂昌县召开全县数字化改革大会

4月19日，丽水市委“三农”工作会议在遂昌县召开

12月26-27日，中国共产党遂昌县第十六次代表大会在汤显祖大剧院召开

新当选的中国共产党遂昌县委员会常务委员

县委书记胡刚在大会上作报告

县委副书记、代县长李锋投下选举票

调研考察

SUICHANG YEARBOOK

2月2日，遂昌县四套班子领导同赴浙江元立集团衢州公司走访考察

3月10日，县委书记张壮雄(左三)，县委副书记、县长胡刚(前排右一)率遂昌县党政代表团到诸暨市考察学习

12月28日，新一届中共遂昌县委常委集体赴金竹镇梭溪塘岭村瞻仰中共遂昌县委机关驻地旧址

3月18日，网易联合创新中心·遂昌揭牌

3月19日，2021遂昌县高山名茶问茶节在平昌广场开幕

4月19日，2021“班春劝农”典礼在石练镇淤溪村举行

6月9日，阿里云创新中心·丽水遂昌揭牌

6月29日，衢宁铁路遂昌货运站开通运营

9月29日，2021阿里巴巴诸神之战“数字经济赛道”全球总决赛在遂昌县举行

10月15日，2021年遂昌县重大项目“百日攻坚”大会战集中开工活动启动

11月5日，2021“天工之城”引富共智大会暨中国（遂昌）数字人才发展峰会在仙侠湖会展中心举行

2月15日，遂昌县东街老影剧院在城市更新中拆除

6月13日，新路湾镇蕉川村，大型机械在进行村庄道路“白改黑”作业

8月，遂昌县“大搬快聚富民安居”工程腾龙小区三期项目通过竣工验收

8月，位于渡船头的遂昌县建材市场建成开业

10月20日，王村口AAAAA级景区镇整体提升工程游客接待中心内，工人们在布展

12月29日，遂昌县博物馆建设现场

3月25日，遂昌县在平昌广场开展“我送你栽”活动，向市民赠送了8000盆绿植

6月13日，小朋友在新建成开放的古院未来公园内戏水

8月18日，北界镇果蔬分选中心里，果农们在分选分装生态猕猴桃

9月，遂昌县龙洋乡蜂农在采取深山野蜂蜜

10月13日，遂昌县第38届畲族重阳山歌秀活动在妙高街道源口村举行

11月21日，遂昌县湖山有机鱼捕捞现场

3月14日，新路湾镇胡家村举办“花田喜事”活动，在油菜花海里展示旗袍秀

4月18日，1200余名跑友参加首届仙侠湖半程马拉松赛，途经湖山大桥

6月3日，“丽水味道”创意大赛·粽暨遂昌县大过端午节活动现场的百米巨粽

6月15日，遂昌仙侠湖水上运动中心正式对外营业

10月1日，遂昌县“江南丙察察”越野线路吸引大量外地车队前来穿越

12月，遂昌县北斗崖景区滑雪场成为网红打卡点

1月1日，遂昌县白马山主峰日出

1月16日，遂昌县南尖岩景区雪景

5月8日，云海掩映下的仙侠湖山青水碧，景色如画

6月23日，遂昌县瓯江绿道彩虹桥和衢宁铁路桥交相辉映

7月28日，雨后的遂昌县城，天空出现一道美丽的彩虹

9月12日，遂昌县城古院新区一片华灯璀璨

目 录

特 载

牢记嘱托求是挺进
奋力在新的赶考路上交出优异答卷
——在中国共产党遂昌县第十六次代表大会上的报告
……………………………………………………1
政府工作报告
——在遂昌县第十七届人民代表大会第一次会议上
……………………………………………………11

专 记

中国共产党遂昌县第十六次代表大会……………21
概况……………………………………………21
预备会议………………………………………21
开幕……………………………………………21
主席团会议……………………………………21
分组讨论………………………………………22
全体会议………………………………………22
主席团常务委员会会议………………………22
闭幕……………………………………………22
县委十六届一次全会…………………………23
党史学习教育…………………………………23
概况……………………………………………23
突出学习………………………………………23
开展宣教………………………………………23
服务群众………………………………………24
务求实效………………………………………24
庆祝中国共产党成立100周年系列活动………24
生活垃圾分类投放……………………………25
概况……………………………………………25
源头减量控制…………………………………25
垃圾收运处置…………………………………25
资源化回收利用………………………………25
培育文明风尚…………………………………25
实施“桶长制”………………………………26
查处违规行为…………………………………26
生活垃圾分类现场会…………………………26
获评省级优胜…………………………………26

大事记

1月……………………………………………27
2月……………………………………………27
3月……………………………………………28
4月……………………………………………29
5月……………………………………………29
6月……………………………………………30
7月……………………………………………31
8月……………………………………………32
9月……………………………………………32
10月…………………………………………33
11月…………………………………………33
12月…………………………………………34

县情概览

基本地情……36
位置面积……36
地形地貌……36
水系流域……36
气候特征……36
2021年气候……37
政区与居民……37
历史沿革……37
行政区划……37
县城拓展……37
人口……39
民族……39
姓氏……39
生态环境……40
概况……40
年度环境质量……40
水环境……40
空气环境……41
声环境……41
遂昌资源……41
水力资源……41
土地、矿藏资源……42
农业资源……42
林业资源……42
生物资源……42
九龙山国家级自然保护区……44
概况……44
物种……44
景观……45
管理机构……45
遂昌物产……45
竹炭……45
黑陶……45
烤薯……46
菊米……46
冬笋……46
山茶油……46
长粽……46
箬叶……47
遂昌三叶青……47
遂昌土蜂蜜……47
遂昌黄精……47
遂昌石蛙……47
文化遗产……48
概况……48
汤显祖文化……48
好川文化……48
红色文化……49
畲族文化……49
全国重点文物保护单位……49
国家级非物质文化遗产……50
风景名胜……50
概况……50
AAAA 级景区……51
其他名胜景点……52
居民生活……52
城镇居民生活……52
农村居民生活……53
2021年遂昌县获得的荣誉称号……54

中国共产党遂昌县委员会

综述……55
重要会议……56
县委十五届十次全体（扩大）会议……56
全县干部大会……56
全县数字化改革大会……56
市委“三农”工作会议……56
县委“三农”工作会议……57
县委十五届十一次全体（扩大）会议……57
县委、县政府工作务虚会……57
全县领导干部会议……57

县委常委会会议……57
调研考察……60
李卫宁到遂昌调研……60
许宝健到遂昌调研……61
吴晓东到遂昌调研……61
陈奕君到遂昌走访……61
贾宇到遂昌调研……61
王心同到遂昌调研……61
王昌荣到遂昌调研……61
郑裕国到遂昌调研……61
郑栅洁到遂昌调研……61
陈瑞商到遂昌调研……62
李锋到遂昌调研……62
王文序到遂昌调研……62
市领导到遂昌调研考察……62
遂昌县党政代表团考察学习……62
其他调研考察……62
县委办公室工作……63
概况……63
发文办会……63
以文辅政……63
信息宣传……63
督查交办……64
组织工作……64
概况……64
助力疫情防控……64
干部教育培训……64
干部监督……64
县乡换届工作……64
机关党建……65
基层党建……65
“两新”组织党建……65
党代表工作……65
党建信息化……66
公务员管理……66
干部实绩数字化考评……66
基层党建“小招实招”大比拼……66
人才工作……67
概况……67
搭建平台……67
强化服务……67
人才引进……67
人才驿站启用……68
宣传思想工作……68
概况……68
理论学习宣讲……68
文化传播推广……68
媒体宣传报道……69
采访团到遂昌采风……69
丽水专场新闻发布会在王村口举行……69
鞠开向遂昌赠送红色书籍……70
精神文明建设……70
概况……70
文明实践活动……70
公民道德建设……70
志愿服务……70
文化礼堂建设……70
统一战线工作……71
概况……71
民族宗教工作……71
侨务工作……71
乡贤工作……72
服务非公有制经济……72
党外知识分子思想教育基地……72
清廉民企建设工作现场会……72
“问海借力·侨商回家”走进“天工之城”……72
振兴民族乡村宣传展播活动……72
遂昌县第二届畲族语言大赛……73
信访工作……73
概况……73
矛调中心规范化建设……73
初信初访办理……73
重复信访治理……74
信访积案化解和工作会议……74
机构编制管理……74
概况……74

“县乡一体、条抓块统”基层管理体系........74
重点领域体制机制改革和创新....................74
“编制银行”迭代升级............................74
机构编制 KPI 绩效评估...........................74
规范机构编制管理..................................75
党史和地方志工作..................................75
概况..75
党史征编..75
地方志编纂...75
资政宣教..76
档案管理..76
概况..76
档案资源建设..76
数字档案建设..76
国际档案日主题展览................................76
党校工作..77
概况..77
讲好党史故事..77
用好红色资源..77
干部培训..77
强化服务导向..78
深化教学改革..78
优化课程体系..78
推进资政一体化.......................................78
科研攻关..78
电视大学和社区学院................................78
概况..78
社区教育和老年教育................................78
获得荣誉..79
老干部工作...79
概况..79
离退休干部“三项建设”..........................79
关爱老干部...79
发挥老干部作用.......................................79
庆祝中国共产党成立 100 周年活动..............80
关心下一代工作.......................................80
概况..80
抓牢宣讲主阵地.......................................80
关爱青少年健康成长................................80
助力乡村振兴..80
革命老区开发建设促进会..........................81
概况..81
产业扶持振兴乡村....................................81
专题调研..81
关爱农村“三老”人员.............................81

遂昌县人民代表大会

综述..82
概况..82
强化学习教育..82
加强自身建设..82
落实民生关切..82
助推产业发展..83
依法落实监督..83
推进依法行政..83
深化数字赋能..83
做实代表工作..83
重要会议..84
遂昌县十六届人大五次会议........................84
县人大常委会会议....................................84
县人大常委主任会议.................................85
全县乡镇（街道）人大工作会议..................87
重点建议办理情况汇报会...........................87
重要活动..87
调研与视察...87
县乡两级人大换届选举..............................87
人事任免..88
概况..88
任命职务..88
作出决定..88
免去职务..88
同意辞去职务..89

遂昌县人民政府

综述……90
概况……90
工业强县……90
科技创新……90
新型城镇化……90
“双招双引”和项目建设……91
深化改革……91
对外开放……91
富民产业……91
社会民生事业……91
重要会议……91
县政府十六届七次全体（扩大）会议……91
县政府十六届八次全体（扩大）会议……92
县政府常务会议……92
县政府专题会议……94
其他会议……96
重大活动……97
网易联合创新中心启用……97
与太平洋建设集团签署合作协议……97
全国数字生态创新大赛总决赛……98
阿里云创新中心揭牌……98
“天工之城”EPIC高端制造业和服务业峰会……98
“数字经济赛道”全球总决赛……98
重大项目“百日攻坚”大会战集中开工活动……99
2021“天工之城”引智共富大会……99
县政府办公室工作……99
概况……99
政务信息……99
督查督办……99
协调项目推进……100
民生实事项目……100
生活困难老人家庭适老化改造和残疾人无障碍家庭改造及辅具适配项目……100
完善农民建房机制、开展农村危房治理改造……100
天然气入户三年行动……100
乡村物流体系建设……100
城乡参保妇女免费宫颈癌、乳腺癌筛查……100
小区配套幼儿园提升项目……101
社区中心建设……101
花园数字乡村建设……101
城区亲水游步道、人行道及全民健身中心田径场塑胶场地提升改造……101
社区嵌入式养老服务设施建设……101
机关事务保障……102
概况……102
公务接待……102
公务用车……102
后勤服务……102
固定资产管理……102
办公用房管理……102
创建垃圾分类示范单位……102
行政服务……103
概况……103
深化“放管服”改革……103
政务服务“一网通办”……103
政务服务均等化……103
优化县域营商环境……104
公共资源交易……104
概况……104
远程不见面开标……104
异地远程评标……104
实施网超价格监测……105
标后监管协调……105
“两山”转化发展……105
概况……105
产业生态治理……105
要素保障……105
遂昌生态（温泉）住区推介会……105
经济合作交流……106
概况……106
产业园建设……106
“飞地”经济……106
消费帮扶……106

全方位协作……107
遂昌松阳全方位战略合作……107
结对帮扶古蔺县……108

政协遂昌县委员会

综述……109
概况……109
提案工作……109
开展活动……109
重要会议……110
县政协九届五次会议……110
县政协常委会会议……110
县政协主席会议……110
调研监督……111
"县乡一体、条抓块统"民主监督……111
"珍贵树种发展"调研……111
"城乡教育共同体建设"调研……112
"加快城市社区建设"民主监督……112
"深入推进大花园建设"民主监督……112
"村级债务形成原因及化解"调研……112
其他调研监督……112
政协论坛和重点协商……113
"天工之城·开源遂昌"政协论坛……113
"我与示范区建设"恳谈活动……113
"帮助老年人克服数字鸿沟"专题协商……113
"公交事业发展"微协商……113
"快递进村'最后一公里'"专题协商……113
"加强异地搬迁农民服务"专题协商……114
"县城社区命名"微协商……114
"发挥种业小镇综合效应"民生议事堂……114
其他协商……114

纪检·监察

综述……115
概况……115
政治监督……115
肃纪反腐……115
纠治"四风"……115
清廉遂昌建设……116
监督下沉……116
提升治理效能……116
清廉主题作品展……116
纪检监察干部综合业务培训班……117
重要会议……117
县纪委十五届七次全会……117
县纪委十六届一次全会……117
其他会议……117
巡察工作……118
概况……118
巡察纪检联动……118
巡察信息化建设……118
省委巡察指导督导……118
反馈问题整改……118
巡察能力提升……119
十五届县委第十四轮巡察工作动员部署会……119

民主党派·群众团体

民进遂昌县基层委员会……120
概况……120
队伍建设……120
学习交流……120
参政议政……120
服务社会……120
总工会……121
概况……121
帮扶困难职工……121
职工技能竞赛……121
成立基层联合工会……122
职工疗休养推介会……122
职工红色定向赛……122

职工红色经典朗诵大赛……122
共青团……122
概况……122
加强青年思想引领……123
青年人才暑期社会实践活动……123
创新实施“蜂巢计划”……123
助推青年参与乡村振兴……123
开展济困助学……123
深化团教协作……124
志愿服务……124
青少年歌手大赛……124
成立红领巾讲师团……124
第一届小主持人大赛决赛……124
妇女联合会……125
概况……125
讲好遂昌女性故事……125
创业创新巾帼行动……125
美丽庭院创建……125
“幸福遂昌幸福家”工程……126
“四必访”入户联企……126
开展活动……126
工商业联合会……127
概况……127
清廉民企建设……127
对口支援、结对帮扶……127
“青蓝接力”工程……127
“三服务”企业专班……127
文学艺术界联合会……128
概况……128
文艺活动……128
文艺成果……128
“万物开源情牵山海”仙侠雅集活动……129
残疾人联合会……130
概况……130
残疾人救助……130
残疾人就业创业……130
残疾人康复工程……130
无障碍环境建设……131
为盲人组织观影活动……131
“爱心1+1合力助残”募捐……131
残疾人文体荣誉……131
社会科学界联合会……131
概况……131
调研资政……131
课题研究……132
红色教育……132
深挖地方文化……132
聚焦社科赋能……132
社科普及……132
社科赋能山区26县跨越式高质量发展行动……132
县红十字会……133
概况……133
“博爱家园”建设……133

法治·军事

政法委与综治……134
概况……134
维护社会稳定……134
“平安遂昌”建设……134
扫黑除恶专项斗争常态化……135
矛盾纠纷调处化解……135
数智指挥和全科网格建设……135
数字法治系统建设……135
政法队伍教育整顿……136
政法工作会议……136
法治政府建设……136
概况……136
夯实法治建设基础……137
强化法治营商环境……137
强化依法行政监管……137
改革创新行政执法……137
促进执法公正透明……138
基层社会治理多元化……138
乡村振兴促进法实施论坛……138

公安……138
概况……138
安保维稳工作……138
打击违法犯罪……139
数字化改革……139
创建枫桥式公安派出所……139
公安基础设施建设……140
立功嘉奖……140
检察……140
概况……140
服务保障民生……141
维护营商法治环境……141
化解信访积案……141
公益诉讼……141
数字检察工作……142
降低审前羁押率试点……142
擦亮“鲁冰花”品牌……142
“断卡行动”宣传……142
县委加强新时代检察机关法律监督工作会议……143
法院……143
概况……143
刑事案件审理……143
民事案件审理……143
行政案件审理……143
环境资源案件审理……143
失信案件执行……144
优化营商环境……144
提升群众满意度……144
推进诉源治理……144
共享法庭“隔空审案”……144
司法……145
概况……145
普法工作……145
社区矫正……145
律师工作……146
法律援助工作……146
公证工作……146
调解工作……147
人民武装……147
概况……147
政治工作……147
军事工作……147
国防教育……147
专武干部大讲堂开讲……148
相关会议和活动……148
武警遂昌中队……148
概况……148
思想政治建设……148
执勤工作……148
军事训练……148
安全管理……148
人民防空……149
概况……149
组织演练……149
人防专项检查……149

农业

农业农村……150
概况……150
基础农业……150
特色农业……150
品质农业……150
农旅融合……151
美丽乡村建设……151
数字乡村建设……151
人居环境治理……151
低收入农户增收……152
农村综合改革……152
高山名茶问茶节开幕式……152
问茶节活动……152
丽水遂昌春耕支农服务活动……153
农业产业电商人才培训班……153
金寿珍专家工作站落地遂昌……153

乡镇(街道)竞争分配"消薄"资金……153
网上农博会遂昌县创佳绩……154
"大搬快聚富民安居"工程……154
概况……154
抽签选房……154
水利……155
概况……155
水利项目建设……155
美丽河湖建设……155
河道管理……155
水旱灾害防御……156
水资源管理……156
水土保持……156
生态水电建设……156
年度水文……156
"渔政天眼"投入使用……156
气象……157
概况……157
气象监测预报预警……157
防灾减灾管理……157
人工增雨作业……157
气象科普……157
气象现代化建设……158

工业·商贸

工业经济……159
概况……159
主导产业……159
特色产业……160
新兴产业……160
重点项目建设……160
重大项目集中签约开工……161
制造业高质量发展大会……161
重点工业企业……161
浙江元立金属制品集团有限公司……161
浙江凯恩特种材料股份有限公司……161
宇恒电池有限公司……162
服务企业……162
概况……162
"企业码"专区开发应用……162
"亩均论英雄"改革……162
给留遂昌过年的外地人员送春节礼包……163
碳排放配额抵押贷款落地遂昌……163
工业园区……163
概况……163
浙江遂昌经济开发区获批成立……163
平台拓展……164
产城融合……164
金属级 3D 打印多功能平台投入使用……164
生态工业双招双引服务中心启用……164
遂昌人力资源服务产业园开园……164
渡客公寓投入使用……165
金属制品检测中心投入运行……165
东城环境综合整治……165
电力……165
概况……165
电网发展……165
生产管理……166
电力服务……166
贸易和服务业……166
概况……166
国内贸易……167
对外贸易……167
电子商务……167
数字物流中心建设……168
粮食收储……168
概况……168
维护粮油市场稳定……168
能源管理……168
概况……168
天然气入户三年行动……169
供销合作……169
概况……169
浙南箬叶市场建设……169

流动供销致富车服务……169
烟草专卖专营……170
概况……170
品牌培育……170
打假破网……170
首张向未成年人销售电子烟罚单……170
守护未成年人免受电子烟侵害……170
无证销售卷烟受处罚……171

金融

综 述……172
人民银行遂昌县支行……173
概况……173
创新金融服务……173
金融支农惠农……173
维护金融生态环境……173
履行经理国库……174
信用体系建设……174
银保监会遂昌监管组……174
概况……174
数字化金融……174
“最多跑一次”改革……174
“智慧茶城”建设……175
金融下沉服务……175
发挥保险保障作用……175
银行机构……175
农发行遂昌信贷组……175
工行遂昌支行……176
农行遂昌县支行……176
中行遂昌县支行……176
建行遂昌支行……176
邮储行遂昌支行……176
遂昌农商银行……177
稠州银行遂昌支行……177
泰隆银行遂昌支行……177
遂昌富民村镇银行……177
宁波银行遂昌支行……177
保险业……178
概况……178
人保财险遂昌支公司……178
人寿保险遂昌支公司……178
证券业……178
概况……178
银河证券遂昌营业部……178
财通证券遂昌营业部……179
地方金融……179
概况……179
深化股改上市……179
防控金融风险……179
政保合作……179
“遂亩保”缓解中小企业融资难题……179

财政·税务

财政……180
概况……180
争取资金……180
支持经济发展……181
保障民生事业……181
推进项目建设……181
强化财政监管……181
推动财政数字化改革……181
国有资产管理……182
概况……182
完善制度体系……182
强化资产管理……182
税务……182
概况……182
优化营商环境……182
办税缴费服务……182
法治征管……183
住房公积金管理……183
概况……183

打造智慧住房公积金......183
惠民助企......184
资金安全管理......184

城乡建设与管理

综 述......185
概况......185
行政许可......185
物业小区安全生产宣传活动......185
城市更新......185
概况......185
吴突头、老茶厂区块房屋征收签约......186
村镇建设......186
概况......186
“无违建乡镇”全覆盖......186
农村生活污水治理......186
建筑业......186
概况......186
建筑安全和工程质量......187
建筑工匠培训......187
燃气安全管理......187
住房保障......187
房地产市场......187
危旧房改造......188
公租房管理......188
城市管理......188
市政绿化......188
环境保洁......188
交通治堵......188
管网改造......188

交通运输

综 述......189
交通项目......189
国道528线遂昌新路湾至石练段公路改建工程......189
温岭至常山公路遂昌湖山至黄沙腰段工程......189
大桥至洋浩公路工程竣工......190
遂昌县新客运中心投入使用......190
汤显祖戏曲小镇外庄至高碧街道路工程......190
其他交通项目......190
公路管理......190
概况......190
路域环境整治......191
公路应急抢险......191
安全治理......191
运输管理......191
概况......191
节日运输......192
“浙遂车渡001”投入运营......192
公共交通......192
概况......192
公交车运营......192
铁路交通......193
概况......193
遂昌货运站开通......193
衢丽铁路前期......193

邮政·通信·传媒

邮政......194
概况......194
提升服务管理......194
助力农村电商发展......194
电信......195
概况......195
规模化发展......195
提升服务能力......195
数字化改革智慧应用......195
新基建（5G）战略合作协议......195
移动......195

概况……195
“我为群众办实事”活动……196
联通……196
概况……196
信息化建设……196
华数广电网络……197
概况……197
集团客户市场……197
大众客户市场……197
基本工作……197
开展活动……197
广播、报纸、电视……198
概况……198
党史学习教育宣传……198
疫情防控宣传……198
电视专题……198
广播专题……199
报送稿件……199
新闻获奖……199
安全播出……199
新媒体……200
概况……200
聚焦重点工作……200
创新宣传……200
县融媒体指挥中心启用……200

科 技

科技创新……201
概况……201
打造创新空间……201
培育创新主体……201
科创平台建设……202
资源要素保障……202
3 家企业竞拍到重要科技成果……202
科学技术普及……203
概况……203
“银龄跨越数字鸿沟”科普行动……203
“百名专家连百村”活动……203
《加油！科学+》走进遂昌……203
青少年科技嘉年华……203

教 育

综述……204
概况……204
数据驱动教育教学改进试点……205
齐鲁名校长团队到遂昌论教……205
“头雁论教”活动……205
遂昌县科学家教宣讲团成立……205
送教上门残疾儿童网络课堂……205
“儿童之家”全覆盖全开放……206
校外培训机构专项执法检查……206
遂昌县教育事业“十四五”规划评审会……206
学前教育……206
概况……206
学前教育课程改革专题研讨……206
幼儿教师专业素质技能比赛……206
义务教育……207
概况……207
民办中小学招生电脑摇号……207
2 所县城学校搬迁新校区……208
全市小学信息技术教学评审活动……208
普通高中教育……208
概况……208
遂昌学子获全国中学生物理竞赛金牌……209
职业教育和成人教育……209
概况……209
“遂松职教联盟”授牌……209

文化·体育·旅游

综述……210

概况……210
项目建设……210
公共服务……210
市场督查……211
数字文旅……211
应急演练……211
文化……211
群众文化……211
非遗传承……211
文物保护管理……212
图书馆……212
汤显祖纪念馆……213
体育……213
概况……213
竞技体育……214
仙侠湖半程马拉松赛……214
户外山地越野跑公开赛遂昌站……214
遂昌绿道全民健步走……215
“体育下乡·红色行”走进革命老区……215
旅 游……215
概况……215
市场营销……215
民宿发展……216
研学旅行……216
产业融合……216
乡村旅游……216
遂昌县大过端午活动……216

卫生健康

综述……217
概况……217
“健康遂昌”建设……217
“三医联动、六医统筹”医改试点……217
“山海”提升工程……218
老龄工作……218
“医帮人”志愿服务项目……218
“全民健康管理示范医院工程”落户遂昌……218
医政管理……219
学科建设……219
医共体建设……219
中医药工作……219
五分钟社会应急救护圈……219
医疗卫生综合监管……220
公共卫生……220
基本公共卫生服务……220
公共卫生民生实事……220
家庭医生签约……220
精神障碍患者管理……220
“两慢病”全周期管理……220
疾病预防控制……221
传染病防治……221
免疫规划实施……221
健康危害因素监测……221
健康教育……222
妇幼保健……222
母婴安全保障……222
儿童健康发展……222
妇幼公共卫生……222
出生缺陷综合防治……222
卫生监督……223
概况……223
打击非法医疗美容……223
职业病防治……223
数智赋能监督……223
卫生监督应急演练暨技能竞赛……223
新冠疫情防控……223
概况……223
处置阳性冻带鱼……224
新冠疫苗接种……224
患者救治……224
医疗机构……224
遂昌县人民医院……224
遂昌县中医院……225
妙高社区卫生服务中心新院区落成揭牌……226

综合监管

发展计划管理......227
概况......227
产业培育......227
项目管理......227
创新平台......227
融合发展......228
社会保障......228
公共服务......228
改革工作......228
概况......228
数字化改革......228
“县乡一体、条抓块统”改革试点......229
全面深化改革......230
审计......230
概况......230
专业审计......231
经济责任审计......231
政策跟踪审计......231
审计管理......231
统计......231
概况......231
第七次全国人口普查......231
经济运行预警监测......231
统计分析......232
统计数据管控......232
统计法治建设......232
基本单位名录库维护管理......232
市场监督管理......232
概况......232
安全智慧监管......233
技术监督服务......233
市场监管执法......233
制定和发布标准......233
“遂昌土蜂蜜”获评国家地理标志......234
冷链食品风险处置......234
电动自行车综合治理集成改革......234
食品安全事故应急处置演练......234
行政综合执法......235
概况......235
大综合一体化改革......235
市容市貌整治......235
垃圾分类执法......235
建筑垃圾运输管理......235
蓝天保卫战......236
违法建筑管控......236
城区犬类管理......236
数字执法建设......236
安全生产......236
概况......236
安全监管......236
化工园区建设......237
复工复产安全检查......237
“遏重大”攻坚战......237
安全生产隐患大排查大整治......237
建设领域安全生产观摩会......237
应急管理......238
概况......238
防汛防台风......238
森林防火灭火......238
防灾减灾......238
独居老人家庭安装火灾探测器......238
应急演练......238
交通安全......239
概况......239
交通事故预防“减量控大”......239
隐患排查治理......239
科技交通......240
交通宣传......240
消防救援......240
概况......240
岗位练兵......240
构建多元应急体系......240
培训比武......241

消防执法监督……241
消防宣传……241

社会民生

劳动就业……242
概况……242
人力资源交流大会……242
就业招聘……242
人事管理……243
数字就业重点帮扶模块应用……243
职业技能等级认定……243
人力资源服务产业园建成……243
“奇思妙想·创赢绿谷”创业创新大赛……243
社会保障……244
概况……244
养老金调整发放……244
社保基金风险防控……244
民政工作……244
概况……244
民生保障和社会救助……244
养老服务……244
婚姻和收养登记……245
地名管理……245
社会组织管理……245
社会工作……245
城乡社区治理……245
殡葬改革……246
慈善事业……246
概况……246
慈善援助……246
项目救助……246
“慈善一日捐”活动……246
慈善嘉年华活动……247
医疗保障……247
概况……247
基本医疗保险支付方式改革……247
医保基金监管……247
医疗助困……247
“浙丽保”待遇升级……248
移民工作……248
概况……248
移民资金末端监管……248
移民项目样板……248
移民发展课题调研……249
退役军人事务……249
概况……249
退役“一件事”服务……249
退役军人就业创业……250
关爱老兵活动……250

资源·生态

自然资源管理……251
概况……251
第三次全国国土调查……251
重大项目用地保障……251
土地节约集约利用……251
经营性用地管理……252
耕地保护……252
矿山生态修复……252
自然资源确权登记……252
“世界地球日”活动……252
规划编制……252
概况……252
国土空间规划编制……252
各区块控制性详细规划编制……253
生态林业……253
概况……253
林业生态保护……253
林业产业发展……253
林业工程项目……254
森林火灾风险普查……254
林业有害生物防治……254

九龙山国家级自然保护区……255
概况……255
扩区工程……255
资源管护……255
科研监测……255
基础设施建设……255
自然教育……256
科普宣传……256
拍摄到“三熊同框”影像……256
生态环境保护……256
概况……256
蓝天保卫战……257
碧水保卫战……257
净土清废行动……257
中央、省级生态环保督察……258
环境监察……258
环评服务……258
生态文明建设……258
保护生物多样性作品有奖征集……259
仙侠湖流域生态环境导向开发项目入选全国试点……259
丽水市第二届鸟类观察邀请赛……259
城市生活垃圾焚烧发电厂投入使用……259
“五水共治”推进会……260
推进“美丽遂昌”创建……260

街道·乡镇

妙高街道……261
概况……261
产业发展……262
项目建设……262
环境整治……263
民生事业……263
成立五大党史宣讲团……263
社区工作……263
云峰街道……264
概况……264
产业发展……265
集镇建设……265
社保民生……265
全省首批成熟早稻开镰收割……265
龚原文化研讨会……266
社区工作……266
大柘镇……266
概况……266
产业发展……267
项目建设……267
未来乡村建设……267
大柘乡贤教育基金成立……267
石练镇……268
概况……268
产业发展……268
项目建设……269
社会民生……269
文体活动……269
新路湾镇……269
概况……269
农旅融合……270
统筹发展……270
项目工程……270
综合治理……271
社会民生……271
制种田中安装“一杆农业眼”……271
北界镇……271
概况……271
打造农合组织……272
优化环境……272
拓宽平台资源……272
民生服务……272
金竹镇……273
概况……273
农业……274
旅游……274
项目工程……274

集镇建设……274
王村口镇……275
概况……275
农旅融合……276
项目建设……276
重点工作……276
“守护红色古镇”志愿服务队……276
乡贤新生代“培根”活动……276
红色运动会走进革命老区……277
13 名支部书记“打擂台”……277
黄沙腰镇……277
概况……277
产业扶持……278
项目工程……278
重点工作……278
民生保障……278
三仁畲族乡……278
概况……278
产业发展……279
集体经济……279
村镇建设……279
社保民生……280
“爱健康送温暖美家园”志愿活动……280
“青干惠农业直播带好货”活动……280
垵口乡……280
概况……280
产业发展……281
乡村建设……281
社会民生……281
濂竹乡……282
概况……282
农业……282
项目工程……282
社会民生……283
农产品网络直销活动……283
网络直播大赛总决赛……283
湖山乡……283
概况……283
产业发展……284
城镇建设……284
社会民生……284
河湖整治……285
躬耕戏剧工作室挂牌……285
应村乡……285
概况……285
产业发展……286
村镇建设……286
重点工作……286
社会民生……286
春笋节暨牧马人俱乐部联盟越野踏春活动……286
“我心向党”主题竹韵嘉年华……287
兰台居文化园开工……287
高坪乡……287
概况……287
产业发展……288
乡村建设……288
社会民生……288
石姆岩越野基地俱乐部授牌……288
全市优秀“消薄”项目大比拼……289
焦滩乡……289
概况……289
产业发展……290
乡村建设……290
社会民生……290
引进诗莉莉·漫戈塔度假村项目……290
龙洋乡……290
概况……290
项目建设……291
社会民生……291
乡村获评全国性荣誉……291
蔡源乡……292
概况……292
农村经济……292
乡村建设……292
社会民生……293
西畈乡……293

概况……293
产业发展……293
项目建设……293
社会民生……294
中交一公局集团认领“微心愿”……294
柘岱口乡……294
概况……294
产业发展……295
项目建设……295
“遂心分”信用乡村建设……295
番薯条新品上市直播销售……295

组织机构及负责人名录

中共遂昌县委员会……296
遂昌县人大常委会……296
遂昌县人民政府……296
政协遂昌县委员会……297
中共遂昌县纪委 遂昌县监察委……297
遂昌县人民法院……297
遂昌县人民检察院……298
县委工作部门……298
县政府工作部门……299
县级民主党派……301
群众团体……301
中央、省、市和县双重管理部门……302
企事业单位……303
街道·乡镇……305

人物·先进

国家科学技术进步一等奖……308
浙江勿忘农种业股份有限公司……308
全国优秀农民工……308
周春芳……308
浙江好人榜……308
李斌林……308
周陈松……309
叶法瑞……309
林水根……309
新闻人物……309
周功斌……309
邓龙平……309
获省、部级以上表彰表扬的先进集体和先进个人……310
先进集体……310
先进个人……310
获市委、市政府表彰表扬的先进集体……310
获县委、县政府表彰表扬的先进集体和个人……311
乡镇（街道）和部门综合考核结果……311
年度纳税大户……311
遂昌县先进基层党组织、优秀共产党员和优秀党务工作者……311
平安遂昌建设工作突出贡献集体和个人……312
扩大有效投资（招商引智）工作突出贡献集体和个人……312
遂昌县生态文明村镇……312
党代表、人大代表、政协委员……313
中共遂昌县第十六次代表大会代表……313
出席中共浙江省第十五次代表大会的遂昌县代表……314
出席中共丽水市第五次代表大会的遂昌县代表……314
遂昌县第十七届人民代表大会代表……314
政协第十届遂昌县委员会委员……314
2021年遂昌县取得高级专业技术职称人员一览表……315

附 录

社会新闻……317
找亲友“替贷”坑了上百人……317
被执行人向干警送锦旗……317

辱骂法警被罚500元……317
被骗后“学以致用”升级成骗子……318
在废品堆中找回遗失的资料……318
离“确认转账”只差最后一步……318
遂昌县推进生态工业和数字经济高质量绿色发展三十条……319
遂昌县农村住房建设管理办法……324
遂昌县高层次人才分类目录……328
中共遂昌县委及办公室文件目录一览表……330
遂昌县人民政府及办公室文件目录一览表……332
中央、省级主流媒体有关遂昌报道目录选编……333

统计资料

2021年遂昌县国民经济和社会发展统计公报……339
2020—2021年遂昌县生产总值和增速一览表……341
2017—2021年遂昌县社会经济主要指标一览表……342
2021年全国、浙江省、丽水市、遂昌县经济主要统计指标一览表……345

特 载

牢记嘱托求是挺进
奋力在新的赶考路上交出优异答卷

——在中国共产党遂昌县第十六次代表大会上的报告

中共遂昌县委书记胡刚

（2021年12月26日）

中国共产党遂昌县第十六次代表大会是在“两个一百年”奋斗目标历史交汇点，遂昌县全面建成小康社会、开启现代化建设新征程的关键时期召开的一次十分重要的大会。这次大会的主题是：坚持以习近平新时代中国特色社会主义思想为指导，牢记总书记的深切关怀和殷切嘱托，不断汲取前进的智慧和力量，勇担建设“重要窗口”、迈向“共同富裕”新使命，加快推进遂昌高质量发展、竞争力提升、现代化先行，奋力在新的赶考路上交出优异答卷。

一、顽强拼搏、攻坚克难，如期高水平全面建成小康社会

中国共产党遂昌县第十五次代表大会以来，中共遂昌县委在党中央和省委、市委坚强领导下，团结带领全县各级党组织和广大党员干部群众，坚持以人民为中心的发展思想，深入贯彻落实“八八战略”，高扬“丽水之干”行动奋斗旗帜，全力推动遂昌争先进位、跨越赶超，办成了一批打基础、利长远的大事要事，解决了一批惠民生、解民忧的急事难事，全面完成了县第十五次党代会确定的目标任务，与全省同步高水平全面建成小康社会，开启了全面建设社会主义现代化的新征程。

五年来，我们贯彻新思想新理念，总揽全局能力不断提升。旗帜鲜明讲政治，坚持用习近平新时代中国特色社会主义思想武装头脑、指导实践、推动工作，切实增强“四个意识”、坚定“四个自信”、做到“两个维护”，坚决贯彻上级重大决策部署，有效应对新冠疫情等重大风险挑战。坚持用党的创新理论统一思想、统揽全局、统领发展，以新发展理念不断解放思想、更新观念、放大格局，创新运用三把“金钥匙”，推进实施“一城五区”生产力布局，打出“八大战役”组合拳，县域发展蓝图一步步变为美好现实，书写了“绿水青山就是金山银山”理念在遂昌的生动实践。遂昌县连续3年入选全国绿色发展百强县。

五年来，我们聚力产业转型升级，经济综合实力显著增强。2021年，遂昌县完成生产总值153亿元，五年平均增长8.3%；实现财政总收入21.84亿元，其中一般公共预算收入13.04亿元，五年平均增长11.39%；城乡居民人均可支配收入分别为55720元、25091元，五年平均增长8.6%、10%。生态工业加速升级，净增规模以上工业企业55家，培育亿元企业20家，规模以上工业增加值实现翻番，五年累计完成工业投资54.67亿元。遂昌县工业园区入选国家绿色产业示范基地名单，遂昌县金属制品产业基地被授予国家火炬特色产业基地，遂昌县获全省淘汰落后产能和“腾笼换鸟”工作先进县。生态旅游加快转型，入选中国县域旅游综合竞争力百强县市，创建浙江省首批全域旅游示范县、文旅产业融合试验区。生态农业提质增效，创建国家农产品质量安全县、全国电子商务进农村综合示范县，培育县级以上农业龙头企业26家，五年实现“丽水山耕”农产品销售额33.78亿元。

五年来，我们抢抓数字化新机遇，创新发展环境持续优化。探索建设“天工之城·数字绿谷”生态产业新平台，引进阿里云、网易、晶盛机电等头部企业，全国首家县级网易联合创新中心、全省山区26县首个阿里云创新中心投入运营，举办全国数字生态创新大赛总决赛、阿里巴巴诸神之战“数字经济赛道”全球总决赛等重要活动，遂昌县被确定为省级数字经济创新发展试验区，在山区26县里唯一。加速构建科创平台体系，五年净增国家高新技术企业32家、省科技型中小企业81家，全社会研究与试验发展经费支出年均增长22.18%，与浙江大学、武汉大学、浙江农林大学等院校开展合作，建成科技企业孵化器、产业创新服务综合体、众创空间、星创天地等一批省级科创平台。

五年来，我们推进生态价值转化，生态文明建设再创佳绩。深入推进“五水共治”、环保督察问题整改、垃圾分类等工作，完成石材园区、仙侠湖等重点区域环境整治，遂昌县森林覆盖率从82.3%提升至83.59%，PM2.5平均值下降至18微克/立方米，地表水国控断面、跨行政区交接断面、集中饮用水水源地水质100%达标，创建省级美丽河湖5条，三夺“五水共治”大禹鼎，成功创建国家生态文明建设示范县。积极开展生态产品价值实现机制试点，完成全国首个村级GEP（生态产品总值）和GDP（生产总值）双核算，仙侠湖流域生态环境导向的开发（EOD）项目入选全国试点，创建全省首批大花园示范县。

五年来，我们加快改革开放步伐，发展动力活力有效激发。全力推进数字化改革一号工程，“项目协同管理”“干部实绩数字化考评”等多跨场景应用上线。深化重点领域改革，“最多跑一次”改革纵深推进，在全市率先启动“县乡一体、条抓块统”改革试点，国企市场化改革、工业园区体制机制改革成效明显。积极融入长三角高质量一体化发展，建成南湖“消薄飞地”、诸暨“产业飞地”、上海“科创飞地”，消费、教育、医疗等领域“山海协作”持续深入。不断强化“双招双引”，五年落地亿元以上项目48个，遂昌县入选中国营商环境百佳示范县。迭代升级“人才新政”，创新建成人才公寓、人才驿站等，连续三年人才引进数量大幅度增长。

五年来，我们突出功能布局优化，美丽城乡更加宜居宜业。城市发展框架进一步拉开，梯度推进三溪口、梅溪、金岸、南街等区块有机更新，建成城市文化综合体、环城南路、天然气“县县通”工程等项目，完成老旧小区改造提升21万平方米，城市“老破小”问题得到有效解决，常住人口城镇化率提高到56%。加快城乡融合发展，推进未来乡村和花园数字乡村创建，“大搬快聚富民安居”工程惠及群众4013户14121人，完成城乡危旧房改造6059户，提升改善11.35万农村人口饮用水安全条件，创建全市首个省级美丽乡村示范县，获评省级小城镇环境综合整治工作优秀县。衢宁铁路开通运行，国道528线遂昌段、遂昌—江山公路、人民医院迁建、清水源水库等重大项目加快推进。累计完成固定资产投资248亿元，2021年三季度获得全省首批、全市唯一投资“赛马”激励。

五年来，我们强化治理体系重塑，社会建设水平大幅度提高。优先保障民生事业，累计完成民生支出172.71亿元，占财政总支出的79.09%。201个行政村全面实现高质量“消薄”，低收入农户人均可支配收入增幅位居全市第一。打响“学在遂昌”品牌，创建浙江省基本实现教育现代化县，教育教学质量位居全市前列。推进“健康遂昌”建设，建成县域医共体，深化“省属县用”“三医联动、六医统筹”改革试点，创建国家卫生县城。开展新时代文明实践全国试点，提升汤显祖文化县域品牌。深化法治遂昌建设，创新探索“个人债务重整”“信用村治理”，夺得全省首批“一星平安金鼎”，2020年群众安全感综合满意率全省第一。

五年来，我们坚持全面从严治党，新时代“挺进师”扎实锻造。坚持和加强党的全面领导，支持县人大、县政府、县政协、县法院、县检察院依法依规履职尽责，推动意识形态、党管武装、党管人才等工作走深走实，巩固壮大爱国统一战线，支持工会、共青团、妇联等群团组织充分发挥作用。高质量开展“两学一做”学习教育、“不忘初心、牢记使命”主题教育、党史学习教育、中共十九届六中全会精神“六讲六做六实现”大宣讲活动，大力实施“整乡推进、整县提升”工程、“红色堡垒锻造”工程，基层党的建设取得新成效。树立实干实绩选人用人导向，开展干部容错裁定试点，不断提升领导干部塑造变革能力。始终保持正风肃纪反腐高压态势，深入贯彻中央八项规定及其实施细则精神，狠抓作风建设，有序推进监察体制改革，精准有效开展政治监督、基层监督和专项监督，做好巡视反馈意见整改，实现十五届县委巡察全覆盖，清廉遂昌建设进一步加强。

回顾五年奋进之路，我们深切感悟到，办好遂昌的事情、开创美好未来，关键在于做到“五个必须”。一是必须坚持党的领导。只有始终坚持党的领导，始终忠诚核心、拥戴核心、维护核心、紧跟核心，才能凝聚干事创业的强大合力，有效应对各种风险挑战，不断夺取遂昌各项事业新胜利。二是必须坚持人民至上。只有坚持一切为了人民、牢牢植根人民，把实事办好、把好事办实，让改革发展的成果更多更公平惠及于民，才能实现人民幸福指数与县域发展指数同步提升。三是必须保持战略定力。只有立足山区实际，一任接着一任干，一以贯之抓落实，才能把高质量绿色发展的美好蓝图从纸面落到地面。四是必须勇于创新创造。只有树牢创新思维、聚焦创新驱动，才能在日趋激烈的区域竞争中，闯出新路、跨越赶超、立于潮头，开创县域转型发展新境界。五是必须强化责任担当。只有大力弘扬求真务实的精神，坚持实干不争论、苦干不言累、巧干不折腾，才能推动遂昌发展行稳致远。

回顾五年奋进之路，我们也清醒地认识到，遂昌发展过程中还存在不少的短板。比如产业规模不大，新兴产业总量较小，科技创新支撑不足，发展新动能不够强劲；对外开放水平仍需提高，综合交通等基础设施短板明显，融入长三角高质量一体化发展深度不够；城乡发展不够均衡，城市经济火车头作用还不强，乡村振兴亮点品牌不多；高品质公共服务供给相对不足，整体智治水平与现代化建设新要求还有差距；推进全面从严治党向基层延伸仍有薄弱环节等问题依然存在。迈向新征程，我们必须突出问题导向，坚持系统观念，采取有力措施加以解决。

二、牢记嘱托、勇担使命，奋力在新的赶考路上交出优异答卷

过去五年，县委带领全县党员干部群众，取得了全面建成小康社会的优异成绩。今后五年，是遂昌高质量发展建设共同富裕示范区的关键五年，我们要保持高度的政治责任感、时不我待的发展紧迫感，奋力在新的赶考路上交出优异答卷。

（一）要牢记重要嘱托，自觉把习近平总书记的殷切期望转化为奋勇前行的磅礴伟力。习近平总书记在浙江工作期间8次赴丽水，其中2次亲临遂昌视察指导并作出重要指示。2004年1月，习近平同志第一次到遂昌县调研，了解企业发展情况，慰问困难群众，鼓励企业要抓住机遇，再接再厉，取得更好成绩，强调要牢固树立群众利益无小事的思想，把为民办实事摆在更加重要位置，指出要努力促进农村劳动力向非农产业转移，鼓励农民下山脱贫、易地致富，提高农民就业致富能力。2006年7月，习近平同志再次到遂昌县调研，了解农村劳动力转移、小城镇建设、基础设施建设、新农村建设等情况，强调要引导人口向城镇集中，切实提高资源配置效率。他指出，山区县要缩小与发达地区的差距，就要打好基础，交通先行，尽快把致富之路对接起来，要因地制宜，扬长避短，培育一批生态环境可承载的特色产业，努力成为全省新的经济增长点。党的十八大以来，习近平总书记始终牵挂浙

江、牵挂丽水，多次到浙江实地调研，作出重要指示批示，并对浙江提出“干在实处永无止境，走在前列要谋新篇，勇立潮头方显担当”的新期望，赋予浙江省建成全面展示中国特色社会主义制度优越性的“重要窗口”和高质量发展建设共同富裕示范区的重大历史使命，更寄予丽水102字的“丽水之赞”，这一系列重要嘱托和殷切期望，让我们倍感温暖、备受鼓舞、备增动力。在新征程中，我们要始终牢记习近平总书记的重要嘱托，主动把遂昌工作放到全国全省全市大局中思考谋划，奋力担当新使命，突出资源要素集聚、发展平台壮大、营商环境优化、基础设施提升、城乡差距缩小等重点，以抓铁有痕的力度狠抓工作落实，加快推动遂昌县跨越式高质量发展，以优异成绩回报习近平总书记的厚望和重托。

（二）要勇担发展使命，奋力在建设“重要窗口”、迈向“共同富裕”中取得优异成绩。遂昌作为长三角高质量一体化发展的有机组成部分、革命老区县，在迈向共同富裕新征程中，迎来了前所未有的发展机遇，同时也面临一系列新的挑战。放眼国际，世界经济和全球治理发生着深刻变化，但是和平与发展仍然是时代主题。综观国内，党和国家始终坚持稳中求进的工作总基调，推出一系列促进高质量发展的有力举措，特别是出台支持浙江高质量发展建设共同富裕示范区、支持革命老区振兴发展等政策，让山区县前所未有地走到了历史舞台的中央，从过去的“配角”变为发展举足轻重的“主角”。立足遂昌，随着与长三角时空距离的不断缩短，遂昌迎来了区位价值、生态价值重估的重要契机，跨越式高质量发展逐渐从可能变为现实。我们要充分把握大势、主动抢占先机，切实把各种机遇转化为山区又好又快发展的现实优势和显著成果。

今后五年全县工作的总体要求是：高举中国特色社会主义伟大旗帜，坚持以习近平新时代中国特色社会主义思想为指导，深入贯彻党的十九大和十九届历次全会精神，坚定不移走创新实践绿水青山就是金山银山理念的发展道路，忠实践行“八八战略”，坚定厉行“丽水之干”，以浙西南革命精神锻造新时代“挺进师”，勇担建设“重要窗口”、迈向“共同富裕”新使命，求是挺进、争先创优，一任接着一任干，全力做大做强“生态工业、数字科创、新型城镇化”三大发展主平台，优化“一城五区”生产力布局，加快人口集聚、产业集中、要素集约和创新集成，推动遂昌高质量发展、竞争力提升、现代化先行，把忠诚拥护“两个确立”、坚决做到“两个维护”体现到发展成效中，奋力在新的赶考路上交出优异答卷。

今后五年的具体目标任务是：

经济发展实现新跨越。经济在高质量发展前提下实现较快增长，现代化生态经济体系建设取得突破性进展，打造创新型经济开发区，基本建成“天工之城·数字绿谷”。地区生产总值和人均生产总值分别达到215亿元和10.7万元，三次产业结构调整为7∶42.5∶50.5，全面迈向全省山区26县第一梯队、全市第一阵营。

创新创造迈上新台阶。超常规落实人才强县和创新强县战略，科技创新水平持续提升，科研经费支出占GDP比重达到3.0%，初步形成人才引领优势、产业创新优势和创新平台优势。数字化改革取得标志性成果，其他各领域改革持续推进，有利于社会生产力发展的力量源泉充分涌流。

生态文明开辟新境界。美丽大花园建设成为全省样板，PM2.5均值力争保持在18微克/立方米以内，生态环境质量保持全省乃至全国前列。生态产品价值实现机制取得突破性新成效，碳达峰、碳中和取得明显成效，率先构建起绿色生产方式和生活方式，争创中国碳中和先行示范县。

城乡品质彰显新魅力。“中心城区+东城新区+高铁新城”组团式发展基本成型，城镇化水平高质量提升，城市空间框架精细化舒展，城市服务功能品质化完善，城市管理水平智慧化提升，常住人口城镇化率达到70%。乡村振兴加速推进，城乡融合发展体制机制进一步健全，实现农业高质高效、乡村宜居宜业、农民富裕富足。

开放合作拓展新空间。深度融入长三角高质量一体化发展，“山海协作”向更高水平推进，“双招双引”取得更大实效，确保60%、力争80%引进项目落地开工达产。外联内畅的综合交通体系基本建成，缩短与长三角重要节点城市的时空距离，实现“杭遂同城”。

民生福祉达到新水平。坚持促进共同富裕，加快缩小“三大差距”（地区差距、城乡差距、收入差距），城乡居民收入倍差缩小到1.8，低收入农户人均可支配收入年均增长15%以上。共建共治共享的社会治理格局加快形成，社会文明程度进一步提高，人人享有优质普惠的全生命周期公共服务。

（三）要聚焦主题主线，全面营造万众一心干事创业的良好发展环境。做好今后的工作，重点要把握以下4个方面的主题和主线。

1.做大做强三大发展主平台。一是生态工业平台。坚定工业强县首位战略不动摇，以遂昌经济开发区为核心，联动布局城西片区、石练片区，推动高新技术嫁接传统产业，全力培育新兴产业，前瞻布局未来产业，以打造生态工业大引擎带动县域大发展。二是数字科创平台。坚定把创新作为发展的加速器，以“天工之城·数字绿谷”为核心，着力构建投入产出比高、发展后劲足、产业带动大的科创平台体系，做大数字经济关键增量。三是新型城镇化平台。深化“小县大城、产城融合、组团发展”战略，以超常规力度抓好产业、项目、市场主体三项牵引性、关键性、基础性工作，让县城成为县域发展的主支撑。

2.着力塑造三种干事风貌。一是加压前行。清醒认识“逆水行舟不进则退、慢进也是退”的激烈竞争态势，变压力为动力，变挑战为机遇，一步一个脚印把发展推向更高水平。二是敢于担当。既要有坚定决心和顽强意志，也要有科学方法和唯实态度，解放思想、实事求是，有所为有所不为，既重“显绩”也重“潜绩”，既善于“补缺”也敢于“留白”。三是争先创优。牢固树立“没有走在前列也是一种风险”“没有追求实现加快跨越式发展的意识、决心和胆略更是极端危险”的忧患意识，聚焦“两个第一”目标，深化挂帅争先赛马机制，奋力走在前列、答出高分、争创第一。

3.大力弘扬三种干事导向。一是能谋善攻。提高塑造变革的能力，积极主动想问题、提建议、谋对策，胆大心细打硬仗、破难题、抓落实，加快形成一支“谋士成群、战将如云”的干事队伍。二是实干至上。坚定厉行“丽水之干”的要求，冲破束缚，轻装上阵干；脚踏实地，求真务实干；立说立行，雷厉风行干；追求卓越，精益求精干；久久为功，锲而不舍地干，形成实干至上的鲜明导向和浓厚氛围。三是实绩实效。各层级各领域都要制定更高的目标、确立更硬的举措、干出更优的业绩，挤干“水分”、晒出“干货”，真正以实效度量、拿实绩说话，以干谋变、以干得助、以干图强。

4.加快迭代三种干事方法。一是法治智治赋能。运用“法治工具箱”深化改革、推动发展、防范风险、维护稳定，以数字化改革撬动重点领域改革，重塑政府、社会、企业和个人关系，推动各项工作在制度化、规范化、程序化轨道上运行，加速实现全域法治、整体智治。二是系统融合联动。坚持系统观念、系统方法，尊重底层逻辑，正确处理好当前与长远、整体与局部的关系，敢于解构、重组、优化原有办事格式，推动跨层级、跨部门、跨领域的综合集成，发现新规律、获得新认识、找到新办法。三是穿透闭环落实。重塑计划到执行的路径，按照穿透式学习研究、穿透式指导推进、穿透式反馈落实“三步法”解决问题、推动工作，建立全流程监督管理、全过程跟踪问效、全领域提升跨越的闭环机制，切实解决“不确定、不可靠、两张皮”等问题。

三、求是挺进、争先创优，全力开创建设“重要窗口”、迈向“共同富裕”新局面

未来五年，我们要准确把握新发展阶段，深入贯彻新发展理念，主动融入新发展格局，加快推进遂昌发展提速提质提效，努力在共同富裕示范区建设中干在实处、走在前列。

（一）奋力推动产业变革全面提速，在构建现代化生态经济体系上迈出更快步伐。要聚焦“努力成为全省新的经济增长点”，以“创新引领”金钥

匙开启产业升级快速通道，发展壮大实体经济，为跨越式高质量发展提供硬核支撑。

推进工业强县首位战略。深入贯彻省委山区26县跨越式高质量发展推进会议精神，深刻领悟“没有新型工业化就没有现代化；山区也能搞工业、搞创新”要求，坚定不移把发展高质量生态工业摆在县域发展首要位置。紧扣“整合、转型、赋能、开放、改制”十字方针，推进平台“二次创业”，切实增强平台集聚功能、推动平台向高能级跃升。坚定拓展工业发展空间，加快龙板山二期开发，打造4平方千米特色生态工业平台。推进“省级小微企业园建设提升重点县”建设，开展新一轮制造业“腾笼换鸟·凤凰涅槃”攻坚行动，深化“亩均论英雄”改革，持续开展低效用地整治提升，推进铸造、化工行业整治，严控“两高”（高耗能、高排放）项目，腾出53公顷以上工业用地空间。推进工业企业自动化智能化改造，支持企业建设数字化车间、智能工厂，加快建设“产业大脑”，探索发展未来产业。积极开展产业链“链长制”试点，培育“链主型”企业，打造金属制品产业两百亿级、新材料及生命健康产业百亿级的产业集群，创成国家级绿色产业示范基地。推进先进制造业和现代服务业深度融合发展，大力培育科创研发、现代物流、商务服务等生产性服务业。深入实施“雄鹰”“凤凰”“雏鹰”“放水养鱼”和单项冠军培育行动，每年新增规模以上工业企业15家，力争上市公司超5家，实现规模以上工业增加值、亩均税收两个翻番，加快进入全市生态工业发展第一阵营。

提升县域创新能力。以市场化导向，推进“天工之城·数字绿谷”建设，大力引聚数字经济人才团队、创客群体、创新创业企业，培育发展软件开发、数字应用、数字服务、创意设计、文艺创作等产业。加快创建数字经济创新发展试验区，培育数字经济核心产业规模以上（限额以上）企业，数字经济核心产业增加值年均增长15%以上。优化打造科创平台，联动布局“科创+特色产业”区域性科创基地，培育引进高企研发中心、企业研究院、企业技术中心等研发机构40家以上，构建全链条孵化体系，建成博士后工作站5个，国家高新技术企业和省科技型中小企业分别达到55家、220家，财政科技投入年均增长15%以上。

推进旅游转型升级。培育高品位全域旅游，打响“长三角户外休闲运动生活目的地”品牌，争创国家全域旅游示范区。培育体验式、参与性、场景化旅游新业态，开发红色体验、艺术文创、高端商务等旅游产品，引进公开水域游泳赛、汽车竞速锦标赛、汽摩越野赛等高端赛事，发展运动体验、体育竞技、保健康复等体旅融合模式。深入推进旅游业“微改造、精提升”行动，持续擦亮“昆曲牡丹亭”“浙西川藏线”等遂昌旅游名片，确保旅游综合收入年均增长20%以上，旅游接待总人次年均增长15%以上。

促进农业高质高效。深入实施“十业万亿”培育工程，加快耕地林地规范有序流转，做大做强农业主导产业、特色产业和新兴产业，布局一批乡村产业示范带、山地精品农业示范园、省级现代农业园区，做大茶叶市场、箬叶市场。深入实施科技强农、机械强农“双强行动”，加快创建高能级农业科创平台，推广适应丘陵地形、设施大棚、家庭农场的农机应用。开展省“肥药两制”改革试点，推进“一标一品”产品认证和基地建设，打响“遂昌龙谷”“遂昌牡丹亭”区域公用品牌。推动农产品全产业链发展，加快农业数字化转型，发展“直播经济”“网红经济”“宅经济”。加快培育农业龙头企业和精深加工企业，建成一批综合性农旅融合示范区，争创全国农村一、二、三产融合发展先导区。推进林业振兴，打造林业精品特色产业，创成“省级竹产业特色示范县”。全面激活水经济、做大水产业，发展生态渔业、包装饮用水和酒类等特色涉水产业。

（二）奋力推动改革突破全面提质，在激发内生动力释放创新活力上取得更大成效。要坚持“以改革的办法解决发展稳定中的问题，用改革带动和推动各项工作”，以数字化改革牵引全方位系统性变革，放大体制机制新优势，不断激发经济社会发展动力活力。

深化数字化改革。统筹推进党政机关整体智治和数字政府、数字经济、数字社会、数字法治等综合应用建设，打破部门间数据壁垒，畅通平台间互通渠道，全力探索“152”体系（“1”指一体化智能化公共数据平台；“5”指党政机关整体智治、数字政府、数字经济、数字社会、数字法治综合应用；“2”指数字化改革的理论体系和制度规范体系）和“141”体系（“1”指县级社会治理中心；“4”指乡镇、街道基层治理“四个平台”；“1指”村社网格）全面贯通的遂昌方案。围绕全省、全市“一本账”，优化遂昌县数字化改革“一本账”，认真梳理、细化打磨数字化改革“三张清单”（重大需求清单、多跨场景清单改革任务清单），推动数字化改革从单项突破、简单整合向一体融合、系统集成转变。在找准“小切口”中构建“大场景”，迭代升级项目协同管理、数字乡村等多跨场景应用，推进“城市大脑”建设，探索构筑数字孪生场景，形成一批在全省和全市叫得响、有影响力的改革硬核成果。

推进重点领域改革。按照“主业集聚、做大做强、市场化转型”的思路，深化国有企业市场化改革，推动国有企业产业向专业化集中、资产向优质企业集中、资本向重要领域和优势产业集中，提高国有资本配置效率，不断提升国有企业的核心竞争力。全面加强财政管理，多措并举提升财政资金绩效。参与创建全国普惠金融服务乡村振兴改革试验区，推进金融支持生态产品价值实现机制创新，探索构建以绿色信贷、绿色债券、绿色保险为主要内容的绿色金融服务体系。推进“大综合一体化”行政执法改革，着力破解体制机制障碍，更大范围整合执法职能和力量。

激发市场主体活力。充分理解企业家、尊重企业家、爱护企业家、支持企业家，大力激发、保护企业家创新创业热情，进一步完善支持创新创业政策体系，鼓励更多市场主体投身创新创业，打造创新动力迸发、创业活力涌流的一流营商环境。坚持扶持大企业、培育中小企业两手抓，大力支持民营企业发展壮大。深入推进“三服务”2.0版，完善企业服务体系，建立健全政企沟通服务机制，优化提升项目全流程服务，推行极简极速审批，严格落实各项惠企政策，推动减税降费、政策性奖补等红利直达企业。实施新时代遂商培养工程，加快培育新生代企业家。

（三）奋力推动开放发展全面升级，在融入长三角一体化发展上展现更大作为。要学深悟透“尽快把致富之路对接起来”的内涵，深化与长三角地区合作交流，创新实施“山海协作”升级版，系统性增强内生动力，缩小与发达地区发展差距。

加快开放合作步伐。深化“跨山统筹”，深入推进遂昌—松阳乡村振兴示范区战略合作，建立一体化发展新机制，加快空间统筹、产业集聚、创新协同。强化“问海借力”，紧抓“山海协作”升级版实施机遇，拓展与诸暨、南湖、象山、桐乡等市区县的合作方式、载体和内涵，深化联合招商、共同开发、利税分享、服务共享等机制。以产业项目为重点，做优做强南湖、诸暨、上海等“飞地”产业园，在桐乡经济开发区建设先进制造业“产业飞地”。发挥上海“科创飞地”“人才飞地”窗口作用，建立杭州、深圳“飞地”平台，承接好发达地区产业转移和功能溢出。

推进基础设施互联互通。树立“没有项目是极端危险的，没有大项目就是空谈误事”的理念，捏紧拳头攻坚重大项目，提高资源配置效率，抓好省市重点项目、重大产业项目、“4+1”重大项目、“六个千亿”产业投资工程等引领性项目，形成“谋划一批、开工一批、建设一批、竣工一批”的滚动式推进格局，固定资产投资年均增长10%以上。加快推进交通体系重塑，全力推进衢丽铁路、国道528线遂昌段、遂昌—江山公路、义龙庆高速公路等重大项目建设，谋划建设通用机场、金南铁路、缙云至江山高速、省道215线和省道311线遂昌段、新型山地轨道交通等重大项目，形成“五纵一横九连”综合运输通道，基本实现赴杭、到丽、县内3个“1小时交通圈”。

抓实抓好“双招双引”。把“双招双引”作为战略性先导工程，深化“一把手”招商机制，强化产业链招商，想方设法招引十亿级企业、龙头企业和“链主型”企业，优化完善产业链条。创新以商招商、中介招商、飞地招商、招商小组等机制，开展重大招商项目“揭榜挂帅”，每年滚动谋划、集中攻坚5个十亿级重点招商项目，引进亿元以上项目不少于12个。坚持人才强县战略，迭代升级人才政策，探索“高端人才+专属政策+专班服务”引才模式，实施遂昌籍人才回归工程，全力优存量、扩增量、强变量，落地“绿谷精英”高层次人才创新创业项目20个。

（四）奋力推动城乡建设全面提档，在打造现代山水城市典范上形成更强特色。聚焦引导人口向城镇集中，切实提高资源配置效率，推进以人为核心、以县城为主体的新型城镇化，推动资源优化配置，让千年古县功能更加完善、生活更加舒适、魅力更加彰显。

推进新型城镇化。以建设现代山水城市典范为目标，坚持精明规划、精致建设、精细管理，加快中心城区和东城新区融合联动发展，提升城市交通互通、治理互动、功能互补水平。加快东城新区产城融合，强化要素配置，推进新区职业教育等民生事业发展。推动未来社区理念全域落地，加快建设未来社区、社区中心，谋划高铁新城板块建设，推进后江、梅溪区块整体开发，打造山城人居样板和新兴业态高地。高标准加快老城区整体重构、风貌重塑，梯度有序推进城市有机更新，系统推进城市景观美化、老旧小区改造、“适老化”改造，优化提升城市基础设施，确保改一块、成一块、见效一块。保护传承城市历史文化和风貌。大力发展城市经济，培育商贸经济、总部经济，持续发展壮大建筑业，不断增强城市综合竞争力。

重塑乡村新形态。深入实施“百镇样板、千镇美丽”工程，高标准推进美丽城镇建设和未来乡村建设，加快构筑村强、民富、景美、人和的乡村新生态。做好“进”与“退”文章，深入推进“大搬快聚富民安居”工程、“一户多宅”清理整治、全域土地综合整治，引导农村居民向县城集聚，推动农业转移人口市民化。调整优化乡村布局，有序推进撤乡并镇、撤村建居。深入实施“两进两回”行动（科技进乡村、资金进乡村，青年回农村、乡贤回农村），补齐农村领域突出短板。

建设最美大花园。全面落实河（湖）长制、林长制，开展山水林田湖草生态保护修复，推进仙侠湖流域生态环境导向开发（EOD）项目、九龙山国家级自然保护区扩区工程，谋划实施成屏二级水库扩容等重大水利项目。严格落实“三线一单”（生态保护红线、环境质量底线、资源利用上线，生态环境准入清单）管控要求，坚持最严格的耕地保护制度和最严格的节约用地制度，加快转变土地利用方式。完善生态环境治理体系，健全立体式、全视角、无盲区的数字化标准化治理机制，持续打好蓝天、碧水、净土、清废保卫战，积极创建“无废城市”，巩固生活垃圾分类成效。更高水平推进美丽遂昌建设，创建一批大花园“耀眼明珠”。

推动绿色低碳化。加快建立绿色低碳循环发展经济体系，开展绿色生活创建行动，推动经济社会绿色低碳转型。开展碳中和研究，探索建立碳排放总量控制、碳评价、碳标签、碳交易等制度。争创省级林业固碳增汇试点，推进零碳示范县、示范乡镇、示范村（社）创建。建立GDP与GEP协同增长评价体系，完善生态产品价值核算标准体系，推进碳汇资源价值转化，培育生态产品交易市场，发展壮大“两山银行”。加快推进抽水蓄能电站、光伏规模化开发等项目，完成能耗双控目标。

（五）奋力推动民生事业全面提标，在满足人民美好生活向往上达到更高水平。要牢记“树立群众利益无小事的思想，把为民办实事摆在重要位置”，深入贯彻习近平总书记关于共同富裕的重要论述，扎扎实实为民办事解忧，推进公共服务优质共享，提升人民群众获得感、幸福感和安全感。

共筑更高质量的文化生活。以社会主义核心价值观为引领，加强爱国主义、集体主义、社会主义教育，厚植勤劳致富、共同富裕的文化氛围。深化新时代文明实践活动，加强公民道德建设，创建省示范文明县城。深化汤显祖文化品牌建设，高水平举办“班春劝农”、汤公音乐节等活动，积极参与国际人文交流合作。加强好川文化、农耕文化、民俗文化、红色文化的保护传承，加大文物安全保护力度。健全现代公共文化服务体系，培育发展数字文化产业。深入实施文体惠民工程，建成遂昌博物馆，推动文化礼堂智慧化改造、综合化运用。

提供更加均衡的公共服务。强化就业培训，促进创业带动就业、多渠道灵活就业，拓展中等收入群体，培育橄榄型社会结构，确保村集体经济和群众收入“双提升”。实施教育提质行动，落实“双减”政策，推进高中“崛起战略”和初中“壮腰工程”，实施第四轮学前教育发展三年行动计划，创建全国义务教育优质均衡县、全国学前教育普及普惠县，持续打响“学在遂昌”品牌。构建育儿友好型社会，提高优生优育服务水平。建设高品质“健康遂昌”，推进医疗卫生机构布局调整，推进医疗卫生“山海提升”工程，加强县域医共体建设，完善公共卫生体系，促进中医药传承创新发展，提升县域医疗卫生服务能力。推进县人民医院、县中医院、腾龙小学等民生项目建设。抓好“大养老”体系建设，完善养老服务设施。深化全民参保计划，完善社会救助、社会福利、慈善事业、优抚安置等服务体系。

建设更有效率的治理体系。发展新时代“枫桥经验”，不断完善“党建统领+四治融合”社会治理体系，打造社会治理中心，多渠道、多元化化解矛盾。深化“县乡一体、条抓块统”改革，迭代升级“一中心四平台一网格”（社会矛盾纠纷调处化解中心；综治工作平台、监管执法平台、应急管理平台、公共服务平台；村社全科网格），不断提升治理能力和服务能力。推进“信用遂昌”建设，创建省级信用县。推进法治遂昌建设，推动遵法学法守法用法，创建省级法治政府示范县。加强共享法庭建设，构建适应山区实际的公共法律服务体系。强化源头防控、系统防控、精准防控，完善监测、预警、处置、反馈风险闭环管控机制，构建社会治理“大安全、大应急、大减灾”体系，抓好新冠疫情防控、企业生产、道路交通、食品药品、消防等领域安全工作，有效防范化解各类风险挑战。坚决维护国家政治安全，严厉打击邪教组织，巩固扫黑除恶长效机制，加强涉网新型犯罪打击防控，确保社会大局持续平安稳定。

四、勤政为民、持廉守正，坚定不移做“两个确立”忠诚拥护者、“两个维护”示范引领者

全县各级党组织要从党的百年奋斗重大成就和历史经验中启迪智慧、汲取力量，进一步增强“四个意识”、坚定“四个自信”，坚定不移做“两个确立”忠诚拥护者、“两个维护”示范引领者，以党的政治建设为统领加强党的各方面建设，不断推动全面从严治党向纵深发展，为遂昌跨越式高质量发展提供坚强政治保证。

（一）聚焦党建统领，提升政治建设向心力。深入学习贯彻习近平新时代中国特色社会主义思想，坚持抓好政治建设这个党的根本性建设，建立以“七张问题清单”为核心的贯彻重要决策部署闭环机制，不断提高政治判断力、政治领悟力、政治执行力，坚决做到“总书记有号令，中央省市有部署，遂昌见行动”。充分发挥党总揽全局、协调各方的作用，支持和保证人民代表大会及其常委会依法行使职权，扩大人民有序政治参与；支持政府依法行政，建设人民满意的服务型政府；支持政治协商会议高效履职，推动协商民主广泛、多层、制度化发展；坚持大统战工作格局，巩固和发展最广泛的爱国统一战线，做好民族、宗教、外事、港澳台侨等工作，谋求最大“公约数”、画好最大“同心圆”；发挥工会、共青团、妇联等人民团体和社会组织的桥梁纽带作用，把广大人民群众更紧密地团结在党的周围；抓好党管武装工作，推进军民融合深度发展。

（二）聚焦理论武装，提升意识形态引领力。加强和改进思想政治工作，坚持理论学习中心组和“第一议题”等学习制度，深入开展新思想、新理论学习培训，推进中共十九届六中全会精神“六讲六做六实现”大宣讲活动，深入实施“红色基因代代传”工程，大力弘扬伟大建党精神，弘扬践行“浙西南革命精神”，充分激发全县上下干事创业的激

情。坚持正确政治方向和舆论导向，打造有影响力的理论发声平台，打响“山中青年”宣讲品牌。严格落实意识形态工作责任制，加强网络舆论阵地建设和管理，推进网络生态“瞭望哨”八大工程，构建意识形态工作责任闭环管理体系，牢牢把握意识形态工作领导权、管理权、话语权。

（三）聚焦系统重塑，提升干部队伍执行力。坚持“实干实绩实效论英雄”选人用人导向，引导广大党员干部勇当“拓荒牛”、甘为“孺子牛”、争做“老黄牛”。以提高塑造变革能力为导向，推进干部队伍系统性重塑，做好干部选育管用工作，打造高素质、专业化的新时代“挺进师”。推进干部挂职锻炼，建立向上对接评价机制，全面提升干部争取资金、项目、政策的能力。构建精密智控大监督机制，实施“三考合一”积分制考核办法，深化争先创优、比学赶超赛马机制，推动能者上、优者奖、庸者下、劣者汰。营造唯实唯先、善作善成的团队文化，落实容错纠错、澄清正名、心理健康关爱等机制，进一步形成“两个担当”（干部为事业担当、组织为干部担当）良性互动。

（四）聚焦整体建强，提升基层组织变革力。树立大抓基层、重抓党建导向，大力实施“红色根脉强基”工程，推动基层党组织全面进步、全面过硬。加快建设变革型组织，着力构建党建统领的基层整体智治体系，健全完善“红黑榜”擂台比拼机制，开展基层党建“小招实招”擂台比武，激发基层党建创新活力，发挥基层组织作用。完善村（社）级领导体制机制，打造一批全域党建联盟。做深做实街道大工委、社区大党委制，实施“两新”组织党建“三年创优、整体跃升”工程，提升学校、国有企业、公立医院党建工作水平。开展基层党员干部队伍提升行动，实施“领雁计划”，着力加强和改进发展党员工作，强化基层党组织斗争主阵地的责任意识，推动党员干部在重要关头豁得出、顶得上、干得成。

（五）聚焦标本兼治，提升正风肃纪震慑力。常态化开展提升政治执行力专项监督整治，推进县委巡察工作，深化巡察重点问题领办整改机制，强化巡察整改成果运用。锲而不舍落实中央八项规定及其实施细则精神，坚持纠“四风”树新风，深挖细查隐形变异问题。始终坚持“严”的主基调，严肃查处贪污受贿、徇私枉法等职务犯罪行为，一体推进不敢腐、不能腐、不想腐。科学精准运用监督执纪“四种形态”，紧盯重点领域权力运行，坚持行贿受贿一起查。坚决整治群众身边不正之风和腐败问题，不断深化乡村廉情“吹哨人”机制，着力解决群众急难愁盼的问题。纵深推进清廉遂昌建设，着力建设清廉单元，构建更加稳固健康又充满活力的亲清政商关系。压紧压实“四责协同”（党委主体责任、纪委监督责任、党委书记第一责任人责任和班子成员“一岗双责”责任）机制，做优做细政治生态评价指标体系，加强对“一把手”和领导班子的监督，改进党内同级监督，不断推进纪检监察体制改革，深入推动“四项监督”统筹衔接，巩固风清气正的良好政治生态。

同志们，蓝图已绘就，奋进正当时。让我们更加紧密地团结在以习近平同志为核心的党中央周围，在省委、市委的坚强领导下，牢记嘱托、求是挺进，弘扬伟大建党精神，一以贯之守好“红色根脉”，以永不懈怠的精神状态、一往无前的奋斗姿态，真抓实干、善作善成，奋力谱写遂昌大建设大发展大跨越新篇章，为全国全省全市发展大局作出遂昌贡献，以实际行动迎接中国共产党第二十次全国代表大会大胜利召开！

政府工作报告

——在遂昌县第十七届人民代表大会第一次会议上

遂昌县人民政府代县长李 锋

（2022年2月13日）

一、2021年和过去五年工作回顾

2021年，县政府全面贯彻落实上级党委政府和县委决策部署，以“八大战役”为主抓手，深入推进“一城五区”生产力布局，全县经济社会各项事业争先进位、跨越赶超，实现“十四五”发展良好开局。地区生产总值比2020年增长12%，一般公共预算收入比2020年增长14.1%，城乡常住居民人均可支配收入比2020年分别增长10.5%和12.7%。全面完成省、市、县民生实事各项任务。

（一）聚力创新引领，重大项目建设取得新突破。高标准推进数字化改革。连续2次入选全省数字政府系统领跑榜，“项目协同管理”入选全省市县特色应用，“和合乡村”“美丽河湖面治理一件事”入选全省数字法治系统重大应用清单，“干部实绩数字化考评应用”入选中国数字政府特色评选五十强创新案例。高规格建设“天工之城”。建成仙侠湖会展中心、湖山污水处理厂、环湖绿道、三归生态湿地等项目，推进西山驿、湖山汇、牌坊门市政设施等项目，开工仙侠湖阿里云创新中心、浩威数字文创、晶盛星河等项目。网易联合创新中心和阿里云创新中心入驻企业47家。全年新增各类市场主体1015家，其中数字类企业296家。高质量深化科技赋能。高新技术投资增长52.4%，高新技术产业增加值比2020年增长28%；新增国家高新技术企业12家、省级科技型中小企业21家、省级高企研发中心4家。成功举办2021全国数字生态创新大赛总决赛、阿里巴巴诸神之战“数字经济赛道”全球总决赛等高端赛事。实施省市科技特派员项目22个、县校合作项目25个，新增“绿谷精英”项目11个，与武汉大学合建遂昌县金属制品研发中心。高效率推动项目建设。固定资产投资比2020年增长43.1%，其中民间投资增长27.2%。新客运中心、大桥至洋浩公路等投入使用，国道528线新路湾至石练段、遂昌—江山公路等项目加速推进，古院未来社区、腾龙小学和幼儿园等项目开工，6个项目入选全省共同富裕集中开工项目。衢丽铁路、义龙庆高速、抽水蓄能电站等项目前期取得重大突破。争取到上级各类补助和债券资金共37.87亿元，新增建设用地计划指标82公顷，完成建设用地复垦24.6公顷，盘活存量建设用地32.8公顷。入选“国家整县推进屋顶分布式光伏开发试点县”，获得2021年全省首批、全市唯一投资“赛马”激励奖。

（二）聚力“双招双引”，平台二次创业迈上新台阶。推动生态工业复兴。修订《遂昌县推进生态工业和数字经济高质量绿色发展三十条》，扎实推动制造业高质量发展，工业投资比2020年增长61.1%。出让工业用地40.5公顷，新增规模以上企业29家，新增亿元企业8家，规模以上工业增加值比2020年增长19.3%。全面落实减税降费政策，累计为企业减负6.6亿元。宇恒电池公司入选全市唯一的国家级重点支持专精特新“小巨人”企业，凯恩特材公司入选省创新型领军企业培育名单。完成制造业企业智能化改造11家，淘汰落后产能企业5家，整治“低散乱”企业32家。产城融合加速推进。创建省级经济开发区，完成东城新区城市设计，启动智慧园区建设，实现东城新区5G信号全覆盖。小金线、连直线一二期、龙板山等道路景观提升工程全面完工。全市首家县级人力资源服务产业园、渡客公寓一期投入使用，中国航天科工集团3D增材制造中心浙南基地、遂昌金属制品检测中心、衢宁铁路遂昌货场投入运营，建成全省首个金属制品行业工业互联网平台。“双招双引”加力突破。在全市率先成立生态工业“双招双引”服务中心，全年招引项目32个，落地项目22个，引进各类人才4590人。元立高速棒材、壹佰科新能源电动自行车等10个重大产业项目开工。6家企业获得建筑施工总承包一级资质。新设博士后工作站2家。大桥科创小微园入选浙江省第七批小微企业园名单，遂昌—诸暨“山海协作”产业园企业孵化中心获评全市唯一的省四星级生产制造类小微园。

（三）聚力扩容提质，城市发展后劲实现新提升。功能布局日趋完善。投入城市建设资金37.2亿元，比2020年增长64%。古院、梅溪、吴乐畈—源口区块协同发展，开工月亮湾社区中心、古院梅溪安置房等项目，推进源口社区中心、遂昌殡仪馆和公墓迁建、公共安全保障中心等项目，完成后江立体停车场、三溪口滨江公园等项目，未来公园建成开放。基础设施加快提升。吴突头、老茶厂区块城市更新完成签约，有序推进叶坦、南门、青云等6个区块老旧小区改造，完成二都街大桥、北门至月亮湾道路拓宽、县城亲水游步道改造等项目，新建城市联网道路9.6千米、停车位1130个，铺设天然气管道16千米，新增用户1435户。城市环境不断优化。实施溪边路和新车站区块微改造、鼓山公园景观提升、县城全域污水“零直排”，完成环城北路环境提升、未来都市区亮化等工程。加强城区道路交通秩序整治，元立大道、君子路等主干道实现机非分离，启用智慧停车系统。城市污废处置提档升级，污水处理厂提标改造、垃圾焚烧发电一体化项目投入使用。在全市率先推行“两定四分”生活垃圾分类模式，实现城镇垃圾分类全覆盖，“桶长制”做法向全市推广。

（四）聚力迭代升级，乡村振兴战略展现新作为。现代生态农业快速发展。实现农林牧渔业增加值13.4亿元，比2020年增长4.5%。基本建成农创研育所、数字茶业创业园一期、浙南箬叶市场、花园数字乡村公共服务中心。坚守粮食安全底线，建成高标准农田920公顷。创建省级渔业健康养殖示范县、省“肥药两制”改革试点项目县、省级良种繁育基地县。全域旅游加快转型。全面优化文旅体产业政策。2021年游客接待量和旅游综合收入，分别比2020年增长58%、61%。举办仙侠湖首届半程马拉松赛、2021中国户外山地越野跑公开赛（遂昌站）等赛事，引进仙侠湖水上运动中心、开元芳草地酒店、诗莉莉高端民宿等项目，稳步推进王村口AAAAA级景区镇提升、温泉养生岛、地心温泉等项目。九龙山入选浙江省名山公园，创建AAAA级景区镇3个、AAA级景区村3个，创建金宿级民宿1家、长三角红色旅游精品线路1条。美丽乡村建设深入推进。倾力打造3个未来乡村试点，蕉川村建设数字乡村的报道登上央视《新闻联播》。创建丽水市生态产品价值实现示范乡镇2个、“红绿融合”乡村振兴示范带1条、新时代美丽乡村51个、花园乡村23个。强化农村环境综合整治，入选全省首批县域风貌样板区试点名单1个，创建省级高标准垃圾分类示范村3个。获评中国最美乡村百佳县、浙江省数字乡村建设试点县、浙江省新时代美丽乡村建设优胜县。

（五）聚力共建共享，多元民生供给达到新水平。社会事业均衡发展。坚持科学精准、从严从紧抓好新冠疫情防控，严格落实“外防输入、内防反弹”各项举措。县人民医院迁建加快推进，妙高社区卫生服务中心新院区投入使用。加强与浙江大学医学院附属第二医院、附属邵逸夫医院合作，全面开展28项“健康遂昌”专项行动，建成浙西南精准医学基因研究转化应用中心。迁建县实验小学和遂昌三中投入使用，遂昌中学运动场、后江幼儿园等项目开工。扎实推进教育“双减”，义务教育段监测质量居全市前列，高考总录取率超过全省平均水平。县文化馆晋升国家一级馆，遂昌非遗馆投入使用，遂昌博物馆开工建设，完成全民健身中心提升改造。民生保障持续提升。攻坚“大搬快聚富民安居”工程，实现易地搬迁903户3200人。全面巩固脱贫攻坚成果，低收入农户人均可支配收入比2020年增长15.8%。村集体经济持续壮大，201个行政村全部完成“20+10”（集体经济总收入20万元以上经营性收入10万元以上）收入目标。完成16个村饮用水工程提升改造，北界敬老院和黄沙腰敬老院迁建主体工程完工，新建乡镇居家养老服务中心4家、“儿童之家”6家。发放残疾人“两项补贴”2093万元、各类社会救助资金5363万元。医保基金平稳运行，“浙丽保”参保率位居全市第一。社会治理卓有成效。以“县乡一体、条抓块统”改革试点为统领，深化“个人债务重整”“信用村治理”等首创改革，迭代升级“141”县域社会治理体系，加强乡镇（街道）矛盾纠纷调解中心规范化建设，在全市率先构建“六个一”格局。全年未发生较大以上安全生产事故。

五年来，县政府在上级党委、政府和县委的坚强领导下，在县人大和县政协的监督支持下，忠实践行“八八战略”，高扬“丽水之干”行动奋斗旗帜，较好完成了县十六届人大历次会议确定的目标任务，为开启遂昌跨越式高质量发展新征程奠定了坚实基础。

——这是遂昌综合实力大幅跃升的五年。地区生产总值从95.7亿元增长至153亿元，五年平均增长8.3%；人均生产总值突破1万美元。2021年财政总收入21.84亿元，五年平均增长13.8%；一般公共预算收入13.04亿元，五年平均增长11.4%；年末人民币存贷款余额分别为300.8亿元、239亿元，五年分别平均增长17.4%、17.8%；城乡居民人均可支配收入分别为55720元、25091元，五年分别平均增长8.6%、10%；农林牧渔业增加值、服务业增加值五年分别平均增长3.3%、8.6%。五年来，净增规模以上企业71家、亿元企业24家，规模以上工业增加值实现翻番，三次产业结构调整为8.7∶38.4∶52.9。全省山区26县综合考核排名由2018年的第21名跃升至2020年的第7名，迈进第一梯队。遂昌县入选全省县域高质量发展十大优秀案例，创建国家农产品质量安全县、全省首批全域旅游示范县，连续3年入选全国县域旅游综合实力百强县、全国绿色发展百强县。

——这是遂昌创新动能竞相迸发的五年。坚持引育并举、强化科技赋能，打造“天工之城·数字绿谷”科创平台，引进20家头部型企业，列入山区26县唯一的省级数字经济创新发展试验区创建名单，入选省级数字生活新服务样板县创建单位。上海闵行区“科创飞地”投入使用。五年来，累计培育国家级高新技术企业31家、省级科技型中小企业78家、省级高企研发中心12家、省级企业研究院4家，科研投入年均增长15%。与武汉大学、浙江农林大学、杭州电子科技大学等高校战略合作不断深化，与5名院士签订重大科研项目。人才招引增幅连续3年超过200%。遂昌县金属制品特色产业基地列入国家火炬特色产业基地名单，建成全市首个绿色生物医药化工研发平台。

——这是遂昌城乡面貌蝶变升级的五年。生态环境进一步提质，全县森林覆盖率从82.3%提升至83.59%，PM2.5年均浓度下降至18微克/立方米，地表水国控断面、交接断面、集中饮用水水源地水质100%达标，“美丽浙江”考核四连优，三夺“五水共治”大禹鼎，创建国家生态文明建设示范县。城市框架进一步拉开，完成城市更新53万平方米，老旧小区改造21万平方米，县城建成区面积扩大至15.6平方千米，常住人口城镇化率提高到56%，古院未来社区入选省级未来社区试点。城乡进一步融合发展，高质量完成小城镇环境综合整治，高标准建设新时代美丽乡村，大力度推动“大搬快聚富民安居”工程，累计易地搬迁群众2714户9716人。完成农村危旧房改造5086户、城镇危险住宅治理171幢，拆除“一户多宅”56万平方米。创建省级美丽乡村示范县、全省首批大花园示范县。

——这是遂昌改革裂变成果丰硕的五年。坚持以数字化改革为牵引，全面深化重点领域改革，纵深推进“放管服”“最多跑一次”等改革，高质量完成政府系统机构改革，政府效能显著增强。2019年以来，争取到省级以上改革试点项目161个，完成两轮国有企业市场化改革，国投集团首获AA评级，首发国企公司债，县属国企资产总额达到296.3亿元，为2016年的3.3倍。迭代升级健康农业、生态工业、现代服务业、人才招引等政策，在全市率先建成产业政策网上兑现平台，新增国家农产品地理标志4个，实现省级科创平台、省级重点引才计划、省级骨干农业龙头企业“零的突破”。获评国家电子商务进农村综合示范县、中国营商环境百强县、全省首批文旅产业融合试验区。

——这是遂昌民生福祉全面激增的五年。优先保障民生事业，累计完成民生支出172.7亿元，占财政总支出的79.1%。建成衢宁铁路、环城南路、城市文化综合体等一批民生项目。打响“学在遂昌”品牌，新建学校13所，新增学位7200个，创建国家级农村职业教育和成人教育示范县、浙江省教育基本现代化县。加快“健康遂昌”建设，整合型医疗卫生服务体系基本成型，“健康浙江”考核获得三连优，创建国家卫生县城。全面发展文体事业，深度培育文化品牌，常态化举办汤公音乐节、“班春劝农”系列活动。新增文化场所117个、体育设施77个。提升社区服务功能，高质量完成“消薄”任务，低收入农户人均可支配收入增幅连续2年居全市第一，农村低保标准提高到910元/月，农村饮用水提升工程人口覆盖率99%。聚焦重点行业、重点领域治理，全县安全生产事故数、死亡人数较2016年分别下降71.4%、63.6%，连续5年未发生较大以上安全生产事故。扎实推动法治政府建设。实现平安建设“十六连贯”，夺得全省首批“一星平安金鼎”，2020年群众安全感综合满意率全省第一，获评中国全面小康百佳示范县。

各位代表！过去五年，我们狠抓经济社会发展的同时，始终聚焦“两强三提高”（强谋划、强执行；提高行政质量、提高行政效率、提高政府公信力），深入践行“整体智治、唯实惟先”理念，紧紧围绕“为民、务实、清廉”总要求，系统抓好政府自身建设。自觉接受各方监督，向县人大常委会报备规范性文件204件，办理人大建议776件、政协提案693件。紧扣目标、工作、政策、评价四大体系，以“钉钉子”“绣花匠”精神抓执行、抓推进、抓落实。严格落实中央八项规定及其实施细则精神，加强财政资金和公共资源交易监管，强化审计监督，大力压减一般性和非刚性支出，“三公”经费支出年均下降2.3%。坚决落实省委巡视反馈问题整改，支持纪检监察机关开展工作，纵深推进政府系统全面从严治党。

在肯定成绩的同时，我们也清醒地看到，遂昌县经济社会发展还存在诸多困难和问题：县域经济总量不大，旗帜性大项目、引领性好项目较少；产业升级速度还不够快，驱动跨越式高质量发展的引擎、动力、效率有待提升；对外交通等基础设施水平不高，融入长三角高质量一体化发展的深度还不够；新型城镇化进程有待加快，县城集聚功能和辐射带动效应还不够强；对标共同富裕新要求，优质公共服务供给依然不足；干部塑造变革能力、专业化抓落实能力有待进一步提升，整体智治、高效协同的格局还未全面形成。对此，我们一定采取有力有效措施，认真加以解决。

二、今后五年奋斗目标

今后五年，是贯彻落实遂昌县第十六次党代会精神，推进实施“十四五”规划，加快遂昌跨越式高质量发展的关键五年，是遂昌发展大有可为、大有作为的战略机遇期。今后五年政府工作的总体要求是：

坚持以习近平新时代中国特色社会主义思想为指导，深入贯彻党的十九大和十九届历次全会、中央经济工作会议精神，忠诚拥护“两个确立”、坚决做到“两个维护”，牢记习近平总书记的重要嘱托，坚定不移走创新实践“绿水青山就是金山银山”理念发展道路，深入践行“八八战略”，坚定厉行“丽水之干”，勇担建设“重要窗口”、迈向“共同富裕”新使命，完整准确全面贯彻新发展理念，求是挺进、争先创优，全力做大做强“生态工业、数字科创、新型城镇化”三大发展主平台，深度优化“一城五区”生产力空间布局，加快人口集聚、产业集中、要素集约和创新集成，推动遂昌高质量发展、竞争力提升、现代化先行，奋力在建设和美共富现代化遂昌家园新的赶考路上交出优异答卷。

根据这一指导思想，综合考虑国内外宏观环境和县域经济发展各方面因素，坚持适度超前布局原则，遂昌县经济社会发展主要预期目标为：到2026年，地区生产总值和人均生产总值分别达到215亿元、10.7万元，一般公共预算收入年均增长10%，规模以上工业增加值年均增长15%，社会消费品零售总额年均增长7%，农村居民人均可支配收入年均增长10%以上、收入倍差持续缩小，城镇登记失业率控制在3%以内，各项约束性指标达到国家要求。

（一）汇聚创新动能，超常规打造县域发展硬核支撑。全力壮大生态工业“第一经济”。坚持工业强县首位战略，生态工业投资年均增长15%，构建以金属制品、生态化工、新材料、生命健康产业为主导，服务型制造业协同发展的现代生态工业体系。实施龙板山二期开发，新增2平方千米工业用地，打造4平方千米特色生态产业平台。推进产城深度融合，强化园区整合扩容提质，打造金属制品两百亿级、新材料及生命健康百亿级产业集群，创建国家级绿色产业示范基地。力争到2026年，上市企业超5家，规模以上工业企业超160家，规模以上工业增加值实现翻番。

全力构建数字经济“第一引擎”。大力推进“天工之城•数字绿谷”建设，持续深化与阿里云、网易、千寻位置等数字经济头部企业战略合作，建成浩威数字文创、晶盛星河等数字产业核心项目，创建牌坊门数字经济产业园、仙侠湖阿里云创新中心等高能级数字产业平台。聚焦高端软件开发、数字技术、生命健康等产业，大力引聚创新企业、高校院所、研发团队，加快培育数字经济新产业、新业态、新应用场景，激发实体经济的新动能。力争到2026年，数字经济核心产业增加值占GDP的比重超过6%。

全力增强科技创新“第一动力”。深入实施创新强县战略，加快创建省级数字经济创新发展试验区，积极融入长三角“G60”科创走廊、杭州城西科创大走廊和浙西南区域创新体系。开展高新技术企业三年培育、企业研发能力提升、创新平台优化行动，推进企业自动化、数字化、智能化改造，加强与大院名校、科研院所共建各类创新载体，培育引进高企研发中心、企业研究院、企业技术中心等研发机构40家以上，实现省重点企业研究院、省重点实验室“零的突破”。力争到2026年，研发投入强度达到3.0%，战略性新兴产业、高新技术产业、装备制造业增加值占规模以上工业增加值的比重达到25%、35%、35%以上。

（二）厚植内生动力，大力度催动生态经济向美而行。深度释放生态红利。统筹山水林田湖草生态保护修复，完成九龙山国家级自然保护区扩区工程，打造华东地区优质水源涵养地，创建国家级节水型社会达标县。落实碳达峰碳中和任务，创建省级近零碳示范县。持续打好蓝天、碧水、净土、清废保卫战，全面拓展生态产品价值市场化、产业化实现路径，全域开展GEP（生态产品总值）核算评估，争创省级林业固碳增汇试点。力争到“十四五”末，PM2.5均值保持在18微克/立方米以内，实现分行业率先碳达峰，GDP、GEP双转化双提升。

持续做强美丽经济。依托优质生态资源，健全绿色低碳循环经济体系。实施农业“双强”（科技强农、机械强农）行动，做大做强农业主导产业和特色产业、新兴产业，加快林业产业转型升级，激活做强水经济，推动农业规模化、数字化、品牌化发展，创建全国农村一、二、三产融合发展的先导区。围绕“双核、两翼、三轴、三区”布局，着力发展红色研学、康体运动等文旅新业态，加速红绿融合，做强赛事经济，打造瓯江山水诗路品牌，争创“国家级全域旅游示范区”。力争到2026年，新增国家级农业龙头企业1家、省级骨干农业龙头企业2家，创建省级现代农业园区1个，旅游综合收入年均增长20%以上。

大力推动项目建设。着力“大干项目、干大项目”，实施新一轮扩大有效投资行动，以超常规力度推动项目谋划建设，全力抓好省市重点项目、重大产业项目、“4+1”重大项目、“六个千亿”产业投资工程等引领性项目，系统性增强内生动力。建立健全重大项目“招引、谋划、前期、在建”4张攻坚清单，破解土地、资金、能耗等要素制约，优化投资结构，提高投资效益。力争到2026年，累计完成固定资产投资350亿元以上。

（三）加速融汇协同，全景化建设大花园最美核心区。构建县域更优布局。完成县域国土空间总体规划和乡镇国土空间规划编制，统筹划定生态保护、永久基本农田、城镇开发边界3条控制线，加快推进“多规合一”“图规合一”。坚持进退并举和差序布局，走出以县城为主体、东城新区和“天工之城”为两翼、中心镇为节点、中心村为补充的新型城镇化之路。更大力度实施“大搬快聚富民安居”工程，引导农村人口向县城集聚。力争到2026年，常住人口城镇化率突破70%。

塑造城市更好品质。精细化确立城市发展空间框架，科学推进东城、新城、老城联动发展，高质量推进城市有机更新，打造现代山水城市典范，城市建设资金投入实现翻番。联动推进高铁新城、后江、梅溪区块产业布局和整体开发，打造城市经济新增长极。不断完善东城新区基础设施配套，形成空间整合、产城融合的良性发展格局。以都市场景定位中心城区发展，大力发展城市经济，培育商贸经济、总部经济。实施城市品质提升“五个一”工程、开放式小区精细化改造五年行动，优化完善市政设施、加快老城整体重构，进一步提升居民生活品质。

刻画乡村更美形态。以产业提升、项目合作、平台共建为重点，全力推进遂昌—松阳乡村振兴示范区建设。对生态空间、产业发展、人居环境、基础设施进行系统性重塑，进一步做大中心村、活化特色村、退化空心村，不断优化村庄和人口布局。有序推进撤乡并镇、撤村建居，引导资源要素向中心镇、中心村和未来乡村配置。优化推广数字乡村平台，推动人工智能、大数据等数字化应用落地，大力实施农产品上行、快递进村等数字惠民举措，实现5G网络行政村全覆盖。全力开展县域风貌整治提升行动，创成3个省级城乡风貌样板区。

（四）强化外联内畅，深层次融入长三角一体化发展。打好“双招双引”组合拳。坚持一把手招商，完善招商激励、项目推进机制，持续优化以商招商、中介招商、“飞地”招商等模式，开展重大招商项目揭榜挂帅，每年滚动谋划、集中攻坚十亿级项目5个，引进亿元以上项目不少于12个。实施人才强县战略，优化升级人才新政，大力引进国内外顶尖团队和科创人才，破解企业高端人才招留难题。拓展“两进两回”路径，引导更多优秀人才回乡创业。力争到2026年，引进各类人才2万人。

念好问海借力“山海经”。不断深化与上海虹口、绍兴上虞的友好合作，更加主动承接诸暨、南湖、象山等结对地区赋能助力，推动创新能力、共建平台、产业项目、消费帮扶、干部交流、社会事业等全面升级。用好上海“科创飞地”和“人才飞地”平台窗口，建立杭州、深圳等城市“飞地”，做优诸暨、南湖、桐乡三大“飞地”平台，做强遂昌—诸暨“山海协作”产业园，积极承接发达地区产业转移和功能外溢。力争到2026年，产业合作项目到位资金80亿元以上，消费帮扶超过1亿元。

构建对外开放新通道。全方位融入长三角一体化和金义都市区、海西经济区，主动对接义甬舟开放大通道西延工程，开工建设衢丽铁路、义龙庆高速公路，谋划建设遂昌通用机场、金南铁路、缙云—江山高速公路等重大项目，加快实现赴杭州、到丽水、县内3个“1小时交通圈”。构建“五纵一横九连”综合运输通道，完成国道528线、遂昌—江山公路、新湖山大桥等项目，推进省道215线、县道峡北线等项目，基本建成通江达海、外联内畅的综合交通体系。

（五）增进民生福祉，高品质绘就和美共富现代化家园。推进民生事业现代化。办好人民满意的教育，完成教育资源扩量工程17个、新增学位5000个，创成“全国义务教育优质均衡发展县”和“国家学前教育普及普惠县”。完成人民医院迁建，谋划中医院搬迁，深化三大省级改革试点，促进中医药传承创新发展，打造健康遂昌、公共卫生、综合医改、县域医共体4个“山区示范”。深化新时代文明实践活动和汤显祖文化品牌建设，加强好川文化、农耕文化、红色文化、民俗文化保护传承。实施文体惠民工程，推动文体下乡和文化走亲，拓展数字场馆、数字文体服务等场景应用，实现文化礼堂智慧化改造全覆盖，打造“15分钟文体公共服务生态圈”，创建“省级示范文明县城”。力争到2026年，教育现代化指数达到90以上，人均体育场地面积3平方米以上。

推进社会保障现代化。完善社会救助、居家养老、社会福利、慈善事业、优抚安置、残疾人保障等服务体系。实施全民参保计划，加强商业保险制度和社会保障制度的衔接。深化基金综合监管，推进医保支付方式改革。落实新一轮养老服务设施专项规划，全面提高养老服务保障水平。巩固拓展脱贫攻坚成果同乡村振兴有效衔接，实施“扩中、提低”行动（扩大中等收入群体规模，提高低收入群体收入），实现更加充分、更高质量的就业，确保“零就业”家庭“动态清零”。不断壮大村集体经济，实现年经营性收入15万元以上行政村全覆盖。

推进基层治理现代化。深化数字政府建设，以数字化手段推进政府治理全方位、系统性、重塑性变革，打造一批具有鲜明遂昌辨识度、管用好用爱用的多跨，基本建成“掌上办事之县”“掌上办公之县”“掌上治理之县”。坚持和发展新时代“枫桥经验”，不断完善“党建统领+四治融合”社会治理体系，创建“国家信访工作现代化示范县”和“省级无信访积案县”。强化源头防控、系统防控，构建全领域、全环节、全要素安全监管机制，遏制各类安全事故发生，有效防范化解各类风险挑战。常态化开展扫黑除恶专项斗争，防范治理各种新型网络诈骗，强化道路安全治理，确保社会和谐稳定。

三、2022年政府工作安排

开局牵动全局。2022年是新一届政府的开局之年，也是“十四五”规划落地实施的关键一年，做好2022年政府工作，意义十分重大。综合考虑新冠疫情走势、发展趋势、外部环境和工作导向，牢牢把握“五大政策包”和“四张清单”窗口机遇，紧紧围绕县域三大发展主平台，建议2022年遂昌县经济社会发展主要预期目标为：地区生产总值增长8%左右；规模以上工业和服务业增加值分别增长15%和7%以上；创新研发投入强度达到1.9%；一般公共预算收入增长10%，农村常住居民人均可支配收入增长10%以上。为实现上述目标，要全力做好以下5方面工作：

1. 致力于工业强县，擎起县域经济顶梁柱。

推进“双招双引”。按照产业链全景图和产业招商图，发挥金属制品产业优势、省级化工园区平台优势和矿产资源优势，重点面向上海、杭州、深圳等发达地区，实施精准招商、特色招商，确保落地项目18个，引进亿元以上项目12个，其中制造业项目占比不低于60%。紧盯风投机构、着力招大引强，招引5亿元项目不少于2个，招引人才4000人以上。

全力建设产业新城。坚持硬环境和软环境协同发力，大力推动园区整合扩容提升，推进产城深度融合，高标准建设“产城融合、宜居宜业”的产业新城。编制完成东城核心区控制性详规，启动龙板山二期开发，新增工业用地66.7公顷。推进“园区大脑”建设，提升园区数字化服务管理水平，全面打造智慧园区。加快园区路网、道路整治、市政设施改造等工程，加速完善生活型配套服务设施，滨水城市客厅投入使用，提升化工园区应急配套、供电供热等基础设施水平，实现从生产型园区经济向综合型城市经济转型。

全力攻坚生态工业。推进新一轮制造业“腾笼换鸟·凤凰涅槃”攻坚行动，深化“亩均论英雄”改革，淘汰落后产能企业5家、整治“低散乱”企业30家，盘活工业用地20公顷以上；加快培育浙江元立集团成为“链主型”企业，高效有序推进铸造行业、化工行业绿色低碳转型，完成铸造行业整治，规模以上工业亩均增加值达到124万元。深入推进智能制造三年攻坚行动，确保规模以上企业自动化数字化智能化改造覆盖率达70%，力争高新技术、数字经济、装备制造、战略性新兴产业增加值进入全市第一阵营。新增规模以上企业18家、亿元企业8家，工业投资增长30%以上。

2. 致力于换道超越，按下能级提升快进键。

提升创新平台效能。融入浙西南区域创新体系构建，联动布局建设“科创+特色产业”区域性科创基地，培育引进高企研发中心、企业研究院、企业技术中心3家。依托“天工之城·数字绿谷”平台带动效应，大力引育数字生态产业，数字经济核心产业增加值增长15%以上，创成“省级数字经济创新发展试验区”。发挥产业创新服务综合体作用，争取省级孵化器入园企业40家以上，高新技术产业增加值增长15%以上。利用科创基金撬动作用，县级用于科技创新资金增长40%以上。新增“绿谷精英”项目8个，完成县校合作项目15个以上。

激发创新主体活力。实施“蜂巢计划”，充分发挥人才引领、产业创新优势，办好阿里巴巴“诸神之战”等高规格赛事，加快筹建中电海康、千寻位置联合实验室，加速前沿技术在生态价值转化中的普惠应用。建立创新型市场主体多元梯度培养机制，培育国家高新技术企业6家、省级科技型中小企业19家、省级高企研发中心2家、省级众创空间2家。深入实施“凤凰行动”，新增上市重点培育企业5家。培育省级专精特新企业3家、单项冠军企业1家。

优化创新创业生态。深化融资畅通工程，构建信贷、债权、股权、保险、创投、基金等多元融资体系，吸引域外银行、证券等金融机构入驻，确保小微企业贷款、涉农贷款增长20%以上。深入推进质量强县，打造“三服务”2.0版，进一步推广企业码应用，实现工业企业驻企服务全覆盖。深度优化项目全流程服务，探索以承诺制为核心的极简极速审批，持续开展优化营商环境五年行动，建立企业诉求快速反应机制。深化商事制度改革，强化“客户经理”服务理念，持续激发民间投资活力，全力打造营商环境最优县。

3. 致力于迭代演进，打造城乡统筹升级版。

加快新型城镇化建设进程。坚持精明规划、精致建设、精细管理，投入城市建设资金47亿元，全面推进以人为核心、高质量为导向、面向现代化的新型城镇化，增强城市综合竞争力。启动高铁新城规划和5个老旧小区改造，实施县城雨污分流、污水“零直排”三年行动计划，加快7个安置房项目进度，新建、改造城市道路15千米，推进源口、月亮湾、腾龙社区中心建设。加快南街、老茶厂、吴突头等城市更新区块开发利用，城市更新20万平方米，确保改一块、成一块、见效一块。推进城乡风貌整治提升行动，创建县域风貌样板区。加快建筑业转型升级，科学调控土地储备开发，促进房地产市场平稳运行。

加快乡村差序化发展步伐。围绕乡村类别、功能定位、发展方向，厚植底色、锻造成色、增添亮色，创建未来乡村3个、花园乡村23个、乡村振兴示范带1条，实现新时代美丽乡村全覆盖。全力打造“千万工程”升级版，积极创建少数民族特色村寨，全面完成美丽城镇创建。实施农村生活污水治理“强基增效双提标”行动，常态化开展环境综合整治、革新农村垃圾分类管理模式，创建省级示范村2个。深入推进“大搬快聚富民安居”工程和“一户多宅”清理整治，引导搬迁3200人，复垦建设用地26.7公顷。实施22个村饮水工程提升改造，不断提升城乡同质供水覆盖率。

加快生态高端化先行示范。打好生态提质组合拳，空气质量优良率99%以上，各交接断面水质稳定达标，县域生态环境质量继续走在全省前列。高质量完成“国家生态文明示范县”复核评估和新型城镇化标准化试点建设，创建“无废城市”，推进畜禽粪污、秸秆、农业废弃物综合利用，促进化肥减量增效，防治农业面源污染。深化“河（湖）长制”“林长制”，实施“增花添彩”“彩色林相”“绿谷花海”专项行动，持续开展松材线虫病防治、河道采砂整治、山水林田湖草生态保护修复，继续实施乌溪江及松阴溪流域综合治理，打造具有鲜明遂昌标识的生态“金名片”。

4. 致力于项目牵引，跑出产业转型加速度。

倾力推动重大项目建设。实施项目攻坚百日冲刺行动，不断优化投资结构，狠抓项目落地，固定资产投资增长15%以上。建成清水源水库、圣邦精密、元立高速棒材、南力高分子、爱高新材料等项目。加快壹佰科新能源电动自行车、驰盛高端精密金属件等重大产业项目建设。开工衢丽铁路、新湖山大桥、宇恒新能源电池、浙江弘利新材料、220千伏汤公变电站、110千伏古院变电站等项目。加快抽水蓄能电站、成屏二级水库扩容等项目前期。

提质发展高效益现代农业。探索山地现代农业发展新模式，深入实施“十业万亿”培育工程和农业“双强”行动，新增农机装备3000台、宜机化改造66.7公顷以上，建成高水平农艺农机融合示范基地2个、区域性农机综合服务中心1个。推进“非农化”“非粮化”整治，开展千亩方永久基本农田集中连片整治，提升新路湾种业小镇综合效益，确保粮食等农产品稳产稳供。创新发展新型主体，培育省级骨干农业龙头企业1家、国家级示范性农民合作社1家、大学生“农创客”200人以上。持续打造“龙谷”茶叶品牌，加大地标农产品挖掘、培育和保护力度，强化质量管控认证，提升“遂昌牡丹亭”区域公用品牌影响力。

大力发展高品质现代服务业。优化服务业发展政策，推动生产性服务业专业化、生活性服务业品质化发展。加快电商进农村综合示范项目建设，大力培育电商主体，谋划电商创业孵化中心，建成省级电商专业村4个、电商特色村3个，推进仓储配送、三级物流、电商公共服务体系建设，畅通各类产品上行渠道。探索谋划古院、三溪口、东城新区商业圈，有效促进消费扩容提质。打造全域旅游项目58个，重点打造潜水、赛艇、温泉等户外休闲运动体验产品。举办仙侠湖环湖马拉松、百里红军古道越野赛、大柘万亩茶园自行车越野赛等赛事，加快培育高品位全域旅游新业态。

5. 致力于优质多元，踏上共富共赢新征程。

扎实做好社会保障。实施以农村集体经济为核心的强村富民集成改革，实现年经营性收入15万元以上行政村占比突破50%，低收入农户人均可支配收入增长15%以上。加快“大养老”“大救助”“大治理”“大服务”体系建设，新建认知障碍照护专区1个，新增示范型“儿童之家”8家、托育机构1家，每万名老年人拥有持证养老护理员22人。“动态清零”低收入家庭危旧房。加强对留守儿童、妇女、老人、残疾人等社会弱势群体的关爱保护。认真办好省、市、县民生实事，促进各项社会事业协调发展。

优化公共服务供给。推进教育提质行动，创建“国家义务教育优质均衡发展县”，完成教育项目投资1.4亿元，石练中心幼儿园开工，加快腾龙小学和幼儿园、遂昌中学运动场、后江幼儿园进度，完成王村口小学、金岸中心幼儿园改扩建，启动职教园区迁建项目前期工作。高水平建设健康遂昌，完成“国家卫生县城”复审，深化医疗卫生“山海提升工程”，推进县域医共体提质发展，高效运行浙西南精准医疗中心。大力提升文体事业，创新办好汤公音乐节、“班春劝农”活动，完成全民健身专项行动，完善城乡文体设施，全面推进“省示范文明县城”创建，新建文旅驿站3个、乡镇文化馆5个、乡镇图书馆2个。提升社区服务管理水平，推进智慧社区建设，实现社区数字治理全覆盖。完成城乡客运一体化改革。推进政务服务能力提升，新市民服务中心投入使用。

提高社会治理水平。抓好常态化疫情防控，坚决筑牢疫情防控严密防线。持续巩固和优化“县乡一体、条抓块统”改革试点成果，加快“1512”体系在基层贯通，争取国家级、省部级试点，谋划县域管用好用、全省复用通用的新场景应用，打造数字化改革硬核成果。坚持系统观念、法治思维、强基导向，制定完善信访问题“五色图”，开展信访问题源头化解和积案“清零”，夺取“二星平安金鼎”。持续开展安全生产、食品药品监管、道路交通、消防安全等专项整治行动，强化自然灾害监测预警、金融风险防控、应急管理体系建设等，以高质量县域治理推动高质量绿色发展。

四、全面加强政府自身建设

行者常至、为者常成。面对新形势新目标新任务，遂昌已进入建设“重要窗口”、迈向“共同富裕”、实现跨越式高质量发展的全新跑道。县政府将对标先进，拉高标杆，聚焦新发力点，塑造新结合点，以更高的政治判断力、政治领悟力、政治执行力，不折不扣推动上级党委、政府和县委的决策部署落实落地、见行见效，高质量做好“七张问题清单”整改落实，努力建设人民满意的服务型政府。

一是依法行政理念再深化。以创建“全省法治政府示范县”为引领，坚持统筹推进，加快构建职责明确、依法行政的政府治理体系。常态化落实县政府常务会议集体学法制度、全面深化政府法律顾问和公职律师制度，提高政府系统干部运用法治思维和法治方式开展工作、解决问题、推动发展的能力。严格落实重大行政决策法定程序，不断提升政府决策质量、效率和公信力。加强诉源治理，持续推进行政诉讼发案量和败诉率“双下降”，多举措推动基层治理法治化。深入推进政务公开，广泛听取民主党派、人民团体和社会各界的意见建议，自觉主动接受人大、政协、审计、司法、监察、统计和社会监督，确保政府行为更加公正公平、规范透明，高质量办理代表建议和委员提案。

二是善治有为合力再凝聚。以数字政府建设为引领，坚持把完善机制、提升质量、协同推进作为加强自身建设的首要任务，切实提升政府系统果断决策、高效执行、智慧应对的行动力。始终保持战略定力，善于抓住主要矛盾，强化开放发展、特色创新和集约优化配置要素，持续提高统筹协调、统筹兼顾和统筹落实能力，确保各项工作干一件、成一件。坚持贯通穿透式学习研究、贯通穿透式指导推进、贯通穿透式反馈落实，大力度推动干部破难攻坚、善作善成、勇毅前行，用干部的辛苦指数换取群众的幸福指数，确保政府各项工作高效率、高标准、高质量完成。以实干实绩实效论英雄，聚焦市场主体，大力度清淤点、通堵点，推进全链条优化审批、全过程公正监管、全周期提升服务，推动市场有效和政府有为更好结合。

三是清正廉洁政风再凸显。认真履行党风廉政建设主体责任，层层压紧压实“一岗双责”，严格落实中央八项规定及其实施细则精神，促进政风作风持续向好向上，着力构建亲清型政商关系。深化践行忠诚使命、求是挺进、植根人民的“浙西南革命精神”，高举“丽水之干”行动奋斗旗帜，健全崇尚实干、敢于担当、容错纠错正向激励机制，强化“精准思维、有效沟通、主动补位”等争先进位意识，进一步增强“各打锣鼓合唱戏、众人拾柴火焰高”的团队战斗力。坚持实干不争论、苦干不言累、巧干不折腾的工作作风，争做时代发展的领路人、攻坚克难的带头人、群众信赖的贴心人。加强跟踪问效和考核督查，力争各项工作长计划、短安排、快行动，确保先人一拍、快人一步、胜人一筹。强化过“紧日子”思想，严肃财经纪律，严控“三公”经费和财政一般性支出，持续优化财政资金绩效考核。坚持源头防腐，突出抓好国资国企、公共资源、项目资金和招投标等重点领域和关键环节监管，加大对侵害群众利益问题的整治力度，持续巩固政府系统风清气正的政治生态。

专 记

中国共产党遂昌县第十六次代表大会

【概况】12 月 26—27 日，中国共产党遂昌县第十六次代表大会在汤显祖大剧院召开。会前召开了预备会议和代表资格审查委员会会议。26 日上午会议开幕，县委书记胡刚代表中共遂昌县第十五届委员会向大会作报告，县纪委常委会以书面形式向大会作报告。会后各代表团展开分组讨论。大会举行了 3 次全体会议，5 次主席团会议。27 日下午举行闭幕式，通过了关于县委工作报告和县纪委工作报告的两项决议。27 日晚，中国共产党遂昌县第十六届委员会举行第一次全体会议，选举产生了新一届中共遂昌县委常委、书记、副书记。

【预备会议】12 月 25 日上午，中国共产党遂昌县第十六次代表大会代表团召集人会议召开。胡刚主持会议并讲话。顾奕滨报告大会筹备情况和大会活动安排。下午，中国共产党遂昌县第十六次代表大会预备会议举行，通过了大会主席团成员名单、大会秘书长名单、代表资格审查委员会名单和大会议程。

预备会议后，召开了中国共产党遂昌县第十六次代表大会代表资格审查委员会会议，听取代表选举工作情况和代表资格初步审查情况的汇报；讨论通过了《中国共产党遂昌县第十六次代表大会代表资格审查委员会关于代表资格的审查报告》。

【开幕】12 月 26 日上午，中国共产党遂昌县第十六次代表大会在汤显祖大剧院开幕。本次大会应到代表 229 名，开幕会议实到代表 223 名，符合规定人数。胡刚代表中国共产党遂昌县第十五届委员会向大会作题为《牢记嘱托，求是挺进，奋力在新的赶考路上交出优异答卷》的报告。中共遂昌县纪律检查委员会以书面形式向大会报告工作。

中国共产党遂昌县第十六次代表大会是在“两个一百年”奋斗目标历史交汇点，遂昌县全面建成小康社会、开启现代化建设新征程的关键时期召开的一次十分重要的大会。大会坚持以习近平新时代中国特色社会主义思想为指导，牢记总书记的深切关怀和殷切嘱托，勇担建设“重要窗口”、迈向“共同富裕”新使命，加快推进遂昌高质量发展、竞争力提升、现代化先行，奋力在新的赶考路上交出优异答卷。

【主席团会议】12 月 25 日下午，中国共产党遂昌县第十六次代表大会主席团召开第一次会议。会议表决通过了《中国共产党遂昌县第十六次代表大会代表资格审查委员会关于代表资格的审查报告》，通过了大会主席团常务委员会成员名单、大会执行主席分组名单、大会副秘书长名单、审议大会列席和参加开幕式人员名单，通过了大会日程。

12 月 26 日下午，中国共产党遂昌县第十六次代表大会主席团召开第二次会议。会议听取了各代表团对县委工作报告和县纪委书面工作报告讨论情况的汇报；审议了中共遂昌县委和县纪委工作报告决议（草案）；审议了中共遂昌县第十六次代表大会选举办法（草案）；审议通过了县委委员、县纪委委员候选人预选建议名单、县委候补委员候选人建议名单和出席丽水市第五次党代会代表候选人预选建议名单，通过了大会日程调整安排。

12月26日晚，中国共产党遂昌县第十六次代表大会主席团召开第三次会议。会议听取了各代表团讨论中共遂昌县第十六次代表大会选举办法（草案）和酝酿县委委员、县纪委委员候选人，出席市第五次党代会代表候选人预选建议名单情况的汇报。通过了中共遂昌县第十六次代表大会选举办法（草案），总监票人、副总监票人建议名单和监票人名单，决定提交大会通过。会议通过了县委委员、县纪委委员、出席市第五次党代会代表候选人预选名单。根据多数代表意见，建议将县委委员、县纪委委员、出席市第五次党代会代表候选人预选建议名单作为候选人预选名单，提交大会进行预选。

12月27日上午，中国共产党遂昌县第十六次代表大会主席团召开第四次会议。会议通过了县委委员、候补委员和县纪委委员候选人名单；通过了出席市第五次党代会代表候选人名单；通过了县委和县纪委工作报告的决议（草案）。

12月27日上午，中国共产党遂昌县第十六次代表大会主席团召开第五次会议。会议总监票人报告了选举计票结果。会议推选出了十六届县委、县纪委第一次全会主持人。

【分组讨论】12月26日，县委书记胡刚到第十代表团和第一代表团，与代表们共同审议党代会报告和纪委工作报告。听取代表们发言后，胡刚强调，要牢记嘱托、求是挺进，围绕资源要素集聚、发展平台壮大、营商环境优化、基础设施提升、城乡差距缩小等方面，干好利于遂昌长远发展的事。要突出重点，抓好产业、项目、市场主体三项牵引性、关键性、基础性工作，做大做强生态工业、新型城镇化、数字科创三大发展主平台。要合力攻坚，抓好省市重点项目、重大产业项目、“六个千亿”产业投资工程、“4+1”重大项目等引领性项目，奋力在新的赶考路上交出优异答卷。

12月26日，代县长李锋先后参加了第二、第九代表团讨论。听取代表们发言后，李锋指出，要突出工业强县，坚定不移做大生态工业经济。要突出互联互通，坚定不移补齐基础设施短板。要突出数字赋能，坚定不移推动生态数字经济融合。要突出进退并举，坚定不移推进城乡协同发展。要突出成果共享，坚定不移塑造系统变革。

【全体会议】12月27日上午，中国共产党遂昌县第十六次代表大会举行第二次全体会议。会议通过了《中国共产党遂昌县第十六次代表大会选举办法》，通过了大会总监票人、副总监票人和监票人名单，宣布了分团预选有关事项。

12月27日上午，中国共产党遂昌县第十六次代表大会举行第三次全体会议。大会采用无记名投票方式，选举了中国共产党遂昌县第十六届委员会委员、候补委员、县纪律检查委员会委员和出席市第五次党代会代表。

【主席团常务委员会会议】12月27日上午，中国共产党遂昌县第十六次代表大会召开主席团常务委员会会议。会议听取了大会预选结果的报告。根据大会选举办法规定和总监票人的报告，会议提出县委委员、候补委员、县纪委委员候选人及出席丽水市第五次党代会代表候选人的建议名单，并提交主席团第四次会议通过。

【闭幕】12月27日下午，中国共产党遂昌县第十六次代表大会在汤显祖大剧院闭幕。本次大会应到代表229名，闭幕会议实到代表224名，符合规定人数。大会通过了关于中共遂昌县第十五届委员会工作报告的决议、关于中共遂昌县纪律检查委员会工作报告的决议。胡刚主持大会。

大会号召，全县各级党组织和全体共产党员要更加紧密团结在以习近平同志为核心的党中央周围，在省委、市委坚强领导下，大力弘扬伟大建党精神，一以贯之守好“红色根脉”，牢记嘱托、求是挺进，真抓实干、善作善成，奋力谱写遂昌大建设大发展大跨越新篇章，为全国、全省、全市发展大局做出遂昌贡献，以优异成绩迎接党的二十大胜利召开。

【县委十六届一次全会】12 月 27 日晚，中国共产党遂昌县第十六届委员会举行第一次全体会议。会议通过了选举办法，选举产生了中国共产党遂昌县第十六届委员会常务委员会委员和书记、副书记。胡刚、李锋、顾奕滨、孙培莲、谭国庆、梁成、苏中山、练如库、季晓立、潘吉文、徐清当选为县委常委，胡刚当选为县委书记，李锋、顾奕滨当选为县委副书记。全会审议通过了中国共产党遂昌县第十六届纪律检查委员会第一次全体会议选举结果的报告。新当选县委书记胡刚作讲话。（张俊雄）

党史学习教育

【概况】2021 年是中国共产党成立 100 周年，党中央作出战略决策，在全党开展党史学习教育。遂昌县贯彻“学党史、悟思想、办实事、开新局”的要求，聚焦党史学习教育的目标任务和重点举措，积极引导全县党员干部从中国共产党的百年奋斗重大成就和历史经验中汲取奋进力量，掀起了党史学习教育热潮。

3 月 18 日，遂昌县召开党史学习教育动员部署会，发布《中共遂昌县委关于开展党史学习教育的实施工作方案》。至年底，全县累计开展专题学习 2415 场，开展专题宣讲 2046 场。全县党员干部累计为群众办实事 8905 件，为企业解难题 1392 件。

【突出学习】县委理论学习中心组召开 18 次专题学习会，33 名县处级领导开展学习交流。全县征订党史学习教育“四本必读书籍”（习近平《论中国共产党历史》《毛泽东邓小平江泽民胡锦涛关于中国共产党历史论述摘编》《习近平新时代中国特色社会主义思想学习问答》《中国共产党简史》）16400 余套。开展主题党日活动 2592 次、专题读书班 100 余场，开展解放思想大讨论 100 余场，开展“六个一”主题教育活动 7591 场。全年吸引近 30 万人次赴遂昌革命纪念馆、红色古镇王村口、中共遂昌县委机关驻地旧址参观学习。把党史学习教育纳入各乡镇（街道）红黑榜单，组织 5000 余名党员干部参观党史主题作品展。推送主题文章 500 余篇。

▲4 月以来，王村口镇青年干部利用碎片化时间，开展乌溪江畔学党史活动

【开展宣教】县处级以上领导干部带头开展党史专题宣讲 56 场。组成超 600 人的“山中青年”理论宣讲团队，深入田间地头、工厂车间、课堂讲堂，开展党史宣讲 1451 场，受众 10 万余人次。创设“乌溪夜校”“门阵红色学堂”“石练书院”等 10 余个宣讲平台，开展特色宣讲 200 余场。以图文、短视频等方式，开设“革命物件里看党史”等栏目 50 余个。编发县级简报 56 期，通报 31 期。刊发各类宣传报道、简报 3000 余篇，其中在中央、省级媒体刊发 600 余篇。微电影《坚守》获全国党史和文献部门优秀科研成果新媒体类一等奖。

▲4 月 23 日，遂昌县举办“山中青年说”理论宣讲大赛暨微型党课大赛

【服务群众】开展“你点我帮”办实事活动，将全县70%以上党员纳入“红小二”队伍。开展党员志愿服务活动10013次，认领、实现“微心愿”5518个。出台《遂昌县推进生态工业和数字经济高质量绿色发展三十条》，建成遂昌县产业政策网上兑现平台，为企业降本减负达29亿元。深化县、乡、村三级党员领导干部包乡走村活动，培植和派驻216名“五色书记”下沉基层服务，帮助群众解决问题200余个。为17567户农户发放小额普惠贷款，累计金额26.62亿元。

▲5月8日，遂昌县“红小二”队伍下基层送服务

【务求实效】成立遂昌县“双招双引”服务中心和“双招双引”基金，共签约项目31个，合同投资额148.07亿元。出台史上最优、省内领先的“人才新政”22条，引进各类人才4590人。有4家企业申报省级高企研发中心、12家企业申报年度高新技术企业、21家企业申报年度省级科技型中小企业。升级“一中心四平台一网格”县域社会治理体系，承接14个省级试点。“干部实绩数字化考评”应用入选2021数字政府特色评选五十强创新案例。王村口镇打造“1935”文旅街区，为游客团队提供沉浸式体验。大柘镇结合未来乡村建设试点，打造数字茶业创业园，吸引近9万人次前来学习参观。

【庆祝中国共产党成立100周年系列活动】5月26日，“绚丽夕阳·舞美遂昌”暨“红心向党·礼赞百年”文艺展演在平昌广场举行。6月10日，“光荣在党50年”纪念章颁发仪式在遂昌革命纪念馆启动，首批33名老党员获颁纪念章。6月22日，浙江省庆祝中国共产党成立100周年主题系列新闻发布会丽水专场在红色古镇王村口举行。6月28日，云峰街道门阵村国共和谈纪念馆新馆建成开馆。6月30日，遂昌县阳光残疾人艺术团在大柘镇举行庆祝中国共产党成立100周年文艺展演。“七一”前夕，遂昌县开展“我为七一献热血”活动，167名志愿者参加献血，献血量52100毫升。

7月1日上午，庆祝中国共产党成立100周年大会在北京天安门广场隆重举行。遂昌县四套班子领导、各有关单位主要负责人、各民主党派主要负责人、优秀党员和党务工作者、担任过实职副县以上领导职务的离退休干部等一同在遂昌县主会场集中收看大会实况直播。全县党员、干部、职工也通过多种渠道收听观看了大会。7月1日下午，遂昌县举行集中宣誓、“两优一先”表彰活动。

7月6日晚，遂昌县“民星欢乐荟”广场健身舞沙龙红舞专场在古院广场举行。7月7日，县职业中专举行庆祝中国共产党成立100周年教师唱红歌比赛。7月19日晚，县纪检监察系统举行庆祝中国共产党成立100周年文艺会演。7月31日晚，县政协举办庆祝中国共产党成立100 周年联谊活动。“七一”前后，遂昌县各界纷纷举办活动，庆祝中国共产党成立100周年。

▲7月2日，遂昌县统一战线庆祝中国共产党成立100周年文艺晚会在汤显祖大剧院举行

（翁婕 文/图）

生活垃圾分类投放

【概况】2021 年，遂昌县推进生活垃圾分类投放工作。5 月 10 日起，主城区全面实行生活垃圾“两定四分”（定时、定点；有害垃圾、可回收垃圾、易腐垃圾、其他垃圾分类投放）。明确居民定点投放垃圾的时间：每天早、晚两个时段圾，4 月至 10 月为 6 时至 9 时、18 时至 21 时；11 月至次年 3 月为 7 时至 10 时、17 时至 20 时。其余时间段垃圾分类点关闭，流动点位垃圾桶撤走。

全年，遂昌县生活垃圾分类处理率 94.12%，生活垃圾分类覆盖面、无害化处理率、资源化利用率均达 100%。全县新增 20 个垃圾分类处理村，创建 8 个省级高标准生活垃圾分类示范小区，创建 3 个省级高标准垃圾分类示范村，创建 33 个生活垃圾分类示范单位和 24 个生活垃圾分类示范国有企业。

▲遂昌县生活垃圾分类“两定四分”点位

【源头减量控制】2021 年，全县党政机关、国有企事业单位办公场所不使用一次性用品，宾馆、酒店不主动提供一次性用品。建立农贸市场塑料购物袋集中购销制度，逐步控制、减少塑料袋和一次性用品的销售和使用。建成府前农贸市场易腐垃圾就地处理设施设备，实现生鲜垃圾就地处置。各乡镇（街道）设置再生资源回收网点和有害垃圾存放点。县城区设置垃圾分类点位 170 个，其中固定点位 102 个，流动点位 68 个，安装监控摄像头 150 余个。在人口集中的住宅小区，配套设置大件垃圾、装修垃圾存放点。

【垃圾收运处置】完成遂昌县生活垃圾焚烧场一期建设，具备日处理 300 吨城市生活垃圾的能力，配置 50 吨餐厨垃圾及粪便处理线。配备垃圾分类桶装车 20 辆、压缩式密闭车 7 辆，快报车 20 辆，应急车 11 辆，建成 2 座生活垃圾直运站（君子路清洁直运站、溪边路直运站）。按照“两个不准”（不准跑冒滴漏、不准混装混运）、“两个统一”（统一车辆颜色标识、统一安装定位系统）和“五定管理”（定时、定点、定车、定人、定路线），打造“清洁直运+分类转运”“以桶换桶”垃圾分类运输体系。有害垃圾集中运输至丽水市进行处理。

【资源化回收利用】推进再生资源回收网点和分拣中心标准化建设。培育以再生资源回收利用为主要业务的遂昌乐合环保科技公司成为龙头企业。提升改造遂昌县生活垃圾分拣中心，布点建设 30 个线下回收网点，改造 6 个农村生活垃圾资源化站点。推进中低值可回收物回收利用。全县生活垃圾资源化回收利用率达到 57.31%。

【培育文明风尚】成立垃圾分类志愿者队伍，深入农村、社区、学校、企业、机关、商场超市、宾馆酒店开展“两定四分”普及和公益宣传。开展“敲门”宣传行动、垃圾扫盲行动，指导居民对生活垃

▲1 月 1 日，叶坦社区开展垃圾分类宣传活动

圾进行准确分类。组建讲师团，深入机关单位、社区、乡镇（街道）开展垃圾分类知识培训。利用公告栏、灯箱、道旗等公共媒介广泛宣传。累计入户宣传 14.4 万人次，朋友圈植入式广告 2 万条，发放宣传资料 60 万余份。开展垃圾分类培训 320 场，覆盖 4 万余人。城镇生活垃圾分类知晓率 95%以上。

【实施“桶长制”】出台《遂昌县生活垃圾分类桶长制实施方案》。各单位签订责任书，城区生活垃圾分类流动点位由 76 个部门认领，由各部门主要领导担任桶长，负责该点位撤桶并点后的垃圾分类工作。5 月 10 日起，确定一个月为生活垃圾分类集中攻坚月，桶长单位每日安排干部职工上岗，每日在规定投放时间内值守 6 小时，宣传在点位、指导在点位、督导在点位，面对面、一对一引导市民开展生活垃圾分类。攻坚月结束后，各桶长单位继续对包干点位负责，每日到现场督查。

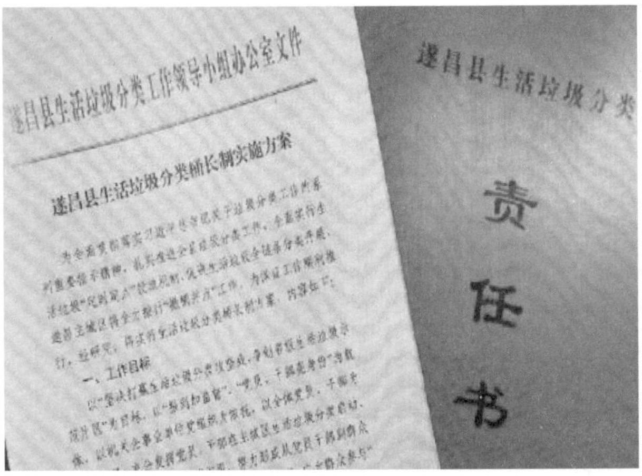

▲4 月，《遂昌县生活垃圾分类桶长制实施方案》印发，各单位签订责任书

【查处违规行为】5 月 10 日，遂昌县生活垃圾分类投放新规实施的第一天，县综合行政执法局对县城垃圾分类投放情况开展检查。晚 8 时许，执法队员发现太和路一垃圾投放点位存在混投行为，经过调查，是附近某餐厅人员未将垃圾进行分类，混投丢弃。执法队员当场作勘查笔录，向该餐厅发放了告知文书。

6 月，妙高派出所民警在某短视频平台发现一段违反垃圾分类投放的视频。该视频拍摄于遂昌县妙高街道西街，一男子将生活垃圾胡乱丢弃在地面上，并对垃圾分类新规表示不满，其行为违反了《浙江省生活垃圾管理条例》。经排查，民警和行政执法人员锁定该男子身份，对其进行了查处。

【生活垃圾分类现场会】9 月 24 日，2021 年生活垃圾分类示范单位创建现场学习暨能力提升培训会召开。会议对 2020 年度遂昌县生活垃圾分类示范单位进行授牌，布置 2021 年度示范单位创建方案及申报事宜，开展全县党政机关、事业单位垃圾分类能力提升培训。县机关事务保障中心、县综合行政执法局、县妇联、县人大常委会办公室 4 家示范单位分享了垃圾分类工作经验。与会人员到垃圾分类示范单位进行现场观摩学习。

11 月 29 日，丽水市生活垃圾分类全面决胜攻坚现场培训会在遂昌县举行。培训会邀请省垃圾分类办公室综合组组长蒋智勇对《浙江省生活垃圾分类管理条例》进行解读，为参会人员上了一堂内容丰富的垃圾分类培训课。

【获评省级优胜】12 月 16 日，浙江省千村示范万村整治工作协调小组办公室公布了 2021 年度全省农村生活垃圾分类处理优胜县（市、区）及省级高标准农村生活垃圾分类示范村名单，遂昌县再获“优胜县”称号，连续三年获此荣誉。大柘镇大田村、新路湾镇蕉川村、湖山乡湖山村被评为省级高标准农村生活垃圾分类示范村。

2021 年底，省生活垃圾分类工作领导小组办公室通报表彰了 2021 年度浙江省生活垃圾分类工作成绩突出集体和个人，遂昌县妙高街道获评全省生活垃圾分类工作成绩突出集体。经网络评选和专家评定，遂昌县机关事务保障中心“大后勤”保障分类实践入选 2021 年度浙江省生活垃圾治理十大优秀案例，丽水市唯一。

（韩丽芳/文 遂昌新闻网/图）

大事记

1月

1日，遂昌县第八届青少年歌手大赛决赛在县青少年宫举行。

是日，中央电视台综合频道播出元旦特别节目《点亮2021》，长篇报道遂昌“浙西川藏线”全域自驾越野品牌以及旅游赋能乡村的成功经验。

2日，“2021路虎杭州年会遂昌穿越”暨“石姆岩越野基地”俱乐部授牌仪式在高坪乡箍桶丘村举行，活动吸引了60台路虎车、140位车友参与。

5日，县委十五届十次全体（扩大）会议审议通过了《中共遂昌县委关于制定遂昌县国民经济和社会发展第十四个五年规划和二〇三五年远景目标的建议》。

6日，遂昌县政府与中国电信丽水分公司签署新基建（5G）战略合作协议。

12日，遂昌康桥血液透析中心向遂昌县慈善总会捐款5万元，成立康桥慈善基金。

21日，遂昌县政府与浙江农林大学签订深化县校全面合作协议。

是日，三仁畲族乡“小畲味”生态农产品直播平台建成开播。

24日，清水源水库工程启动大坝浇筑。该工程是省重点项目，总投资5.7亿元，坝高89米，为遂昌县投资最大的水利项目。

30日，县人民医院方舱CT投入使用，助力新冠疫情常态化防控。

是月，遂昌县荷花滩公园项目完工，成为市民休闲新去处。

是月，县市政园林处和智慧城管服务中心对县城内主要街道停车泊位进行重新施划，共施划机动车泊位870余个。

是月，遂昌县3个项目入选2020年第二批浙江省重大产业项目清单，分别为“天工之城·数字绿谷”项目、高端精密金属件研发生产项目、新能源电动自行车整装制造与动力总成项目。

是月，位于柘岱口乡五星村的“柘里薯乡星创天地”项目正式投入使用。该项目包含番薯新品种试验示范基地、番薯标准化加工中心、番薯社会化服务中心3个子项目。

是月，国家开发银行浙江省分行向遂昌县两山集团融资授信22亿元，为全省首笔“生态产品价值实现”融资项目，融资期限20年。

2月

3日，遂昌县推出云上“班春劝农”典礼，整合文化、旅游、农业资源，开展人机互动、趣味抽奖等活动。

4日，遂昌县“村晚”节目在中央电视台农业频道播出。全年，遂昌县有12个“村晚”节目在中央电视台各频道亮相。

19日，全县干部大会暨县委经济工作会议召开，总结2020年工作，安排部署2021年任务。

26日，中国航天科工集团增材制造技术创新中心浙南基地投入试运营。该基地位于遂昌县“山海协作”产业园，是航天增材中心首个金属级3D打印的多功能平台。

27日，政协第九届遂昌县委员会第五次会议开幕。3月2日闭幕。

28日，遂昌县第十六届人民代表大会第五次会议开幕。3月2日闭幕。

是日，遂昌县“春风送岗”暨高校毕业生人力资源交流大会在平昌广场举行。此次招聘会有150家企业参加，招聘785个职位、3064个岗位。

是月，遂昌县天然气门站正式投入运行，迎来省网管输气。

是月，遂昌县试行“县乡一体、条抓块统”改革，首批16家县级单位的53名干部派往试点乡镇湖山乡，施行常驻办公、分时办公、实时办公。

是月，遂昌县对符合条件的规模以上企业的加班员工，按照每天50～70元不等标准给予补助；向春节期间留在遂昌过年的县外员工赠送800元/人的消费券，以及旅游门票等。

是月，《遂昌县志（1991—2010）》由浙江古籍出版社正式出版发行。志书分上、下两册，共计204万字，印数3000套。

3月

8日，“万物开源·遂昌”2021年全民踏春之庆“三八”瓯江绿道支线健步走活动举行，全县400多名女职工参加。

14日，遂昌县“天工之城·健康产业园”招引项目集中签约仪式暨工业建设项目推进会举行，石练镇政府与五养堂（浙江）中药有限公司、浙江心颐生物医药有限公司等4家公司签订合作协议。

是日，新路湾镇胡家村举办“花田喜事”，在金色的油菜花海中展示旗袍秀、非遗文化、移民特色小吃等。

15日，遂昌县在平昌广场开展以“守护安全畅通消费”为主题的“3·15”大型宣传服务活动。

17日，遂昌县月亮湾社区中心、古院梅溪安置房2个项目参加全省扩大有效投资重大项目集中开工仪式。2个项目总投资12.33亿元，2021年度计划投资2亿元。

18日，遂昌网易联合创新中心揭牌，现场签约2家院士团队、1家海外文创团队、2家国内创业团队。此为网易公司在国内第28个联合创新中心。

是日，遂昌县首批社会公开预约新冠疫苗人员接种工作正式开始。

19日，万物开源·茶韵飘香——遂昌县高山名茶问茶节在平昌广场开幕。是日，遂昌县举办“一亩茶园”主题论坛，遂昌“天猫超级原产地”茶园在大柘万亩茶园落成并开摘。

25日，县市政园林管理处举办第5届“我送你栽”活动，8000盆绿植免费赠送给市民。

29日，浙江省医疗卫生“山海”提升工程签约仪式在杭州举行。遂昌县政府与浙江大学医学院附属第二医院签订合作协议。

是日，遂昌实验教育集团吴乐畈新校区落成仪式举行。新校区占地3.36万平方米，办学规模为36个班级，提供学位数1620个。

31日，遂昌县举行2021年一季度重大项目集中签约暨开工仪式。10个项目集中签约，总投资33亿元；12个项目集中开工，总投资20亿元。

31日，诸暨市、上虞区、南湖区、象山县、遂昌县5地文联共同开展“仙侠雅集”活动。

是月，遂昌县城市污水处理厂清洁排放技术改造项目正式投入商业运营。

是月，遂昌黄铁矿地下水污染综合治理工程项目全面启动。该项目入选生态环境部公布的“全国第一批地下水污染防治试点项目”。

是月，遂昌县全面完成农村饮用水达标提标三年行动。全县农村饮用水达标人口覆盖率99%，农村供水保证率95%，水质达标率95.5%，水费收缴实现全覆盖。

是月，遂昌县获得2021年第二批省水利建设与发展专项资金2390万元，此前获得第一批省水利建设与发展专项资金6700万元，两批共计9090万元。

是月，妙高街道被公布为2020年度丽水市“无违建乡镇（街道）”。至此，遂昌县20个乡镇（街道）全部创建“无违建乡镇（街道）”。

4月

2日，县人力社保局发布2021年遂昌县面向国内外知名大学、江浙沪部分重点高校引进优秀毕业生公告，推出16家事业单位的19个专技岗位。至报名截止，共吸引137名优秀毕业生报名。

6日，《小康》杂志社发布“2021中国最美乡村百佳县市”榜单，遂昌县以95.01分的总评分居全国第一5位。

9日，县残联为21名残疾人进行假肢取模。自2008年实施“残疾人共享小康工程”以来，遂昌县已为127位残疾人免费安装了假肢。

13日，遂昌县政府与太平洋建设集团签订战略合作协议。根据协议，太平洋建设集团将在遂昌投资100亿元，积极参与市政、交通、水利、康养文旅等项目建设。

16日，“诗画浙江”全省风景摄影大展在关雎文化园开展，展出近300幅摄影作品。

18日，“数字绿谷·遂昌”仙侠湖首届半程马拉松赛开跑，近1200名跑友参加比赛。

19日，丽水市委“三农”工作会议在遂昌县召开。会前，首次以市委、市政府名义举办“班春劝农”仪式。

20日，遂昌县登埠水库正式下闸蓄水。

22日，杭州知识产权法庭（遂昌）巡回审判庭揭牌仪式在湖山乡举行。

是日，遂昌县自然资源与规划局在平昌广场开展“世界地球日”主题宣传活动，发放了9000余份宣传资料。

25日，遂昌县在方舱接种点（体育馆）组织新冠疫苗不良反应应急处置演练。

29日，遂昌县举办“我心向党”职工红色定向赛，全县各机关企事业单位共57支队伍、近500人参与活动。

是月，遂昌县启动仙侠湖区域最大规模的水面整治行动。

是月，遂昌县实验教育集团在后江民族校区举办首届三月三畲族运动会。

是月，遂昌仙侠湖流域生态环境导向开发项目入选全国生态环境导向开发试点项目。该项目涉及11个乡镇，资金总额44.34亿元。

5月

9日，“万物开源·古道探秘”2021中国户外山地越野跑公开赛遂昌站在三仁畲族乡坑口村开赛，来自全国各地的600余名选手参赛。

10日，遂昌县城区全面实行生活垃圾“撤桶并点”及“定时定点”分类投放工作。

是日，“百年征程遂月如歌”庆祝中国共产党成立100周年暨遂昌县送戏下乡启动仪式在平昌广场举行。

是日，遂昌县首届“万步有约”健步走激励大赛启动，各单位356名干部相约平昌广场，用健步走的方式引导全民健身。

是日，科幻电影《超能水怪》在湖山乡“天工之城”举行开机仪式暨新闻发布会。

12日，县自然资源和规划局联合多部门在平昌广场举办“5·12”防灾减灾日暨全国自然灾害综合风险普查应急安全体验活动。

12日，北界镇共享法庭以在线开庭的方式“隔空审案”，审理蓝某诉麻某要求支付货款一案。这是遂昌县首例通过共享法庭审理的案件。

14日，遂昌县政府与浙江省知识产权研究服务中心签约，达成知识产权强县战略合作。“天工之城·数字绿谷”创新支持中心正式揭牌。

17日，遂昌县26所义务教育段公办学校正式实施师生“同菜同质同价”用餐。

19日，温岭至常山公路遂昌湖山至黄沙腰段工程（遂昌一江山公路）全面开工建设。

是日，云峰街道东姑村联合工会召开第一次会员大会，为全市首个村级联合工会。

20日，遂昌县生态工业“双招双引”服务中心揭牌。该中心重点承担涉企服务、招投标管理、综合指挥等功能。

是日，杭州钢铁集团有限公司2021年疗休养启动仪式暨与加快发展县疗休养合作大会在遂昌金矿国家矿山公园举行。

25日，兰台居文化园项目举行开工仪式。该项目以应村乡金田寺为核心地块，打造高端民宿和度假胜地，预算总投资4亿元。

是日，2021浙江科技成果竞价（拍卖）会遂昌专场暨项目路演推介会，在遂昌县金属制品产业创新服务综合体举行，7项科技成果项目全部成交，其中3项被遂昌本地企业拍得。

27日，省体育局“体育下乡红色行”活动走进遂昌县王村口。省体育服务中心向王村口镇赠送价值15万元的体育器材。

31日，2021年丽水遂昌春耕支农服务活动在新路湾镇蕉川村举行。

是月，遂昌县与江西工业职业技术学院签订人才合作框架协议。至此，遂昌县已与国内15家高校建立引才联络站。

是月，县综合行政执法局开展“行走遂昌、全员上街”城市管理大巡查行动。

6月

2日，全县建设领域安全生产暨“红绿标杆工地”现场观摩会在大柘数字茶业创业园项目施工现场召开。

3日，“丽水味道”创意大赛·粽暨遂昌县大过端午活动在平昌广场开幕。现场发布“处州特色小吃”十大标准，就丽水市二十四节气节庆活动乡村行游图进行现场推介，县农业局举行“双招双引”项目签约仪式。

8日，遂昌县人大常委会与龙游县人大常委会开展联合治水视察活动。

9日，全国数字生态创新大赛总决赛暨数字生态创新发展峰会在遂昌县举办。是日，阿里云创新中心丽水遂昌揭牌仪式暨阿里巴巴诸神之战“数字经济”全国挑战赛启动仪式举行。

10日，遂昌县“光荣在党50年”纪念章颁发工作在遂昌革命纪念馆启动，仪式上，首批33名老党员获颁纪念章。

16日，位于湖山乡红星坪村的仙侠湖水上运动中心正式对外营业。

18日，遂昌县“天工之城”高端制造业和服务业峰会举行，近百名专家学者、行业精英齐聚探讨新能源产业发展及高端制造产业转型升级。

是日，全国弘扬践行革命精神红色宣传联盟大型融媒采访丽水行活动走进遂昌，14个省市、27家媒体的50余名记者参与活动。

19日，遂昌县举行以“共享绿道建设成果”为主题的全民健步走活动，全县机关企事业单位、学校、村（社）等近900名群众热情参与。

22日，浙江省“守好红色根脉，打造重要窗口”主题系列新闻发布会丽水专场在王村口苏维埃政府旧址举行，全国30多家媒体聚焦发布会。

是日，省“体彩复兴路、百年新征程”红色运动会走进革命老区活动在王村口镇举行，全省24支队伍参加活动，王村口镇和焦滩乡也组队参赛。

25日，国道528线遂昌新路湾至石练段改建工程全面开工建设。项目总投资37.3亿元，为遂昌县有史以来投资体量最大的公路交通项目。

28日，浙江丽水（遂昌）人力资源服务产业园正式开园。该园坐落于遂昌县东城区块，为企业引才招工和群众就业提供“一站式”双向服务。

是日，遂昌县举行金寿珍正高级农艺师专家工作站签约仪式，为遂昌县引进的第2家农业领域专家工作站。

是日，2021年丽水市合唱大赛活动暨第六届丽水市合唱节在丽水大剧院举行，遂昌“龙谷”教师合唱团参赛节目获金奖。

29日，衢宁铁路遂昌货运站开通运营，正式开办货运业务。

29—30日，遂昌县开展的“学党史践初心，我为‘七一’献热血”无偿献血活动，共有167名志愿者参加献血，献血量52100毫升。

30日，“初心承百年清香润遂昌”主题系列作品展在汤显祖纪念馆展出，展出176件有关清廉主题的书画、剪纸作品。杨可扬版画艺术传承联展在县文化馆开展，展出130余幅作品。

是月，“遂昌土蜂蜜”入围浙江省2021年度国家地理标志农产品保护工程项目名单。

是月，遂昌县首个综合性公园——未来公园正式开园。

是月，遂昌县累计完成277辆变型拖拉机注销手续，提前完成变型拖拉机淘汰“清零”任务。

是月，县农业农村局采购了1000余万尾鲢鱼苗鳙鱼苗，在仙侠湖、成屏一级水库以及各乡镇（街道）山塘水库进行增殖放流。

7月

2日，长濂红色文化展陈馆正式开馆。

5日起，市委干部考察组发布公告，对遂昌县领导班子进行换届考察，时间一个月左右。

7日，在云峰街道古亭村，开镰收割全省首批成熟早稻“中组18”。经实测，该示范方早稻新品种亩产530千克，较传统早稻亩产提高10%。

12日，在省委召开的县（市、区）委书记工作交流会上，遂昌县委负责人就党建引领高质量发展作典型经验交流。

13日，2021年遂昌县民办学校招生电脑随机派位摇号在县教育局举行。经现场摇号，175人入围遂昌育才教育集团小学部，267人入围遂昌育才教育集团初中部。

15日，2021年“青聚浙丽”遂昌青年人才招引行动暑期社会实习岗位启动仪式暨用人单位见面会举行，各用人单位联络员及暑期社会实习录用学生近300人参加活动。

19日，浙江罗邦建设有限公司申领到《建筑业企业资质证书》，成为遂昌县培育的首家本土一级建筑企业。

是日，浙江省“社科赋能山区26县跨越式高质量发展行动（遂昌县—杭州师范大学）”启动仪式举行，遂昌成为丽水市首个启动该行动的县。

20日，浙江双彩新材料有限公司与杭州师范大学联合成立的“浙江双彩—浙师大有机硅联合实验室”签约揭牌仪式举行。

是日，由中央电视台、新华社、人民日报社等媒体记者组成的采访团到遂昌县，采访报道加快发展地区的先进经验和典型做法。

23日，县慈善总会、退役军人事务局开展“关爱抗美援朝老兵”慰问活动，走访慰问遂昌县曾参加抗美援朝出国作战的志愿军老战士。

是日，国内第一部大型科普情景剧《加油！科学+》全省巡演至遂昌县，在妙高街道余家村演出。

27日，2021年浙江大学“黄土地计划”赴遂昌县暑期社会实践活动启动，29名优秀学子分赴遂昌县各乡镇（街道）和部门开展课题研究、实地调研等活动，为期一个月。

28日，遂昌县第九届青少年歌手大赛总决赛在汤显祖大剧院举行。

30日，浙江省法学会“三农”法治研究会2021年会暨《中华人民共和国乡村振兴促进法》实施论坛在遂昌县举行。

是日，遂昌县文物局正式挂牌成立。

是日，2021年“中和建设杯”石练镇第十届男子篮球邀请赛开赛，县内外20支队伍参赛。

是月，全国县域旅游研究课题组发布《全国县域旅游研究报告2021》，遂昌县列“2021年全国县域旅游综合实力百强县”第44位。

是月，中国邮政遂昌分公司农村三级物流体系项目投入使用。遂昌县成为全省第一个实现所有快递统一分拣、统一配送、统一收寄的县。

是月，九龙山自然保护区科普宣教中心完成布展并对外开放。

是月，遂昌县举办博士后出站考核报告会，李丽姿博士通过考核，成为全市首位全职留企的博士后科研人员。

是月，遂昌县花园数字乡村公共服务中心正式投入使用。

8月

2日，遂昌县举办以“夏天的风·遂心炊”为主题的“诗画浙江·百县千碗”遂昌风炉宴品鉴交流会活动。

10日，丽水市水旱灾害防御应急演练在遂昌县举行。演练设置3个现场，模拟梅汛期遭遇强降雨引发山洪灾害、水利工程出险等情况进行处置。

11日，遂昌县“大搬快聚富民安居”工程限价商品房选房工作在梅溪小学举行，本次供选房源共277套，177户搬迁户参与选房。

14—15日，遂昌县连续出现强对流天气，强降雨造成多处国道、省道、县道局部范围泥石流和塌方路堵情况。

16日，县委十五届十一次全体（扩大）会议审议通过了《遂昌加快跨越式高质量发展打造山区县共同富裕先行样板行动方案》。

19日，浙江省“社科赋能山区26县跨越式高质量发展行动（遂昌县—杭州师范大学）”启动仪式在遂昌县举行。

20日，遂昌县新客运中心投入使用。站所位于妙高街道水阁路，占地9.35万平方米，按照一级车站规模建设。

26日，遂昌三中新校区落成典礼暨揭牌仪式举行。新校区位于妙高街道源口村枫树坪地块，建设规模48个教学班，提供学位数2400个。

27日，躬耕书院旗下的躬耕戏剧工作室正式挂牌成立。

30日，2021年遂昌县“奇思妙想创赢绿谷”创业创新大赛进行决赛，评选出一、二、三等奖和优胜奖，一等奖为“年产1千兆瓦时新型磷酸铁锂储能电池”项目。

是月，来自俄罗斯、乌克兰、吉尔吉斯斯坦等国的50多名留学生到王村口镇体验“红色之旅”。

是月，县行政执法局、公安局、建设局、妙高街道联合在全县范围内开展不文明养犬行为集中整治行动。

是月，位于云峰街道昌和路的渡客公寓投入使用。渡客公寓有196套公寓房，配套餐饮娱乐、超市、游乐场等。

是月，渡船头建材市场正式开市。该市场为遂昌县建材和家居商品主要集散地，为百姓购置装修材料提供一站式服务。

是月，城区人行道非机动车停车位补划和修复工作全面完成，共施划标线14579米，其中新增标线5439米，新增机动车停车位125个、非机动车停车位4000余个。

是月，根据《“丽水山居”民宿服务要求与评价规范》，经专家评审和转评，遂昌县有7家农家乐综合体、1家民宿被认定为五钻等级，12家民宿被认定为四钻等级。

9月

1日起，遂昌县实施60周岁以上高血压、糖尿病患者在定点医疗机构享受免费服用基本药物的保障政策。

3日，遂昌县农民丰收节在新路湾镇蕉川村举行，活动内容有庆丰收田园乐、田园旗袍秀、非遗美食品鉴等。

是日，“浙遂车渡001”渡船在湖山乡黄泥岭码头投入运营，该渡船为三车客渡船，可同时容纳三辆小型汽车与50名乘客。

是日，遂昌县开展“慈善一日捐”活动。至28日，共有9143人次参与捐赠，收到爱心善款234.71万元。

7日，2021年中国农民丰收节金秋消费季在北京启动，遂昌牡丹亭茶、遂昌菊米等优质农特产品亮相启动仪式。

是日，团县委举行2021年爱心助学资金发放仪式，本次发放助学资金110.78万元，资助困难学生222人，为遂昌连续第一9年开展爱心助学活动。

至13日，遂昌县18周岁以上人群新冠疫苗已接种第一剂154758人、全程接种150130人，12～

17周岁青少年新冠疫苗已接种第一剂12145人、全程接种10906人，四项数据完成率均超过100%

17日，2021年秋季新兵欢送暨“从戎之剑”赠剑仪式在遂昌育才中学举行，欢送即将奔赴军营的优秀青年。

22日，丽水市第六届卫生监督应急演练暨技能竞赛在王村口镇举办，全市共有10支队伍47人参加竞赛。

23日，全县防汛防台应急演练暨突发地质灾害处置与自然灾害救助演练在垵口乡桂洋村举行。

27日，在遂昌县2021年社科普及周启动仪式上，《中国共产党浙江遂昌历史》第二卷（1949—1978）举行首发仪式。

是日，遂昌县第三届青少年科技嘉年华暨第八届中小学生“龙谷之光”科技节在青少年宫举行。

29日，遂昌县举办2021阿里巴巴诸神之战“数字经济赛道”全球总决赛暨数字经济产业峰会，18个项目团队争夺7项大奖、65万元奖金。

是月，遂昌县城市生活垃圾焚烧发电厂投入使用，具备日处理生活垃圾300吨能力，每吨垃圾可发电480千瓦时。

是月，位于云峰街道“山海协作”产业园内的遂昌县金属制品检测中心正式投入使用。

是月，县人力社保局将50余家重点企业的招聘信息张贴、发送送至各乡镇（街道），打通就业招聘服务“最后一公里”。

10月

2日，王村口镇举办“万物开源·遂昌—国庆嘉年华”音乐会，吸引了上千名游客。

3日，浙西南精准医学基因研究转化应用中心在县人民医院揭牌成立。该中心由中国科学院院士陈润生团队领衔，实现了遂昌县卫生健康领域院士合作项目“零的突破”。

国庆黄金周，遂昌县接待游客10.5万人次，实现旅游收入1亿元，游客接待量位居全市第三，接待量和收入额同比分别增长11.82%和6.24%。

12日，云峰街道举办龚原文化研讨会。

13日，第38届遂昌畲族重阳歌会在妙高街道源口村举行。

15日，2021年遂昌县扩大有效投资暨重大项目百日攻坚大会战集中开工活动启动。本次集中开工项目29个，总投资112.39亿元。

20日起，遂昌县对电动自行车车架、电池、所有人信息集成并关联绑定，发放“码牌合一”的数字化车牌，

22日，丽水市数字化改革场景应用第一批现场路演评比会举行，遂昌县干部实绩数字化考评、项目协同管理（PCM）2项应用获优秀奖。

25日，农业农村部发布2021年中国美丽休闲乡村名单，遂昌县湖山乡红星坪村榜上有名。

28日，由丽水市侨联组织的“问海借力·侨商回家”活动走进遂昌“天工之城”，30余名侨领侨商到湖山乡考察交流。

29日，一场集竞速、趣味、垃圾分类实践于一体的达人赛在未来公园举办，全县机关企事业单位的近300名选手参加活动。

是月，金竹镇新建农贸市场正式开业。该项目由7个村集体参与入股，租金年收益约25万元，助力7个村集体经济增收。

是月，遂昌县启动义务教育阶段学科类校外培训机构“营改非”工作，要求在年底前，全县学科类校外培训机构统一登记为非营利性机构。

是月，遂昌县提前完成2021年省级民生实事项目“残疾人之家”提升建设任务。建成、改造“残疾人之家”8所，其中四星级2所、三星级6所。

是月，省农业农村厅公布第二批省级数字乡村建设试点县名单，遂昌县榜上有名。

11月

2日，《中国县域旅游竞争力报告2021》正式发布，遂昌县上榜“2021中国县域旅游发展潜力百

强县市”。

3 日，蕉川村乡村慢病管理中心正式启用，为丽水市首个村级慢病智慧化管理中心。

4 日，浙江省“振兴民族乡村推进共同富裕”宣传展播活动在大柘镇启动。遂昌、景宁、泰顺、龙游等县少数民族群众齐聚一堂，共享文化盛宴。

5 日，以“智聚仙侠湖，共富山区县”为主题的 2021“天工之城”引智共富大会暨中国（遂昌）数字人才发展峰会在仙侠湖会展中心举办。“山区县数字人才发展助力乡村振兴”圆桌论坛同日举行。

7—8 日，浙江音乐学院教授团队到遂昌县开展调研，双方就建立音乐专家库、点对点活动等进行了深入交流。

9 日，浙江壹佰科车业有限公司新能源自行车整装制造与动力总成项目举行奠基仪式。项目总投资 7 亿元，入选 2020 年浙江省重大产业项目库。

12 日，濂竹乡网络直播大赛总决赛在遂昌金矿黄金大酒店举办，从初赛中晋级的 10 名选手对指定农特产品作全面展示和推介，角逐奖项。

15 日，遂昌县人才驿站启用。位于妙高街道园丁路，集技能人才孵化器、人才会客厅、多功能报告厅、书吧等于一体。

是日，妙高社区卫生服务中心新院区落成典礼暨揭牌仪式举行，院址在吴乐畈安置小区旁。

18 日，“庆百年华诞，绘时代华章”庆祝中国共产党成立 100 周年主题写生创作展在县文化馆开展，共展出 92 幅作品。

是日，文化和旅游部公布了第五次全国文化馆评估定级拟命名名单，遂昌县文化馆被评为国家一级文化馆。

19 日，遂昌县法院湖山人民法庭揭牌，位于遂昌网易联合创新中心内。

20 日，县老年体协旗袍协会的 100 多名会员在大柘镇万亩茶山上演绎旗袍秀。

22 日，中央电视台《经济半小时》栏目用时 5 分 40 秒，报道了遂昌县在基层治理数字化方面的探索实践。

24 日，全县领导干部会议宣布省委、市委关于遂昌县委、县政府主要领导职务任免的决定：胡刚任中共遂昌县委书记，免去张壮雄中共遂昌县委书记、常委、委员职务；提议胡刚不再担任遂昌县县长职务；李锋任中共遂昌县委委员、常委、副书记。

是日，丽水市中等职业学校“遂松”联盟授牌仪式在遂昌县职业中专举行。

25 日，全省首个“四治融合”乡村基层治理地方技术性规范在遂昌县通过评审。“四治”是指自治、法治、德治、智治。

26 日，遂昌县农创客发展联合会成立，首批会员 30 余人。

28 日，遂昌县第二届畲族语言大赛决赛在实验教育集团后江民族校区举行，比赛分少儿、成人 2 个组别，30 位选手参加决赛。

是日，遂昌县篮球协会正式成立。

是月，仙侠湖库区冬季捕捞开始，2021 年计划捕捞有机鲢鱼、鳙鱼 150 吨。

是月，遂昌“渔政天眼”投入使用，是全市首例将视频 AI 监控预警运用于渔政监管的系统。

是月，遂昌县对 3 月龄以上的犬只进行狂犬病疫苗免费接种，实现狂犬病疫苗应种尽种。

是月，遂昌县通过全国第一次森林火灾风险普查试点成果评审，是浙江省首个通过评审的县。

是月，遂昌县开展根治欠薪专项行动，对 12 家企业、20 余个项目进行集中执法检查，办理行政处罚案件 2 起、行政处理案件 2 起。

12 月

5 日，遂昌县第一届小主持人大赛决赛在青少年宫举行。

6 日，遂昌县副县以上领导赴遂昌革命纪念馆开展“赓续红色根脉接力争先创优”集体活动。

7 日，省发改委公布全省第一批（8 个）大花园示范县名单，遂昌榜上有名。

10 日，遂昌县城市更新吴突头、老茶厂区块建设项目房屋征收签约工作启动，此次征收涉及住户

101 户、房屋总建筑面积约 10.4 万平方米。

11 日，健康县域全民健康管理示范医院工程启动仪式举行。中国县域医院院长联盟与遂昌县人民医院签署合作协议。

14 日起，遂昌在全县范围内开展安全生产大检查大督查专项行动。

16 日，遂昌育才高级中学学生李何其获第 38 届全国中学生物理竞赛决赛金牌，获得保送北京大学的资格。李何其还入选了普通高中五大学科竞赛国家集训队。

17 日，遂昌县多部门联动开展食品安全事故应急处置演练。

20 日，遂昌县完成县、乡两级人大代表换届选举工作，选出县人大代表 193 名、乡镇（街道）人大代表 904 名。

26 日，中国共产党遂昌县第十六次代表大会开幕。县委书记胡刚向大会作题为《牢记嘱托求是挺进奋力在新的赶考路上交出优异答卷》的报告。27 日下午大会闭幕。

27 日，中国共产党遂昌县第十六届委员会第一次全体会议，选举产生了新一届县委领导班子。胡刚、李锋、顾奕滨、孙培莲、谭国庆、梁成、苏中山、练如库、季晓立、潘吉文、徐清当选为县委常委，胡刚当选为县委书记，李锋、顾奕滨当选为县委副书记。练如库当选为县纪委书记，邱根松、鲁旭晖当选为纪委副书记。

28 日，县委书记胡刚率新一届县委常委到金竹镇梭溪塘岭村，集体瞻仰中共遂昌县委机关驻地旧址，从中汲取革命精神和力量。

29 日，遂昌县召开 2022 年村集体经济巩固提升项目资金竞争性分配评审会，20 个乡镇（街道）党政负责人同台竞争“消薄”资金。

30 日，2021 年浙江网上农博会闭幕，遂昌县农产品零售成交额 155 万元，占丽水市农产品总销售额的 45.5%，居全市第一位，全省第三位。

是月，遂昌县举行特聘校医签约仪式，13 所乡村小规模学校与卫生院签订校医聘用协议。

是月，中国银行遂昌支行向浙江凯恩特种材料股份有限公司发放碳排放配额（CEA）抵押贷款 30 万元。为全市落地的首笔碳排放配额抵押贷款。

是月，2021 年度浙江省农村生活垃圾分类处理优胜县（市、区）名单公布，遂昌县连续三年上榜。

县情概览

基本地情

【位置面积】遂昌县位于浙江省西南部，隶属于丽水市管辖。地理坐标为北纬 28°13′～28°49′，东经 118°41′～119°30′。县域总面积 2539 平方千米。县境极东至濂竹乡安门村黄长岗，极西至柘岱口乡际下村竹洋乌岗凹，极南至龙洋乡黄塔村大高山，极北至北界镇登埠村猪凹岭。东靠武义县和松阳县，南接龙泉市，西邻江山市和福建省浦城县，北毗衢江区、龙游县和婺城区。县政府驻地妙高街道，位于县境东部，海拔 200 米。遂昌县城距杭州城区 226 千米，距丽水市区 96 千米。衢宁铁路、龙丽高速公路和省道 222 线、省道 227 线穿境而过。

【地形地貌】遂昌县境内山地面积 22.56 万公顷，占县域总面积的 88.85%。耕地面积 1.91 万公顷，占县域总面积的 7.52%。水域面积 0.59 万公顷，占县域总面积的 2.32%。遂昌县素有“九山半水半分田”的说法。县境地势西南高、东北低，由龙泉和福建浦城入境的仙霞岭山脉横贯南北，延展全境。境内有海拔千米以上山峰 703 座，其中 1500 米以上山峰 39 座。县境最高峰为九龙山主峰，海拔 1724 米，为浙江省第四高峰。白马山主峰海拔 1621 米，为浙江省第六高峰。

【水系流域】县境内有大小河流 1467 条，总长度 2838 千米，分属钱塘江、瓯江两大水系，遂昌县因此被称为“钱瓯之源”。县域西北部的乌溪江、洋溪源、周公源、湖山源和桃溪、官溪、桃源等，属钱塘江水系，流域面积 1865 平方千米，占县域面积的 73.45%；县域东南部的南溪、北溪、濂溪等，属瓯江水系，流域面积 674 平方千米，占县域面积的 26.55%。乌溪江为县级最大河流，由龙泉市住龙镇入境，经龙洋乡、王村口镇、焦滩乡、湖山乡，注入衢江区湖南镇水库。遂昌境内改称仙侠湖，水域面积 17 平方千米。

【气候特征】遂昌县气候属亚热带季风气候，温暖湿润，雨量充沛，四季分明，具有明显的山地垂直气候带，小气候类型繁多，气候资源丰富。主要气候特征是：春季天气多变，多强对流天气，时有春寒，偶有倒春寒，乍暖还寒；初夏降水集中，特别是梅雨期多大雨到暴雨，容易发生小流域洪灾和地质灾害；盛夏高温少雨，容易发生干旱；降雨形式多为午后局地性雷阵雨，范围小、时间短。夏秋季偶有台风影响，带来台风雨，缓解旱情；但是，强雷阵雨和台风影响严重的区域也会造成小流域洪灾。秋季多秋高气爽、连晴天气干燥，易发森林火灾。冬季寒冷少雨，时有冰冻，偶有降雪。

遂昌县主要气象灾害：台风、暴雨、高温、连阴雨、低温冷害、冻害、雷电、干旱、大风等；主要次生灾害有地质灾害、小流域洪灾、农业气象灾害和森林火灾等。

遂昌县城多年平均气温 17.1℃，年平均降水量 1579 毫米，年平均雨日 169 天，年平均日照 1575 小时，相对湿度 78%。极端最高气温 40.6℃（2003 年 7 月 16 日），极端最低气温 -9.9℃（1983 年 12 月 31 日），年平均 35℃以上高温日数 26 天，0℃以下低温日数 29 天。最长连续降雨日数 23 天，最长连续无降雨日数 37 天，日最大雨量 143 毫米（2020 年 9 月 19 日）。

【2021 年气候】平均气温明显偏高，降水量明显偏多，雨日偏多，日照偏少。年初低温强度较强，大部分地区出现较明显的严寒天气；入冬迟、入春明显偏早；春季强对流天气多发，部分时段出现较明显的冰雹天气；梅汛期暴雨过程多，出现历年最早的降水集中期；盛夏连续出现局部暴雨天气，局地洪涝灾害较明显；初秋出现较明显的局地强对流天气；秋末冬初冷空气活动频繁，多次出现寒潮。1 月降水量为历年最少；2 月、3 月、9 月，月平均气温历年最高。

2021 年，遂昌县城平均气温 18.6℃，为 1957 年有气象记录以来最高。全年最低气温 -6.7℃，出现在 1 月 9 日；全年最高气温 37.7℃，出现在 7 月 12 日。日最低气温低于 0℃的日数有 16 天，日最高气温≧35℃的日数有 40 天。全年总降水量 1856 毫米，比常年多 277 毫米，偏多比例 17.5%；日最大降水量 78.7 毫米，出现在 6 月 29 日。全年总雨日 180 天，较常年偏多 11 天，最长连续降雨 9 天，出现在 5 月 16—24 日；最长连续无降水 14 天，出现在 1 月 8—21 日。全年日照总时数为 1510.6 小时。

政区与居民

【历史沿革】新石器时期，遂昌县域就有先民繁衍生息。三仁畲族乡好川遗址出土有石器、玉器、陶器、漆器等千余件，经鉴定，其上限为良渚文化晚期，下限为夏末商初，距今 4200～3700 年。县域在商、西周时为越地，春秋时属姑蔑，后属越，越亡属楚。秦、西汉时期，属会稽郡太末县。

东汉建安二十三年（218），孙权分太末县南部地始置遂昌县。三国吴赤乌二年（239），更名平昌县。西晋太康元年（280）复称遂昌县。曾分别隶属会稽郡和东阳郡。隋开皇九年（589），撤遂昌县改属处州。唐武德年间（618—626）复置遂昌县，随后再度撤县，并入松阳县。景云二年（711）复置遂昌县。之后，遂昌县曾分别隶属括州、缙云郡、处州、处州路（府）等。民国期间隶属多次变更，抗日战争时期属浙江省第九区。中华人民共和国成立后，先隶属衢州专区，1955 年改属金华专区，1963 年起属丽水专区（地区、市）。遂昌是浙江省建县较早的县，迄今已有 1800 多年历史。

【行政区划】遂昌建县时，地域广阔，约含今县境全域和龙泉市、庆元县大部，以及金华市原汤溪县部分。史上隶属多次变更，县境迭有调整。1982 年遂昌、松阳两县分治后，始确定为今日之县域。

县境行政区划，唐始有记载，称乡、里，全县分为 4 个乡。北宋熙宁年间（1068—1077），全县划为 24 都。明洪武年间（1368—1398），全县定为 4 乡 24 都 41 图 73 里 11 坊。清康熙年间（1662—1722），全县编为 22 都 40 图。雍正年间（1723—1735）改图为庄。乾隆年间（1736—1795），全县划为 5 乡 22 都 40 图 508 庄。清末宣统年间（1909—1911），全县划分为 10 个自治区。民国期间，行政区划调整频繁，1949 年 5 月前，全县分为 1 个区 1 个镇 28 个乡镇。

中华人民共和国成立后，遂昌县行政区划复有多次调整。1958 年松阳县并入遂昌县，全县分为 12 个人民公社。1982 年松阳复县，遂昌县划分为 5 个区、1 个镇，26 个公社。1992 年撤区扩镇并乡，全县调整为 9 个镇、11 个乡。2010 年村规模调整，全县 391 个行政村调整为 203 个。2011 年，妙高镇和云峰镇改称街道。2020 年撤并蔡源乡甚坑村、西畈乡渡坑村。2021 年，全县辖 2 个街道、7 个镇、11 个乡，201 个行政村。

【县城拓展】遂昌自建县以来，均以今妙高街道中心区为县城。城区西北枕妙高山麓，南、北两溪由西向东抱膝夹肩而过。古无城池，凭自然屏障为锁钥，建有四关门。明万历年间（1573—1619），筑有土城长数里。清康熙年间（1662—1722）重建四门城楼。1935 年重筑土城墙，长 2800 米，设有城门

4处，后因建设而废。清末，城区面积只有0.5平方千米，以4个城门为界。1949年，城区面积约1平方千米，东至龙潭电厂，南至眠牛山下，西至东岳庙，北至妙智堂。1990年，城区面积扩展至2.69平方千米，东至水泥厂，南至南门畈，西至妙高山和古荡源，北至后岭。2020年，遂昌县城建成区面积已拓展至15.6平方千米，开发建设了古院新城、吴乐畈区块，拓展了梅溪区块。

2021年遂昌县乡镇（街道）及行政村一览表

表1　　单位：个

乡镇（街道）	村数	所辖行政村
妙高街道	27	西街村、南街村、东街村、北街村、龙潭村、北门村、井东村、含晖村、螺蛳垵村、金溪村、上江村、黄庄村、金岸村、大桥村、源坪村、源口村、仙岩村、上南门村、古院村、后江村、东峰村、新东村、东红村、庄山村、余家村、苍畈村、七山头村
云峰街道	17	社后村、东亭村、门阵村、同心村、隔溪村、马头村、范村村、连头村、龙口村、龙祥村、下马村、东姑村、古亭村、长濂村、湖边村、银都村、洋浩村
新路湾镇	12	新路湾村、新双溪村、远路口村、三井村、蕉川村、胡家村、大马埠村、小马埠村、夹路畈村、社杨村、官溪村、新溪村
北界镇	9	北界村、周村村、淤弓村、白水村、苏村村、登埠村、王坞村、大谷岭村、王宅桥村
大柘镇	12	柘溪上村、柘溪下村、双溪新村、梭溪桥村、新旦村、大田村、永安村、北山村、黄垵村、后垄村、车前村、华洋村
石练镇	12	石练村、姚埠村、宏象村、淤溪村、黄皮村、柳村村、迎新村、景新村、爱丰村、金练兴村、竹溪新村、大茂坑村
金竹镇	14	金竹村、岭内村、早坞村、王川村、百胜村、叶村村、夏东村、王村村、交塘村、兰蓬村、龙溪村、古楼村、茶竹岭村、梭溪塘岭村
王村口镇	13	桥东村、桥西村、钟根村、山前村、官塘村、后塘村、对正村、吴处村、大坑村、尹坞村、弓桥头村、石笋头村、山枣坪村
黄沙腰镇	7	黄沙腰村、大洞源村、小洞源村、仙人坝村、大熟村、邵村村、上定村
三仁畲族乡	8	高碧街村、十三都村、小忠村、好川村、大觉村、坑口村、沙口村、排前村
濂竹乡	9	苏旺村、黄坛村、刘坑村、横坑村、柘坑村、治岭头村、瓦窑岗村、千义坑村、大竹小岱村
垵口乡	9	桂洋村、徐村村、葛程村、垵口村、大山村、石仓村、小岩村、根竹口村、乐山头村
湖山乡	11	湖山村、三归村、湖方村、坪峰村、长安村、珠村畈村、红星坪村、黄泥岭村、福罗淤村、奕山村、姚岭村
应村乡	9	东源村、桃溪村、应村村、竹溪村、双里村、定溪村、高棠村、西山头村、天师坛村
高坪乡	6	高坪新村、茶树坪村、箍桶丘村、石坪村、湖连村、淡竹村
焦滩乡	5	焦娄村、蔡口村、独山村、大路沿村、前山村
蔡源乡	4	蔡和村、双溪村、大柯村、永兴村

续表 1　　单位：个

乡镇（街道）	村数	所辖行政村
龙洋乡	6	凉潭口村、九龙口村、龙洋村、黄赤村、西滩村、埠头洋村
西畈乡	6	举淤口村、渡口村、西畈村、湖岱口村、上西坑村、独坑村
柘岱口乡	5	柘岱口村、毛阳村、尹家村、际下村、五星村

【人口】2021 年底，遂昌县总户籍 84786 户，总人口 227724 人。其中，男性有 117414 人，占全县总人口的 51.6%；女性有 110310 人，占全县总人口的 48.4%。有城镇居民 89238 人，占全县总人口的 39.19%；有农村居民 138486 人，占全县总人口的 60.81%。

2021 年，全县常住人口 19.51 万人，其中，居住在城镇 10.94 万人，占常住人口的 56.07%；居住在乡村 8.57 万人，占常住人口的 43.93%。

2021 年，全县出生 1233 人，出生率 5.41‰，其中男性 601 人、女性 632 人；死亡 1700 人，死亡率 7.47‰。人口自然增长率 -2.06‰，比 2020 年下降了 1.04 个千分点。

2021 年，遂昌县户籍人口比 2020 年减少 1415 人。其中户籍变迁：省内迁入 155 人，省外迁入 286 人；迁往省内 1113 人，迁往省外 276 人。

20 个乡镇（街道）中，户籍人口超过 10000 人的有妙高街道、云峰街道、大柘镇、金竹镇、石练镇、新路湾镇。其中，妙高街道有 68530 人，占全县总人口的 30.09%；云峰街道有 23782 人，占全县总人口的 10.44%。

【民族】县域居民以汉族为主，少数民族主要为畲族。共有 32 个少数民族，分别为：畲族、回族、蒙古族、藏族、彝族、维吾尔族、壮族、苗族、布依族、朝鲜族、满族、黎族、侗族、瑶族、白族、哈尼族、土家族、傣族、佤族、傈僳族、拉祜族、纳西族、景颇族、达斡尔族、仫佬族、布朗族、撒拉族、水族、仡佬族、阿昌族、羌族、鄂温克族。

2020 年第七次全国人口普查，遂昌县有常住人口 19.44 万人。其中汉族人口 18.08 万人，占常住人口的 93%；有少数民族人口 1.36 万人，占常住人口的 7%。少数民族人口中，有畲族人口 1.23 万人，占全县少数民族人口的 90.44%。有其他少数民族人口 1279 人，另有未定民族 17 人，多为跨国、跨省婚姻迁居遂昌。

全县各乡镇（街道）均有畲族人口分布。三仁畲族乡为全省 18 个少数民族乡之一，2021 年有畲族人口 2061 人，占全乡总人口的 24.98%，占全县畲族人口的 16.76%。畲族人口在 2000 人以上的还有妙高街道和大柘镇，1000～1999 人的有石练镇和云峰街道，500～999 人的有新路湾镇，其他乡镇畲族人口均在 500 人以下。经认定，全县有 30 个畲族村，分布在妙高街道、三仁畲族乡、石练镇、大柘镇、云峰街道、濂竹乡、新路湾镇。

遂昌县畲族人口以雷、蓝、钟姓为主，石练镇有少数顾姓畲民。随着社会经济融合发展，民族政策进一步落实，跨省婚姻和跨国婚姻增多，县内少数民族人口比重上升，民族种类也在增多。

【姓氏】根据户籍统计，2020 年遂昌县共有 396 个姓。其中，10000 人以上的姓有 3 个（周、张、吴）；5000～9999 人的姓有 12 个（黄、叶、王、雷、李、刘、朱、罗、徐、陈、潘、郑）；1000～4999 人的姓有 35 个；100～999 人的姓有 76 个；不满 100 人的姓有 270 个（其中不足的姓 10 人有 183 个，仅 1 人的姓有 75 个）。全县排名前十大姓分别是：周姓 12965 人、张姓 11363 人、吴姓 10346 人、黄姓 9952 人、叶姓 9767 人、王姓 9266 人、雷姓 8937 人、李姓 6762 人、刘姓 6495 人、朱姓 6203 人。

2021 年遂昌县乡镇（街道）人口自然变动情况统计表

表 2 单位：人

乡镇（街道）	年末总人口	出生	死亡	自然增加	乡镇（街道）	年末总人口	出生	死亡	自然增加
妙高街道	68530	386	437	-51	濂竹乡	3797	21	32	-11
云峰街道	23782	153	145	8	垵口乡	6409	37	58	-21
新路湾镇	11251	77	76	1	湖山乡	9231	55	83	-28
北界镇	8523	43	67	-24	应村乡	7553	35	88	-53
金竹镇	13219	74	101	-27	高坪乡	5473	16	39	-23
大柘镇	14094	76	125	-49	蔡源乡	3246	24	18	6
石练镇	12063	64	97	-33	焦滩乡	2805	11	21	-10
王村口镇	8448	27	71	-44	龙洋乡	3972	17	35	-18
黄沙腰镇	7113	32	52	-20	西畈乡	4103	20	32	-12
三仁畲族乡	8356	40	65	-25	柘岱口乡	5756	25	58	-33
全县合计						227724	1233	1700	-467

生态环境

【概况】遂昌县是钱塘江、瓯江源头，是浙江省重要的生态屏障地区，是华东地区生物多样性关键区域，是国家重点生态功能区、国家生态文明建设示范县、中国天然氧吧。全县森林覆盖率 83.59%，位居全省前列，有重点公益林面积 15.25 万公顷，规模居全省第二。遂昌国家森林公园是全国唯一以县名冠称的国家森林公园。九龙山国家级自然保护区被誉为“生物基因库”，动植物资源丰富。

县域水质优良，出境水质达标率 100%，地表水质常年在Ⅱ类以上。有水域面积 17 平方千米的仙侠湖。县域空气属于特别清新类型，平均负氧离子含量 9100 个/立方厘米。“山也清，水也清，人在山阴道上行，春云处处生”，400 多年前汤显祖笔下的诗句，是遂昌县优越生态环境的生动写照。

【年度环境质量】2021 年，遂昌县生态环境质量趋好，水质、空气质量居全省前列，环境噪声与 2020 年相比呈下降趋势。县域三个交接断面水质达标率 100%，全县集中饮用水源水质达标率 100%，跨行政区域河流交接断面水环境质量考核连续 9 年获全省优秀。环境空气优良天数（AQI≤100 的天数）比例为 99.7%，并列全省第一；PM2.5 年度平均值为 19 微克/立方米，居全省第 6 位；空气环境质量综合指数为 2.25，居全省第 8 位、全市第 2 位。生态环境质量公众满意度为 91.33，居全省各县（市、区）第 4 位。

【水环境】遂昌县有 8 个地表水常规监测断面（包括集中饮用水源），逢单月进行监测。有 3 个出境水交接断面，分别是与衢州市交界的乌溪江水库龙鼻头断面、与龙游县交界的灵山港马戍口断面、与松阳县交界的松阴溪大石断面，每月初进行采样监测。2021 年的监测结果：3 个交接断面水质总体良好，均符合功能区要求。其中大石断面基本为Ⅱ类水，乌溪江水库龙鼻头断面基本为Ⅰ类水，灵山港马戍口断面基本为Ⅱ类水。在全省交接断面水质考核中，遂昌县的考核等次为优秀。全年，县城集中饮用水源地（成屏二级水库）水质良好稳定，年均值为Ⅰ类水。县境内河流地表水水质总体良好，水质表现为Ⅱ类水，均优于水环境功能区要求。

【空气环境】2021年，遂昌县空气自动站获得有效数据天数363天，县城空气环境质量良好，PM2.5年均浓度较2020年相比下降9.5%，达历史最低水平。全年空气质量指数（AQI）处于Ⅰ、Ⅱ级，符合功能区要求的有362天，优良率99.7%。其中空气质量指数Ⅰ级（优）276天，占总监测天数76%；Ⅱ级（良好）86天，占总监测天数23.7%。

2021年，遂昌县有降尘监测点位2个，其中国控点位1个，全年城区降尘采集样本数24个，降尘值介于1.2～2.5吨/（平方千米·月）之间。其中国控点位丽水市生态环境局遂昌分局站点年降尘量为1.8吨/（平方千米·月），与2020年相比基本保持稳定。

2021年，全县采集降水样品115个，pH值介于4.17～6.75之间，年平均值5.13；酸雨率75.7%，与2020年相比，酸雨率下降5.9%，酸雨情况好转。

【声环境】2021年，遂昌县城每季度各环境噪声功能区监测结果为：1类区（居民区）等效连续声级年均值为44.1分贝；2类区（混合区）等效连续声级年均值为50.8分贝；3类区（工业区）等效连续声级年均值为53.1分贝；4类区（道路交通噪声）等效连续声级年均值为54.3分贝，均符合声功能区标准要求。与2020年相比，1类区噪声下降了9.7分贝；2类区噪声下降了5.8分贝；3类区噪声下降了6.2分贝；4类区噪声下降了8.8分贝。

遂昌资源

【水力资源】县域有市级河道1条松阴溪，在遂昌境内长11千米，流经妙高街道进入松阳县。有县级河道乌溪江、周公源、桃溪、濂溪、南溪、北溪等16条，总长342千米。全县河道平均径流总量27.88亿立方米。

全县水域总面积59.15平方千米，占县域总面积的2.33%，水域类型以河流、山塘、水库为主，水资源总量27.88亿立方米。县域多年平均降水量44.7亿立方米，全县水力资源蕴藏量40万千瓦，可开发利用26.5万千瓦。全县共建成小水电站111座，总装机25.4万千瓦，占可开发量的95.85%。2021年实际发电量2.61亿千瓦时。

遂昌县主要河流情况统计表

表3

河流名称	河道长度（千米）	河道平均宽度（米）	水域面积（万平方米）	河流名称	河道长度（千米）	河道平均宽度（米）	水域面积（万平方米）
松阴溪	11	80	88.00	碧龙源	14	50	72.35
南　溪	32	50	158.85	独塬坑	8	25	19.78
北　溪	9	50	44.10	关　川	22	30	64.68
濂　溪	24	50	120.10	湖山源	12	35	43.26
桃　溪	35	40	141.44	柘　溪	29	45	132.53
官　溪	12	40	46.60	金竹溪	14	30	41.37
蕉　溪	29	25	72.20	周公源	51	70	360.08
桃　源	7	25	17.50	洋溪源	24	35	84.84
乌溪江	20	60	118.32	合　计	353	43.53	1626.00

【土地、矿藏资源】遂昌县人均占有陆地面积1.11公顷，为浙江省人均占有陆地面积的4.7倍。地形以中山为主，间有低山、丘陵、山岗和谷地。山林面积占县域总面积的88.85%，耕地面积占县域总面积的7.52%，居民点、工矿、交通等用地面积占县域总面积的1.31%，水域面积占2.32%。县域90%以上地面为植物或水面覆盖，生态环境优越。

县域土壤有黄壤、红壤、岩性土、潮土、水稻土5个主要土类，有明显的分布范围。海拔800米以上主要是黄壤。黄壤、红壤分别占全县土壤面积的43%、48%，适宜发展林业生产和茶叶、水果种植。水稻土占9%。岩性土、潮土等占0.25%。2021年，全县实际耕地面积1.91万公顷，基本农田实有面积1.38万公顷。

遂昌是浙江省矿藏资源相对丰富的县，区域成矿地质条件较好，有龙泉—遂昌重要金属成矿带和遂昌西部—江山重要萤石成矿带。已发现矿种30余种，矿床矿点百余处，主要有金、银、铅、锌、萤石、花岗岩等。遂昌金矿开采历史逾千年。遂昌县是浙江省黄金、白银、萤石、花岗岩主要产地。2021年，全县有矿山企业19家，其中金属类2家、萤石类13家、花岗岩建筑类4家。

【农业资源】遂昌县属传统农业区，长期以来农民以种植粮食为主，最主要是稻谷，其次为玉米、番薯、马铃薯、豆类，也种油料作物。茶叶为主要经济特产，大柘镇、石练镇、妙高街道为遂昌县主要茶叶产区。2021年，全县有茶园面积8528公顷，茶叶产量1.43万吨。

遂昌县先后获称“中国竹炭之乡”“中国菊米之乡”“中国茶文化之乡”，被评为浙江省农业特色优势产业综合强县，是全省最大的杂交水稻制种基地和无公害高山蔬菜主产区。

【林业资源】遂昌县森林资源丰富，是浙江省重点林区县，有林地面积22.13万公顷，占土地总面积的87.16%。森林覆盖率83.59%。划入省级以上公益林面积15.25万公顷，占林地面积的68.9%，建设规模居全省第二位。毛竹为主要经济林种，2021年，全县有竹林面积21634公顷，应村乡、垵口乡、三仁畲族乡为主要毛竹林区。有4个国有林场：牛头山林场、白马山林场、湖山林场、桂洋林场。

【生物资源】遂昌是山区县，生态环境优越，生物资源丰富。2002年，国家林业局批准建立遂昌国家森林公园。根据历史资料和《2020年遂昌县生物多样性本底调查报告》，县域记录有维管束植物191科864属2148种，其中种子植物1935种、蕨类植物213种。记录有非维管束植物795种，其中苔藓427种、地衣159种、大型真菌209种。有国家一级保护植物3种（南方红豆杉、伯乐树、莼菜），有国家二级保护植物21种。遂昌县有名木3株，百年以上古树6851株。九龙山国家级自然保护区有全省最大的鹅掌楸，树龄200余年。

县域记录有陆生脊椎动物93科329种，其中哺乳动物48种、鸟类220种、两栖动物32种、爬行动物29种。记录有陆生昆虫109科675种、鱼类13科55种、底栖动物28科99种。有国家一级保护动物6种（黄腹角雉、白颈长尾雉、黑麂、云豹、金钱豹、穿山甲），国家二级保护动物45种。

遂昌县名木一览表

表4

序号	植物名称	所在地	树龄	序号	植物名称	所在地	树龄
1	广玉兰	王村口镇月光山	36年	3	樟 树	北界镇苏村村	400年
2	广玉兰	王村口镇月光山	36年				

遂昌县国家一、二级保护植物一览表

表 5

序号	植物名称	保护级别	序号	植物名称	保护级别
1	南方红豆杉	一	13	金钱松	二
2	伯乐树	一	14	香　樟	二
3	莼　菜	一	15	闽　楠	二
4	福建柏	二	16	蛛网萼	二
5	白豆杉	二	17	花榈木	二
6	榧　树	二	18	毛红椿	二
7	长叶榧	二	19	香果树	二
8	九龙山榧	二	20	长柄双花木	二
9	长序榆	二	21	连香树	二
10	榉　树	二	22	羊角槭	二
11	鹅掌楸	二	23	野　菱	二
12	厚　朴	二	24	野大豆	二

遂昌县国家一、二级保护动物一览表

表 6

序号	动物名称	保护级别	序号	动物名称	保护级别
1	云　豹	一	15	鸢	二
2	金钱豹	一	16	鹰　雕	二
3	黑　麂	一	17	乌　雕	二
4	黄腹角雉	一	18	白腹山雕	二
5	白颈长尾雉	一	19	蛇　雕	二
6	穿山甲	一	20	燕　隼	二
7	短尾猴	二	21	红　隼	二
8	猕　猴	二	22	勺　鸡	二
9	水　獭	二	23	鬣　羚	二
10	大灵猫	二	24	斑　羚	二
11	小灵猫	二	25	豺	二
12	领鸺鹠	二	26	金猫（原猫）	二
13	草　鸮	二	27	河麂（獐）	二
14	白　鹇	二	28	黑　熊	二

续表 6

序号	动物名称	保护级别	序号	动物名称	保护级别
29	青鼬（黄猴貂）	二	41	蓝翅八色鸫	二
30	白鹇	二	42	赤腹鹰	二
31	凤头鹃隼	二	43	松雀鹰	二
32	鸳鸯	二	44	普通鵟	二
33	雀鹰	二	45	毛脚鵟	二
34	苍鹰	二	46	灰脸鵟鹰	二
35	雕鸮	二	47	大鲵	二
36	长耳鸮	二	48	虎纹蛙	二
37	红脚隼	二	49	尖板曦箭蜓	二
38	红角鸮	二	50	中华虎凤蝶	二
39	领角鸮	二	51	彩臂金龟	二
40	斑头鸺鹠	二			

九龙山国家级自然保护区

【概况】遂昌县境内的九龙山属武夷山系仙霞岭山脉分支，呈西南—东北走向，位于浙、闽、赣三省毗邻地带。九龙山主峰海拔1724米，为遂昌县第一高峰、浙江省第四高峰，周围簇拥着28座海拔1500米以上山峰。九龙山区山峦起伏，沟壑纵横，奇峰陡壁，巍峨逶迤，其九条山脉似蛟龙飞腾，多处溪谷分布有九个龙潭，故名九龙山。

▲县境内延绵起伏的九龙山脉

九龙山国家级自然保护区位于县域西南部，总面积5525公顷，其中核心区面积1531公顷、缓冲区面积1630公顷、实验区面积2364 公顷。另在保护区外围建有保护带5136公顷。

【物种】保护区内物种丰富、集中，地域连片。植被类型在华东地区具有一定代表性，是亚热带东部地区大面积原生植被保存最好的地区之一，类型丰富，依据海拔，可分为针叶林、针阔混交林、阔叶林、竹林、灌丛5个植被型组。保护区内有记录发现种子植物145科1348种，其中南方红豆杉、伯乐树、莼菜为国家一级保护植物。优良的森林植被和生态环境为野生动物生存、栖息、繁衍提供了良好环境。九龙山保护区是中国特有、世界性受威胁物种黑麂的最大野生种群集中分布区，同时是世界性受威胁物种黄腹角雉的最重要栖息地、最集中分布地，对拯救、保护这2种珍稀濒危物种具有无可替代的地位。保护区内有记录发现陆生脊椎动物30目93科329种，陆生昆虫17目109科675种，其中黑麂、黄腹角雉、白颈长尾雉、金钱豹、云豹、穿山甲为国家一级保护动物。

▲国家一级保护动物黄腹角雉

▲国家二级保护植物九龙山榧

【景观】九龙山国家级自然保护区及周边生态旅游资源丰富，峰奇岩异，瀑飞潭碧，鸟语花香，浓荫蔽日，夏无酷暑，富有地文景观、水域景观、生物景观、天象景观，以及丰富的人文旅游资源。有长达上千米的猴头杜鹃长廊。四周分布有四洲兰、蔡相岩、十八罗汉、饭蒸坛、八仙钓台等景点。保护区建有科教馆。

【管理机构】1983 年 9 月，省政府批准建立浙江省九龙山自然保护区。2003 年 6 月，国务院批准升格为国家级自然保护区。2004 年，九龙山国家级自然保护区被列为浙江生物多样性研究中心的研究基地，浙江省植物学会、动物学会、生态学会研究基地。2019 年，浙江九龙山国家级自然保护区管理局更名为浙江九龙山国家级自然保护区管理中心。保护区下设 4 个保护站，分别是上廖坑保护站、岩坪保护站、西坑里保护站、陈坑保护站。4 个保护站下设 9 个保护点和 4 个瞭望台。

遂昌物产

【竹炭】竹炭产品是居家健康生活必备品，广泛应用于净化水质、空气，吸湿防汗，保鲜消臭，屏蔽电磁波等方面。遂昌县是国内最大的竹炭生产、加工和出口基地，开发出 200 多种竹炭制品，拥有竹炭生产专利 22 个。遂昌县被中国经济林协会命名为中国竹炭之乡，获评中国竹炭产业基地，建有中国竹炭博物馆。2004 年，遂昌县制定《浙江省地方竹炭标准》。2006 年，“遂昌竹炭”获国家地理标志产品保护。2020 年，遂昌竹炭入选中欧地理标志第二批保护名单。

▲中国竹炭博物馆内的炭文化展陈

【黑陶】遂昌黑陶传承好川文化元素，烧制技艺独特考究，具有黑、薄、光、纽等特点，被誉为“土与火的艺术，力与美的结晶”。遂昌黑陶作品精雕细镂、品质细腻、淳朴庄重、古色古香，有着独特的审美价值，多次获国家和省级金、银奖，并作为国礼走向世界。遂昌县九龙工艺厂和华艺黑陶厂 2 家企业，年产各种规格黑陶工艺品万余件，批量出口欧美国家。遂昌黑陶烧制技艺列入浙江省首批非物质文化遗产名录。

▲土与火的艺术——遂昌黑陶

【烤薯】烤薯是遂昌县特产和传统名吃，以红心薯为原料，经多道传统工艺烤制而成。遂昌烤薯外观呈琥珀色，鸡心状，晶莹剔透，品味甜美，采用真空包装，历来有“薯干胜蜜枣”之说。遂昌烤薯加工历史悠久，黄沙腰镇、柘岱口乡有65%农户从事烤薯粗加工，15%农户家庭主要收入来源于此。“黄沙腰烤薯”是浙江省著名商标、名牌农产品。番薯条成为当地农民致富的“黄金条”。

▲农民致富的“黄金条”——遂昌烤薯

【菊米】石练菊米是遂昌县特产、传统名优农产品，《增广本草纲目》有记载。石练菊米为小叶型长叶柄黄菊，经人工栽培而成，植株无毛，花蕾表面光洁，加工后清香四溢，沁人心脾，是天然、健康的保健饮品。元朝，遂昌石练一带农民就有采集野生菊蕾炒制后代茶饮的习俗。1996年，遂昌县引进加工企业，开始菊米栽培试验。“遂昌菊米”先后获中国浙江国际农业博览会金奖，中日韩第三届国际名茶评比特别奖等，遂昌被命名为“中国菊米之乡”。2018年，“遂昌菊米”获全国农产品地理标志。2020年，石练镇开建世界菊博园。

【冬笋】遂昌县三仁畲族乡小忠村出产的冬笋，根尖头小，壳薄躯大，肉厚质白，鲜嫩味美，传说是龙身所化，有金壳玉肉之称，故名“龙藏”。龙藏冬笋曾为明、清朝廷之贡品，光绪版《遂昌县志》有载。20世纪50—60年代，龙藏冬笋大量出口新加坡、日本，与金华火腿并列驰名。2014年，龙藏冬笋作为中央电视台纪录片《舌尖上的中国》首集推介食材，成为家喻户晓的地方美食。龙藏冬笋与农家土鸡一起烧火锅，是遂昌县的一道名菜。

▲《舌尖上的中国》推介——龙藏冬笋

【山茶油】山茶油被誉为“油中黄金”，是中国独有的最古老的木本食用植物油，历属皇家贡品。国际粮农组织首推山茶油为卫生保健植物食用油。遂昌县金竹镇，深山中有大片野生茶林，吸取自然雨露和山川精华生长，采其籽榨成的山茶油，色泽金黄，气味芳香，是真正纯天然、原生态食用油。“金竹山茶油”获评浙江省著名商标、浙江省优质农产品，通过农业农村部无公害农产品认证。金竹镇每年都会举办山茶油开榨节。

【长粽】又名长情粽、分享粽，是一种极富地方特色的粽子，粽子长度代表心意程度，寓意着“粽越长、情越深”。普通遂昌长粽长约20厘米，用4～10张野生箬叶包成，中间裹入猪肉、梅干菜、红枣等馅料。长度超过40厘米的又称“龙粽”。遂昌习俗，新女婿给丈母娘“送端午”、小孩过周岁都要包长粽，寓意“长长久久”“长命百岁”。遂昌长粽是富有特色的地方传统美食，代表了人民对美好姻缘和家人团圆的向往。遂昌长粽多次获评浙江十大农家特色小吃。

▲浙江十大农家特色小吃——遂昌长粽

【箬叶】遂昌县拥有丰富的野生箬竹资源，面积超过1300公顷。遂昌箬叶深绿光亮，叶片薄，又宽又大，气味清香，沁人心脾。1936年遂昌县就有箬叶收购记载，1966年全县箬叶收购量527吨。遂昌箬叶销往嘉兴、杭州、上海、南京等城市，出口新加坡、泰国等国家。嘉兴“五芳斋”粽子70%的箬叶来自遂昌。2021年，遂昌县建成浙南箬叶市场。全县有箬叶加工作坊46家，年产干箬叶4000余吨。

【遂昌三叶青】三叶青是一种中药材，遂昌民间称为“金线吊葫芦”，全县都有分布。小孩发热、腮腺炎、扁桃体炎等，用三叶青磨成糊服用，治疗效果明显。2012年，遂昌县在三仁畲族乡小规模仿野生栽培三叶青。至2018年，全县三叶青栽培面积达207公顷，年产量770吨，种植规模、产量、销售均居浙江省第一位。2019年，“遂昌三叶青”获批国家地理标志农产品。2020年，遂昌县三叶青特色农产品优势区被认定为浙江省特色农产品优势区。

【遂昌土蜂蜜】遂昌土蜂蜜是深山里放养的中华蜂酿的蜂蜜。遂昌是国家重点生态功能区，山里乡间野花烂漫，四季常开，蜜源物质多，形成了适宜中蜂生存的特殊地理环境及自然条件。遂昌土蜂蜜色泽亮黄至琥珀色，浓稠油亮，口感清甜，极具营养价值。2017年，遂昌土蜂蜜获评“浙江省蜂产品十大名品”。2021年，遂昌土蜂蜜获批国家地理标志农产品。这一年，全县中蜂养殖户数近3000户，可采蜂蜜养殖量超过4万箱，产值4000余万元。

【遂昌黄精】遂昌黄精是浙江省特色中药材。2010年开始，遂昌县开展野生黄精种苗繁育。2019年全县黄精种植面积100余公顷。2020年，遂昌县“多花黄精优质种植繁育技术示范项目”得到政府资金支持。全县有从事黄精等中药材种植、加工的专业合作社和企业80多家，开发九制黄精、黄精片、黄精干、黄精代饮茶等产品，年生产、加工黄精及其产品560余吨，初步形成了产品多元化、生产组织化、产业链条化、营销品牌化的发展格局。

【遂昌石蛙】学名棘胸蛙，遂昌民间称“雄鱼”，多栖息在深山老林的山涧、溪沟等源流处。石蛙与石衣一起煲汤称“双石汤”，是遂昌的一道名菜。古时遂昌有坐月子的产妇以石蛙滋补的习俗。遂昌县石蛙养殖有20年历史。2019年，遂昌“冷泉”牌石

▲百蛙之王——遂昌石蛙

蛙获第三届中国国际现代渔业科技博览会暨首届中国国际智慧渔业博览会金奖。至2021年，遂昌县有3家石蛙养殖专业合作社，26家石蛙养殖场，市场供应量达6万千克，年产值超1600万元。

文化遗产

【概况】遂昌建县历史悠久，文化积淀丰厚，是瓯越文化的重要发源地。好川遗址是浙西南地区新石器时代文化遗址的代表。相传五代时期，名僧贯休曾在遂昌唐山隐居修行，传世《十六罗汉图》创作于遂昌。明万历年间（1573—1619），著名戏曲家汤显祖在遂昌任知县5年（1593—1598），辞官后酝酿创作了名著《牡丹亭》。1935年，刘英、粟裕率中国工农红军挺进师创建了以遂昌王村口为中心的浙西南游击根据地。

全县调查登记不可移动文物1064处，成功申报2处全国重点文物保护单位（好川遗址、独山石牌坊）和10处（30个点位）省级文物保护单位。另有73处县级文物保护单位和134处县级文物保护点。遂昌县有昆曲十番、茶灯戏、台阁、米塑、竹编画、茶园武术、黑陶烧制、剪纸等民间艺术和非物质文化遗产。成功申报2项国家级非物质文化遗产（昆曲十番、班春劝农）和9项省级非物质文化遗产。另有24项市级非物质文化遗产和49项县级非物质文化遗产。

21世纪以来，遂昌县恢复举办七月会、班春劝农等传统节庆，发现培养一大批民间艺人，建立起国家、省、市、县四级非遗名录保护体系。在弘扬民间优秀文化的同时，积极开展汤显祖文化、红色文化、好川文化和农耕文化的研究。遂昌县是中国民间文化艺术之乡、浙江省民族民间艺术之乡、中国旅游文化示范地、国家生态文明建设示范县。

【汤显祖文化】明万历二十一年至二十六年（1593—1598），汤显祖任遂昌知县。在任期间，他清正惠民，崇礼重教。创建相圃书院，劝农耕作，灭除虎患，贯索从教，纵囚观灯……并写下大量题咏遂昌山水、赞扬遂昌民风的诗文，为遂昌留下了丰富的文化遗产。汤显祖辞官归里后，遂昌百姓为其立生祠纪念。

1984年，遂昌县发起成立汤显祖研究会。1985年，民众捐资在妙高山建遗爱亭，举办纪念汤显祖435周年诞辰活动。1995年，遂昌汤显祖纪念馆建成开馆。2000年，中国汤显祖研究会首届年会在遂昌县举行。2004年，《汤显祖研究通讯》在遂昌创刊。2006年，中国汤显祖研究会驻会遂昌。遂昌县制定《遂昌县汤显祖文化发展规划》，依托“汤显祖世界文化名人、《牡丹亭》世界文化名著、昆曲世界文化遗产”三大文化品牌，着力打造汤显祖文化，坚持举办中国·遂昌汤显祖文化节、“班春劝农”典礼、汤公音乐节。2009年以来，遂昌县连续举办8届汤显祖文化节、2届汤公音乐节。2020年举办云上“班春劝农”典礼。

【好川文化】1997年，遂昌县三仁畲族乡好川村发现好川遗址。经考古发掘，现场清理面积4000多平方米，发掘墓葬80处，出土玉器、石器、陶器、漆器等1028件（组）。经考证属新石器时代，上限为良渚文化晚期，下限为夏末商初，距今4200～3700年。这在浙西南地区是首次发现，被评为1997年全国重大考古新发现提名奖。好川遗址文化面貌新颖独特，内涵丰富，文化因素多元，特点明显，考古学家将之命名为“好川文化”。好川文化是浙江省

▲好川文化遗址

继河姆渡文化、良渚文化之后发现的又一个考古学文化。2013 年，“好川遗址”被国务院核定为第七批全国重点文物保护单位；2018 年 6 月，被列入浙江省第二批省级考古遗址公园。

【红色文化】遂昌是浙西南地区创建中国共产党组织最早、开展革命斗争历史最长的县。1927 年 1 月遂昌县建立浙西南第一个中共组织；10 月，成立浙西南第一个中共县委。1928 年 4 月，创建浙西南第一支革命武装——遂昌农军；7 月，中国共产党领导遂昌农军举行武装暴动，打响浙西南革命武装斗争第一枪。

1935 年 5 月，刘英、粟裕率领中国工农红军挺进师转战进入遂昌，建立以王村口为中心的浙西南游击根据地。1937 年 10 月，粟裕部和国民遂昌县政府代表在门阵村举行合作抗日谈判，达成协议，浙西南三年游击战争结束。之后，遂昌县成为浙江省抗日救亡运动的后方基地，掀起抗日救亡高潮。1941 年皖南事变后，遂昌的中共组织转入山区和地下坚持斗争。解放战争时期，中共遂昌县委建立武装工作队。至 1949 年 5 月 8 日，遂昌县城解放，揭开历史新篇章。1988 年 5 月，遂昌县被浙江省人民政府命名为“革命老根据地县”。

全县有革命遗址 128 处，其中省级文物保护单位 6 处、县级文物保护单位 10 处；省级爱国主义教育基地 6 处，市级爱国主义教育基地 3 处，县级爱国主义教育基地 3 处。

▲位于王村口镇的中国工农红军挺进师纪念馆

【畲族文化】明正德年间（1506—1521）和嘉靖年间（1522—1566），始有畲民从福建省罗源县迁入遂昌，徙居繁衍。截至 2020 年，遂昌县有畲族人口 1.23 万人。县域畲族居民以雷、蓝、钟姓为主，石练镇有少数顾姓畲民。全县现存有大田雷氏、高碧街蓝氏、井头坞钟氏等 11 个版本的畲家族谱。

山歌、舞蹈、编织是畲族传统文化艺术。遂昌县畲族居民至今保留着重阳赛歌会、跳竹杠、彩带编织等技艺，以及畲族服饰、婚嫁习俗等。妙高街道井东村收藏的畲族祖图，其绘制年份为明崇祯七年（1634），是国内发现最早的畲族祖图。

▲畲族祖图《盘瓠王开山图》（局部）

遂昌县三仁畲族乡中心小学一年一度举办“三月三畲族文化节”。畲族传统体育表演参加浙江省少数民族运动会，多次获奖。2018 年，遂昌县畲族字带传承人蓝咏梅编织的畲族彩带获第二届中国少数民族工艺品设计制作大赛金奖。遂昌县制定全国首个畲族字带标准。2019 年，丽水市首届原生态畲族山歌大赛在遂昌县举行。同年，三仁畲族乡好川村建成全县首个畲族文化展陈馆。截至 2021 年，遂昌畲族重阳歌会已连续举办 38 届。

【全国重点文物保护单位】

好川遗址　见“好川文化”。

独山石牌坊位于焦滩乡独山村，建于明隆庆三年（1569），是遂昌知县池浴德为褒扬进士工部员外郎叶以蕃的父亲叶弘渊而建。牌坊为花岗石建造，三间四柱五楼，歇山顶构造，飞檐翘角蔚为壮观。脊顶有龙鱼纹饰，额坊浮雕龙凤瑞兽，工艺精湛。牌坊高 8.40 米，正楼龙门枋上中间刻着“敕立”两个大字，龙门枋下刻“洊膺天宠”四大字。左直署“封工部营膳司署员外郎事主事叶弘渊由子以蕃贵立”，右直署“隆庆三年三月吉日立”。独山石牌坊是浙江省保存最完好的明代石牌坊之一，具有较高的建筑研究价值。2019 年 10 月，被国务院核定为第八批全国重点文物保护单位。

▲独山石牌坊

【国家级非物质文化遗产】

昆曲十番　十番是一种以多样乐器（通常为十种）为组合，集打击与吹奏于一体的民间音乐。相传汤显祖任遂昌知县期间，把昆曲传到遂昌，教会民众演奏（唱）昆曲十番。清代和民国时期，遂昌昆曲十番班子流布城乡，主要在民间庙会、迎神时活动，中华人民共和国成立后一度沉寂。21 世纪以来，遂昌民间发现昆曲十番传统工尺谱抄本，有曲牌 132 首，以“临川四梦”为演奏（唱）内容，并有老艺人尚能演奏。遂昌县挖掘、传承该项文化遗产，成立昆曲十番演奏（唱）队伍，并建立传承基地。2008 年，遂昌“昆曲十番”被国务院批准公布为国家级非物质文化遗产保护项目。

▲遂昌昆曲十番演奏队

班春劝农　是遂昌县传统的迎春文化形式。古时，遂昌县令在春耕来临之际，下乡劝农耕作，举行赏花、鞭春仪式，颁布春令。汤显祖任遂昌知县期间（1593—1598），每年下乡班春劝农，留下多篇劝农诗文，并将班春劝农写入《牡丹亭》。遂昌县于 2009 年恢复举办“班春劝农”典礼，4 月，活动在乡村田间举行。石练镇淤溪村建起了班春劝农广场。“班春劝农”典礼分祭春、鞭春、开春三部分，四方群众和外地游客参与其中。2011 年，遂昌“班春劝农”典礼被国务院批准公布为国家级非物质文化遗产保护项目。

风景名胜

【概况】遂昌有“仙县”之称，自然和人文景观交相辉映，旅游资源丰富。拥有“金木水火土”五行旅游资源：“金”是黄金之旅（遂昌金矿国家矿山公园）；“木”是森林元素（竹炭博物馆、九龙山国家级自然保护区等）；“水”是水体旅游资源（湖泊、温泉、瀑布、漂流等）；“火”是众多红色遗存（王村口挺进师革命遗址群、门阵国共和谈旧址等）；“土”是遂昌黑陶以及土猪肉、烤薯等特色鲜明的原生态农产品，以及遍布全县的古村落、乡村休闲旅游等。

遂昌县发展全域旅游，力推农旅融合，打造全景遂昌。先后创建 4 个 AAAA 级景区和 6 个 AAA 级景区，打造了高坪新村、长濂、大田、红星坪温泉度假村等一批特色乡村旅游品牌，培育了诗里湖山、云逸远山、洞源壹号、芷有一间、半岭等精品民宿。打响“长三角户外休闲运动生活目的地”县域品牌，县域知名度和美誉度不断提升，先后获得中国最佳生态旅游县、中国旅游文化示范地、中国最美特色旅游小城、中国绿色名县、美丽中国十佳旅游县、中国十大县域旅游之星、中国十大特色休闲基地等荣誉。成为国家生态文明建设示范县，被确定为国家可持续发展实验区，入选国家级“两山理念”课题研究样本县和全国全面小康发展样本县，浙江省首批全域旅游示范县。

【AAAA 级景区】

南尖岩位于王村口镇石笋头村，距县城50千米，海拔1140米。景区有天柱峰、神坛峰、千丈岩等奇峰异石，构成地貌景观；有霞归瑶池、九级瀑布等，构成水体景观；有竹海、古松、针阔混交林和各种野生动物，构成生物景观。景区年均雾日约200天，云海、落日、长虹、雪景、雾凇、冰挂等气象景观资源丰富。独特的地形地貌，经历代劳动人民辛勤耕耘，造就了百余公顷高山梯田景观。景区新建有高空玻璃栈道。南尖岩景区被联合国教科文组织授予国际摄影创作基地称号。

▲南尖岩景区云雾梯田

千佛山景区 位于石练镇，景区原名飞石岭，距县城30千米，处于石王公路沿线。景区拥有迷人的山水风貌和大面积原始阔叶林。峡谷悠长清幽，林木茂密，清澈的山泉穿行其间，形成瀑、池、湖、潭、泉、涧。穿峡谷上行，几度溪回路转，高达300米的山体石佛——弥勒山陡然出现在眼前。裸露的岩石酷似佛像的头、腹、手、足，尤其是弥勒面部好似颔首而笑。山是一尊佛，佛是一座山，使人惊叹大自然的神奇造化。景区有未来寺。千佛山景区被誉为“江南小九寨”。

▲千佛山景区山体大佛

遂昌金矿国家矿山公园 位于濂竹乡治岭头遂昌金矿，距县城16千米。景区拥有国内开采规模最大、遗迹保存最完好的唐代金窟和明代金窟。古矿洞中保留有古代烧爆法遗迹。遂昌金矿开采历史悠久，可以追溯到唐代上元年间，迄今仍在开采和生产，被誉为“江南第一矿”。已建成矿山公园，有黄金冶炼观光、金窟探险游、上元茶楼等项目，以及黄金博物馆、黄金商业街、黄金大酒店等配套设施。矿山公园所在地奇峰秀水、林幽涧碧，是集旅游观光、休闲度假、求知探秘、商务会议于一体的全国唯一以黄金为主题的景区。

▲遂昌金矿国家矿山公园明代金窟

神龙谷景区位于垵口乡神龙谷，处于万山丛中，距县城50千米。景区植被繁茂，绿荫蔽日。从景区入口顺水而下，可观赏到壮观的神龙飞瀑，被誉为"中华第一高瀑"，水流经山崖倾泻而下，因山势阻挡形成三级，一级瀑高约60米，二级瀑高约80米，三级瀑高约120米。一、二级瀑布之间还有落差约70米的跌水河段。瀑布水量稳定，雨水丰沛期尤为壮观。下游垵口乡大山村建有神龙谷漂流河段，长约3千米。

▲神龙谷景区三级飞瀑

【其他名胜景点】

汤显祖纪念馆　位于妙高街道北街5弄。1995年4月建成。2006年和省级文物保护单位陈家大屋整合。整合后的纪念馆占地面积2500平方米，馆舍环境优美，古朴雅致，陈列丰富，多个展区展示了汤显祖生平、在遂昌政绩及艺术成就。纪念馆后花

▲遂昌汤显祖纪念馆

园建有仿古戏台，经常表演《牡丹亭》折子戏、"昆曲十番"等。纪念馆每年都会举办与汤显祖文化相关的艺术展览和文化活动。

红星坪温泉度假村位于湖山乡红星坪村，坐落于仙侠湖畔，距遂昌县城44千米。度假村建有室内外大小温泉池16个，可容纳500余人泡洗温泉。山庄有游船，为客人畅游湖光山色提供便利。

北斗崖　原名石姆岩，位于高坪乡，距县城60千米。景区是典型的丹霞地貌景观，山色绛红如朝阳，山形如柱、如塔、如堡、如钟、如动物，石笋平地拔起，陡峭突出。尤以石姆岩、寿星岩、金钟岩最为突出。主峰石姆岩矗立山巅，其形如柱，突兀峥嵘，蔚为壮观。山脚有缆车直达景区，山腰建有滑雪场。

含晖洞　位于遂昌县城郊渡船头村三台山麓，系古代岩崩拥垒而成，分上、下两个石室。景区以古树奇石为特色，古树挺拔苍翠，奇石形态各异。相传宋代道士章思濂在洞中成仙，故又名章仙洞。洞内宽敞可容百人，凉气袭人，泉水清冽。诸多文人墨客在含晖洞留下诗篇和墨迹。景区有三台寺、留仙亭、望城亭、石船、牌坊、摩崖石刻等景观。三台寺建于南宋绍兴年间（1131—1162）。相传含晖洞与新路湾镇大马埠村百花洞相通，宋高宗赵构和明太祖朱元璋都曾避难于此。

居民生活

【城镇居民生活】2021年，遂昌县城镇居民人均可支配收入55720元，比2020年增加5295元，增长10.5%。比全国平均水平高8308元，比全省平均水平低12767元，比全市平均水平高2461元。

从收入构成看，2021年遂昌县城镇居民收入四项构成仍保持增长，其中工资性收入仍是增收主要动力：2021年，遂昌县城镇居民人均工资性收入33037元，比2020年增长9.5%，拉动收入增长5.7个百分点；人均经营性净收入7486元，比2020年增长11.1%，得益于经济运行恢复向好，减税政策持

续发力；人均财产净收入 7338 元，比 2020 年增长 11.9%，主要来源于出租房屋和投资分红；人均转移性净收入 7859 元，比 2020 年增长 13.0%，得益于全县养老金、离退休金标准持续提高，外出从业人员寄带回收入增长较快。

2021 年，遂昌县城镇居民人均消费支出 38980 元，比 2020 年增长 15.6%。从消费结构看，城镇居民八大类消费支出全面增长，其中交通通信、教育文化娱乐支出大幅度增长。具体消费支出情况如下：人均食品烟酒支出 10681 元，比 2020 年增长 15.1%；人均衣着消费支出 3675 元，比 2020 年增长 16.3%；人均居住消费支出 8958 元，比 2020 年增长 12.1%；人均生活用品及服务费用支出 3095 元，比 2020 年增长 13.0%；人均交通通信消费支出 3994 元，比 2020 年增长 21.4%；人均教育文化娱乐消费支出 4939 元，比 2020 年增长 19.1%；人均医疗保健消费支出 2801 元，比 2020 年增长 18.1%；人均其他商品服务消费支出 842 元，比 2020 年增长 13.2%。

【农村居民生活】2021 年，遂昌县农村居民人均可支配收入 25091 元，比 2020 年增加 2827 元，增长 12.7%。比全国平均水平高 6160 元，比全省平均水平低 10156 元，比全市平均水平低 1295 元。

从农村居民收入四项结构看，工资性收入贡献最高，全县农村居民人均工资性收入 14316 元，比 2020 年增长 13.7%。工资性收入增长得益于农民打零工收入有所提高，以及乡村振兴项目建设、农民就业渠道拓宽等。全县农村居民人均经营性净收入 7721 元，比 2020 年增长 11.6%，得益于 2021 年茶叶价格较高，农家乐（民宿）经营状况好转，以及批发零售、住宿餐饮、交通运输等经营活动逐渐恢复，带动经营性净收入增长。全县农村居民人均财产性净收入 884 元，比 2020 年增长 10.2%，主要来源于土地流转、租金和投资分红等渠道。全县农村居民人均转移性净收入 2170 元，比 2020 年增长 11.1%，主要来源于养老金、社会救助补助、各类政策性农民补贴标准提升等。

2021 年，遂昌县农村居民人均生活消费支出 21370 元，比 2020 年增长 18.8%，主要体现在生活用品及服务、交通通信和其他用品和服务方面支出增长较快。具体生活消费支出情况如下：人均食品消费支出 7266 元，比 2020 年增长 18.6%；人均衣着消费支出 1934 元，比 2020 年增长 16.6%；人均居住类消费支出 4615 元，比 2020 年增长 13.6%；人均生活用品及服务消费支出 1439 元，比 2020 年增长 35.4%；人均交通通信消费支出 1832 元，比 2020 年增长 22.1%；人均教育文化娱乐消费支出 1987 元，比 2020 年增长 19.6%；人均医疗保健类消费支出 1838 元，比 2020 年增长 15.9%；其他用品和消费支出 459 元，比 2020 年增长 37.8%。

2021 年全国、浙江省、丽水市、遂昌县城乡居民人均可支配收入情况统计表

表 7 单位：元、%

指标	全国		浙江省		丽水市		遂昌县	
	2021 年	比上年增幅	2021 年	比上年增幅	2021 年	比上年增幅	2021 年	比上年增幅
城镇居民人均可支配收入	47412	8.2	68487	9.2	53259	9.7	55720	10.5
农村居民人均可支配收入	18931	10.5	35247	10.4	26386	11.6	25091	12.7

2021年遂昌县获得的荣誉称号

1. 上榜《小康》杂志社评选发布的“2021中国最美乡村百佳县”“中国数字治理百佳县市”榜单。

2. 被中国中小城市高质量发展指数研究课题组、国信中小城市指数研究院评为“2021年度全国绿色发展百强县”。

3. 被竞争力智库、《中国经济导报》社等机构评为“2021中国县域旅游发展潜力百强县”。

4. 被商务部认定为“国家电子商务进农村综合示范县”。

5. 被国家信访局评为“2020年度信访工作‘三无’县”。

6. 被共青团中央认定为“2021年度全国‘返家乡’社会实践重点开展县”。

7. 被国家能源局确定为“整县推进屋顶分布式光伏开发试点县”。

8. 被省委、省政府评为“2021年实施乡村振兴战略实绩考核优秀单位”；被市委授予“全市实施乡村振兴战略优秀县”荣誉。

9. 被省委、省政府公布为“2020年度美丽浙江建设工作考核优秀县”“2020年度平安县”“2020年度‘大禹鼎’优秀县”。

10. 连续获得2021年第三季度和第四季度省政府投资“赛马”激励奖。

11. 被省发改委公布为“浙江省第一批大花园示范县”。

12. 被省农业农村厅认定为“省级乡村振兴集成创新示范建设项目县”“浙江省第二批数字乡村建设试点县”“浙江省良种繁育基地县”“浙江省‘肥药两制’改革试点项目县”“省渔业健康养殖示范县”。

13. 被省“千村示范万村整治”工作协调小组办公室评为“2021年度建设新时代美丽乡村（农村人居环境提升）工作优胜县”。

14. 被市委、市政府授予“2020年度综治优秀县”“全市实施乡村振兴战略优秀县”“2020年度丽水市生态工业发展分区”称号。

（本类目图片均为资料图）

中国共产党遂昌县委员会

综 述

2021年，中共遂昌县委锚定“两个第一”（浙江省山区26县第一梯队、丽水市第一阵营）目标不动摇，推动各项工作提质提速，在各条战线上齐头并进，各个领域争先创优，用实干实绩实效交出了一份经济社会发展的高分报表，实现“十四五”良好开局。

全年经济增速保持丽水市前列。2021年，遂昌县高扬“丽水之干”行动奋斗旗帜，毫不保留、全力冲刺，实现地区生产总值153亿元，比2020年增长12%，增幅位居全省山区26县第一、全市第一。各项重要经济指标均排名全市前列：规模以上工业增加值增长19.3%，位居全市第三；农林牧渔业增加值增长4.5%，位居全市第一；服务业增加值增长11.6%，位居全市第一；一般公共预算收入增长14.1%，位居全市第三；农村居民人均可支配收入增长12.7%，位居全市第一。

浙江遂昌经济开发区获批成立。2021年，遂昌县以创建省级经济开发区为引领，推进工业企业自动化智能化改造。建成全省首个金属制品行业工业互联网平台，圣邦精密、元立高速棒材等重大产业项目顺利推进，壹佰科新能源电动自行车、驰盛金属高端精密金属件研发生产等省重大项目落地开工。发布《遂昌县推进生态工业和数字经济高质量绿色发展三十条》，以更大力度营造最优工业发展环境，全年为企业减负6.55亿元。宇恒电池公司入选国家级重点支持专精特新“小巨人”企业，凯恩特材公司入选省创新型领军企业培育名单，荣凯科技、利民化工、宇恒电池等企业开启股改上市。年底，浙江遂昌经济开发区获省政府批准成立，这是遂昌工业发展史上的一件大事要事，标志着遂昌工业发展迈向崭新阶段。

国道528线遂昌段等项目全线铺开，获得全市唯一投资“赛马”激励奖。2021年，国道528线遂昌段和遂昌—江山公路项目全线开工。遂昌县用2个月时间完成土地征迁，2个月完成土地审批，2个月出工程形象，项目推进速度快、成本低、后续问题少。城市生活垃圾焚烧发电厂、新客运中心、大桥至洋浩公路等项目建成投入使用，衢丽铁路、义龙庆高速、抽水蓄能电站等重大项目前期取得突破性进展。“双招双引”（招商引资、招才引智）招引项目32个，已落地实施22个；引进各类人才4590人，是2020年的两倍。争取到各类补助和债券资金37.87亿元，固定资产投资比2020年增长43.1%。

“天工之城·数字绿谷”建设破题推进。2021年，Holovis（霍洛维兹）、晶盛机电等多家头部型企业落户遂昌，遂昌网易联合创新中心、阿里云创新中心（丽水遂昌）投入运营，举办全国数字生态创新大赛总决赛、2021阿里巴巴诸神之战“数字经济赛道”全球总决赛等重要活动。遂昌县金属制品检测中心、航天科工集团增材制造技术创新中心浙南基地正式运营。新增国家高新技术企业12家、省级科技型中小企业21家、省级高企研发中心4家。

农文旅融合加快发展。2021年4月，市委“三农”工作会议首次在遂昌县召开，并以市委、市政府名义举办了“班春劝农”仪式。遂昌县推动农文旅加快融合发展，数字茶业创业园一期A区块、农创研育所主体工程、浙南箬叶市场基本建成，高山名茶、遂昌长粽等特色产业蓬勃发展。全面升级文旅体产业发展政策，引进国际赛艇中心等项目，创新培育皮划艇、潜水、自驾越野等新业态。开工建设遂昌博物馆。

数字化改革加速推进。2021年，遂昌县全力推进数字化改革“一号工程”，争取到“生活垃圾分类监管”“数字乡村”等13个省级试点，数量居丽水市第一。干部实绩数字化考评应用入选2021中国数字政府创新案例评选五十强；项目协同管理应用列入省数字政府特色应用、市首批最佳应用；美丽河湖面治理“一件事”场景应用获评省有辨识度有影响力法治建设成果。2021年，遂昌县还争取到并基本完成全市唯一的“县乡一体、条抓块统”改革省级试点，改革破题呈现良好势头。

城乡人居环境持续改善。2021年，遂昌县持续优化生态环境，接续实施小城镇环境综合整治、美丽城镇、美丽乡村和未来乡村建设，创建全省首批大花园示范县。老城区三溪口、南街区块拆改建并举，新城区未来社区迅速推进，城市交通拥堵初步破解。“大搬快聚富民安居”工程帮助903户3200名群众走出大山、融入城市。

社会民生全面改善，老百姓获得感、幸福感不断增强。2021年，全县高考上特殊段线206人，本科以上录取519人，“C9”高校录取18人，“双一流”大学录取38人，县实验小学、遂昌三中迁建项目投入使用。完成各年龄段新冠疫苗接种任务，推进县人民医院迁建工程，城乡居民基本医疗保险参保率位居全市第一。全县201个行政村全部完成集体经济总收入20万元以上、经营性收入10万元以上高质量“消薄”目标任务。（张俊雄）

重要会议

【县委十五届十次全体（扩大）会议】1月15日，县委十五届十次全体（扩大）会议举行。会议深入学习贯彻中共十九届五中全会精神和省委十四届八次全会、市委四届九次全会精神，听取县委常委会工作报告，审议通过了《中共遂昌县委关于制定遂昌县国民经济和社会发展第十四个五年规划和二〇三五年远景目标的建议》（以下简称《建议》）。会议进一步动员全县上下创新实践“绿水青山就是金山银山”理念，奋力建设山区县跨越式发展“重要窗口”，开启高水平全面建设社会主义现代化新征程。县委书记张壮雄作报告，并就《建议》审议稿向全会作说明。

【全县干部大会】2月19日，全县干部大会暨县委经济工作会议召开，深入贯彻中央、省委、市委经济工作会议精神和省两会、全省数字化改革大会精神，回顾总结遂昌县2020年工作，安排部署2021年任务。县委书记张壮雄讲话。会议表彰了获省部级以上和市委市政府表彰表扬的先进集体、省部级以上表彰表扬的先进个人、县委县政府表彰表扬的先进集体和先进个人。县经合交流中心、县工业园区管委会、湖山乡、妙高街道、浙江元立金属制品集团有限公司、阿里云遂昌创新中心分别作表态发言。会议采取电视直播方式召开，在汤显祖大剧院设主会场，各乡镇（街道）、县属各单位、驻遂各单位设分会场。

【全县数字化改革大会】3月29日，全县数字化改革大会召开，深入学习贯彻全省数字化改革大会和市委数字化改革动员部署会精神，对遂昌县数字化改革工作进行全面部署。县委改革办、县委办、县府办、县经济商务局、县发改局、县委政法委、县大数据和金融发展中心分别汇报了数字化改革相关工作方案。会议进行了揭榜挂帅仪式，县委办、县政府办、县纪委监委、县委组织部、县委政法委等10家单位负责人上台揭榜签字，挂帅推进数字化改革第一批10项综合应用创新。

【市委“三农”工作会议】4月19日，市委“三农”工作会议在遂昌县召开。市委书记胡海峰出席会议并讲话。这次会议是继2020年丽水市生态工业发展大会、全市旅游业发展大会之后，为采取“三管齐下”战略举措，全面贯彻落实丽水市“两山”发展大会精神，系统推进创新实践“两山”理念召开的又一重要会议。会前，首次以市委、市政府名义在遂昌县举办“班春劝农”典礼，再现了400多年前遂昌策励春耕、奖掖农桑、劝勤农事的人类非遗经典。典礼以古鉴今，广泛动员全市上下掀起“重农固农兴农”工作高潮，以厉行“丽水之干”奋力书写丽水全面推进乡村振兴、实现农业农村现代化的崭新篇章。

【县委“三农”工作会议】6月25日，县委“三农”工作会议召开。会议全面落实中央、省委、市委农村工作会议精神，总结“十三五”时期和2020年全县“三农”工作，分析研判“三农”工作面临的新形势、新任务，研究部署当前和今后一个时期的任务。县委组织部、县农业农村局、大柘镇、柘岱口乡、蔡源乡蔡和村、浙江欧恒食品有限公司6家单位作交流发言。会议以视频形式召开，各乡镇（街道）设分会场。

【县委十五届十一次全体（扩大）会议】8月16日，县委十五届十一次全体（扩大）会议召开。全会深入学习贯彻中共十九大和习近平总书记关于“共同富裕”重要论述精神，按照省委十四届九次全会、市委四届十次全会作出的决策部署，进一步动员全县上下紧紧围绕全省高质量发展建设共同富裕示范区，奋力跑出跨越式高质量发展加速度，全力打造山区县共同富裕先行样板。全会总结了2021上半年工作，部署下半年工作。县委书记张壮雄代表县委常委会作工作报告。

【县委、县政府工作务虚会】12月4日，2022年县委、县政府工作务虚会召开。会议深入学习贯彻中共十九届六中全会精神、省委十四届十次全体（扩大）会议精神和市委书记胡海峰在新一届县市区领导班子任前集体谈话会上的讲话精神，深刻分析时势，系统谋划长远。会上，县统计局、县大数据与金融发展中心、县工业园区管委会、县“两山”转化发展中心、县发改局等23个重点部门、代表性乡镇（街道）主要负责人作交流发言。

【全县领导干部会议】3月15日，全县领导干部会议召开，传达学习习近平总书记在全国两会期间的重要讲话精神，学习李克强总理所作的《政府工作报告》，学习全国两会精神，研究部署全县学习宣传贯彻工作。

6月16日，全县领导干部会议召开，传达学习省委十四届九次全体（扩大）会议精神，研究部署贯彻落实意见。

11月18日，全县领导干部会议召开，传达学习中共十九届六中全会精神，研究部署落实意见。

11月24日，县委召开全县领导干部会议，宣布省委、市委关于遂昌县委、县政府主要领导职务任免的决定。省委、市委决定，胡刚任中共遂昌县委书记，免去张壮雄中共遂昌县委书记、常委、委员职务；提议胡刚不再担任遂昌县县长职务；李锋任中共遂昌县委委员、常委、副书记。胡刚主持会议并作表态发言。李锋出席会议并作表态发言。

【县委常委会会议】1月7日，召开县委常委会扩大会议暨新冠肺炎疫情防控工作领导小组会议，深入学习贯彻习近平总书记关于疫情防控工作的重要指示精神，严格落实省委、市委常委会会议精神和要求，专题研究部署冬春季疫情防控工作。

1月18日，召开县委常委会会议，学习中央全面深化改革委员会第十七次会议精神、中央农村工作会议精神、习近平总书记在省部级主要领导干部学习贯彻中共十九届五中全会精神专题研讨班开班式上的讲话精神。会议还听取了关于古院未来社区推进情况和实施方案编制情况的汇报等；审议了县委常委会民主生活会方案和《关于加快集聚人才推动高质量绿色发展的补充意见》等。

2月1日，召开县委常委会扩大会议，传达学习省两会精神。晚上召开县委常委会会议，传达学习中央、省、市相关会议精神，听取遂昌县政治生态（清廉指数）年终总评情况、“八大战役”推进情况汇报等。会议还学习了《中国共产党统一战线工作条例》、全省宣传思想工作会议精神、领导干部个人有关事项报告两项法规等。

2月4日，召开县委常委会会议，听取县人大常委会、县政府、县政协和县法院、县检察院工作报告，以及县两会其他事项汇报，审议《遂昌县国民经济和社会发展第十四个五年规划和二〇三五年远景目标纲要》，听取关于村级集体经济巩固提升工作、2020年第四季度平安建设和社会稳定情况汇报等。会议审议了《关于遂昌县2020年国民经济和社会发展计划执行情况与2021年国民经济和社会发展计划的报告》《2021年扩大有效投资计划》《关于遂昌县2020年财政预算执行情况及2021年财政预算的报告》《遂昌县2020年环境状况和环境保护目标完成情况的报告》《遂昌县2021年政府投资项目资金预算》；听取了2020年民生实事项目完成情况及2021年民生实事候选项目情况、2020年考核情况和2021年考核办法汇报等。

2月19日，召开县委常委会会议，学习贯彻全省数字化改革大会精神、省纪委十四届六次全会精神，审议《遂昌县提升政治执行力专项监督整治工作方案》等。

2月27日，召开县委常委会会议，学习中央一号文件《关于全面推进乡村振兴加快农业农村现代化的意见》精神，学习全国脱贫攻坚总结表彰大会精神，学习习近平在党史学习教育动员大会上的讲话精神。会议还学习了《中共中央纪委机关中共中央组织部国家监察委员会关于严肃换届纪律加强换届风气监督的通知》。

3月19日，召开县委常委会暨“三个争先”赛比会会议，审议《中共遂昌县委关于庆祝中国共产党成立100周年系列活动的通知》《中共遂昌县委关于开展党史学习教育的实施方案》，听取“八大战役”推进情况、遂昌县政法队伍教育整顿实施方案汇报。会议审议了县纪委十五届七次全会建议方案及工作报告，研究了公务员职级晋升工作以及省对县、市对县年度考核结果在干部提任、职级晋升中运用的若干办法，学习了中央、省、市有关领导讲话精神和相关文件、会议精神。

4月6日，召开县委常委会会议，传达学习习近平总书记在中央政治局第28次集体学习时的讲话精神、省委书记袁家军在省委理论学习中心组专题学习会和牢记嘱托建设“重要窗口”专题交流会上的讲话精神。会议听取了遂昌县耕地“非粮化”“非农化”整治工作情况汇报；审议了《遂昌县数字化改革总体方案》。各常委汇报了第一季度履行党风廉政建设“一岗双责”工作情况、第一季度意识形态“一岗双责”落实情况。

4月16日，召开县委常委会暨“三个争先”赛比会会议，听取“八大战役”推进情况及山区26县跨越式高质量发展政策研究和进展情况汇报。会议审议了《遂昌县竹产业高质量发展实施方案》，听取了2021年第一季度平安建设、社会稳定、信访工作情况汇报等，学习了习近平总书记对深化东西部协作和定点帮扶工作的重要指示。会议研究了干部人事工作。

5月21日，召开县委常委会暨“三个争先”赛比会会议，传达学习市长吴晓东到遂昌调研指示精神，听取“八大战役”推进情况汇报。会议学习了全国巡视工作会议暨十九届中央第七轮巡视动员部署会精神，就重点工作进行了部署。

6月4日，召开县委常委会会议，学习习近平总书记在十九届中央政治局第29次集体学习时的讲话精神，传达省委常委、省委秘书长陈奕君到遂昌走访和接访时的讲话精神，部署贯彻落实意见。会议学习了《中华人民共和国乡村振兴促进法》、习近平总书记在中央全面深化改革委员会第一9次会议上的讲话精神、省委书记袁家军在全省碳达峰碳中和工作推进会上的讲话精神；听取了县委“三农”工作会议和文旅体融合发展大会筹备情况、“4+1”重大项目推进情况汇报等。

6月23日，召开县委常委会暨“三个争先”赛比会会议，学习习近平总书记对湖北省十堰市张湾区艳湖社区集贸市场燃气爆炸事故的重要指示精神，听取“八大战役”推进情况汇报。会议传达学习省委十四届九次全会精神，学习了《习近平的科学思维方法在浙江的探索与实践》《习近平在浙江访谈实录》，审议了遂昌县“两优一先”名单、《遂昌县开发区（园区）整合提升实施方案》等。

7月6日，召开县委常委会会议，听取县检察院半年工作情况汇报和《遂昌县“大综合一体化”行政执法改革实施方案》，学习中央、省、市关于加强对“一把手”和领导班子监督的文件精神，听取全县党风廉政建设和巡察工作汇报，研究党风廉政建设和巡察工作安排和具体措施等。会议还审议了《关于调整县属学校、医院领导班子和领导人员管理体制的通知》《2021年党风廉政建设和反腐败工作组织领导与责任分工》；听取了各常委第二季度履行党风廉政建设一岗双责工作情况和第二季度意识形态“一岗双责”落实情况、全县政法队伍教育整顿工作总结汇报；学习了习近平总书记关于统计工作的重要指示精神；学习了省委书记袁家军和市委书记胡海峰在相关会议上的讲话精神。

7月15日，召开县委常委会会议，传达学习省委常委、政法委书记王昌荣到遂昌县调研的讲话精神，研究部署落实意见。会议还研究了其他事项。

7月23日，召开县委常委会暨“三个争先”赛比会会议，学习省委书记袁家军在山区26县跨越式高质量发展暨“山海协作”工程推进会上的讲话精神，听取“八大战役”推进情况、2021年县民生实事项目进展情况汇报等。会议研究了其他事项。

8月6日，召开县委常委会会议，传达学习市委四届十次全体（扩大）会议精神，听取研究遂昌县山区26县跨越式高质量发展工作（2021—2025年）实施思路方案，对全县新冠肺炎疫情防控工作作进一步部署。会议审议了《遂昌加快跨越式高质量发展打造山区县共同富裕先行样板行动方案》，听取了关于设立资本市场项目服务专班的汇报。

8月23日，召开县委常委会暨“三个争先”赛比会会议，听取“八大战役”推进情况汇报，研究部署下一步工作。

8月27日，召开县委常委会会议，传达学习省委副书记、省长郑栅洁到遂昌县调研的讲话精神，研究部署落实意见。

8月31日，县召开县委常委会会议，听取遂昌县2021年扩大有效投资计划年中调整情况、衢丽铁路（衢松段）近阶段情况汇报等。会议研究了干部人事工作。

9月22日，召开县委常委会暨“三个争先”赛比会会议，听取省委书记袁家军到遂昌调研指示精神完成情况、省长郑栅洁到遂昌调研指示精神落实情况汇报，听取“八大战役”推进情况汇报。审议了《遂昌县加快电子商务发展若干政策意见》。学习了省委办公厅《关于市、县（市、区）党委落实巡察工作主体责任的实施意见》、十四届省委第十三轮巡视动员部署会和巡察指导督导工作总结及意见反馈会议精神等。会议还研究了干部人事工作。

10月15日，召开县委常委会会议，传达学习习近平总书记在2021年秋季学期中共中央党校（国家行政学院）中青年干部培训班开班仪式上的讲话精神，审议了《关于召开中国共产党遂昌县第十六次代表大会的决议》，听取了《遂昌县跨越式高质量发展五年行动计划》汇报。会议还听取了遂昌县东西部协作工作2021年指标任务、遂昌县城镇危险住宅房屋治理改造情况汇报，以及各常委第三季度履行党风廉政建设和意识形态“一岗双责”落实情况的汇报等。

10月27日，召开县委常委会暨“三个争先”赛比会会议，听取“八大战役”推进情况、2021年前三季度平安建设和社会稳定情况、全面推进“共享法庭”建设情况汇报等。会议学习了全省基层党建工作会议精神，听取了经济责任审计和自然资源资产审计问题整改工作情况汇报，审议了《中共遂昌县委关于落实市委意识形态工作检查反馈意见的整改报告》。

11月12日，召开县委常委会会议，传达学习习近平总书记在中央政治局第34次集体学习时的讲话精神，以及副省长王文序、副省长卢山到遂昌县调研讲话精神，以及中央人大工作会议、全省各级人大常委会主任学习会精神。会议听取了《遂昌县妙高街道运行管理体制优化实施方案》《政协第十届遂昌县委员会换届工作的意见》、第九届遂昌县工商联（总商会）换届工作及副会长人选建议情况汇报；学习了省、市相关会议精神；审议《遂昌县“七张问题清单”应用工作总机制（试行）》，研究了其他事项。

11月26日，召开县委常委会暨“三个争先”赛比会会议，听取“八大战役”推进情况汇报，研究部署工作。会议学习了中央组织部部长陈希在全国加强换届风气监督工作电视电话会议上的讲话精神，省委书记袁家军在全省深化“千万工程”建设新时代美丽乡村现场会上的讲话精神等。会议研究了其他事项。

12月10日，召开县委常委会会议，传达省委常委、省委秘书长陈奕君到遂昌县调研时的讲话精神。会议传达学习了习近平总书记在全国宗教工作会议上的重要讲话精神和党外人士座谈会会议精神，研究了其他事项。

12月13日，召开县委常委会会议，传达省委常委、省委秘书长陈奕君在全省“七张问题清单”应用贯通推进会上的讲话精神。会议研究部署疫情防控、安全生产工作，还研究了其他事项。

12月21日，召开县委常委会会议，传达学习中央经济工作会议精神，全省、全市领导干部会议精神；听取遂昌县第三次全国国土调查成果汇报。会议还学习了中央、省委人才工作会议精神，听取了县委党校2021年工作情况汇报，研究部署了网信工作，研究了其他事项。

12月30日，召开县委常委会会议，传达学习中央农村工作会议、省委经济工作会议精神，听取县法院关于开展“司法公正感受度提升工程”情况汇报。会议听取了组建县委社会建设委员会机构编制事项、各常委2021年度履行党风廉政建设“一岗双责”工作情况和2021年度意识形态“一岗双责”落实情况、遂昌县反邪教工作情况等汇报；学习了省委、市委、县委关于加强对“一把手”和领导班子监督“五张责任清单”有关文件精神，省委、市委信访工作会议精神；研究了其他事项。

【县委理论学习中心组学习会】4月6日，县委理论学习中心组举行党史学习教育第一次专题学习研讨会，集中学习习近平在全国党史学习教育动员大会上的重要讲话，开展专题研讨。

5月8日，县委理论学习中心组（扩大）学习会召开，邀请浙江大学信息与电子工程学院张旭光教授为学员作《从0到1，努力践行数字化改革》专题辅导报告。

6月4日，县委理论学习中心组举行党史学习教育第二次专题学习研讨会，学习交流《中国共产党简史》《习近平在浙江访谈实录》《“习近平科学的思维方法在浙江的探索实践”研究成果》《毛泽东邓小平江泽民胡锦涛关于中国共产党历史论述摘编》等内容，开展专题研讨。

8月2日，县委理论学习中心组（扩大）学习会召开，邀请省委党校（浙江行政学院）党史党建部副主任成为杰作《伟大斗争锻造伟大政党——学习贯彻习近平总书记“七一”重要讲话精神》专题辅导报告。

8月20日，县委理论学习中心组（扩大）学习会召开，邀请省委党校（浙江行政学院）法学教研部副主任、党内法规与政党治理中心主任褚国建作《学习习近平法治思想》专题辅导报告。

10月29日，县委理论学习中心组（扩大）学习会召开，邀请省委党校（浙江行政学院）博士、教授、硕士生导师孙蔚作《新时代我国意识形态建设基本问题研究》专题辅导讲座。

11月26日，县委理论学习中心组召开专题学习会，深入学习贯彻中共十九届六中全会精神。

12月17日，县委理论学习中心组（扩大）学习会召开，邀请丽水市委政法委副书记关勇刚作《反邪教斗争形势及策略》专题辅导。（张俊雄）

调研考察

【李卫宁到遂昌调研】4月13日，省人大常委会党组副书记、副主任李卫宁带队到遂昌县，调研科技创新、民族宗教等工作。调研组走访了浙江元立集团、遂昌金属制品创新服务综合体、中国航天科工集团增材制造技术创新中心浙南基地、遂昌网易联合创新中心，了解遂昌县科技创新工作，又到大柘镇大田村、三仁畲族乡好川村、妙高街道东峰村了解民族乡村振兴、文化建设、产业发展等情况。市人大常委会副主任戚永远陪同调研。

【许宝健到遂昌调研】4 月 26 日，中央党校（国家行政学院）报刊社社长许宝健一行到遂昌县，就革命老区建设、弘扬践行“浙西南革命精神”、红绿融合发展、数字经济等工作开展调研。许宝健一行先后到红色古镇王村口、湖山乡珠村畈村、遂昌革命纪念馆等地考察调研。市委常委、宣传部部长任淑女陪同调研。

【吴晓东到遂昌调研】5 月 13 日，市委副书记、市长吴晓东到遂昌县开展党史学习教育“我为企业解难题”专题实践活动。他走访了浙江圣邦精密工业有限公司、中国航天科工集团增材制造技术创新中心浙南基地、浙江遂昌隆盛汽摩配件有限公司、浙江元立金属制品集团有限公司、浙江宇恒电池有限公司，听取企业生产和项目建设情况介绍，为企业解决困难和问题。他强调，要从党史学习教育中汲取力量，深入一线发现问题、解决问题，真正把学习成果转化作为企业服务的生动实践，转化为干事创业的强大动力。副市长戴邦和陪同调研。

【陈奕君到遂昌走访】6 月 1 日，省委常委、省委秘书长陈奕君到遂昌县看望慰问农村老党员，接待群众来访，开展民情民意大走访。她到湖山乡西山自然村，看望慰问农村老党员和低边联系户。考察了“天工之城 • 数字绿谷”服务中心，看望部门下沉干部。在县矛盾纠纷调解中心接待来访群众。

12 月 7—8 日，省委常委、省委秘书长陈奕君到遂昌县调研“县乡一体、条抓块统”改革、“林长制”落实等工作。她主持召开座谈会，听取工作汇报，深入大柘镇大田村实地调研山林及茶园。她还赴湖山乡看望慰问了结对户。

【贾宇到遂昌调研】6 月 9 日，省人民检察院党组书记、检察长贾宇到遂昌县，调研革命老区建设、红色教育、乡村振兴等工作。贾宇一行首先到红色古镇王村口，考察了中国工农红军挺进师纪念馆，了解革命老区建设情况。再到妙高街道东峰村，了解产业创新、乡村治理、文化传承等工作。再到县检察院，听取了遂昌县检察工作汇报，并作要求。市检察院党组书记、代检察长吕献陪同调研。

【王心同到遂昌调研】6 月 17 日，国家发改委地区振兴司副司长王心同到遂昌县，调研浙西南革命老区振兴发展及乡村振兴工作。王心同一行到王村口镇参观考察，了解该镇依托红色基因实现乡村多业态融合发展的新路径；再到湖山乡网易联合创新中心，听取遂昌县打造“天工之城 • 数字绿谷”情况汇报；再到湖山乡红星坪村考察乡村振兴工作。丽水市政协副主席、发改委主任饶鸿来陪同调研。

【王昌荣到遂昌调研】7 月 13 日，省委常委、政法委书记王昌荣到遂昌县公安局调研指导工作。王昌荣听取了县公安局关于数字化改革、基层治理、道路交通安全管理等工作汇报，对遂昌县公安局务实有力的工作举措及取得的工作成效给予肯定。市委副书记、政法委书记郎文荣陪同调研。

【郑裕国到遂昌调研】7 月 29 日，中国工程院院士郑裕国率团队到遂昌县，调研生物制造产业发展情况。郑裕国及其团队先后到浙江遂昌利民药业有限公司、菲立化学工程（遂昌）有限公司，与企业负责人面对面交流，为企业“把脉问诊”，并召开“推进浙江生物制造前沿技术发展战略研究”暨遂昌生物制造产业高质量发展座谈会。

【郑栅洁到遂昌调研】8 月 25 日，省委副书记、省长郑栅洁到遂昌县调研企业智能化改造、生态环境保护、数字生态产业体系建设等工作。郑栅洁一行首先到浙江新元焊材有限公司，了解企业智能化改造、产业链延伸等情况，之后乘船沿线考察仙侠湖生态保护及美丽乡村建设情况，在仙侠湖会展中心听取了遂昌县数字生态产业体系建设汇报，了解遂昌县“天工之城·数字绿谷”建设。郑栅洁还深入遂昌网易联合创新中心调研，与入驻企业负责人交流，并考察了浙江宇恒电池有限公司。

【陈瑞商到遂昌调研】9月1—2日，市政协主席陈瑞商带队到遂昌县，就乡村振兴和共同富裕开展专题调研。陈瑞商一行到遂昌县电子商务公共服务中心，了解农村电商委员会客厅建设情况；前往西畈乡、柘岱口乡、黄沙腰镇，考察乡村振兴项目、特色产业发展、乡村学校特色文化建设等情况，并召开座谈会。

12月15日，市政协主席陈瑞商到遂昌县，宣讲中共十九届六中全会精神，并赴企业开展“三服务”活动。

【李锋到遂昌调研】10月8—9日，市人大常委会主任李锋带队到遂昌县，就人大工作开展情况进行调研。李锋一行深入应村乡人大代表联络站，了解联络站人员配备、硬件建设、代表履职以及基层人大各项工作开展情况，之后召开座谈会，听取遂昌县人大工作汇报。座谈会上，妙高街道、北界镇、蔡源乡就人大工作交流发言。

【王文序到遂昌调研】11月9—10日，副省长王文序到遂昌县，调研社区管理、养老服务、数字经济发展、乡村振兴、和美移民村建设等工作。她深入叶坦社区、县颐养中心、大柘万亩茶园、仙侠湖会展中心、湖山乡红星坪村，了解相关情况。王文序还参观了遂昌革命纪念馆，并带领所在党支部成员开展主题党日活动。副市长杨秀清陪同。

【市领导到遂昌调研考察】2月5日，市委常委、组织部部长方健忠带队到遂昌县开展平安建设、安全生产检查，走访慰问困难群众。

4月25日，市委常委、宣传部部长任淑女到遂昌县，就党史学习教育开展情况进行调研。

6月下旬，市委常委、组织部部长戴平辉到遂昌县开展“七一”前走访慰问活动，并考察未来乡村建设、数字经济和人才引育等工作。

10月26日，副市长戴邦和到遂昌县，调研“智慧茶城”项目试点推进情况及金融工作。

11月8日，市委常委、组织部部长戴平辉到遂昌县，调研共同富裕和乡镇换届等工作，召开基层党建服务保障共同富裕工作座谈会。

12月2日，市人大常委会副主任朱继坤到遂昌县，指导县乡人大换届选举工作，并参加云峰街道人大代表联络站活动。

12月24日，市政协副主席饶鸿来到遂昌县，召开中共十九届六中全会精神宣讲暨界别学习座谈会，传达学习中共十九届六中全会精神。

【遂昌县党政代表团考察学习】3月10—11日，县委书记张壮雄、县长胡刚率党政代表团到绍兴市上虞区、诸暨市考察，学习友好区县在城市建设、产业发展、科技创新、数字赋能、基层治理等方面的先进经验，对接“山海协作”工作。

9月10日，县委书记张壮雄率党政代表团赴绍兴市越城区、上虞区考察，向发达地区学习创新理念和先进模式。

【其他调研考察】1月8日，开化县委书记鲁霞光率党政代表团到遂昌县，考察数字经济发展、乡村振兴、科技创新、生态环境保护等工作，交流工作经验、分享发展成果。

3月9日，云和县委书记叶伯军率党政代表团到遂昌县，考察数字经济发展、乡村旅游和生态环境保护等工作，相互交流经验，携手共谋发展。

4月7—8日，四川省通江县政协党组书记、主席闫丕川率队到遂昌县考察。

5月9日，国家禁毒办副主任、公安部禁毒局副局长熊德生，司法部戒毒管理局副局长顾元龙一行到遂昌县调研禁毒工作。

5月22日，四川省通江县委副书记、县长谭青松率党政代表团到遂昌县，开展东西部协作党政联席活动，持续深化两地交流合作。

7月9日，南湖区委书记朱苗率党政代表团到遂昌县考察，对接交流“山海协作”工作。

8月9日，省调研评估组到遂昌县调研“县乡一体、条抓块统”改革试点工作，先后到湖山乡数字绿谷服务中心和网易联合创新中心、新路湾镇蕉川村便民服务中心调研，并召开座谈会。

8月10日，省核验组到遂昌县开展浙江省第一批大花园示范县建设单位验收命名现场核验。遂昌县汇报了大花园示范县建设基本情况，省核验组领导专家提出了针对性的意见和建议。

8月24日，省慈善联合总会会长陈加元到遂昌县，开展慈善实体调研活动。市慈善总会会长齐育华陪同调研。

8月26—27日，浙江数字化发展与治理研究中心主任、浙江大学管理学院教授刘渊一行到遂昌县调研山区数字化改革工作。

9月2日，诸暨市委书记沈志江率党政代表团到遂昌县考察，对接交流“山海协作”工作。

9月9日，省委宣传部副部长、省社科联主席盛世豪到遂昌县，调研宣传思想文化工作。

9月9—10日，省委组织部副部长、省委人才办常务副主任胡旭阳到遂昌县，调研人才助推共同富裕工作。

9月24日，中央农村工作领导小组办公室副主任，农业农村部党组副书记、副部长刘焕鑫到遂昌县，考察茶产业发展等工作。

9月28日，省智能制造专家委员会主任毛光烈率队到遂昌县，考察智能制造发展情况，与部门干部、企业家座谈交流。

11月4日，松阳县委书记李汉勤率党政代表团到遂昌县考察，深入交流对接“一带三区”遂松聚落区块一体化发展事宜。

12月22日，省林业局党组书记、局长胡侠到遂昌县，调研林业项目建设、“林长制”落实、林业资源保护利用等工作。（张俊雄）

县委办公室工作

【概况】2021年，县委办公室全力当好县委的“坚强前哨”和“稳固后院”，充分发挥参谋助手、综合协调、督查落实、后勤保障职能作用，较好地完成了各项重点工作和领导交办的任务。重视政治建设，加强向上对接。发挥统筹全局、协调各方重要作用，常态化执行县四套班子办公室主任（秘书长）联席会议制度。推动全县高标准完成疫情防控、经济责任审计、数字化改革等重大任务，有力保障和促进了全县各项工作高效运行。

【发文办会】严把起草、审核、收发关，全年发布正式文件312份、县委便笺207份，收各类电子和纸质文件7143件，实现县委及办公室需精简的三类文件只减不增。准确无误办好每一次会议，及时组织重点工作调研，全年共办会199场，组织县委书记调研等重大活动130次，协调组织来宾接待38次，其中接待省部级以上领导9次。做好规范性文件备案工作，向下级开展文件备案审查，共向上备案文件17件，收到乡镇（街道）党（工）委、部门党委（党组）备案文件3份。

【以文辅政】2021年，县委办公室完成综合性文稿360余篇、200多万字，包括县第十六次党代会、县委全会、全县干部大会等报告，以及省、市领导到遂昌调研视察各项汇报材料。做好县委重要政策机制评估、理论文章起草等重要工作，开展十大课题调研，参与争取“两山（一类）”资金、EOD模式试点等重大项目。全年接待中国台湾地区到遂昌交流团组4批次55人次，帮助台资企业解决环保、疫情防控等困难和问题。

【信息宣传】全年编印《领导参阅》《每日要情》《信息专报》等简报320余期，上报信息被省、市录用300余条，获省、市、县领导批示35次，信息工作年度考核排名全市第一。外宣发稿量持续全市领先，获评《浙江日报》先进报道组。在《丽水日报》年终评比中，遂昌成为全市唯一“双优秀”（优秀记者站、优秀报道工作者）。

【督查交办】全年开展重点工作督查70余次。全面推行“周计划、月通报、季展示、半年报告”工作机制。联合县政府督查室印发督查通报14期。严格落实县领导批示交办、督办事项，共交办事项112件、转出批示件113件、重要事项交办9件。科学制定年度考核办法，组织市对县考核准备工作，实现111项指标指导分析全覆盖。（张俊雄）

组织工作

【概况】2021年，遂昌县有基层党组织895个，其中党委61个、党总支59个、党支部775个。基层党委中，有乡镇党委18个、企业党委4个、事业单位党委10个、国家机关党委17个。各级党委派出党工委5个。全年共调整干部359人次，其中提拔或进一步任用109人次。公开招录公务员15人，办理转任274人。完成2批次共231人职级晋升工作。

【助力疫情防控】2021年，遂昌县抽调712位干部职工壮大城区微网格员队伍。建立新冠疫情防控应急响应梯队，302名干部纳入名单。组建10支90人的专业流调队伍、210人的流调协查员队伍，抽调468名医务人员组成核酸采样队伍、500名工作人员组成信息登记队伍。全县有12588名党员参与疫情防控。组建党员先锋突击队35支，帮忙解决群众各类困难诉求1354件。县委组织部选派出152名党建工作指导员，全力协助184家重点企业、商贸物流企业、农业重点企业做好疫情防控和复工复产相关工作，帮助企业解决复工复产问题823个。

【干部教育培训】举办全县加快高质量绿色发展系列培训班、2021青干班，以及“双招双引”“数字经济”专题培训班等，全年举办各类主题培训班次16次，受训学员1600余人次。加强“浙西南革命精神”和红绿资源价值转化研究，加强红色经典课程的开发和红色师资队伍培训，开发新专题新课程10门、现场教学精品微课12门。

1月14—15日，遂昌县新任村（社）主职干部培训班在汤显祖大剧院开班，209名村（社）主职干部、乡镇（街道）分管领导参加培训。3月29日至4月3日，遂昌县优秀村（社）党组织书记暨基层党建骨干培训班在省委党校举办，48名村（社）党组织书记和乡镇（街道）分管党建负责人参加培训。4月12日，2020年度新录用公务员、“双一流”引进人才初任培训班在县委党校开班，52名新录用公务员和22名“双一流”引进人才参加培训。4月14日，遂昌县第22期青年干部培训班开班，49名学员参加培训。11月15日，2021年遂昌县新提任副科级领导干部进修班开班，50名新提任的副科级领导干部参加进修。

【干部监督】组建10支换届风气巡回督导组，开展重点巡察和巡回督查4次，与重点对象签订严守换届纪律承诺书1500份，发放提醒卡2.2万余张。完成全县1363名股级干部系统录入，包括近三年涉干信访、干部受处理情况、重大事项、有关事项、提醒函询诫勉、年度经济责任审计、离任事项交接等内容。下发《关于对拟提任股级干部开展六大纪律鉴定的通知》，防止股级干部“带病提拔”。对24家单位开展选人用人专项检查。针对县委巡察反馈的6个方面12个问题线索进行督促整改，免去超职数配备的中层干部8人，予以书面诫勉2人、提醒谈话6人，出台规范文件2个。对4家单位7名主要领导进行经济责任审计，对2个乡镇开展自然资源资产任中（离任）审计。受理来信来访16件，均按干部管理权限进行办理，对7件实名信访举报及时回复，完成国家级信访积案化解1件。

【县乡换届工作】树立全县人力资源“一盘棋”理念，建立组织资源动态调配机制，统筹推动干部资源、机构编制、领导职数动态调整，精准匹配。严格规范“90后干部”“五类人员”选拔，把好选人关、程序关、审核关。本次换届工作，各乡镇（街道）新配备35岁以下干部29人，其中30岁以下干部17人，新配备“五类人员”18人。配备后，各乡镇（街道）35岁以下领导干部57人，占比从换届前的17.83%提升至34.34%，新提任乡镇长年龄多在35岁左右，新提任乡镇党委副书记年龄多在30岁左右。换届后，总体实现了乡镇（街道）领导干部指标“两升两降”（大学以上学历占比从73.88%提升到90.69%，其中全日制本科学历占比从22.29%提升到39.76%；领导班子平均年龄从40.9岁下降到38.6岁，其中党政正职平均年龄从41.7岁下降到39.6岁）。

【机关党建】对县检察院、县法院、县委编办等8家清廉机关、模范机关示范点进行集中授牌。在教育、卫生领域发展高级知识分子党员13名。建立党务干部信息库，涵盖机关党委、直属支部500余名党员。举办县直机关党支部书记、党务干部党史学习教育培训班。推动24个县直部门打造和提炼机关党建小招、实招，开展擂台比拼，形成一批工作品牌。遂昌县委编办“出好四小招，激发大活力”项目获全市机关党建工作“十佳创新案例”。开展“五色”书记扎根基层解难题行动，从金融、数字、科技、公安、卫计五大领域相关部门选派一批工作能力强、综合素质高的干部赴乡村任职。

▲3月23日，遂昌县文艺界党员干部到中共遂昌县委机关驻地旧址开展党建活动

【基层党建】打造20个基层党建示范村，完成11个红色美丽村庄建设，王村口镇桥西村入选中央红色美丽村庄建设试点村。在农村、社区、机关开展党建“小招实招”大比武，提炼出87个务实管用的“小招实招”。出台《遂昌县村干部管理守则》《遂昌县村干部履职红线二十条》，探索村级组织运行机制和干部管理办法。村干部任职凡进必审、能上能下，实行全员轮训和“红色体检”。通过搭建“红黑榜”擂台，督促、引导村党组织书记当好乡村振兴带头人。评选出省、市、县“兴村治社名师”19人、“担当作为好支书”6人、“两优一先”（优秀党员、党务工作者和先进基层党组织）119人。

▲中央红色美丽村庄——王村口镇桥西村

【“两新”组织党建】以“三年创优、整体跃升”行动为指南，常态化推进“三整一全”（整园建强、整楼推进、整线突破、全面提升）建设，新建“两新”党组织11家。2家后进“两新”党组织有效完成整转。开展“六星争创”活动，评选出六星级党组织7家、五星级党组织27家、四星级党组织66家、三星级以下党组织32家。成立遂昌快递物流行业党建联盟。举办“两新”党建好故事讲演比赛。打造25家“绿谷先锋驿站”，为新就业群体提供服务。与松阳县共同组建茶产业党建联盟。

【党代表工作】深化党代表工作室建设，做好党代表监督工作，安排党代表应邀列席省委、市委、县委全会，全县干部大会等。观摩县民办学校公开摇号、村干部比选等8场116人次。强化“摆摊”服务品牌，开展党代表集市志愿服务、“我为遂昌跑一次”摆摊服务进广场、党史学习教育“摆摊”服务等27场，服务千余人次。乡镇（街道）党（工）委选举产生乡镇（街道）党代表845名，选举遂昌县第十六次党代会代表229名，选举出席中共丽水市第五次代表大会代表29名。

【党建信息化】完成对全县各远教站点设备运行情况的排摸，梳理出需更新维修设备69台。在机关单位和乡镇、村（社）开展先锋云社区平台应用的操作使用，搭建线上组织生活、远教学用、“三会一课”等党员群众学习教育平台，掌握每个支部的学习情况。开展“名师讲党课、书记上党课、青年说党课、网上赛党课、党课大家学”活动，拍摄制作微党课224部。以党史学习教育为抓手，开展“寻找身边的红色记忆”专题活动，拍摄制作红色微视频12部，在微信公众号、党建云平台上发布。

▲2021年，三仁畲族乡开通党建最前沿直播教育平台，党委书记网络直播上党课

【公务员管理】2021年，遂昌县计划招录公务员15人，报名人数591人，参加笔试451人，实际录用15人。开展公务员转任工作，办理转任274人，其中：县外转入7人、县内转出27人、县内转任240人。完成2批次共231人的职级晋升工作。将省对县、市对县考核结果运用至职级晋升量化考评，7名干部因考核排名靠前优先晋升职级，4名干部因考核指标靠后延缓晋升职级。安排52名试用期满公务员到村接受锻炼。云峰街道被列为公务员平时考核工作省级联系点、市级示范点，县经济商务局被列为公务员平时考核工作市级联系点。

【干部实绩数字化考评】县委组织部聚焦干部考核管理中普遍存在的“考事”与“考人”脱钩、“一时”与“一贯”脱节、“主观”与“客观”脱离问题，以工作实绩为抓手，推出干部实绩数字化考评应用，于7月5日在“浙政钉”App上线运行，纳管20个乡镇（街道）1013名干部，12月实现各部门、乡镇（街道）全面贯通。该应用入选2021中国数字政府特色评选案例榜单保障支撑创新奖，被纳入省委组织部公务员考核典型案例，获丽水市数字化改革第一批场景应用评比优秀奖。

【基层党建“小招实招”大比拼】6月11日，遂昌县举办农村基层党建“小招实招”大比拼暨党组织书记擂台大比武活动，20个乡镇（街道）的党（工）委副书记、部分村党组织书记参加，就抓党建促产业发展、促乡村治理、促集体经济壮大等“看家本领”相互推介交流。经过激烈角逐，云峰街道党工委获得基层党建“小招实招”大比拼一等奖，柘岱口村党总支获得农村党组织书记擂台大比武一等奖。黄久富、黄彤飞、刘祖飞3人获最佳风采奖。

▲6月11日，遂昌县举办农村基层党建“小招实招”大比拼暨党组织书记擂台大比武活动

（汪 琳/文 遂昌新闻网/图）

人才工作

【概况】2021 年，遂昌县迭代升级“人才新政 22 条”，出台《关于加快集聚创业创新人才助力“天工之城”建设的实施意见》。更新发布高层次人才分类目录、紧缺急需专业、政策覆盖企业名单 3 张清单。通过搭建数字人才平台引育人才，成立“双招双引”基金，开启“蜂巢计划”。建立人力资源服务产业园、遂昌县人才驿站。修订《高层次人才走访慰问制度》。全年，遂昌县共招引大中专以上人才 4590 人，比 2020 年增长 200%，其中硕士 157 人、博士 20 人。

【搭建平台】搭建数字人才平台。构建数字生态产业体系，将“天工之城·数字绿谷”打造成为人才培训工场。携手网易、中电海康、千寻位置等 20 家头部数字经济企业，实现人才引进与产业发展同频共振。重点打造网易联合创新中心、阿里云创新中心两个专业引育平台，已有 47 家企业签约入驻，其中院士团队企业和绿谷精英项目各 2 个。

搭建论坛赛事平台。构建“湖山论剑”国际学术交流地，举办 2021 全国数字生态创新大赛总决赛暨数字生态创新发展峰会、“天工之城”EPIC 高端制造业和服务业峰会、2021 阿里巴巴诸神之战“数字经济赛道”全球挑战赛等活动。举办 2021“天工之城”引智共富大会暨中国（遂昌）数字人才发展峰会。举办 2021 年遂昌县“奇思妙想创赢绿谷”创业创新大赛。发布《中国县域数字经济·人才培育研究报告》，举行山区 26 县“数字人才发展助力乡村振兴”圆桌论坛。

搭建县校协作平台。2021 年，遂昌县分别与浙江大学、武汉大学、杭州电子科技大学、杭州师范大学、浙江师范大学就共建技术转移中心、金属新材料研究中心（工程师协同中心）、数字经济创新平台、遂昌数字经济研究院、教师发展学校签署合作协议，推动人才与科技联姻。新建 3 家高校引才联络站，累计建成 15 家省内外高校引才联络站。

多维度精准发力，打造“近悦远来”人才生态

遂昌：智聚仙侠湖 共富山区县

政策活水赋能人才招引

人才赋能强化内生动力

▲11 月 16 日，《浙江日报》专版报道遂昌县人才政策及招引工作

【强化服务】强化金融保障服务。成立总规模 5 亿元的“双招双引”基金，支持县内重大招商引资引智类项目、“凤凰计划”企业，实现政府主导与市场化运作的有效结合，助推一个新能源领域省级重点项目落地遂昌。大力实施“蜂巢计划”，建立规模 5000 万元的天使创投引导基金，对入驻“天工之城”核心区的企业，从信贷支持、云服务补贴、风投孵化、科技项目申报等多角度提供助力，鼓励和吸引大中专毕业生到遂昌创业。

强化服务平台支撑。建成全市首个县级人力资源服务产业园，吸引 11 家来自宁波、绍兴、丽水等地的人力资源机构入驻。建成遂昌县人才驿站，为人才打造集沟通交友、项目洽谈、技艺研学、带徒授艺的实体化人才服务平台。打造数字绿谷·人才创新创业服务综合体。

强化日常服务关怀。修订《遂昌县高层次人才走访慰问制度》，在重要节日开展高层次人才走访慰问，8 月，196 套面向企业人才的“渡客公寓”投入使用。举办“双招双引”培训班、人才服务专员能力提升班、人才初任培训等主体班次，开展青年人才联谊交友活动，提升招引人才的幸福感、获得感和归属感。

【人才引进】落实好每周人才科技工作日、每月人才科技工作例会、每季“比学赶超·跨越发展”赛比会、每年人才科技工作述职评议机制，发动每名干部为人才科技工作献策。通过“遂昌先锋”微信公众号，每周精选发布各部门、乡镇（街道）干部人才科技工作情况，全年推出15期专栏。启动面向世界一流大学引进优秀毕业生工作，第一批人才引进，报名遂昌县招聘岗位的有41人，其中博士生5人、硕士34人、本科2人。开展第二批人才招引工作，共推出33个岗位。

【人才驿站启用】11月15日，遂昌县人才驿站正式启用。遂昌县人才驿站是以高标准打造的集技艺研学、带徒授艺、项目洽谈、联谊交友等功能于一体的人才服务平台，位于妙高街道园丁路111号，占地面积约2000平方米，由技能人才孵化器、人才会客厅、休闲书吧、多功能报告厅、接待茶室等部分构成。至年底，遂昌县人才驿站已招引茶文化、传统编织、陶艺、烘焙4家人才工作室入驻，其中包含全国技术能手（制茶）、丽水市首席技师华慧荟和浙江省技术能手、二级茶艺师郑笑里等人才。

▲11月15日，遂昌县人才驿站正式启用

（汪　琳　文/图）

宣传思想工作

【概况】2021年，遂昌县宣传思想工作持续深入推动党史学习教育，开展庆祝中国共产党成立100周年系列活动。弘扬践行“浙西南革命精神”，提升现代宣传能力，展现遂昌县“重要窗口”形象，守好意识形态领域阵地。

推行县、乡、村三级全员宣讲行动，开展各类主题宣讲1200场次，惠及群众5万余人次。电视节目《遂昌新闻》和《遂阅》报纸围绕县委、县政府中心工作推出32个专题专栏。原创儿童剧《不要留我一个人在角落》入选2021年度浙江文化艺术基金资助项目。推进网络生态“瞭望哨”工程建设，提升网络综合治理能力。开展文明实践活动10.1万场次，服务群众57万人次。7月，城北社区垃圾分类宣传主题晚会获丽水市第七届邻居节“群众最喜爱活动奖”。

运用各种学习方式，搭建多种学习平台，推动党史学习教育持续深入。实施记录小康工程，记录反映遂昌县全面建成小康社会的光辉历史。《遂昌县积极打造三大“红色IP”助推共同富裕》《遂昌县“研、学、传”推动党史学习教育入脑入心》2篇报道获省委宣传部领导批示。以“我为遂昌践一诺”“足印农户、情到万家”为载体，开展党员服务群众实践活动。全年开展志愿服务10013次，认领、实现“微心愿”5518个。

【理论学习宣讲】开展习近平总书记“七一”重要讲话精神、中共十九届六中全会精神专题学习。推行县、乡、村三级全员宣讲，深化“清单式、固定化、短视频、微直播、会客厅、思政课”六大宣讲模式，“线上+线下”宣讲双向发力。出台《遂昌县哲学社会科学课题管理办法》，聘请12名同志为遂昌县首批社科智库专家，在《学习时报》发表2篇理论文章。邀请台北故宫博物院文创专家何春寰举办以“深挖文创与文旅的发展性”和“乡村与小镇的美丽文创经济”为主题的讲座。中共遂昌县委宣传部和《小康》杂志社签订战略合作协议，探索山区县共同富裕先行样板——遂昌案例。征集庆祝中国共产党成立100周年理论文章。举办“相圃大讲堂”线上、线下活动46期。

【文化传播推广】印发《遂昌县庆祝中国共产党成

立100周年系列活动方案》，举办戏曲展演、广场舞沙龙活动，拍摄“千人同唱一首歌”专题片。完成“浙西南革命精神”研究成果申报。深化浙西南革命纪念馆管理员朱宗鹤“一个人的升旗仪式”示范教育。加强与丽水学院、浙江大学人文学院县校合作，支持开展数字经济与文化产业相结合的课题调研。青年音乐家李玥锦在遂昌成立躬耕戏剧工作室。那然生命文化股份有限公司、遂昌金矿国家矿山公园有限公司入选全市重点文化企业，“举淤口村版画文化助推乡村振兴”等7个项目入选2021年度丽水市艺术助推乡村振兴重点项目。做好中华版本资源征集工作，上报版本资源4000多份。

完成农村电影放映招标工作，全市农村电影放映启动仪式在遂昌举行。开展文化市场各类检查14次，查办“扫黄打非”类案件4起。开展“扫黄打非护苗2021”专项行动和“阅读伴我成长”绿书签文化关爱赠书活动，举办“平昌小讲坛”。推进软件正版化工作，各单位有序安装正版软件。

【媒体宣传报道】对内宣传。策划推出《奋斗百年路启航新征程》《一“数”一故事》《因为看见所以相信》等专题、专栏32个。推广运用遂昌城市视觉识别系统，树立“万物开源·遂昌”城市形象品牌。“遂昌新闻”官方号入驻抖音、潮新闻等App。

对外宣传。在省级以上媒体刊播报道、简讯680余篇（条）。“蕉川村依托5G和人工智能促进农民增收，实现共同富裕”被《新闻联播》录用。承办全国弘扬践行革命精神红色宣传联盟大型融媒采访丽水行·遂昌站活动，14个省的27家媒体发布报道30余篇。承办“弘扬‘浙西南革命精神’厉行‘丽水之干’”主题新闻发布会，20家平台直播，在线观看人数930万人次，累计阅读量、视频播放量1400多万人次。《人民日报》刊发多篇报道点赞遂昌县数字化改革成果、红绿融合发展的经验做法。

网络宣传。推送宣传老党员朱宗鹤事迹，相关报道总阅读量超800万人次，“共青团中央”微信公众号和官方微博号点赞。《人民日报》、央视频等20余家媒体推出短视频《国旗守护者》，合计阅读量超6000万人次。举办浙江省“政务公开在行动——民生政策进万家”网络宣传活动遂昌专场。开展第六届网络文化活动暨第六届“热爱遂昌奋力奔跑”新媒体作品大赛。开展依法治网专项行动，开展建党百年网上护航行动。

【采访团到遂昌采风】6月18日，全国弘扬践行革命精神红色宣传联盟大型融媒采访丽水行活动走进遂昌，来自全国14个省、27家媒体的50余名记者参与活动。记者们到遂昌革命纪念馆、红色古镇王村口等地采风，挖掘遂昌红色故事，了解遂昌在弘扬践行“浙西南革命精神”、培育时代新人方面的生动实践。

7月20—21日，中央电视台、新华社、人民日报社等记者组成的中央媒体采访团到遂昌采访，挖掘山区县在加快跨越式发展中的典型案例和精彩故事，报道遂昌县的先进经验和优秀做法。在遂昌采访期间，采访团记者们围绕数字经济发展、未来乡村建设、农村电子商务发展等主题，先后到阿里云创新中心、新路湾镇蕉川村、遂昌县花园数字乡村公共服务中心进行拍摄和采访。

【丽水专场新闻发布会在王村口举行】为庆祝中国共产党成立100周年，浙江省举行“守好‘红色根脉’，打造‘重要窗口’”主题系列新闻发布会。6月22日，以“弘扬浙西南革命精神，厉行‘丽水之

▲6月22日，“弘扬浙西南革命精神，厉行丽水之干”丽水专场新闻发布会在王村口镇举行

干'”为主题的丽水专场新闻发布会，在遂昌县王村口苏维埃政府旧址举行，市委常委、宣传部部长任淑女，遂昌县委书记张壮雄介绍有关情况并答记者问。活动吸引全国30多家媒体聚焦。嘉宾及媒体记者参观了“1935”文旅街区、中国工农红军挺进师纪念馆、月光山公园等红色遗址，部分媒体记者赴湖山乡考察了“天工之城·数字绿谷”建设。

【鞠开向遂昌赠送红色书籍】12月，遂昌县党史学习教育领导小组办公室收到了一份特殊礼物——红色书籍《我心目中的粟裕大将》，作者是粟裕大将原秘书鞠开。随书寄来的信件中，鞠开表达了对粟裕大将曾经战斗过的热土（遂昌）的浓烈感情。鞠开曾经多次到遂昌，参加粟裕同志逝世10周年纪念活动、红军挺进师进驻遂昌70周年纪念大会、粟裕同志110周年诞辰纪念大会等，并到王村口月光山祭扫粟裕将军陵园，到门阵寻访粟裕战斗遗迹，收集粟裕大将在遂昌战斗的史料。

（谢文婷 文/图）

精神文明建设

【概况】2021年，遂昌县精神文明建设围绕弘扬社会主义核心价值观、培育时代新人目标，开展“我和我的祖国”主题系列活动，全县农村文化礼堂开展“升国旗、唱国歌、迎国庆”活动。参与市、县爱国主义教育基地建设和评选，遂昌县档案馆被评为市级爱国主义教育基地。开展“勤俭节约”主题活动、“公筷公勺”推广活动。丰富群众性创建活动，城北社区垃圾分类主题晚会获丽水市第一3届邻居节“群众最喜爱活动奖”，城东社区陈兵获评“丽水市十佳好邻居”。各乡镇（街道）开展讲述节日传统故事、包粽子比赛、庆祝中国共产党成立100周年文艺会演等活动。

【文明实践活动】全年开展各类文明实践活动5800余场，服务群众36万余人次。以党史学习教育为重点，培育全员式宣讲队伍，县领导带头宣讲，累计宣讲120余场次。开展“文明出行”“制止餐饮浪费”“垃圾分类”等主题活动和“文明好习惯养成”系列志愿服务活动，开展相关活动2800余场，引导教育群众19万余人次。县精神文明建设委员会牵头各部门开展“电信网络诈骗”“物联网信息服务领域失信”“乡村振兴失信问题”“法院判决不执行”等10项专项治理行动。开展诚信理念教育、诚信主题实践、讲好诚信建设遂昌故事3项活动。

【公民道德建设】做好第七届浙江省道德模范、第六届丽水市道德模范推荐工作，入选第七届浙江省孝老爱亲道德模范1人，第六届丽水市道德模范2人，提名奖1人。入选“浙江好人”5人，“丽水好人”4人，评选“遂昌好人”19人。推进未成年人思想道德建设，贯彻落实中央宣传部和中央文明办等7部门联合印发的《关于进一步加强家庭家教家风建设的实施意见》精神。举办遂昌县第十届未成年人道德文化节、第二届未成年人思想道德建设创新大赛。开展 “春泥计划”主题实践活动。推动乡村学校少年宫建设，建成丽水市首个体育运动主题乡村复兴少年宫。评选表彰新时代好少年93名。

【志愿服务】强化志愿服务队伍建设，全县所有乡镇（街道）、大部分村均成立了志愿服务队，全年开展各类志愿服务活动750余次，参与志愿者近3万人次，累计签到时长12.34万小时。2021年，妙高街道庄山村“芝麻绿豆”志愿服务项目和躬耕书院“音乐筑梦班”志愿服务项目入选全省志愿服务项目大赛。县人民医院“医帮人”志愿服务项目获丽水市志愿服务大赛铜奖。落实激励机制，监制志愿服务文创产品“我来做志愿”系列盲盒。推广使用“志愿浙江”App，全县75%的文明实践站入驻平台。在平台上传宣讲服务清单25项，各乡镇(街道)、行政村点单110余次。

【文化礼堂建设】2021年，遂昌县新建文化礼堂25家，累计建成157家。提升文化礼堂9家，获评五星级文化礼堂3家，云峰街道获评省文化礼堂建设示范乡镇（街道）。全县共开展农村文化礼堂活动647场，参与群众近6万人次，其中举办涉农培训76场。举办文化礼堂管理员业务提升培训班，提升农村文化礼堂软硬件水平。发布《遂昌县农村（社区）文化礼堂专项资金管理办法》，规范文化礼堂资金使用。智慧文化礼堂建设加快推进，人流、门禁系统安装覆盖100余家。

▲石练镇淤溪村文化礼堂

▲云峰街道湖边村文化礼堂

（高子涵/文 遂昌新闻网/图）

统一战线工作

【概况】2021年，遂昌县统一战线工作以同心思想凝聚共识，以机制建设汇聚合力，以方法创新攻坚克难，以队伍建设夯实基础，为服务县委、县政府中心工作凝聚人心、汇聚力量。制定《遂昌县委统战部数字化改革方案》，开展统情调研，完成“浙统云”人物库数据录入2044条。新建基层统战活动阵地6个。遂昌县新乡贤工作平台应用场景建设受到市委统战部肯定，向省委统战部申请纳入“浙统云”系统创新应用场景建设。

【民族宗教工作】围绕“汤畲红绿”乡村振兴示范带和少数民族特色村寨建设，拨付少数民族项目资金75万元。三仁畲族乡开展“青干惠农企·直播带好货”活动，促成嘉兴味道生态农业发展有限公司与遂昌小畲味生态农业公司签订80万元的遂昌特产销售订单。9月，举办遂昌县民族乡村新媒体直播培训班，至年底，开通微信视频号40余个、抖音小店30余个。11月，承办浙江省振兴民族乡村推进共同富裕宣传展播活动。

引导宗教活动场所规范化建设，查处非法宗教活动案件1起。8月2—3日，举办遂昌县民族宗教界代表人士培训班，各民族村、宗教活动场所、宗教团体负责人和乡镇（街道）统战委员共80余人参加培训，获得还安排参训学员赴“天工之城·数字绿谷”考察学习。

【侨务工作】建立“侨胞之家”5家。为归侨和侨眷办理“最多跑一次”事项9件。开展《中华人民共和国归侨侨眷权益保护法》宣传活动20次、学习会22场，印制宣传册1500册、宣传单2000张、写真宣传画80幅。为新加坡侨眷扩大经营规模解决厂房租赁困难。

3月23日，遂昌县侨联举行七届六次全委（扩大）会议，举行了招商引才大使聘任仪式，7名侨界代表被聘为遂昌县招商引才大使。9月17日，县侨联举办“侨助共同富裕共绘美好图景”活动，侨界代表、留学生及家属代表共50人参加活动。县侨联与宁波银行遂昌支行签订助推共同富裕战略合作协议。12月9日，遂昌县12个乡镇（街道）全部完成侨联成立（换届）工作。

【乡贤工作】2021年，县委统战部积极牵头，动员遂昌乡贤返乡创业，签约项目6个，投资金额1.98亿元。各乡镇（街道）乡贤协助解决基层矛盾纠纷481起。“遂昌县乡贤助力乡村振兴”案例被浙江卫视《合和天下》栏目报道。1篇调研文章入选全市统战工作实践创新优秀案例。开展“同心向党 • 开源遂昌”乡贤学党史活动。联合王村口镇开展“红心向党”遂昌县乡贤新生代“培根”活动。编制《基层乡贤工作手册》，标准化开展乡贤工作。

▲6月18日，县委统战部开展“同心向党 • 开源遂昌”乡贤学党史活动

【服务非公有制经济】打造“三服务”2.0版，健全“亲清直通车”机制，全年开展非公有制企业座谈会2次，走访非公有制企业64家次，收集、解决问题20余个。对接和服务汇金有色金属企业项目，涉及资金8200余万元。打造“清廉民企”试点单位2个，工作成效受到市委统战部点赞。4月1日，举办知名浙商助力遂昌跨越式发展项目推介会，聘请省商会副会长、宏胜饮料集团有限公司总裁宗馥莉为遂昌县经济发展顾问，组织知名浙商到“天工之城 • 数字绿谷”和云峰工业园区考察。

▲4月1日，遂昌县举办知名浙商助力遂昌跨越式发展项目推介会

【党外知识分子思想教育基地】3月，王村口党外知识分子思想教育基地获评省级党外知识分子思想教育基地，全省共有15家单位入选。遂昌县共有党外知识分子2000余人，为提升党外知识分子思想政治工作水平，破解统战组织无场所、无人员、无资金难题，遂昌县在中国工农红军挺进师纪念馆和浙西南干部培训中心挂牌成立党外知识分子思想教育基地，在王村口乡贤馆设立“知联之家”，成为党外知识分子学习、交流的主阵地。

【清廉民企建设工作现场会】7月29日，遂昌县召开深化推进清廉民企建设工作现场会，相关民营企业、商会人员参加。会上宣读了创建清廉民企倡议书，发布了《遂昌县清廉民企建设评价标准》，与会领导嘉宾为昊峰建材、汇金有色金属、翱力新材料、温州遂昌商会4家遂昌县清廉民企示范点创建单位进行授牌。会后，与会人员走访了浙江昊峰建材有限公司，考察该企业的清廉文化建设。

【“问海借力 • 侨商回家”走进“天工之城”】10月28日，由丽水市侨联组织的“问海借力 • 侨商回家”活动走进遂昌“天工之城”，30余位侨商到湖山乡考察。考察团一行到仙侠湖会展中心，了解遂昌县“天工之城”建设、数字生态产业建设、人才科技工作等开展情况，观看了仙侠湖面无人机巡查操作演示。到遂昌网易联合创新中心，考察办公环境及人才、企业招引成果，了解遂昌县招引华侨华商政策，侨商们对回乡投资表现出极大兴趣。

【振兴民族乡村宣传展播活动】11月4日，全省振兴民族乡村推进共同富裕宣传展播活动在大柘万亩生态茶园启动，遂昌、景宁、泰顺、兰溪等市、县的少数民族群众齐聚一堂，载歌载舞，共同展示少数民族文化风采，演绎乡村振兴战略引领下的美丽新生活。启动仪式之后，本次展播活动围绕民族乡村振兴领军人物寻访、优质农文旅产品推介、优秀民族民俗文化展示等内容，在各市、县民族乡村进行巡回展播。

▲11 月 4 日，全省振兴民族乡村推进共同富裕宣传展播活动在遂昌县启动

【遂昌县第二届畲族语言大赛】11 月 28 日，遂昌县第二届畲族语言大赛决赛在实验教育集团后江校区举行。经前期预赛，共有 30 名选手入围决赛。本次畲语决赛以“弘扬畲族文化·庆祝百年华诞”为主题，分少年组和成年组，设畲语讲述革命故事、畲语面试两环节。经激烈角逐，三仁畲族乡好川村的钟津薇获得少儿组一等奖，云峰街道银都村的雷利华和三仁畲族乡高碧街村的雷慧娟获得成人组一等奖。当天，县畲族研究会副会长蓝贤富到场，为观众、选手们上了一堂畲语课。（傅东雪 文/图）

信访工作

【概况】2021 年，遂昌县信访总量 5579 件 5894 人次，比 2020 年分别上升 82.9%、68.9%。其中，信、访、网上投诉 791 件 1091 人次，来电转后台 4788 件。“12345”政务服务中心接听来电 25678 个。县矛盾纠纷调解中心受理各类事项 2470 件，接待来访群众 4210 人次。各乡镇（街道）矛盾纠纷调解中心化解矛盾纠纷 1512 件，调解成功率 98.7%。村（社）矛盾纠纷调解服务站化解矛盾纠纷 6618 件。实现全县乡镇（街道）矛盾纠纷调解中心全覆盖，已建成 57 个村级矛盾纠纷调解服务站。第一批国家级、省级重复信访事项 100%化解。遂昌县连续 4 年获评全省无信访积案县。

【矛调中心规范化建设】对乡镇（街道）矛盾纠纷调解中心进行规范化建设，对 50 个村级矛盾纠纷调解服务站进行升级改造，形成县、乡、村、网格四级联动的工作格局。“12345”政务服务中心加强热线整合，并入 39 个部门 52 条政务服务热线，新增话务员 8 名，年度信访事项办理满意率 98%。各乡镇（街道）、部门排摸矛盾纠纷 2368 件，调处成功率 98.4%，村（社）排摸矛盾纠纷 4678 件。县矛盾纠纷调解中心深入乡镇（街道）、部门开展组团服务 76 次，化解各类疑难矛盾纠纷 91 件。

▲2021 年，三仁畲族乡率先建成规范化社会矛盾纠纷调处化解中心

【初信初访办理】4 月始，遂昌县组织信访重点部门和乡镇（街道）的信访员轮流到县信访局科室挂职培训，为期一周，以提升信访干部业务能力。挂职培训针对多发、易发典型信访案例进行分析，查找原因、整改问题，强化对事权单位信访事项规范办理的指导力度。信访员做好定期业务质量考核通报和指导工作，及时发现并纠正办理过程中的不规范

做法。2021年，全县初信化解率100%，初次网上信访化解率99.37%，初访化解率93.98%，信访部门满意率98.60%，责任部门满意率98.18%。

【重复信访治理】根据重复信访治理工作要求，明确化解时间节点，细化举措，确保在期限内完成化解任务。落实好县领导值班接访和“双县领导”包案制度，开展分析研判、专案攻坚、分类处置，提高化解实效。2021年，第一批国家级交办36件、省级交办35件信访积案全部化解。第二批国家级交办信访积案11件，已化解7件，省级交办2件，已化解1件。第三批共交办信访积案54件，承诺息访28件，依法终结14件，化解率79.6%。

【信访积案化解和工作会议】8月9日，遂昌县召开信访积案化解百日攻坚专项行动部署会暨征迁安置领域信访事项化解工作推进会，研究部署信访积案化解百日攻坚专项行动，构建“党建+信访+群众路线”工作体系。

12月18日，全县信访工作专题会议召开，贯彻落实省委、市委信访工作会议精神，研究信访积案化解和重复信访治理等问题，部署下一步工作。会议通报了前期信访积案化解情况，交办了一批信访积案。（罗高伟/文 遂昌新闻网/图）

机构编制管理

【概况】2021年，县委机构编制委员会办公室认真落实党管机构编制原则，全力构建“县乡一体、条抓块统”基层管理体系，推进重点领域体制机制改革和创新，推动“编制银行”迭代升级，深入开展机构编制KPI绩效评估，建立机构编制管理新模式，为遂昌县经济社会高质量绿色发展提供机构编制保障。

【“县乡一体、条抓块统”基层管理体系】遂昌县是“县乡一体、条抓块统”改革省级试点县。2021年，县委编办以数字化改革为牵引，落实“一张清单明责权”措施，公布乡镇（街道）属地管理事项责任清单69项、乡镇（街道）权力清单140项、政务服务事项清单109项。通过建立清单动态调整和准入机制、机构编制管控奖优罚劣机制、“编制银行”联动使用等机制，为县、乡有效履职和基层减负作支撑。制定《遂昌县基层治理“一件事”集成改革实施方案》，同步推进集成联办基层治理“一件事”，梳理形成20个基层治理“一件事”，破解跨领域、跨部门、跨层级治理事项的处置难、办理慢、办理繁问题，推动县乡间、条块间权责更加一致，分工更加合理，协同更加高效。

【重点领域体制机制改革和创新】制定《遂昌县“大综合一体化”行政执法改革实施方案》《遂昌县综合行政执法事项目录》，将无执法队伍但有执法事项的13个部门行使的838项执法事项行政处罚权划转至县综合行政执法局。精简行政执法队伍，实行“1+8”执法模式。推进“一支队伍管执法”，组建8支乡镇（街道）综合行政执法队，承接基层行政执法工作。完善公办幼儿园机构设置和人员编制管理，以梅溪幼儿园为试点，核定梅溪幼儿园教职工共57名，其中事业编制23名、劳动合同制教职工控制数34名，在总园和分园统筹使用，破除公办幼儿园发展体制机制障碍。

【“编制银行”迭代升级】出台《遂昌县乡村振兴“编制池”运行管理机制》，探索“县编乡用”管理方式创新。12月，划转70名事业编制到“编制银行”，重点用于保障县委、县政府中心工作，以及重大民生、社会建设等工作。全年“编制银行”共筹集“资本金”142名，受理28家部门的编制使用申请，审批下达76名编制，期满收回11名，主要用在公共卫生服务、数字化建设、工业复兴、双招双引等重点领域。

【机构编制KPI绩效评估】强化第一、第二轮机构编制KPI绩效评估结果运用，对6家被评估单位采取相应的机构编制整改要求和工作建议，就其整改实时跟踪。5 月完成第三轮评估，9 月开展第四轮评估。制定《遂昌县机构编制 KPI 绩效评估问题整改联动协作机制》《遂昌县机构编制问题预警处置机制》，各相关部门通力协作，推进情况通报、信息共享、线索移送、整改反馈，实现机构编制 KPI 绩效评估工作良性循环，为遂昌县落实“人才新政 22 条”、推进“双招双引”提供支撑和决策依据。

【规范机构编制管理】2021 年，配合重新审核认定参公事业单位 51 家，完成事业单位法人年度报告公示 149 家，办理事业单位法人设立登记 5 家，变更登记 83 家，注销登记 6 家，换领统一社会信用代码证 49 本，完成科教文卫领域事业单位章程制定 72 家。按照事业单位法人公示信息“双随机”3%的比例要求，抽查事业单位 5 家，评定 A 级公益指数民办事业单位 2 家。全年共核准 66 家主管部门、215 家单位的用编计划共 819 名，核准 28 家单位聘请编外用工计划 140 名，审核 53 家单位配备股级干部职位数 400 名。

办理出入编登记备案 1521 人次，编外用工增减备案 215 人次，与工资系统、养老系统进行数据比对 2 次。通过机构编制 KPI 绩效评估和参与县委巡察选人用人专项检查、经济责任审计等，对 28 家主管部门及 130 家下属事业单位进行实地核查，实地核查覆盖面 38%。建立机构编制管理相关问题清单库，共有 69 条问题入库。（蓝　菲）

党史和地方志工作

【概况】2021 年，遂昌县党史和地方志研究室坚持“党史姓党”正确政治方向，推进“以史鉴今、资政育人”各项工作任务。《中国共产党浙江遂昌历史》第二卷（1949—1978）正式出版，启动第三卷征编工作。完成《遂昌年鉴（2021）》编纂和《遂昌金石略》出版。成立“红色兰台”宣讲团，全年开展宣讲 30 余场，听众 2000 余人。2 篇文章在《丽水史志》刊发。《土地改革运动给新时代践行群众路线的启示——以遂昌县的土地改革运动为例》获浙江省庆祝中国共产党成立 100 周年党史党建学术研讨活动优秀奖。

【党史征编】完善《中国共产党浙江遂昌历史》第二卷（1949—1978）书稿，6 月正式出版。全书包括正文、注释、附录、插图、后记等，共 39 万字，印数 3000 册。9 月举行首发式。完成中央、省、市三级党报涉及遂昌内容的筛选、校对、编印工作。辑录《人民日报》《浙江日报》《丽水日报》刊发有关遂昌的报道 1900 余篇，计 128 万余字，编印成四册《党报看遂昌（1979—2012）》，印数 200 套。

启动《中国共产党浙江遂昌历史》第三卷征编工作。根据“2025 年 12 月前出版”的目标倒排工作进度，基本完成 1979—2012 年间遂昌县历次党代会和遂昌县党史大事的资料收集工作。基本完成纲目梳理工作。第一轮查档完成 50%。

▲9 月 27 日，《中国共产党浙江遂昌历史》第二卷首发式在平昌广场举行，并向群众赠书

【地方志编纂】全力推进《遂昌年鉴 2021》编纂工作。年初拟定编纂纲目及分配方案，由县委办、县府办联合发文。4 月，召集全县各乡镇（街道）、部门 100 余名年鉴撰稿人员参加培训。至年底，完成《遂昌年鉴（2021）》统稿，计 430 页 50 万字，送交方志出版社审校，进入出版程序。向县内外相关部门、人士发放《遂昌县志（1991—2010）》1600 余

套，发放《遂昌县志（旧志综合版）》近500册，发放《遂昌年鉴（2020）》600册。

编印发行《遂昌金石略》。与县政协文史和学习委员会合作，完成《遂昌金石略》编印，收入县域古印玺、钟铭、碑志、摩崖、牌坊等金石资料近300件，均做考证、解读，附图230余幅，全书共16.6千字，分上篇、下篇、旧碑文辑录，较为全面记载了遂昌县金石文献资料。

【资政宣教】在“遂昌档案”微信公众号上开设《百年初心·红色遂昌》专栏，刊发48期“遂昌革命英烈榜”，连载32期“百年初心·忆遂昌”。在“遂昌新闻”微信公众号上推出“档案话百年”党史知识竞赛，共1383人次参与答题。在《遂阅》报纸开设《百年党史·忆遂昌》栏目，介绍遂昌县革命斗争历史。推出《一颗“初心”在路上》《信仰·传承》系列精品视频，在“遂昌新闻”微信公众号上展播。报送红色微电影《坚守》参加2016—2020年全国党史和文献部门优秀科研成果评奖，获新媒体作品类一等奖。（雷金香　文/图）

档案管理

【概况】2021年，遂昌县档案馆坚定档案工作“三个走向”（走向依法管理、走向开发、走向现代化）根本遵循，深化拓展“五档共建”（法治档案、智慧档案、民生档案、平安档案、活力档案），档案接收与管理工作规范、持续向好。推进数字档案建设。全年走访调研28家部门单位，了解室藏档案情况。遂昌县档案馆被评为第七批丽水市爱国主义教育基地、丽水市100家党员教育培训基地。

全年接待查阅档案人员1718人次，提供利用档案2898卷、1551件，为查阅人员复印档案10656页。为杭州市拱墅区档案馆、金华市档案馆、嘉兴市南湖区档案馆等72家单位（个人）提供跨馆查档服务。以“最多跑一次”项目改革倒逼档案服务事业转型，开展档案查阅“零跑腿”远程服务37次。

【档案资源建设】完成县委组织部、民政局、人力资源和社会保障局等17家单位的档案接收工作，共计接收档案10570卷、176055件。开展珍贵文献资料征集工作。从省档案馆复制一份（两页）粟裕亲笔信（1938年3月26日，时任闽浙边抗日游击总队司令员粟裕就释放政治犯事宜给国民政府遂昌县长的信）入馆珍藏。征集到民国14年（1925）《周关义订讼稿簿》（周大彬捐赠）。

【数字档案建设】2021年，完成馆藏档案数字化扫描301万页，包括行政审批中心、经贸局、城发公司、建设局等单位档案，以及与党史方面相关的文献资料。开展乡镇（街道）单位档案数字化接收及挂接工作，完成县委组织部、民政局、人力资源和社会保障局等11家单位扫描件接收及挂接工作，累计数字化纸质档案7811卷、50186件。重点档案保护，完成民国档案抢救与保护计25万余页，条目著录和验收12个全宗、6144卷、125154条目录。开展档案馆数据资源链接，补充完成浙江省IRS平台关于档案系统的登记录入工作，以及遂昌县公共数据工作平台共享数据接口相关工作。

【国际档案日主题展览】在“6·9”国际档案日举办“凝百年之辉·筑遂昌之梦”主题展览。主题展由前言和四个篇章组成，展出从1927年中共遂昌支部建立，一直到新时代遂昌奋力打造山区县跨越式

▲6月9日，县档案馆举办“凝百年之辉·筑遂昌之梦”档案主题展览

发展“重要窗口”期间的重大事件，展览吸引县委办、县委组织部、县经济商务局等51家单位到馆参观。在档案馆一楼大厅布展了“遂昌清廉记忆”开放式展览，分“廉脉悠悠话清白”“家风家训传千年”“以红润廉润初心”3个板块，成为遂昌县清廉文化展示和输出的窗口。（雷金香　文/图）

党校工作

【概况】2021年，中共遂昌县委党校锻造“唯实惟先，善作善成”的新时代挺进师队伍，发挥干部培训、思想引领、理论建设、决策咨询作用，以“三全育人”为办学方针，坚持正确的办学方向，求真务实，加强学校管理，深化教育教学改革，全面推进思想政治教育和素质教育，扎实推进党校各项工作全面提升。

【讲好党史故事】发挥马克思主义理论宣传“排头兵”作用，坚持“党员要什么、党课就讲什么”的思路，开展“百堂党课送基层”宣讲活动。牵头成立“山中青年宣讲团”，围绕中共十九届六中全会精神和习近平总书记系列重要讲话精神、“绿水青山就是金山银山”理念之遂昌实践等内容，讲身边人、说身边事。发挥“六讲六做”主力军作用，全校党员干部齐上阵、作示范，深入基层，掀起学习宣讲热潮。全年开展党史学习教育、中共十九届六中全会精神及“浙西南革命精神”宣讲90余场。

【用好红色资源】立足“红、古、绿”三色资源优势，加强“浙西南革命精神”和红绿资源价值转化研究，深度开发红色经典课程。推出“毛泽东诗词与中共党史”“奋斗百年路，启航新征程——学党史、悟思想、办实事、开新局”等精品课程。打造“一位老人的红色守望”“侠骨柔情真英雄，剑胆琴心大丈夫”“鱼水相依深情在，浩气长存月光峰”“天工之城·数字绿谷”等现场教学课程。全年接待对外培训班385期，培训21850人次。

▲2021年，遂昌县委党校打造“一位老人的红色守望”现场教学课程。图为教学现场（中共遂昌支部旧址）和人物原型（朱宗鹤）

【干部培训】根据新形势和新任务要求，优化班次设置，形成多层次、突重点、讲实效的干部培训体系。干部培训实现从村干部、初任班、青干班、优秀年轻干部培训班、新提任副科干部培训班的梯度培训。以干部能力需求为横轴，分类设置专题研讨班、能力提升班、年轻干部培训班、履职轮训班等班次。先后举办第22期青干班、2021年新提任副科级领导干部培训班、全县党史学习教育宣讲员培训班，以及数字经济专题培训班等。完成举办计划内主体班次15期，培训学员1200人次。举办遂昌县新任村（社）主职干部培训班，为所有的村级班子的“领头雁”上好履职第一课。

▲3月29日，全县村（社）党组织书记培训班在县委党校开班

【强化服务导向】组建现场教学课程开发团队，深耕“一城五区”中的红绿融合区，大力宣传“最美生态”碰撞“最强科技”的遂昌经验。聚焦遂昌县力争“两个第一”（浙江省山区26县第一梯队、丽水市第一阵营）、致力共同富裕的探索实践，总结打造工业平台、数字平台，推进“山海协作”方面的经验，形成《遂昌县加快打造山区县共同富裕先行样板的探索实践》资政报告，上报省委党校，获得省委党校专项课题立项。

【深化教学改革】根据培训内容和学员特点，试行研究式、运用式、案例式、体验式教学方法，教学内容和教学形式突出“党校味”。在新冠疫情防控大背景下，探索开展线上线下并轨教学。加强与省委党校、浙江工业大学合作，开设新提任副科级领导干部进修班和数字化改革培训班，线下安排体验式授课，线上邀请知名专家学者以视频形式进行教学，利用高端师资和培训资源，探索“集中+分散”相结合的培训模式，提升培训实效。

【优化课程体系】开发新专题、新课程10门。开发湖山“天工之城”现场教学基地，建成现场教学精品课12门，开展授课100余场次。主体班次课程设置突出党的理论教育和党性教育，邀请省、市、县专家讲授相关内容。2021年，主体班次中理论教育和党性教育课程达总课时71%，其中党性教育占40%。在各类班次中，融入城市治理体系和治理能力现代化内容，增设公共安全、应急管理、卫生健康、心理疏导、基层治理等方面课程，有针对性地对广大干部开展公共卫生事件处置、治理能力提升等方面的培训。

【推进资政一体化】与县社科联等部门开展科研合作，联合举办中国共产党成立100周年理论征文活动。围绕县域发展热点开展资政研究，编纂《调查与思考》41期，获县领导肯定性批示9期。鼓励科研攻关小组将科研成果转化为专题课，结合精品课选拔活动，开发专题课。其中“浙西南革命历史中的红廉文化”在课题、论文、资政、专题课之间实现100%转化。“上挂下派”为中青年教师提高综合素质提供平台。派出骨干教师深入到重点工作岗位工作锻炼，积累基层实践经验。

【科研攻关】成立科研攻关组，设跨科室科研小分队，组建“数字化改革”“未来乡村”“共同富裕”等专题调研小组，教师按学科背景及个人意愿参与课题调研。每月召开科研例会，按照研究主题分类举办科研沙龙。鼓励教师“走出去”，参加第四届莫干山会议、省委党校高层次论坛、省社科院“溯源新思想”论坛等学术活动。2021年，遂昌县委党校在省级课题立项8个、市级课题立项8个，超额完成考核要求。全校教师共撰写各类文章68篇，发表论文32篇，省级征文获奖12篇、市级21篇，县级15篇。（陈肖鹏、黄波/文 遂昌新闻网/图）

电视大学和社区学院

【概况】2021年，浙江广播电视大学遂昌分校开设的本科专业有法学、行政管理、会计学、汉语言文学、土木工程；开设的专科专业有会计学、行政管理、建设工程管理。全年招生235人，比2020年多招15人。学校作为“农民大学生领雁工程”项目实施者，采取“不离乡土、不误农时、工学结合、因需施教”的模式，培养了700多名农民大学生，为遂昌县乡村振兴打下坚实的人才基础。

【社区教育和老年教育】遂昌社区学院（老年开放学院）凭借拥有4所分校（妙高、北界、大柘、石练）的优势，充分发挥社区教育（老年教育）在服务地方经济社会发展中的作用。2021年，有9000多人次参加各类技能培训，7.7万余人次参与社区教育（老年教育）活动。10月9日，由北界分校承办的全县农村建筑工匠培训班开班，为期1个月，各乡镇（街道）的400名农村建筑工匠参加培训。培训完成后，还承办了全县建筑工匠技能大赛。

【获得荣誉】10月，在首届全国老年教育教学成果展评中，遂昌县老年开放学院选送的《祥林嫂·洞房》获得戏曲类作品一等奖，系浙江省唯一；《青春宣言》获朗诵类作品三等奖。遂昌县老年开放学院获活动组织奖。

12月，浙江省社区教育指导中心公布2021年度“社区教育进农村文化礼堂”学习品牌名单，遂昌县社区学院石练分校选送的项目“班春劝农”上榜。加上2020年选送的“农师学堂”项目，丽水市仅有的2个省级“社区教育进农村文化礼堂”学习品牌均落户遂昌。

2021年，遂昌社区学院妙高、大柘、北界3所分校被评为“省级现代化学校”。妙高、北界、大柘、石练4所中心成技校全部获评“省级终身学习品牌”。遂昌婺剧文化演唱团、大谷岭村乐队、遂昌茶韵舞蹈团等8个社团获评“丽水市优秀学习型社团”。遂昌县关川博渊农耕研学基地被评为“在浙学”市民终身学习体验基地。

遂昌县又增1个省级学习品牌

时间：2021-12-15 来源：浙江职成教网

近日，浙江省社区教育指导中心公布2021年度社区教育进农村文化礼堂学习品牌名单，全省30个项目入选，遂昌县社区学院石练分校选送项目“班春劝农”获评，系全市唯一。至此，加上2020年社区教育进农村文化礼堂学习品牌由妙高社区分校选送的项目“农师学堂”，遂昌县获评浙江省社区教育进农村文化礼堂学习品牌增至2个。

据了解，遂昌县石练镇淤溪村同时拥有“昆曲十番”和“班春劝农”这两项国家级和世界级非遗。每年一届的班春劝农节始于2009年3月，2009年6月入选浙江省非物质文化遗产名录，2011年6月正式入选第三批国家非物质文化遗产名录，并入选联合国教科文组织人类非物质文化遗产名录。

▲12月，遂昌县“班春劝农”项目获评“2021年度浙江省社区教育进农村文化礼堂”学习品牌

（陈肖鹏、黄波/文 遂昌新闻网/图）

老干部工作

【概况】至2021年底，全县共有离休干部50人（男45人、女5人）。其中，遂昌县统计上报44人，省属企业统计上报5人，部队安置1人。平均年龄93岁。县统计上报的44名离休干部中，曾担任实职副县以上领导3人。享受副地级待遇1人、副县级待遇19人、正科级待遇1人、副科级待遇23人。

50名离休干部中，居住在遂昌县城38人，居住在农村1人，安置外地5人，居住在外地6人。其中，抗日战争时期参加工作的3人，解放战争时期参加工作的47人。

【离退休干部“三项建设”】2021年，县老干部服务中心加强离退休干部思想教育，组织老干部参加党史学习教育，邀请老党员金文巨、张先荣为老干部讲入党初心故事、红色故事。2月4日，组织部分离退休干部到云峰“山海协作”产业园、湖山“天工之城”，开展“新春走看促、建言开门红”考察活动。11月24—25日，举办全县离退休干部党支部书记培训班暨中共十九届六中全会精神学习会。

【关爱老干部】2021年，县老干部服务中心在做好冬季送温暖、夏季送清凉、住院送关爱活动的基础上，增加了中秋节慰问和中国共产党成立100周年慰问工作。深化利用和发挥社区资源，做好离退休干部服务工作，新增老年大学国网遂昌电力公司教学点。组织老干部开展走看促活动3场，分别赴县金属制品产业综合体和云峰石材园区、实验小学和遂昌三中新校区、湖山“天工之城”参观考察。9月，组织61名老干部进行健康体检；10月，举办老干部趣味运动会，欢度重阳节。11月，与遂昌农商银行举行“政银惠聚·养老筑梦”战略合作签约仪式，推动金融机构服务离退休干部。

【发挥老干部作用】2021年，县老干部服务中心挖掘、宣传老干部先进典型，开展“最美老干部”系列评选。开展“银雁返乡”活动，组织老医生、老科技工作者到北界镇、金竹镇送医送药送技术。开展“携手老同志，跨越数字鸿沟”活动。组织志愿者到城西社区教老同志使用智能手机。协助县融媒体中心办好《遂阅》“老年之声”专版。老干部文艺宣传队到王村口镇、龙洋乡演出，宣传党的方针

政策、垃圾分类等工作。老年大学文化志愿者到妙高街道上江村、东峰村、石练镇淤溪村、关雎文化园开展“慈孝”主题文艺演出。

【庆祝中国共产党成立100周年活动】开展“红色基因永相传”主题党日活动，组织15个离退休干部党支部在老党员驿站开展活动。开展“百年回眸·百个故事”云接力活动。为离休干部江峰录制微故事视频，报送省委老干部局进行展播。1月，举办“迎新春颂党恩”春联展，展出老干部创作的党建春联45副。2月，举办老干部党史党建谜语竞猜活动。4月，举办“我看建党百年新成就”座谈会。6月，举办遂昌县老干部庆祝中国共产党成立100周年主题活动，包括最美系列表彰、聆听离退休干部党员讲述入党初心故事、文艺节目表演等内容。6月，举办“颂百年党史·话百年成就”老干部书画展。

▲6月，“颂百年党史·话百年成就”遂昌县老干部书画作品展在县文化馆开展

（唐红飞/文 王久伟/图）

关心下一代工作

【概况】2021年，遂昌县关心下一代工作委员会与县老干部服务中心合署办公。充分发挥“五老”作用，开展帮困助学和“双百”（百名老科技专家联百村）活动。为63名学生争取到县外爱心助学金52.04万元。对关工委2017—2018年帮扶的学生51人进行了回访。遂昌县关工委宣讲团获评丽水市关心下一代工作突出贡献集体，陈杏生获评全省红船精神优秀“五老”宣讲员、丽水市关心下一代“最美五老”。

【抓牢宣讲主阵地】以理想信念教育为核心，以爱国主义教育为重点，引导青少年牢固树立和自觉践行社会主义核心价值观。通过线上+线下模式，开展党史学习教育、家庭教育、心理健康、法治教育等宣讲60余场，受众5万余人次。组建科学家教小分队，开展《中华人民共和国家庭教育促进法》宣讲8场次，受众3000余人次。开展“百年潮涌·红船精神薪火相传”主题教育活动，组织红色百年史主题宣讲。发挥省级关心下一代教育基地——王村口红色研学基地的作用，配合开展“青少年暑期红色研学”“红领巾走遂昌”争章活动等。

【关爱青少年健康成长】7月，县关工委与县教育局、县妇联、县卫生健康局联合举办“青春健康拓展营”公益活动，邀请宁波北仑区青春健康工作室志愿者团队到遂昌县开营。活动分为学子篇和家长篇，内容包括青春健康教育、心理健康教育、青少年自我保护技能等。

2021年，县关工委与县检察院、县公安局、县法院共同探讨新修订的《中华人民共和国未成年人保护法》《中华人民共和国预防未成年人犯罪法》宣传方案。推荐“鲁冰花”工作室参加全国青少年普法教育先进集体评选。全年，“鲁冰花”工作室结对帮扶70余名困境未成年人，深入34所中小学校开展法治进校园活动，受教育学生近3万人次。

【助力乡村振兴】持续开展“百名老科技专家联百村”活动，2021年有11名科技专家参与“双百”活动。在“双百”活动帮扶下，一批农业品牌脱颖而出，如遂昌桃溪红水果专业合作社的农旅融合观光园、遂昌青苗中草药专业合作社的三叶青仿野生栽培基地等。县关工委将“双百”基地建设成为青少年教育基地，兼顾向青少年普及科学技术知识。11

月，省关工委主任徐宏俊到遂昌县调研，专门到金竹小学“本草园”中药材科普教育基地考察。

▲11 月，老科技专家在金竹小学“本草园”里向小学生普及中药材知识

（涂金兰 文/图）

革命老区开发建设促进会

【概况】2021 年，遂昌县革命老区开发建设促进会围绕乡村振兴工作，开展多次专题调研，通过牵线搭桥、拾遗补阙，多方争取扶贫资金，支持老区建设。本着“保护一批，提升一批，挖掘一批”的原则，有针对性地对革命遗址进行修复和建设。筹集近 30 万元资金，修复王村口镇白鹤尖至龙洋乡九龙口村的浙闽红军古道；针对门阵国共和谈旧址的迁移和修复、金竹镇唐公宪故居修复，共补助资金 6 万元。遂昌县革命老区开发建设促进会获中国老区建设促进会 2021 年度宣传工作三等奖。

【产业扶持振兴乡村】制定《遂昌县革命老区实施“一缕阳光”五年行动计划暨乡村振兴“一缕阳光”行动计划（2021—2025）》。聘请毛竹、茶叶、水果、蔬菜、中草药、中蜂养殖业的 9 名专家为“老区振兴 • 天工巧匠”技术咨询指导师，到革命老区村开展种植业和养殖业宣讲课程 18 次，受训人数 225 人。授予遂昌缘来香茶叶合作社、遂昌县付长泳家庭农场、遂昌大垄原生态农产品公司为 2021 年度革命老区乡村振兴“一缕阳光”产业基地。扶持遂昌雾香茶叶合作社、华昊菊业公司、蔡源果蔬合作社、老六家庭农场、北洋猕猴桃合作社、大田畈家庭农场发展，共给予 15.5 万元资助。

【专题调研】2021 年，根据各级政府和老促会“关于支持革命老区乡村振兴发展”的要求，县老促会会同县农业农村局等单位，先后到大柘、石练、王村口、黄沙腰、新路湾、北界、应村、高坪等革命老区乡镇走访，开展茶产业调查研究，了解遂昌县茶产业现状和茶农诉求，形成《正视短板，核心赋能，做强产业》调研报告，上报县委、县政府供决策参考。3 月，县老促会与王村口镇共同开展“重走浙闽红军古道”专题调研。全年，县老促会开展调研活动 25 次。

▲3 月 25 日，县老促会与王村口镇共同开展“重走浙闽红军古道”专题调研

【关爱农村“三老”人员】2021 年，县老促会与民政部门共同助力，争取善款，对农村“三老”人员的房屋进行修缮和线路改造，实施亮居、暖居、安居工程。杭州遂昌商会和义乌遂昌商会分别捐款 4 万元、2 万元，为家乡“三老”人员修缮房间，添置生活用品。春节和“七一”期间，县老促会组织人员慰问农村“三老”人员，共发慰问金 7.2 万元。牵头组织医务人员，为农村“三老”人员进行健康体检，为他们建立健康档案。

（毛吉凤/文 遂昌新闻网/图）

遂昌县人民代表大会

综述

【概况】2021年，遂昌县人民代表大会常务委员会高举习近平新时代中国特色社会主义思想伟大旗帜，坚持党的领导、人民当家作主、依法治国有机统一，紧紧围绕中央和省、市、县委的重大决策部署，依法行使宪法和法律赋予的各项职权，建设人大“四个机关”（政治机关、权力机关、代表机关工作机关），服务发展大局。共召开常委会会议12次、主任会议17次，听取和审议专项工作报告35项，作出决议、决定26项，任免国家机关工作人员76人次。圆满完成了十六届人大五次会议确定的目标任务，为推动遂昌县基层民主政治建设和经济社会高质量跨越式发展作出了积极贡献。

【强化学习教育】县人大及其常委会始终把政治建设摆在首位，严守党的政治纪律和政治规矩，用习近平新时代中国特色社会主义思想武装头脑、指导实践、推动工作，不断提高政治判断力、政治领悟力、政治执行力，不断增强“四个意识”、坚定“四个自信”、拥护“两个确立”、做到“两个维护”。深入学习习近平总书记在中央人大工作会议上的讲话精神，贯彻落实习近平总书记关于坚持和完善人民代表大会制度的重要思想、习近平法治思想及省、市、县委全会精神。党史学习教育坚持规定动作不走样、自选动作有特点，认真谋划，精心组织，提炼总结，掀起了具有“人大味”的党史学习教育热潮，取得了较好成果。

【加强自身建设】坚持政治引领，认真落实全面从严治党主体责任、意识形态工作主体责任，扎实推进人大“四个机关”建设，提升依法履职能力和整体工作效能。机关党组认真贯彻党章和党组工作条例，在人大工作中充分发挥把方向、管大局、保落实的领导核心作用。严守政治纪律和政治规矩，把抓好党风廉政建设和反腐败工作放在重中之重的位置，认真落实党风廉政建设工作责任制，制定完善《遂昌县人大常委会机关财务管理办法》《遂昌县人大常委会机关公务接待管理办法》等制度，扎紧制度的笼子。坚持思想教育和履职培训相结合，打造政治坚定、服务人民、尊崇法治、发扬民主、勤勉实在的人大工作队伍。

【落实民生关切】融入新冠疫情防控工作大局，始终坚持人民至上、生命至上，牢固树立坚持就是胜利的决心和信心，发挥人大系统的职能作用和制度优势。县人大常委会领导靠前督导“扛大旗”，常委会机关党员干部一线争当“排头兵”，县、乡两级人大代表广泛动员“聚合力”，以实际行动为打赢疫情防控阻击战贡献人大智慧和力量。围绕人民对美好生活的向往，对县人民医院迁建、教育“双减”政策实施等开展调研，听取校园食品安全、城市精细化管理、生活垃圾分类等工作报告。认真实施民生实事项目人大代表票决制工作，完善“三上三下”初选机制，争取县财政资金保障，推进民生实事项目落地落实。创新开展遂昌—龙游人大跨区域合作监督治水，实现“一江清水送下游、一库清泉润万家”的美好愿景。

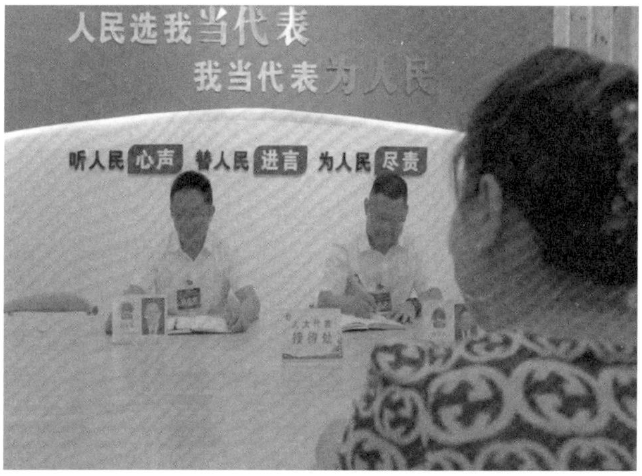

▲2021 年，北界镇人大代表在联络站里倾听民意

【助推产业发展】深入开展乡村振兴监督，将《关于加快提升农业设施用地使用功能的建议》确定为重点建议，加强督办，催生《遂昌县农业设施用地管理办法》，破解设施农用地项目建设难题。听取遂昌县果蔬产业发展、美丽生态河道建设等工作报告，助力农业农村现代化。面对严峻复杂的新冠疫情形势，县人大常委会围绕复工复产、政策落实等方面，通过“点对点”上门走访、“管家式”把脉问诊、“组合式”助企惠企等举措，助力联系企业快速复产、技改提升和拓宽销路，助推生态工业高质量发展。

【依法落实监督】围绕全县中心工作，认真做好国民经济和社会发展计划、财政预算监督，完善对县政府重大投资项目的监督制度，加强对《2021 年遂昌县重大投资项目计划草案》的审查监督，力促项目早落地、早开工、早见效。关注国有企业运行和国有资产管理工作，开展专题调研，走访了解存量土地、林木资产、矿产资源等情况。围绕生态工业发展主平台建设开展调研，听取科技创新、东城新区规划布局、基础设施建设等工作报告。继续开展专项资金使用绩效监督，对松材线虫病专项资金进行跟踪监督，提出针对性意见，转县政府研究处理。

【推进依法行政】始终坚持以习近平法治思想为指导，把推进依法行政、促进司法公正作为推动法治遂昌建设的主要抓手，积极探索人民民主时代新内涵，推动法治遂昌建设再上新台阶。听取法治政府建设、县公安局刑事侦查等工作报告，审议县政府关于法治宣传教育第七个五年规划落实情况的报告，作出《关于加强法治宣传教育第八个五年规划的决议》。落实《遂昌县人大常委会监督司法机关工作办法（试行）》，督促县政府和公安、检察、法院、司法机关在执行重要文件、重要案件、重大事项中，每月按时向县人大常委会报备，提升司法公信力。认真开展规范性文件网上备案审查工作，全年共备案审查规范性文件 21 件。

【深化数字赋能】配合县委数字化改革，将数字化改革作为 2021 年县人大常委会专项监督议题，定期监督调研进展情况。在十六届人大常委会第 42 次会议上，听取数字化改革专项报告，推动遂昌县数字化改革工作上跑道、走前列、争示范。推进人民代表大会数字化改革，县人大常委会专题门户、县人大预算国资监督系统、政府（国企）重大投资项目监督系统和选民登记系统等应用场景上线运行。深化人大代表联络站+网络的“双延伸”工作机制，推进代表履职等应用场景建设，逐步实现数字赋能人大工作创新。2021 年，先后 3 次在全省人大专题会议上作数字化改革经验交流。

【做好代表工作】始终把做好人大代表工作作为履行职能、联系群众的重要基础，坚持和完善常委会组成人员联系代表、代表联系选民“两联系”制度和常委会领导接待基层代表制度，定期召开列席人大常委会代表座谈会，开展人大代表述职活动，组织市人大代表在县人大常委会会议上述职，县、乡人大代表到选区述职，增强代表履职担当意识。抓好人大代表联络站规范化建设，实现规范化人大代表联络站“全覆盖”。推广使用“浙里人大”App 县、乡换届选举应用，全县登记选民 191968 人，登记率 99.92%，选出新一届县人大代表 193 名，乡镇人大代表 904 名，达到了代表条件更高、工作要求更严、结构更合理的目标。（黄 晨 文/图）

重要会议

【遂昌县十六届人大五次会议】2月28日，遂昌县十六届人民代表大会第五次会议在汤显祖大剧院开幕。大会应到代表165名，实到代表161名，符合法定人数。县委副书记、县长胡刚向大会作《政府工作报告》，县人大常委会主任尹建中作《遂昌县人大常委会工作报告》，县人民法院院长陈裕琨作《遂昌县人民法院工作报告》，县人民检察院代检察长易远明作《遂昌县人民检察院工作报告》。会议听取了县十六届人民代表大会第五次会议议案审查委员会关于议案处理意见的报告、县人大财政经济委员会关于预算审查的报告。

会议表决通过了关于遂昌县人民政府工作报告的决议、关于遂昌县国民经济和社会发展第十四个五年规划纲要的决议、关于遂昌县2020年国民经济和社会发展计划执行情况及2021年国民经济和社会发展计划报告的决议、关于遂昌县2020年财政预算执行情况和2021年财政预算报告的决议、关于遂昌县人大常委会工作报告的决议、关于遂昌县人民法院工作报告的决议、关于遂昌县人民检察院工作报告的决议。3月2日，在完成各项议程后，遂昌县十六届人民代表大会第五次会议闭幕。

【县人大常委会会议】2021年，遂昌县十六届人民代表大会召开常委会会议12次。

1月21日，召开第三十七次常委会会议。讨论县十六届人民代表大会第五次会议有关事项，决定县十六届人民代表大会第五次会议于2月28日至3月2日在县城召开。通过了县十六届人民代表大会第四次会议优秀代表建议、代表建议办理先进单位名单，通过了先进代表小组、县人大代表履职积极分子名单，听取了县住房和城乡建设局关于政府重大投资项目（月亮湾邻里中心）未开工情况说明。

2月1日，召开第三十八次常委会会议。学习传达省十三届人民代表大会第五次会议精神，通过了有关人事任免事项。

2月20日，召开第三十九次常委会会议。讨论了《政府工作报告》《关于遂昌县国民经济和社会发展第十四个五年规划和二〇三五年远景目标纲要（草案）的报告》《关于遂昌县2020年国民经济和社会发展计划执行情况与2021年国民经济和社会发展计划（草案）的报告》《关于遂昌县2020年财政预算执行情况及2021年财政预算草案的报告》《关于遂昌县2020年环境状况和环境保护目标完成情况的报告》《遂昌县人民代表大会常务委员会工作报告》《遂昌县人民法院工作报告》《遂昌县人民检察院工作报告》，确定县十六届人民代表大会第五次会议有关事项，听取了《关于县十六届人民代表大会代表资格审查和代表变化情况的报告》，通过了有关人事任免。会议还听取和审议了《遂昌县人民政府关于2020年民生实事项目落实情况及2021年民生实事候选项目概况的报告》，对2020年政府10项民生实事落实情况进行了满意度测评，测评结果为4项“满意”，6项“基本满意”。

4月26日，召开第四十次常委会会议。听取《遂昌县人民政府关于2020年度法治政府建设情况的报告》《遂昌县人民政府关于科技创新工作情况的报告》，听取并审议《关于落实〈县人大常委会关于2019年度财政预算执行情况和其他财政收支审计工作报告的审议意见〉情况的报告》《遂昌县人民政府关于2021年政府重大投资计划草案的报告》，听取并审议人大妙高街道工委和人大云峰街道工委《关于2020年度工作情况和2021年度工作计划的报告》，听取并审议《县人大常委会交办人大常委会街道工委工作任务清单（讨论稿）》《关于对县人大常委会街道工作委员会工作报告的决议（草案）》，通过了《乡级人民代表大会代表名额分配方案》。会议还学习了《中华人民共和国民法典》，通过了有关人事任免事项。

6月25日，召开第四十一次常委会会议。听取《遂昌县人民政府关于落实〈县人大常委会关于2020年县国企运营及深化改革情况报告的审议意见〉情况的报告》，并进行满意度测评，测评结果为：19票“满意”，8票“基本满意”，0票“不满意”。听取《遂昌县人民政府关于生活垃圾分类工作情况的报告》《遂昌县人民政府关于校园食品安全工作情况的报告》《遂昌县人民政府关于遂昌县果蔬产业发展情况的报告》。听取市人大代表毛卫华、刘力宇、罗华增的履职情况报告，其他市人大代表进行了书面述职。会议还学习了全省县乡两级人大换届选举工作部署会精神和《浙江省劳动保障监察条例》，通过了有关人事任免事项。

8月30日，召开第四十二次常委会会议。听取《遂昌县公安局关于刑事侦查工作情况的报告》和县人大常委会法制（内务司法）工委所作的《关于规范性文件备案审查工作情况的报告》《遂昌县人民政府关于2021年县民生实事项目进展情况的报告》，听取遂昌县数字化改革领导小组办公室所作的《关于数字化工作情况的报告》，听取和审议《遂昌县人民政府关于落实〈县人大常委会2021年政府重大投资计划审议意见〉情况的报告》《遂昌县人民政府关于2020年县级财政收支决算的报告》《遂昌县人民政府关于遂昌县2020年度财政预算执行和其他财政收支情况的审计工作报告》。听取了《遂昌县人民政府关于2021年上半年国民经济和社会发展计划执行情况的报告》《遂昌县人民政府关于2021年上半年财政预算执行情况的报告》。听取县长通报县2021年上半年经济运行情况，介绍《遂昌跨越式高质量发展五年行动计划》。会议还学习了《中华人民共和国人民代表大会和地方各级人民代表大会选举法》，通过了有关人事任免事项。

9月18日，召开第四十三次常委会会议。通过《遂昌县人大常委会关于建立选举委员会的决定》《遂昌县人大常委会关于县乡两级人民代表大会换届选举有关事项的决定》《遂昌县人大常委会关于设立各乡（镇）选举委员会、街道和县直机关选举办事处的决定》。听取县发改局《2021年投资5000万元以上政府（国企）重大投资项目计划年中调整情况的汇报》。会议还通过了有关人事任免事项。

10月29日，召开第四十四次常委会会议。听取县委常委、纪委书记、监委主任所作的关于遂昌县监察工作情况的通报，听取和审议《遂昌县人民政府关于全县法治宣传教育第七个五年规划实施情况及第八个五年规划的报告》，经表决，作出《遂昌县人民代表大会常务委员会关于开展第八个五年法治宣传教育的决议》《遂昌县人大常委会关于撤销PPP项目有关文件的决议》，听取《遂昌县人民政府关于东城新区规划布局和基础设施建设情况的报告》《遂昌县人民政府关于遂昌县城市精细化管理工作情况报告》《遂昌县人大常委会办公室关于人大数字化改革工作情况的报告》。会议还学习了中央人大工作会议精神。

11月26日，召开第四十五次常委会会议，学习中共十九届六中全会精神。会议还通过了有关人事任免事项。

12月3日，召开第四十六次常委会会议，通过了有关人事任免事项。

12月10日，召开第四十七次常委会会议。通过了有关人事任免事项。

12月29日，召开第四十八次常委会会议。决定遂昌县十七届人民代表大会第一次会议于2022年2月13—15日在县城召开。听取和审议《遂昌县2021年地方政府债务限额的议案》《遂昌县人民政府关于提请审议批准遂昌县2021年预算调整方案（草案）的议案》，表决通过《遂昌县人民代表大会常务委员会关于批准2021年县财政预算调整方案的决议（草案）》，听取《遂昌县人民政府关于2021年国有资产管理情况的报告》《遂昌县人民政府关于2021年度遂昌县国有企业运营情况的报告》《遂昌县人民政府关于2021年政府投资项目完成情况的报告》《遂昌县人民政府关于美丽生态河道建设工作情况的报告》《遂昌县人民政府关于县十六届人大五次会议代表建议办理工作的报告》。会议还通过了有关人事任免事项。

【县人大常委会主任会议】2021年，遂昌县第十六届人大常委会召开主任会议17次。

1月20日，召开第59次主任会议。听取县政府汇报《2021年民生实事候选项目》，讨论通过《遂昌县“十三五”规划纲要执行及“十四五”规划纲要编制情况报告审议意见》。听取县十六届人民代表大会第五次会议有关事项和人大常委会工作报告起草情况汇报，听取《关于国企运营及深化改革情况报告的审议意见》，听取人大常委会代表工委汇报《关于县十六届人大四次会议优秀代表建议和代表建议办理先进单位名单的说明》，传达学习市人大法制工作座谈会和监察司法工作座谈会精神。

2月1日，召开第60次主任会议。听取县人大代表补选工作，研究县人大第三十八次常委会会议有关事项。

2月20日，召开第61次主任会议。听取县委组织部人事工作汇报，听取关于县十六届人大代表资格审查和代表变化情况的报告，研究县人大第三十九次常委会会议有关事项。

3月18日，召开第62次主任会议。传达十三届全国人民代表大会第四次会议精神，听取2021年度县人大常委会会议议题安排，听取《遂昌县人大常委会关于遂昌县2021年政府（国企）重大投资项目计划草案的初审意见》《2021年政府（国企）重大投资项目监督工作方案》，听取代表重点建议、继续跟踪监督建议、民生实事项目监督分工、人大常委会街道工委工作交办清单。

4月22日，召开第63次主任会议。听取县法院人事工作汇报，听取人大常委会代表工委作的《乡级人民代表大会代表名额分配方案》，听取人大常委会财经工委汇报《“松材线虫病防治”专项资金使用绩效专项监督工作方案》，听取对人大常委会街道工委工作报告的决议、人大数字化专班和工作方案的汇报。

5月14日，召开第64次主任会议。听取《关于2021年政府（国企）重大投资项目计划报告的审议意见》。

6月18日，召开第65次主任会议。听取县委组织部人事工作汇报，传达学习省委十四届九次全会精神，学习省委（2021）13号文件。听取人大常委会财经工委汇报《落实国企运营和深化改革情况审议意见情况调研报告》，听取人大常委会社会建设委汇报《省劳动保障监察条例》执法检查报告，听取人大数字化改革领导小组名单和行动方案，研究保密教育专题培训工作。

7月26日，召开第66次主任会议。听取人大常委会城建环资工委汇报《遂昌县〈中华人民共和国固体废物污染环境防治法〉执法检查报告》。

8月24日，召开第67次主任会议。听取县委组织部人事工作汇报，听取县财政局关于2021年1—6月财政预算执行情况的汇报，传达县委常委会暨“三个争先”赛比会会议精神。

9月17日，召开第68次主任会议。听取县委组织部人事工作汇报，学习中央办公厅《关于加强地方人大对政府债务审查监督的意见》文件精神，听取人大常委会代表工委汇报《县乡人大换届选举有关情况》，听取人大常委会财经工委汇报《2020年度财政预算执行情况和其他财政收支审计工作报告的审议意见》。

10月18日，召开第69次主任会议。听取县司法局《关于全县法治宣传教育第七个五年规划实施情况及第八个五年规划的报告》的汇报，听取人大常委会财经工委《关于对本级及其常委会违法为政府举债融资提供担保、承诺等行为开展自查自纠的情况汇报》《遂昌县“松材线虫病防治项目”资金使用绩效情况调研报告》的汇报。

11月17日，召开第70次主任会议暨重点建议办理情况汇报会。听取县府办汇报《加快数字政府建设提升政府治理能力的建议办理情况》，听取县自然资源和规划局汇报《“十四五”期间加大城市地下空间开发利用的建议办理情况》《加快提升农业设施用地使用功能的建议办理情况》，听取县应急管理局汇报《加强居民小区消防通道安全管理的建议办理情况》，听取县工业园区管委会汇报《完善东城新区产业配套设施的建议办理情况》，听取县交通运输局汇报《对省道51线大型车辆实行严管的建议办理情况》，听取县文广旅体局汇报《关于加大王村口AAAAA级景区镇提档升级力度的建议办理情况》。

11月26日，召开第71次主任会议。听取县委组织部人事工作汇报。

12月3日，召开第72次主任会议。听取县委组织部、县法院、县检察院、人大常委会代表工委汇报人事工作。

12月10日，召开第73次主任会议。听取县委组织部汇报人事工作。

12月23日，召开第74次主任会议。听取县财政局汇报《2021年地方政府债务限额和2021年预算调整方案》，听取人大常委会财经工委汇报《2022年部门预算审查建议名单》。

12月29日，召开第75次主任会议。听取县委组织部人事工作汇报。

【全县乡镇（街道）人大工作会议】7月16日，遂昌县乡镇（街道）人大工作会议在仙侠湖会展中心召开。会上，部分乡镇（街道）人大干部就2021年上半年工作总结和下半年工作思路作交流发言。县人大常委会主任尹建中为全县人大干部上了一堂专题党课，题为《学习人大历史，发挥人大优势，坚定制度自信》。

【重点建议办理情况汇报会】11月17日，县人大常委会组织召开2021年重点建议办理情况汇报会，听取县十六届人民代表大会第五次会议重点建议的办理和落实情况汇报，就进一步提高重点建议的办理质量和方法措施进行分析探讨。会上，县政府办公室、县自然资源和规划局、县文化和广电旅游体育局等责任单位分别作汇报。参会的协办单位、领衔代表、县人大常委会督办领导及县政府领办领导分别作交流发言。（黄　晨）

重要活动

【调研与视察】1月19日，县人大常委会主任尹建中带队督察调研“城市更新大会战”及政府重大投资项目推进情况，并召开座谈会。

1月25日，市人大代表遂昌中心组开展会前集中视察，并召开座谈会。

2月7日，县人大常委会机关离退休老干部组成考察组，赴大柘镇数字茶业创业园考察。

4月29日，县人大常委会主任尹建中带队赴工业园区督察调研“招商引智精准战”。

5月13日，县人大常委会主任尹建中带队调研数字化改革各项工作。

6月8日，遂昌县人大常委会与龙游县人大常委会开展联合治水视察活动。

7月2日，县人大常委会对2021年第二季度政府（国企）重大投资项目开展监督调研。

9月24日，县人大常委会联合县水利局、县建设局等部门单位，开展成屏一级、二级水库和南溪段联合巡河工作。

10月20日，遂昌县人大常委会与龙游县人大常委会开展合作监督治水视察活动。

12月17日，市人大代表遂昌中心组开展视察活动，视察美丽乡村建设、生态农业发展等。

12月29日，县人大常委会组成人员对2021年县政府民生实事项目完成情况进行专项视察。

▲6月8日，遂昌、龙游两县人大常委会开展联合治水视察活动

【县乡两级人大换届选举】9月18日，遂昌县人大换届选举委员会召开第一次会议，确定于12月进行县、乡两级人大同步换届选举。会议宣布了换届选举工作计划，介绍了选举委员会办公室设置和选举前期准备工作情况。

9月23日，县、乡两级人大同步换届试点工作动员会在金竹镇召开。会议宣读了金竹镇选举工作领导小组和各村选举工作领导小组名单，宣布了换届试点工作计划、选区划分和代表名额分配，对全镇换届选举试点工作进行动员部署。会议还进行了换届选举业务培训。

12月10日，全县选民对县、乡两级人大换届选举进行投票。此次选举以无记名投票方式进行差额选举，依法选举产生新一届遂昌县、乡两级人大代表。至12月20日，县、乡两级人大代表换届选举工作全面完成，共选出县人大代表193名、乡镇人大代表904名。

▲12月10日，遂昌县、乡两级人大换届选举投票在各乡镇（街道）同步进行

（黄晨 文/图）

人事任免

【概况】2021年，遂昌县人大常委会坚持人事任免工作规范，坚持任前法律考试、投票表决、宪法宣誓、任后监督等制度。共任免国家机关工作人员76人次，其中任命36人次、免职27人次、接受辞职13人次。

【任命职务】任命：李洋为遂昌县人民法院审判员、审判委员会委员、副院长，易远明为遂昌县人民检察院检察员、检察委员会委员、副检察长、代理检察长，王志为遂昌县人民检察院检察委员会委员，叶少磊为遂昌县市场监督管理局局长，李上锋为遂昌县人大常委会云峰街道工作委员会主任，阮素静为遂昌县人民法院刑事审判庭副庭长，张伟武、刘亦非为遂昌县监察委员会委员，王修华为遂昌县发展和改革局局长，孟晓明为遂昌县民政局局长，李宗为遂昌县退役军人事务局局长，庾善彬为遂昌县医疗保障局局长，蓝一平为遂昌县人大常委会财政经济工作委员会主任，朱立军为遂昌县人大常委会社会建设工作委员会主任，雷伟东为遂昌县人大常委会城乡建设与环境资源工作委员会主任，毛立华为遂昌县人大常委会农业与农村工作委员会副主任，蓝关洪为遂昌县人大常委会法制（内务司法）工作委员会主任，罗笑媚为遂昌县人大常委会办公室副主任，李军杰为遂昌县公安局局长，吴征峰为遂昌县人民法院审判员、审判委员会委员、副院长，尹厚明、徐春伟、唐春萍为遂昌县人民法院审判委员会委员，左军、候风果、徐璐、盛伶萍为遂昌县人民法院审判员，陈武文为遂昌县人民检察院检察员、检察委员会委员、副检察长，邱根松为遂昌县监察委员会副主任，王匡政为遂昌县监察委员会委员，黄军为遂昌县监察委员会委员。

【作出决定】决定：李锋任遂昌县人民政府副县长、代理县长，王庆、叶祥根、瞿宗囡为遂昌县人民政府副县长。

【免去职务】免去：张晓法的遂昌县人民法院副院长职务，郑权红的遂昌县人民法院审判员职务，王彩丽的遂昌县人民法院立案庭（诉讼服务中心）副庭长职务，鲍晓会、徐斌的遂昌县监察委员会委员职务，雷伟东的遂昌县发展和改革局局长职务，蓝一平的遂昌县民政局局长职务，孟晓明的遂昌县退役军人事务局局长职务，朱立军的遂昌县医疗保障局局长职务，郑俊良的遂昌县人大常委会财政经济工作委员会主任、遂昌县第十六届人民代表大会财政经济委员会副主任委员职务，罗仕军的遂昌县人大常委会城乡建设与环境资源工作委员会主任职务，雷志良的遂昌县人大常委会农业与农村工作委员会副主任职务，李丽春的遂昌县人大常委会法制（内务司法）工作委员会主任、遂昌县第十六届人大法制（监察司法）委员会副主任委员职务，蓝关洪的遂昌县人大常委会办公室副主任职务，李红群、周惠平的遂昌县人民法院副院长、审判委员会委员职务，秦金芽的遂昌县人民法院审判员职务，陈武文的遂昌县人民法院审判委员会委员、民事审判庭（旅游巡回法庭）庭长、审判员职务，张晓法、叶均尉的遂昌县人民法院审判委员会委员职务，吴征峰的遂昌县人民检察院副检察长、检察委员会委员、检察员职务，舒坚阳的遂昌县监察委员会副主任职务，陈积林的遂昌县公安局局长职务，张宗渭的遂昌县财政局局长职务，叶名颉的遂昌县住房和城乡建设局局长职务，华俊锋、叶波的遂昌县监察委员会委员职务。

【同意辞去职务】同意：黄丽萍、叶少磊、罗仕军辞去遂昌县第十六届人民代表大会代表职务，吴宏坚、黄丽萍、罗仕军、潘光明辞去遂昌县第十六届人大常委会委员职务，叶珍华辞去遂昌县人民检察院检察长职务，许积标、张春根辞去遂昌县人民政府副县长职务，胡刚辞去遂昌县人民政府县长职务，李建霞、陈积林辞去遂昌县人民政府副县长职务。（黄 晨）

遂昌县人民政府

综述

【概况】2021年，遂昌县实现地区生产总值153亿元，比2020年增长12%，增幅位居全省第二、丽水第一。实现一般公共预算收入13.04亿元，比2020年增长14.1%。规模以上工业增加值比2020年增长19.3%；农林牧渔业增加值比2020年增长4.5%；服务业增加值比2020年增长11.6%；城镇居民和农村居民人均可支配收入分别为55720元、25091元，分别比2020年增长10.5%、12.7%。

【工业强县】深入实施工业强县战略，编制《遂昌县生态工业高质量发展“十四五”规划》，修订完善《遂昌县推进生态工业和数字经济高质量绿色发展三十条》。推进省级化工园区扩容提质，遂昌县经济开发区获批成立。推进平台“二次创业”，建成全省首个金属制品行业互联网平台，在全市率先成立生态工业“双招双引”服务中心，遂昌县人力资源服务产业园开园，中国航天科工集团3D增材制造浙南中心、遂昌县金属制品检测中心、衢宁铁路遂昌货场投入运营，大桥科创小微园入选省第七批小微企业园名单。深入实施“凤凰”“雄鹰”和单项冠军培育行动、“腾笼换鸟·凤凰涅槃”攻坚行动，宇恒电池入选全市唯一国家级重点支持专精特新“小巨人”企业，凯恩特材入选省创新型领军企业培育名单。整治“低散乱”企业32家，淘汰落后产能企业5家，完成制造业智能化改造11家。新增规模以上企业29家，新增亿元企业8家。

【科技创新】以市场化导向建设“天工之城”，建成仙侠湖会展中心、湖山污水处理厂、三归生态湿地、环湖绿道等项目，推进西山驿、湖山汇、牌坊门市政设施等项目，仙侠湖阿里云创新中心、浩威数字文创、晶盛星河等项目开工，举办全国数字生态创新大赛总决赛、阿里巴巴诸神之战“数字经济赛道”全球总决赛等高端赛事，加快创建数字经济创新发展试验区。大力引育数字经济市场主体，新增市场主体1015家，其中数字类企业296家。遂昌网易联合创新中心和阿里云创新中心投入使用，已入驻企业47家。深化科技赋能，高新技术投资比2020年增长52.4%，高新技术产业增加值比2020年增长28%，投入研发费用比2020年增长25%。新增国家高新技术企业12家、省级科技型中小企业21家、省级高企研发中心4家。

【新型城镇化】大力度推进以县城为重要载体的城镇化建设，加快发展城市经济，谋划建设高铁新城板块，推进东城新区产城融合，城镇化率达到55%以上。启动吴突头、老茶厂区块城市更新，推动古院、梅溪、吴乐畈—源口协同发展，推进叶坦、南门等老旧小区改造，城市发展能级进一步提升。投入城市建设资金37.2亿元，比2020年增长64%。月亮湾邻里中心、古院梅溪安置房等项目开工，推进源口社区中心、县殡仪馆和公墓迁建、公共安全保障中心等项目，建成后江立体停车场、三溪口滨江公园、未来都市区亮化等项目，未来公园、县城亲水游步道改造、二都街大桥、污水处理厂提标改造等项目投入使用，城市功能、环境不断优化。

【“双招双引”和项目建设】把“双招双引”（招商引资、招才引智）作为战略性先导工程，不断创新以商招商、“飞地”招商、招商小组等模式。全年招引项目32个，落地项目21个。6家企业获得建筑一级资质。新增博士后工作站2家，引进各类人才4590人。

坚持大抓项目、抓大项目，实施项目集中开工和“百日攻坚”行动。集中开工重大项目29个，总投资112.4亿元，6个项目入选省“共同富裕”集中开工项目名单。新客运中心、大桥至洋浩公路投入使用，遂昌—江山公路、国道528线遂昌新路湾至石练段改建工程、清水源水库等项目加快推进，金属制品产业园、壹佰科新能源电动自行车等重大项目开工。固定资产投资比2020年增长43.1%，增幅连续10个月居全市第一位，连续两个季度获省政府投资“赛马”激励奖。

【深化改革】全市率先完成县级门户验收上线，连续两次入选省数字政府系统领跑榜。“项目协同管理”入选全省市县特色应用，“美丽河湖面治理一件事”“和合乡村”入选全省数字法治系统重大应用清单，“干部实绩数字化考评”应用入选中国数字政府特色评选五十强创新案例。县级20件基层治理“一件事”全部上线运行。

持续推进国企、经济开发区体制机制改革，深化“放管服”“最多跑一次”改革，出台支持电子商务、茶产业、竹产业发展的政策。优化完善“人才新政22条”，推出“天工人才e键办”管理服务系统，实现354个人才事项一网通办、58项人才政策申领一键兑现。推进“县乡一体、条抓块统”改革试点建设，破解“县乡断层”难题。完成云峰街道、湖山乡综合行政执法事项清单划转。

【对外开放】加快构建通江达海、内联外畅的综合交通体系，衢丽铁路、义龙庆高速前期取得重大突破，加快实现“与杭同城”，积极融入金华—义乌都市区。谋划杭州、深圳等中心城市“飞地”，推进与大湾区省级高能级平台共建的“产业飞地”建设进度，加快建设遂昌—诸暨生态飞地产业园。上海闵行科创飞地入驻企业38家；遂昌—诸暨“山海协作”产业园企业孵化中心被评为省四星级生产制造类小微园，全市唯一。

【富民产业】2021年，遂昌县“消薄”工作考核居全市第一名，201个行政村集体经济“20+10”（总收入20万元以上、经营性收入10万元以上）实现全覆盖。力抓三产融合发展现代农业，建成“天工之城”农创研育所、数字茶业创业园、浙南箬叶市场等；遂昌县创建省级渔业健康养殖示范县、省级良种繁育基地县。加速文旅体深度融合发展，培育高品位旅游新业态。举办国庆嘉年华、仙侠湖首届半程马拉松赛、“丽水味道”创意大赛·粽暨遂昌县大过端午等活动，引进仙侠湖水上运动中心、开元芳草地酒店、诗莉莉高端民宿等项目。

【社会民生事业】全面完成省、市、县民生实事项目。接续实施“大搬快聚富民安居”工程，2021年完成搬迁903户3200人。完成16个村饮用水工程提升改造；北界敬老院和黄沙腰敬老院迁建主体工程完工，新建乡镇居家养老服务中心4家、镇、村“儿童之家”6家；发放残疾人“两项补贴”2093万元，发放各类社会救助资金5363万元。推进县人民医院迁建工程，开展28项“健康遂昌”行动，妙高社区卫生服务中心新院区投入使用，建成浙西南精准医疗中心；迁建县实验小学、遂昌三中投入使用，腾龙小学、后江幼儿园、遂昌博物馆等项目开工。扎实推进教育“双减”工作，义务教育段监测质量居全市前列，高考质量取得新突破。县文化馆晋升为国家一级馆，遂昌非遗馆投入使用，完成全民健身中心提升改造。（张伟俊）

重要会议

【县政府十六届七次全体（扩大）会议】1月20日，县政府召开十六届七次全体（扩大）会议暨一季度

“开门红”工作部署会议，深入贯彻落实中共十九届五中全会、省委十四届八次全会、市委四届九次全会、县委十五届十次全会精神以及中央、省委经济工作会议精神，回顾总结2020年县政府工作，部署2021年县政府工作和一季度“开门红”工作，以及“十四五”期间县政府需要开展的主要工作。县委副书记、县长胡刚作全会报告，县政府各分管领导作工作部署。会议以视频形式召开，各乡镇（街道）设分会场。

【县政府十六届八次全体（扩大）会议】9月3日，县政府十六届八次全体（扩大）会议召开，全面贯彻落实省委十四届九次全会精神和省长郑栅洁到遂昌县调研重要指示精神，按照市委四届十次全会和县委十五届十一次全体（扩大）会议部署要求，坚定信心决心，注重实绩实效，奋力打造山区县共同富裕的先行样板。县委副书记、县长胡刚作全会报告。全会肯定了2021上半年县政府工作，对保持经济良好运行、推进数字化改革、抓好省市县民生实事、促进三项增收、落实能耗“双控”、落实“双减”政策、加强风险管控等具体工作进行部署。县委副书记、县长胡刚作全会报告。

【县政府常务会议】2021年，县政府共召开常务会议13次。

1月17日，召开第51次常务会议。学习《中华人民共和国食品安全法实施条例》，传达学习全国疫情防控工作电视电话会议精神和中央农村工作会议精神。审议《关于推进3岁以下婴幼儿照护服务发展的实施意见》《遂昌县深化“亩均论英雄”综合评价和资源要素优化配置实施办法》《遂昌县河道管理规定（试行）》《关于加快集聚人才推动高质量绿色发展的补充意见》。听取保障农民工工资支付情况汇报。

1月31日，召开第52次常务会议。学习习近平总书记对“十四五”规划编制工作作出重要指示精神。审议《政府工作报告》《遂昌县国民经济和社会发展第十四个五年规划和二〇三五年远景目标纲要》《关于遂昌县2020年国民经济和社会发展计划执行情况与2021年国民经济和社会发展计划（草案）的报告》《关于遂昌县2020年财政预算执行情况及2021年财政预算（草案）的报告》《2021年扩大有效投资计划（草案）》《遂昌县2021年政府投资项目资金预算（草案）》《遂昌县2020年环境状况和环境保护目标完成情况的报告》。听取2020年县政府民生实事项目完成情况及2021年民生实事候选项目情况汇报、遂昌县2020年度安全生产工作汇报、遂昌县2020年度消防工作汇报 、遂昌县2020年度法治政府建设情况工作汇报。

3月26日，召开第53次常务会议。学习《浙江省数字经济促进条例》。审议《武汉大学—遂昌金属制品研发中心共建方案》《遂昌县电子商务“十四五”发展规划》《2021年度遂昌县重大行政决策目录清单》《遂昌县人民政府工作规则》《遂昌县人民政府禁火通告》。

4月15日，召开第54次常务会议。学习《中华人民共和国矿产资源法》。审议《遂昌县农村住房建设管理办法》《遂昌县危险住宅房屋治理改造实施细则（试行）》《遂昌县规划区范围内征收集体土地奖励房兑现方案》《关于划定遂昌县云峰街道隔溪村潘坞自然村崩塌等2个地质灾害隐患点的公告》《遂昌县人民政府通告（禁止垂钓）》《遂昌县仙侠湖渔业管理办法（试行）》《关于加快推进城乡客运一体化发展的实施意见》《新客运中心运营机制改革方案》《遂昌县竹产业高质量发展实施方案》。听取2020年第四季度卫星图片问题图斑情况汇报。

5月20日，召开第55次常务会议。学习《最高人民法院关于审理建设工程施工合同纠纷案件适用法律问题的解释》，传达学习省委书记袁家军在中共绍兴市委《关于〈今日聚焦〉曝光曹娥江嵊州段污水入河问题整改工作的报告》上的批示精神，传达学习市委副书记、市长吴晓东到遂昌调研讲话指示精神。审议《关于鼓励机构入驻人力资源服务产业园加快推动人力资源服务业高质量发展的实施意见》《遂昌县加快推进文化、旅游、体育产业发展政策补充意见》《遂昌县重点生态功能区污染物排放控制方案》《“天工之城”推动三创融合发展的补充意见》《遂昌县推进生态工业高质量绿色发展三十条补充意见》《2020年度“亩均论英雄”综合评价结果》。

6月22日，召开第56次常务会议。学习《浙江省防汛防台抗旱条例》。审议《遂昌县“大综合一体化”行政执法改革实施方案》《关于加快转型升级促进遂昌县茶产业高质量发展的扶持政策（试行）》《遂昌县房地产市场健康发展长效机制工作方案》《遂昌县开发区（园区）整合提升实施方案》《第二批抗击新冠肺炎疫情先进个人和先进集体表彰方案》。讨论给予邓龙平记功和授予见义勇为先进个人。听取《浙西南精准医学基因研究转化应用中心建设方案》汇报、县中医院与浙大邵逸夫医院合作共建工作汇报、遂昌县儿童青少年近视综合防控工作汇报、“五水共治”（河长制）工作情况汇报、东城环境整治工作汇报。

7月23日，召开第57次常务会议。学习习近平总书记关于统计工作的重要指示精神、《中华人民共和国宪法》。审议《高水平建设新时代美丽遂昌规划纲要（2021—2035）》《遂昌县生态工业高质量发展“十四五”规划》《遂昌县综合立体交通运输“十四五”及中长期发展规划（2021—2035）》。听取2021年遂昌县民生实事项目进展情况汇报、遂昌县2021年半年度安全生产工作汇报、遂昌县2021年半年度消防工作汇报。

8月19日，召开第58次常务会议。学习《丽水市革命遗址保护条例》、学习习近平总书记关于粮食安全的重要论述和重要指示批示精神。审议《遂昌县医疗救助管理办法》《遂昌县2021年扩大有效投资计划年中调整方案》《遂昌县县级重要水域名录的公告》《遂昌县城市更新吴突头、老茶厂区块建设项目土地和房屋征收工作实施方案》。贯彻县委十五届十一次全体（扩大）会议精神。听取2021上半年财政收支执行情况的汇报，山区26县跨越式高质量发展建设共同富裕示范区政策争取情况汇报，关于被征地农民参加基本养老保险有关工作汇报，遂昌县教育质量奖励工作汇报，《遂昌县关于进一步促进建筑业持续健康发展的若干意见》修订完善思路汇报，上半年经济运行分析，粮食安全责任制落实情况的汇报。

9月22日，召开第59次常务会议。学习《中华人民共和国节约能源法》《浙江省实施〈中华人民共和国节约能源法〉办法》。审议《遂昌县加快电子商务发展若干政策意见》。

10月14日，召开第60次常务会议。学习《政府督查工作条例》。审议《遂昌县跨越式高质量发展五年行动计划》《遂昌县金属制品产业园建设工作方案》《遂昌县城市更新吴突头、老茶厂区块建设项目集体土地上房屋征收与补偿安置方案》《遂昌县旧城区改建老茶厂区块项目房屋征收与补偿安置方案》《遂昌县“大搬快聚富民安居”工程实施意见》补充意见、《遂昌县乡镇国有小水电站股权划转方案》。举行2020年下半年、2021年县政府任命的国家工作人员宪法宣誓仪式。

10月26日，召开第61次常务会议。学习《浙江省土地管理条例》。审议《遂昌县城乡养老服务设施布局专项规划（2020—2035）》《遂昌县农村公路养护与管理办法》。听取关于建设杭州、深圳“飞地”平台工作汇报、遂昌县2021年三季度安全生产工作汇报。

11月12日，召开第62次常务会议。学习《中华人民共和国预算法实施条例》；传达学习副省长王文序、副省长卢山到遂昌调研时的讲话精神。审议《遂昌县妙高街道运行管理体制优化实施方案》《遂昌县关于开展制止耕地“非农化”防止耕地“非粮化”整治优化工作的实施方案》。听取遂昌县“未来之家”建设工作方案汇报、遂昌县人武部迁建项目建设方案汇报。

12月16日，召开第63次常务会议。学习《农村土地经营权流转管理办法》、学习习近平法治思想。审议《遂昌县乡镇（街道）综合行政执法改革实施方案》《关于公布遂昌县云峰街道、湖山乡综合行政执法事项目录清单的通告》《关于禁止经营和燃放烟花爆竹的通告》《遂昌县2021—2022年度松材线虫病防治方案》。听取遂昌县第三次全国国土调查成果汇报、《关于2021年遂昌县地方政府债务限额的情况报告》《遂昌县2021年新增地方政府债券使用方案》汇报、《2021年预算调整方案》汇报、2021年食品药品安全工作汇报、新冠肺炎疫情防控工作汇报、乡镇（街道）干部待遇倾斜工作有关情况汇报。研究讨论县政府领导工作分工。

【县政府专题会议】2021年，县政府共召开专题会议103次。

1月5日，召开遂昌县天然气有序用气工作专题会议。

1月6日，召开遂昌县报废汽车回收拆解企业落地相关事宜专题会议。

1月8日，召开遂昌县市民服务中心建设和管理相关事宜专题会议。

1月15日，召开五养堂（浙江）中药有限公司石练三叶青项目办理不动产权证事宜专题会议。

1月18日，召开大田村、蕉川村未来乡村建设项目事宜专题会议。

1月29日，召开云峰街道小城镇环境综合整治工程款支付相关事宜专题会议。

1月31日，召开浙江永上特材有限公司等工业企业办理不动产证有关事宜专题会议。

2月2日，召开遂昌县“双招双引”基金设立方案专题会议。

2月2日，召开遂昌中学运动场基础设施工程及土地征收相关事宜专题会议。

2月3日，召开“城乡一体条抓块统”城市管理工作相关事宜专题会议。

2月8日，召开生活垃圾外运应急处置相关事宜专题会议。

2月8日，召开县武警中队营房改造提升事宜专题会议。

2月9日，召开云峰警务中心项目EPC招标相关事宜专题会议。

2月25日，召开遂昌古院“双创”中心项目专题会议。

3月11日，召开县老年体协第十二届老年人运动会经费筹措相关事宜专题会议。

3月16日，召开遂昌县公共安全保障服务中心一期项目运动场土方开挖相关事宜专题会议。

3月18日，召开严重精神障碍患者救治救助有关事宜专题会议。

3月23日，召开遂昌县茶产业发展相关事宜专题会议。

3月26日，召开县域绿地苗木更换补植及裸露山体绿化工程相关事宜专题会议。

3月29日，召开元立高速棒材生产线项目专题会议。

4月6日，召开丽水市三洲铝业有限公司相关事宜专题会议。

4月7日，召开水美王川——“天工之城”农创研育所建设项目（一期）专题会议。

4月7日，召开浙江宝生带钢有限公司、浙江翱力新材料科技有限公司、浙江林达新材料有限公司和浙江永上特材有限公司相关事宜专题会议。

4月8日，召开遂昌县建筑工程试验室改制相关事宜专题会议。

4月8日，召开遂昌县云峰街道连头矿地综合开发项目推进事宜专题会议。

4月9日，召开科创基金奖励资金有关事宜专题会议。

4月9日，召开遂昌县王村口AAAAA级景区镇整体提升工程整改工作相关事宜专题会议。

4月9日，召开西畈乡河道清淤砂石料临时堆放场地等相关事宜专题会议。

4月13日，召开遂昌湖山渔文化主题民宿项目政策调整后续处置方案、遂昌温泉养生岛项目开发变更协议相关事宜专题会议。

4月27日，召开县市场监督管理局金竹镇市场监督管理所搬迁改造工程相关事宜专题会议。

4月28日，召开示范幼儿园改扩建工程、后江幼儿园项目采用EPC总承包模式事宜专题会议。

4月30日，召开社区中心建设项目采用工程总承包（EPC）模式实施相关事宜的专题会议。

5月7日，召开遂昌县2021年度闲置土地认定和处置工作相关事宜的专题会议。

5月12日，召开遂昌县国道528线龙广线及峡湖金路段公路照明提升工程相关事宜的专题会议。

5月13日，召开三际线和峡北线交叉口（峡口门）道路安全隐患点位整治工作相关事宜专题会议。

5月17日，召开通信铁塔线杆迁移工作制度机制相关事宜专题会议。

5月18日，召开遂昌县市民服务中心项目建设相关事宜专题会议。

5月19日，召开招引建筑一级资质企业相关事宜专题会议。

5月20日，召开工业园区龙板山一期新建市政道路土地划拨相关事宜专题会议。

5月21日，召开遂昌县国家气象观测站迁移相关事宜专题会议。

5月21日，召开遂昌县连头矿地综合开发利用基础设施建设配套工程被列为应急工程进行发包事宜专题会议。

5月21日，召开浙江开源金属科技有限公司人员商调事宜专题会议。

5月26日，召开昌达农贸有限责任公司开展农副产品销售业务、企业整体经营发展壮大专题会议。

5月26日，召开两山集团建设项目投资计划调整事宜专题会议。

6月1日，召开遂昌县公墓附属配套工程项目立项相关事宜专题会议。

6月9日，召开大柘镇综合市场项目相关事宜专题会议。

6月23日，召开城市更新遗留问题处置相关事宜专题会议。

6月28日，召开塔潭桥安全隐患治理工程和遂昌县道路安全治理重点路段项目及农村地区道路安全隐患项目纳入政府投资计划相关事宜专题会议。

6月29日，召开县衢宁铁路项目指挥部办公室搬迁涉及装修、场地租金事宜专题会议。

7月8日，召开社区中心建设项目总投资调整相关事宜专题会议。

7月9日，召开两山转化发展大厦AB幢消防验收事宜专题会议。

7月9日，召开遂昌县金属制品检测中心运营主体及经费问题专题会议。

7月9日，召开武汉大学——遂昌金属制品研发中心设备采购事宜专题会议。

7月12日，召开盐业公司仓库拆迁安置相关事宜专题会议。

7月13日，召开国开行“遂昌县生态产品价值实现暨城乡融合建设项目”融资相关事宜专题会议。

7月14日，召开遂昌县数字化项目委托实施专题会议。

7月14日，召开浙江翱力新材料科技有限公司易地迁建等相关问题专题会议。

7月15日，召开县建投公司苗木基地设施农用地审批和吴乐畈沿溪景观带配套服务用房项目的不动产权证相关事宜专题会议。

7月18日，召开遂昌县规划委员会会议。

7月19日，召开农口系统相关项目推进事宜专题会议。

7月21日，召开毛竹加工分解点相关事宜专题会议。

7月27日，召开遂昌县新华通汽运有限责任公司加油站地块产权相关事宜专题会议。

8月3日，召开古亭小区二期项目相关审批手续办理事宜专题会议。

8月3日，召开峡北线湖山至金竹部分路段划归市政道路相关事宜专题会议。

8月5日，召开城市更新南街区块村委会集体房屋拆迁安置相关事宜专题会议。

8月11日，召开东城产业新区山海协作共享平台等项目用地、质监介入相关事宜专题会议。

8月16日，召开“三优一均”教育精准帮扶项目事宜专题会议。

8月16日，召开元立集团周边环境卫生保洁相关事宜专题会议。

8月17日，召开城市建设项目推进相关事宜专题会议。

8月17日，召开龙板山工业物流园项目土地出让条件设置及公交首末站设置等事宜专题会议。

8月19日，召开大柘镇安保服务中心项目建设相关事宜专题会议。

8月25日，召开新客运中心项目绿化工程苗木询价相关事宜专题会议。

8月27日，召开城市更新南街区块人民银行和富民村镇银行搬迁相关事宜专题会议。

9月1日，召开浙江遂昌粤昌置业有限公司龙板山相关地块处置事宜专题会议。

9月5日，召开宇恒新能源科技、端端智能制造项目入驻孵化园事宜专题会议。

9月6日，召开大桥至洋浩公路工程周边红线范围绿化提升事宜专题会议。

9月7日，召开松材线虫病防治相关事宜专题会议。

9月8日，召开梦晨养殖场整治事宜专题会议。

9月9日，召开县总工会办理不动产权证专题会议。

9月10日，召开社区中心建设项目古院社区服务用房相关事宜专题会议。

9月15日，召开高坪乡、垵口乡旅游转型升级项目工作推进相关事宜专题会议。

9月26日，召开抽水蓄能电站项目前期工作事宜专题会议。

9月28日，召开湖山汇“双创”中心、阿里云创新中心项目资产办证相关事宜专题会议。

10月8日，召开县人武部训练基地改造升级项目相关事宜专题会议。

10月14日，召开连头矿地综合开发项目矿区范围内及周边土地补偿相关事宜专题会议。

10月14日，召开云峰街道光伏小康项目收益分配事宜专题会议。

10月18日，召开部分村级公建项目办理不动产权证相关事宜专题会议。

10月18日，召开金竹镇旱坞村杨梅弄废弃矿山治理相关事宜专题会议。

10月21日，召开城市建设项目推进相关事宜专题会议。

10月25日，召开特困、低保、低边三类人员高额医疗费用化解有关事宜专题会议。

10月26日，召开古亭小区二期项目房屋预售等相关事宜专题会议。

10月29日，召开大桥至洋浩公路工程施工用地置换相关事宜专题会议。

11月5日，召开遂昌县兴飞屠宰点补助事宜专题会议。

11月10日，召开城市建设项目相关事宜专题会议。

11月11日，召开高坪社会福利中心项目相关事宜专题会议。

11月18日，召开遂昌县湖山公路站（站队合一）办理不动产权相关事宜专题会议。

11月19日，召开垃圾分类相关事宜专题会议。

11月22日，召开龙板山区块浙江驰盛金属有限公司办理不动产证事宜专题会议。

11月22日，召开土地整治工作相关事宜专题会议。

11月27日，召开古院公寓装修事宜专题会议。

12月3日，召开新建衢丽铁路衢州至松阳（遂昌段）社会风险评估报告论证专题会议。

12月22日，召开浙江南力高分子化学有限公司相关事宜专题会议。

12月27日，召开腾龙小学与腾龙幼儿园项目补征土地相关事宜专题会议。

【其他会议】1月4日，遂昌县召开重点项目推进会议，通报2020年扩大有效投资情况（重点项目推进情况）及2021年一季度开工项目安排。

1月27日，副市长戴邦和到遂昌县，主持召开市政府工作报告征求意见座谈会，就2021年《丽水市政府工作报告（征求意见稿）》听取遂昌县各方意见。同日，县委副书记、县长胡刚主持召开座谈会，就《遂昌县政府工作报告（征求意见稿）》向离休干部和相关部门征求意见和建议。

1月29日，遂昌县召开安全生产和消防工作会议暨松材线虫病防治工作推进会，总结2020年安全生产和消防工作，部署2021年相关工作。

3月5日，遂昌县“大搬快聚富民安居”工程工作推进会召开，总结2020年工作，部署2021年相关工作。

3月19日，遂昌县召开数字化改革第一次工作推进会，听取各专题组汇报工作进展情况和方案编制情况。

3月23日，遂昌县召开山区26县跨越式高质量发展和革命老区振兴发展政策研究第二次专题会议，听取“一县一策”、革命老区振兴发展政策研究谋划情况。

4月27日，遂昌县召开2021年人大建议、政协提案交办会，对县十六届人大五次会议代表建议和县政协九届五次会议委员提案进行集中交办。

5月28日，遂昌县召开安全风险隐患大排查大整治、“防范较大·杜绝重大”暨安全生产风险普查工作推进会，通报全县安全生产情况。

5月31日，遂昌县召开数字化改革第二次工作推进会，听取全县数字化改革工作情况汇报，部署下一步工作。

7月22日，遂昌县召开防汛防台工作部署会议，应对台风“烟花”侵扰。

8月9日，遂昌县召开食品药品安全暨质量强县工作会议，研究部署相关工作，通报表彰先进。

9月22日，遂昌县召开2021年扩大有效投资暨重大项目“百日攻坚”大会战动员部署会。县经济开发区管委会、县建设局、县经济合作交流中心等单位作表态发言。

9月30日，遂昌县召开乡村振兴工作推进会，通报前三季度乡村振兴特色战略指标完成情况，部署相关工作。

11月15日，遂昌县召开整县光伏规模化开发推进会，听取县农业农村局、县供电公司等单位汇报，部署相关工作。

11月19日，遂昌县召开健康遂昌建设领导小组（扩大）会议，听取县卫生健康局、县文广旅体局等单位汇报，部署相关工作。（张伟俊）

重大活动

【网易联合创新中心启用】3月18日，丽水遂昌网易联合创新中心正式揭牌启用，以“线上＋线下”形式签约2家院士团队、1家海外文创团队、2家国内创业团队。这一“联姻”，标志着首批数字经济头部企业的产业基因植入遂昌“天工之城·数字绿谷”，遂昌探索山区县最美生态、绿色科技、数字经济、向往生活深度融合的跨越式发展新路径迈入新阶段。县委书记张壮雄为创新中心揭牌。遂昌网易联合创新中心基于已有经验，结合遂昌县的产业基础，持续输出网易在人才培育、基础软件技术赋能等方面的特色能力，参与遂昌数字经济创新发展和传统产业转型升级的历史进程。仪式结束后，举办了首期遂昌企业数字化培训会。

【与太平洋建设集团签署合作协议】4月13日，遂昌县政府与太平洋建设集团举行战略合作协议签约仪式。县委书记张壮雄，县委副书记、县长胡刚出席签约仪式。县政府党组成员、九龙山国家级自然保护区管理中心主任吴建华，太平洋建设十四集团总裁杨礼鹏代表双方签署战略合作书。太平洋建设集团以基础设施投资与建设为核心产业，拥有国家公路、市政、交通、水利、建筑等多个总承包及若干专业承包一级资质，风景园林工程设计专项甲级

▲4月13日，遂昌县政府与太平洋建设集团签订战略合作协议

资质，在城市综合管廊建设方面具有丰富经验。太平洋建设集团是中国最大的城市运营商，连续7年入选《财富》世界500强，连续5年入选世界500强前100强。

【全国数字生态创新大赛总决赛】6月9日，全国数字生态创新大赛总决赛暨全国数字生态创新发展峰会在遂昌县举办。来自全国各地的450余位专家学者、数字化领域创业团队成员齐聚仙侠湖畔，共话数字乡村发展与建设，共商数字化下沉新场景、新趋势、新发展，探索乡村振兴新思路、新路径。市委书记胡海峰，县委书记张壮雄等市、县有关领导和专家参加。总决赛上，10支“创新应用赛”队伍争夺金银铜奖和创新奖、6支“智能算法赛”队伍争夺金银铜奖和极客奖。这些队伍是从12个国家和地区的5074支队伍中晋级的。还举行了EPIC汽车创新园区、天工之城国际赛艇中心等8个项目的集中签约仪式。

【阿里云创新中心揭牌】6月9日，遂昌县举行阿里云创新中心（丽水遂昌）揭牌仪式暨阿里巴巴诸神之战“数字经济”全国挑战赛启动仪式。阿里云创新中心是阿里巴巴集团基于互联网、云计算、大数据的科技类“双创”孵化平台。遂昌成立阿里云创新中心，着力围绕“数字经济、分时经济、在线经济”三大新兴产业主题，紧扣数字化发展契机，并结合遂昌的产业现状、发展需求，打造全国首家基于阿里系及蚂蚁资源赋能的“互联网+分时经济”双创平台。

阿里巴巴诸神之战全球创客大赛是由阿里云发起的全球科技大赛品牌。此次数字经济全国挑战赛围绕新一代数字经济产业，推进高新技术和项目深度融合，吸引全球新兴技术创业团队和人才，通过整合遂昌的产业环境与政策、阿里云生态资源、社会各界创新力量等各方资源，促进科技创新成果落地转化，构建产业与科技创新协同发展新格局。

揭牌仪式上，字节跳动、深圳乐领等8家企业签约入驻“天工之城”。全体人员参观了遂昌阿里云创新中心。省经信厅、省科技厅、丽水市政府及相关部门、机构以及高校科研院所、双创服务领域专家、园区企业、专业服务机构、媒体记者等近200人参加活动。

【“天工之城”EPIC高端制造业和服务业峰会】6月18日，“天工之城”EPIC高端制造业和服务业峰会举行。近百名专家学者、行业精英和企业负责人齐聚遂昌仙侠湖畔，就新能源汽车产业发展及高端制造、高端服务产业转型升级进行主旨演讲，以圆桌论坛、连线方式探讨“资产学研”融合创新模式、“天工之城”新业态展望等主题内容。峰会期间，与会嘉宾赴仙侠湖区块参观考察，听取“天工之城”规划介绍，考察了仙侠湖会展中心、环湖绿道、西山驿数字人才培训基地等。

▲6月18日，遂昌县“天工之城”EPIC高端制造业和服务业峰会现场

【“数字经济赛道”全球总决赛】9月29日，2021阿里巴巴诸神之战“数字经济赛道”全球总决赛暨数字经济产业峰会在遂昌举行。来自全国各地的专家学者、创业创新人才围绕数字经济和数字生态产业可持续化主题展开深入探讨，进行激烈角逐。总决赛上，18个项目团队全力争夺7大奖项、65万元奖金和多重扶持激励。数字经济产业峰会上，姚景源、李中雨等智库专家进行了主题演讲。峰会发布了《数字生态产业助推共同富裕发展白皮书》，深度解读数字生态产业图谱，全面展望数字生态产业

助推共同富裕的发展路径。遂昌县以价值 1700 万元的“数字订单”，推介了“天工之城”产业，鼓励扶持优秀数字经济企业和项目在遂昌落地转化。

【重大项目“百日攻坚”大会战集中开工活动】10 月 15 日，2021 年遂昌县扩大有效投资暨重大项目“百日攻坚”大会战集中开工活动启动。县委书记张壮雄宣布项目集中开工。县委副书记、县长胡刚讲话。启动仪式上，县发改局介绍了全县集中开工重大项目情况，县建设局、经济开发区管委会、两山转化发展中心介绍了各领域开工项目的情况。本次集中开工项目共 29 个，总投资 112.39 亿元，2021 年计划投资 8.3 亿元。涉及生态工业、城市更新、数字经济、基础设施、教育等领域，覆盖遂昌“天工之城”区块，以及生态工业区、未来都市区、有机更新区等。

【2021“天工之城”引智共富大会】11 月 5 日，以“智聚仙侠湖共富山区县”为主题的 2021“天工之城”引智共富大会暨中国（遂昌）数字人才发展峰会在仙侠湖会展中心举行。来自全国各地的领导嘉宾、专家学者围绕数字经济、数字人才、乡村振兴和共同富裕议题展开深入探讨，助力遂昌县奋力迈出跨越式高质量发展新步伐，打造山区县共同富裕先行样板。大会还举办了山区县数字人才发展助力乡村振兴论坛，发布并解读了《中国县域数字经济人才培育研究报告》，并为遂昌县金属制品研发与检测工程师协同创新中心、遂昌县仙侠湖院士服务中心揭牌。大会还启动了遂昌天使创业投资引导基金、遂昌县“蜂巢计划”，集中签约入驻了一批重大项目和“诸神之战”数字经济人才创业项目。

同日，在 2021“天工之城”引智共富大会暨中国（遂昌）数字人才发展峰会上，省政府咨询委首席专家、学术委副主任刘亭，浙江大学区域协调发展研究中心副研究员、区域创新发展研究所所长张旭亮等嘉宾，受邀参加“山区县数字人才发展助力乡村振兴”圆桌论坛，就遂昌县如何利用数字赋能打通“两山”转化通道、筑巢引凤抓住人才，如何以点带面打造山区县共同富裕先行样板等话题献计献策，共商遂昌发展大计。

（张伟俊/文 章建辉/图）

县政府办公室工作

【概况】2021 年，遂昌县人民政府办公室既统筹协调好事关全局的大事、要事、急事，也统筹协调好日常工作的小事、琐事、难事。做好上情下达、下情上报等各项工作。提高发文、办会、办事业务水平。做好服务保障，保障县政府工作高效运转。

全年组织召开县政府常务会议 13 次、专题会议 105 次，牵头召开各类重点工作、重大项目专题协调会议 300 余次。制发各类公文 570 件。起草领导工作汇报、会议讲话等综合性材料 100 余篇。出台关于遂昌县茶产业高质量发展、加快电子商务发展的若干政策意见、农村住房建设管理办法、农村公路养护与管理办法等政策规定。

【政务信息】全年组织上报各类政务信息、要情共 1413 篇，被上级录用 766 篇，其中：被市政府办公室采用 615 篇、被省政府办公厅采用 124 篇、被国国务院办公厅采用 27 篇，共获市级及以上领导批示 30 条（次），录用率和批示率创历史新高。年度政务信息工作排名全市第二。

【督查督办】落实中央、省、市专项督查工作。持续跟踪落实县委、县政府重大决策部署，县委、县政府主要领导批示意见完成情况。持续跟进松材线虫病防治、垦造耕地、野外用火、垃圾分类、城市环境整治、安全生产、绿化建设、新冠疫情防控等县委、县政府重大决策部署。完成县政府主要领导督办件 67 项，督办省民生实事 29 项、市民生实事 18 项、县民生实事 10 项，均按时办结。办理人大代表建议 131 件、代表审议发言 105 条，政协委员提案 121 件、大会发言和论坛发言 19 件，委员分组讨论建议 164 条，办复率 100%。

【协调项目推进】深入部门、企业、乡镇、村调研90余次，牵头召开各类重点工作、重大项目专题协调会300余次。协调重大项目推进方面，在建省重点项目3个，总投资58.58亿元，2021年计划投资7.4亿元，实际完成投资10.96亿元，完成年度任务的148.11%。在建市重点项目22个，总投资220.36亿元，2021年计划投资30.45亿元，实际完成投资37.63亿元，完成年度任务的123.58%。所有项目均超额完成投资任务，实现“全年红”。（张伟俊）

民生实事项目

【生活困难老人家庭适老化改造和残疾人无障碍家庭改造及辅具适配项目】年度任务：为全县100户生活困难（低保、低收入、中华人民共和国成立前老党员、计划生育特殊家庭等）老人家庭进行适老化改造，包括建筑硬件和家具家装改造、辅具配备等。为25户残疾人家庭进行无障碍家庭改造，为有适应指征的残疾人免费发放辅助器具200件。

完成情况：至7月，完成150户生活困难老人家庭适老化改造。至9月，完成25户残疾人家庭无障碍改造及200件辅助器具发放。完成年度任务。

▲9月，县残联工作人员为残疾人适配轮椅

【完善农民建房机制、开展农村危房治理改造】年度任务：疏通“堵点”，破解农民建房难问题，建立长效机制。通过拆除重建、维修加固等措施，完成100户城乡危险住宅房屋治理改造。

完成情况：5月，印发《遂昌县农村住房建设管理办法》《遂昌县危险住宅房屋治理改造实施细则（试行）》并实施。至9月，完成110户农村危房治理改造。完成年度任务。

【天然气入户三年行动】年度任务：新建天然气管道10千米，新增老小区天然气配套用户700户、新小区通气用户700户。

完成情况：至11月，完成铺设天然气管道16千米，老小区天然气配套705户，新小区通气716户。完成年度任务。

▲10月，工作人员加快铺设天然气管道

【乡村物流体系建设】年度任务：建设1个2000平方米的快递统仓共配中心；建设9个乡镇物流处理中心，服务辐射20个乡镇（街道）；建设120个村级综合服务站，服务辐射201个行政村。

完成情况：至11月，完成县城快递统仓共配中心、乡镇物流处理中心及村级综合服务站建设。完成年度任务。

【城乡参保妇女免费宫颈癌、乳腺癌筛查】年度任务：完成8000例城乡参加生育保险和基本医疗保险适龄妇女免费宫颈癌、乳腺癌筛查。

完成情况：至7月，已完成城乡参加生育保险和基本医疗保险的妇女免费宫颈癌和乳腺癌筛查累计9225例。完成年度任务。

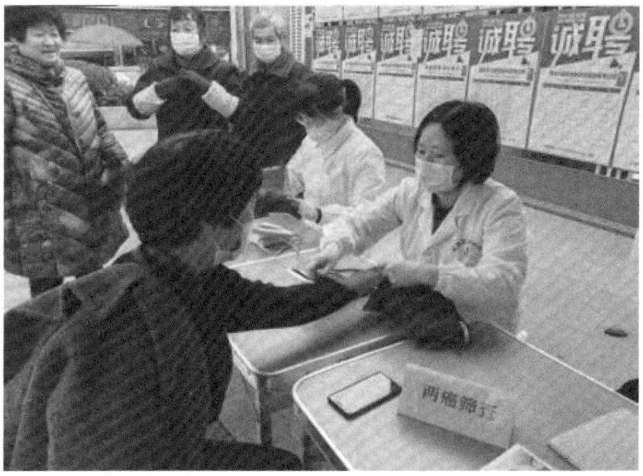

▲3月，县卫生部门开展适龄妇女“两癌”筛查

【小区配套幼儿园提升项目】年度任务：完成平昌华府小区配套幼儿园装修，并投入使用，办学规模6个班，建筑面积1837平方米。

完成情况：至8月，完成平昌华府幼儿园装修提升；9月投入使用，招生开园。完成年度任务。

▲9月，新建平昌华府幼儿园投入使用

【社区中心建设】年度任务：利用县机关部门搬迁后腾出的原办公用房或租赁房屋进行装修改建，改造提升5个城市社区的服务设施。

完成情况：至12月，完成县城各社区中心的提升改造。完成年度任务。

【花园数字乡村建设】年度任务：完成大田村、蕉川村、湖山村“未来乡村”试点村建设，完善村庄基础设施，改造村庄环境，促进农业生态观光等产业发展。创建48个花园数字乡村，推进农业产业和农村治理数字化建设。建设2个农产品电商服务中心，提供农产品电子商务公共服务，做好园区运营。

完成情况：至11月，完成3个“未来乡村”试点村、全部花园数字乡村、2个农产品电商服务中心建设。完成年度任务。

【城区亲水游步道、人行道及全民健身中心田径场塑胶场地提升改造】年度任务：城区亲水游步道实施绿化，新增便民设施和休憩节点；提升南溪、北溪、襟溪已建亲水游步道的舒适性；新建游步道打通南溪右岸国税局至太保殿段、北门桥至新桥头段亲水游步道；新建汀步贯通荷花滩、太保殿、三溪口河道左右岸游步道。对溪边路、牡丹亭路、北街等人行道进行路面清洁、破损修复。改造提升全民健身中心田径场塑胶场地，面积约1.23万平方米。

完成情况：至9月，完成县城范围人行道提升改造；至11月，完成城区亲水游步道项目建设，同月完成全民健身中心田径场塑胶场地提升。完成年度任务。

▲11月，遂昌全民健身中心田径场完成改造提升

【社区嵌入式养老服务设施建设】年度任务：在古院未来社区建一个嵌入式养老机构，配备床位150个。在源口社区中心、月亮湾社区中心配建居家养老服务中心，为周边老人提供居家、社区、机构相结合的养老服务（2021年完成项目规划设计前期审批并开工建设）。

完成情况：至11月底，古院社区、源口社区中心、月亮湾社区中心均完成前期审批工作，并开工建设。完成年度任务。

（张伟俊/文 遂昌新闻网/图）

机关事务保障

【概况】2021年，遂昌县机关事务保障中心强化保障、服务、管理职能，走好数字服务新路，加快实现机关事务传统保障方式转型升级。落实好常态化疫情防控各项举措，全力维护县府大院、古院区块良好的办公秩序。顺应“大后勤”，力推数字化改革试点工作，7月上线“食采云”平台，实现“互联网+采购”。完善“天工后勤”模块功能，实现商品在线预订。打造智慧食堂，人脸识别支付；智联后勤，会议、维修服务更加精准；智能引路，余位指引选择停车区域。

【公务接待】2021年，共接待来宾592批10556人次。其中，省部级16批17人次，厅局级129批231人次，台湾同胞1批26人次，接待各类调研组、考察组、代表团等222批10282人次。完成阿里巴巴诸神之战“数字经济”赛道全球挑战赛总决赛、全国数字生态创新大赛决赛等35个重大会议及活动的接待保障工作。

【公务用车】全年安排出车11100车次，安全行车里程178.27万千米，节油6.19万升。更新中巴车1辆、小轿车2辆。定期组织学习理论、交通安全知识，严格工作纪律，优化派车回场流程，打造业务技能过硬、综合素质高的驾驶员队伍。7月19—30日，分批对各级党政机关公务用车车改单位（含下属单位）以及事业业务用车留用单位，进行“公车私用，私车公养”等违规使用公车问题大排查。

【后勤服务】全年提供会务服务2768场。提供各类维修服务3593次，其中，两山转化发展大厦A幢1652次、B幢680次、文化综合体448次、县府大院和干部交流宿舍813次。在“天工后勤”App开设爱心助农通道，实现农产品在线销售。3家政府机关食堂实现人脸识别支付，全年刷卡、刷脸24.50万人次，消费总计246.90万元。打造党政机关无烟环境。完成古院机关食堂钢化雨棚增设、油烟排风管道改造。推行“隐形化服务”，对绿化、供电升级改造等工程实行“错峰”作业。

【固定资产管理】成立固定资产清理领导小组，梳理已调拨资产，跟进手续办理，厘清车辆归属，完成报废空调处置手续。汇总已满足报废条件或无法使用的固定资产，形成资产清查报告。严格执行县两办、机关事务保障中心、干部交流宿舍的办公用品采购，对单验收。对限额以上产品，提交采购领导小组讨论决策。通过“政采云”政府采购平台完成办公用品、用具采购等订单225笔，金额260万元。维护固定资产平台管理系统资产卡片，在“天工后勤”App开设“资产管理模块”，记录固定资产增、减、用等情况。会同多家单位，研究县政府大院劳务外包、市民服务中心物业服务及劳务外包的采购需求，开展招标工作。

【办公用房管理】推进新客运中心建设，协调6家入驻单位对接平面图设计敲定布局方案。督促市民服务中心大楼工程进度。联合县发改、财政、建设等部门，组成乡镇（街道）办公场所维修改造审核组，赴16个乡镇开展现场勘察审核，制定维修改造工程方案，其中9个乡镇已实施改造，核拨财政资金585万元。做好全县办公用房信息统计报告，对县内13个部门及1个乡（镇）的办公用房使用面积进行督查。紧跟改革步伐，完成浙江省党政机关办公用房数字化管理平台录入并网工作。

【创建垃圾分类示范单位】发挥“大后勤”集中化保障、专业化服务、标准化管理的优势，牵头全县50%以上党政机关创建生活垃圾分类示范单位，评选出33家生活垃圾分类示范单位。两山转化发展大厦 A 幢、B 幢 17 家入驻单位均创建生活垃圾分类示范单位，办公区域垃圾混投量由日均 50 多次降至个位数，“零混投”单位占 80%以上。遂昌县机关事务保障中心“大后勤”保障生活垃圾分类实践入选 2021 年度浙江省生活垃圾治理十大优秀案例，为全市唯一入选案例。

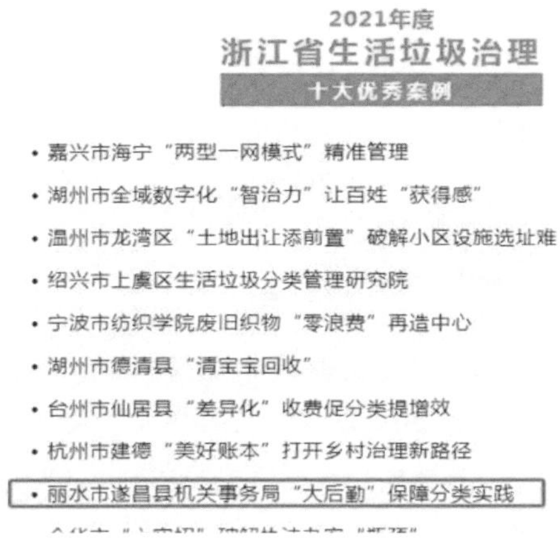
2021年度
浙江省生活垃圾治理
十大优秀案例

- 嘉兴市海宁“两型一网模式”精准管理
- 湖州市全域数字化“智治力”让百姓“获得感”
- 温州市龙湾区“土地出让添前置”破解小区设施选址难
- 绍兴市上虞区生活垃圾分类管理研究院
- 宁波市纺织学院废旧织物“零浪费”再造中心
- 湖州市德清县“清宝宝回收”
- 台州市仙居县“差异化”收费促分类提增效
- 杭州市建德“美好账本”打开乡村治理新路径
- 丽水市遂昌县机关事务局“大后勤”保障分类实践

▲遂昌县机关事务局“大后勤保障分类实践”入选 2021 年度浙江省生活垃圾治理十大优秀案例

（涂英兰/文 遂昌新闻网/图）

行政服务

【概况】2021 年，遂昌县行政服务中心聚焦政务服务“一网通办”，深化“放管服”改革，优化营商环境。全年，窗口收件 1045865 件，办结 1045856 件，办结率 99.99%，创历年新高。

推进市民服务中心项目建设，谋划建设更加智慧化、人性化兼具温馨感、时尚感、未来感的政务服务大厅。3 月，新建市民服务中心大楼主体工程完工，6 月，进入装修改造阶段，全年完成投资 4354 万元。12 月，赴嘉兴南湖和宁波鄞州考察学习行政服务中心大厅智能化建设、业务流转流程及大厅功能布局，谋划市民服务中心智慧化新大厅建设。

【深化“放管服”改革】遂昌县推进政府职能转变和“放管服”改革协调小组办公室设在县行政服务中心，中心积极承担沟通协调和跟踪研究各项工作职能，认真对 103 个整改问题进行复核，对实际存在的 73 条问题进行整改，完成县级层面可整改问题 64 条，积极协调解决剩余 9 条问题。

▲新建的遂昌县行政服务中心大楼（效果图）

【政务服务“一网通办”】督促入驻单位对政务服务“一网通办”事项认领实施动态管理，按照“应领尽领”原则完成认领工作。对 126 个差评件进行通报。全年政务服务 2.0 收件率 85.3%，好差评主动评价率 39.47%，“一网通办”办件率 88.44%，政务服务 2.0 占比达标率 87.77%。“跑零次”实现率 99.37%、即办率 93.93%。

推进跨省域“就近办”。6 月，与湖北省枝江市行政服务中心签订“就近办”合作协议，设立跨省通办专窗。11 月，赴福建省浦城县行政服务中心对接政务服务党建联盟工作。与苏州遂昌商会、北京遂昌商会、深圳遂昌商会达成合作意向。

推进农村“最多跑一次”改革。创建花园政务大厅湖山试点，打造环境舒适、服务高效的政务服务大厅。各乡镇（街道）全部开通“一网通办”系统网点，配备管理员，“一网通办”平台 330 项事项上线。加强对乡镇（街道）便民服务中心的业务指导，每季度开展一次业务培训。

【政务服务均等化】打通“金融+政务服务”3 千米范围、5 分钟车程办事圈。开设政务服务专窗，上线柜面政务事项 41 项、农村商业银行自助终端政务事项 5 项，上线智能柜员机政务事项 175 项，实现政务服务自助办，上线平板电脑（Pad）端政务事项25项，实现“客户经理+上门办”政务服务模式。将政务服务接入浙江农信“丰收互联”App，在“浙里办”App专区上线政务事项198项。

【优化县域营商环境】深化企业投资项目审批代办服务。5月，县行政审批中心重新招标确定代办服务机构，开展县内企业投资项目审批、验收全程代办服务，与8家代办公司签订合同。至年底，代办机构与23家企业签订代办协议，为其提供全程代办服务，共计代办金额105万元。

落实向新开办企业赠送公章和税控设备（含首年服务费）政策，进一步提高企业开办便利度，实现企业开办“零成本”。至年底，共赠送印章3022套、税控盘94个，为企业节约成本28.5万元。

（祝巧珍/文 遂昌新闻网/图）

公共资源交易

【概况】2021年，遂昌县公共资源交易中心推进公共资源交易平台2.0建设。共完成工程类项目招标237个，预算金额37.69亿元，实际成交金额34.46亿元，节约资金3.23亿元，节约率8.58%。共完成政府采购项目招标217个，预算金额4.10亿元，实际成交金额3.81亿元，节约资金0.29亿元，节约率7.04%。共完成产权交易项目招标25个，预算金额0.37亿元，成交金额0.70亿元，增值资金0.33亿元，增值率91.72%。全县实施网上竞价项目总计2593件，完成竞价2289件，完成率88.27%，合计成交金额0.49亿元。

【远程不见面开标】2021年，在常态化疫情防控的形势下，为确保交易、防疫两不误，助力企业复工复产，推进项目建设，遂昌县公共资源交易中心推行“远程不见面开标”，采用电子保函，减少企业跑腿次数，为企业节约招投标成本。完成“远程不见面开标”51宗、使用电子保函3097件次。参加投标企业6700余家次，为企业节约投标成本900余万元，节约投标时间约16万小时，投标保证金采用电子保函企业共4200余家。

▲2021年，遂昌县公共资源交易中心推行“远程不见面开标”。图为模拟场景

【异地远程评标】着眼于提升开标评标效率，解决本地评审专家“圈子化”问题，营造高效透明的招投标市场竞争环境，2021年，遂昌县公共资源交易中心完成异地远程评标设备采购、场地布置等工作。按季度完成对招标代理公司的考核，加强管理，规范招标代理机构从业人员的行为，提高招标代理工作水平，确保招标代理工作质量。

12月9日，温岭至常山公路遂昌湖山至黄沙腰段工程跟踪审计项目作为杭州市首个省级异地远程多点评标项目，顺利完成异地远程评标。

▲2021年，遂昌县公共资源交易中心开展异地远程评标。图为操作示范

【实施网超价格监测】对“政采云”上价格明显虚高、商品质量差、服务效率低、采购单位满意度低、违反商品上架规则等几类违规情形进行网超价格违规行为查处，为单位提供优质的政府采购服务。共收到网超价格巡检反馈12期，累计对7200余件商品进行比价，发现疑似违规供应商38家，经相关程序审核后处理违规供应商24家，累计扣减诚信分280分，暂停经营13家次。

【标后监管协调】建立政府性投资项目每月抽查机制，督促业主单位加强标后监管，与项目业主、行业行政监督部门一同快速、合规、公平、公正处理招投标过程中产生的异议和投诉事项，组织行业监管部门开展国有投资项目招投标专项检查，督促相关单位以更高站位看待检查中发现的问题，以更好态度完成项目建设。2021年，完成在建项目监管检查11个。（祝巧珍/文 遂昌新闻网/图）

“两山”转化发展

【概况】2021年，遂昌县两山转化发展中心紧紧围绕“一城五区”生产力布局，会同相关单位合力推进“天工之城·数字绿谷”科技创新平台建设，以市场化为导向，加大社会资本投入，按照“一年见变化、三年大变样、五年成典范”的建设计划有序推进。“天工之城”已初见成型。

全年实施“天工之城·数字绿谷”建设项目35个，完成投资4.14亿元，土地出让10.5公顷。招商签约项目13个，已落地7个，包括青初古字画数字化修复、洲世旅游、浩威数字文创等实体化运营企业。“天工之城·数字绿谷”已入驻企业47家，包含2个院士团队、1个海外文创团队。累计完成民间投资1.39亿元。全年实现数字经济产业产值约8.4亿元，实现税收7102万元。

遂昌县网易联合创新中心和阿里云创新中心投入使用。仙侠湖水上运动中心正式运营，开展水上桨板、皮划艇和潜水等户外休闲运动。遂昌“天工绿谷·清凉一夏”精品线路入选省级2021年休闲农业和乡村旅游精品线路。

▲2021年，遂昌县实施“天工之城·数字绿谷”建设项目35个。此为项目规划图

【产业生态治理】高标准编制“天工之城·数字绿谷”总体规划、城市设计和产业规划，确立“绿色创新第二空间、数字人才培训工场、山地休闲向往之地”三大发展定位。完成区域环评，开工建设污水处理厂，实施湖面整治、污水“零直排”、退耕退养、消落带治理等一揽子生态环境保护和生态治理提升项目。仙侠湖水域生态治理和产业开发方式得到生态环境部的充分肯定，入选全国首批36个生态环境导向开发（EOD）模式试点。

【要素保障】出台《遂昌县关于加快集聚创业创新人才助力“天工之城”建设的实施意见》《“天工之城”推动三创融合发展的实施意见》《遂昌县“天工之城”休闲业态扶持政策》，建立“天工之城”财政体制，实现资金独立封闭运作。成立“天工之城”服务中心，实现人员、资源、权限下沉，实行中介全程代办机制，为落地项目及入驻企业提供一站式服务。2021年，“天工之城”新增各类市场主体1015家，其中数字类企业296家。

【遂昌生态（温泉）住区推介会】3月3日，“万物开源·遂昌2021生态（温泉）住区推介会”在杭州开启，为房地产开发商带来一场土地推介盛会。推介会全方位解读遂昌的投资环境和房地产市场，先睹为快遂昌县2021年计划出让的优质地块，吸引了60余家省内外知名房地产企业的投资人员到场。作为遂昌县重点打造的产业平台，“天工之城·数字绿谷”在会上得到了重点介绍。

▲3月3日，遂昌县在杭州举办2021生态温泉住区推介会，嘉宾解读遂昌的投资环境和优惠政策

（潘瑜静/文　遂昌新闻网/图）

经济合作交流

【概况】2021年，遂昌县经济合作交流中心创新招商引智方式，加大招商引智力度，全年签约项目32个，落地项目21个，其中亿元以上项目16个。遂昌网易联合中心签约22家企业，已入驻18家。遂昌阿里云创新中心签约25家企业，已入驻9家，开展分时办公16家。全年引进各类人才4073人，新增培养技能人才1200人。

深化“山海协作”交流，加强与诸暨市、南湖区、象山县全方位合作，新签约项目16个，续建项目35个，累计到位资金22.93亿元。接收“山海协作”援建资金共657万元，确定援建项目9个。

2021年，根据省、市统一安排部署，遂昌县不再承担“一对一”结对帮扶四川省通江县，而是配合青田县帮扶四川省古蔺县。

【产业园建设】至2021年底，遂昌—诸暨“山海协作”产业园累计完成投资38.4亿元，完成土地开发4.06平方千米。已落地项目95个，到位资金78.03亿元，建成投产项目86个，带动就业3698人，培育规模以上企业31家。2021年，完成政府投资2.4亿元、社会投资12.88亿元，实现规模以上工业产值38.04亿元，比2020年增长61%。

推动“小升规”和亿元企业培育。2021年共有7家企业实现月度上规模，15家企业进入年度上规模企业培育库，培育宏昌矿业、汇金环保、天盛科技、德鑫铸钢、旺诚矿业5家亿元以上企业。

2021年，产业园引进生态工业项目20个，合同引资82.05亿元，其中亿元以上项目14个，10亿元以上项目3个。壹佰科新能源电动车车辆总成和驰盛高端精密金属件项目于年底开工建设。

▲遂昌—诸暨“山海协作”产业园龙板山区块

【“飞地”经济】2021年，遂昌—上海“科创飞地”产业园（虹口区）和遂昌科创大楼（闵行区）已有46家企业入驻。遂昌—南湖山海协作“消薄飞地”已招引6家企业入驻，2家企业已投产。遂昌—诸暨山海协作“生态飞地”，有5个项目在建。遂昌高坪—南湖余新山海协作“科创飞地”，已实现收益分红98万元，助力遂昌5个乡镇20个村壮大集体经济。12月，遂昌县与桐乡市签订协议，在桐乡经济开发区共建山海协作“产业飞地”，发展数字经济、新材料、高端装备智造等产业。

【消费帮扶】在嘉兴市戴梦得购物中心、诸暨市一百超市、象山县半岛专柜，开设遂昌县农产品展示展销门店。通过入驻“南湖微供销”“象山半岛味道”“绍兴供销电商”等互联网销售平台，全年完成“山海协作”消费帮扶遂昌县农产品销售额3476万元。其中，诸暨市消费帮扶610万元、南湖区消费帮扶2110万元、象山县消费帮扶756万元。

【全方位协作】自“山海协作”开展以来，遂昌县与湖州市、诸暨市、南湖区、象山县、上虞区、义乌市、东阳市、浙江大学医学院附属第二医院、邵逸夫医院等，开展科技创新、教育事业、医疗、旅游、社会治理、人力资源、干部交流等全方位多领域协作，取得了明显成效。

2021年，遂昌县与南湖区开展农业科技项目合作，扩大高山凤桥水蜜桃和羊肚菌种植面积。与象山县开展科技创新合作，在技术服务市场、科技人才引育、“科技飞地”建设等方面合作交流。

教育系统青干班45名学员到诸暨市学校跟岗实践，新苗班31名学员到南湖区学校跟岗学习，名师班学员40余人赴象山、嘉兴、诸暨等名师工作室开展活动。开展南湖—遂昌教育教学交流活动，分6个专场，400余人次参加。聘请7位结对地区教育专家，为遂昌县教育改革与发展研究提供服务。

与诸暨、上虞、义乌、东阳等市、区相互举办7场文化走亲活动，来往共计1554人次。与南湖区签订文化“云走亲”合作框架协议，与象山县签订“山海协作”文旅、文体合作框架协议，与上虞区签订战略合作框架协议。

与浙江大学医学院附属第二医院签订“山海协作”提升框架协议，明确合作内容及目标。遂昌县中医院与浙江大学医学院附属邵逸夫医院开展合作共建，挂牌成立泌尿外科中心、眼科中心、口腔诊疗中心，合作开展7项新技术，完成高难度手术90余例。与诸暨市、南湖区、象山县签订2021“山海协作”医疗合作协议，与象山互派优秀医师挂职。

与结对地落实互为旅游（疗休养）基地同城同待遇优惠政策，积极开拓研学市场，打造研学旅游目的地品牌。4月，赴象山、上虞参加旅游疗休养产品推介会。5月，举办“山海协作”职工疗休养现场推介会，邀请南湖、象山、诸暨、上虞四区县工会负责人带队考察“天工之城”核心区块湖山乡和遂昌金矿国家矿山公园。

与南湖区、诸暨市开展人力资源合作交流，在三地举办各类劳动力技能培训28个班次，完成培训1781人次。举办干部联合培训班8次期，参加培训666人次。与各结对地在乡村振兴、数字科技、工业复兴、科技赋能、基层治理等方面交流互鉴。

▲4月23日，遂昌—上虞旅游疗休养产品推介会

▲三仁畲族乡坑口村是象山—遂昌“山海协作”乡村振兴示范点。2019年以来，该村累计接受象山县援建资金300多万元

【遂昌松阳全方位战略合作】推进“一带三区”（市域发展核心带，龙泉庆元、遂昌松阳、云和景宁3个特色发展示范区）遂（昌）松（阳）乡村振兴区全方位战略合作。强化产业集群集聚，加强遂昌龙

板山区块、松阳赤寿区块跨区域合作，推进产业协调，谋求金属制品产业链互补互强，加快发展智能装备、医药健康、新材料等新兴产业。进一步加强两县协作，对照《遂松聚落区块一体化发展实施方案》，深化落实细则，重点推进“万亩千亿”新兴产业平台建设。

【结对帮扶古蔺县】2021年，遂昌县人民医院与四川省古蔺县二郎中心卫生院结对，双方在公共卫生服务、医院管理、学术交流等方面开展合作。遂昌县实验小学与古蔺县第三小学结对，线上开展教学研修活动。遂昌、古蔺两地人力社保部门完善劳务协作沟通机制，创新“直播带岗”招聘方式，接收四川省农村劳动力到遂昌县就业215人，为其中30人建档立卡脱贫。8月，遂昌县印发《关于助力泸州市叙永县、古蔺县两地消费帮扶的通知》，全县基层工会按照人均500元的标准购买叙永县、古蔺县农特产品。全年帮助采购、销售四川省农特产品536.95万元。

动员社会力量参与东西部协作工作，组织温州遂昌商会和遂昌汇金有色金属2家单位，结对古蔺县2个村，各定向捐赠帮扶资金1万元。遂昌县还向古蔺县捐赠抗疫资金98万元。

（项晔/文 遂昌新闻网/图）

政协遂昌县委员会

综 述

【概况】2021年，政协遂昌县委员会召开全体会议1次、常委会会议6次、主席会议9次、专题协商会议3次、重点提案办理协商会议7次。开展对口协商4次，举办“请你来协商”活动9次、“农村电商委员会客厅”活动4次、“民生议事堂”活动1次。组织视察、调研和民主监督活动60余次。向县委、县政府报送专题报告14篇、《协商纪要》13期。举办政协论坛1次。全年收到反映社情民意信息106篇，上报市政协96篇，被全国政协采用1篇，被省政协采用5篇，被市政协采用37篇。遂昌县政协被评为2021年度全省政协《联谊报》宣传工作先进单位，获全市政协2021年度反映社情民意信息工作二等奖。

完善“委员之家”平台建设，借助华数电视平台，为全体政协委员开通学习客户端，开辟“委员荐书、文史资料、重要会议、委员撷英、委员学党史”5个模块，方便政协委员时时学习。编印《同心·同向·同行——政协第九届遂昌县委员会履职风采录》一书，向全社会呈现政协履职成果，总结履职经验，展示委员风采。

【提案工作】县政协九届五次会议以来，共收到以提案形式提出的意见建议127件。经审查立案交有关部门办理121件，并案处理后为102件，其中集体提案22件、个人提案80件，有7件列为重点提案。分别送交31个单位主办、27个单位会办，年内全部办复。其中，71件提案被采纳，占58.9%；48件提案被部分采纳，占39.7%，只有2件提案的建议未被采纳。从委员反馈结果看，办理工作满意率为98.3% ，办理结果满意率为95.8%。从提案质量评价看，提案最高分100分，最低分83.5分，平均得分96.3分，与2020年基本持平。

2021年，县政协征集、梳理、发布130条提案选题，引导民主党派、人民团体和政协各界别、专委会发挥优势，锤炼重点提案。政协提案委员会科学规范立案标准，创新提案审查方式，联合县府办、县发改局、县财政局等单位参与提案审查，提高提案办理的可行性。7件重点提案纳入年度协商计划，由县委、县政府领导领衔督办，县政协副主席协助督办，形成重点提案双重督办机制。

▲2021年遂昌县两会上，政协委员履职风采

【开展活动】2021年，县政协组织开展了“同心学党史，委员唱红歌”庆祝中国共产党成立100周年联谊活动、“同心学党史”之“委员荐好书”“委

员来答题”系列活动、“书香政协”委员读书会活动。开展了“六送下乡”服务，以及“一户一策一干部”结对帮扶等系列活动。

庆祝中国共产党成立100周年联谊活动上，县领导为“最美政协人”颁奖；政协读书会上，听取了“认识数字化改革”“守好红色根脉，努力建设共同富裕示范区”两场专题报告；“六送下乡”活动中，就企业、职工生产生活中容易遇到的劳动合同签订、薪酬矛盾、诉讼时效等问题，邀请律师答疑解惑，有效防范法律风险。活动还向企业赠送法律法规书籍、资料400余份。

（政协办公室/文 章建辉/图）

重要会议

【县政协九届五次会议】 2月27日至3月2日，政协第九届遂昌县委员会第五次会议召开。本次会议应到委员169人，实到委员165人。县政协主席华治武代表县政协常委会作工作报告。21名政协委员作大会发言。会议通过了《政协第九届遂昌县委员会第五次会议决议》《政协第九届遂昌县委员会提案委员会关于九届五次会议提案审查情况的报告》。表彰了县政协九届四次会议以来政协各项工作先进、提案承办先进单位和提案办理积极分子、2020年度优秀县政协委员。全体政协委员列席县十六届人大五次会议，听取和讨论了政府工作报告、遂昌县“十四五”规划纲要（草案）及其他报告。

【县政协常委会会议】 2021年，政协第九届遂昌县委员会召开常委会会议6次。

2月20日，召开第三十一次常委会会议。协商讨论《政府工作报告（送审稿）》《遂昌县人民法院工作报告（送审稿）》《遂昌县人民检察院工作报告（送审稿）》；传达学习省政协十二届四次会议精神；传达学习2021年全县干部大会暨县委经济工作会议精神；审议通过有关人事事项；审议县政协九届五次会议有关事项；协商讨论《政协第九届遂昌县常委会工作报告（草案）》《政协第九届遂昌县常委会关于九届四次会议以来提案工作情况的报告（草案）》及通过报告人名单。

2月28日，召开第三十二次常委会会议。听取各界别组关于《政府工作报告》《政协遂昌县常委会工作报告》《政协遂昌县常委会关于九届四次会议以来提案工作情况的报告》《遂昌县人民法院工作报告》《遂昌县人民检察院工作报告》《遂昌县“十四五”规划纲要（草案）》讨论情况汇报。

3月1日，召开第三十三次常委会会议。继续听取各组讨论情况汇报；审议通过《政协第九届遂昌县委员会第五次会议决议（草案）》《政协第九届遂昌县委员会提案委员会关于九届五次会议提案审查情况的报告（草案）》。

5月14日，召开第三十四次常委会会议。专题学习“守好红色根脉，挺进新的征程”党史学习教育辅导报告，政协委员交流了学习体会；通报县政协2021年度重点工作安排。

8月18日，召开第三十五次常委会会议。举行经济形势报告会，通报上半年全县经济形势和下半年政府工作打算；传达学习省委山区26县跨越式高质量发展暨“山海协作”工程推进会、省政协主席暑期读书会暨全省宣传思想工作会议、市委四届十次全体（扩大）会议、县委十五届十一次全体（扩大）会议精神；听取县委人才办公室、县经济合作交流中心、县统计局、县大数据和金融发展中心等单位工作情况通报；政协常委作了交流发言。

11月19日，召开第三十六次常委会会议。县纪委书记、监委主任练如库通报县纪委监委2021年工作情况，并作党风廉政建设专题辅导报告；传达学习中共十九届六中全会精神；听取遂昌县全面深化改革服务中心和县国投集团、两山集团、建投集团等单位工作情况通报；协商通过有关人事事项；审议通过《关于成立遂昌县政协联谊会的决定》《遂昌县政协委员履职情况综合评价办法（修订）》。

【县政协主席会议】 2021年，政协第九届遂昌县委员会召开主席会议9次。

2月7日，召开县政协党组（扩大）会议暨县政协九届三十一次主席会议。传达学习省政协十二届四次会议精神；审议《政协第九届遂昌县常委会工作报告（审议稿）》和《政协第九届遂昌县常委会关于九届四次会议以来提案工作情况的报告（审议稿）》及报告人建议名单；审议县政协九届五次会议有关事项；审议决定先进表彰事宜；协商有关人事事项；研究县政协九届三十一次常委会会议召开相关事宜。

3月18日，召开县政协党组（扩大）会议暨县政协九届三十二次主席会议。传达学习全国两会精神，学习习近平在中央党校（国家行政学院）中青年干部培训班开班式上的重要讲话精神，研究《政协第九届遂昌县常委会工作报告重点工作任务分工方案》，研究县政协2021年度重点工作安排。审议“最美政协人”评选方案。

5月13日，召开县政协党组（扩大）会议暨县政协九届三十三次主席会议。传达学习《关于严肃换届纪律加强换届风气监督的通知》《中国共产党廉洁自律准则》《中国共产党纪律处分条例》，以及有关垃圾分类等文件、会议精神；研究县政协九届三十四次常委会会议召开相关事宜；县政协党组书记、主席华治武讲党课。

6月2日，召开县政协党组（扩大）会议暨县政协九届三十四次主席会议。传达学习全国政协主席汪洋在浙江调研时的重要讲话精神、省政协主席葛慧君的讲话精神；审议通过2021年遂昌县政协履职能力提升班安排方案；协商讨论“最美政协人”人选名单；审议通过《遂昌县政协委员学党史主题活动方案》《“深入推进大花园建设，加快建设美丽中国先行示范区”遂昌县政协专项集体民主监督实施方案》。

7月28日，召开县政协党组（扩大）会议暨县政协九届三十五次主席会议。传达学习市政协四届二十五次常委会会议精神；听取县政协机关党组关于县委第十二轮巡察情况汇报；审议《“县乡一体、条抓块统”改革试点工作调研监督报告》；研究县政协九届三十五次常委会会议召开相关事宜；研究部署有关工作。

9月16日，召开县政协党组（扩大）会议暨县政协九届三十六次主席会议。传达学习市政协主席陈瑞商到遂昌县调研时的讲话精神；审议县政协读书会方案；协商讨论《遂昌县政协委员履职情况综合评价办法（修订）》《遂昌县政协委员培训工作制度》；研究2021—2022年县政协特邀信息员聘请工作。

10月25日，召开县政协党组（扩大）会议暨县政协九届三十七次主席会议。审议《遂昌县“请你来协商·民生议事堂”平台建设工作实施办法（试行）》；审议民生议事堂试点工作方案；研究县政协九届三十六次常委会会议召开相关事宜。

11月22日，召开县政协党组（扩大）会议暨县政协九届三十八次主席会议。研究县政协换届选举工作；审议通过全市政协系统第二届“最美政协人”候选人建议名单。

12月14日，召开县政协九届三十九次主席会议。研究县政协十届一次会议召开相关事宜。

（政协办公室）

调研监督

【“县乡一体、条抓块统”民主监督】根据县委点题、县政协主席会议安排，4—7月，县政协人口资源环境委员会开展“县乡一体、条抓块统”改革试点工作民主监督。成立调研监督组，深入8个牵头部门、2个试点乡镇（云峰街道、湖山乡）开展调研监督，并赴衢江区、常山县、龙游县考察学习。5月，形成阶段性调研监督报告，呈阅给县委、县政府主要领导。8月，形成全面、翔实的专题调研监督报告，报县委、县政府。

【“珍贵树种发展”调研】4—10月，县政协人口资源环境委员会就遂昌县珍贵树种发展情况开展调研。调研组深入走访、考察，查阅资料，了解遂昌县珍贵树种发展中存在的问题和困难，针对珍贵树种造林积极性不高、体系培育缓慢、规模化难等现状，调研组从厘清发展定位、建立长效机制、加强要素保障、突出重点领域等方面提出对策建议，形成《遂昌县珍贵树种发展情况调研报告》，报送县委、县政府及相关单位部门供参考决策。

【“城乡教育共同体建设”调研】4—11月，县政协教科卫体委员会通过座谈会、现场调研、查阅资料等方式，对新时代城乡义务教育共同体建设工作进行调研。根据调研了解到，县教育局于年初出台相关文件，组建了融合型、共建型、协作型7个城乡教育共同体。通过近一年的运作和建设，取得了阶段性成效，仍然存在统筹协调力度不足、长效运行机制未有效建立、经费保障未有效落实、绩效评估不够全面等问题。针对存在问题和困难，调研组经商讨形成《遂昌县城乡教育共同体建设情况调研报告》，报送县委、县政府供参考决策。

【“加快城市社区建设”民主监督】5—6月，县政协提案委员会开展《关于加快遂昌县城市社区建设的建议》重点提案办理情况民主监督活动。政协委员们到妙高街道前山社区、叶坦社区现场视察、听取相关工作汇报，了解遂昌县城市社区建设具体情况。座谈会上，县民政局、妙高街道、云峰街道负责人汇报了提案办理落实情况。委员们根据调研情况精准建言献策，监督有关部门落实具体工作。

【“深入推进大花园建设”民主监督】根据省、市政协部署及2021年县政协常委会工作报告重点工作责任分工，3—5月，县政协人口资源环境委员会和部分政协委员组成监督组，围绕“深入推进大花园建设，加快建设美丽中国先行示范区”开展三级政协联动专项集体民主监督。监督组重点聚焦“护绿为基”“点绿成金”“革绿出新”三方面开展民主监督。根据监督情况，分析遂昌县美丽大花园建设存在的问题，提出对策和建议，于6月形成《遂昌县政协深入推进大花园建设，加快建设美丽中国先行区”专项集体民主监督报告》上报市政协。

【“村级债务形成原因及化解”调研】村级债务是基层政府亟待解决的问题，债务得不到化解成为影响群干关系的一个突出矛盾，化解村级旧债，防止新债产生，是推动乡村振兴、实现共同富裕的重要举措。10—12月，县政协农业农村委员会组织政协委员，会同县农业农村局人员组成调研组，赴新路湾、北界、应村、高坪、蔡源、黄沙腰等乡镇开展调研。调研组到部分村走访察看村务公开、村级台账，邀请乡镇干部、村干部进行座谈，探讨村级债务形成的原因及化解建议，撰写《遂昌县村级债务形成原因及化解调研报告》，报送县委、县政府供参考决策。

【其他调研监督】2021年，县政协还开展了“提案质量评价助推政协工作提质增效”“补齐遂昌县低收入农户增收短板，扎实推进共同富裕”“城乡生活垃圾分类处理”“遂昌县‘八五’普法规划”“数字赋能产业提升，推进工业复兴提速”等调研、督查和民主监督活动。其中，《牵牢牛鼻子，发力供给侧——以提案质量评价助推政协工作提质增效的遂昌实践》调研报告，被评为2021年度市政协优秀调研报告三等奖，入选第四届丽水市政协十佳创新案例。

4月6—8日，四川省通江县政协主席闫丕川带政协考察团到遂昌县学习交流“请你来协商”“委员会客厅”建设和乡村振兴等工作。

▲4月6日，通江县政协考察团到遂昌县学习交流

（政协办公室　文/图）

政协论坛和重点协商

【“天工之城·开源遂昌”政协论坛】3月1日，县政协举办“请你来协商——相信·看见——天工之城·开源遂昌”政协论坛。县领导与政协委员、部门负责人、乡镇（街道）负责人共聚一堂，共话“天工之城·数字绿谷”建设。6位政协委员发言，为深入推进“天工之城·数字绿谷”建设建言献策。会后，政协将委员发言内容整理形成《天工之城·开源遂昌调研报告》报县委、县政府决策参考。该报告被市政协评为2021年度优秀调研报告二等奖及第四届丽水市政协十佳“请你来协商”案例。

▲3月1日，“天工之城·开源遂昌”政协论坛

【“我与示范区建设”恳谈活动】7月14日，遂昌农村电商委员会客厅开展“我与示范区建设”恳谈活动，会客厅成员、部分市县政协委员、赶街公司党支部成员参加恳谈活动。活动学习了国务院《关于支持浙江高质量发展建设共同富裕示范区的意见》《浙江高质量发展建设共同富裕示范区实施方案（2021—2025年）》，学习了省委书记袁家军在省委十四届九次全会上的讲话精神，围绕“塑造产业竞争新优势”进行了讨论。

【“帮助老年人克服数字鸿沟”专题协商】7月16日，县政协就帮助老年人克服“数字鸿沟”开展专题协商。县政协九届五次会议期间，政协社法和民宗港澳台侨委员会提交了《帮助老年人克服“数字鸿沟”的建议》团体提案，该提案列入2021年重点提案。为推进提案办理落实，县政协通过“请你来协商”平台进行面对面协商讨论。提案承办牵头单位遂昌县全面深化改革服务中心通报了提案办理情况，协办单位就帮助老年人克服“数字鸿沟”工作进展、存在困难与问题以及对策和建议一一作了回应和交流。本期政协专题《协商纪要》得到县委领导的批示。

【“公交事业发展”微协商】7月28日，县政协通过“请你来协商”平台开展“公交事业发展”微协商。随着城乡路网不断优化、城市更新推进、城市功能布局调整，遂昌城区范围不断扩大，公共交通需求量越来越大，城市公交发展成为社会关注度高的民生问题。在县政协九届五次会议上，加快发展城市公交的提案被列为重点提案。协商会上，县公交公司通报了遂昌县公交事业发展情况和委员提案办理情况。与会委员对提案办理落实表示满意，就城乡公交统筹、城区公交线路规划、站点设置、车型选择（微公交）、设施改善、智能应用等方面积极建言献策。

【“快递进村‘最后一公里’”专题协商】8月30日，县政协举行“请你来协商”活动，就打通快递进村“最后一公里”开展专题协商。因快递业务大部分只到乡镇不到村，村民要到乡镇收寄快递，大大降低了消费体验。打通快递进村“最后一公里”能有效降低乡村物流费用，有力助推乡村振兴和共同富裕示范区建设。遂昌县启动全省首个数字乡村物流中心建设，以解决快递进村“最后一公里”和农产品上行“最初100米”两大难题，但还存在配送线路不丰富、村级服务站不规范、设施建设不完善、配套政策不到位等问题。县经济商务局介绍了遂昌“县—乡—村”三级物流体系建设情况，与会政协委员和电商企业、快递公司代表围绕主题建言献策，相关部门、企业代表和乡镇负责人针对存在的问题作出了回应。

【“加强异地搬迁农民服务”专题协商】9月27日，县政协举行“请你来协商”活动，就“加强异地搬迁农民服务”开展专题协商。遂昌县将农民异地搬迁作为统筹城乡发展、促进共同富裕的有力抓手，通过实施农民异地转移、大搬快治、大搬快聚富民安居工程，推动高山偏远群众向城镇、中心村集聚，累计异地搬迁群众5.08万余人，但异地搬迁群众如何就业创业亟须关注解决。协商会上，县农业农村局介绍了农民异地搬迁工作情况。与会人员围绕主题畅所欲言、建言献策，提出了许多意见和建议。相关部门和乡镇（街道）负责人作了解答回应。县委副书记、县长胡刚参加了此次协商会。

▲9月27日，“加强异地搬迁农民服务”专题协商

【“县城社区命名”微协商】11月17日，县政协举行“请你来协商——县城社区命名”微协商，围绕规模调整后社区命名征集遴选开展协商。随着城市化进程加快，遂昌县城区规划调整和“大搬快聚富民安居”政策实施，城市规模不断扩大，社区规模亟待调整。前期，县民政局会同妙高街道制定了社区调整方案，面向社会征求意见。为促进社区命名标准化、科学化、规范化，集民智、听民意，县政协开展本次微协商，邀请政协委员、部门领导、市民代表共同商讨，为县城社区重新命名，将社区名称征集及协商意见报县委、县政府供决策参考。

【“发挥种业小镇综合效应”民生议事堂】11月25日，县政协在新路湾镇大马埠村开展民生议事堂活动，以“发挥种业小镇综合效应，推动镇域共同富裕”为主题。本次活动旨在充分认识遂昌县种业发展比较优势，进一步做好杂交水稻制种并发挥其综合效用，通过农旅融合、文旅融合，带动新路湾种业小镇实现共同富裕。新路湾镇是全省唯一的种业小镇。会上，新路湾镇负责人汇报了种业小镇建设情况。村干部、新路湾镇乡贤、村民代表、履职小组委员围绕主题建言献策，提出了意见和建议。相关部门、乡镇负责人针对存在问题作出了回应，并就下一步工作提出了相应举措。

▲新路湾种业特色小镇的绿色制种田

【其他协商】2021年，县政协举行“农产品资源对接”“加速国家绿色产业示范基地建设”“乌溪江水库（遂昌段）渔业资源保护”“加快推进省级经济开发区创建”“教育局搬迁后场地使用”“提升乡镇卫生院传染病防治能力”“清理‘蜘蛛网’打造‘无线美’”“民宿产业健康发展”“优化职工体检”“进一步优化亲水游步道”“加快既有住宅加装电梯”“建设历史文化街区”“博物馆展陈设计”等对口协商、提案办理“回头看”活动，均提出对策建议供相关单位决策参考。

（政协办公室/文 章建辉/图）

纪检·监察

综 述

【概况】2021 年，遂昌县纪委监委以“一体化、规范化、专业化”建设活动为主抓手，坚持以政治导向、问题导向、实效导向，围绕站位更高、质量更优、作风更实、业务更专、形象更硬“五个更”为目标，突出政治监督，聚焦主责主业，稳步推进清廉遂昌建设，为打造山区县共同富裕先行样板提供坚强保障。

【政治监督】围绕“一城五区”生产力布局和县委重大决策部署，开展 43 个专项监督，查处问题 769 个，问责 112 人次。牵头开展提升政治执行力专项监督，着力纠治落实重大决策部署方面存在的“慢执行、假执行、不执行、乱执行”问题，督促提醒单位“一把手”143 人次，问责 83 人，通报典型案例 12 起，推动整改问题 1425 个。协助县委制定加强对单位“一把手”和领导班子监督“五张责任清单”，推动主体责任落实落细。优化县级政治生态评价 13 项量化指标，对 90 家部门单位进行科学评价，约谈提醒 20 名单位“一把手”。三仁畲族乡入围丽水市乡镇（街道）政治生态优胜榜。

【肃纪反腐】持续保持反腐高压态势，全年处置问题线索 276 件，运用监督执纪“四种形态”（批评教育、组织处理、纪律处分、立案审查）处理 342 人次。立案 164 件，比 2020 年上升 7.2%，涉及科级以上领导干部 4 人。党纪政务处分 159 人，比 2020 年上升 11.2%。办理留置案件 6 件，移送公检法起诉 5 人，主动投案干部 3 人。查处遂昌县科级干部涉案金额最大的徐某蔚违纪违法案。推进政法队伍教育整顿监督执纪执法工作，立案 8 件，党纪政务处分 7 人，果断处置县公安局原党委副书记、副局长应某建违纪违法案。

召开以身边事教育身边人警示教育大会，开展各类警示教育活动 18 次。组织 300 余名党员干部旁听鲍某华、徐某蔚违纪违法案庭审，组织收看应某建违纪违法案“云庭审”，累计接受警示教育 11.7 万人次。坚持“三个区分开来”，常态化开展澄清正名、打击诬告陷害，回访教育干部 126 人。

▲5 月 26 日，遂昌县干部收看廉政教育警示大会

【纠治“四风”】贯彻落实中央八项规定精神，紧盯易发多发老问题和隐形变异新动向，开展正风肃纪“月亮”行动。全年开展监督检查 415 批次，查处“四风”问题 49 起，问责干部 58 人。开展党员干部、公职人员酒驾醉驾及背后“四风”问题，公职人员违规从事营利性活动、违规吃喝、违规收送礼品礼金问题等专项检查，查处违反中央八项规定

精神问题30起，问责33人，予以党纪政务处分6人。坚决整治形式主义、官僚主义，重点监督检查基层减负、民生实事落实情况，查处形式主义、官僚主义问题19个，问责25人，予以党纪政务处分2人，持续形成有力震慑。

【清廉遂昌建设】压实清廉遂昌建设责任，建立清廉遂昌建设定期会商机制，每季度召开赛比会，交流经验做法。推出清廉医院“三权分离”、清廉学校“微监督”等18个有影响力的清廉品牌，建成51个清廉单元示范点，形成具有遂昌特色的清风廉旅线路图。构建亲清政商关系，打造昊峰建材有限公司等4家清廉民企。深化清廉文化建设“四清四香五好五进”（山清、水清、官清、吏清；手香、体香、口香、心香；好故事、好典型、好做法、好作品；好案例；进机关、进村居、进学校、进医院、进企业）工程，收集整理百个清廉“五好”成果，形成汇编。高质量完成丽水市清廉文化规范化标准试点县任务，推动清廉文化建设具体化清单化。

▲遂昌县档案馆清廉文化阵地

【监督下沉】全力推动纪检监督下沉，深化乡村廉情“吹哨人”机制，收集廉情信息2563条、问题线索64条。召开“你提我督”答廉会812场，推动解决问题1171个，入选丽水市纪检监察系统十佳工作品牌。开展15个领域的漠视侵害群众利益问题专项治理，发现并整改问题375个。开展村干部违规插手或承揽本村工程项目专项整治，立案12件，党纪政务处分11人。规范村级小微权力，制定《遂昌县村干部履职红线二十条》。2021年，全县检控类信访举报76件，比2020年下降51.6%，其中涉及反映村干部问题34件次，比2020年下降66.7%。

▲4月，县纪委出台《遂昌县村干部履职红线二十条》，规范村级小微权力

【提升治理效能】结合乡镇（街道）班子换届，调整乡镇（街道）纪（工）委监察办干部40人。对全县1803名股级以上干部进行“一对一”谈话，形成县直单位廉政风险评估“一图一报告”。10个派驻纪检监察组和20个乡镇（街道）纪（工）委监察办自办案件全部“破零”。开展案件审理“区域协作片抓块审”试点，交叉审理案件96件。

设立遂昌县纪检监察数据（档案）管理应用中心，做好全省纪检监察整体智治应用“一站式”办理模块试点工作。启动基层公权力全程在线审批应用，审批5533个事项，通过“监督一点通”反映问题503条，村（社）监察工作联络站廉情直报481条。研发应用“天剑”智能化监督系统，上线重点监督任务292个，内部监督任务122个，跟踪督查142次，发现问题线索16个，约谈提醒25人，承诺任务完成时效提速40.6%。

【清廉主题作品展】3月，县纪委监委启动“初心承百年，清香润遂昌”主题系列作品征集活动，社会各界踊跃参与。至6月，共征集到摄影、视频、书法、绘画、手工等作品736件。评选出176件优秀作品，首期作品展在汤显祖纪念馆展出，6月30日布展完毕，展示时间为6月30日至7月31日。

8月1日，遂昌县百个清廉作品在县文化馆展厅集中亮相，所展作品均为“初心承百年，清香润遂昌”主题系列优秀作品，集中展示了遂昌县党员干部带领群众共建“清廉遂昌”的生动实践。展览持续到8月31日。

▲8月，县纪委主办“初心承百年，清香润遂昌”主题作品展

▲2021年，县纪委征集到的清廉主题作品

【纪检监察干部综合业务培训班】11月15日，2021年度遂昌县纪检监察干部第一期综合业务培训班在市委党校开班，各乡镇（街道）、巡察机构、派驻纪检监察组、县纪委机关的68名纪检监察干部参加培训。培训班邀请省委党校、市纪委监委、市检察院、市委党校等单位的业务骨干和专家授课，围绕党纪法规、信访举报、案件办理、信息化应用、心理健康等方面为学员传授经验，还组织学员赴莲都区碧湖镇、丽水经济技术开发区芯片产业园、清廉企业丽水鱼跃酿造食品有限公司开展现场教学。培训分两期进行，覆盖全县纪检监察干部。

（县纪委/文 章建辉/图）

重要会议

【县纪委十五届七次全会】3月24日，县纪委十五届七次全会召开。会议按照十九届中央纪委五次全会、省纪委十四届六次全会、市纪委四届六次全会以及县委十五届十次全会的部署，回顾总结2020年遂昌县纪检监察工作，研究部署2021年任务。县委常委、纪委书记、监委主任练如库代表县纪委常委会作题为《知责担责履责全面整体高效为建设山区县跨越式发展“重要窗口”提供坚强保障》的工作报告。县委书记张壮雄出席会议并讲话。会议书面传达了中央、省、市纪委全会精神，审议通过了全会工作报告和全会决议。

【县纪委十六届一次全会】12月27日，在中国共产党遂昌县第十六次代表大会上选举产生的中共遂昌县纪律检查委员会，召开第一次全体会议，选举产生了常务委员会委员、书记、副书记。会议以差额选举的方式选举产生了19名中共遂昌县纪律检查委员会常务委员会委员，以等额选举的方式选举练如库为中共遂昌县纪律检查委员会书记，邱根松、鲁旭晖为中共遂昌县纪律检查委员会副书记。选举结束后，练如库代表新一届县纪委常委会作表态发言。

【其他会议】4月20日，遂昌县召开机关党建工作会议暨清廉机关建设推进会。县属各机关、企事业单位分管党务的领导和党委、机关党委专职副书记（机关纪委书记）参加会议。与会人员参观了县税务局“党旗红税务蓝”文化展厅。

5月10日，县纪委组织召开清廉遂昌建设推进会。会上，县委组织部、县委宣传部、县工商联等清廉单元建设牵头单位，对各自清廉单元建设推进情况及下一步工作计划进行汇报。

11月12日，县纪委组织召开清廉村居建设推进会。各乡镇（街道）分管领导和农经干部、县属有关单位分管领导和业务负责人、清廉村居示范点主要负责人参加会议。会议宣读了遂昌县清廉村居示范点名单并举行了授牌仪式。三仁畲族乡在会上作表态发言。

10月12日，中共遂昌县第十五届委员会第十四轮巡察工作动员部署会召开。会议宣布县委第十四轮巡察授权任职及任务分工决定。经县委批准，十五届县委第十四轮巡察安排4个巡察组对黄沙腰镇党委、县交通运输局党组、县农业农村局党组、县工业园区管委会党工委开展巡察“回头看”。

（县纪委）

巡察工作

【概况】2021年，中共遂昌县委开展3轮巡察，分别对14家单位党组织进行常规巡察，对6家单位党组织巡察“回头看”。开展涉粮问题专项巡察，配合市委对县供销社开展提级（交叉）巡察。对2020年以来9家被巡察单位党组织巡察整改落实情况进行回访检查。

十五届县委巡察工作共完成对86家单位、211个村（社区）党组织的巡察任务，实现全覆盖。发现问题186个，处理干部210人，其中党纪政务处分5人。清退各类违规资金31.38万元，挽回经济损失121.96万元。巡察组派员参加各单位巡察整改专题民主生活会。县党政领导班子成员领办巡察重点问题18个。强化巡察整改综合评估和结果运用，约谈单位“一把手”3人次。

【巡察纪检联动】建立巡察组、巡察办公室、纪检监察室和派驻机构对应联系机制，加强巡察前沟通会商、巡察中协助指导、巡察后整改监督等方面的协作配合，推动信息、资源、力量及监督成果共享共用。对巡察过程中发现的问题线索，纪检监察室通过片区协作及时介入，有效提高问题线索的精准度和成案率。做好“七张问题清单”应用贯通和重大巡视（巡察）问题清单常态化运行管理，梳理巡察共性问题15个，点面结合推动问题整改。

【巡察信息化建设】贯彻落实《浙江省纪检监察数字化建设总体方案（2021—2025年）》，将巡察工作推进、反馈问题整改、问题线索处置等融入“天剑”智能化监督管理系统，通过对任务完成时效亮绿灯（准时完成）、蓝灯（完成2/3）、红灯（延迟完成）的不同情况，向各单位发放蓝牌、绿牌、红牌，实现对完成时效、完成质量的综合评价。至年底，通过“天剑”智能系统交办问题38项。

▲5月14日，遂昌县召开纪检监察“天剑”智能化监督管理系统推进会

【省委巡察指导督导】3月底至5月20日，省巡察指导督导组对丽水市开展指导督导。中共遂昌县委组织专题会议学习讨论省巡察指导督导培训会议精神，对标对表抓落实。通过查阅材料清单，按照组织领导、政治巡察、监督质量、成果运用、上下联动、基础建设6个方面，对2017年以来的巡察台账进行梳理。完成相关课题调研并上报。对照省委巡察指导督导反馈问题清单和市、县党委巡察工作规范化标准，健全完善制度3个。

【反馈问题整改】加强对巡察整改方案和完成情况

报告的联审联评，落实“六见”（见人、见事、见单位、见处理结果、见责任追究、见规章制度），推动主体责任落实落细。落实县纪委监委领导班子和派驻纪检监察组、县委组织部派员参加巡察整改专题民主生活会机制。巡查组向县纪委监委交办问题线索11条、重点问题18个，开展约谈部门领导1人次、专题研究部署2次、集中整治3次，出台制度3个。加强对各单位整改工作的督查督办和综合评估。全年16个单位完成问题整改188个，提醒谈话105人，批评教育159人，诫勉28人，党纪政务处分10人，清退违规资金37.05万元，挽回经济损失313.43万元。

▲4月22日，县委巡察工作座谈会反馈问题

【巡察能力提升】9月，县纪委监委举办县委巡察干部队伍能力提升班，进行专题学习。培训班邀请老巡查干部、其他县（市、区）巡察干部交流巡察工作经验，参加培训的抽调、挂职干部谈巡察心得体会。遂昌县根据每轮巡察对象的不同特点，合理搭配具有案件查办、财务、审计、项目建设等工作经历的人员，发挥巡察干部队伍专业优势。此外，遂昌县抽调一部分年轻干部或新提拔领导干部，选配有丰富工作经验的领导干部参加巡察工作，并积极参加“以干带训”挂职和顶岗锻炼，不断提高巡察组精准发现问题线索的能力。

【十五届县委第十四轮巡察工作动员部署会】10月12日，遂昌县召开十五届县委第十四轮巡察工作动员部署会。会议学习贯彻习近平总书记关于巡视巡察工作的重要论述，全面贯彻落实中央、省委、市委、县委关于巡视巡察工作的部署要求，对县委第十四轮巡察“回头看”进行动员部署，宣布县委第十四轮巡察授权任职及任务分工。经县委批准，第十四轮巡察安排4个巡察组对黄沙腰镇党委、县交通运输局党组、县农业农村局党组、县工业园区管委会党工委开展巡察“回头看”。

（县纪委/文 遂昌新闻网/图）

民主党派·群众团体

民进遂昌县基层委员会

【概况】2021年，中国民主促进会遂昌县基层委员会下设经济综合、科技文化、教育一、教育二、医药卫生5个支部，以及参政议政、社会服务两个专委会。有会员120人，其中高级职称会员82人。基层委深入贯彻落实民进中央、省、市委会“履职能力主题建设年”各项任务，积极推进组织建设，努力提高建言质量，做深做实社会服务。获民进全国社会服务暨脱贫攻坚工作先进集体、民进全国反映社情民意信息工作先进集体、民进浙江省2021年度优秀基层组织3项荣誉。会员王军被民进中央委员会评为民进全国履职能力建设先进个人。

【队伍建设】2021年，民进遂昌县基层委发展新会员5名，平均年龄35岁，均为本科以上学历。举办骨干会员读书班活动，学习会章会史，宣扬民进力量；组织新、老会员学习交流活动；组织新会员和入会积极分子参与基层委课题沙龙和社会服务工作。9月3日，召开民进遂昌县第七届基层委员会大会，总结回顾五年来的工作，选举新一届基层委委员班子，梳理刊印《2017—2021民进遂昌县基层委履职活动集》《这五年·参政议政成果集》。

【学习交流】开展“不忘合作初心，继续携手前进”主题教育活动，积极参与市委、县委统战部组织的学习活动。1月，在全县统一战线各界人士迎春座谈会上，民进会员围绕县域治理和经济发展积极建言献策。6月，会员编排的节目《红铁》分别参加丽水市、遂昌县统一战线庆祝中国共产党成立100周年文艺会演。10月，在全县统一战线读书会上，基层委开展的工作获中共遂昌县委高度肯定。此外，配合民进丽水市直科技支部开展“重走民进渠”和组织建设交流活动；与市直支部、民建丽水科技支部联合召开“凝聚共识，增进交流”座谈会；与民进缙云县基层委开展组织建设和参政议政会议；联合民进省委会医疗专家团队开展义诊服务等。

【参政议政】2021年，在省、市、县两会上，民进遂昌县基层委共提交团体提案13件、个人提案28件，反映社情民意56件。《关于“婴幼儿照护入托”的建议》《关于促进数字经济智慧化平台信息分享的建议》获评县优秀提案。开展“用好公民同招政策，减轻家长学生焦虑”“疫情突发相关公共卫生事件三级防控快速反应体系模型建立探讨”“盘活农村国有闲置资产，助力乡村振兴发展”等5个课题调研活动。开展调研15次、沙龙会议8次。

成立“民声进社”沙龙组织，定期开展社情民意信息讨论。2021年，民进遂昌县基层委上报的社情民意信息被中共中央办公厅录用1篇（《测量标志点保护工作相对缺失亟须加强管理助力国家地理建设》），被民进中央委员会录用11篇，被民进浙江省委会录用28篇，被省、市政协录用37篇。

【服务社会】一是送医服务。农历每月初四和二十二日，组织会内医疗专家到金竹镇和黄沙腰镇，开展专家坐诊、业务指导和技能培训。2021年，两个工作站共开展服务12次，接待病患900余人次，并为当地医务人员开展多轮业务指导和技能培训。二是公益教学。遂昌县民进公益学校累计开展公益课程120余节，服务学生350余人。7月，开展第四届暑期公益夏令营活动，为期5天，20位老师为50名学生讲授30多节民俗文化、科学知识、安全急救等课程。三是下乡服务。开展“春联进万家”文化服务，以及“讲座进校园”“科技嘉年华”“畲族文化推广”等活动。

▲春节前夕，民进遂昌县基层委组织会员开展“春联进万家”文化服务

（郑敏 文/图）

总工会

【概况】2021年，遂昌县有基层工会269家，其中独立基层工会261家，农家乐、旅游、药店、电子商务等联合基层工会8家，有工会会员22466人。

确定凯恩特材、元立金属制品等6家企业为产业工人队伍改革工作试点单位，其中凯恩特种材料股份有限公司被推荐为新时代浙江产业工人队伍建设改革成绩突出集体。浙江元立集团股份有限公司的黄应勇获评2021年“浙江工匠”。九龙山国家级自然保护区、垵口乡、北界镇等基层工会申报“职工之家”创建，已完成验收。宇恒电池工会申报省级“模范职工小家”，全市仅2家。

委托省总工会干部学校举办2期基层工会干部创新能力提升培训班，90余人参加。推出“相约工会·益课堂”公益品牌，推出硬笔书法、插花、瑜伽等12期公益课，惠及职工3716人次。以“我心向党”为主题，举办健步走、定向赛、红色经典朗诵大赛、垃圾分类达人赛等文体活动5场次。在线上平台开展垃圾分类、中共十九届六中全会知识等竞赛活动，参加人数4500余人。

出台《遂昌县“职工之家”创建规范标准》《县级劳模管理办法》《“妈咪暖心小屋”规范化建设标准》《遂昌县困难职工救助实施办法》等。下属事业单位职工学校改为职工服务中心，着力提升县总工会服务职工能力水平。

▲4月，遂昌县总工会推出“相约工会·益课堂”公益活动（插花艺术培训）

【帮扶困难职工】2月，县总工会准备了120余份年夜饭礼包和175份水果，看望慰问县消防大队、育才中学等单位留遂昌过年的职工和除夕坚守岗位的职工。全年发放职工医疗互助金18人，金额26.4万元。2021—2023年新一期职工医疗互助参助单位177家，参助人数9962人。聘请法律顾问开展职工法律援助活动，免费开展法律援助案件10起，处理职工来信、来电、来访502起。

【职工技能竞赛】3月，县总工会、县发改局联合举办全县职工劳动竞赛，41个省、市、县重点项目组参加。6月，举办2021年遂昌县职工应急救援技能大赛，来自乡镇、企事业单位的45个代表队，210

名职工报名参赛。9月28日，举办“山海协作”5区县叉车技能大赛，增进遂昌县与“山海协作”地区职工之间的技术交流。

【成立基层联合工会】5月19日，云峰街道东姑村联合工会第一次会员大会召开，标志着全市首个村级联合工会成立。东姑村紧连龙板山工业园区，村内流动务工人员较多，此次成立村级联合工会，是遂昌县党工共建的一个创新举措，能够更好地服务周边企业、个体工商户和流动务工人员。东姑村联合工会第一批会员有30人。8月，遂昌县又成立房产中介联合工会，有会员142人。

▲5月19日，云峰街道东姑村联合工会成立

【职工疗休养推介会】2021年，遂昌县申报获评省级疗养基地1家，市级5家。在全市率先启动2021年疗休养工作，鼓励职工在县内及县消费专班确定的点位开展疗休养活动。认定县级疗休养接待点16家，满足职工疗休养的全面性和多样化需求。

4月23日，在绍兴市上虞区举办遂昌·上虞职工疗休养（旅游）推介会；5月19日，在遂昌金矿国家矿山公园举办杭钢集团疗休养启动仪式暨与加快发展县疗休养合作大会，遂昌、开化、磐安等13个县参加；5月21日，在上海市虹口区举办“万物开源·遂昌”2021遂昌县职工疗休养推介会。

【职工红色定向赛】4月29日，遂昌县举办万物开源·遂昌“我心向党”职工红色定向赛。全县各机关、企事业单位共57支队伍近500人参加活动。活动将学习党史知识与职工体育运动相结合，将党史知识和“天工之城”知识问答、重温入党誓词、唱红歌背红诗等活动融入定向赛中。各支队伍以古院市民广场为起点开展竞速，途经汤显祖大剧院、图书馆、档案馆、城市规划展览馆等多个任务点位。

【职工红色经典朗诵大赛】9月17日，由县委宣传部、县文化和广电旅游体育局、县总工会联合举办的“我心向党”全县职工红色经典朗诵大赛，在县文化馆小剧场举行，全县共29支队伍、160余名选手参加比赛。最终，浙江元立金属制品有限公司的节目《百年交响》、县税务局的节目《红船从南湖启航》、县文化和广电旅游体育局的节目《火种》获得比赛一等奖。

▲9月17日，全县职工红色经典朗诵大赛

（黄芸芳/文 遂昌新闻网/图）

共青团

【概况】2021年，遂昌县有14～35周岁常住青年人口3.6万人。共青团遂昌县委下辖612个团组织，团员8000余人。团县委开展引领青年力量、助推乡村振兴、深化志愿服务等工作。推进快递物流行业团建，成立申通、中通（圆通）、翼达配送、华盛物流、阿里云创新中心等团支部。持续推进“青年之家”融合发展，全县建立“青年之家”实体平台25

个，涵盖乡镇（街道）、企事业单位、学校等。

2021年，遂昌县被共青团中央认定为全国“返家乡”社会实践重点开展县。共青团遂昌县委入选全国县域共青团基层组织改革试点单位。

【加强青年思想引领】利用遂昌县丰富的红色教育资源，围绕弘扬践行“浙西南革命精神”，开展主题党日、主题团日、团队共建活动。深入开展“青年大学习”行动，全县有69个团组织、计24万余人次，参加了33期学习答题活动。4月，开展“山中青年说”理论宣讲大赛暨微型党课大赛，70余名团干部作宣讲，6000余人次参与学习。5月，举办“学党史、强信念、跟党走”党团知识竞赛，全县53个团组织的70余名团员参与。在团县委公众号开设“青读党史”“百名团干讲党课”“党史学习教育进行时”等板块。

【青年人才暑期社会实践活动】组织开展“青聚浙丽”青年人才暑期社会实践活动。排摸224个大学生暑期乡村实践岗位，7月启动实践，其中专科生55人，本科生及研究生169人，参与人员包括遂昌籍大学生及各大高校的社会实践队成员。与浙江大学共同开展“黄土地计划”，组织28名来自浙江大学的本科生和研究生，在遂昌县城、大柘镇、王村口镇、金竹镇、三仁畲族乡、湖山乡、高坪乡进行为期一个月的“振兴乡村”挂职实践。2021年是浙

▲7月15日，遂昌县青年人才招引行动暑期社会实践活动启动仪式

江大学“黄土地计划”实施的第一6年，有17支社会实践团队、115名学子到遂昌开展实践活动。

【创新实施“蜂巢计划”】配合县委“人才强县”中心工作，创新实施“蜂巢计划”，集聚创业创新团队。10月，发布《关于实施“蜂巢计划”全面助力“天工之城·数字绿谷”建设的意见》，为到遂昌县创业的青年提供帮扶。根据意见，“蜂巢计划”为创业项目提供1万元至15万元的资金资助，包括办公场所、住宿、信贷支持、云服务补贴、风投孵化、人才政策等扶持。在11月5日举行的“天工之城”引智共富大会上，举行了“蜂巢计划”启动仪式。遂昌县“蜂巢计划”办公室设在团县委，县财政局每年拨付专项工作经费100万元。

▲11月5日，遂昌县“蜂巢计划”启动仪式

【助推青年参与乡村振兴】和金融机构合作，推广“青创贷”金融产品，为289户回乡创业新青年提供授信，提供低息小额贷款252笔、7016万元。开展电商（抖音）直播培训，培养800余名本土带货主播。鼓励进步青年积极参加乡村振兴活动，“蚂蚁探路创始人”周功斌获2021年度浙江省青春助力乡村振兴带头人“青牛奖”、9位青年获得“丽水之干”青春榜样称号、7名青年获得2021年“浙江青年工匠”称号。

【开展济困助学】推进“团聚众爱·守护成长”爱心助学工作品牌，为贫困家庭学子圆求学梦。2021

年，共资助151名贫困大学生，发放助学金75.65万元。3月，团县委举办“99公益日活动”，为西畈乡、柘岱口乡、高坪乡的孩子们发放“彩虹活力包”。该项目由浙江省青少年发展基金会、杭州滴水公益服务中心、同心圆公益共同发起，为促进山区学校体育教育的发展起到促进作用。

【深化团教协作】制定印发《遂昌县少先队分批入队工作指导意见》，在“六一”儿童节和中国少先队建队日前后，举行分批入队仪式。印发遂昌县中学入团积分制实施方案和团校建设规范，更好地推动中学团校科学化、规范化、制度化建设。深化共青团和教育部门协作，由教育系统到团县委挂职的副书记担任教育团工委书记。发挥朱贤峰名师工作室的专业优势，加强对少先队辅导员专业能力的培养。工作室推行的学校少工委建设“五步法”，在中国少年先锋队《辅导员》队刊上发表。12月，在妙高街道东峰村成立全县首个村级少工委。

【志愿服务】成立22支、520人的青年突击队，投身新冠疫情防控一线，97名志愿者到县方舱接种点协助开展疫苗接种工作。招募230名志愿者，为仙侠湖首届半程马拉松赛和2021中国户外山地越野跑公开赛遂昌站活动提供优质服务。在县两会、县党代会、2021年中国遂昌数字人才发展峰会等活动期间，组织志愿者做好会务保障和服务工作。

▲12月3日，团县委联合12个部门在平昌广场开展“万物开源·数智惠民”志愿服务活动

开展“留遂过大年·青情小关爱”志愿服务活动；开展“敲门”关爱空巢老人和重点青少年志愿服务活动；开展垃圾分类志愿服务活动；在“3·5”学雷锋纪念日，以“青情小关爱·五色志愿行”为主题在全县开展志愿服务活动。全年开展志愿服务品牌活动14场，参与志愿服务388人次。

【青少年歌手大赛】1月1日，遂昌县第八届青少年歌手大赛决赛在县青少年宫开赛。本次大赛以“真善美大传播——传承红色基因·争做时代新人”为主题，从全县180多名参赛选手中脱颖而出的49名选手进入决赛。大赛分为幼儿组、少儿A组、少儿B组、少年A组、少年B组5个组别。决赛前，大赛组委会特邀5位音乐导师对49名进入决赛的选手进行了为期2周的集训。

7月28日，遂昌县第九届青少年歌手大赛决赛在汤显祖大剧院开赛。本次大赛以“致敬百年伟业红歌献给党”为主题，从全县200多名参赛选手中脱颖而出的48名选手进入决赛。比赛分5个组别进行，共产生10个金奖、15个银奖、23个铜奖。

【成立红领巾讲师团】5月31日，遂昌县2021年首批少先队员入队暨红领巾宣讲团成立仪式在县实验小学举行，县属5所小学的304名少先队员首批入队。按照团中央、教育部、全国少工委印发的《关于构建阶梯式成长激励体系增强少先队员光荣感的指导意见》，全国各小学少先队实行分批入队。遂昌县经过梅溪小学试点后，于2021年全面实施分批入队。举行了红领巾讲师团聘任仪式，5名代表被聘任为红领巾讲师团成员，肩负为全县少先队员开展党史学习教育宣讲的任务。

【第一届小主持人大赛决赛】12月5日，“传承红色基因，争做强国一代”——遂昌县第一届小主持人大赛决赛在县青少年宫举办。本次大赛于11月6日启动，经过海选与复赛，共有32名选手晋级。决赛分模拟主持、现场抽签命题两大环节，设小学低段组、小学高段组、初中组、高中组四个组别。参赛选手们随机抽签组合，围绕垃圾分类主题，采用新闻播报、晚会主持、赛事主持等不同形式，展现各自的主持风采。（团县委/文 遂昌新闻网/图）

妇女联合会

【概况】2021年，遂昌县有乡镇（街道）妇联组织20个、城镇妇委会58个、村（社）妇联组织209个。新建“四新”领域妇联组织6个。创建省巾帼文明岗1个、省巾帼建功标兵1个、市巾帼文明岗3个、市巾帼建功标兵1个；1人被评为浙江省“百名最美巾帼新农人”。获评省级绿色家庭1户、省级最美家庭1户、市级绿色家庭20户、县级绿色家庭100户。新建6个“儿童之家”（共25家），实现20个乡镇（街道）全覆盖。

春节前夕，对贫困母亲、“两癌”对象、留守儿童、老妇代会主任等特殊群体进行走访慰问。举办瓯江（资口）绿道、大柘万亩茶园绿道健步走活动。开展“六一”慰问、寒假“把爱带回家”关爱服务、“相伴童行·健康防疫”等活动。开展健康讲座36场次，惠及妇女群众1600余人次。

举办全县新任村（社）妇联主席培训班、全县妇女干部暨大花园建设培训班。组织开展巾帼“读一书、学一技”活动。举办乡镇（街道）妇联主席廉政读书会。编排广场舞《铿锵女儿行》，举办推广培训活动。广场舞“牡丹亭·游园”代表浙江省参加第十四届全国运动会广场舞展演。

2021年，遂昌县求和调解委员会（“平安遂昌花”娟姐工作室）被评为全国维护妇女儿童合法权益先进集体。

【讲好遂昌女性故事】在全县妇女群众中开展“巾帼讲党史”“女共产党员讲初心”“巾帼文明岗岗长”大宣讲活动，录制宣讲视频22个。挖掘红色家风故事，选树“红色基因家庭”13户。举办巾帼赛党课活动，20名选手讲述党史故事。开展“颂百年风华，传红色基因”亲子阅读主题系列活动。全年巾帼宣讲团开展宣讲160余场，覆盖群众1.2万余人次。加强对丽水市道德模范宁利平、全国“五好家庭”吴菊香家庭、浙江“最美家庭”谢聪美家庭等先进典型的宣传。

【创业创新巾帼行动】推进“妈妈的味道”品牌迭代升级，培育“村播丽姐”，在网上农博会平台设置“妈妈的味道”专馆、“妈妈的手作”专区。在浙江省第五届“妈妈的味道”活动中，遂昌千层糕获特色风味奖。在丽水市“妈妈的味道‘粽’望所归”端午粽子大赛中，遂昌长粽获最具人气奖。11月，举办“寻找妈妈的味道”遂昌县第三届民间特色小吃技能大赛。

培育来料加工经纪人383名，全县从事来料加工妇女2.3万人，发放加工费2.8亿元，从业者人均增收12000余元。给予33名优秀经纪人以奖代补资金24.06万元。开展来料加工大篷车进村（社）活动6场次，参与群众368人次。通过购买社会服务对全县来料加工点进行消防安全专项检查指导。

▲11月6日，“寻找妈妈的味道”遂昌县第三届民间特色小吃技能大赛举办

【美丽庭院创建】推进美丽庭院、花园庭院创建。3月25日，在平昌广场开展“我送你栽”免费赠鲜花活动；4月，在湖山乡举办全县花园庭院创建启动仪式。开展入户送花籽共建花园庭院、增花添彩扮靓花园庭院、花园庭院微改造活动。全县共创建美丽庭院1400余户，打造市级花园庭院样板村1个、花

园庭院样板户 10 个、花园阳台样板户 10 个。有 12 家民宿（农家乐）被评为市级巾帼示范民宿（农家乐），有 12 人被评为市级最美民宿女主人。

【“幸福遂昌幸福家”工程】实施“母亲人文素养倍增三年行动计划”，打造“龙谷家教”品牌，全年开设线上家庭教育讲座 55 期、“龙谷讲堂”15 期，开设线下讲座 52 场，惠及 1.6 万余名家长。实施“幸福遂昌幸福家”工程，组建科学家教宣讲小分队，吸纳了 10 名热心家庭教育的志愿者，到各乡镇、村的“儿童之家”、文化礼堂举办讲座，进行互动交流。全县选树“最美家庭”“绿色家庭”“文明家庭”218 户。

发挥基层网格员、调解员、妇女执委作用，排查婚姻家庭矛盾纠纷 555 件，化解率 100%。吸纳排查调解、关爱帮扶、心理咨询、法律援助等志愿者 225 人，打响“平安遂昌花”品牌。开展“三色家庭”排查，建档 5129 户，红色家庭（矛盾严重）12 户，黄色家庭（矛盾较复杂）117 户，蓝色家庭（一般性矛盾）5000 户。每月 8 日开展“平安丽姐”妇女儿童权益日活动，组织法律工作者、家庭教育指导师、心理咨询师为妇女群众提供心理辅导、家庭矛盾等咨询。全年开展普法宣传、“平安丽姐”权益日活动等活动 21 场次，发放普法资料 2000 余份。

▲每月 8 日，县妇联和县求和人民调解委员会联合开展“平安丽姐”妇女儿童权益日活动

【“四必访”入户联企】2021 年，县妇联将“四必访”（生产经营遇到困难的创业女性必访、困难家庭必访、空巢老人及留守妇女儿童家庭必访、涉及婚姻矛盾纠纷的家庭必访）作为入户联企走亲行动和“我为群众办实事”的重要抓手。确定每月 16 日为集中走访日，县、乡、村三级妇联联动，开展“四必访”活动。全年开展走访 6500 余人次，帮助妇女群众解决大小事 1000 余件。此项工作得到“学习强国”App、《中国妇女报》、国务院妇女儿童工作委员会官网的报道和转载。10 月，在全省妇联工作会议上进行经验交流。

【开展活动】3 月 8 日，举办“万物开源·遂昌”全民踏春系列活动之庆“三八”瓯江绿道支线健步走活动，全县各乡镇（街道）、部门的 400 余名女性职工参加。

9 月 29 日，组织开展以“迎国庆·清廉家风伴我成长”为主题的亲子活动，近 30 个家庭参加。活动包括观看清廉教育短视频、制作以清廉家风为主题的手工作品等环节。

▲9 月 29 日，县妇联组织开展“迎国庆·清廉家风伴我成长”亲子活动

10 月 10 日，举办遂昌县“天工巧匠”职业技能大赛来料加工平车项目竞赛。各乡镇（街道）50 名妇女选手参加。决出一、二、三等奖和优秀奖，分别授予“遂昌金蓝领”“遂昌技术能手”称号。

11 月 6 日，举办以“助力大花园建设，寻找妈妈的味道”为主题的遂昌县第三届民间特色小吃技能大赛，30 位巧手妈妈同台竞秀厨艺。活动分创意小吃制作和传统点心制作，设一、二、三等奖。

11 月 15—17 日，组织遂昌县垂柳特产、遂昌县三公主编织工作室的负责人参加在广州举办的 2021 年第八届中国国际老龄产业博览会。

（周　燕/文　遂昌新闻网/图）

工商业联合会

【概况】 2021 年，遂昌县工商业联合会下辖 4 个基层商会、3 个行业协会，另有北京、上海、杭州、义乌等 10 个异地商会和 2 个直属商会（遂昌新生代企业家联合会、遂昌温州商会）。

以打造“奔跑的工商联”2.0 版为动力，全面提升工商联组织的凝聚力、影响力、执行力。重点开展清廉民企建设、“青蓝接力”工程、“三服务”等工作。赴省内外开展“双招双引”工作。加强“两个健康”（非公有制经济健康发展、非公有制经济人士健康成长）教育。组织参加全省民营经济领域切实践行“两个健康”全面助力高质量发展建设共同富裕示范区动员部署会。11 月 30 日，召开遂昌县工商业联合会（总商会）第九次代表大会，完成工商联（总商会）换届工作。

【清廉民企建设】 制定《遂昌县工商联推进清廉民营企业建设工作实施方案》，出台《遂昌县清廉民营企业建设评价标准》《遂昌县清廉示范商会建设评价标准》，让清廉民企、清廉商会创建工作有标准可循，有内容可开展，有特点可展示。完成浙江昊峰建材有限公司、浙江遂昌汇金有色金属有限公司、浙江翱力新材料科技有限公司、温州遂昌商会 4 家清廉民企示范点创建。

【对口支援、结对帮扶】 引导民营经济人士采取产业帮扶、结对帮扶、公益帮扶等方式，助力东西部协作、对口支援等工作。温州遂昌商会、浙江遂昌汇金有色金属有限公司分别与四川省古蔺县的龙凤村、白泥村签订帮扶协议，各捐赠资金 5 万元。

2021 年，遂昌县新生代企业家资助湖山乡中心小学贫困生和妙高小学特殊儿童。温州遂昌商会资助遂昌中学贫困生。义乌遂昌商会向西藏那曲市高级中学捐赠 10.8 万元。杭州遂昌商会、义乌遂昌商会各捐资 6 万元，为全县老党员、老交通员修缮卫生设施。浙江遂昌汇金有色金属有限公司成立汇金慈善基金。浙江利民控股股份有限公司向县慈善总会捐赠 20 万元。全年组织引导异地商会、总商会企业参与捐资助学、扶贫助困等活动近 30 场，捐赠金额 150 余万元，200 余人受助。

【“青蓝接力”工程】 全年组织商会企业开展新老传承和学习交流会 6 场。3 月，组织新生代企业家开展党史学习教育，依托“山中青年”宣讲团，开展“学党史、讲党课、赛党史”活动。5 月，组织新生代企业家参加 2021 年丽水市品质丽商提升工程暨新生代企业家培训班。9 月，开展新生代企业家赴县直机关挂职锻炼活动（第 5 期）。10 月，组织新生代企业家开展“知、守法律进企业”法律培训，并参加全国数字生态创新大赛总决赛暨全国数字生态创新发展峰会。12 月，组织新生代企业家专题学习中共十九届六中全会精神。

▲3 月 22 日，遂昌县新生代企业家开展庆祝中国共产党成立 100 周年主题活动

【“三服务”企业专班】 成立工商联干部“三服务”企业专班，每位干部结对 1 家骨干常委企业和 5 家

执委企业，精准对接开展服务，全年走访会员企业200多家次。组织非公有制经济人士参与“万家民企评营商环境”“万家民企评工商联”活动。与县发改局、县税务局、县经济商务局等部门联合举办“亲清直通车”政企恳谈会4期。在总商会派驻金融服务指导员，为中小微企业纾困解难。

2—3月，开展“新春走基层、深化三服务”活动，赴基层走访调研，多次召开座谈会，听取民营企业、基层商会的意见和建议。6月，组织工商联干部参加“品牌浙商金智汇企”金融助力26县跨越式发展研修班。（黄佳胤文/图）

文学艺术界联合会

【概况】2021年，遂昌县文学艺术界联合会下属有作家协会、书法家协会、摄影家协会等14个文艺团体，共有新老会员1211人。其中，有国家级会员45人、省级会员100人、市级会员193人。

全年，县文联通过“遂昌文艺”微信公众号推送文学作品和视觉艺术作品。关注网络作家、自由撰稿人、美术工作者等新文艺群体。积极组织和动员文艺团体参加国家、省、市级文艺活动。办好《遂昌文学》《汤显祖研究》两本内刊。《遂昌文学》推出庆祝中国共产党成立100周年专刊。5月，遂昌县“文艺之家”挂牌成立。

【文艺活动】全年组织文艺活动180场次，参加活动5200余人次。3月，邀请诸暨市、上虞区、南湖区、象山县文联到遂昌县开展“万物开源·情牵山海”仙侠雅集活动，5地文联签约互为友好单位。4月，开展“感党恩建家乡”主题作品征集，收到文艺作品300余件。7月，在长濂红色文化展陈馆举办遂昌县红色藏品展；线上举办遂昌县视觉艺术作品展，展出遂昌县作者创作的书法、美术、摄影、剪纸等作品100多幅（件）。9月，遂昌县文联和浙江省舞蹈家协会签约，携手打造汤显祖文化品牌。10月，淳安县文联组团到遂昌县采风；义乌市佛堂镇作家协会到遂昌县开展文学交流活动；宁波市、象山县文联组团到遂昌县开展文艺采风和艺术交流活动。11月，举办“我以我心写遂昌”现场文艺创作大赛，组织文艺骨干100余人，到工业园区、“天工之城”、遂昌火车站等处参观学习，活动共收到作品200余件。

▲9月23日，省舞蹈家协会和遂昌县文联友好签约

▲10月26日，宁波市、象山县两级文联到遂昌县开展文艺采风活动

【文艺成果】2021年遂昌县文艺创作成果喜人，市级以上发表、入选、获奖共977人次。其中，获国家级奖43人次、省级奖86人次、市级奖74人次。

文学：叶挺慧小说《悬空术》获2021年全国第五届打工文学大赛铜奖，《花鹿之躯》获第三届中国青年作家杯文学大赛三等奖，《鲸落城市上空》获2021年丽水文学创作大赛中篇小说银奖；李香红

《槿花源里的快意人生》获“美丽浙江”网络文学大赛一等奖；周立寅散文《微光》发表于《青春》杂志，散文《母亲》发表于《中国作家》增刊；吴楠《大医精诚》获2021年丽水文学创作大赛中长篇小说优秀奖；黄美丰《王村口纪行》获2021年丽水文学创作纪实类铜奖。周立寅入选浙江省第九批新荷计划人才库。

美术：王海瑛作品获“美艺求美”浙江省女画家作品展学术提名奖，入展浙江省“百年百名艺术家走进浙西南革命老区”作品展；包国民作品入展浙江省第七届群星美术作品展，入展丽水市“献礼百年”作品联展；邹香梅、柴国军、钱少敏、刘强超等人作品入展丽水市政协书画展。

摄影：邹永年作品获第八届中国数码摄影艺术展铜奖，获中国计划生育协会第四届会员艺术展三等奖，入展宁德文化旅游全国摄影大展；舒同才作品入展“古堰画乡杯”瓯江行全国摄影展；王久伟作品入展“一带一路·美好生活”第五届手机摄影展；章建辉作品获2021年浙江省县市区域报好新闻一等奖。王久伟获丽水摄影节组委会推选的市级突出贡献个人。

曲艺：张秋阳采访主持的电视节目获省政府对农节目评比一等奖，指导的作品参加全国少年儿童音频大赛获金奖，参加浙江省首届中小学生课文朗诵大赛（丽水赛区）获金奖，参加丽水市第五届广电小记者“故事大王”总决赛获一等奖；李慧清指导的作品参加2021年丽水市戏曲票友大赛分别获得十大名票奖、十大名票提名奖、优秀奖；邝兰英指导的作品获浙江省“丝路杯”中小学生课文朗诵大赛一等奖；育才小学编排的作品获省2021年中小学生艺术节朗诵一等奖。5月，在丽水市第六届群众声乐大赛暨浙江省庆祝中国共产党成立100周年群众声乐大赛选拔赛上，遂昌县6位参赛选手分别获得3金3银。

诗词楹联：楼晓峰的理论文章获丽水市第六届群众文化理论研讨会征文入围奖，作品获“美丽中国·经典江南”环太湖旅游诗词大赛二等奖；县诗词楹联学会19位会员的作品在《之江诗联》2021年第一期发表；9首作品发表于《中华诗词》、69人116首（件）作品发表于《中华词赋》《中国楹联报》《中华楹联学会楹联》等报刊；120首作品发表于《诗词月刊》；200多首作品在《处州晚报》《丽水生态诗选》上发表。

书法：罗仕军作品入展“临川之笔”全国书法大展；张长生作品入展并编入《“艺心向党·浙江书法篆刻刻字700家主题创作大展”作品集》；朱溯君作品入展“陆维钊奖”第九届浙江省中青年书法篆刻展；谢最俊、罗仕军、汪秀珍、潘玮红作品入展“李阳冰奖”首届丽水书法大展；谢最俊作品获浙江省第二届新人书法篆刻作品展优秀奖；雷建华、王吕萍作品入展第四届“浙江农信杯”法润之江主题书法展；罗正阳作品入选“奋斗百年路·启航新征程”全国供销社庆祝中国共产党成立100周年书画摄影展。

畲族文化：蓝贤富的音视频作品被中央广播电视总台采用，在《夕阳红》栏目播出；畲族字带编织技艺入展第八届中国国际老龄产业博览会，畲族字带文创产品在中央电视台节目中展示；畲族美食千层糕获浙江省第五届“妈妈的味道”美食比赛特色风味奖；畲歌《党旗国旗飘遂昌》入选全省畲族“三月三”云歌会；歌曲《祖国吉祥》获浙江省开放教育成果展播一等奖；浙江省“振兴民族乡村推进共同富裕宣传展播活动”启动仪式被浙江电视台录制，该系列节目播出6集遂昌专题。

【“万物开源情牵山海”仙侠雅集活动】3月29—31日，遂昌县文联举办“万物开源情牵山海”仙侠雅集活动，邀请诸暨市、上虞区、南湖区、象山县的40余名文艺届人士到遂昌县采风，开展“山海协作”文艺交流。艺术家们到焦滩乡独山村、王村口古镇、仙侠湖、躬耕书院等点位进行采风创作。31日，“万物开源情牵山海”仙侠雅集活动之友好文联签约仪式在千佛山景区举行，遂昌县文联和诸暨市、上虞区、南湖区、象山县文联进行了友好文联签约。艺术家们将创作的100余幅书画作品全部捐赠给遂昌县文联。（黄小康/文 王久伟/图）

残疾人联合会

【概况】2021年，全县有持证残疾人12517人，分别为视力、听力、言语、肢体、智力、精神残疾等类别。其中一级残疾975人、二级残疾1682人、三级残疾2581人、四级残疾7279人。全县享受困难残疾人生活补贴2611人，享受重度残疾人护理补贴3832人，全年发放残疾人“两项补贴”1537万元。

2021年，遂昌县新建三星级“残疾人之家”1家（应村乡），由三星级提升至四星级“残疾人之家”1家（新路湾镇）。完成残疾人无障碍家庭改造25户。为残疾人适配助听器、轮椅、助行器、防走失手环、盲人智能眼镜等辅具462件。为105名瘫痪在床无法行走的重度残疾人上门办理残疾证。对残疾人办证、换领、迁移、挂失补办、注销、残疾类别等级变更等事项实现全国、全省通办。推行乡镇（街道）残联代办、帮办制。

2021年遂昌县持证残疾人情况统计表

表8　　　　单位：人

级数＼残疾类别	视力	听力	言语	肢体	智力	精神	多重	合计
一　级	214	170	37	281	24	18	231	975
二　级	136	568	20	742	84	72	60	1682
三　级	96	878	18	1178	127	213	71	2581
四　级	601	2599	41	3427	309	256	46	7279
合　计	1047	4215	116	5628	544	559	408	12517

【残疾人救助】确保全县残疾人免费参加城乡居民医疗保险，参加城乡居民养老保险按照最低缴费标准予以全额补助。为所有持证残疾人参保意外伤害险，支付保费90万元。对2020年度符合自费缴纳职工基本养老保险补助条件的243名残疾人进行补助，补助金额105.93万元。在春节、全国助残日期间，走访慰问20个乡镇（街道）的困难残疾人，发放慰问金、慰问品14.5万元。对84名残疾学生或残疾人子女进行助学补助，补助金额21.93万元。

▲春节期间，县残联工作人员走访慰问困难残疾人

【残疾人就业创业】2021年，遂昌县残疾人联合会举办园艺、中蜂养殖、直播带货、家禽养殖、白曲酒酿造等5期培训班，对有就业创业意向的残疾人进行针对性、实用性较强的技能培训，共247名残疾人参加培训。组队参加丽水市第一届职业技能大赛，谢恩获盲人保健推拿项目第三名。补助残疾人就业创业贷款贴息32人、金额12.38万元。新冠疫情防控期间，帮助盲人按摩机构做好复工复产，发放补助资金9.5万元。

【残疾人康复工程】开展持证残疾人基本状况与需求实名制登记工作，摸清遂昌县残疾人康复需求情况。为有适应指征和康复需求的残疾人适配辅助器具462件。安排13名肢体残疾儿童、6名听力残疾儿童、5名智力残疾儿童、5名孤独症残疾儿童在县残疾人康复中心、丽水市残疾人康复指导中心、浙江省残疾人康复中心，以及外省康复机构进行康复训练。为1名听力残疾儿童免费做人工耳蜗，对1名听力残疾儿童的人工耳蜗外机更换进行补贴。推进遂昌县残疾人康复托养中心建设。

【无障碍环境建设】2021年，遂昌县创建省级无障碍社区（城西社区）、市级无障碍村（大柘镇梭溪村）、市级无障碍景区（竹炭博物馆），通过改造无障碍卫生间、无障碍停车泊位、无障碍通道、无障碍服务台等保障残疾人出行无障碍。在乡镇（街道）、社区、福利企业为残疾人免费播放无障碍电影11场，惠及1215人。为25户残疾人家庭进行无障碍改造。

【为盲人组织观影活动】为了让视力障碍人士能够和正常人一样“观看”电影，5月24日，县残联安排了一次无障碍观影活动。无障碍电影分为盲人版和聋人版。盲人版是将普通电影经重新剪辑，增加大量配音解说，把场景转换、人物的穿着打扮和动作等视觉形象转化为声音传递给盲人观众，让其了解电影内容。当天，50余名视力障碍人士在家属陪同下到格瑞斯影院，“观看”了电影《建军大业》。

▲5月24日，县残联组织视力障碍人士“观看”电影《建军大业》

【“爱心1+1合力助残”募捐】在“99公益日”期间，省残疾人福利基金会依托腾讯公益平台，开展“爱心1+1合力助残”网络募捐活动。遂昌县残联积极响应并发起“团队捐”，动员社会各界爱心人士、爱心单位和爱心企业参与捐赠。本次募捐所得资金获得腾讯基金会和浙江省残疾人福利基金会各10%配捐，按照“谁募集谁使用，多募集多奖励”的原则进行管理。9月7—9日，遂昌团队成功募集捐款14.23万元，其中线下捐款2万元，募资总额居全省各县（市、区）第三。

【残疾人文体荣誉】2021年，遂昌县阳光残疾人艺术团开展庆“三八”、迎“七一”、新冠疫情防控宣传演出。6月28日，选送节目参加丽水市第三届残疾人艺术会演；30日，在大柘镇举行庆祝中国共产党成立100周年文艺演出。10月，在全国第十一届残疾人运动会皮划艇项目比赛中，遂昌籍残疾人运动员华志新、潘兴珠获得2银2铜。

（李 芳 文/图）

社会科学界联合会

【概况】2021年，遂昌共有经济、金融、教育、财税、文化、管理等社会科学类学会、协会和研究会17个，有国家级社科普及示范基地1个、省级基地2个、市级基地4个、县级基地10个，有县级社科研究基地1个。

遂昌县社会科学界联合会推进哲学社会科学工作，发挥社科研究、社科普及、社科管理职能，发挥好“思想库”“智囊团”作用。出台《关于加强遂昌新型智库建设实施办法》，聘请12位社科专家为智库成员。出台《遂昌县哲学社会科学普及基地建设管理办法》。

【调研资政】围绕“绿水青山就是金山银山”发展理念和共同富裕、乡村振兴等重点工作，开展系列研究。县社科联调研撰写的《遂昌县积极打造“红色 IP”助推共同富裕》一文，获省委宣传部领导批示肯定。和《小康》杂志社签订合作协议，共同探索山区县共同富裕样板——遂昌案例。邀请《学习时报》记者和省社科院专家到遂昌县开展红色文化绿色发展专题调研，为遂昌科学发展建言献策。

▲9月27日，遂昌县首批智库专家受聘仪式

【课题研究】出台《遂昌县哲学社会科学课题管理办法》，加强课题立项管理，将“为打造成为山区县共同富裕先行样板”纳入重要课题研究。积极组织课题调研、论文撰写，5年来，共获得丽水市社科联课题立项29项，获奖征文26篇，获市优秀成果奖8项。《那一年，中国百姓营救美国飞行员》等文章在《学习时报》刊发。开展庆祝中国共产党成立100周年理论征文活动，共收到征文24篇，评选出一、二、三等奖。开展以“数字经济”与文化产业相结合的课题调研。

【红色教育】与县融媒体中心合作，开设《社科讲堂》电视栏目，在报纸、电视、遂昌新闻网上刊播《遂昌县的“四个第一”》《仙侠湖畔讲党史》《红色故事会》系列作品26期，相关内容整理成《走进红馆学党史》系列报道，在《钱江晚报》刊发。省级红色科普基地联盟（王村口中国工农红军挺进师纪念馆）开展“四史”（党史、新中国史、改革开放史、社会主义发展史）宣讲活动150多场。遂昌县越剧促进会排练越剧《江姐》折子戏，庆祝中国共产党成立100周年。

【深挖地方文化】着力构建具有遂昌辨识度的学术品牌。微电影《坚守》获2016—2020年全国党史和文献部门优秀科研成果一等奖。邀请台北故宫博物院专家举办“数字经济视域下传统文化产业发展新业态和对策”专题讲座，用数字经济为传统文化的创造性和创新性发展赋能。《遂昌县坚持传承创新擦亮汤显祖文化金名片》在《浙江信息》发表。针对各协会、学会和社科普及基地特点，组织开展汤显祖戏曲名家书画作品展、汤显祖文化知识趣味答题等活动，设计开发汤公文创产品。

【聚焦社科赋能】以社科赋能山区26县跨域式高质量发展为抓手，深化与浙江大学人文学院、浙江音乐学院、丽水学院、杭州师范大学美术学院、浙江省华夏民生与公益研究院等高校、院所的合作，集聚校方院所学科、人才、平台等优势资源，在艺术赋能未来乡村振兴、数字经济发展、县域艺术人才培养等方面开展交流合作。和杭州师范大学美术学院、浙江音乐学院结对，在服务设计、品牌视觉打造、文创产品设计、数字交互等方面展开合作，与浙江音乐学院就开展点对点活动、研学实践基地建设等方面建立合作机制。

【社科普及】成立党史学习教育宣讲团、乡村文明讲师团、相圃宣讲团、“山中青年”宣讲团，推行“点单式”宣讲，将乡村振兴、文明传习、社会治理、法律法规等宣讲送到群众家门口。宣讲队伍从10支扩大到54支，全年开展宣讲近800场次，惠及群众4万余人次。举办“相圃大讲堂”线上线下活动50期，各学术社团、基地举办活动800多场。9月，举办2021年社科普及周活动，《中国共产党浙江遂昌历史》第二卷（1949—1978）在普及周启动仪式上首发。

【社科赋能山区26县跨越式高质量发展行动】8月19日，浙江省社科赋能山区26县跨越式高质量发展行动（遂昌县—杭州师范大学）启动仪式在遂昌县举行。该行动分为大调研活动和常态化研究两个阶段，旨在组建一批调研团队，与山区26县的社科联形成“一对一”或“多对一”结对关系。启动仪式后召开座谈会，与会人员听取了遂昌县跨越式高质量发展推进情况。杭州师范大学专家组及浙江财经大学特邀嘉宾围绕汇报内容和重点领域方向提出了意见和建议。

▲8月，社科赋能山区26县跨越式高质量发展行动调研组到遂昌县调研“昆曲十番”传承情况

（徐姣 文/ 章建辉/图）

县红十字会

【概况】2021年，遂昌县20个乡镇（街道）和有关行业建立健全红十字会组织。完成教育、卫生系统红十字会建设。全县公立学校、县级医疗机构、乡镇（街道）卫生院、211个村（社区）均建立红十字会。共有会员4424人，注册志愿者866人。

遂昌县红十字会开展红十字博爱周、“红十字博爱送万家”活动，结合“点亮微心愿”“一户一策一干部”活动，走访结对企业和困难家庭，慰问遗体捐献者家属。开展交通救护伴行、校园守护等行动。全年救助困难群众25人（户），发放救助金2.9万元。利用文明实践中心、农村文化礼堂、“博爱家园”开展应急救护培训。开展培训12次，培训救护员916人，普及覆盖群众7000余人次。

成立遂昌红十字蓝天救援队党支部，制定应急救援队管理办法。上半年，救援队在妙高街道源口村成功救助一位落水妇女，参加了成屏二级电站村民落水救援任务。有26名志愿者造血干细胞成功入库。人体器官（遗体）捐献1例，人体器官捐献志愿者登记121名。

加强“五分钟社会应急救护圈”建设，在火车站、客运中心、农贸市场等处增设AED体外除颤器40台，培训救护师21名。

【“博爱家园”建设】2021年，县红十字会推进“博爱家园”建设，新增2家社区“博爱家园”和2家农村“博爱家园”。社区“博爱家园”设有应急救护培训室、备灾救灾物资储备点和发放点、人体器官（遗体、组织）捐献登记点等。农村“博爱家园”配置血压仪、急救包等设备及耗材，安装急救视频播放装置，方便村民操作学习。此外，县红十字会安排志愿者到“博爱家园”为老年人提供理发、量血压等服务。

▲2021年，县红十字会在北界镇苏村村建设“博爱家园”，为群众提供应急救助

（周蕾 文/图）

法治·军事

政法委与综治

【概况】2021年，遂昌县委政法委以政法队伍教育整顿为抓手，依法履职、主动作为、事不避难，全面深入推进平安建设、社会维稳、数字法治系统建设、市域社会治理、“县乡一体、条抓块统”改革试点、扫黑除恶专项斗争常态化等工作。全县未发生影响社会稳定的重大政治事件，未发生重特大安全生产事故，未发生重大食品药品安全事故和重大环境污染事故。遂昌县平安建设工作列全省第12位，被省委、省政府授予“平安县”荣誉，实现平安建设“十七连贯”。

出台党员民警兼任村两委副职工作规范，全县有127名党员民警兼任127个村（社）党组织副书记，83名党员民警参与村（社）党组织工作。进一步完善核心战斗力指数考评办法，对核心战斗力指数考评App进行优化提升。在全市率先将“雪亮工程”接入社区矫正中心，智慧矫正中心创建通过司法部考核验收。

3—6月，开展政法队伍教育整顿工作，全县472名政法干警参加。通过教育整顿，提高政法队伍的政治判断力、政治领悟力、政治执行力，紧紧围绕目标任务，整治“6+N”顽瘴痼疾（中央提出的政法系统“六大顽瘴痼疾”+其他专项整治内容）。

【维护社会稳定】2021年，遂昌县委、县政府高度重视“平安护航中国共产党成立100周年”维稳安保工作，在县委政法委设立护航指挥中心，24小时值班备勤。县委常委会2次专题听取工作汇报。护航指挥中心下发任务交办单31件，对14家企业采取关停整顿措施。排查各类矛盾纠纷1368起，调解成功1354起。摸排社会风险隐患61个，及时化解52个。开展全县社会治安大巡防和道路交通安全劝导行动，共有1.5万人次参与巡防，其间总接警1815起，比2020年同期下降6.3%，刑事警情比2020年同期下降13.3%。城市综合秩序进一步好转，群众安全感进一步提升。

【“平安遂昌”建设】在2020年达成平安建设“十六连贯”的基础上，遂昌县对照夺取平安建设“十七连贯”的目标，分解交办2021年平安建设各项任务，对7个大项、17个小项的工作指标，制定责任清单，确保责任落实到人。开展平安护航“八大行动”，实现矛盾问题在一线发现一线解决，隐患问题第一时间排查整改，防止各类事故发生。健全完善平安体检、会商研判、对接协调、任务交办等机

▲10月，北界派出所民警入户开展平安宣传

制，确保平安建设工作责任到点到人，形成工作闭环。围绕平安综治各项工作，特别是消防安全、食品药品安全、生态环境保护、安全生产等重点，开展形式多样的宣传，发放平安建设、反邪教等宣传资料、宣传物品7200余份。在年底的考核中，遂昌县平安建设工作列全省第12位，实现平安建设“十七连贯”。

【扫黑除恶专项斗争常态化】2021年，遂昌县扫黑除恶专项斗争办公室专班人员继续集中办公，推进扫黑除恶专项斗争工作常态化，实现该项工作政治效果、法律效果、社会效果相统一。

持续深挖彻查打击犯罪，坚持“打伞破网”与以案促改同向发力。收到涉黑涉恶线索3条，均已办结。排摸涉政法干警问题线索30条。交叉评查省督办案件“缙云县以胡某某为首的黑社会性质组织案件”。开展“黑财清底”工作，在以遂昌县为判决地的黑恶案件中，共扣押资产31851万元，判处财产刑（含追缴、退赔、没收）23353万元，执行到位“黑财”22919万元，执行到位率98.14%。

持续重拳出击整治乱象，对交通运输、工程建设、信息网络、自然资源四大重点行业领域开展整治，确保一批乱象问题得到治理解决。严厉打击以电信网络诈骗为首的涉网新型违法犯罪。

【矛盾纠纷调处化解】对各乡镇（街道）矛盾纠纷调处化解中心进行规范化建设，对50个村级矛调服务站进行升级改造，形成县、乡、村、网格4级联动的工作格局。提档升级“信用村”数字化治理新模式，重构人与人、户与户、户与集体之间的行为规范，确保矛盾纠纷不发生、少发生、小发生。通过重心下移，力量下沉，在“群众少跑路、干部多跑路”服务体系上下功夫。开发“i遂昌”平台，实现群众诉求与基层治理“四平台”（综治工作、市场监管、综合执法、便民服务）无缝对接。

2021年，遂昌县矛盾纠纷调解中心受理各类事项2862件，接待来访群众6483人次，调处化解矛盾纠纷482件。各乡镇（街道）矛盾纠纷调解中心摸排、化解各类矛盾纠纷1637件。各村级矛盾纠纷调解服务站、信访代办员化解各类矛盾纠纷并代办信访案件7212件。

▲2021年，三仁畲族乡干部在老李调解工作室内为群众调解矛盾纠纷

【数智指挥和全科网格建设】2021年，遂昌县数智指挥中心接入智慧城管服务中心、基层治理“四平台”、“雪亮工程”、“96345”系统、应急管理系统等平台。湖山乡、云峰街道2个数智指挥中心投入使用，完成大田村、蕉川村2个村级数智指挥中心改造。创新“网格员服务指数考评”应用，利用数据进行评价考核，推进全科网格规范化运行。该应用于6月上线，8月在20个乡镇（街道）推广使用。统筹推进基层治理“一件事”集成改革，完成20个“一件事”协同机制和流程图梳理。美丽河湖面治理“一件事”纳入全省多跨场景重大应用“一本账”及数字法治“一本账”项目。完成基层治理首页开发并上线，实现主页可视化数据展示。在妙高街道、云峰街道各增设2个企业网格。全县增加21个网格，网格总数从449个增加到470个。

【数字法治系统建设】标准化开展全省数字法治系统“1338”体系的承接梳理和重大任务拆解，梳理核心业务209条，拆解重大任务281项。在梳理汇总11项数字法治“三张清单”（重大需求、多跨场景、改革任务）的基础上，不断完善“善治村（信用乡村）”应用。9月13日，完成全省数字法治系统多跨场景清单 2.0 答辩。遂昌县法院“核心战斗力指数”2.0 升级版列入浙江全域数字法院工作试点。“遂昌县 SMI 数字社区”列入全省多跨场景重大应用“一本账”征求意见稿；“遂昌县社区矫正心理健康智能应用场景”列入省级试点。在全市率先完成数字法治门户上线并优化调整，实现政法一体化办案体系、风险闭环管控大平安体系以及基层治理“四平台”等 8 个应用数据贯通。

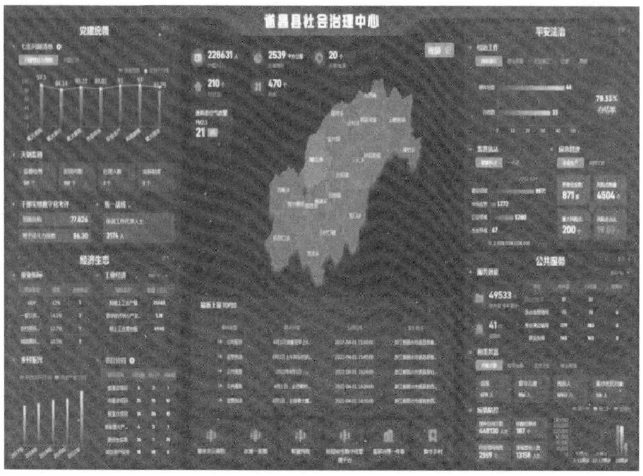

▲2021 年，遂昌县完成数字法治门户上线。图为数字法治系统页面

【政法队伍教育整顿会议】3 月 26 日，遂昌县举行政法队伍教育整顿主题党课暨廉政教育报告会。县委书记、县委政法队伍教育整顿领导小组组长张壮雄出席，并为全体政法干部讲授主题党课。县委常委、纪委书记、监委主任练如库作廉政教育报告。

4 月 13 日，全县政法队伍教育整顿领导小组第一次会议召开，听取全县政法队伍教育整顿第一阶段工作汇报，听取和审议政法系统顽瘴痼疾专项整治实施方案，听取了县委政法委、县公安局、县法院、县检察院、县司法局关于顽瘴痼疾专项整治实施方案的汇报。

是日，遂昌县召开政法队伍教育整顿查纠整改动员部署会。会议强调，要认真贯彻落实全国、全省政法队伍教育整顿工作推进会精神和全市政法队伍教育整顿查纠整改工作动员部署会精神，做好查纠整改各项工作，确保全县政法队伍教育整顿取得扎实成效。

▲6 月，遂昌县政法队伍教育整顿专题民主生活会

【政法工作会议】3 月 9 日，县委政法工作会议暨全县信访工作会议召开，总结 2020 年全县政法信访工作，部署 2021 年工作，通报表扬在 2020 年平安遂昌建设工作中做出突出贡献的集体和个人。

5 月 10 日，县委政法委员会召开 2021 年度第一次全体（扩大）会议，听取平安遂昌建设和社会稳定、常态化推进扫黑除恶专项斗争、打击治理电信网络诈骗犯罪、道路交通安全整治、数字法治系统建设等情况汇报。

12 月 20 日，2021 年第三次政法委全体（扩大）会议暨 2022 年政法工作务虚会召开，通报遂昌县 1—11 月份平安建设模拟考核情况，部署重点工作。

（江建红 文/图）

法治政府建设

【概况】2021 年，遂昌县全面落实中央全面依法治国工作会议精神和省委、市委关于“建设法治中国示范区”决策部署，将法治宣传与非遗、公益、歌会、文创等结合，开展特色普法。开展法治宣传活动 80 余场。创建国家级民主法治示范村 1 个（云峰街道湖边村）、省级民主法治村（社区）7 个、市级民主法治村（社区）62 个。遂昌县人民检察院获评 2021 年度全国普法工作先进单位，遂昌县司法局获评 2021 年度全省普法工作先进单位。

【夯实法治建设基础】县政府常务会议专题学习中央全面依法治国工作会议、中央依法治国委员会会议精神和习近平总书记重要讲话、重要指示批示精神，安排部署贯彻落实工作。全年组织开展习近平法治思想大宣讲活动40场次。开展法治政府专项督察2次，联合县检察院、县政府督查室开展“行政执法三项制度落实情况”专项督察1次，开展法治政府建设全面督察“回头看”1次。召开法治政府建设点评会4次，发布《法治政府建设指标晾晒》10期、通报1期，交办各类问题6批次。

全力推进“全国法治政府示范县”创建工作。7月，召开创建工作专题部署会，对照示范县创建指标体系逐项梳理分析，细化责任清单。开展网络核查、重点部门执法案卷评查、实地指导等工作，推动法治政府示范县创建工作落细落实。形成“五制度一专班”（点评、交办、晾晒、通报、督察，法治建设工作专班）工作机制。

【强化法治营商环境】健全公平竞争审查制度。建立单位内部审查机制和工作程序，增加公平竞争审查环节，组织成员单位进行公平竞争审查培训。开展政策措施排查工作，对44件涉及市场准入和企业生产经营行为的规范性文件进行抽查，未发现不符合公平竞争文件。加强知识产权保护。成立杭州知识产权法庭（遂昌）巡回审判庭，加大对侵犯知识产权行为的行政执法力度，将专利真实性检查、商

▲4月，杭州知识产权法庭（遂昌）巡回审判庭在湖山乡成立

标使用行为检查纳入“两随机”检查，立案处理2起商标侵权案件。宣传推广浙江知识产权在线，全县已有28家企业注册使用。

【强化依法行政监管】加强行政规范性文件的制定和管理，严格执行行政规范性文件“三统一”（统一登记、统一编号、统一印发）制度和合法性审核制度。全年向市政府和县人大常委会报备行政规范性文件30件，未出现纠错情形。印发《关于进一步规范行政规范性文件和重大行政决策草案送审工作的通知》。全县20个乡镇（街道）、9家县直单位完成2021年度重大行政决策事项目录编制，共19个事项纳入目录化管理，16家县直单位完成事项标准编制，实现重大行政决策目录全覆盖。抓好行政机关合同备案。2021年，全县合同标的200万元以上的行政机关合同备案9件。未出现以行政区划调整、政府换届、机构或者职能调整以及责任人更替等为由违约毁约的合同。

【改革创新行政执法】构建综合行政执法+市场监管、生态环境、交通运输、文化市场、农业农村、应急管理、自然资源、卫生健康的“1+8”县级执法体系。在省统一目录事项基础上，将水利、建设、人力社保等10个领域全部行政处罚事项划转纳入，将发改、科技、教育3个领域部分行政处罚事项划转纳入。至年底，全县综合行政执法事项1427项，综合行政执法事项率25.9%。将278项行政处罚事项赋予云峰街道办事处，将229项行政处罚事项赋予湖山乡政府，完成挂牌及事权交接。梳理乡镇（街道）常见的行政检查业务并制定检查事项清单，推进乡镇（街道）“综合查一次”。至年底，两个试点乡镇（街道）实际下沉行政执法人员55人，实现行政执法共驻共治。

应用丽水市智慧执法平台，将综合执法事项转入平台统一受理处置，形成事件处置全流程监管闭环。完成美丽河湖面治理、农村村民建房监管、犬类管理等20个“一件事”梳理。美丽河湖面治理入围全省有辨识度有影响力法治成果项目。

【促进执法公正透明】依法接受县人大监督，自觉接受县政协民主监督，加强政府内部监督和审计监督，积极配合检察机关对违法行政行为的监督。发生行政诉讼案件46件，一审审结40件，涉及房屋征收补偿、不动产登记、土地管理行政处罚等。新收行政诉讼案件比2020年下降11.54%，败诉率下降2.69%，行政机关负责人出庭率100%。对全县各部门开展案卷评查3次，共评查行政执法案卷380卷，发放执法监督通知书4份。对执法信息公示情况开展网络核查4次，督促完成行政执法公示内容动态调整，确保公示信息全面准确。对县自然资源规划局、县水利局开展行政执法评议。推动行政执法数字化工作，各部门认领、编制省权力事项库事项10033件，认领率100%。推广应用浙江省统一行政处罚办案系统，系统应用率98.18%。推进简易案件掌上办工作，掌上办案率97.25%。

【基层社会治理多元化】2021年，全县人民调解机构共办理案件3681件，成功化解3675件，涉案金额1.53亿元。遂昌求和人民调解委员会（“平安遂昌花”娟姐工作室）获评“全国维护妇女儿童合法权益先进集体”。办理行政复议案件10件，其中调撤6件，较好地实现了“案结事了”工作目标。继续发挥法律顾问“外脑”作用，政府法律顾问参与审查重大行政决策、规范性文件以及其他法律事务526件，参与重大合同合法性审查把关137件，参与重大项目谈判及法律文书起草7件。为重大项目建设、重大决策和突发事件应对提供法律支持，全面防控政府法律风险。

【乡村振兴促进法实施论坛】7月30日，由省法学会“三农”法治研究会主办，遂昌县人民法院和县农业农村局承办的《中华人民共和国乡村振兴促进法》实施论坛在遂昌县举行，省、市、县专家学者同堂研讨《中华人民共和国乡村振兴促进法》实施的理论与实践，就“乡村振兴促进法之国家立法特色和地方立法重点突破思考”“乡村振兴视野下宅基地“三权分置”的实践探索与法律表达”“以合作社为载体推进乡村共同富裕建设”等课题展开讨论。论坛收到征文111篇，评选出一、二、三等奖和优秀论文，遂昌县人民法院获评优秀组织奖。

▲7月30日，省法学会“三农”法治研究会主办的“乡村振兴促进法实施论坛”在遂昌县举行

（张伟俊 文/图）

公 安

【概况】2021年，遂昌县公安局“110”情报指挥中心接警43677起，比2020年下降5.69%。其中有效警情36783起，比2020年下降1.93%，有效警情连续6年保持下降。共立刑事案件587起，比2020年下降17.67%；立治安案件902起，比2020年下降9.07%。发生命案1起。接处交通警情7508起，比2020年上升18.49%。发生交通死亡事故24起，死亡24人，死亡事故起数、死亡人数均比2020年下降7.7%。县域连续8年未发生“两抢”（抢夺、抢劫）等重大案（事）件。实现19年命案全破，36年监所安全“零事故”。

2021年，垵口派出所更名为水上派出所，原垵口派出所辖区划入城西派出所，原遂昌县森林公安局转隶成立森林警察大队。

【安保维稳工作】2021年，遂昌县公安局圆满完成省委副书记、省长郑栅洁到遂昌考察等领导警卫工作6次，高标准完成阿里巴巴诸神之战“数字经济赛道”全球总决赛、仙侠湖半程马拉松赛等重大活动安保 18 次。成功化解 2 件公安部交办、18 件省厅交办疑难信访件。6 月 15 日至 7 月 5 日，组织 800 余名（次）民警和群众力量，开展为期 20 天的社会治安大巡防活动。依托“民警兼任村（社）党支部副书记”基础优势，出动 800 余名（次）警力，完成“两代表一委员”换届选举安保 530 场次，审查候选人 2.1 万余人。

全年处置涉新冠疫情警情 190 起，处罚违反防疫规定单位 16 家 29 人次。妥善处置 1 月 15 日府前菜市场冻带鱼、龙眼新冠检测阳性突发事件。

▲1 月，县公安局民警处置涉新冠疫情突发事件

▲6 月，县公安局民警开展社会治安大巡防

组建执法监督管理委员会，严把涉企案件强制措施审核关，落实涉企法人慎用强制措施规定。侦办涉企案件 11 起，采取强制措施 20 人，移送起诉 7 人，为企业挽回损失 45 万元。开通“110”帮企平台，在云峰石材园区设立警企服务站，调研 52 家拥有自主知识产权企业，建立易被侵害名录库。

【打击违法犯罪】2021 年，遂昌县刑事盗窃案件发案率比 2020 年下降 30.09%，破案率 53.64%，远超全省、全市平均水平。县公安局开展 9 次大案集群打击，抓获犯罪嫌疑人 183 名，扣押涉案资金 1500 余万元。落实“警情不过夜”“24 小时破案”工作机制，以“钱潮”“昆仑”系列行动为抓手，深入开展黄赌毒、枪爆、食药环知专项打击，黄赌、枪爆专项打击工作取得较大成果。常态化推进扫黑除恶专项斗争，全年立 9 类涉恶案件 27 起，采取刑事强制措施 28 人。抓获涉电信网络诈骗犯罪嫌疑人 204 名，破获全国案件 240 余起。打掉“两卡”（非法买卖电话卡、银行卡）团伙 7 个。县公安局反诈中心精准劝阻 150 余起诈骗案件。全年电信诈骗案件发案数比 2020 年下降 27.01%。

【数字化改革】推动乡村基层组织、党员群众安装视频监控，农村广场、主要道路等重点区域监控覆盖率 100%，构建起“高清智能、物联感知”的信息化防控网络。5 月，县公安局车辆检测“一件事”集成改革通过省专家组验收，改革后群众投诉率从之前的 85%下降到“零投诉”，车辆检测时长从平均 80 分钟下降到平均 40 分钟。研发启用工程车数字化监管平台，实现重点车辆违法线上监控，对车辆超速、违反“六定一让”等行为进行在线处罚。6—12 月，共处罚工程车 454 辆次，停业整顿运输企业 1 家，城区工程车交通亡人事故保持“零发生”。

【创建“枫桥式公安派出所”】遂昌县公安局以创建新时代全国“枫桥式公安派出所”为目标，全力打造“四大警务”（智慧警务、创新警务、阳光警务、民生警务）；一体推进“四大建设”（基础信息化、警务实战化、执法规范化、队伍正规化）。2021 年，北界派出所被公布为全省第二批“枫桥式公安派出所”。

实现农村矛盾纠纷化解“最多跑一地”。在石练镇开展试点，乡镇矛调中心入驻派出所，全年调解成功率100%。建立县、乡、村三级防诈体系，依托网格警务、民警兼任村（社）党支部副书记等机制，建立派出所民警包区域、乡镇（街道）干部包村、村干部和党员包户等工作体系。成立警银、警医、警企反诈联盟，形成全民反诈氛围。

【公安基础设施建设】以大抓基层、大抓基础为导向，抢抓公安基础建设窗口期、机遇期，投资3亿元推动6万平方米公安基础设施建设，2021年完成投资1.5亿元。其中云峰警务中心、北界警务中心分别于4月、5月开工建设，王村口警务中心、黄沙腰警务中心分别于5月、6月揭牌，遂昌县公安局民警训练基地于6月底竣工验收并投入使用。此外，县公安局对9个实体化运作派出所执法办案场所进行升级改造，王村口、石练、黄沙腰派出案管室、涉案财物保管室及快办区全部建成。在县公安局大楼建成民警影院、健身房、休闲吧等。

▲5月28日，遂昌县公安局北界警务中心项目正式开工

【立功嘉奖】2021年，遂昌县公安局被市政府授予丽水市扫黑除恶专项斗争先进集体嘉奖；北界派出所创建全省“枫桥式”公安派出所；王村口派出所获评浙江省最美警队；遂昌县交通警察大队获评浙江省公安机关创文明交通治秩序乱象“减量控大”系列行动成绩突出集体；“1·25”侵犯公民个人信息案专案组被省公安厅记集体二等功。郑益军被公安部评为全国公安监管部门抗击新冠疫情成绩突出个人；尹渭俊被省委、省政府评为2019—2020年全省反邪教工作成绩突出个人；马巍被省公安厅评为2021年度全省“最美浙警”。（雷晨 文/图）

检察

【概况】2021年，遂昌县人民检察院受理公安机关提请批准逮捕案件78件139人，批准逮捕53件88人。受理监察机关移送审查起诉6件6人，受理公安机关移送审查起诉案件283件441人，审结案件243件386人，其中依法向法院提起公诉182件299人。受理移送审查起诉黑恶犯罪案件2件3人，提起公诉3件4人。落实认罪认罚从宽制度，依法作出不批准逮捕25件51人，不捕率36.7%。依法作出不起诉61件87人，不诉率22.5%。

受理信访办件88件，其中来信59件、来访28件、来电1件。运用司法救助，办理司法救助案件10件，发放司法救助金14.3万元，达到息访息诉目的，化解信访积案。

办理涉及虚假诉讼民事生效裁判监督案件13件，提请市检察院抗诉1件。办理23件民事审判程序违法监督案件，法院均裁定撤销原民事裁定，驳回原申请人司法确认协议申请。办理民事执行监督案件36件，检察建议均获法院支持。办理行政审判程序违法监督案件5件。办理行政非诉执行监督案件15件，检察建议均得到相关部门采纳。开展行政争议实质性化解1件。监督立案3件5人，监督撤案3件6人，纠正漏捕3件4人，其中1人被判处有期徒刑五年以上；追诉漏犯4人，其中3人被判处有期徒刑一年以上，1人判处有期徒刑三年以上。

向侦查机关提出口头纠违38件，发出侦查活动监督通知书2份，制发纠正违法通知书3份。适用认罪认罚程序案件354人，同期一审公诉案件审结人数386人，认罪认罚从宽制度适用率92.9%。在已办理的认罪认罚案件中，不起诉率占比22.88%，缓刑适用率占比47.74%，没有认罪认罚后反悔上诉案

件。刑事案件速裁程序适用率50.86%，简易程序适用率31.43%。确定量刑建议提出率98.89%，采纳率100%。遂昌县检察院办理的案例入选全国典型案例1个，入选全省典型案例3个。

【服务保障民生】年初，县检察院针对外卖配送人员存在未按规定佩戴口罩落实个人防护措施等问题，依法向主管部门制发检察建议，助推开展全县网络订餐专项整治行动。3月，印发《关于发挥检察职能作用优化“双招双引”营商环境暨助力“天工之城”建设的实施方案》，成立“天工之城”检察工作室。4月，印发《员额检察官联系乡镇（街道）工作实施方案》，向20个乡镇（街道）分别指派员额检察官，通过走访交流、开展法治宣传、化解社会矛盾等方式，把脉问诊基层群众法治需求。一年来，员额检察官为基层群众办实事5件。开展革命文物修缮监督等4件民生实事法律监督。开展垦造耕地生态修复监督，督促推动退垦还林20公顷。

▲5月，遂昌县委政法委领导向联系乡镇（街道）的员额检察官授牌

【维护营商法治环境】2021年，县检察院规范化落实“轻拿轻放”、宽严相济刑事政策，最大限度保障企业正常生产经营和促进企业长远发展，在依法办案中为企业破解困局。共办结涉企案件20件24人，对其中11人依法作出不起诉处理。严惩侵害企业合法权益犯罪，对1起非法获取淘宝网计算机信息系统数据系列案，在侦查阶段即提前介入，与市县网警、阿里巴巴技术团队等共同研讨，及时引导侦查。依法办理以翁某某出售“抢单软件”、顾某某等人使用“抢单软件”犯罪15件18人，没收违法所得333.6万元。

【化解信访积案】9月10日，丽水市、遂昌县两级检察院对一起长达33年的周某信访积案召开公开听证会，邀请省人大代表、市政协委员、省人民监督员、律师代表、原办案人员参加听证。在全国检察机关开展集中清理重复信访专项活动中，最高人民检察院将该案交给丽水市检察机关办理。丽水市人民检察院成立了由代检察长吕献、遂昌县人民检察院检察长易远明包案的信访办案组。办案组调阅了全部卷宗，走访33年前案发地，与当年参与案件办理的公安干警、检察官多次召开案情分析会，并多次接访当事人周某，倾听他的诉求。听证会上，办案人员介绍了案件情况，重点阐述了案件诉讼过程中法律法规对证据要求的变化，法医专家就该案的证据问题发表意见，认为该案发生在33年前，现代刑侦技术手段不具备使用条件。通过市县两级检察长包案、邀请省级法医专家参加公开听证、司法救助等方式，使这起信访积案成功化解，被最高人民检察院评为典型案例。

【公益诉讼】全年办理民事公益诉讼案件4件，民事公益诉讼诉前赔偿案件1件。办理行政公益诉讼诉前程序32件（新领域9件），行政机关均整改履职到位。其中，经省检察院认定公益诉讼重特大案件15件，数量居全市第一位。落实全省公益诉讼专项行动，开展“守护美丽河湖”“安全生产”“守护红色军事文化史迹”等多个专项行动，各专项行动办案数量及成效均列全市第一梯队。

在落实“守护红色军事文化史迹”检察公益诉讼专项行动中，发现云峰街道门阵村的国共合作抗日和谈纪念碑亭破损老化状况严重。针对该问题，4月30日，县检察院召开公益诉讼听证会，县广文旅体局、云峰街道、门阵村等单位代表参会，多名县人大代表、政协委员和人民监督员担任听证员。听证会邀请县档案馆党史专家讲授门阵国共和谈的历史和重要意义，2名人民监督员听取案情介绍、审阅材料后，向行业主管部门县文广旅体局和属地管辖单位云峰街道提问。听证会结束后，县检察院向两单位送达检察建议书。该案被评为浙江省“人民监督员十大优秀案（事）例”。

【数字检察工作】探索检察数字化巡检模式，在数字法治综合应用门户内增设检察公益诉讼模块，开发建设公益诉讼检察“云”平台，通过监测数据共享进行分析、提炼，实现对县域生态环境一站式监督。建设“鲁冰花”云课堂，对接教育部门远程视频系统，搭建直播课堂模块内容，实现未成年人法治信息推送、法律法规展示等功能。建设政法一体化系统简案快办模块，以信息化辅助交通肇事、危险驾驶、故意伤害等简单案件办理，实现一体化流转快速办理。

【降低审前羁押率试点】2021年，遂昌县人民检察院被列为全省降低审前羁押率试点检察院，开展少捕慎诉慎押改革，降低审前羁押率。为此，县检察院联合公安、法院、司法部门出台《关于轻微刑事案件快速办理机制实施细则》，形成工作合力。狠抓以保证人形式取保候审为主、强化取保候审保证人的选择和搭建未成年人非羁押诉讼帮教基地两项措施，严防脱保。把好捕前介入、捕时审查、捕后跟踪3道关口，切实降低审前羁押率，积极促进县域社会治理。遂昌县检察院的这些经验做法得到省检察院推广转发。

【擦亮“鲁冰花”品牌】3月，县检察院将机关第二党支部更名为“鲁冰花”党支部，探索“将帮扶开展在前头、将风险防范在源头、将职能融入在治理源头”未检工作新模式。坚决打击侵害未成年人犯罪，2021年共批捕6人、起诉5人。成立“鲁冰花”观护帮教团队，纳入社工25人、志愿者17人、心理咨询师51人，对涉罪未成年人定制个性化帮教方案。落实性侵未成年人案件线索强制报告制度，收到案件线索3条，均立案处理。发挥“检校联络员”作用，发现校外补习班违规提供餐饮、母婴店不按规定销售保健食品等线索4条，向有关部门发出公益诉前检察建议。招录第三批少年检察官学校学员15人，开展法治宣讲进校园活动5场。

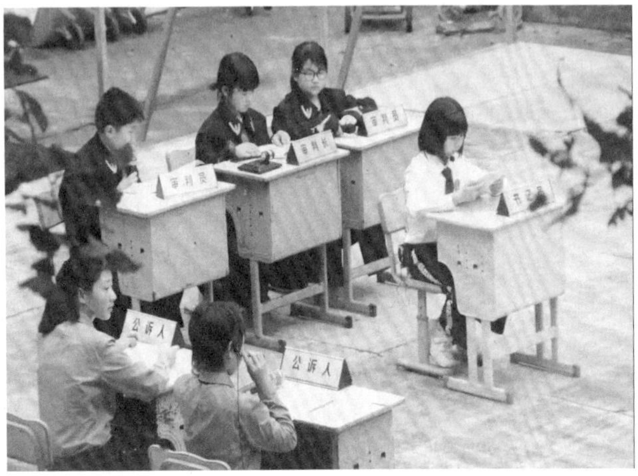

▲5月31日，县检察院开展“小手牵小手，校园法治行”活动。图为王村口小学“少年检察官”模拟司法庭审现场

▲6月，“鲁冰花”工作室成员到遂昌县最偏远的西畈乡中心小学，开展“送法进校园”活动

【“断卡行动”宣传】严厉打击涉“两卡”（非法买卖电话卡、银行卡）违法犯罪活动，遏制电信网络新型违法犯罪高发蔓延势头。3月，县检察院、县公安局、县教育局联合开展以“断卡”反诈骗为主题的法制教育大讲堂。大讲堂在县民族中学开设法制教育课，并向全县中小学发放“断卡行动”告知书2000余份，全县1万余名学生、家长收看线上直

播。通过上好开学“法治第一课”，普及“断卡行动”知识，增强未成年人与家长的防范意识。

【县委加强新时代检察机关法律监督工作会议】11月3日，县委加强新时代检察机关法律监督工作会议召开，深入学习贯彻习近平法治思想，认真落实《中共中央关于加强新时代检察机关法律监督工作的意见》，紧紧围绕省委全力打造法律监督最有力示范省的决策部署，不断提升新时代检察机关法律监督能力，建设更高水平平安遂昌、法治遂昌。市检察院党组书记、代检察长吕献，县委书记张壮雄出席会议并讲话。会上，县检察院通报了遂昌县检察工作情况。县公安局、县司法局、市生态环境局遂昌分局、县法院作交流发言。

（章韶兵 文/图）

法院

【概况】2021年，遂昌县人民法院共受理各类案件5759件，办结5758件。一审服判息诉率、自动履行率、有财产可供执行案件法定期限内实际执结率等指标均居全省前列，审判执行工作保持良好态势。

【刑事案件审理】全年受理各类刑事案件194件，审结194件（含旧存3件），结案率98.45%。正常审限内结案率、一审当庭宣判率均为100%。依法审结职务犯罪案5件5人。通过法治云课堂组织政法干警在线旁听遂昌县徐某某受贿案、吴某某滥用职权案庭审。遂昌县陈某某受贿案和李某某受贿、帮助犯罪分子逃避处罚案入选《丽水市政法系统违纪违法干警典型案例警示录》。依法审结8件41人通过直播平台诈骗罪案件，审结12件38人利用信息网络犯罪等案件。审结涉黑恶案3件4人。坚持依法从宽，适用认罪认罚审结案件186件305人，适用率95.88%。推动认罪认罚从宽制度准确适用，建议检察机关作出调整10件11人，对检察机关不予调整的，依法作出判决。

【民事案件审理】全年受理各类民事商事案件2695件，审结2670件，结案率91.89%。推进民间借贷协同治理，严厉打击职业放贷行为，民间借贷纠纷比2020年下降6%。保护公民人身和财产权利，审结人身、财产等侵权纠纷案689件，婚姻、继承等家事纠纷案380件。积极参与探索劳动纠纷闭环处置协同机制，诉前化解劳动争议、劳务合同等纠纷案218件，审结84件。与建设、国土等部门建立联系沟通机制，推动建设工程、房地产等领域纠纷化解，审结房屋买卖、租赁、建设工程等纠纷案267件。加强对困难群体的司法救助，为困难当事人争取到司法救助金17.4万元。开展反家暴法治宣传，引导群众正确处理家庭纠纷，通过回访当事人，确保“人身保护令”真正发挥保护作用。成立《中华人民共和国民法典》宣讲团，送法进乡村、进企业。

【行政案件审理】全年受理行政诉讼案件26件，审结25件，其中撤诉15件。受理行政非诉执行审查18件，均裁定准许执行。与县自然资源规划局、综合行政执法局、市场监督管理局等部门建立沟通协调机制，对行政处罚、行政强制等易引发纠纷的行政行为进行风险预估，从源头减少行政争议。健全行政机关负责人出庭应诉机制，县行政机关负责人在出庭率100%的基础上，实现出声率100%。强化司法与行政良性互动，召开联席会议3次，为行政诉讼案件数和败诉率“双下降”打下良好基础。与松阳县、景宁畲族县人民法院建立联合行政诉讼化解机制，共同化解诉讼争议案4件。为县域重点项目提供法律咨询15次，助力法治政府建设。

【环境资源案件审理】全年受理各类环境资源案件41件。加大对环境资源刑事案件的惩处力度，从快打击污染环境类、破坏资源类犯罪。充分保障环境资源民事权益，注重实地调查、联合调解。对于典型案件，进行实地公开巡回审判，增强案件的普法教育意义。依法助力环境资源依法行政。注重行政调处与司法裁判的衔接，突出司法作为环境和资源保护最后防线的职能。

【失信案件执行】全年执行失信案件2248件，执结2273件，分别比2020年下降8.06%、10.55%，执行到位资金1.32亿元。联合10家银行签署失信曝光协议，发挥银行网点的覆盖面优势，提高被执行人失信曝光率。全年共曝光640人次，收到线索举报59条，化解案件70件，执行到位资金240万元。探索新型“黑财”处置模式——政府创新平台处置模式，协助县政府在上海建立“科创飞地”平台。该做法获得市、县主要领导肯定，被《法治日报》报道。建立“执行下沉”机制，发放《共享法庭执行专篇》，走访企业15家，提供帮助25次，集中失信曝光81人次。开展民商事调解结案申请执行案件专项行动，执结民商事调解结案申请执行案件122件，执行到位金额831.56万元。开展执行领域突出问题集中整治行动，共查终本案件221件，终结案件89件。

【优化营商环境】成立优化营商环境破产工作专项小组，推进“办理破产便利化”行动，最大限度盘活闲置资源。办结破产案件3件，在办17件，盘活闲置土地0.67公顷、厂房4000平方米。优化“个人债务重整”制度，为企业和创业者提供信用修复和容错机制，对57名债务人进行债务重整，涉案金额2903万元，化解149件执行不能案件、35件诉讼案件，为159名胜诉当事人兑现合法权益。该做法获省高级人民法院领导批示肯定。遂昌县“个人债务重整”样本被全国人大财经委选中，作为修订相关法律的样本。4月，杭州知识产权法庭（遂昌）巡回审判庭揭牌；11月，遂昌县法院湖山人民法庭成立揭牌，为“天工之城”提供更加高效、专业化的司法保护和服务。

▲11月19日，湖山人民法庭成立揭牌

【提升群众满意度】建立健全“立审执一体化”机制，制定促进自动履行的若干规定和相关意见，推进立、审、执案件有效衔接，实现案要办公，钱要拿到。开展司法公正感受度提升工程，健全“当事人一件事”工作机制，尽可能用更少的程序解决群众纠纷。2021年，县法院案件程序比为1.452，位居全市第一。制定出台《司法公正“码”上意见处理规则》，及时办结“码”上意见，满意率100%。推进“全域数字法院”建设，在县法院诉讼服务中心设立无纸化立案服务岗，在湖山人民法庭成立全功能数智工作室，实现案件全程无纸化、集成化、信息化、智能化。在村、镇、街道设置共享法庭242个，指导调解55次，提供网上咨询145次。

【推进诉源治理】优化基层社会治理“信用村”建设，将县矛盾纠纷调解中心的力量延伸至乡镇（街道），将矛盾纠纷预防在萌芽、化解在诉前。该项工作被国家发改委《改革内参》刊登，入选省级社会治理创新项目。遂昌县因“信用村”建设成为全省唯一的“信用+乡村治理”试点，“信用乡村”数字平台已上线。建立院领导每周一接访制度，全年接待来访群众43人次，化解信访案件25件。其中通过“个人债务重整”化解王某信访案入选最高人民法院第二批涉执信访实质性化解典型案例，被评为全省十佳执行典型案例。

【共享法庭“隔空审案”】5月12日，北界镇共享法庭以在线开庭的方式进行“隔空审案”，这是遂昌县首例通过共享法庭审理的案件。共享法庭是借助“移动微法院”、ODR（在线纠纷解决机制）等网上诉讼和解决纠纷平台，在人民法庭、律师事务所及乡镇（街道）、村委会，或者在金融、邮政等服务网点专门设立的、供当事人线上参加异地庭审的场所。4月起，遂昌县在妙高、云峰、王村口、黄沙腰等乡镇（街道）设立了8个共享法庭，已全部投入使用。

▲2021年，遂昌县共享法庭通过连线调解，化解多起农民工欠薪纠纷

（黄晶瑛 文/图）

司 法

【概况】2021年，遂昌县司法局组织召开法治政府建设点评会5次，发布晾晒、通报10期，对12家重点部门、10个乡镇（街道）开展走访督察。把政法队伍教育整顿与公证行业、律师行业突出问题专项治理工作进行同部署、共推进。制发受理线索举报公告，召开征求意见座谈会并走访部门征求意见建议。对2018年以来的598件社区矫正、公证、调解、法律援助重点案件开展专项评查。组织案卷评查、网络核查、专项监督各3次。遂昌县司法局被评为2016—2020年全国普法工作先进单位；云峰司法所创建全省枫桥式司法所。

开展行政执法“三项制度”质效提升行动，推进执法信息公开透明、执法过程留痕可溯、法制审核依法规范。通过从源头规范行政行为、全过程构建解纷机制、常态化落实研判督查等举措，推动行政争议实质性化解，实现一审行政诉讼发案量、败诉率“双下降”。

以三仁畲族乡为试点开展省级乡镇（街道）法治化改革工作。2021年，三仁畲族乡以“三仁”（仁爱、仁治、仁和）理念为引领，以“四有”（有党建品牌、有组织队伍、有机制创新、有法治氛围）工作法为改革举措，把乡镇的各项工作纳入法治化轨道，全面提升基层依法治理水平，打造全省法治化综合改革的“畲乡样板”。

▲省级民主法治村——三仁畲族乡小忠村

【普法工作】开展常务会学法12场，125名领导干部参加并通过任前法律知识考试。创建全国民主法治示范村1家（云峰街道湖边村）；创建省级民主法治村（社区）7家、市级民主法治村（社区）62家；创建市级普法农家院2家、市级诚信守法企业2家。针对青少年群体特点研发“法治飞行棋”“法治拼图”等游戏；将非遗与法治元素相融合，创意开展“法治版画”普法；将普法与少数民族文化相融合，用畲歌唱响《中华人民共和国民法典》；结合“浙西南革命精神”，排演红色法治舞台剧，原创作品《“剧”说民法典》获丽水市“美好生活·民法典相伴”微视频大赛一等奖。

【社区矫正】2021年，全县共接收社区矫正对象131人，解矫101人，年底在册人员192人。各级安置帮教机构接茬刑满释放人员117人。县司法局与浙江省第一监狱、浙江省第二女子监狱、之江监狱签订合作协议，开展监地“走亲连心”活动。全年开展远程视频会见236次，对接14个监所单位、家属523名。通过远程视频开展法院庭审6次、公安办案

7 次、检察院办案 2 次。

将“雪亮工程”接入智慧矫正中心，推动智慧矫正在实际应用方面的探索。创建省级“社区矫正心理健康智能场景应用”建设试点单位，开发特色场景应用模块，实现精准矫治，完成心理测评 1749 人次，提供线上心理咨询并及时干预 12 人次。实现连续六年社区矫正重新犯罪率为零。

对 2018 年以来的 10 类重点案件开展评查，共评查案件 289 件，其中无问题案件 276 件，一般问题案件 13 件，瑕疵案件 1 件，不合格案件 0 件，均落实整改。出台《遂昌县社区矫正走访排查工作制度》，解决社区矫正调查评估、监督管理、教育矫正、考核奖惩、实地走访等方面遇到的难点、重点问题。招募社区矫正公益大使 10 名，与 1 家社会团体组织、4 家企业建立合作关系，开展就业指导和培训 105 人次，10 人得到就业、低保、医疗等救助。

▲2021 年，遂昌县社区矫正中心实现精准矫治，连续六年社区矫正重新犯罪率为零

【律师工作】2021 年，遂昌县有律师 47 名，其中专职律师 22 名、公职律师 22 名、公司律师 2 名、法律援助律师 1 名。有律师事务所 5 家，担任法律顾问 151 家。全年代理刑事案件 95 件，代理民商事案件 789 件，代理行政案件 25 件。

建立司法行政机关与工商联沟通联系机制，全年开展“法治体检”125 家，接受企、商（协）会等法律咨询 300 余次，提供法律意见建议 135 件，帮助企业挽回经济损失 5000 多万元。开展村务“法治体检”125 次，审核村规民约、合同协议 169 份，接待群众法律咨询 1000 余人次，化解纠纷 50 起。

1 家党委部门、6 家政府部门开展公职律师工作，全县党政机关有 14 名干部申领公职律师证。24 家政府组成部门全部聘请法律顾问。针对县委第十三轮巡察反馈“政府法律顾问作用发挥不充分”问题，组织全县政府部门进行整改，从政府法律顾问的“有形覆盖”向“有效覆盖”转变。

【法律援助工作】2021 年，遂昌县法律援助中心办理援助案件 280 件、帮助案件 319 件，接待来电来访 1232 人次。为 69 名农民工、21 名老年人、19 名残疾人提供维权服务，涉案金额 100 余万元。

开展“法律援助农民工讨薪”“农民工法律援助维权月”等专项行动。建立农民工法律援助服务团，送法进企业、进工地。开展“法援惠民生，关爱老年人”专项行动，关注高龄、空巢、失独、失能半失能、失智及经济困难老年人法律服务和法律援助需求。开展“法援惠民生关爱残疾人”专项活动，建立残疾人维权长效机制。

【公证工作】2021 年，遂昌县公证处办理公证案件 397 件。其中国内民事、经济类 314 件，涉港澳台 10 件，涉外 71 件，提存 2 件。接待群众来电来访和线上咨询 4500 余人次。丽水天平司法鉴定所进驻遂昌县法律服务中心，全年办理鉴定业务 349 件。

制定完善“容缺受理、限时办结、反向跑、一次性告知”4 项便民服务制度。提供上门办证服务 38 次，超过 70%的疑难复杂案件实现容缺受理。保障县域重大项目实施，重要工作推进，重点风险化解，为城市更新、农房确权、招生入学等提供保全证据、现场监督、委托、继承等公证服务，累计参与各类司法辅助事务 4000 余件。

在全市率先通过政法一体化协同办案系统办理援助案件，实现法律援助申请受理全市通办。建立集体援助制度，实现法律援助初审权下沉乡镇。法律援助申请网办率 80%以上。为农民工追讨劳动报酬、工伤赔偿等提供自助法律咨询和文书下载百余次。全年办理法律援助民事类案件275件，刑事类案件125件，行政类案件1件，法律帮助案件313件。法律援助及法律帮助案件均已及时、完整录入浙江省法律援助统一服务平台。

【调解工作】2021年，全县有调解组织238个，其中行业性、专业性人民调解委员会4个。培育人民调解员878名，其中专职调解员52名。县求和人民调解中心在县法院、妙高派出所、县交警大队、县信访局设立人民调解室。全年调解案件3269件，调解成功3265件，成功率99.87%。完成大数据平台录入2843件，涉及金额15368万元。

将应村村“民事村了”调解法、蔡和村“信任村+村民点将”调解法、湖山村“天工和事佬”调解法等特色做法与人民调解工作相结合，构建县乡村一条线的基层矛盾纠纷调解模式，实现90%矛盾纠纷在村级化解。推进在线调解平台应用，实现人民调解大数据平台信息归集100%、在线申请受理72小时响应率100%。

▲2021年，遂昌县求和人民调解委员会为民解忧

（傅 艺/文 遂昌新闻网/图）

人民武装

【概况】2021年，遂昌县人民武装部始终把思想政治建设放在首位，不断强化维护核心、听党指挥的坚定性、自觉性，始终把战备训练摆到突出位置，修订完善维稳处突、应急救援方案。每月组织应急处突演练，提升战备拉动能力。落实首长机关和民兵分队训练。始终坚持把主要精力放在应对强敌军事斗争准备上，全面做好国防动员各项准备。完成基干民兵整组任务，高质量完成一年两次征兵任务。

2021年，遂昌县人武部被评为浙江省“十三五”民兵工作成绩突出单位，云峰街道人武部、大柘镇人武部、金竹镇人武部被评为五星级基层武装部。

【政治工作】2021年，县人武部组织现场教学，积极参加丽水军分区党史知识竞赛。定期开展党委中心组带机关理论学习，组织观看基层法纪教育专题片《做“四有”新时代革命军人》。发布“八一光荣榜”，表彰遂昌籍现役官兵优秀事迹。8月，召开全县武装工作会议暨国防动员委员会第十六次全体会议，回顾总结2020年和2021年上半年全县武装工作和国防后备力量建设情况，部署下一阶段工作。

【军事工作】2021年，县人武部完成首长机关训练共340小时。其中，参加上级训练60小时，组织本级训练和个人自训130小时，组织军事体育训练150小时。完成《中华人民共和国国防法》等4门课程6本书籍的军事教育学习考核。5月24—30日，组织浙南协作区工程抢修专业民兵骨干跨区联训，金华、衢州、丽水三地共46名专业人员参加训练。4月21—23日，对全县基层应急力量和特殊力量进行整组点验和检查验收。5月6日，开展全县民兵应急连集训。5月7日和10日，分别对工程抢修连、医疗救护连、工程爆破技术排、水上搜索救援班进行整组点验。

【国防教育】2021年，遂昌县国防教育讲师团进机关、企业、学校开展国防教育宣讲22场次，国防教育知识展板进校园、进广场、进村（社）巡展18场次。开展“红领巾走遂昌”暨国防教育校外实践活动，在全县国防教育基地、红色革命遗址、绿色发展典型点位选取20个红领巾打卡点，组织少先队员开展实地研学。“红领巾走遂昌”暨国防教育校外实践活动成为遂昌县国防教育的一个品牌。

【专武干部大讲堂开讲】12 月 7 日，遂昌县专武干部大讲堂在云峰街道长濂村民兵活动中心开讲。根据县人武部工作安排，各基层武装干部结合所在乡镇（街道）的实际情况认真撰写研讨交流材料，对 2021 年征兵工作进行总结，提炼出相应的策略，对 2022 年征兵将面临的困难进行深入思考。专武干部大讲堂是县人武部对基层武装工作进行管理和培养专武干部的一个保留项目，通过“以讲促学、以讲促干”的方式，促进合作交流。

【相关会议和活动】1 月 29 日，遂昌县召开 2021 年度征兵和民兵整组工作会议，总结 2020 年度征兵和民兵整组工作情况，布置“两征两退”（一年中两次征兵、两次退伍）工作要求。2021 年上半年征兵工作从 2 月上旬开始，3 月 15 日起运新兵。下半年征兵工作从 8 月上旬开始，9 月 15 日起运新兵。

12 月 9 日，遂昌县组织开展县级领导干部“军事日”活动，20 余名副县以上领导参加活动。活动参观了国防教育展板，听取了专题报告，在县民兵训练基地打靶场上，进行了实弹射击训练。

12 月 30 日，县委议军会议召开，听取县人武部和县武警中队工作情况汇报，研究部署下阶段目标任务。县委书记、县人武部党委第一书记胡刚主持会议并讲话。（黄敏浩）

武警遂昌中队

【概况】2021 年，武警遂昌中队以新《军队基层建设纲要》为依据，以抓好干部、士官队伍的能力素质提升为突破口，以实战化、常态化训练抓组织纪律，着力强化思想政治引领、强化战备建设、强化练兵备战，较好地完成了上级赋予的各项任务。

【思想政治建设】组织学习党史理论知识和中共十九届六中全会精神，学习习近平总书记“七一”重要讲话精神，强化官兵思想理论武装。精心设计制作黑板报，常态化更新宣传栏内容，打造“一队一品”特色文化活动。官兵 40 年接力开展爱心助残活动。在强军网、“军职在线”App、“浙江武警”微信公众号上，武警遂昌中队共刊登稿件 244 篇。

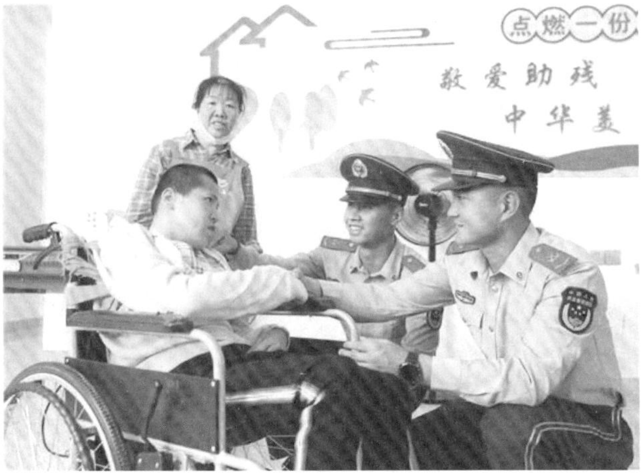

▲2021 年，武警遂昌中队官兵开展爱心助残活动

【执勤工作】推进人员、装备、科技结合的“智慧磐石”工程建设，改造 AB 门防误放系统、高压电网自动断电报警系统、物流门车底检查镜系统，对 AB 门通道、询问室、律师会见室等重点部位实施物理隔绝。严格落实执勤八项制度、每月支部议勤制度、干部查勤制度。开展执勤安全警示教育、执勤安全大讨论、执勤隐患排查纠治等，完成 10 处执勤隐患整治。

【军事训练】用好大纲、教材、指导法 3 本书，严格落实干部跟班作业要求，用活“五小练兵”（小时间、小课堂、小教员、小测试、小讲评），广泛开展岗位练兵、典型宣传、评比竞赛等活动。以各项比武竞赛为契机，大力掀起群众性练兵热潮，刚性执行军事训练“八落实”，严格落实议战议训制度，每周坚持军事体育测试，每月参加上级军事考核。科学制订训练计划，采取结对帮扶、定时检查考核。4 月，在武警丽水支队组织的勤训轮换中，武警遂昌中队取得第 3 名。

【安全管理】以争创“六无”先进单位、“密切官兵关系，杜绝打骂体罚”、“保密工作‘三清’整治”、“预防酒驾专项整治”、“暑期百日安全竞赛”活动为抓手，开展心理摸排、谈心交流、思想辨析、案例学习、安全排查、涉网清查、酒驾教育和枪弹安全管控。（武警中队 文/图）

人民防空

【概况】2021 年，遂昌县人民防空办公室调整人防指挥部成员名单，组织人防指挥部成员单位参与“5·12”防灾减灾日人员疏散掩蔽演练和“浙江金盾—21”人民防空演练。5 月 12 日和 9 月 18 日，分别在县城和人防重点镇开展防空警报试鸣工作。

完成人防工程竣工项目备案。做好应建防空地下室的民用建筑项目报建审批、人防工程质量监督

▲9 月，县人民防空办公室组织开展全县在建人防工程质量监督检查

手续办理、新建防空地下室战时功能和防护等级确定、人防工程或者兼顾人防需要的地下工程竣工验收、人防工程平时使用登记手续办理、人防工程易地建设核实、人防工程易地建设费用征收等工作。

推进遂昌县 1208 工程（二期）项目建设，2021 年完成投资 317 万元，累计完成投资 1346 万元。至年底，工程主体结顶，地下室装修、设备安装及室外附属工程部分完成发包，项目信息化工作完成方案设计。

【组织演练】5 月 12 日，县人防办在遂昌育才中学组织开展人口疏散演练，并组织电力抢险专业队开展临战演练，提升学生对人防工作的了解，检验人防专业队技战术水平。9 月 3 日，县人防办组织电力抢险抢修专业队、燃气和自来水抢险抢修专业队共 100 余人，参加了“浙江金盾—21”人民防空实战化演习。参与演习的装备有电力抢修装备、无人机照明、抽水机、帐篷、燃气抢修装备等。

【人防专项检查】结合“5·12”“9·18”人防警报试鸣工作，对全县投入使用的 10 台警报器开展性能大检查，警报鸣响率 100%。开展防空地下室工程使用与维护管理大检查，11 月，委托浙江大合检测有限公司对遂昌县 2020 年 12 月 31 日前竣工的防空地下室开展专项检查，涉及项目 20 个，书面要求整改项目 2 个，均按要求完成整改。（潘 翔 文/图）

农　业

农业农村

【概况】2021 年，遂昌县农业农村局围绕“全力打造山区县共同富裕先行样板”的目标定位，全面实施乡村振兴战略，实现了农业高质高效、农村更优更美、农民富裕富足。全县实现农业增加值 13.45 亿元，比 2020 年增长 4.5%，增幅居全市第一位；农村常住居民人均可支配收入 25091 元，比 2020 年增长 12.7%，增幅居全市第一位。

全年争取到中央、省级、市级涉农转移支付资金 4.06 亿元，比 2020 年增长 19.41%。遂昌县创建全省第二批渔业健康养殖示范县、浙江省良种繁育基地县；入选第二批省级数字乡村建设试点县、省级乡村振兴集成创新示范建设项目县、省“肥药两制”改革综合试点项目县、省级新时代乡村集成改革试点名单；获评 2021 中国最美乡村百佳县市；获评全省农村生活垃圾分类处理工作优胜县、全省深化“千万工程”建设新时代美丽乡村（农村人居环境提升）工作优胜县。

【基础农业】2021 年，遂昌县粮食播种面积 10680 公顷，产量 5.45 万吨，播种面积和产量与 2020 年持平。完成粮食生产功能区“非粮化”整治面积 1360 公顷。完成受灾水毁农田修复项目 1 个、农田基础设施修复项目 1 个，建成高标准农田 920 公顷。

全县水果种植面积 2140 公顷，水果产量 2.34 万吨，产值 2.01 亿元，产量和产值分别比 2020 年增长 7.78%和 9.28%。蔬菜种植面积 5353 公顷，产量 9.76 万吨，产值 3.06 亿元，产量和产值分别比 2020 年增长 1.14%和 2.45%。

年内，全县生猪出栏 5.84 万头，年末存栏 4.25 万头，分别比 2020 年增长 13.4%和 13.1%。2 个万头以上规模养猪场开工建设，与广州越秀风行农牧有限公司签订年出栏 18 万头生猪的大型框架协议。全年家禽出栏 32.56 万羽，年末存栏 32.64 万羽，分别比 2020 年减少 2.5%和 3.5%。全年禽蛋产量 2629 吨，比 2020 年增长 12.6%。全年水产品总量 2240 吨，比 2020 年增长 7.2%。增殖投放各类鱼类 2522 万尾。创建水产健康养殖示范场 2 家。

【特色农业】2021 年，遂昌县有茶园总面积 8553 公顷，茶叶产量 1.58 万吨，总产值 15.31 亿元，产量和产值分别比 2020 年增长 17.09%和 25.18%。遂昌县香茶特色农产品优势区被认定为省级特色农产品优势区。全县中蜂养殖 2960 户，养殖量 4.02 万群，蜂蜜年产值超 4000 万元。全县中药材种植面积 2300 公顷，主要为三叶青、青钱柳、黄精等，实现产值 1.58 亿元，与往年基本持平。

全年遂昌长粽销售约 500 万根，综合收入 1.50 亿元，连续 3 年销售收入增长 30%以上。遂昌长粽获浙江省首届乡村美食大会农家特色小吃金奖、丽水市“妈妈的味道·粽望所归”端午粽子大赛最具人气奖。6 月，市生态农业协会发布《“丽水味道”处州特色小吃——遂昌长粽制作规范》团体标准。

【品质农业】2021 年，全县新增农机具 3881 台，建设高品质绿色科技示范基地 3 个，遴选农业主导品种 175 个，发布农业主推技术 71 项。新增绿色食品认证 21 个，主要农产品抽检合格率 99.8%。建成浙西南高山茶叶市场。数字茶业创业园一期、“天工之城”农创研育所基本完工。

全县政策性农业保险投保户数 26626 户，总保费 1023.16 万元，合计理赔款 889.57 万元。全年检查种植业、养殖业生产经营主体 817 家次，出动执法人员 2303 人次，立案 186 起，结案 176 起，罚没款 28.9 万元。遂昌县被确定为浙江省 2021 年度国家地理标志农产品保护工程项目实施单位。

【农旅融合】2021 年，全县农家乐（民宿）接待游客 590.6 万人次，综合收入 7.62 亿元，比 2020 年增长 10.56%。3 家民宿获评“丽水山居”精品民宿示范项目。创成市级农业观光区点 3 个、省级休闲乡村 2 个。湖山乡红星坪村获评 2021 年中国美丽休闲乡村，“天工绿谷 •清凉一夏”精品线路被评为 2021 年全省休闲农业与乡村旅游精品景点线路。

通过网上农博会、淘宝、抖音等平台，举办遂昌长粽、土蜂蜜、遂昌茶叶、蓝莓、猕猴桃等农产品直播 200 余场次，实现销售额 6000 余万元。全年实现农产品网络零售额 3.50 亿元，比 2020 年增长 30.6%。通过杭州地铁 5 号线开展“牡丹亭”茶叶区域公用品牌宣传。2021 年，遂昌“龙谷茶”公用品牌评估价值达 13.82 亿元，剑光牌红茶和夏鸿牌红茶获得“华茗杯”2021 绿茶、红茶产品质量金奖。

【美丽乡村建设】对照省级地方标准《新时代美丽乡村建设规范》，通过村庄环境整治、绿化美化等建设，创建 51 个新时代美丽乡村。谋划实施涉农项目 30 余个，整合区域协调、乡村振兴示范集成、农业现代产业园等项目资金超 2 亿元。系统推进“未来乡村”试点村建设，湖山村、蕉川村被列为省级第一批“未来乡村”试点。推进 48 个“花园数字乡村”建设，建成“花园数字乡村”精品村 8 个。推进 3 个浙江省历史文化村落保护利用重点村、34 个一般村项目建设，重点村蔡和村总体规划通过省级评审，获得优秀等次。

【数字乡村建设】遂昌县探索数字化赋能乡村振兴新模式，积极推动“互联网+”农产品出村进城工程和数字农业工厂建设。在妙高街道建成花园数字乡村公共服务中心，在大柘镇建成高山名茶电商产业园，实现农产品电商运营、培训、供货、直播、创客、物流等业务的集约化、专业化发展。以数字乡村“驾驶舱”“孪生一张图”的形式打造数字乡村智慧大屏，实现乡村数据可视化，该平台已在蕉川村和大田村试运行。8 月 8 日，中央电视台《新闻联播》报道了遂昌县新路湾镇蕉川村数字乡村建设的情况。此外，遂昌县推广“一杆农业眼”等农业物联网设备及自动化控制设备，建成仙侠湖数字化水产养殖基地、蕉川村数字化制种基地、金竹农创中心等一批数字化生产基地。2021 年，遂昌县入选全省第一批数字化改革“低收入农户帮促”和“浙农码”应用场景先行先试县。

▲2021 年，蕉川村数字乡村智慧大屏开通运行

【人居环境治理】推进村庄“乱搭建、乱堆放、乱倾倒、乱披挂、乱排放”整治，全县交办问题点位 1328 个，1267 个点位完成整治。探索乡镇（街道）区块化垃圾分类清运模式，建成 6 个农村生活垃圾分拣中心，3 个省级垃圾分类示范村建成智能垃圾分类体系。全年实施植保无人机统防统治面积 1857 公顷，实现化肥减量 805 吨、农药减量 12.1 吨，农药废弃包装物回收率 100%，受污染耕地安全利用率 100%，秸秆综合利用率 96.02%。创建焦滩至龙洋红绿融合乡村振兴示范带。

【低收入农户增收】2021年，遂昌县低收入农户人均可支配收入14675元，比2020年增长15.8％。完善“一户一策一干部”帮扶制度，推出结对干部“浙政钉”版、低收入农户“浙里办”版，对全县95个部门和20个乡镇（街道）的分管领导、业务员进行培训，全县低收入农户帮促数字化系统应用率居全省前列。争取到省级重点帮促村项目（湖山渔旅融合项目）、中央专项彩票公益金支持欠发达革命老区乡村振兴项目，共争取到巩固脱贫攻坚成果同乡村振兴有效衔接资金10989万元，比2020年增加近2倍。通过资金扶持、技术培训、扩大就业门路等途径，推动劳动力就业和产业发展。2021年底，全县低收入农户5528户8433人，比2020年底减少187户435人。

【农村综合改革】全年办理农村土地流转经营权证93本，面积83公顷，完成产权交易77宗，成交金额677.73万元。审批农村宅基地253宗，建筑面积2.89万平方米。201个行政村全部完成“集体经济收入20万元且经营性收入10万元以上”目标，培育集体经济经营性收入50万元以上行政村18个、15万元以上行政村69个。20个乡镇（街道）强村公司平均利润59.74万元。三仁畲族乡强村公司“三联工作法奏响‘小畲味’共富曲”获全市“消薄”项目大比拼活动二等奖。新增国家级农民合作社示范社1家、省级示范性家庭农场6家、市级示范性农业社会化服务组织1家、市级重点农业龙头企业4家。金菊家庭农场入选浙江省家庭农场百佳案例。

【高山名茶问茶节开幕式】3月19日上午，万物开源·茶韵飘香——遂昌县高山名茶问茶节在平昌广场开幕。中国国际茶文化研究会会长、省政协原主席周国富，中国农业科学院茶叶研究所所长、党委书记姜仁华等茶界专家、学者参加活动。

遂昌是浙江省茶叶生产第一类适生区，全县有茶园面积8553公顷，85%以上分布在海拔400～800米的青山绿水之间，是名副其实的生态茶。遂昌县先后被评为中国名茶之乡、中国茶文化之乡、浙江省特色绿色茶叶强县。遂昌县着力培育“龙谷”茶叶区域品牌，依托汤显祖文化，打造“牡丹亭”县域公用品牌，成功开发了“牡丹亭”系列茶品，为遂昌高山茶发展注入新的活力。本次高山名茶问茶节活动，展示了“牡丹亭”茶系列产品的风采，推介了“牡丹亭”品牌，宣传了遂昌高山茶。

开幕式上，遂昌县政府和阿里数字乡村电商学院签订合作协议，和亚茶控股公众公司签署“鲜茶叶精深加工项目”合作意向书，聘王媛可为“遂昌县2021年度春茶大使”，进行了“牡丹亭”遂昌茶叶区域公用品牌推介和授权，并为省级骨干农业龙头企业授牌，还进行了表彰活动。

▲3月19日，遂昌县高山名茶问茶节开幕式上，100克“牡丹亭红茶王”拍出37600元的高价

【问茶节活动】3月19日下午，出席问茶节的领导和嘉宾，在大柘万亩茶园为遂昌天猫超级原产地茶园落成、开摘剪彩，遂昌高山名茶又添新身份。天猫超级原产地是阿里巴巴集团基于区域及县域政府需求，为推广区域精品好货，打造原产地名片而推出的集整合营销、内容营销、直播等营销矩阵于一体的原产地营销IP。天猫超级原产地茶园落成，能够提升遂昌县高山茶品牌的社会认知度，也为阿里巴巴数字乡村的落地提供可参考案例。

3月19日下午，县农业农村局牵头举办“一亩茶园”主题论坛，领导嘉宾、茶叶专家、阿里巴巴相关负责人以及茶产业从业人员汇聚一堂，共同为遂昌茶在数字化改革浪潮中寻找新的突破口。遂昌县启动“一亩茶园”认领（认购）计划，吸引浙江珍华生态茶叶科技有限公司、菲立化学工程（上海）有限公司与遂昌县签订“一亩茶园”认购协议。

▲3月19日，遂昌天猫超级原产地茶园落成剪彩

【丽水遂昌春耕支农服务活动】5月31日，2021年丽水遂昌春耕支农服务活动在新路湾镇蕉川村举行。本次活动的主题是：对标欧盟，肥药双控；加强种业综合服务，确保粮食生产安全；通过强化技防、飞防、物防、金融保障等现代农业综合服务，推广优质农资商品，实现农业增产农民增收。

活动现场，省农信联社丽水办事处、遂昌农商银行联合发布新产品“粮农贷”，当场向种粮大户授信。向11位制种大户赠送了价值5.5万元的有机肥和农药，以及农作物放心工程实用技术手册100册。市农林科院专家带队前往水田生产现场开展指导，向农户普及科学制种知识，介绍杂交水稻高产制种和病虫害防治等技术。飞防植保专业人员为农户讲解飞防无人机的结构与功能，现场演示了无人机农田飞防作业过程。

▲2021年，遂昌县无人机农田飞防作业

【农业产业电商人才培训班】6月23—24日，2021遂昌农业产业电商人才培训班举办，100多名学员报名参加。培训班邀请阿里数字乡村电商学院讲师邓作为授课，为学员们讲解电商成功案例，分析国内电商营销环境、创业初期的准备和营销技巧，为学员讲授淘宝店铺注册经营、阿里素材中心使用方法、营销工具使用等内容。本次培训班由县农业农村局和阿里数字乡村培训中心联合主办。

【金寿珍专家工作站落地遂昌】6月28日，金寿珍正高级农艺师专家工作站签约仪式举行，标志着该专家工作站落地遂昌，为遂昌县引进的第2家农业领域专家工作站。金寿珍是农业农村部茶叶质量检验测试中心正高级农艺师，获得多个国家级、省级发明专利和科技奖项，从事茶叶加工和质量安全研究，是遂昌县茶产业高质量发展最为需要的综合型专家。该专家工作站建立，重点围绕“遂昌茶叶品质动态变化、安全风险状况的全面掌握与监测、茶企业申请‘三品’的技术咨询以及系列技术指导培训”等方面提供精准性服务，进一步促进茶叶科技成果转化，全面提高遂昌县茶产业发展质量、综合效益和品牌竞争力。

【乡镇（街道）竞争分配“消薄”资金】12月29日，遂昌县召开2022年村级集体经济巩固提升项目资金竞争性分配评审会，20个乡镇（街道）党政负责人为争夺项目扶持资金进行激烈比拼。评审会共有27个项目参加资金分配，涵盖乡村旅游、水电光伏、养生养老、运动休闲等领域。评委们根据项目规模、成熟度、进度、收益率、可持续性、社会效益等标准进行打分评估。最终，妙高、石练、王村口、云峰、高坪5个乡镇（街道）获遂昌县首届“消薄”项目竞争性陈述最佳风采奖。后续，县农业农村局经现场踏勘，确定扶持项目和资金分配。

▲12月29日，5个乡镇（街道）获遂昌县首届“消薄”项目竞争性陈述最佳风采奖

【网上农博会遂昌县创佳绩】12月30日，为期7天的2021浙江网上农博会收官。遂昌县作为参会主体之一，零售成交额达到155万元，占全市总销售额的45.5%，居全市第一名、全省第3名。遂昌羽峰食品厂和浙江遂昌原食健康农业发展有限公司分别以88.9万元、35.5万元的网上零售成交额，跻身全省前列，居全市第一位和第3位。

本次网上农博会，遂昌县级馆按照“住遂昌山居、品遂昌山货、游遂昌山景”3个板块，全面展示遂昌县乡村产业发展情况，精选26家农业主体上架百余款优质农产品。精选12家民宿、4个AAAA级景区进行图文宣传。在场馆引流上，开展县长代言推介、专场直播、设立销售排行榜等刺激消费的活动，通过红包雨、领优惠券、在线秒杀等形式，发放消费券10万元，吸引消费者线上“逛展”，助推农产品销售。（洪欠欠/文 遂昌新闻网/图）

“大搬快聚富民安居”工程

【概况】2021年，遂昌县“大搬快聚富民安居”工程继续以整村搬迁、低收入农户、需要搬迁的地质灾害隐患点农户、农村危房户为重点推进方向，着重整村搬迁。全年完成意向搬迁签约1999户7354人，实现搬迁903户3200人。工程实施3年累计搬迁2714户9716人。

建立房源保障机制。推出金岸南苑、金岸北苑230套限价商品房，推出古亭小区二期354套限价商品房。3年累计推出限价商品房1795套。利用乡镇（街道）国资闲置用房、成熟地块，建设兜底安置用房，黄沙腰镇、金竹镇、龙洋乡兜底安置房修建完成验收，开始落实兜底安置。

着力解决安置群众就业问题，提供公益性岗位180个，在岗就业180人。举办各类招聘活动14场次，面向安置群众推出岗位4801个。深入实施千万农民素质提升工程，完成农民工培训13个班次698人次。培育大学生“农创客”230名。

【抽签选房】8月11—12日，遂昌县“大搬快聚富民安居”工程限价商品房抽签选房工作在梅溪小学举行。这是遂昌县“大搬快聚富民安居”工程第4次抽签选房。供选择的房源共277套，其中腾龙小区三期47套、金岸南苑和金岸北苑230套。本次参加选房抽签的搬迁户共181户，最终确认购房170户，其中143户选择金岸限价商品房，27户选择腾龙小区三期限价商品房。

▲8月12日，遂昌县“大搬快聚富民安居”工程抽签选房现场

12月18日，遂昌县“大搬快聚富民安居”工程第5次抽签和选房工作完成，本次共有475户搬迁户参与选房，可供选择的限价商品房共462套，最终成功选房400套，其中古亭小区二期299套、古

亭小区一期1套、金岸南苑和北苑80套，腾龙小区三期20套。自2019年以来，遂昌县累计完成“大搬快聚富民安居”工程意向搬迁签约6850户24323人，实现搬迁2714户9716人。（王丽芳　文/图）

水利

【概况】2021年，遂昌县完成水利建设投资4.2亿元，比2020年增长40%。争取到中央和省级水利建设发展与奖补资金1.11亿元，争取到地方政府各类专项债券资金1.18亿元，争取到瓯江流域山水林田湖草沙一体化保护修复工程项目资金4296万元。完成2022年省级水利建设与发展资金项目申报，获得提前下达的2022年度省级水利建设发展资金6119万元。遂昌县“河湖水域保护”多跨场景应用入选全省首批水利数字化改革试点项目，完成遂昌县水域一张图、遂昌县农村饮用水数字化管理平台等数字化应用系统建设。

印发《遂昌县“十四五”水安全保障规划》《遂昌县“十四五”农村供水规划》。基本完成《遂昌县水域保护规划》《遂昌县节约用水“十四五”规划》《遂昌县松阴溪流域综合治理工程规划》编制工作，启动《遂昌县水资源节约保护和开发利用总体规划》编制工作。

2021年，遂昌县获全省水利工作综合绩效考评优秀。遂昌县水利局获评全省和全市“十三五”时期实行最严格水资源管理制度成绩突出集体。

【水利项目建设】清水源水库大坝于1月24日开仓浇筑，至年底，完成混凝土浇筑8.85万立方米，浇筑至484米高程（坝顶高程516米），总体形象进度达70%。总面积约24公顷的仙侠湖库尾三归生态湿地治理基本完工。启动石练、大柘、龙洋3个乡镇集中供水工程改造提升，完成金竹镇王村、石练镇大茂坑村、湖山乡福罗淤村等16个村的供水工程改造提升。完成金竹镇包家山塘、湖山乡平头岗山塘等10座病险山塘除险加固，新建山塘2座。全年检查水利工程400多项，开展水利工程质量监督活动47次，完成11个工程项目验收。

成屏二级水库扩容工程列入《浙江省“十四五”水安全保障规划》，完成项目建议书初稿。湖南镇水库（遂昌境内）岸线保护及水生态修复工程完成可行性研究报告，获省发改委立项受理并赋码。金竹溪库尾综合整治（湖西堰）工程完成施工招标设计。石坑坪抽水蓄能电站启动可行性研究前期工作。

▲至年底，遂昌县清水源水库大坝浇筑基本完成

【美丽河湖建设】湖山源、周公源流域综合治理全面推进，完成河道治理11千米，拓宽柘岱口乡政府段河道260余米。建成练溪、柘溪等沿河绿道14千米。县城三溪口亲水游步道提升改造工程完工，左右岸游步道总体贯通。实施高坪乡农村水系综合整治及云峰街道连头村、三仁畲族乡好川村等农村河道整治工程。创建美丽河湖1条（金竹溪），水美乡镇2个（焦滩乡、金竹镇），美丽池塘15个。

【河道管理】3月，出台《遂昌县河道管理规定（试行）》。开展河道砂石资源管理专项整治，严厉打击涉河非法采砂行为，受理、处置涉河涉砂举报及上级交办案件109起，移交综合执法部门立案查处27件。持续开展河湖“清四乱”（乱占、乱采、乱堆、乱建），排查整改销号问题点位28个，完成仙侠湖涉水垦殖点位整治21处。完成全县重要水域名录划定并公布，对河道划界成果进行复核，在重点河道埋设管理界桩。

【水旱灾害防御】做好山塘水库和在建工程防洪度汛及安全管理工作，科学制定并严格执行水库控运方案，密切监测水雨工情变化。全年发布水雨情和山洪预警短信 17 万条，开展水库泄洪调度 6 次，有效应对梅汛期多轮次的暴雨洪水，实现了水利工程不失事和山洪灾害“零伤亡”安全度汛目标。2021 年，全县新建水雨情监测站 20 座，完成山洪灾害风险普查试点。

8 月 10 日，全市水旱灾害防御应急演练在遂昌县举行。演练活动以遂昌县遭遇汛期突发强降雨为背景，全县启动应急反应，防汛防台抗旱指挥中心依托钱塘江防洪减灾数字平台和瓯江防洪数字化管理平台，对水雨情监测预警、山洪灾害防御、水利工程调度、抢险技术支撑等进行模拟处置。演练实现预警自动化、调度无纸化、抢险要素前置化，检验了水旱灾害防御整体智治水平和应急防控能力。

【水资源管理】开展取用水问题“销号清零”专项整治行动，进行取水口规范化提标改造，对年取水量 1 万立方米以上取水户安装在线监控设施，完成供排水公司、凯恩特材公司及 70 家企业取水许可延续评估，依法征收水资源费 971 万元。持续推进节水型社会建设，创建完成节水标杆酒店 1 家、节水标杆小区 1 个、省级节水小区 2 个、省级节水校园 2 家、省级节水企业 1 家，国家级节水型社会达标县创建工作通过省级评估。

【水土保持】完成新路湾、濂竹、应村 3 个乡镇 7 条小流域水土流失综合治理项目建设，防治水土流失面积 9.5 平方千米。完成生产建设项目水土保持方案审批或备案 62 个，开展水土保持监督检查 20 余次。配合自然资源部门完成涉林垦造耕地项目整改验收及水资源供需平衡分析报告、水土保持验收评价报告等资料的补充编制完善工作。协助税务部门征收水土保持补偿费 163 万元。

【生态水电建设】2021 年，遂昌县水电总装机容量 25.4 万千瓦，年发电 6.2 亿千瓦时。对 80 处水电站生态流量监控设施进行升级改造，开展白沙溪门阵段、关川源王村口段 2 处生态水电示范区建设，完成 11 座水电站安全生产标准化创建和复评，石坑坪和独山 2 座水电站通过国家级绿色水电示范电站创建验收。4 月 30 日，遂昌生态水电建设工作成效及做法向财政部、水利部调研组进行专题汇报。

6 月 15—16 日，全市水电工作现场会议在遂昌县召开，会议总结了“十三五”以来丽水市水电工作成效，交流了各地经验做法及存在问题，对 2021 年及“十四五”丽水水电重点工作进行解读。会议期间，与会人员参观考察了遂昌十四都源生态水电示范区，参观了群力、狮子岩、成屏二级等电站。

▲遂昌县十四都源生态水电示范区

【年度水文】2021 年，遂昌县总降雨量 1970.9 毫米，其中白马山站降雨量最大（2626.5 毫米），汛期（4 月 15 日至 10 月 15 日）平均降雨量 1376.4 毫米，5 月降雨量超历史最高值。6 月 10 日入梅，7 月 5 日出梅，梅雨期平均降雨量 289 毫米，较常年偏少。入汛以来经历了 3 轮系统性强降雨（5 月 4 日、5 月 20 日、6 月 27 日），两次局地强降雨（濂竹乡、垵口乡）。总体上看，2021 年遂昌县降雨量与常年基本持平，全县汛情平稳。

【“渔政天眼”投入使用】11 月 25 日，遂昌县智慧渔政系统正式上线，为全市首例将视频 AI 监控预警运用于渔政监管的系统。在县城周边叶坦、古院新区、三溪口、北门桥头、源口等点位设置了 8 个高清摄像头，每个摄像头可直接观测 2 千米范围内河道，具备红外线功能，可识别夜间捕鱼行为。一旦河道内出现疑似非法捕捞行为，系统将自动识别并抓拍、录像，将预警推送到后台，工作人员可在电脑或手机端进一步确认，及时前往现场处置。

▲11 月 25 日，遂昌县“渔政天眼”投入使用

（周骁翔/文 遂昌新闻网/图）

气 象

【概况】2021 年，遂昌县气象局做好气象监测预报预警和服务保障，守好防灾减灾第一道防线。印发《遂昌县气象事业发展“十四五”规划》《遂昌县气象灾害应急预案》。编制年度决策气象服务方案和气象服务数字乡村示范专项方案。开展汛前气象服务检查。克服气象观测站周边因城市更新带来的困难，重新架设电力、通信线路，开展设备及场地维护。实施国家气象观测站迁移工程，完成观测站双套站分批送检工作。完成全国自然灾害风险普查试点气象灾害普查工作，通过省气象局组织的验收。

【气象监测预报预警】全年，遂昌县气象台共制作气象信息内参 93 期。发布春运、高考、中考、高坪杜鹃花观赏期等专题气象服务材料 18 期。发布台风快报 10 期、气象旬报 36 期、气象月报 12 期。发布暴雨、雷电、台风等气象预警信号 72 次，省突发事件预警信息平台发布的正确率、及时率均 100%。发布各类气象服务短信 203 次，累计 93.5 万条。开展盛夏避暑、秋收冬种专题气象服务。出具气象证明 48 份，提供气象数据资料查询 26 次。完成拟新建机场、抽水蓄能电站气象数据采集与整理。与县水利局联合发布小流域山洪灾害气象风险预警 4 次。

【防灾减灾管理】召开气象协理员会议，部署全县气象防灾减灾工作。开展安全稳定风险隐患排查整治，落实重点领域防雷安全监管，开展危险化学品企业防雷安全实地检查，检查加油站、危险化学品企业 25 家次。开展防雷安全重点单位“一企一档”信息化资料收集工作，完成 50%数据信息化。办结气象行政许可审批事项 7 件，其中防雷装置设计审核 4 件、防雷装置竣工验收 3 件。

【人工增雨作业】建成湖山人工增雨作业基地，占地面积 1460 平方米，建筑面积 291 平方米，配备气象自动监测站。针对秋冬季旱情，遂昌人工增雨作业队于 11 月 5 日、12 月 12 日、12 月 16 日实施人工增雨作业 6 次，发射增雨火箭弹 24 枚。开展人工增雨烟炉试验性作业，在白马山、大柘、柘岱口烟炉站点共燃烧暖云烟条 12 根。作业效果明显，带来明显降水，缓解了旱情。

▲11 月 5 日，工作人员进行人工增雨作业前检查

【气象科普】开展全县自然灾害防御宣传教育和培训，举办网格员气象防灾减灾知识培训。全县 147 家新型农业经营主体注册“智慧农业气象”App。完

成妙高街道古院村、云峰街道连头村、北界镇大谷岭村等37个省级气象防灾减灾标准化村（社区）创建。建成东峰村农村文化礼堂气象科普示范点。新建云峰中心学校校园气象站和遂昌金矿研学气象站。“3·23”世界气象日，到县青少年宫开展气象知识科普培训。10月，组队参加全市气象行业天气预报技能竞赛，遂昌县气象局获团体进步奖。

【气象现代化建设】实施遂昌县气象监测预警能力提升工程项目建设，完成20个站点建设，站网平均间距从6.9千米缩小为5.7千米。实施国家气象观测站迁移工程，总投资2450万元，项目设计方案通过审查，完成新站址选址工作（位于源古路西侧哑口源山顶）。县政府成立项目工作专班，加快项目建设进度。更新县气象大楼UPS（不间断电源）电池。开展国家气象公园建设调研工作，编制白马山（三井村）国家气象公园建设设计方案。

（朱旭虹/文 遂昌新闻网/图）

工业·商贸

工业经济

【概况】2021年，遂昌县实现规模以上工业总产值253亿元，比2020年增长44.4%。实现规模以上工业增加值49.4亿元，比2020年增长19.3%，增幅居全市第2位。其中，新兴产业增加值比2020年增长19.1%，增幅居全市第5位；高新技术产业增加值比2020年增长28.0%，增幅居全市第1位；装备制造业增加值比2020年增长20.1%，增幅居全市第4位。实现数字经济产业制造业增加值3.38亿元，比2020年增长7.1%，增幅居全市第4位。

全年完成工业投资12.97亿元，比2020年增长61.1%，增幅居全市第2位。其中，制造业投资8.70亿元，比2020年增长44.1%，增幅居全市第4位；技改投资4.84亿元，比2020年增长5.7%，增幅居全市第5位。

全年新增各类市场主体1015家，其中数字类企业296家。高质量深化科技赋能，高新技术投资增长52.4%。新增国家高新技术企业12家、省级科技型中小企业21家、省级高企研发中心4家。成功举办“天池大赛”“诸神之战”等高端赛事。实施省市特派员项目22个、县校合作项目25个，新增“绿谷精英”项目11个。在全市率先成立生态工业“双招双引”服务中心，全年招引项目32个，落地项目22个。元立集团高速棒材、壹佰科新能源电动自行车等10个重大产业项目开工。6家企业获得建筑施工总承包一级资质。新设博士后工作站2家，引进各类人才4590人。大桥科创小微园入选浙江省第七批小微企业园名单，遂昌一诸暨“山海协作”产业园企业孵化中心获评省四星级生产制造类小微园。

修订出台《遂昌县推进生态工业和数字经济高质量绿色发展三十条》，扎实推动制造业高质量发展。出让工业用地40.5公顷，新增规模以上企业29家、亿元企业8家。全面落实减税降费举措，累计为企业减负6.6亿元。宇恒电池入选全市唯一国家级重点支持专精特新“小巨人”企业，凯恩特材入选省创新型领军企业培育名单。完成制造业企业智能化改造11家，整治“低散乱”企业32家，淘汰落后产能企业5家。

产城融合加速推进。创成省级经济开发区，完成东城核心区城市设计，启动智慧园区建设，实现东城新区5G信号全覆盖。

【主导产业】金属制品产业为遂昌县生态工业支柱产业。经过30年发展，遂昌县已经成为国内重要的金属制品生产基地。2005年，遂昌县被中国五金制品协会授予中国建筑五金产业基地。2020年，遂昌县金属制品特色产业基地入选科技部火炬中心第二批国家火炬特色产业基地。

2021年，遂昌县与武汉大学共建遂昌金属制品研发中心，开展新技术研究开发。依托遂昌金属制品产业创新服务综合体，全力构建产学研协同创新中心、企业技术创新中心、创新创业孵化中心等六大中心，与武汉大学、浙江大学等高校合作，建成中国航天科工集团增材制造技术创新中心浙南基地、遂昌县金属制品检测中心、向上创业园等9个公共服务平台。建成全省首个金属制品行业互联网平台。9月，遂昌县金属制品检测中心投入使用。

2021年，遂昌县有金属制品企业39家，从业人员近6000人，实现总产值188.7亿元，占全县规模以上工业产值的74.6%。

▲遂昌金属制品产业创新服务综合体大楼

【特色产业】特种纸、精细化工、竹木深加工、生态水电等为遂昌县生态工业特色产业。2021年，遂昌县有特种纸企业6家，年产值8亿元。浙江凯恩特种材料股份有限公司拥有全球最大的电解电容器纸生产基地，为国内特种纸行业的龙头企业。全县有精细化工企业16家，年产值20.5亿元；有竹木深加工企业3家，年产值3.4亿元；有石材（花岗岩）加工企业9家，年产值7.9亿元；有生态小水电110座。另有浙江遂昌金矿有限公司，黄金冶炼提纯技术国内领先，是全国黄金系统生产骨干企业。

▲浙江凯恩特种材料股份有限公司的“数字工厂”生产车间

2021年，遂昌县按照“先试点、再验证、后推广”的总体思路，分行业、分阶段推进制造业全链条智能化改造提升。其中第一批11家试点企业已通过验收，总投资额1.13亿元，第二批12个试点项目完成遴选和项目方案评审。建成全市首个绿色生物医药化工研发平台。

【新兴产业】数字经济、新材料、智能制造等为遂昌县生态工业新兴产业。遂昌县坚持引育并举、强化科技赋能，打造“天工之城·数字绿谷”科创平台，至2021年底，已引进20家头部型企业。遂昌县列入省级数字经济创新发展试验区创建名单，入选省级数字生活新服务样板县创建单位。

推进数字经济系统建设，梳理出核心业务场景62条，主要任务127条，门户搭建、任务拆解、核心业务梳理等均走在全市数字经济系统前列。加快推进“产业大脑+未来工厂”建设。“工业一张图”创新应用完成建设，“小微园智慧大脑”创新应用完成园区侧上线。浙江青初文化科技有限公司的数字还原技术的应用及产业化项目在2021年“创客中国”浙江赛区暨“浙江好项目”中小微企业创新创业大赛总决赛中获全省三等奖。

▲6月9日，8家数字经济企业签约入驻“天工之城·数字绿谷”

【重点项目建设】2021年，全县新开工工业项目22个，新投产工业项目18个。其中，省重点技改项目——遂昌县金属制品产业园，总投资3亿元，厂房已开工建设。省重大产业项目预选类——浙江驰盛金属制品有限公司高端精密金属件研发生产线，主要生产紧固件、机械零件等高端精密金属件，总投资6.0亿元，项目于年底开工。省重大产业项目预选类——浙江壹佰科车业有限公司新能源电动自行车整装制造与动力总成项目，总投资7亿元，一期投资4亿元，拟建设新能源自行车整装改造、车架制造、高性能电机总成和力矩传感器制造、研发检测中心。11月9日，一期项目开工建设。

▲11月9日，浙江壹佰科车业有限公司新能源电动自行车项目奠基

【重大项目集中签约开工】3月31日，遂昌县举行2021年第一季度重大工业项目集中签约暨开工仪式。此次共有10个项目集中签约、12个项目集中开工，总投资分别为33亿元和20亿元，涵盖新能源、新材料、金属制品、环保智能、装备制造、生物医药等多个领域。县委书记张壮雄宣布开工，企业代表、县工业园区管委会作表态发言。

10月15日，2021年遂昌县重大项目“百日攻坚”大会战集中开工活动启动。本次集中开工项目共29个，总投资112.39亿元，2021年计划投资8.3亿元，涉及生态工业、城市更新、数字经济、基础设施、教育等多个领域。

【制造业高质量发展大会】9月24日，遂昌县制造业高质量发展大会暨新一轮制造业“腾笼换鸟·凤凰涅槃”攻坚行动推进大会召开。会议强调，要全面落实全省制造业高质量发展大会、全省新一轮制造业“腾笼换鸟·凤凰涅槃”攻坚行动推进大会部署要求，坚持生态工业“挑大梁”地位不动摇，全力推动遂昌制造业更好更快发展。会上，发布了《遂昌县推进生态工业和数字经济高质量绿色发展三十条》政策。元立集团、宇恒电池两家企业和县经济商务局、县工业园区管委会、市生态环境局遂昌分局作表态发言。（苏春东/文 章建辉/图）

重点工业企业

【浙江元立金属制品集团有限公司】2021年，浙江元立金属制品集团有限公司遂昌、衢州两地共有员工13000余人，企业效益创历史最高水平。全年实现销售收入488亿元，出口创汇3920万美元，上缴税收22.8亿元。其中，集团遂昌本部实现销售收入144亿元，上缴税收5.53亿元。2021年，浙江元立集团居中国民营企业500强榜单第338位；居中国制造业企业500强榜单第290位。

2021年，元立集团投资3亿元，在浙江新宏钢制品有限公司厂区内改建一条年产60万吨高速棒材生产线，该技改项目于5月动工建设，建成后预计年产值可达30亿元。

▲2021年，浙江元立集团投资改建高速棒材生产线

【浙江凯恩特种材料股份有限公司】前身为遂昌造纸厂，经过数十年发展，已成为国内特种纸行业的

龙头企业，全球第一大电解电容器纸生产厂家，拥有完全自主知识产权。公司于2004年在深圳证券交易所上市。

2021年，企业共有员工700余人，实现销售收入18.30亿元，比2020年增长18.03%。按行业分类，纸基功能材料销售收入13.29亿元，占总销售收入的72.62%。按产品分类，电气及工业用配套材料销售收入7.44亿元，占总销售收入的40.66%；按地区分类，国内销售收入17.8亿元，占总销售收入的97.27%。

【宇恒电池有限公司】成立于1999年，原为浙江凯恩电池有限公司，2020年改名。宇恒电池始终专注于镍氢电池、圆柱形锂电池、磷酸铁锂方形锂电池等各类可充电电池的生产及研发，产品广泛应用于小家电、电动工具、通信储能等细分领域，充电电池技术达到国际先进水平。宇恒电池下设两家子公司，分别是位于萧山区的杭州凯歌新能源科技有限公司和位于遂昌县的浙江宇恒新能源有限公司。宇恒电池是第一批国家专精特新重点“小巨人”企业。

2021年，公司共有员工近900人，实现产值4.3亿元。完成第一期数字化车间建设，生产效率和产能分别提高20%和30%，产品批量合格率从92%提升到99%以上，全自动生产线用工数降低70%，产品交付周期缩短20%。宇恒电池有限公司入选2021年度“浙江制造精品”名单。

▲宇恒电池公司的智能化生产车间

（苏春东/文 章建辉/图）

服务企业

【概况】2021年，遂昌县修订出台《推进生态工业和数字经济高质量绿色发展三十条》，以更大的力度、更低的门槛、更细的梯度营造更优的政策扶持环境，共兑现扶持资金8991万元。推进新一轮“腾笼换鸟·凤凰涅槃”攻坚行动，召开全县制造业高质量发展大会，对“腾笼换鸟”及高耗低效企业整治工作进行再部署、再落实。

以工业复兴提速战为抓手，建立指标体系、工作要点、投产项目3张清单。每月通过全县“挂帅争先”赛比榜进行排名，对全年规模以上工业增加值、上规模企业培育等重点指标进行细化分解，分阶段攻坚推进。启动精细化工、铸造、石材砂场专项行业整治，完成“低散乱”企业整治32家，对16家企业进行清洁生产审核。全年出让工业用地28宗40.55公顷，其中新开发出让标准地29公顷，通过“腾笼换鸟”盘活用地11.93公顷。

建立重点企业梯度培育库，新增规模以上企业29家，亿元企业8家。积极开展企业申报工作，宇恒电池成为丽水唯一一家国家级重点支持的专精特新“小巨人”企业，开启股改上市新征程，荣凯科技等5家企业获评省级专精特新中小企业。

【“企业码”专区开发应用】以“企业码”遂昌专区建设为载体，开发码上培训、码上政策、企业风采3个应用场景。8—11月，遂昌县企业码应用率居全市第一。开展精准服务企业专项行动。建立新驻企服务员制度，各驻企服务员结合部门职能，精准服务214家工业企业，工业企业覆盖率80%。全年梳理出125个企业问题，成功协调、解决121个问题，办结率96.8%。推进低压侧用电数据采集等重点工作，完成方案设置和企业摸排等前期工作。

【“亩均论英雄”改革】2021年，遂昌县完成对81家规模以上工业企业、88家规模以下工业企业的亩均效益综合评价。根据《遂昌县深化制造业企业资源要素优化配置改革实施意见》，叠加运用各类政策措施，实现资源优化配置。全县有 98 家规模以上工业企业、86 家规模以下工业企业，分别被评为四个类别，根据综合评价结果，实施资源要素差别化配置。启动“亩均论英雄”大数据平台系统建设。5 月，县经济商务局和县大数据和金融发展中心联合推出“遂亩保”金融产品创新试点，实施差别化金融激励机制，实现扩面增额度。

【给留遂昌过年的外地人员送春节礼包】1 月，遂昌县印发《关于切实做好春节期间工业企业疫情防控和鼓励留遂昌过节加班追产工作的通知》。通知要求，对符合条件的规模以上企业和拟上规模培育企业的加班员工，按照每天 50～70 元不等的标准给予补助。对春节期间留在遂昌过年的规模以上企业县外员工给予一次性每人 800 元消费券，还有旅游门票、流量包赠送。共有 600 余名县外务工人员留在遂昌过年，领取了春节礼包。

▲1 月 28 日，团县委志愿者向留在遂昌过年的外地员工发送春节礼包

【碳排放配额抵押贷款落地遂昌】12 月底，中国银行遂昌支行向浙江凯恩特种材料股份有限公司发放碳排放配额（CEA）抵押贷款 30 万元。这是全国碳排放权交易市场启动后，丽水市落地的首笔碳排放配额抵押贷款。碳排放配额抵押贷款是金融机构以生态环境部门核发的碳排放权配额为质押，向符合条件的市场主体发放的贷款。根据规定，此项贷款优先用于企业清洁能源、节能环保、碳减排技术等绿色项目和工业环保领域。

（苏春东/文 遂昌新闻网/图 ）

工业园区

【概况】2021 年，遂昌县工业园区完成规模以上工业产值 233.13 亿元，比 2020 年增长 46.26%。完成规模以上工业增加值 37.17 亿元，比 2020 年增长 20.67%。培育上规模企业 20 家，园区规模以上企业共 94 家，；培育亿元以上企业 7 家，园区亿元以上企业共 38 家；培育 10 亿元企业 1 家。兑现各类政策奖补资金 7638 万元。

全年完成固定资产投资 13.38 亿元，比 2020 年增长 44.88%。其中，民间投资 10.76 亿元，比 2020 年增长 45.97%；政府性投资 2.62 亿元，比 2020 年增长 40.54%。16 个重大项目开工，总投资约 21.78 亿元，13 个重大项目竣工，总投资约 10 亿元。争取各类债券 2.4 亿元，为渡客公寓、滨水城市客厅、大桥至洋浩道路工程等重点项目提供资金保障。

全年合同引资生态工业项目 20 个，其中亿元以上项目 14 个（10 亿元以上项目 3 个），完成合同引资 82.05 亿元。引进各类人才 604 人。遂昌县人力资源产业园建成运行，为企业引才招工和群众就业提供“一站式”双向服务。成立遂昌县生态工业双招双引服务中心，实现涉企事项在园区就地办理。

1 月，2020 年第二批省重大产业清单公布，遂昌县有 3 个项目入选，总投资 63.68 亿元。3 个项目分别为：“天工之城·数字绿谷”项目、高端精密金属件研发生产项目、丽水新能源电动自行车车辆整装制造与动力总成项目。2021 年，遂昌县中小企业孵化园获评省四星级小微园。

【浙江遂昌经济开发区获批成立】12 月 31 日，浙江遂昌经济开发区获省人民政府批复成立，填补了遂昌县无省级经济开发区的空白，标志着遂昌县生态工业发展进入了新时期。开发区规划面积 13.5 平方千米，其中城东区块13.03平方千米，四至范围：东至龙板山工业园区环一路、南至溧宁高速公路、西至妙高街道牡丹亭路、北至县道617线；城西区块0.47平方千米，四至范围：东至成屏溪、南至妙高中心敬老院、西至环城西路、北至源古路。开发区的定位是：围绕产业高端化、数字化发展方向，全面构建以数字经济为引领，以智能装备、新材料为主导，制造与服务融合发展的现代生态工业体系。

▲遂昌经济开发区城东区块

【平台拓展】谋划实施龙板山二期、连头矿地综合开发、东城新区核心区块开发前期工作，开展3个区块的控制性详细规划编制工作，规划面积约5.64平方千米，为产城融合建设、项目招大引强提供保障。全年出让工业用地34宗，总面积67.8公顷，其中新增出让面积40.2公顷。加快闲置厂房和低效用地再开发，完成“腾笼换鸟”面积27.6公顷，其中收回原粤昌置业公司土地面积13.1公顷。

【产城融合】实施亮化绿化美化工程，新建园区道路照明20千米，布置路灯1930盏。完成上江、金岸老园区环境整治和小金线立面改造，完成连直线和龙板山主要道路绿化景观提升。渡客公寓投入使用，滨水城市客厅项目顺利推进，填补东城新区商业综合配套设施空白，古亭小区二期完成安置选房299套。遂昌县金属制品检测中心投入使用，金属制品企业实现产品“家门口”检测。工业物流园完成土地摘牌及规划设计。

【金属级3D打印多功能平台投入使用】2月，中国航天科工集团增材制造技术创新中心浙南基地投入试运营。该基地为中国航天科工集团159总厂、浙江省经信厅、遂昌县三方合作的公共服务平台，是增材制造技术创新中心首个金属3D打印的多功能平台。平台经营服务范围包括金属3D打印、航天军工订单分派、青铜器三维再造打印、佛道塑像等复制，包括新产品个性化定制和其他民俗产品的打印等。依托该平台，3D打印技术向遂昌周边的县、市技术输出，服务浙西南、浙南区域的企业。

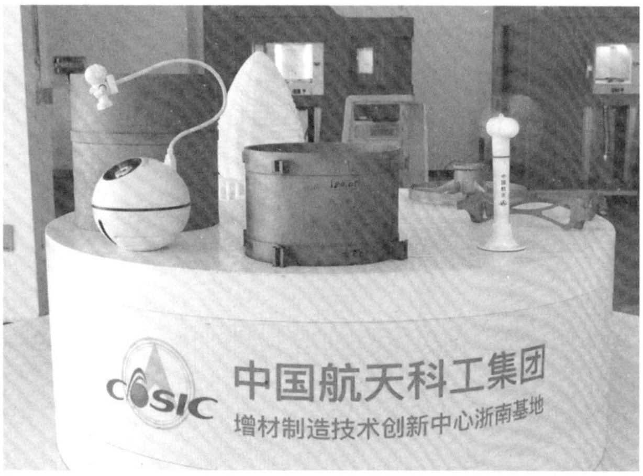

▲2月，中国航天科工集团增材制造技术创新中心浙南基地金属3D打印的部分产品

【生态工业双招双引服务中心启用】5月20日，遂昌县举行生态工业双招双引服务中心揭牌仪式。遂昌县生态工业双招双引服务中心位于云峰街道湖边村，重点承担涉企服务、综合指挥和行政执法、招投标管理等功能。服务中心启用后，遂昌县12个涉工职能部门的50多名业务骨干进驻办公。揭牌仪式上，杭州诚和创业投资有限公司与遂昌县金融控股集团签订新能源电动自行车项目定向基金协议（一期），该项目投资基金总规模1050万元。

【遂昌人力资源服务产业园开园】6月28日，浙江丽水（遂昌）人力资源服务产业园正式开园。产业园坐落于云峰街道工业区块，占地2600平方米，是丽水市首家县级层面的人力资源产业园。产业园的建成，为企业引才招工和群众就业创业提供“一站式”双向服务。首批有来自省内外的 11 家人力资源服务机构入驻。开园仪式上，与会人员观看了遂昌县“人才新政”宣传片，入驻公司代表分别作表态发言；县工业园区管委会和丽水优鸿企业管理有限公司签订产业园运营协议。

▲6 月 28 日，浙江丽水（遂昌）人力资源服务产业园正式开园

【渡客公寓投入使用】8 月，位于云峰街道洋浩口的渡客公寓投入使用。渡客公寓占地面积 16800 平方米，拥有 196 间公寓房，配套餐饮娱乐、超市、酒吧、停车场等服务业态。渡客公寓面向遂昌企业配租，租金相对低廉，不但降低了企业用工成本，也极大改善了企业职工住宿和生活需求。公寓的房型分为两室一厅、一室一厅、单间、标间，价格分别为每月 2800 元、1800 元和 650 元。公寓内生活设施全部统一配置，设备齐全，可以拎包入住。

▲8 月，遂昌县渡客公寓投入使用

【金属制品检测中心投入运行】9 月，遂昌县金属制品检测中心完成所有硬件建设，正式投入运行。检测中心位于遂昌—诸暨“山海协作”产业园，内设接待大厅、办公区、实验室等功能区块，配备氧氮氢分析仪、直读光谱仪等 6 台（套）进口设备和 3 台（套）国产冲击试验机、拉力试验机。设备总价值近 300 万元，具备力学性能、金相组织、化学分析等检测能力。至此，遂昌县金属制品企业在“家门口”就能进行产品检测。

【东城环境综合整治】2021 年，县工业园区管委会作为牵头单位，负责东城新区及周边区域环境综合整治的组织、综合协调工作。为此，园区管委会贯彻落实《遂昌县花岗岩矿山企业、制砂企业、石材加工企业、建设工地整治提升指导意见》要求，联合相关部门，加强对矿山、制砂企业、在建工地的监管，建立长效机制。累计下发责令整改通知书 25 份、问题交办单 13 份，完成整治工作动态专报 30 期。配合县城市管理“百日攻坚”集中整治领导小组的工作，整改、回复交办任务 10 项。

（李菊青/文 遂昌新闻网/图）

电 力

【概况】2021 年，国网遂昌县供电公司售电量 12.32 亿千瓦时，比 2020 年增长 17.44%。实现营业总收入 6.81 亿元、利润 257.58 万元。全年完成固定资产投资 6021 万元，其中电网投资 5253 万元，占固定资产投资的 87.24%。公司职工劳动生产率 65.43 万元/人·年。当年电费回收率 100%。截至 12 月 31 日，连续安全日数 5909 天。

【电网发展】编制县域“十四五”高弹性配电网规划，固化 2022—2024 年规划项目 82 个。打造具有山区特色的新型电力系统，协助完成 220 千伏汤公变电站可研编制，落实 110 千伏古院变电站用地指标和 35 千伏湖山变电站、神龙变电站站址方案。召开全县电网建设工作推进会，深化“乡镇主体、站所先行、专班攻坚”的政策处理模式，有效解决一批重点项目政策处理难题。全年新建及改造10千伏线路164千米，新增及改造配电变压器70台，容量2.848万千伏安。探索“零碳经济”发展模式，促成县政府与国网新源公司、省实业总公司签订抽水蓄能项目、绿色能源项目战略协议。布局光伏产业，成立新能源事业部，全年完成分布式光伏投资2.8兆瓦，总投资1143.6万元，承建光伏项目7.47兆瓦，预计总收益330万元。

【生产管理】完成4座35千伏变电站和13条10千伏线路综合检修、6条线路防雷改造、10条高故障线路治理，配合市供电公司完成220千伏遂昌变电站和110千伏石练变电站综合检修。年度带电作业突破1000次。编制FA（馈线自动化）功能建设三年计划，编制128条线路自动化建设方案，新增合闸速断FA功能线路14条，安装智能融合终端275台。安装北斗智能开关，完成配网行波型故障预警与定位装置调试，实现故障定位准确率100%。完成2条线路无人机自主巡航三维建模，构建可视化运维活地图。 安排调度停电计划1253项，发布风险预警单27张。2021年，电网最高负荷两次破历史纪录，最高负荷达到22.07万千瓦。

▲8月12日，遂昌县供电公司使用带电作业机器人开展带电作业

【电力服务】完成客户受电“三指定”专项治理自查。宣传“办电e助手”等增值服务产品，完成推广1.55万户，智能缴费6144户。“电e贷”授信企业395.64万元，“电e票”贴现缴费5万元。打造新时代乡村振兴电气化村5个。基于快速柔性算法的新型动态电压恢复装置被省供电公司评为“首台首套”称号。全省率先投运基于5G软切片技术的分钟级负荷响应控制终端。实行小水电上网峰谷时段调整，安装负控终端152台。制定六级7万千瓦有序用电方案，构建三级4.9万千瓦用电需求响应资源池，总量位居全市第一。建设湖山乡数智化供电所，实现42类业务工单化。北界镇供电所获评省五星供电所，湖山乡供电所、云峰街道供电所创建省供电公司“五小”供电所示范点。

▲9月，全省首个基于5G软切片技术的分钟级负荷响应控制终端在遂昌投入运行

（供电公司 文/图）

贸易和服务业

【概况】2021年，遂昌县通过政府补贴、发放消费券、企业免税等方式促进消费，扩大内需，消费市场稳步恢复。全社会消费品零售总额71.96亿元，比2020年增长21.4%，增幅居全市第2位。按销售地区分，城镇零售47.66亿元、乡村零售24.30亿元。按消费形态区分，餐饮收入21.37亿元、商品销售50.58亿元。受国内外新冠疫情影响，2021年，遂昌县进出口总额15.64亿元，比2020年下降8.8%。其

中出口总额 14.44 亿元，比 2020 年下降 8.9%。

2021 年底，遂昌县有餐饮服务单位 1190 家。其中企事业单位食堂 129 家、养老机构食堂 9 家、大中型餐饮单位 65 家、小型餐饮单位 377 家、小餐饮店 541 家、小微餐饮 69 家。

2021 年底，遂昌县有服务业市场主体 19155 户，其中个体工商户 14565 户、企业 4590 户。全年新增服务业企业 2585 家、个体工商户 2419 家。全县有宾馆 62 家、酒店 81 家、农家乐 747 家。有物流类市场主体 713 家，其中个体工商户 592 家。全年新增物流类企业 33 家、个体工商户 220 家。

2021 年底，全县有农贸市场 4 家，其中城区农贸市场 3 家（府前、西街、龙潭）、乡村农贸市场 1 家（北界）。完成“五化”改造农贸市场 2 家（府前、西街），放心农贸市场覆盖率 100%。4 家农贸市场全年总交易额约 2.5 亿元。

全县建成餐饮“阳光厨房”220 家，“浙江外卖在线”激活商户 202 家，商家覆盖率和视频在线率分别达到 80%和 90%以上。年内，完成了 200 余人次的业务培训和 60 多家次视频异常整改工作。

▲遂昌县“五化”农贸市场——府前菜市场

【国内贸易】2021 年，遂昌县统筹疫情防控与经济社会发展大局，出台系列政策刺激消费市场，国内贸易持续向好。社会消费品零售额比 2020 年增长 36.5%，批发业销售额比 2020 年增长 38.7%，餐饮业营业额比 2020 年增长 49.9%，住宿业营业额比 2020 年增长 51.5%。

全县限额以上社会消费品零售总额为 4.66 亿元，比 2020 年增长 31.9%，增幅居全市第 2 位。限额以上批发业销售额比 2020 年增长 34.8%，限额以上零售业销售额比 2020 年增长 33.4%，限额以上住宿业营业额比 2020 年增长 27.4%，限额以上餐饮业营业额比 2020 年增长 48.1%。

【对外贸易】2021 年，遂昌县积极鼓励企业参加线上线下展会、云直播培训等，包括第 30 届中国进出口商品交易会（广交会）、第 4 届中国国际进口博览会等大型展会。加大对企业参展的补助。与丽水海关共建遂昌县进出口产品公共检测服务平台，为进出口企业送检的产品提供免费检测服务。加强出口信用保险支持，与中国出口信用保险公司签订“政府联保”合作协议，为小微出口企业提供更优质的服务，增强企业风险防范及风险抵御能力。

受国内外新冠疫情影响，2021 年遂昌县进出口总额 15.64 亿元，比 2020 年下降 8.8%。其中出口总额 14.44 亿元，比 2020 年下降 8.9%。

【电子商务】2021 年，遂昌县实现电子商务网络零售额 24.8 亿元，比 2020 年增长 10%。网络零售额相当于社会消费品零售总额比例的 32.3%。遂昌县获评国家电子商务进农村综合示范县。

出台《遂昌县加快电子商务发展若干政策意见》，推动电子商务物流、品牌、平台、服务提档升级，探索具有山区特色的电商+产业振兴模式，打造“遂昌农村电商模式 2.0”。建成 9 个乡镇物流中心、120 个村级服务站，实现汽车邮路遍及全县。

与北京字节跳动公司签订战略合作协议，在湖山“天工之城·数字绿谷”建成全国首个县域字节乡村孵化中心，谋划开展新媒体事业培训、短视频创作峰会、平台电商论坛等活动。与京东集团签订战略合作协议，开展数智遂昌建设合作项目。

6 月 23 日，2021 遂昌县农业产业电商人才培训班在县农业农村局开班，100 多名学员参加。9 月 2 日，2021 遂昌县民族乡村新媒体直播培训班在妙高街道东峰村开班，50 余名学员参加。9 月 14 日，遂昌县2021年电子商务师（中级）培训班在县委党校开班，50多名学员参加。

▲9月，遂昌县举办民族乡村新媒体直播培训班，农村电商达人直播分享深山野蜂蜜

【数字物流中心建设】为解决快递进村“最后一公里”和农产品上行“最初100米”两大难题，遂昌县启动数字乡村物流中心（农村三级物流体系）建设，打造全国第一套邮政与快递公司自动化混合分拣系统。遂昌县数字乡村物流中心位于妙高街道上江村，占地面积2800多平方米，设201个快递分拣口，对应全县201个行政村，不同快递的派件落入同一个分拣口，再由邮递员带着所有快递件进村代派，返程时将村民的快递件带回寄出。以遂昌县全年880万件快递收件量计，数字物流中心一年可为快递公司减少240万元人工成本。7月开通试运行。

▲7月15日，遂昌县数字乡村物流中心自动分拣线试运行（苏春东/文 章建辉/图）

粮食收储

【概况】2021年，遂昌县粮食总产量5.45万吨，比2020年增长14%。全年未发生种子违法案件。遂昌县中心粮库储备粮食规模达1.422万吨（其中新增储备720吨），储备成品油50吨。全年本地“订单粮食”收购数量280吨，比2020年增长129.4%，储备晚稻比例71%，储备晚稻米比例100%。全年新增采购应急物资11638件，总价值14.81万元，有效应对县域范围内应急生活物资保障供应。

【维护粮油市场稳定】2021年，全县新建25家粮油应急供应网点、4家粮食应急加工点，日加工粮食能力达到74吨。11月初，把250吨应急周转成品粮落实到符合条件的8家粮食加工企业、粮食批发零售经营店。同2家粮油企业签订包轮换协议，减少粮油轮换损失。推进粮食电子联网交易，辖区内粮食企业通过杭州国家粮食交易中心、淘宝网等互联网平台交易，扩大粮食购销范围和数量。推行粮食行业“双随机、一公开”监管办法，建立粮食企业信用监管制度体系。全县设置粮价监测点9个，每周上报监测点的粮油销售量和价格变动情况，发挥粮食储备应急职能，平抑粮价市场波动。

（李光辉）

能源管理

【概况】2021年，遂昌县全社会用电量12.47亿千瓦时，比2020年增加1.73亿千瓦时，增长16.11%。规模以上工业企业原煤消耗量3.42万吨、用电量7.63亿千瓦时、天然气消耗量9876万立方米、生物燃料消耗量2152吨标准煤、燃油（汽油、柴油、燃料油）消耗5725吨。规模以上工业企业综合能源消费量（等价值）为36.46万吨标准煤，单位工业增加值能耗为0.74吨标准煤当量/万元。

2021年，遂昌县新建天然气市政中压管道16千米，新增天然气工业用户5家、公建用户1家、居民用户788户。累计建成天然气市政中压管道约60千米、通气工业用户42家、公建用户10家、居民用户2389户。

2021年，遂昌县新增光伏电能装机容量2.02万千瓦，累计发电并网8.67万千瓦。新建公共充电桩80个，累计建成充电桩158个。

【天然气入户三年行动】该项目被列为遂昌县2021年度十大民生实事项目，总投资2000万元，计划3年内新建天然气管道35千米，新增老小区天然气配套用户3000户，新小区通气用户3000户。2021年完成管道建设16千米（涉及凯恩路、园丁路、君子路、南门路），老小区天然气入户705户（涉及银泰小区、青云小区、叶坦区块、园丁路区块、南门路区块），新小区通气716户（涉及牡丹亭苑、御景园、华鸿锦园、名都花园、古院安置小区、相圃家苑、锦绣城），全面完成年度任务。

▲2021年，县天然气公司进小区开展宣传

（叶益剑 文/图）

供销合作

【概况】2021年，遂昌县供销合作联社持续深入推进"三位一体"农合联改革，不断拓宽为农服务新领域，提升为农服务综合能力，盘活资产发展社有经济，对接"山海协作"农产品消费扶贫。完成遂昌县中药材产业农合联规范化建设，为遂昌县第3家经认定的规范化农合联。

开展7期以农作物放心工程为主题的新型职业农民培训，全县专业合作社、家庭农场、种植大户等300多人次参加培训。培训涉及竹产业、箬叶采摘加工、猕猴桃种植、新型化肥农药使用等内容。

2021年，县供销社提早谋划，实现肥料库存量3173吨，农药库存量81吨，完成政府下达的1600吨淡季化肥储备任务。9月，联合县农业农村局对遂昌县供销社电子商务公司、遂昌县新兆丰农资公司进行实地检查，两家公司化肥库存2110吨，农药库存6.8吨，超额完成应急农资储备任务。

【浙南箬叶市场建设】2月，县供销社直属企业收购县工业园区大桥区块停业厂房，用于建设浙南箬叶市场。该项目集箬叶收购、冷藏、烘干、分选、储存、交易于一体，占地总面积8232平方米，总投资1800多万元。至年底，一期冷库项目已建成投入使用。浙南箬叶市场全面接入数字化系统，安装数据显示大屏，集作业流程管理、市场数据分析、产品溯源监测于一体，实现箬叶市场仓储智能化、科学化、精准化管理。年底，浙南箬叶市场二期冷库项目向社会进行公开招投标。

▲9月，浙南箬叶市场内农户分拣包装箬叶

【流动供销致富车服务】2021年，遂昌县以"浙丽供""浙丽产""浙丽销"为服务品牌，打造流动供销致富车服务模式。县供销社组建了17辆流动供

销致富车送物资下乡，遍及96个行政村。其中“浙丽供”8条运营服务线路覆盖西畈、濂竹、垵口、蔡源4个乡；“浙丽产”农资运营服务线路覆盖柘岱口、濂竹、垵口、王村口4个乡镇；“浙丽销”农产品销售服务线路覆盖垵口、濂竹2个乡。通过运营流动供销致富车，全县农资和消费品产、供、销一体化服务体系全面建立。

▲2021年，遂昌县流动供销致富车送农资和消费品下乡，遍及96个村

（罗正阳/文 章建辉/图）

烟草专卖专营

【概况】2021年，遂昌县烟草专卖局（分公司）完成卷烟批发销量1.02万箱，实现卷烟批发销售额4.63亿元，比2020年增长6.06%。实现单箱结构4.54万元，比2020年增长6.59%。实现经营毛利润1.30亿元，比2020年增长6.7%。

全县“香溢购”使用面99.94%，“香溢通”使用面32.52%，成立“香溢坊”互助小组93个，零售户“钉钉”App安装率87.2%，发展“香溢家”消费者会员64780个。

遂昌县烟草分公司完成创新成果8项，获省二等奖1个、三等奖1个，获市级平台荣誉5项。一名员工参与省烟草公司“香溢源代码组”工作，业绩突出受到省烟草公司表彰。另一名员工被吸收进青蜂融媒体工作室，受到市烟草公司表彰。

【品牌培育】通过企业老板自发成立的“香烟俱乐部”等载体，稳定定制烟消费群体。全年定制卷烟支付宝结算占比85.13%，位居全市第一，“云端”系列遂昌自营店销售数据领跑全市。定制品牌烟培育工作获省烟草公司领导肯定，在全省“浙里云起品牌培育”评比中夺取“明星团队”“明星客户经理”两项大奖。

加强烟草专卖零售许可证管理，推行“一网通办”，实现网上办证率100%。至年底，全县烟草专卖许可证数量较年中（1731户）减少26户，专项治理工作成效明显，减少量位居全市第一。

【打假破网】利用大数据开展分析研判，以违法违规为监管重点，强化对真烟非法流通的智能化监管和假私卷烟的智能化治理。全年查获涉烟违法案件126起，涉案卷烟9882.7条。其中，查获省外流入卷烟1717条，比2020年增长65.13%，查获流出省外卷烟16条。

加强与公安部门协作，实现多节点、跨空间联动式执法。2020年“3·17”非法经营卷烟案被认定为三级国标网络案。2020年“12·04”非法经营卷烟案已抓获嫌疑人3人，判刑2人，刑拘1人，案件处于进一步侦办阶段。

【首张向未成年人销售电子烟罚单】6月30日，县烟草专卖局接举报，辖区内某电子烟实体店向未成年人销售电子卷烟。县烟草专卖局立即联合县公安局、县市场监督管理局对该电子烟实体店开展联合检查。经调查取证，该电子烟实体店销售人员未履行身份查验义务，向某中学学生违法销售电子烟烟杆1支、烟弹3枚。8月4日，县烟草专卖局开出罚单，责令电子烟实体店限期改正，给予警告，没收违法所得179元，并处罚款3000元。这是浙江省开出的首张向未成年人销售电子烟罚单。

【守护未成年人免受电子烟侵害】8月，县烟草专卖局小分队赴遂昌中学，为1000余名学前军训的高一学子，送上了一堂关于“保护未成年人免受电子烟侵害”专题课。专题课向同学们介绍了电子烟的概念、吸食电子烟的危害，就未成年人如何保护自身免受电子烟侵害做了细致讲解。烟草专卖执法人员向广大师生发出了《致全体未成年人关于保护自身免受烟侵害》的公开信。

▲8月，县烟草专卖局执法人员在遂昌中学作“免受电子烟侵害”专题讲座

【无证销售卷烟受处罚】11月15日，县烟草专卖局执法人员在遂昌县民族中学对面工地上，查获周某萍在未办理烟草专卖零售许可证和营业执照的情况下，违法从事烟草制品零售经营活动，现场查获红双喜、利群、黄果树等烟草制品15种16条，均为真品卷烟。经查明，这些卷烟是周某萍从上门推销的不明人员手中购入的，无法提供进货单据和销售记录，可确定的卷烟总销售价为2426.1元。因涉嫌无证销售卷烟，县烟草专卖局依法对周某萍作出罚款800元的行政处罚。（王俊杰 文/图）

金 融

综 述

2021年，遂昌金融业银行机构贯彻执行稳健适度的货币政策，沉着应对新冠疫情对经济金融造成的影响，深化金融服务，优化信贷结构，出台减费让利政策，加大资金投入，保障企业实体合理融资需求，实现各项业务平稳增长，有效支持了县域经济发展。

2021年，遂昌县有金融监管机构2家、银行机构11家、保险机构17家、证券机构2家。年末各银行机构本外币存款余额301.59亿元，比年初增加57.60亿元、增长23.60%。本外币贷款余额238.98亿元，比年初增加53.17亿元、增长28.61%。存贷款增幅均居全市第一位。不良贷款率0.30%，存贷比79.24%。全年保费收入4.57亿元，比2020年增加0.18亿元，增长4.10%。各类理赔和给付1.55亿元，比2020年减少0.03亿元，减少1.90%。2家证券机构全年交易量583.00亿元，比2020年减少124.12亿元。（唐少景）

2021年末遂昌银行业本外币存贷款情况统计表

表9 单位：万元、%

机构	各项存款				各项贷款	
	各项存款		其中：储蓄存款			
	余额	同比	余额	同比	余额	同比
工商银行遂昌支行	345058	21.10	93540	21.27	215173	33.25
农业银行遂昌支行	425104	40.50	99433	4.95	372404	55.00
中国银行遂昌支行	274618	27.64	57371	22.67	219482	10.36
建设银行遂昌支行	353550	16.86	111567	7.63	344081	33.73
遂昌农村商业银行	996407	17.81	695062	19.74	810334	26.18
邮储银行遂昌支行	230131	16.27	191744	9.26	107560	11.87
稠州银行遂昌支行	142541	27.89	108947	13.81	84316	33.65
泰隆银行遂昌支行	78072	8.14	53628	15.53	93647	22.67
遂昌富民村镇银行	132290	23.23	108732	24.15	122956	10.35
宁波银行遂昌支行	38057	—	4191	—	19834	—
全 县	3015882	23.60	1524215	17.81	2389787	28.61

人民银行遂昌县支行

【概况】2021 年，中国人民银行遂昌县支行深入名单企业开展调研，做好专项再贷款续贷，对 7 家名单企业落实续贷资金 5947 万元，为 175 户复工复产专用额度到期企业办理续贷 3655 万元。督促法人机构加大信用贷款投放力度，对申请延期还本付息企业“应延尽延”。两家法人机构运用信用贷款支持政策发放信用贷款 5.38 亿元，运用延期还本支持政策发放贷款 6.85 亿元。法人机构获免息资金 9803 万元，获奖励 576.47 万元。引导银行机构加大对小微企业、个体工商户纾困帮扶力度。全年发放支持小微企业专项再贷款 3000 万元，支持 55 家小微企业，平均利率 4.32%。

开展融资畅通“三张清单”“首贷户”拓展等专项行动。全年新增小微企业首贷户 435 户，发放贷款 16.15 亿元。推进“贷款码”快速落地，推动小微金融服务扩面、提质、增效。通过“贷款码”对接普惠小微企业 821 户，发放贷款 11.03 亿元。牵头召开帮企恳谈会、银企洽谈会，9 家银行机构现场对企业授信 2.8 亿元。

开展拒收现金和非法使用人民币图样专项整治，改善人民币流通环境。实现 ATM 可取小面额纸币全覆盖。加强反假币工作，规范假币收缴。建设公园路延伸段移动支付示范街区，设立示范商户 24 户。规范个人账户开立和使用，推广非居民身份信息联网核查，完成备案类业务 3670 笔，核准类业务 503 笔。

【创新金融服务】以“生态抵（质）押贷”“两山信用贷”为载体，探索生态产品价值实现路径。年末，全县金融机构“生态抵（质）押贷”贷款余额 31.23 亿元，比年初增加 7.13 亿元；“两山信用贷”贷款余额 1.43 亿元，比年初增加 1.02 亿元。

指导中国银行遂昌支行创新绿色低碳信贷产品，以核发碳排放配额（CEA）抵押，向浙江凯恩特种材料股份有限公司发放全市首笔 CEA 抵押贷款 30 万元。指导遂昌农商银行探索农业产业链金融服务新模式，推动“智慧茶城”项目落地，解决茶农茶商交易、融资困难。至年末，“智慧茶城”平台累计交易金额和茶产业链贷款双超 7 亿元。联合县委组织部、县农业农村局、县财政局制定《遂昌县发展村级集体经济贷款指导意见（试行）》，创新推出“富村贷”产品，95 个村通过“富村贷”获得贷款 6318 万元。建立“金融伙伴”服务机制，优化对新型农业经营主体的金融支持，全年走访“金融伙伴”91 次。至年末，“金融伙伴”贷款余额 1.93 亿，比年初增加 3245 万元。

【金融支农惠农】引导金融资源向“三农”领域倾斜。至年末，全县林权抵押贷款余额 7.79 亿元，农房抵押贷款余额 5.36 亿元，土地流转经营权抵押贷款余额 0.72 亿元。加大对“三农”的信贷支持，年末，全县涉农贷款余额 171.58 亿元，比年初增加 31.91 亿元，增长 22.85%。全县农户贷款余额 82.17 亿元，比年初增加 12.77 亿元，增长 18.41%。

推进乡村振兴金融服务站建设，推进金融服务站与农村电商、村级邮递、基层政务合作共建和资源共享。完成金融服务站数字化改造 151 家，其中 91 家加载“两山”功能，建成综合型金融服务站 176 家，全部配备智能 POS 机和受理移动支付。向全县农民发放绿色惠农卡 5.5 万张，布放刷卡机具 136 台，实现 20 个乡镇（街道）全覆盖，累计受理补贴资金 4500 余万元。

【维护金融生态环境】2021 年，中国人民银行遂昌县支行通过现场核查、信贷增长监测等措施，落实和加强房地产贷款集中管理。年末，全县各银行房地产贷款余额 40.93 亿元，比 2020 年末增加 5.36 亿元、增长 15.08%，增速低于各项贷款增速。联合县公安局召开金融机构打击电信诈骗专题会议，开展现场暗访和督查，通报涉案账户情况，持续打击和治理电信诈骗。开展存量账户排查和涉案银行卡倒查，深挖案件线索，向公安部门移交线索 4 起，关注线索 1 起，推动反洗钱工作。

【履行经理国库】2021年，中国人民银行遂昌县支行办理国库业务36.88万笔226.85亿元。其中，预算收入25.14万笔72.19亿元，预算支出3.99万笔118.31亿元，退库1.5万笔2.15亿元，更正0.01万笔4.97亿元，其他6.24万笔29.23亿元。实现全市首次跨省异地电子缴税，办理跨省异地电子缴税业务6笔1762.18元。

【信用体系建设】推进“四信”（评信、增信、用信、护信）创建，创建县级信用村3个。推动金融机构与政府部门合作，推出“遂心分”联名卡，根据个人履约能力、遵纪守法、社会公德、村级治理特色等情况进行赋分，用户根据积分享受乡村普惠金融服务。全年发卡715张，为446户村民提供授信5218万元。推广使用丽水信用信息服务平台，全县金融机构利用平台查询1.62万次。开展征信体系建设试点，采取贷款到期不续贷措施2人，降低授信额度2人。优化窗口征信服务，全年提供个人信用报告查询8542次，企业查询358次。

▲11月，遂昌县金融机构推出遂心分联名卡，为乡村用户提供普惠金融服务

（唐少景 /文 遂昌新闻网/图）

银保监会遂昌监管组

【概况】2021年，中国银行保险监督管理委员会丽水监管分局遂昌监管组引导银行、保险机构加强监管引领，落实疫情后复工复产、减费让利政策。制定《遂昌县银行保险业推动监管政策落地，服务实体经济发展行动方案》，推动银行业落实无还本续贷、延期还本付息等政策落地，强化小微及制造业企业信贷支持。年末，各银行制造业贷款余额41.1亿元，比年初增加7.18亿元，增长21.15%，贷款年平均利率降至4.2%。

组织银行、保险机构开展金融“三服务”“百行入万企”活动，牵头召开民营企业座谈会，解读经济金融政策，开展银行信贷产品集中宣讲，让银行与企业面对面交流。2021年，企业“首贷”增加269户，获得率显著提高。

引导各银行机构合理、均衡做好房地产金融业务，促进城镇化建设，维护房地产业平稳发展。发放“大搬快聚”工程贷款5.24亿元。开展开发商监管账户资金排查，规范账户资金使用，防范行业金融风险。年末，全县房地产贷款余额39.44亿元，比年初增加4.12亿元，其中按揭贷款37.18亿元，比年初增加4.86亿元。

支持和推进各银行机构处置不良资产，防范化解信用风险，守牢不发生区域性金融风险底线。全年，各银行机构处置不良资产7074万元，其中两家法人机构处置不良贷款4868万元。

【数字化金融】引导银行机构对接遂昌县数字化产业建设，打造数字化金融新格局。制定《遂昌县银行保险业支持新经济发展行动方案》，推动金融服务“天工之城·数字绿谷”、数字茶叶园等重大项目建设。支持专精特新企业发挥知识产权价值，解决高新技术企业抵押难题。浙江泰隆商业银行遂昌支行作为全市唯一试点银行，探索知识产权质押线上办理。至年末，全县知识产权质押贷款余额1.40亿元。助力引进人才创新创业，全年发放“人才e贷”贷款2770万元。

【“最多跑一次”改革】推广应用浙江金融综合服务平台，通过“浙里办”App“掌上贷”模块，企业端线上查找信贷产品并申请贷款，银行端在线受理。

受理后，通过数据库查询企业工商信息，实现信息多方共享，融资线上对接办理。实行抵押贷款与不动产登记协同办理机制，实现贷款抵押登记全程“网上查、网上办”。至年末，各银行通过平台为企业办理融资业务 830 笔，授信额 17.78 亿元，线上不动产抵押登记 4794 笔。

【“智慧茶城”建设】推动遂昌农商银行在全省率先建设茶产业链线上实时交易系统——“智慧茶城”项目，通过“丰收互联”App 及线下智能 POS 机交易，实现茶农采摘、售卖，茶商加工、批发、销售等环节线上实时结算，监测资金流向，构建茶产业交易信息数据库。以此为依托，掌握茶农、茶商信用情况，实现信贷需求精准对接、信用风险有效防范。全年，对茶农、茶商发放茶产业相关贷款 2054 笔、金额 3.49 亿元。

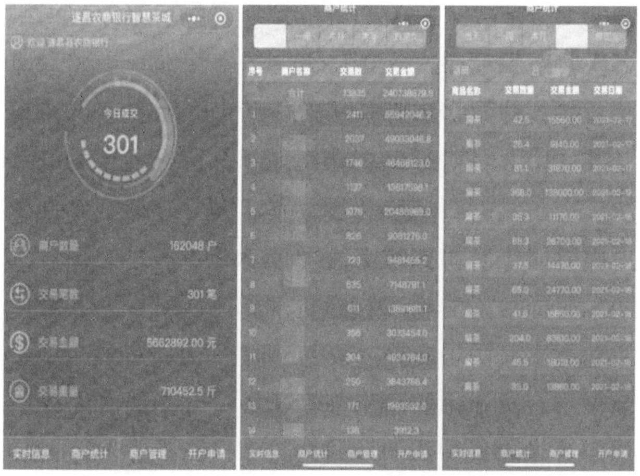

▲遂昌农商银行“智慧茶城”交易系统界面

【金融下沉服务】引导各银行机构下沉服务，为偏远群众提供普惠金融服务，打通金融服务“最后一公里”。全县建成普惠金融服务站（点）283 家，其中：遂昌农商银行助农取款点及“丰收驿站”137 家，稠州银行遂昌支行金融服务站 23 家，中国建设银行遂昌支行“裕农通”服务点 65 家，中国农业银行“惠农通”服务点 52 家，邮政储蓄银行服务点 6 家。遂昌农商银行选派 70 名业务骨干，担任 71 个行政村和 12 家企业的“金融助理”，经常性开展走访、培训等，提供资金支持村集体经济“消薄”。

▲4 月，遂昌县“金融助理”入企开展服务

【发挥保险保障作用】支持保险业机构创新保险特色产品，扩展保险保障功能业务。人保财险遂昌支公司为全县 1590 千米农村公路提供保险，2021 年理赔 220 万元。承保杂交稻制种面积 767 公顷，实现全县杂交稻制种保险全覆盖。对接林业部门推出野生动物肇事公众责任险，承担动物肇事后群众的人身财产损失。太平洋财险遂昌支公司与县农业农村局合作，创新农业保险地方特色险种试点，推出全省首单棘胸蛙养殖保险，2021 年理赔 50 万元。

（唐少景/文 遂昌新闻网/图）

银行机构

【农发行遂昌信贷组】2021 年末，中国农业发展银行遂昌县信贷组各项贷款余额 7.77 亿元，比年初增加 0.32 亿元，增长 4.24%。有各项存款余额 2.34 亿元，比年初增加 615 万元，增长 2.69%。

全年发放各类贷款 2.68 亿元。其中，发放粮食购销储备贷款 2465 万元，发放农业小企业贷款 300 万元，发放中长期涉农项目贷款 2.4 亿元，支持人居环境改善、路网建设等重点领域和薄弱环节，补齐农村基础设施短板。另外获批中长期涉农项目贷款 2 笔，授信 13.1 亿元。加强风险管理，开展案防教育学习、市场乱象整治“回头看”活动，夯实管理根基，强化内控合规垂直管理体系建设。

【工行遂昌支行】2021年末，中国工商银行遂昌支行各项存款余额34.51亿元，比年初增加6.01亿元、增长21.10%。各项贷款余额21.52亿元，比年初增加5.37亿元、增长33.25%。实现利润3509万元。存贷比62.36%。

加强对重点制造业、规模以上企业清单客户管理，做好目标客户和项目贷款营销，运用大数据及新产品优化贷款投放结构。全年项目贷款净增2.16亿元，制造业贷款净增0.93亿元，其中：普惠贷款净增0.65亿元，绿色贷款净增2.14亿元。加强对重点客户、房地产开发公司、重点国资公司、机构客户营销，加大产品渗透与覆盖面，拓宽对公存款增存渠道，新增重点公司存款1.93亿元。

【农行遂昌支行】2021年末，中国农业银行遂昌县支行各项存款余额42.51亿元，比年初增加12.25亿元、增长40.50%。各项贷款余额37.24亿元，比年初增加13.21亿元、增长55.0%。实现利润4246万元。存贷比87.60%。

实施贷款项目拉动，介入南街区块拆迁、未来社区建设等重点项目，发放贷款8.5亿元。持续开展普惠金融业务，加大对小微企业支持，全年新增小微企业授信2.93亿元，新增普惠贷款1.07亿元。与县农业农村局签订战略合作协议，全力做好乡村振兴服务，通过“惠农e贷”与省、县担保公司担保模式，新增普惠农户贷款0.52亿元。2月，农行遂昌支行东街营业部迁址到云峰街道，更名为农行云峰小微支行，就近为乡村振兴提供金融服务。

【中行遂昌支行】2021年末，中国银行遂昌县支行各项存款余额27.46亿元，比年初增加5.95亿元、增长27.64%。其中储蓄存款余额6.13亿元。各项贷款余额21.95亿元，比年初增加2.06亿元、增长10.36%。其中企业贷款余额15.58亿元，个人贷款余额6.38亿元。存贷比79.92%。

与县农业农村局合作，协助绿色惠农平台软硬件升级，提出数字乡村结合普惠、消费2个金融应用场景版本。推广线上服务渠道，发行乡村振兴主题卡。推出“利业通宝”“税务通宝”“结算通宝”等信贷产品，支持遂昌县科技、制造、绿色产业发展，向2家企业发放绿色信贷1.46亿元。向2个政府项目授信7亿元，其中未来社区项目4亿元、清水源水库项目3亿元。年末，共有普惠贷款158户余额3.13亿元，比年初增加1.26亿元。其中，企业普惠贷款余额1.40亿元，个人普惠贷款余额1.74亿元，增速超过全部贷款增速45.47个百分点。

12月29日，向浙江凯恩特种材料股份有限公司发放碳排放配额（CEA）抵押贷款30万元。为全国碳排放权交易市场启动后，丽水市落地的首笔碳排放配额抵押贷款。

【建行遂昌支行】2021年末，中国建设银行遂昌支行各项存款余额35.36亿元，比年初增加5.10亿元、增长16.86%。其中储蓄存款余额11.16亿元。各项贷款余额34.41亿元，比年初增加8.68亿元、增长33.73%。存贷比97.32%。实现利润6267万元。

调整信贷结构，加大对制造业资金投入，支持企业复工复产，为7家高新技术企业和9家省级科技型中小企业提供融资和结算服务。年末，制造业贷款较年初增加7.49亿元。向县两山集团、国投集团、天然气公司分别授信18.8亿元、10.5亿元、0.5亿元，发放共同富裕示范区贷款2217万元。协助国投集团点滴平台实现交易73.21万笔、金额2842万元。加大对机构客户和重点企业存款招标准备，通过对元立集团、中交一公局（遂昌）交通建设有限责任公司、商品房预售监管专户等重点客户营销和扩大代发工资面等措施，稳定和拓展存款业务。

【邮储银行遂昌支行】2021年末，中国邮政储蓄银行遂昌支行各项存款余额23.01亿元，比年初增加3.22亿元、增长16.27%。各项贷款余额10.76亿元，比年初增加1.14亿元、增长11.87%。实现利润2213万元。存贷比46.74%。

在各项存贷业务工作中秉承合规经营理念，贯彻审慎经营原则，加强内控管理，推进守信职业人员队伍建设。普及金融知识，增强金融消费者权益保护意识，完成3个村级消保驿站和6个放心网点建设。开展全员消保、反洗钱等业务培训，加强客户准入管理，加强反洗钱系统督导，提升反洗钱工作实效。实行安全隐患排查整治，开展消防、安全演练。开展打击电信诈骗和跨境赌博，加强账户管理和风险排查管控，落实反诈机制。

【遂昌农商银行】2021年末，浙江遂昌农村商业银行各项存款余额99.64亿元，比年初增加15.06亿元、增长17.81%。其中储蓄存款余额69.51亿元。各项贷款余额81.03亿元，比年初增加16.81亿元、增长26.18%。存贷比81.32%。实现利润9178万元。

年末，制造业贷款余额5.17亿元。涉农贷款余额73.39亿元，占全县涉农贷款42.77%。全年新增小微企业首贷户135户，新增涉农贷款12.67亿元。向90个村发放“富村贷”6278万元，壮大村集体经济。发放“大搬快聚富民安居”工程安置类贷款6.0亿元，向低收入农户提供贷款3377万元，向新型农业经营主体提供贷款5.03亿元。制定房地产贷款调整方案，至年末，房地产贷款占比从18.09%下降至5.22%，个人住房贷款占比从17.01%下降至4.15%。

与县大数据和金融发展中心合作，成为遂昌县首家“遂亩保”“遂科保”合作金融机构。与县行政服务中心合作，在25个基层网点设置政务服务专窗。“丰收互联”端口上线可办事项164项，全年办理业务4819笔。依托“智慧茶城”平台，茶产业链信贷规模达1.18万户、7.12亿元。2021年，“遂昌县金融科技助力乡村振兴”案例入选全国农村信用社典型案例。

【稠州银行遂昌支行】2021年末，浙江稠州商业银行遂昌支行各项存款余额14.25亿元，比年初增加3.11亿元、增长27.89%。其中储蓄存款余额10.89亿元。各项贷款余额8.43亿元，比年初增加1.02亿元、增长13.81%。存贷比59.15%。

推出依托丽水市个人信用积分“绿谷分”机制的“两山贷”产品，发放贷款72笔、918万元。在66个村开展普惠金融宣传，建成乡村金融服务点26家。运用中国人民银行再贷款和国家开发银行转贷资金，推出无还本续贷、中长期流动资金贷款等产品，培育小微企业和个体首贷户，加快信贷投放进度，简化办贷流程，为企业复工复产提供资金支持。

【泰隆银行遂昌支行】2021年末，浙江泰隆商业银行遂昌支行各项存款余额7.81亿元，比年初增加0.59亿元、增长8.14%。其中储蓄存款余额5.36亿元。各项贷款余额9.36亿元，比年初增加1.73万元、增长22.67%。存贷比119.95%。

开展金融知识、防电信诈骗、禁赌等宣传活动100余场。通过整村授信方式，加大对“三农”的支持。开展网点转型，提升服务品质，拓展非金服务功能，推动网点向社区活动中心转变。年末，涉农贷款余额6.82亿元，比年初增加1.30亿元；绿色贷款余额0.54元，比年初增加0.42亿元。制造业贷款余额0.55亿元，比年初增加0.12亿元。

【遂昌富民村镇银行】2021年末，浙江遂昌富民村镇银行各项存款余额13.23亿元，比年初增加2.49亿元、增长23.23%。各项贷款余额12.30亿元，比年初增加1.15亿元、增长10.35%。存贷比92.94%。全年纳税超900万元。

主动下沉金融服务，增加“三农”授信，提升农户融资便利。年末，涉农贷款余额11.86亿元，比年初增长10.98%。其中，农户信用贷款余额3.07亿元。加强产权融资服务，农村“三权”（林权、土地承包经营权、房屋产权）贷款余额3.25亿元，比年初增加0.23亿元，盘活了农村闲置资产。普惠小微企业贷款余额5.14亿元，比年初增长10.37%。其中信用贷款余额0.94亿元，小微企业中长期贷款余额1.37亿元。推进无还本续贷，为197家小微企业办理1.35亿元延期还本付息业务。

【宁波银行遂昌支行】2月8日，宁波银行遂昌小微综合支行在妙高街道公园路128号开业。主要办理公众存款、贷款、结算等银行业务，重点向中小企业、农户提供金融服务。年末，各项存款余额3.81

亿元。其中储蓄存款余额4191万元，储蓄贷款余额1.98亿元。存贷比52.12%。

与政府部门合作，推出“遂心分”联名卡，创新“信用+金融”应用场景，将数字化金融与美丽乡村建设结合。全年发卡715张，为446户农户授信5218万元，缓解农户担保难问题。年末，农户信用贷款75户，余额908万元，分别占农户贷款98.68%和65.70%。推出“小微贷”“容易贷”“快审快贷”产品，降低企业融资成本，落实助企惠企政策。年末，小微企业贷款余额1.40亿元，其中信用贷款140万元，中长期贷款385万元。（*唐少景*）

保险业

【概况】2021年，遂昌县有财产保险机构10家，分别为中国人保财险遂昌支公司、中国人寿财险遂昌支公司、太平洋财险遂昌支公司、中华联合财险遂昌支公司、阳光财险遂昌支公司、大地财险遂昌支公司、天安财险遂昌营销部、大家财险遂昌营销部、平安财险遂昌营销部、浙商保险遂昌营销部。有人寿保险机构7家，分别为中国人寿保险遂昌支公司、人民人寿遂昌支公司、太平洋人寿遂昌营销部、平安人寿遂昌营销部、新华人寿遂昌营销部、阳光人寿遂昌营销部、泰康人寿遂昌营销部。

全年保费收入4.57亿元，比2020年增加0.18亿元，增长4.10%。各类理赔和给付1.55亿元，比2020年减少0.03亿元，下降1.90%。其中，财险保费收入1.54亿元，比2020年增长3.22%，各类理赔支出1.00亿元，比2020年下降7.54%。寿险保费收入3.03亿元，比2020年下降4.42%；各类理赔支出0.54亿元，比2020年增长9.03%。

【人保财险遂昌支公司】2021年，中国人民财产保险股份有限公司遂昌支公司保费收入9082万元，占全县财产保险市场份额的56.26%，全险种理赔支付4484万元，赔付率70%。其中，政策性农业保险保费收入652.06万元，理赔支出817.97万元，赔付率达到96.9%。

推出建筑工程安全生产责任险、公路财产损失险、全民医疗保险等惠民险种。开办野生动物肇事公众责任险，2月办理首起理赔，向王村口镇弓桥头村10余户农户支付因农作物遭受猕猴破坏的理赔金。3月，配合县农业农村局召开政策性农业保险部署落实大会。8月，中标独生子女家庭意外伤害保险项目，为县域1.89万名独生子女及其家庭成员提供意外伤害保障。10月，续签居民医疗保险一档、二档高额段采购（补充医疗保险）项目。

【人寿保险遂昌支公司】2021年，中国人寿保险股份有限公司遂昌支公司保费收入1.27亿元，占全县人寿保险市场份额43.15%。其中，新单保费3339万元，续收保费9345万元。全年理赔和给付1137万元，赔付率66.34%。

自2014年开办农村小额保险以来，连续7年实现农村小额保险产品全覆盖。2021年，农村小额保险赔付8196人次、金额1660万元，人均赔付2025元。完成20个乡镇（街道）两性安康保险收费265万元。完成“大短险”保险收费1714万元、“大个险”保险收费497万元。完成“团短险”保险收费1209万元，赔付818万元。收取企业保险年金503万元，完成养老保障产品991万元。（*唐少景*）

证券业

【概况】2021年，遂昌县有证券业机构2家，分别为中国银河证券股份有限公司遂昌证券营业部、财通证券有限公司丽水遂昌证券营业部。年末，共有客户交易账户2.92万户，融资融券账户1067户，分别比年初增加3.86%和3.09%；代管客户资产35.33亿元，全年证券交易额585亿元，分别比2020年下降26.79%和12.69%。

【银河证券遂昌营业部】2021年末，中国银河证券股份有限公遂昌凯恩路证券营业部客户账户2.66万户，融资融券账户数 1054 户，代管客户资产 32.16 亿元。全年证券交易 537 亿元，实现业务收入 2133 万元，营业利润 1092 万元。

7 月，自创“财富星 • 严选金股”产品上线，面向全国销售。11—12 月，开展“银小河财商教育进课堂”活动，到县实验小学、育才小学、妙高小学进行金融知识宣传。

【财通证券遂昌营业部】2021 年末，财通证券有限公司丽水遂昌溪边路营业部客户账户 2584 户，融资融券账户 13 户，代管客户资产 3.17 亿元。全年证券交易 45.73 亿元。（*唐少景*）

地方金融

【概况】2021 年，遂昌县有上市公司 1 家（凯恩股份），新三板挂牌企业 3 家（惠同新材料、那然生命、遂昌旅游），浙江省股交中心挂牌企业。宇恒电池、荣凯科技、利民化工 3 家企业入选全市重点拟上市企业培育名单。其中，利民化工完成与嵊州震凯重组工作，宇恒电池完成外部融资 1.6 亿元，荣凯科技完成规范化股权分置改革。

年末，全县不良贷款余额 7235 万元，较年初减少 1079 万元，不良贷款率 0.3%，不良贷款金额与不良率全市最低。非法集资案件“零发生”，P2P（点对点）网络借贷平台实现“清零”。

加大金融招商力度，吸引域外银行、证券、保险等金融机构到遂昌县设立机构或开展业务，2021 年招引杭州银行落户遂昌，已完成人员招聘。组织多种形式政银企对接活动，解决企业资金需求，组织金融顾问小组开展企业走访。多家金融机构与县工业园区、县农业农村局等重点部门签订全面战略合作协议，互聘金融助理和联络员。

【深化股改上市】出台《遂昌县关于支持企业股改上市的 15 条意见》，全年兑现各类政策奖励 70 余万元。设立 4 个资本市场项目服务专班，联合多部门为拟上市企业做好服务。建立遂昌县上市企业后备清单，加强对这些企业的精准服务，对重点拟上市企业在推进 IPO（首次公开募股）项目过程中的困难和问题，开展系统性、持续性、针对性和时效性重点服务，集中力量扶持优质企业利用多层次资本市场发展壮大。

【防控金融风险】加强对金融机构的监管，依法打击非法集资活动。多形式开展宣传教育活动，增强群众金融风险意识，提升识别能力。成立遂昌县非法集资和 P2P（点对点）网络借贷风险排查工作领导小组，建立防范化解处置金融风险长效机制，压实金融机构主体责任、政府属地责任、监管部门责任。合理引导金融机构，严防因“一刀切”式的抽贷、压贷、断贷，造成企业资金链断裂。

【政保合作】协调保险机构对接县委人才办和县科技局，推出人才创业险和知识产权类保险。推动政府和保险机构合作服务县域治理。推动政府和保险机构合作服务乡村振兴，推动政策性农业保险、农村小额保险、政策性农房保险推广和普及。推动公共安全领域保险、食品安全责任保险，野生动物致害保险等产品的普及。

【“遂亩保”缓解中小企业融资难题】2021 年，为更好地为企业解难题，遂昌县创新推出一款金融产品“遂亩保”。“遂亩保”以企业亩均效益综合评价结果为依据，制定授信名单，将企业分为 A、B 两类，由县担保公司按简易流程优先为其提供担保服务，企业可依据等级获得 200 万元至 500 万元不等的融资担保额度。相较传统金融担保产品，“遂亩保”手续简化，有效解决了中小企业在融资过程中普遍碰到的融资难、手续繁琐复杂、提交文件多等问题。（*唐少景*）

SUICHANG YEARBOOK 2022

财政·税务

财 政

【**概况**】2021 年，遂昌县实现财政总收入 21.84 亿元，比 2020 年增加 3.25 亿元，增长 17.5%。实现一般公共预算收入 13.04 亿元，比 2020 年增加 1.61 亿元，增长 14.1%。一般公共预算收入占全县生产总值的 8.5%，占财政总收入的 59.7%。其中，一般公共预算税收收入 11.29 亿元，占一般公共预算收入的 86.6%，比 2020 年增加 2.02 亿元，增长 21.7%；非税收入 1.75 亿元，比 2020 年减少 0.41 亿元，下降 18.8%。全县一般公共预算支出 48.72 亿元，比 2020 年增加 6.06 亿元，增长 14.2%。其中民生支出 38.48 亿元，比 2020 年增加 6.01 亿元。县级支出（剔除省补资金）32.05 亿元，比 2020 年增加 3.02 亿元。

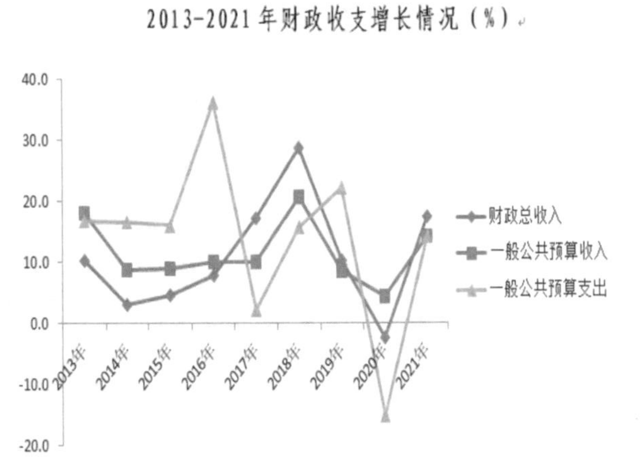

▲2013—2021 年遂昌县财政收支增长情况

【**争取资金**】2021 年，遂昌县向上级争取到各类补助资金 21.07 亿元。其中，争取到省级乡村振兴集成创新示范建设县项目、中央专项彩票公益金支持欠发达革命老区乡村振兴项目、省级农村综合改革集成建设项目，共获得财政补助资金 1.80 亿元。新增债券额度 12.80 亿元，其中专项债券 9.30 亿元、一般债券 3.50 亿元。完成再融资专项债券 4 亿元。

遂昌县两山集团融资授信全省首笔“生态价值转换暨城乡融合发展”项目 20 亿元；争取国家开发银行共同富裕项目融资 7.6 亿元；完成国道 528 线项目融资授信 11 亿元；完成南街区块拆迁项目融资授信 25 亿元，2021 年放款 10.1 亿元。

壮大政府性基金收入，确保土地出让金收入稳定。2021 年，政府性基金收入 36.83 亿元，比 2020 年增加 12.94 亿元，增长 54.2%。其中国有土地使用权出让收入 35.27 亿元，比 2020 年增长 64.1%。政府性基金支出 44.69 亿元，比 2020 年增加 18.91 亿元，增长 73.3%。其中国有土地使用权出让收入安排的支出 32.78 亿元，比 2020 年增长 122.9%。

▲2021 年，遂昌县良好生态吸引国家开发银行“生态价值转换”项目大额度授信。图为美丽仙侠湖

【支持经济发展】2021年，遂昌县安排农业产业类扶持资金2.99亿元，涉农保险补贴274万元。参与修订“生态工业三十条”等一系列惠企政策，助力遂昌工业企业数字化、智能化水平提升，加快推进工业企业科技创新与转型升级。全年累计兑现政策扶持资金2.22亿元。落实减负降本减税政策，涉及资金6.36亿元。强化财政科技经费管理，保障创业创新工作资金需求，全年科研支出达7361万元，比2020年增长15%。全力支持“双招双引”工作，认真落实“人才新政”，发挥政府产业基金引导，多渠道、多层次增加人才投入。

【保障民生事业】健全基本公共服务保障，持续增加教育、医疗等民生领域财政投入。全年民生支出38.48亿元，占一般公共预算支出的79.0%，比2020年增长18.5%。其中，社会保障和就业支出5.61亿元、卫生健康支出5.33亿元、拨付新冠疫情防控经费4031万元、教育支出7.68亿元。保障石练中心幼儿园、腾龙小学和腾龙幼儿园、遂昌中学运动场、王村口小学等项目建设。全年中央直达资金支出3.62亿元，中央直达资金综合评价在全省80个县（市、区）中排名第六，在全市排名第一。

【推进项目建设】全年安排政府及国有企业投资项目资金预算57.92亿元，比2020年增长18.4%，保障“四好农村路”、国道528线遂昌新路湾至石练段公路改建工程、温岭至常山公路遂昌湖山至黄沙腰段工程、遂昌县公共安全保障服务中心一期、遂昌县人民医院迁建项目、遂昌县殡仪馆和公墓迁建工程、遂昌县博物馆等项目建设。

安排4.10亿元用于“未来乡村”建设、数字乡村建设、农村人居环境提升、农村饮用水达标提标工程、农村土地综合整治、涉林垦造整改、“一户多宅”专项整治、花园数字乡村建设等。财政投入1.36亿元，银行融资贷款8.36亿元，强化“大搬快聚富民安居”工程资金保障。

安排财政衔接推进乡村振兴补助资金1.33亿元，高质量完成“消薄”任务。下拨村集体经济发展补助资金7235万元，为各乡镇屋顶光伏、水电站股权收购，以及南湖—遂昌飞地产业园等项目提供资金保障。强化惠民惠农补贴发放数字化监管，推进“一卡通”惠民惠农补助工作，全年发放107个项目、金额4.14亿元，受惠民众35.93万人次。

▲2021年，县财政资金为南湖—遂昌飞地产业园项目建设提供保障

【强化财政监管】推进预算与绩效深度融合，构建全过程预算绩效管理体系。提升财政绩效评价的质量，强化评价结果应用，实现项目全周期管理。完成财政绩效评价项目201个。开展财务管理规范情况专项检查，查处27大类问题，下发行政处理决定书112份。推进政府投资项目审价工作，健全中介监督机制和考核细则，升级预结算管理系统，完成105个项目审核及复查，送审金额19.79万元，审定造价17.90万元，核减1.89万元，核减率9.6%。防控地方政府债务风险，将一般债务与专项债务分类纳入预算管理，遏制隐性债务增量。完善资金动态监测，做实“三保”（保基本民生、保工资、保运转支出）预算审核、执行监控、应急处置和监督管理，全年“三保”支出保障率100%。

【推动财政数字化改革】2021年，遂昌县被省财政厅确定为“浙里垫付2.0”改革试点县。遂昌县推进预算管理一体化建设，成立工作专班，对各单位进行系统填报培训，开展预算编制模块测试，完成预算管理一体化系统数据、支付数据、部门会计核算数据的归集。推进政府采购数字化管理，实现项目招标全流程电子化，节约财政资金，大幅提高采购效率，全年“政采云”平台完成交易8208笔，实际成交4.64亿元，完成186个政府采购项目，预算金额2.36亿元，成交金额2.19亿元，节资率7.31%。

（汪 越/文 遂昌新闻网/图）

国有资产管理

【概况】2021年，遂昌县财政局（国有资产管理办公室）深入推进国有企业改革，实现国有资产总量持续增长。县属5家国有企业（国投集团、建投公司、两山集团、经投公司、金融控股集团）实现营业收入33.44亿元，比2020年增加16.47亿元，增长97.1%。共实现净利润1228.87万元。全年，5家国有企业完成融资授信66.47亿元，已经放款43.33亿元，有力支持县域重大项目推进。至年底，5家国有企业总资产305.88亿元，比2020年增长24.6%。

【完善制度体系】编制《遂昌县国资国企“十四五”发展规划》。制定《遂昌县国有企业深化人事制度改革工作方案》《遂昌县国有企业市场化选聘高级管理人员实施办法》等政策，出台国有企业全面预算管理办法，实行国有企业内部提任、国有企业与行政事业单位交流机制，规范县属企业资金存放管理，促使企业财务运作规范透明、廉洁高效，推动企业预算管理工作科学化、规范化、程序化。

【强化资产管理】上线财资大管家软件系统，实现对国有企业资金运行的实时信息化监督，全县40余家国有企业全部完成系统上线。以清廉国企建设为契机，以国资公司、国有企业“四大体系”（完善规划与制度体系、强化法人治理结构体系、深化市场化改革发展体系、优化全方位国资监管体系）构建为着力点，激发国有企业清廉自律内在动力，建成两山集团、金控集团2个清廉国企示范点。

（谢火根 黄茵）

税务

【概况】2021年，国家税务总局遂昌县税务局组织入库各项税收39.16亿元，比2020年增加12.88亿元，增长48.99%。其中，税收收入20.81亿元，比2020年增加3.55亿元，增长20.57%；社会保险费入库11.01亿元（含职业年金），比2020年增加2.58亿元，增长30.57%；非税收入入库7.34亿元，比2020年增加6.75亿元，增长1143.4%。办理出口退税4665万元（不含免抵已调增值税），比2020年增加574万元，增长14.03%。

优化服务举措，简化流程手续，推动优惠政策落地见效。全县减负降本共计6.36亿元，其中完成增值税留抵退税8207万元。有序落实煤电保供和制造业中小微企业缓缴税费政策，办理缓缴税费3534万元。落实税费皆重要求，推进两批6项非税收入征管职责划转，完成国有土地使用权出让收入等4项非税收入划转试点工作。

2021年，遂昌县教育费附加入库3014万元，其中地方教育附加费入库2005万元。

【优化营商环境】强化常用系统操作应用培训，保持每周1～2次的频率。拓展社会办税缴费资源，在县农商银行设立办税服务站，推广智能办税。完成2020年度社会信用等级评定，用户等级分布持续优化。2021年，“银税互动”项目为471户企业累计授信2.7亿元，发放贷款2.63亿元。

【办税缴费服务】开展“我为纳税人缴费人办实事暨便民办税春风行动”，实施10个方面100条便民办税服务措施。推广“非接触式”办税，网上办税率98%以上。齐抓共管推进纳税辅导，落实纳税人首次服务机制。联合遂昌县工商业联合会开展“春雨润苗”专项行动，多次举办恳谈会。聘任财税领域15名工作者为首批税务体验师，探索个性化税费服务。宣传作品《指尖税务，快人一步》获2021年度浙江省纳税宣传辅导作品优秀奖。

▲县税务局干部为群众解答涉税政策

【法治征管】推进专票电子化改革，共计2459户纳税人核定电子专票。企业所得税入库1663万元，个人所得税共办理汇算清缴1.2万户，申报率居全市前列。规范管理资源环境税，巩固石材行业整治成果，完成环保税物料衡算和产排污系数调整，联合环保部门追征税款入库4.9万元。做好财产行为税申报，完成2020年度房产税困难减免工作，共计减免204万元。完成土地增值税清算项目8个，共补税988万元、退税841万元。

树立“税费皆重”理念，完成国有土地使用权出让等非税收入征管职责划转工作和城乡居民“两费”（城乡居民基本养老费、城乡居民基本医疗保险）征缴工作。完成出口退税管理系统整合、房产交易系统上线，推进票证管理、人员管理等各项制度落地。

开展现金税费征缴专项整治百日攻坚行动，核查票证19102份，未发现违规违纪情况。配合做好税务稽查、“双随机一公开”、政法系统教育整顿等工作，完成风险推送任务72户，应对成果入库税款4084万元。

推行行政执法公示、执法全过程记录、重大执法决定法制审核“三项制度”建设，启用税务约谈室和执法记录仪，实现征纳“双向监督”。实施首违不罚柔性执法，有效运用说服教育、约谈提醒等非强制性执法方式，提升税法遵从度。

（刘亚萍文/图）

住房公积金管理

【概况】2021年，丽水市住房公积金管理中心遂昌分中心归集住房公积金4.78亿元，比2020年增加0.59亿元，增长14.04%，完成归集指标的110%。年末，全县住房公积金缴存余额11.40亿元，比年初增加1.16亿元，增长11.33%。全年新开户单位100个，新开户人数1870人。月均缴存19563人，月均实缴净增395人。

全年共提取住房公积金3.62亿元，比2020年增加0.09亿元，增长2.57%，住房公积金提取率75.70%，比2020年下降8.46%。全年办理个人住房公积金贷款421笔、14516万元，分别比2020年增长21.68%、16.68%。年末住房公积金贷款余额9.67亿元，存贷比为83.95%，比2020年下降7.31%。贷款逾期率为零。

全年实现住房公积金增值收益1903万元，比2020年增长6.27%，增值收益率1.67%，提取风险准备金1142万元。年末风险准备金10957万元。提取城市廉租住房建设补充资金450万元。上缴县财政2020年度城市廉租住房补充资金418万元，累计上缴财政廉租住房补充资金3998万元。

【打造智慧住房公积金】以公积金数字化转型为牵引，结合“三服务”2.0版活动，建立公积金服务微信群，为单位、企业、银行、房地产企业、个体工商户开展“一对一”公积金业务解答，为缴存职工排忧解难。开展公积金进楼盘、进银行现场体验活动，引导群众通过“浙里办”“支付宝”App扫一扫查询公积金余额，以及现场申请提取公积金。推广应用“浙江政务服务2.0”。缴存单位和职工可通过浙江政务服务网、“浙里办”App、丽水市公积金网上办事大厅等渠道办理业务，实现单位、个人公积金业务100%线上办理。打通全国住房公积金微信小程序、长三角政务服务“一网通办”渠道，打破公积金业务异地贷款、公积金转移等省级壁垒，实现全国跨省通办。

▲9月，县住房公积金管理中心开展“民生政策进万家”活动

【惠民助企】建立“党员服务专员”制度，成立领导小组和后勤保障队。全年线上服务企业43家，走访浙江元立集团、宇恒电池公司、浙江金安设计研究公司等住房公积金缴存企业14家，重点交流公积金基数调整、网厅业务操作规则、公积金业务数字化建设成果等住房公积金业务，解决涉企事务中存在的难点、堵点问题。针对房地产企业开展住房公积金政策线上培训，明确经办部门的权限职责，提高银行经办人员对住房公积金贷款合作楼盘、住房公积金贷款和提取政策的认识，为公积金缴存职工提供更方便的服务。

【资金安全管理】坚持“三重一大”议事规则，实施资金安全管理集体决策制度。资金调度、公款存放、大宗采购等事项必须经集体讨论作出决定。自觉接受县纪委监委第六纪检监察组的监督，主动汇报大额度资金的使用情况。2021年，向县财政争取增加公开招标竞争性存放资金指标10950万元。全面开展廉政风险排查和防控工作，全体干部梳理排查廉政风险点，共排查个人廉政风险37条，提出防控措施40条。继续推进住房公积金扫黑除恶专项行动，有效防止骗提、骗贷行为。

（黄俊钰　文/图）

城乡建设与管理

综 述

【概况】2021年，遂昌县进一步打响城市更新大会战，打造古院新城“未来都市区”、老城区“有机更新区”，推进城市功能与品质提升。统筹城乡发展，推进村镇建设。加强对建筑业和房地产业的监管，抓好建设工程安全质量。加强住房保障，维护房地产市场健康发展。争取到全省住房城乡系统数字化应用场景第一批试点项目2个：农房全生命周期综合管理项目（农房审批、经营和“一张图”管理）、生活垃圾分类监管项目，11月完成试点任务。

【行政许可】全年，县住房和城乡建设局受理行政许可及其他审批事项4880件，办结4880件。推进行政审批服务流程简化优化，推进建筑工程施工许可证“多合一”办理。深化房屋建筑和市政基础设施工程管理改革，分阶段办理施工许可证。通过主动对接、提前介入等靠前服务，助力审批事项办理提速增效。全年为群众和企业提供预约服务、延时服务、特色服务200余人次。

【物业小区安全生产宣传活动】6月19日，县住房和城乡建设局组织开展全县物业小区安全生产暨政策宣传活动，主要内容为消防安全培训及灭火实战演练。全县23个物业小区、11个物业管理单位的38名安保人员参加。活动场所设在龙谷路保障房小区。消防演练结束之后，还开展了垃圾分类、公共租赁住房政策等各类宣传活动。

▲6月19日，县住房和城乡建设局组织开展全县物业小区安全生产暨政策宣传活动

（建设局 文/图）

城市更新

【概况】2021年，遂昌县谋划城市更新（建设）项目113个，投资预算总额37.23亿元，比2020年增长64.01%。城南大道、龙谷路三期、遂昌三中连接线、二都街大桥、北门桥头至月亮湾道路拓宽工程完工。太和路、平昌路综合改造完成。育才小学北侧小区、乌溪江小区完成老旧小区改造。对青云小区、太和路小区、创新创业小区、叶坦桥头小区进行老旧改造。完成腾龙小区二期、金溪保障房“污水零直排”创建。月亮湾社区中心、古院梅溪安置房、古院社区（一期）工程进入主体施工阶段。

建立城市建设领域在建项目日报、前期项目周报制度，做到主管部门—业主单位—施工监理单位贯通性管理，坚持召开月度项目推进会，开展现场督查。通过发布重点建设项目每日动态、每周晒进度、半月发专报等措施，加强对政府（国企）投资项目的进度把控。

【吴突头、老茶厂区块房屋征收签约】遂昌县城吴突头、老茶厂区块被纳入2021年城市更新范围。12月10日，该区块房屋征收签约工作启动。此次征收涉及妙高街道古院村、北门村、北街村，住户101户，征收房屋建筑面积约10.4万平方米。经过前期3个多月的摸底调查、测量、确权、评估、公示等工作，确定12月中下旬为集中签约时间。至12月29日，最后一户征收户完成签约。

▲12月，遂昌县城市更新吴突头、老茶厂区块房屋征收签约工作启动，至月底完成全部征收户签约

（建设局 文/图）

村镇建设

【概况】2021年，遂昌县云峰街道成功创建美丽城镇建设省级样板乡镇。大柘、石练、北界等7个乡镇获评美丽城镇建设达标乡镇。遂昌县美丽城镇建设达标乡镇数量居全市第一。

开展省级传统村落保护发展规划编制，完成省级历史文化名村大柯村、蕉川村项目建设，完成姚岭村、大柯村、福罗淤村、竹溪村斋堂下自然村传统村落风貌保护提升工程。持续推进村庄拆违、拆危、拆旧和美化、洁化、绿化项目。2020年申报的3个美丽宜居示范村已完成建设。

【“无违建乡镇”全覆盖】3月，遂昌县妙高街道上榜2020年度丽水市“无违建乡镇”名单。至此，全县20个乡镇（街道）全部创成“无违建乡镇”。自全省开展“三改一拆”行动以来，遂昌县累计拆除违法建筑面积11.22万平方米，占地面积6.72万平方米，实施城中村改造、旧住宅区改造、安置房建设工程96项。妙高街道是遂昌县政治、经济、文化中心，人口集聚，建筑基数大，乱搭乱建等情况复杂。县“三改一拆”办公室联合多部门，推进老城区的楼顶违建、附房违建、乱搭建等存量违法建筑销号，有效清除老城区范围内历史违建。通过二手房过户“先查勘后办证”模式，对过户巡查中发现的房屋违建进行严格治理。

【农村生活污水治理】全面推进农村生活污水处理设施标准化运营维护，完成147个日处理20吨以上生活污水设施的标准化运营维护。完成涉及201个行政村、750个自然村，共680个农村生活污水处理设施的全面复核工作。2021年，遂昌县湖山乡奕山村生活污水处理设施提升改造项目入选浙江省“五水共治”实践案例和省建设厅农村生活污水治理优秀案例。（建设局）

建筑业

【概况】2021年，遂昌县完成建筑业总产值29.12亿元，比2020年增长27.9%。完成建筑业增加值10.86亿元，比2020年增长12.6%。全县有建筑施工总承包一级资质企业6家。遂昌县积极推进建筑节能和建筑工业化工作，获评2021年度全省建筑领域碳达峰碳中和工作优秀县。浙江罗邦建设有限公司建设的遂昌数字茶业创业园（扶贫创业园）一期大柘A区块项目列入“国家级建设工程项目施工工地安全生产标准化学习交流项目”名单。

全年备案依法必须招标项目 117 个，其中房屋建筑、市政公用工程施工总承包项目 87 个，工程货物采购项目 13 个，施工监理项目 12 个，工程设计项目 4 个，全过程工程咨询服务项目 1 个，总计招标控制价 30.20 亿元。已开标项目 108 个，中标总金额 26.06 亿元，通过招标节约资金 3.07 亿元，节资率 10.54%。办理总投资 400 万元以下的工程项目小额简易发包备案 46 个，控制价 1.08 亿元。

2021 年，全县新增装配式建筑面积 53.97 万平方米，其中新开工装配式住宅和公共建筑面积 22.63 万平方米。住宅全装修面积完成 8.23 万平方米，涉及新开工建筑项目 26 个。新开工实施二星级绿色建筑面积总计 81.55 万平方米。

全年协调处理拖欠建筑民工工资纠纷 16 起，涉及人员 196 人，追回发放民工工资 356.15 万元。

【建筑安全和工程质量】深入开展安全生产月、建筑工程安全大检查大整治活动，共开展安全生产专项检查和日常巡查 200 余次，检查面积约 200 万平方米，签发安全隐患整改指令书 140 份，发现并督促施工单位落实整改安全隐患 1300 余条。办理行政处罚案件 1 件，处罚金 0.5 万元，办理起重机械使用登记 190 台，检查检测建筑施工现场起重机械 234 台，查封各类存在隐患起重机械 27 台。

全年受理建筑工程质量监督 97 项，总建筑面积 180.84 万平方米，造价 52.40 亿元。其中房屋建筑工程 82 项，建筑面积 180.8 万平方米，造价 49.31 亿元，市政工程 15 项，造价 3.09 亿元。对 66 个工程项目实施验收全过程现场监督，竣工项目总建筑面积 49.38 万平方米，造价 14.21 亿元，出具相应工程质量监督报告，工程竣工验收合格率 100%。

【建筑工匠培训】2021 年，遂昌县首次采用建筑工匠继续教育线上培训，报名、学习、考试、电子证书申领全部线上进行，至年底，完成继续教育 1174 人。10 月 9 日，遂昌县农村建筑工匠培训班在县城上南门茶青市场开班，全县 400 多名农村建筑工匠参加培训，为期 1 个月。经过培训，321 人取得农村建筑工匠培训证书。10 月 26 日，在金华市建设技工学校举行的 2021 年浙江省农村建筑工匠技能竞赛中，遂昌县选手罗齐恒、周文贤分别获得古建筑传统瓦工和砌筑工二等奖。

▲10 月，遂昌县农村建筑工匠培训砌筑比赛

【燃气安全管理】加强燃气安全隐患排查和整治力度，要求燃气经营企业制定“每天一小查，每周一大查”巡查制度。3 月，取缔了北界镇一家跨区域经营液化石油气供应点。6 月，开展燃气安全隐患大排查大整治行动，对全县 4 家燃气企业、34 个瓶装燃气供应点开展检查，下发整改通知书 32 份。对城区近 500 家餐饮店进行燃气安全检查，下发整改通知 60 余份。为 7 家天然气餐饮用户安装燃气泄漏报警器。（建设局 文/图）

住房保障

【房地产市场】2021 年，遂昌县以“稳地价、稳房价、稳预期”为目标，出台《遂昌县房地产市场健康发展长效机制工作方案》。全年房地产开发投资 15.83 亿元，比 2020 年增长 40.7%。前三季度，全县新建商品房上市 1722 套 17.67 万平方米，其中住宅 1520 套 16.7 万平方米；销售商品房 1515 套 16.93 万平方米，其中住宅销售 1444 套 16.48 万平方米。

全年新建商品房销售面积 18.63 万平方米，比 2020 年下降 15.1%。成交均价 12353 元/平方米，比

2020年下降3.13%。房地产从业人员工资总额3745万元，比2020年增长45.6%。

可售房源中，少部分在观澜府、金麟府、世家新语外，大多数房源集中在金宸府、未来社区、青邻里、澳坤兰庭。这些房源户型大小，从89平方米至140平方米都有。

【危旧房改造】 开展新一轮城乡危旧房大排查，对疑似危房及用于生产经营的自建房、人员聚集的非自建房进行鉴定，鉴定为C、D级危房的，进行解危处置。推出农村危房“1+6”解危模式（1个月内完成鉴定，6个月内完成改造）。解危改造包括重建和修缮加固两种方式，以农户自筹资金为主，政府予以补助。对于低保户、贫困残疾人家庭和其他贫困户，政府另外加大补助。至年底，全县完成城镇危房治理48幢面积2.97万平方米。完成农村危房一般户解危169户、困难户解危140户。

【公租房管理】 2021年，遂昌县有公共租赁住房632套（龙谷路保障房308套、金溪保障房224套、医疗器械厂保障房100套）。县住房保障中心做好公共租赁住房年审、住房补贴审核和发放工作，加强公租房家庭动态核查，及时清退不符合享受保障住房条件的家庭。经对2020年保障性住房审计和动态检查发现，有32户不符合享受保障住房条件。至年底，完成清退26户，剩余6户起诉至县法院，待法院判决后处理。另外通过购买服务，委托物业公司对公租房进行日常管理。（建设局）

城市管理

【市政绿化】 加强对城市绿地的日常养护，开展重点道路两侧及重点区域绿化专项整治。完成县城绿地、街头公园改造提升项目，改造绿化面积2.7万平方米。开展路灯养护补短，做好市政基础设施的养护、维修。对城市道路破损路面进行沥青修补，对损坏的道路桥梁栏杆进行修复。修复城区破损人行道3250平方米，修补沥青坑洞路面780平方米。

【环境保洁】 2021年，遂昌县城道路保洁面积增至274.83万平方米，河道保洁面积增至132.43万平方米，绿道保洁面积增至2.42万平方米。开展重点区域和道路两侧环境整治。开展生活垃圾投放“两定四分”，规范生活垃圾分类处置。完善建筑垃圾处置管理，规范装修垃圾统管统运。全年处置生活垃圾5.98万吨，城区生活垃圾清运率、无害化处理率均100%，办理装修装潢垃圾处置1.46万立方米，审批处置建筑垃圾17.96万立方米。

▲2021年，遂昌县新建成的三溪口滨江公园

【交通治堵】 建成城市道路9.6千米，新增停车位1230个。4月开始，对县城道路公共停车泊位和收费停车场泊位试行智能停车收费系统。深入实施公交优先发展政策，加强城区道路交通秩序管理。持续开展“治堵宣传进社区”“小手拉大手、治堵齐步走”“绿道全民健步走”等主题宣传活动，营造全民治堵的良好氛围。

【管网改造】 全年建设改造污水管网13.6千米，排查污水管网6千米；建设雨水管网5.3千米，提标改造9.3千米；完成雨污分流管网改造15.1千米；清淤排水管网160千米；完成积水点改造3处。新建供水管网11.3千米，改造供水管网5.7千米。新建屋顶雨水收集系统22处，改造节水器具160套，新建改造智能水表700只。（建设局 文/图）

SUICHANG YEARBOOK 2022

交通运输

综 述

2021 年，遂昌县交通运输局共完成交通投资 10.37 亿元，比 2020 年增长 93.2%，增幅排名全市第一。实现公路货运周转量 80511 万吨千米，比 2020 年增长 15.75%，增幅排名全市第二。争取到上级补助资金共 1.48 亿元。国道 528 线遂昌新路湾至石练段公路改建工程、温岭至常山公路遂昌湖山至黄沙腰段工程全面开工，这两个重大交通项目总投资近 53 亿元。遂昌县新客运中心项目竣工验收，大桥至洋浩公路工程、汤显祖戏曲小镇外庄至高碧街道路建设工程交工验收。

制定《遂昌县综合立体交通运输“十四五”及中长期发展规划（2021—2035）》，充分发挥规划引领作用，构建外畅内联的现代化综合交通运输体系。推进义乌至龙泉至庆元高速遂昌段、缙云至江山高速遂昌段、省道 215 线遂昌连头至三仁段、省道 311 线建德至遂昌公路（衢丽大花园通道）前期工作。（吴艳）

交通项目

【国道 528 线遂昌新路湾至石练段公路改建工程】项目起点新路湾镇樟坪村头，顺接国道 528 线北界至新路湾段，线路经新路湾镇、妙高街道、三仁畲族乡、大柘镇，至石练镇淤溪村顺接国道 528 线石练至龙洋段。主线全长 37.7 千米，项目总投资 37.3 亿元，建设工期 36 个月。项目于 2021 年 6 月 25 日全面开工，至年底，完成总体形象进度的 15%。

▲国道 528 线新路湾至石练段改建工程（效果图）

▲10 月，遂昌—江山公路上坞口隧道贯通

【温岭至常山公路遂昌湖山至黄沙腰段工程】温岭至常山公路是浙江省新规划的一条纵向省道，起自温岭，经乐清、青田、莲都、松阳、遂昌、江山、常山。遂昌湖山至黄沙腰段又称遂昌—江山公路，项

目起点湖山乡雷石村，接峡湖金公路，向西经珠村畈、红星坪、福罗淤、上塘、邵村、上定，至黄沙腰接县道604线。路线全长38.90千米，项目总投资15.51亿元，建设工期4年。项目于2021年5月19日全面开工，至年底，完成总体形象进度的19%。

【大桥至洋浩公路工程竣工】路线全长3.5千米，按一级公路标准建设，路基宽23.5米，其中隧道长2.3千米、宽10.5米，采用双洞四车道，设计行车速度60千米/小时。项目总投资5.07亿元，2018年5月开工建设，2021年5月竣工验收并投入使用。

▲5月，大桥至洋浩公路建成通车，线路从衢宁铁路桥下穿过

【遂昌县新客运中心投入使用】6月，遂昌县新客运中心竣工通过验收，8月投入使用。遂昌县新客运中心位于县城水阁路，占地9.35万平方米，总建筑

▲8月，遂昌县新客运中心投入使用

面积3.66万平方米，按照一级车站规模建设，集客运、公交、出租车等功能于一体，包含主站房、停车场、站前广场、景观河道、绿地及市政道路等内容。项目总投资3.7亿元，2017年7月开工建设。

【汤显祖戏曲小镇外庄至高碧街道路工程】项目路线长1.33千米，另设外庄连接线长0.73千米，路线全长2.07千米，路基宽度12米，设计行车速度60千米/小时。项目总投资0.8亿元，2018年11月开工建设，2021年9月竣工验收并投入使用。

【其他交通项目】农村公路大中修工程。对龙口—墩头—门阵、金竹—牛岭岙、桂义岭—王村口等农村公路进行大中修。包括路基病害修复、路面破损和排水修复、交通安全系统修复等。以上项目于6月开工，至年底完成投资3500万元。

农村公路提升改善工程。对北界镇白水村至龙游县路头村公路等共110千米农村公路进行提升改善，主要工程量为路肩硬化、路面排水及交通安全设施修复等。至年底完成投资1650万元。

国道省道养护大中修工程。对国道龙广线、省道遂龙线和龙丽线公路安全设施进行改造提升，完成护栏提升6390延米、平面交叉口等路段处置22处、隧道监控设施提升6座4865延米。以上工程于2021年7月开工，至年底完成投资1516万元。

县道及农村道路安全隐患治理。对国道528线三仁至石练段进行提升改造，包括绿化种植、标志牌更换、增设安防设施、西岭隧道照明改造等。项目于8月开工，至年底，完成投资379万元。对国道528线风车口下桥进行拆除重建，3月开工，至年底完成投资257万元。（吴艳/文 章建辉/图）

公路管理

【概况】2021年，遂昌县公路通车总里程1837.33千米。其中，国道126.77千米（高速公路28.99千米、普通国道97.78千米），省道54.13千米，县道

636.61 千米，乡道 134.33 千米，专用公路 47.43 千米，村道 838.07 千米。按技术等级区分，高速公路 28.99 千米，一级公路 10.67 千米，二级公路 156.57 千米，三级公路 66.97 千米，四级公路 1574.13 千米。

全年下达并完成公路工程投资 2.25 亿元。对照国道、省道、“四好农村路”路况提质要求等，持续大力实施公路养护工程，推进普通国道、省道养护大中修和危旧桥拆除重建工程。推进农村公路大中修工程、农村公路提升改善工程，完成道路安全治理重点路段及农村地区道路安全隐患项目。完成公路承载体普查试点，新建城市公交港湾式停靠站和农村港湾式停靠站，新增新能源公交车。正式启用遂昌县新客运中心。

▲遂昌县“四好农村路”新路湾镇蕉川段

【路域环境整治】开展超限超载源头治理，全年查处违法超限超载货车 352 辆次，卸货 8866 吨，实现超限超载率下降，“百吨王”明显下降。开展危险化学品运输行业安全大检查大整治专项行动，建立道路危险化学品运输车辆全程管控。全年查处道路运输违法案件 93 件，其中非法从事危险化学品运输案件 16 件，实现危险化学品运输挂靠经营车辆“清零”目标。

【公路应急抢险】为全县公路购买安全保险，2015—2021 年，共投入保险金 2183 万元，获理赔 6684 万元。配足应急抢险设备和储备物资，配备有大型铲车 5 台、小型铲车 7 台、挖掘机 3 台、应急抢险车辆 18 台、油锯等其他应急设备 18 台，以及其他应急物资。开展工程项目建设安全检查 8 次，公路日常巡查 112 次，公路养护安全检查 12 次。开展公路应急处置和抢险 37 次，出动人员 185 人次，修复钢质波形护栏 668 米。排查公路安全隐患 95 处，完成整治 95 处，路面修复 15000 余平方米。

▲8 月，县交通运输部门开展公路应急处置抢险

【安全治理】完成省级挂牌治理重点路段国道 528 线龙广线（小忠村至石练村）安全设施改造提升 20 千米。对西岭隧道照明进行提升改造。平面交叉口安全设施改造 40 处，更新标志标牌 61 块，安装减速垄 100 米。增设安全警示柱 168 根，优化景观绿化 1974 平方米，改善视线不良路段 4 处，封闭道路开口 2 处。农村公路其他路段平面交叉口安全设施改造 51 处，增设波形钢质护栏 400 米，防眩板维修 134 平方米。对大树下隧道、独口隧道、长年坑隧道进行机电维修。全县公路路面修复共计使用 6000 余吨沥青混合料。（吴艳/文 章建辉/图）

运输管理

【概况】2021 年底，遂昌县共有道路运输业户 601 户、从业人员 1992 人。其中，从事道路旅客运输 6 户（不含城市客运）、从业人员 479 人；从事货物运输 481 户、从业人员 998 人。

2021 年底，全县有营运客车 164 辆、客位 3355

个、班线 48 条。其中，有跨市班线 11 条、班车 14 辆、客位 393 个。跨县班线 4 条、班车 8 辆、客位 228 个。有县内客运班线 34 条、班车 101 辆、客位 1909 个。有出租汽车 20 辆、客位 82 个。包车（旅游）21 辆、客位 743 个。县内公交线路 11 条（包括 3 路复线）、公交车 52 辆、客位 1242 个。

2021 年底，全县有营运货车 746 辆，吨位 9105 吨。其中，普通货运 650 辆，专用货车 22 辆，危货运输车 73 辆。

2021 年，遂昌县有一类汽车维修企业 1 家、二类 9 家、三类 75 家，有摩托车维修 18 家。有机动车驾驶培训学校 4 家、教练车 102 辆，全年培训学员 2153 人次。

【节日运输】2021 年春运期间，全县日均投入车辆 239 台、客位 4731 个。其中，班车 126 辆（市际班车 15 辆、县际班车 8 辆、县内班车 103 辆）、客位 2608 个；公交车 47 辆、客位 1146 个；微公交 26 辆、客位 234 个；旅游包车 18 台、客位 655 个；出租车 22 辆、客位 88 个。全县共发送旅客 31.61 万人次，周转量 432.60 人千米。其中，客运站发送旅客 8.47 万人次，包车发送旅客 1.33 万人次，公交公司发送旅客 13.61 万人次，出租车发送旅客 0.53 万人次，较 2020 年春运客流量有所回升。2021 年水路春运，每日投入 10 艘共 282 客位钢质渡船，准备 2 艘单位自备船及 1 艘渡船作为应急运力。春运期间累计渡运量 0.43 万人次。

【“浙遂车渡 001”投入运营】9 月 3 日，“浙遂车渡 001”渡船在湖山乡黄泥岭—大溪边码头投入运营。从此，黄泥岭村摘掉了遂昌县唯一不通车行政村的帽子。“浙遂车渡 001”渡船投入 205 万元，是在建仙侠湖景区的重要配套工程，于 2021 年 3 月开始异地建造，8 月完成航行试验，交付使用。该船体长 20 米、宽 6.5 米，形深 1.7 米，两侧跳板各 8.5 米，可双头靠泊，可同时容纳 3 辆小型汽车与 50 名乘客乘渡。

全年，县公交公司渡运分公司投入运营渡船 12 艘、客位 350 个。实际运送旅客 6 万余人次，航行 1.3 万余次，总航行里程约 5.5 万千米。

▲9 月，“浙遂车渡 001”投入运营

（吴艳/文 章建辉/图）

公共交通

【概况】2021 年，遂昌县公共交通有限公司购置新能源公交车 5 辆，淘汰老旧营运车 39 辆。新建 4 个公交停靠站、1 个港湾式停靠站、20 个农村港湾式停靠站。全年有 11.2 万人次 70 周岁以上老人免费乘坐城乡客运班车，节省乘车费用 107 万元。遂昌县新客运中心 8 月 20 日正式启用，至年底总计发送旅客约 20.8 万人次，其中长途旅客 4.6 万人次。完成大溪边、黄泥岭、九峰岩码头混凝土浇筑，完成库区 9 个渡口提升改造。

遂昌县公交公司下设客运中心分公司、城乡客运分公司、城市公交分公司、渡运分公司 4 个分公司。拥有 1 个停车库（金溪货车停车场旁边）。设 4 个自行车岗亭、20 个点位，投放公共自行车 400 余辆。公交售卡中心在遂昌县新客运中心售票大厅。

【公交车运营】2021 年，县公交公司有大公交车 53 辆（其中新能源车 43 辆），行车线路 11 条，每天发车 529 个班次，全年发车 19.3 万班次。有微公交 8 辆，行车线路 3 条，每天发车 140 个班次，全年发车 5.11 万班次。全年公交车行驶总里程 200.30 万千米，比 2020 年上升 22%；客运量 242.87 万人次，比 2020 年上升 29%；平均日客流量 6654 人次。全县公交客运“村村通”平均日客运量约 4000 人次。2021 年，遂昌县西畈乡至江山市长台镇班车发送旅客 2654 人次。县公交公司售出公交 IC 卡 4715 张。

▲2021 年，遂昌县购置的新能源公交车

（吴艳/文 章建辉/图）

铁路交通

【概况】衢宁铁路全长 379 千米，设计时速 160 千米，为国铁 I 级客货共线单线电气化铁路。其中遂昌段长 24.73 千米。遂昌火车站属客货运综合车站，隶属于金华车务段管辖，站场规模为 2 台 4 线，站房建筑面积 3992 平方米，其中候车室面积 1900 平方米，可同时容纳 600 人进站候车。

2020 年 9 月 27 日，衢宁铁路全线开通客运，至 2021 年底，遂昌站共发送旅客 39.02 万人次（其间因新冠疫情防控停运 55 天），日平均发送旅客 528 人次，其中单日最高发送旅客 1286 人次。

▲10 月 1 日，衢宁铁路遂昌站发送旅客

【遂昌货运站开通】6 月 29 日，衢宁铁路遂昌货运站开通仪式举行。15 时 8 分，首趟载有 20 英尺（约 6.096 米）敞顶集装箱砂石料的 48752 次货物列车从衢宁铁路遂昌货运站鸣笛启程，驶往杭州方向。距 2020 年 9 月 27 日衢宁铁路全线开通客运，时隔 9 个月。遂昌货运站主要办理货物包装的整车运输业务，年发送货物量在 20 万吨以上。

截至 9 月底，遂昌货运站累计发到货物 2410 车 95962 吨，其中发送货物 981 车 62784 吨，到达货物 1429 车 33178 吨。

【衢丽铁路前期】衢丽铁路是浙江省境内衢州市至丽水市的铁路，是浙江省“大花园”运输通道建设的支撑性工程。一期项目为松阳至丽水段，2020 年底举行开工仪式。二期项目为衢州至松阳段，正线长 95.1 千米，其中遂昌段长 28 千米。设计速度为 200 千米/小时。10 月，在新建衢丽铁路二期可行性研究报告评审会上，国家铁路集团明确了在妙高街道东峰村建遂昌西站的方案。（蓝 虹 文/图）

邮政·通信·传媒

邮 政

【概况】2021 年，中国邮政集团有限公司浙江省遂昌县分公司下辖 8 个邮政支局、14 个邮政所、3 个县城金融网点。全县有 21 条邮路，总里程 2020 千米，有 63 条城乡投递道段，全长 3011.5 千米，覆盖 20 个乡镇（街道）。全年实现邮政业务收入 3686 万元，比 2020 年增长 5.64%。

开展绿色邮政“两个专项治理”（重金属和特定物质超标、过度包装和随意包装），全面实施胶带瘦身计划，45 毫米窄胶带使用率 100%。21 个营业窗口电子面单使用率 100%。营业网点、寄递揽投点包装废弃物循环利用全覆盖。开展 3 次绿色邮政培训。完成第七轮邮政金融安全评估工作。实现通信质量安全无失密丢损“二十八连贯”。

立足于线上线下服务一体化运营，解决快递进村“最后一公里”和农产品上行“最初 100 米”两大难题，建成遂昌县数字乡村物流中心，下设乡镇中转站 9 个、村级综合服务点 120 个，实现 20 个乡镇（街道）汽车邮路全覆盖。与 6 家快递公司签署合作协议。在垵口、王村口等乡镇实现快递进村。

【提升服务管理】2021 年，中国邮政遂昌分公司营业服务达标率 100%。建制村通邮投递打卡率 99%。普遍服务全程时限达标率，省内互寄 T+3（3 个交易日内完成）97.62%、省内互寄 T+5（5 个交易日内完成）99.31%，全部达标且高于邮政普遍服务标准。

投入资金 20 余万元，开展全县补白网点专项整治活动，整改率 100%。全县 21 个普遍服务网点全部完成“回头看”检查工作。落实 7 个薄弱普遍服务网点“河长制”管理工作。积极为单位、企业和个人提供信件、函件、报纸杂志订阅、集邮预订服务，开展生肖贺岁季活动，开发新媒体业务。

【助力农村电商发展】2021 年，中国邮政遂昌分公司联合阿里云创新中心（丽水遂昌），在遂昌县数字乡村物流中心设立共享式助农直播中心，每月开展助农直播活动，全年开展直播百余场。依托县乡村三级物流体系，打通农产品出村进城和工业品下乡双向流通渠道，农村电商平台初步构建。全年走访合作社 645 家、种植养殖户 2652 户。为合作社及家庭农场提供助农贷款 818 万元，寄递农产品 3.8 万余件，助力销售农产品价值 133 万元。开通“遂昌—嘉兴”蔬菜运输专线。

▲2021 年，县邮政公司每月开展助农直播活动，助力销售遂昌县农产品价值 133 万元

（沈潇玲 文/图）

电 信

【概况】2021 年，中国电信遂昌分公司完成码号资源使用收入 2590 万元，排名全市第一，比 2020 年增长 15.1%。实现基本面收入 2860 万元，比 2020 年增长 12.4%。主营业务收入 3790 万元，比 2020 年增长 9.8%。移动用户净增 1249 户，总计 28801 户；宽带用户净增 1809 户，总计 28069 户；宽带互联网视听业务净增 727 户，总计 21552 户。

完成 5G 基站 27 个宏站 79 个载扇建设，规划下期 5G 基站建设前期 35 个站点。完成 4G 农村补盲 LTE（长期演进）网络 28 个补盲基站建设，遂昌简易基站建设模式在全市推广。推进乡镇农村规模化千兆升级，加快互联网数据中心建设，完成丽水电信政务云遂昌分节点的扩容升级。完成新装政企两类专线 375 条，移机和提速套件 100 多条，完成环保监控 50 多个企业和 155 个垃圾分类点位的监控上线。完成政府核心路由设备更新升级。

【规模化发展】成立美丽乡村“天翼看家”签约专班，全年签约 19 个村，发展“天翼看家”业务 366 户。九龙口、北界、石练 3 个村的数字乡村 2.0 平台协同推进。开展百团千人大会战现场营销，全年开展 65 场营销活动，新增融合 1608 户、C 网 3865 户、宽带 1057 户、智家产品 1269 户。2021 年中标 37 个项目，其中 50 万元以上项目 1 个、百万元以上项目 2 个。中标信息产业项目 5 个，均为百万元以上项目。实际签约合同金额 2098 万元。

【提升服务能力】打造专业化、属地化的智慧家庭工程师、智慧政企工程师 2 支队伍。推进中小企业提速降费，宽带资费降幅 9.65%。强化网络信息安全服务能力，为近 200 家部门、企事业单位客户提供从网络到信息化建设一站式服务。如市民服务中心智能化维护服务、“912 工程”持续保障服务等。为全县失智老人发放防走失黄手环 162 个，为全县独居老人安装联网式烟感器 3000 只。配合政府完成三溪口、南街、金岸、国道 528 线、遂江公路等的电信线路迁改重建，完成老旧小区的管线整治。

【数字化改革智慧应用】在数字政府建设方面，研发建设“阳光厨房”模块助力外卖市场监管。在数字社会方面，积极参与智慧民政、智慧环保、垃圾分类等项目。助力平安乡村建设，补点公安天网乡镇村盲区，织密“网格天眼”安防工程。帮助浙江翱力机械公司建成 5G 定制网，提升产线管理。帮助宇恒电池公司升级网络信息安全防护，助力企业信息安全和知识产权保护。

【新基建（5G）战略合作协议】1 月 6 日，中国电信丽水分公司与遂昌县政府签订新基建 5G 战略合作协议。根据协议，双方紧抓 5G 发展机遇，共同推动 5G 网络、云计算、大数据、物联网、工业互联网等新技术在产业升级、民生服务、城市管理等领域的融合应用创新，创建 5G+创新发展标杆城市，助力遂昌数字经济快速发展。

▲1 月 6 日，中国电信丽水分公司与遂昌县政府签订 5G 战略合作协议

（宋 英 文/图）

移 动

【概况】2021 年，中国移动通信集团浙江有限公司遂昌分公司完成运营收入 1.22 亿元。累计通话用户

17.5 万户，5G 终端客户近 5 万户，宽带用户超过 5 万户，上网用户 15 万户。

开通 5G 三期一阶段宏站 15 个，5G 室内分布系统 8 个、网随业动 2 个、4G 九期扩容宏站 3 个。渡船头节点机房、公园路节点机房投入使用，累计布放传输光缆 304.41 千米，管道建设 3.71 千米。新建管程 23.37 千米，新建管孔 45.22 千米。

完成有线宽带新装 12476 条，移机 1881 户，完成机顶盒安装 4768 户，组网服务及智能家居安装 7319 户。完成移动专线新增 337 条，完成 3 个智能分布式数字监控核心服务器的增改维护处理，共计接维核心服务器 10 个。完成 305 个机房隐患排查整改。185 个小区 5G 网络优化整治，基站隐患整治 12 个站点，传输线路隐患整治 232 处 38 个段落，迁改隐患处理 110 处。

▲5 月，遂昌移动小分队进村开展服务

【“我为群众办实事”活动】开展品质引领及“削锋行动”，与公安机关配合开展“断卡行动”，在用户新入网前登记“开卡码”。带领党员群众进小区、进集团、进农村开展“宽带义诊”，减少宽带上网故障次数。以“总经理接待日”“银龄跨越数字鸿沟”和社区志愿服务、反诈宣传为载体，搭建起与群众沟通的桥梁。

开展“总经理接待日”11 次，垃圾分类志愿活动 30 场，“银龄跨越数字鸿沟”活动 62 场，反诈宣传 72 场，服务群众 5000 余人次。做好 4G/5G 基础网络建设，完成重大节日通信保障 19 次，如遂昌高山名茶问茶节、首届仙侠湖半程马拉松赛、“班春劝农”典礼、2021 阿里巴巴诸神之战“数字经济赛道”全球总决赛等活动的网络通信保障工作。

（雷丽虹 文/图）

联 通

【概况】2021 年，中国联合网络通信有限公司遂昌县分公司完成运营收入 1053 万元。年末，全县通话用户 1.1 万户，宽带用户 0.6 万户，上网用户 0.5 万户，5G 用户 0.7 万户。

与电信遂昌分公司共建 51 个 5G 站点，开通 84 个 3G 升 4G 基站 M900。完成光缆皮长汇聚层 5 千米，接入层光缆 10 千米。新增互联网专线 8 条，数字电路专线 76 条，宽带资源覆盖率大幅提升。新建固定网络宽带覆盖小区 20 个、乡镇村 11 个，覆盖千兆用户 6000 多户，增加覆盖人口 28050 人，建设投资 128 万元。

通过县、市联动和公众、政企协同，成功办理燃气报警器相关业务。上线联通沃客来精准营销平台、联通附近推等业务，实现创新收入、基础收入双提升。

▲9 月，遂昌联通小分队配合征兵宣传开展服务

【信息化建设】依托 5G、云、大数据、物联网等创新应用产品，结合互联网专线、数字电路等传统通信能力，助力企事业单位信息化建设和数字经济发

展。推动机关单位应用上云服务，为机关单位、大型企业提供5G解决方案思路。为网站建设、电力抄表、工业互联网等领域提供数字化连接保障和智能管道。承建遂昌县数字经济门户网站，完成智慧环卫系统、农村饮用水监测、未来社区软件开发、工业互联网云化App项目等。（毛时勇 文/图）

华数广电网络

【概况】2021年，遂昌华数广电网络公司针对大众业务从结构、人员、政策方面做全面梳理，通过精细化管理，推动业务稳步发展。实现总收入3717万元，比2020年增长41%。

中标遂昌县数字政府门户建设项目，全市第一个建成“疫情防控”“文化丽水”等13个省、市重大任务子门户。中标遂昌县“天工智能”管理系统项目，该项目入选省发改委最佳实践奖、丽水市数字化场景应用优秀奖，获省、市领导批示肯定。中标遂昌县数字乡村项目，该项目多次获得中央电视台、人民网、中国新闻网等媒体报道。2021年，遂昌华数公司获得“浙江华数总裁特别奖”。

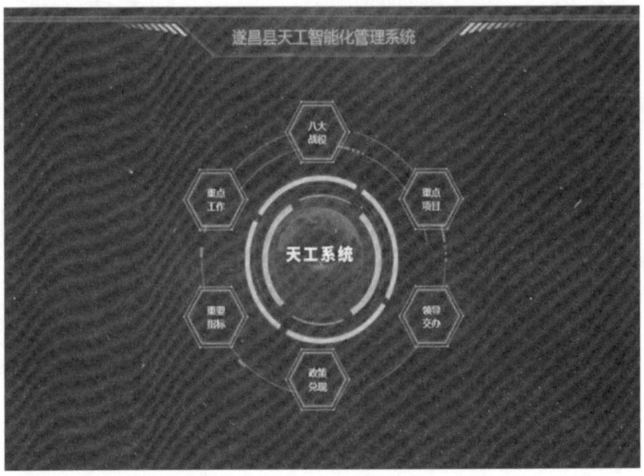

▲遂昌华数广电网络公司承接研发的遂昌县“天工智能”管理系统页面

【集团客户市场】2021年，集团客户商业基础考核目标5837户，实际完成6417户，完成率109.93%。商业互动考核目标3472户，实际完成2937户，完成率84.59%。商业宽带考核目标729户，实际完成830户，完成率113.85%。市场收入考核目标1875万元，实际完成2587万元，完成率137.97%。

【大众客户市场】2021年，大众市场基础客户目标35894户，实际出账33842户，完成率94.3%。互动客户比2020年净增841户，完成率849%。宽带客户比2020年净增253户，完成率163.2%。大众基本视听费完成715.42万元，完成率102.2%。大众增值业务完成147.39万元，完成率98.3%。智能家居业务完成89.7万元，完成率104.3%。

▲11月，在全省数智共富应用案例发布活动上，遂昌华数公司负责人分享“数字乡村”应用案例

【基本工作】2021年因新冠疫情影响，致旅游业降温，又因城市更新区块拆迁，华数商业用户电视业务出现停机潮。公司及时推出针对性强的宾馆套餐业务。集团客户与乡镇中心站组队，将绩效与乡镇中心站挂钩。保质保量完成安全播出工作，顺利通过省公司安全播出检查。做好文明实践、校园电视台运营工作，拓展运营新业务，如“两山泊车”公众号、书香政协平台、助残学校平台等。

业务类型不断扩展，承接项目从单一监控项目发展为含软硬件电视业务一体的综合集成项目。中标遂昌县环城南路一期、二期工程智能化系统采购项目。中标智慧教育类项目4个。

【开展活动】第一季度开展“春耕行动”，充值用户（360 元以上套餐）总金额 23.82 万元，办理基础用户 46 户、互动用户 48 户、宽带 29 条。第二季度举办“光改入户+4K 整转”小区路演活动，办理基础用户 55 户、互动用户 46 户、宽带 36 条。第三季度开展“两新”市场作战行动，办理基础用户 133 户、互动用户 141 户、宽带 172 条。第四季度开展百日攻坚战，办理基础用户 284 户、互动用户 1409 户、宽带 1019 条。（华数公司/文 遂昌新闻网/图）

广播、电视、报纸

【概况】2021 年，遂昌县融媒体中心设有遂昌电视台、广播 FM106.4、报纸《遂阅》、遂昌新闻网等传统媒体平台，有“遂阅”App、“遂昌新闻”微信公众号和视频号、“遂昌融媒”抖音号等新媒体平台，开设《遂昌新闻》《遂农新风》《平昌视野》等十余档电视节目，节点时期开设《百姓故事》《共同富裕新征程》《全会精神在基层》等专题专栏。

全年编印《遂阅》报纸 144 期，播出《遂昌新闻》《平昌视野》等电视节目 366 档、2390 条，播出广播节目 417 档 2645 条。

【党史学习教育宣传】在《遂阅》报纸上开设《学党史、悟思想、办实事、开新局》栏目，刊发动态报道数百篇。开设具有本地特色的专栏《百年党史忆遂昌》《先锋引领出新人》，介绍遂昌县党史知识，报道乡村振兴过程中涌现出的新人新事。电视节目《遂昌新闻》开设《共同富裕新征程》《革命物件看党史》等专栏，聚焦经济社会发展方方面面取得的新突破、新成就。在遂昌新闻网上开设《问政直通车》专栏，老百姓登录网站提交问题，相关部门 7 天内完成线下办理、线上答复。在“遂阅”App 开设“学在遂昌”“社科讲堂”等版块。开设电视曝光节目《焦点》，聚焦百姓生产生活中遇到的不文明、不方便现象，取得良好社会反响。

【疫情防控宣传】全面权威报道遂昌县新冠肺炎疫情防控工作，第一时间发布重要公告，引导社会各界正确认识、科学防范疫情。开展疫情防控志愿服务 12 场次，播出公益广告 200 余条。利用乡镇管理站广播等设备，宣传疫苗接种，宣传各级各单位工作进展及成效，突出宣传抗击疫情先进典型，积极回应社会关切。在电视、网站、报纸及各新媒体平台刊播疫情防控新闻 1000 余条次。制作“防疫科普知识问答”“在线答疫”等进行推送，转发、阅读量数十万人次。

遂阅
为加快实现遂昌跨越式发展提供强有力金融支撑
县第八届青少年歌手大赛圆满落幕
“苦花鱼”回来了
遂阅
图片新闻

▲2021 年 1 月 4 日《遂阅》报纸电子版

▲2021 年 12 月 31 日《遂昌新闻》电视节目

【电视专题】全年播出《平昌视野》栏目 44 期，其中《党旗飘扬》专题 6 期。紧扣“天工之城·数字绿谷”建设、城市更新、乡村振兴等主题，以鲜活的故事讲述身边人、身边事。围绕中国共产党成立 100 周年，推出《第一书记扶贫记》《一本党章的红色记忆》等报道；围绕县委县政府中心工作，推出

《一场马拉松带来的美丽经济》《松树"瘟疫"防治记》《悬崖扶贫路》等报道；围绕百姓正能量故事，推出《妈妈背上的求学路》《一位农民的艺术人生》等报道；围绕传统节日和非遗文化，推出《周利锦的畲服情缘》《乌饭里的商机》等报道；围绕乡村振兴，推出《掉队的"富裕村"》《一粒种子背后的危与机》等报道。

《遂农新风》栏目全年播出44期，关注农民创业、农业新技术、农民幸福事等"三农"题材，设置了"遂农快报""遂农新鲜事""遂农技术招""遂农追梦人"等版块，丰富节目信息量，提高可看性、实用性、服务性。

【广播专题】每周播出5档《遂昌新闻》广播，播出3档广播专题，分别为《乡村大巴》《和谐新农村》《"龄"听好歌》。全年共播出广播节目417档。《乡村大巴》主要播报共同富裕主题，以及新冠肺炎疫情防控、农作物病虫害防治、垃圾分类等工作，播报各乡镇（街道）发生的动态信息。《和谐新农村》为农村群众提供各类农科知识、信息以及种养供销典型经验，对农村的新人新事、困难群体进行报道。《"龄"听好歌》接收听众点歌，与新媒体平台共享流量，实现广播"可视化"。

【报送稿件】2021年，县融媒体中心上送稿件被中央电视台、《浙江日报》、浙江卫视等中央、省级主流媒体，以及"蓝媒头条""学习强国"等媒体录用300余条。其中，《基础设施升级，乡村宜居宜业》登上中央电视台《新闻联播》，《探出深山致富路》《守住冷链关，防疫不"掉链"》《"抱团式"乡村发展新路子》《家门口就能寄快递，物流成本低》《村里的"数字"生活》《数字乡村蕉川村》等在中央电视台新闻频道播出。

【新闻获奖】2021年，遂昌县融媒体中心获评全国新闻出版广播影视系统先进集体；获评全市广电全媒体传播协作先进单位（一等奖），连续21年获此荣誉。获评全市县（市）转播台站安全播出先进单位、《丽水日报》社先进基层报道单位等荣誉。电视专题《一粒种子背后的危与机》获浙江省广播电视对农节目一等奖，遂昌县电视台对农栏目获浙江省广播电视对农服务工程考核鼓励奖。

消息《山区农民当上新时代"卖炭翁"》、系列报道《乡村合伙人》、专题《山区农民致富"三部曲"》获市广播新闻一等奖。专题《水稻制种之困该如何破？》获市广播新闻二等奖。消息《30小时溯源追踪，遂昌县成功处置首起新冠病毒污染冷链食品事件》、专题《第一书记扶贫记》《稻花香里的00后》获市电视新闻一等奖。消息《红外相机首次拍到"三熊同框"画面》获市电视新闻二等奖。消息《图书馆里的霉菌有"文化"》获市电视新闻三等奖。短视（音）频《独白》《相伴遂昌人26年的客运站，今天"到站"》获市新媒体三等奖。电视艺术片《一缕风雅的仰望》获市广播电视文艺类三等奖。公益广告《请佩戴安全头盔》获市公益广告三等奖。节目研究《"大、小、活"做好基层新闻主题报道的窍门》获市广播电视学术论文二等奖。

▲8月，县融媒体中心记者顶着酷暑赴一线采访

【安全播出】2021年，县融媒体中心技术部制定详细的安全播出处置预案，使操作更直观，反应更快速。实行24小时轮岗制，安排两名技术员同时在岗值班，实现全年播出"零事故"。每月派出技术员下乡检查播出设备，确保广播在线率常年保持在90%以上。农村应急广播、调频广播在新冠肺炎疫情防控播报中发挥了重大作用。（吴卢军 文/图）

新媒体

【概况】2021 年，“遂昌新闻”微信公众号粉丝数量达 7 万多人，“遂阅”客户端粉丝数量达 1 万余人。“两微一端一抖音”（微信公众号、微信视频号、“遂阅”客户端、“遂昌融媒”抖音号）县级发稿 4519 篇，总阅读量 1133 万人次。其中，阅读量超万次的稿件有 100 余篇，阅读量超百万次的稿件 1 篇，被中央、省、市级主流媒体录用稿件数百篇。在省市好新闻奖评选中，多件新媒体作品获奖。

【聚焦重点工作】聚焦“八大战役”、共同富裕示范区建设、“天工之城·数字绿谷”建设等重点工作，用一组组真实的数据、接地气的报道，让干部群众看到遂昌县各领域取得的巨大变化。10 月 12 日起，“遂昌新闻”微信公众号陆续推出“带你看遂昌 72 变”系列报道，通过一个个生动的实例，以小切口反映大主题，多条报道阅读量破万，新媒体端总阅读量破 20 万人次。聚焦中国共产党成立 100 周年，“遂昌新闻”微信公众号、“遂阅”App 开设《百年党史·忆遂昌》《百年党史·寻踪迹》《先锋引领我代言》《先锋引领出新人》等栏目，发稿 100 余篇，营造了浓厚的学党史氛围。

【创新宣传】推出《你好！小张》《图说遂昌》等网红栏目，以短视频、图集的形式播报、展现遂昌县经济社会发展变化，提高受众关注度和新闻的阅读量与传播度。刊发《一“数”一故事》系列报道献礼中国共产党成立 100 周年。开设《十大民生实事盘点》《聚焦遂昌“期中考”》《因为相信，所以看见》等专栏，展现工业复兴、城市更新、大搬快聚、生态提质、招商引智、交通建设等方面的发展变化，推送系列稿件 200 余篇。《一“数”一故事》系列报道总阅读量突破 50 万人次。

【县融媒体指挥中心启用】10 月 15 日，遂昌县融媒体指挥中心正式上线启用。启用仪式上，在场人员共同观看了指挥中心技术平台演示。遂昌县融媒体指挥中心拥有“在线指挥、统一调度、数据素材汇总、互联互通、实时直播”等功能，是融媒体中心的“神经中枢”，全面统筹调节融媒体中心运作的方方面面，帮助宣传媒介做好“融”字文章，构建形成“统一策划、一次采集、多种生成、全媒传播”的全媒体矩阵传播格局。当天的活动，还进行了媒体人师徒结对仪式。

▲10 月 15 日，遂昌县融媒体指挥中心启用

（吴卢军/文 章建辉/图）

科　技

科技创新

【概况】2021 年，遂昌县完成高新技术投资额 6.96 亿元，比 2020 年增长 52.40%，全市排名第二。高新技术产业增加值 14.51 元，比 2020 年增长 28%，全市排名第一。高新技术产业增加值占规模以上工业增加值比重为 29.34%。投入研发费用 3.72 亿元，比 2020 年增长 47.13%，全市排名第一。

11 个项目成功申报 2021 年度丽水市“绿谷精英·创新引领行动计划”。新增 4 家省级高企研发中心、12 家国家高新技术企业、21 家省级科技型中小企业。浙江凯恩特种材料股份有限公司列入浙江省第四批创新型领军企业培育名单。宇恒电池股份有限公司成功申报省级创新型领军企业。

【打造创新空间】3 月，遂昌网易联合创新中心建成启用，至年底签约入驻企业 23 家，实现产值 871 万元。6 月，阿里云创新中心（丽水遂昌）启用，至年底签约入驻企业 26 家，实现产值 1554 万元。

6 月，举办 2021 全国数字生态创新大赛总决赛暨全国数字生态创新发展峰会。7 月，举办网易云音乐《时光之遥》歌曲征集大赛评审会。9 月，举办 2021 阿里巴巴诸神之战“数字经济赛道”全球挑战赛总决赛。丽水预位区块链泊车科技有限公司和丽水行纪智能科技有限公司签约入驻遂昌阿里云创新中心。仙侠湖会展中心投入使用，西山驿项目进展顺利。推进古院双创中心项目建设。

2021 年，遂昌县 2 个“绿谷精英·创新引领行动计划”创业类项目落地，分别为“数字化还原技术应用与产业化”项目、“抗病毒抗炎中药冻干三叶青粉全产业链一体化生产”项目。“新型环保材料的创制及其节水减排的高效应用”“锂离子电池电解液连续化生产技术的产业化”等 11 个项目通过丽水市“绿谷精英·创新引领行动计划”评审。

▲6 月 9 日，仙侠湖会展中心启用

【培育创新主体】2021 年，遂昌县科力锻造、佳禾竹业等 12 家企业申报省级高新技术企业通过专家评审，银合精密、鑫斯特新材料等 21 家企业申报省级科技型中小企业通过专家评审，翱力新材料、菲立化学、昊峰建材、兴昌新材料 4 家企业申报省级高企研发中心通过专家评审。宇恒电池、凯恩特材 2 家企业开展申报省级重点企业研究院工作。

4 月，荣凯科技公司与中国工程院院士郑裕国团队签订重大科研项目协议。7 月，浙江双彩新材料公司与杭州师范大学有机硅重点实验室联合成立浙江双彩—浙师大有机硅联合实验室，建立长期合作关系。10月，浙西南精准医学基因研究转化应用中心在遂昌县人民医院揭牌成立，该项目以中国科学院院士陈润生团队领衔，努力打造浙江乃至华东地区精准医学研究和应用转化高地。

▲4月27日，浙江荣凯科技公司与郑裕国院士团队签订科研项目协议

▲10月3日，浙西南精准医学基因研究转化应用中心在遂昌县人民医院揭牌成立

【科创平台建设】2021年，遂昌县绿色生物医药化工研发平台作用凸显，微反应器及管道化反应器等行业创新、领先技术得到推广，化工产业转型升级步伐加快，荣凯科技、利民科技2家企业完成升级改造项目研发。遂昌县金属制品产业创新服务综合体自2020年6月运行以来，至2021年底已签订入驻协议企业38家、服务类机构6家、投融资服务机构6家。3月，中国航天科工集团增材制造技术创新中心浙南基地投入运营。6月，武汉大学—遂昌金属制品研发中心（工程师协同创新中心）挂牌成立。9月，遂昌县金属制品检测中心投入运营。

【资源要素保障】2021年，遂昌县科创基金完成对外投资项目10个，投资金额9630万元，其中菲立化学、凯恩电池、荣凯科技3个项目退出本金3300万元。指导企业用足用好《遂昌县推进生态工业和数字经济高质量绿色发展三十条》、科技创新券等惠企政策，兑现创新券46.8万元，兑现“生态工业三十条”优惠政策超1000万元。

实施省、市科技特派员项目20项，派驻濂竹乡的省科技特派员指导种植的水果玉米亩产值超万元。实施县校合作项目25项，与浙江农林大学签署县校战略合作协议，与杭州电子科技大学签署共建数字经济创新平台的框架协议。

【3家企业竞拍到重要科技成果】5月25日，在遂昌县金属制品产业创新服务综合体内，2021浙江科技成果竞价（拍卖）会遂昌专场暨项目路演推介会举行。7项科技成果项目全部成交，总成交金额1910万元。其中有3项分别被浙江荣凯科技发展股份有限公司、浙江鸿浩科技有限公司、浙江省遂昌金矿有限公司3家遂昌企业拍得。当天的专场活动，还安排了项目路演环节，专家展示了1项优秀科技成果——LIBS（激光诱导击穿光谱）技术在金属快速分析中的应用分享，吸引不少企业沟通洽谈。

▲2021浙江科技成果竞价（拍卖）会遂昌专场

（县科技局/文 遂昌新闻网/图）

科学技术普及

【概况】2021 年，遂昌县科学技术协会下属县科普中心 1 个，省属企业科协 1 个，乡镇（街道）科协 20 个，有村（社）科普协会 211 个，企事业科协 10 个。县级学（协）会 28 个，会员 3000 余人，主要涉及农、林、医、教等领域。全县有科技示范户 80 户，其中省级 12 户、市级 21 户。

立足服务创新驱动，深化科技人才工作。引进浙江工业大学郑裕国院士及其团队同浙江荣凯科技有限公司签订 1000 万元合作协议。柔性引进乌克兰院士吴东方入驻遂昌“天工之城”，创立智能物联网研制及产业化企业。与省生物工程学会开展“一县一业一学会”活动，签署创新服务合作协议，加强对遂昌县生物制造企业的技术指导。对接乌克兰院士吴东方及其团队参加 2021“天工之城”引智共富大会暨中国（遂昌）数字人才发展峰会，邀请陈宗懋、郑裕国、汪旭光院士通过线上形式参与峰会。

【“银龄跨越数字鸿沟”科普行动】为解决广大老年人在运用智能技术方面遇到的困难，提高老年人使用智能手机进行沟通交流、移动支付、看病就医等方面的技能，县科学技术协会通过县、乡、村三级联动，扎实推进“银龄跨越数字鸿沟”科普专项行动。联合县老干部服务中心、县教育局、县卫生健康局（老龄委）、县移动公司，在老干部活动中心、社区、老年大学、文化礼堂开展专题培训，帮助老年人学习和使用智能手机。全年开展志愿服务 34 次，培训 2097 人次。

【“百名专家连百村”活动】3 月 10 日，县科学技术协会联合县农业农村局、县供销社等部门，组织部分农、林专家，到北界镇开展“乡村振兴、科技先行”送服务下乡活动，就春耕备耕情况及群众在种植、养殖方面关心的问题进行指导和答疑，接受群众咨询 700 余人次，发放科普资料 2000 余份。是日，还在北界中心成技校举办了春季水果管理技术培训会，科技示范户、种植大户 30 余人参加培训。

全年，县科学技术协会开展“百名专家连百村”活动，组织农学会、林学会等科技专家，根据自身特长深入田间地头，开展现场辅导授课、新技术新产品示范、信息技术服务等帮扶活动 10 余场次。

▲3 月，遂昌县老科技工作者送服务下乡

【《加油！科学+》走进遂昌】县科学技术协会和县文化馆以“全国科普日”系列活动为平台，邀请国内首部大型科普音乐情景剧《加油！科学+》走进遂昌。7 月 23 日晚，该剧在妙高街道余家村演出，500 余名市民观看。《加油！科学+》由省科学技术协会主办，以钱江浪花艺术团为演出单位。该剧将音乐舞蹈元素与科学知识相结合，融入生活万象，以舞台戏剧的形式传达科普内容，倡导人们以科学的态度健康生活、认知世界。该科普情景剧已在全省各地巡演 20 多场次，累计观众上万人次，广受好评。

【青少年科技嘉年华】9 月 27 日，遂昌县第三届青少年科技嘉年华暨中小学生第八届“龙谷之光”科技节在青少年宫举行，全县各中小学校 200 余名学生参加。本次比赛采取积分制，包含个人赛和团体赛，设置了遥控车模型、自制无人机飞行赛、遥控帆船赛等 20 余个项目，为全县青少年搭建了全方位普及科学知识、参与科技活动的科普平台。

（县科协/文 遂昌新闻网/图）

教　育

综 述

【概况】2021 年，遂昌县有各级各类学校 62 所。其中幼儿园 32 所，小学 21 所，初中 5 所，普通高中 2 所，职业高中 1 所，特殊教育学校 1 所。全县有教职工 2759 人。其中幼儿园 797 人，小学 919 人，初中 540 人，普通高中 304 人，职业高中 188 人，特殊教育学校 11 人。有在校学生 26300 人。其中幼儿园 5522 人，小学 9652 人，初中 5705 人，普通高中 3046 人，职业高中 2343 人，特殊教育学校 32 人。

2021 年，遂昌县教育现代化监测指数 75.4，高于全省平均 0.67。省级义务教育标化学校创建率 100%。“三残”儿童入学率 100%。

2021 年，遂昌县高考报考人数 1215 人，其中参加普通高考 983 人，参加单考单招 232 人。总录取人数 1192 人，总录取率 98.11%，其中普通高考录取 963 人，单考单招录取 229 人。高考总录取率、普通高考录取率、单考单招录取率均超过全省、全市平均水平。

遂昌三中和县实验小学搬迁至新校区，新建平昌华府幼儿园和吴乐幼儿园，9 月开园。新增初中学位 2400 个、小学学位 1620 个、学前教育学位 450 个。全年完成教育项目建设投资 1.75 亿元。

积极探索新技术、新空间、新平台方面的建设应用，完成区域同步课堂信息化创新应用平台建设三年计划。实现数字电视、PC 端和移动端全方位一体化服务，在线教学直播、点播全时段覆盖。建成智能灯光、空间管控、数据对接等内容新型教学空间 82 个，累计建成 112 个。遂昌三中“星海编程创新实验室”获评省优秀空间案例。建成融会议、监控、巡课、数据于一体的教育指挥中心。全县开展线上教研活动 150 余次，6000 多人次参与。29 所学校创建市级智慧校园达标校。

2 月，在首届“京师杯”全国中小学教师数字化教学能力展示活动中，遂昌县教育研究室获优秀组织奖，个人获奖 26 人次。其中，在微课视频类作品评比中，2 位教师获全国三等奖，2 位教师获浙江地区一等奖，2 位教师获浙江地区二等奖，11 位教师获浙江地区三等奖。在课件类作品评比中，1 位教师获浙江地区一等奖，8 位教师获浙江地区三等奖。

5 月，遂昌教师发展学校与浙江师范大学签订共建协议书，内容包括：遂昌县为浙师大优秀毕业生到遂昌见习实习、就业创业，以及高校高端人才交流和柔性引进等提供便利。双方共享师资队伍资源库，建立教学、教师研训等合作机制。浙师大以课题研究为突破口，为遂昌中学提供智力支持和优质资源，促进学校教师专业发展。

6 月，在“心中的歌儿献给党”丽水市合唱大赛活动暨第六届丽水市合唱节活动中，遂昌龙谷教师合唱团参赛节目《卜算子·咏梅》《不忘初心》获金奖。12 月，遂昌县 13 所学校与乡镇卫生院签订校医聘用协议，另有 6 所学校通过购买服务的方式配备专职卫生技术人员。全县 27 所中小学校全部配备卫生专业技术人员。

2021 年，遂昌县通过浙江省区域推进语言文字规范化县复评。县教育局获评全国教育系统关心下一代工作先进集体，获评省级文明单位。

【数据驱动教育教学改进试点】 2月25日，县教育局组织召开数据驱动教育教学改进试点工作动员会，标志着遂昌县数据驱动教育教学改进试点工作全面启动。该试点全省首批选定2个市、7个县共9个单位。试点工作的主要任务是在区域同步课堂信息化创新应用平台建设成果的基础上，通过3年试点实践，建设以教育大数据中心和“天工之城”线上教育平台为主要内容的教育大脑“1+X”体系，通过质量监测数据采集、分析、研判，推进教育教学全面改进，建成具有遂昌特色的教育教学质量监测服务平台和教育生态评价系统。

【齐鲁名校长团队到遂昌论教】 3月28—29日，国家教育行政学院培训部主任于维涛、北京师范大学中国教育政策研究院执行院长张志勇，携30余名齐鲁名校长到遂昌县，开展“新时期教师发展新挑战及解决之道”研讨，遂昌县30余位中小学校长参加研讨。于维涛、张志勇分别作《新时代教师历史责任与课堂使命》《教师的职业定位专业属性及其发展》专题讲座；山东省齐鲁名校长领航工程工作室主持人、潍坊市特级校长徐军民作《教师职业自觉唤醒与职业素养提升》专题讲座。全国优秀教育工作者、浙江省特级教师、遂昌锦绣育才教育集团学校初中部校长毛卫华作《让孩子因为我们而幸福》专题分享。

【“头雁论教”活动】 4月1日，遂昌县教育系统“学党史守初心育新人”书记讲党课暨校长论坛“头雁论教”活动开展。全县初中、小学、幼儿园正副书记、正副校园长共72人，结合新时代教育理念、办学特色、育人方向等作主题阐述。县教育局党组书记、局长邱根松带头开讲。活动邀请诸暨市5位名师担任评委，评选出一等奖8人、二等奖16人、三等奖24人、优胜奖24人。自2020年5月实施“头雁展翅”工程以来，教育系统相继开展了书记校长评课、赛课、论坛3场现场赛，带动200余位学校中层干部参与，有效提升了校长领导力，促进了校长专业发展，提高了校长管理水平。

▲4月1日，遂昌县校长论坛“头雁论教”活动

【遂昌县科学家教宣讲团成立】 5月15日，遂昌县科学家教宣讲团成立，县关工委副主任、县家庭教育学会会长陈杏生受聘担任团长。宣讲团首批10名成员，以小分队方式开展活动。5月19日，宣讲小分队首站活动走进石练镇景新村。至年底，宣讲团已深入各乡镇（街道），开设讲座20余场，开通家教专场网络直播5场，听讲家长超过2万人次。

▲5月19日，遂昌县科学家教宣讲团下基层宣讲

【送教上门残疾儿童网络课堂】 5月19日，遂昌县送教上门残疾儿童网络课堂开通，首批送教上门对象为义务教育阶段残疾儿童23人，每户获赠43寸彩色电视机及具备点播功能的机顶盒，资金由县残疾人联合会提供。由县特殊教育学校老师设计制作的学习资源，含各学段各学科可点播课程资源1000余个。秋季开学，县教育局确定第2批送教上门服

务对象，为学前教育和高中段残疾儿童45人，全部获赠网络课堂设备，实现残疾儿童送教上门全覆盖。

【“儿童之家”全覆盖全开放】7月13日，妙高街道东峰村“儿童之家”暑假班开班。至此，全县25家“儿童之家”全部通过验收并投入使用，全市率先实现重点村和中小学校“儿童之家”全覆盖全开放。“儿童之家”为14岁以下的少年儿童提供知识学习、益智游戏、文化娱乐等方面服务，解决学生放学后及假期无人看管、无处可去的问题。遂昌县于2019年启动“儿童之家”创建，制定三年建设方案，提供每个“儿童之家”10万元建设经费及运行经费，累计投入资金300余万元。

▲暑期，孩子们在东峰村“儿童之家”内看书

【校外培训机构专项执法检查】7月，县教育局、县市场监管局、县民政局联合组成“双减”专班工作组。县教育局牵头7个执法小分队，对全县27家学科类培训机构开展执法检查。重点围绕校外培训机构的场所安全、疫情防控、规范收费等8个方面开展检查。对发现的问题做好情况登记，并要求各机构限期整改，确保培训机构转登、转型工作规范有序、精准到位。至11月19日，全县已停办和注销学科类校外培训机构4家，“学转非”21家，“营转非”3家，全部完成统一登记工作。

【遂昌县教育事业“十四五”规划评审会】12月24日，县教育局组织召开《遂昌县教育事业发展“十四五”规划》评审会。编制单位汇报了编制规划的工作过程、规划背景、发展思路、实践路径、规划保障等，阐述了构建“普惠健康”学前教育，打造“优质均衡”义务教育，创建“高质高效”普通高中教育，打响“现代技能”职业教育，推进“共享融合”特殊教育，构筑“开放互动”终身教育，健全“专业高效”家庭教育等方面的举措。参会的部门代表、专家组成员提出相应意见。经讨论后，一致同意通过评审。（周顺华/文 遂昌教育网/图）

学前教育

【概况】2021年，遂昌县共有幼儿园32所（公办21所、民办11所），比2020年增加1所，其中省一级幼儿园2所、二级幼儿园19所，三级幼儿园11所。优质幼儿园覆盖率77.92%。2021学年全县在园幼儿5522人，比2020学年增加85人。学前三年入园率98.47%。

完善布局规划，制定《遂昌县学前教育发展第四轮行动计划（2021—2025）》。平昌华府幼儿园和吴乐幼儿园建成投入使用，新增学位450个。推进公办幼儿园体制创新改革试点，遂昌为全省17个试点县之一。

【学前教育课程改革专题研讨】3月26日，遂昌县学前教育第5次课程改革专题研讨活动在湖山乡中心幼儿园举行，活动主题为“回归儿童本位的幼儿园环境创设”，以线上线下相结合的形式进行，全县幼儿园园长、骨干教师50余人参加现场研讨。

遂昌县大力推进幼儿园课程改革，全县幼儿园均加入课改行列，围绕“让课程更贴近儿童”“推进课程园本化”“共话儿童游戏”“让阅读点亮幸福童年”“回归儿童本位的幼儿园环境创设”等主题，开展了5次课程改革交流活动。

【幼儿教师专业素质技能比赛】4月30日，全县幼儿教师专业素质技能比赛在示范幼儿园举行，78名幼儿教师参加。比赛设粘贴画制作、创意游戏设计等5个项目，参赛老师根据现场给出的主题，需要在两个小时内完成各项目。活动评选出一、二、三等奖若干名。一等奖选手5月底举行的全市幼儿教师专业素质技能比赛。在市级比赛中，遂昌县幼儿教师选手获得团体一等奖1个、二等奖2个，个人一、二、三等奖若干名。

▲5月，遂昌县幼儿教师在全市幼儿教师专业素质技能比赛中获奖

（周顺华/文　遂昌教育网/图）

义务教育

【概况】2021年，遂昌县共有小学21所，在校生9652人，比2020年减少224人。一年级招生1537人，比2020年减少33人，六年级毕业1737人，比2020年减少了152人。13所乡镇中心小学在校生人数在200人以下。

全县有初中5所，在校生5705人，比2020年减少217人。校均规模1141人。小学入学率、巩固率、小学升初中比率均100%，初中入学率、巩固率均100%。初中升高中比率98.83%。全县有小学教职工919人，其中专任教师802人。有初中教职工540人，其中专任教师478人，小学、初中专任教师学历合格率均100%。有研究生学历教师11人。

推进创建全国义务教育优质均衡发展县，对照《县域义务教育优质均衡发展督导评估办法》评定标准，在“资源配置、政府保障、教育质量、社会认可度”四大方面32项指标中，达标29项、暂未达标1项、存在不确定性2项。建成城乡融合型教学共同体1个、共建型教学共同体1个、协作型教学共同体5个，实现集团化办学全覆盖，各学校收看同步课堂、名师网络课堂400余节。实施“一校一策一目标”效能指数动态考核，创成2所公办初中强校。六、七、八年级教学质量监测总分、平均分、优秀率、关注率指标全部位居全市第一。

遂昌育才小学五（4）七彩中队被评为“浙江省优秀少先队集体”。4月，在丽水市第七届中学生排球联赛上，遂昌三中男、女排球队分别夺得初中男子组和初中女子组冠军。9月，在丽水市第七届中小学生游泳联赛中，遂昌育才中学、遂昌育才小学分获初中组团体第二名和小学组团体第三名。

【民办中小学招生电脑摇号】7月13日，2021年遂昌县民办中小学招生电脑随机派位现场摇号在县教育局举行。2021年，遂昌锦绣育才教育集团初中部计划招生420人，报名人数525人，除去育才小学直升134名、体育特长生15名、政策类学生4名之外，剩余267个名额经摇号产生。遂昌锦绣育才教育集团小学部计划招生175人，报名人数560人，除去政策类学生27名之外，剩余148个名额经摇号产生。本次摇号全程公开并录像，在公证人员的监督下分3阶段产生，由县纪委监察组及相关代表确认后签字，由教育局和公证机构加盖公章后生效。

▲7月13日，遂昌县民办中小学招生电脑摇号现场

▲3 月 29 日，遂昌县实验小学新校区揭牌

▲8 月 26 日，遂昌县第三中学新校区投入使用

【2 所县城学校搬迁新校区】3 月 29 日，遂昌县实验小学新校区举行开学典礼暨揭牌仪式。遂昌县实验小学新校区位于妙高街道吴乐区块，于 2019 年 2 月开工建设，总投资 1.68 亿元，办学规模 36 个教学班，学位数 1620 个。2021 年，学校共有 33 个教学班，在校学生 1310 名，教职工 90 人。搬迁至新校区后，遂昌县实验小学原妙高街道东街的老校区在城市更新中被拆除。

8 月 26 日，遂昌县第三中学新校区落成暨揭牌仪式举行。遂昌三中新校区位于妙高街道源口村枫树坪地块，于 2018 年 12 月开工建设，总投资 2.3 亿元，建设规模 48 个教学班，学位数 2400 个。该校区建成投入使用，遂昌县就此实现省级标准化学校达标率 100%，全国义务教育优质均衡县 32 项指标达标率 100%。2021 年，遂昌三中共有 47 个教学班，在校学生 1991 名，教职工 175 人。搬迁至新校区后，遂昌三中原妙高街道东街的老校区在城市更新中被拆除。

【全市小学信息技术教学评审活动】11 月 17—19 日，丽水市小学信息技术教学评审活动在遂昌县实验小学举行，分现场上课、专家讲座、说课答辩 3 个阶段。现场上课环节，吴丹萍、毛微、吴郭思等 10 位老师分别作课堂展示。专家讲座环节，省教坛新秀、丽水市教学名师、景宁县第一实验小学的董慧珍老师作的《基于程序设计的计算思维培养》专题讲座。说课答辩环节，10 位参赛教师基于新课标要求，进行说课和答辩。各县、市中小学信息技术教研员、学科专家、观摩教师、遂昌县全体小学信息技术教师参加现场活动。

（周顺华/文 遂昌教育网/图）

普通高中教育

【概况】2021 年，遂昌县有普通高中 2 所（遂昌中学、育才中学高中部），在校学生 3046 人，比 2020 年增加 94 人。有教职工 304 人，其中专任教师 268 人，有研究生及以上学历 32 人，占比 11.94%。

遂昌中学建立起校本课程体系，重视创新型人才培养。加强与遂昌三中、民族中学协作型教学共同体建设，推进学科竞赛和特长教学。创办“雄鹰班”“领雁班”，着力提升高考竞争力。与中国美术学院等高校合作，推进体艺特色人才培养。增强与丽水中学的互动交流，深化与诸暨高级中学的教育“山海协作”。

育才中学高中部构建完善的三级课程体系，开发教学资源管理平台。深入推进教学质量“包保工程”“壮腰工程”“筑梦工程”，抓好拔尖创新人才培育，首届高考取得优异成绩。5 大学科竞赛共获省级以上奖励 19 项，其中国家金牌奖 1 项、省一等奖 1 项、省团体优胜奖 1 项。

▲4 月 7 日，遂昌中学教师与诸暨高级中学教师进行班主任工作经验交流

【遂昌学子获全国中学生物理竞赛金牌】在 10 月举行的浙江省中学生物理竞赛复赛中，遂昌育才中学获团体优胜奖，学子李何其以全省第 8 名的成绩入选省集训队。12 月，在第 38 届全国中学生物理奥林匹克竞赛决赛中，李何其获得金牌（第 48 名），入选 2022 年国际物理奥林匹克国家集训队，并通过北京大学保送生审核，成为丽水市普通高中五大学科竞赛入选国家集训队的第一人。

（周顺华/文　遂昌教育网/图）

职业教育和成人教育

【概况】2021 年，遂昌县有职业中专学校 1 所，成人技工学校 4 所。遂昌职业中专有在校学生 2343 人，比 2020 增加 38 人。7 月毕业 673 人，其中单考单招升学 229 人，参加中高职一体化升学 160 人，就业 284 人，合计就业、升学率 100%。高等教育毛入学率 63.67%。秋季招生 749 人，比 2020 年减少 117 人。遂昌职业中专有教职工 188 人，其中专任教师 168 人，学历合格率 100%，有研究生及以上学历 4 人，占比 2.38%。

遂昌职业中专加强专业和实训基地建设，“一建二创三融四位”模式入选省职业教育改革发展典型案例，“遂昌农产品生产加工与营销”获评丽水市中等职业学校第一届精品课程。学校与菲立化学公司共建的“校企合作协同双主体育人基地”获评省级产教融合项目。创建浙江省第二批中小学劳动实践基地，762 名学生通过电工、钳工等 10 个工种的考证。承担各类技能培训 12 个项目。2021 年，遂昌职业中专被评为浙江省“文明校园”。

2021 年，遂昌县推进“社区教育进农村文化礼堂”行动，妙高、大柘、石练、北界 4 所中心成技校创建丽水市优质老年学堂。在 4 所中心成技校和遂昌职业中专创建乡村振兴人才培养示范基地。全年，4 所中心成技校共举办新农人精准帮扶、乡村休闲旅游、农村电子商务等 58 个项目的培训，共 141 期 189 场，参加培训农民 1.8 万人次。遂昌县社区学院北界分校、妙高分校、大柘分校获评 2020 年度浙江省现代化社区学校。

【“遂松职教联盟”授牌】11 月 24 日，丽水市中等职业学校“遂松职教联盟”授牌仪式在遂昌职业中专举行，标志着遂昌职业中专与丽水中专、松阳职业中专的教育合作进入新篇章。3 所学校将在师资力量、实训资源、专业布局上加强统筹协调，实现地域和空间优势互补，共同构建山区现代职业技能人才培养体系。“遂松职教联盟”成立，有助于实现全市职业教育特色化、优质化、现代化的目标，为打造遂昌、松阳两地职业教育共同体，助力共同富裕示范区建设提供平台支持和阵地保障。

▲11 月 24 日，“遂松职教联盟”揭牌成立

（周顺华/文　遂昌教育网/图）

SUICHANG YEARBOOK 2022

文化·体育·旅游

综 述

【概况】2021年，遂昌县文化和广电旅游体育局开展瓯江山水诗路文化带建设，以打造“长三角户外休闲运动生活目的地”为目标，全力推进文旅项目建设、业态创新、文体惠民、市场营销等工作，推动文化旅游体育转型发展。

2021年，遂昌县被确定为“诗画浙江·百县千碗”数字化平台建设试点县；通过省级全域旅游示范县复核；“汤公遗爱·盛世遂昌”文化标识列入首批100个浙江文化标识培育项目名单。遂昌县文化馆被评为国家一级文化馆。石练镇文化站被评为浙江省特级文化站。黑陶作品《圆》获第十三届浙江·中国非物质文化遗产博览会铜奖，另一件作品《竹韵》被列为浙江省优秀非遗旅游商品。在第五届丽水市运动会上，遂昌代表团夺得金、银、铜牌共172枚，获体育道德风尚奖。

【项目建设】实施文化旅游项目32个，年度计划投资6.90亿元，实际完成投资4.38亿元。其中，遂昌县文化和广电旅游体育局牵头的项目共15个。推进遂昌博物馆、温泉养生岛、王村口AAAAA级景区镇提升工程、兰台居、云顶壹号等一批文旅体项目建设。全民健身中心跑道改造和遂昌非遗馆项目完工。加大项目招引力度，签订项目合同总金额近26亿元，签约“天工之城”国际赛艇中心、湖山水上运动中心、竹旅融合数字创新园、诗莉莉·漫戈塔度假村、丽奢精品度假酒店等项目。

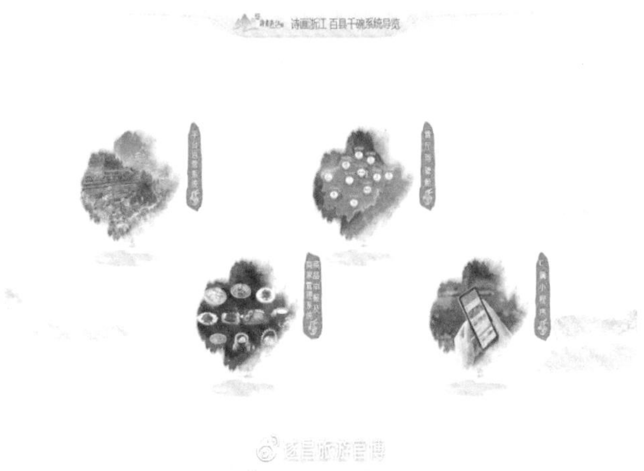

▲“诗画浙江·百县千碗”数字化平台首页

▲2021年，遂昌县文化馆被评为国家一级文化馆

【公共服务】建成相圃书房开元分馆、后江体育公园（未来公园），建成3个社区多功能运动场和3个百姓健身房。县文化馆王村口分馆、三仁分馆开馆。开展送戏下乡120场、剧场演出33场、送书下乡18291册、送讲座下乡32场。举办遂昌绿道健步走、相圃读书会、昆曲进校园等活动。举办“百年

征程·遂月如歌”文艺演出、“翰墨丹青·艺心向党”群众书画大赛等活动。承办2021全国“村晚”示范展示活动，遂昌县录制的“村晚”节目，在中央电视台农业频道、“央视频”App、国家公共文化云客户端播放。

▲2月4日，遂昌《双龙闹春》节目在全国“村晚”示范展示活动中亮相

【市场督查】以新冠疫情防控、消防安全检查、整治非法卫星电视地面接收器为重点，开展文旅体市场检查645次，共检查1056家次，发现并整改问题416项，行政处罚立案调查8件，罚款2.2万元，没收违法物品128个（件），未发生安全生产事故。提升文旅体服务质量，推进凯兴开元大酒店创五星工作。开展相关业务培训，700余人次受训。受理行政许可及其他权力事项、机关内部“一件事”共238件，提前办结率100%。

【数字文旅】推进文化体育场馆数字化建设，开通语音讲解、线上观展、场馆预约等功能，线上文体服务得到全面提升。做好“智慧文化云”“环浙步道”“浙里好玩”等省级重点应用建设工作。推进长三角社保卡文旅“一卡通”，全县各A级旅游景区、文化场馆实现文旅体验“同城待遇”。注重数字化文旅体验，推出“班春劝农”H5小程序，线上参与汤显祖文化趣味答题，以及图书馆推出的系列活动，参与人数超180 万人次，覆盖23个省（自治区、直辖市）。

【应急演练】6月25日，遂昌县文旅系统开展“安全生产月”应急演练暨安全生产专题培训。全县重点景区、星级饭店、旅行社、游艺游戏等文旅企业及旅游新业态项目负责人等80余人参加。本次培训设置视频学习、专题讲座、知识问答、应急演练等环节，以训代战，提升文旅系统和相关企业的安全意识以及对于火灾应急处置、紧急避险和自救互救的能力，全面筑牢安全生产防线。

（徐　丹/文　王久伟/图）

文　化

【群众文化】5月，“万物开源·遂昌”全国摄影大展开始征稿。6—9月，“百年征程·遂月如歌”遂昌县“民星欢乐荟”群众文化系列活动，先后举办广场舞沙龙红舞专场、群众戏曲展演、群众声乐快闪活动、群众书画大赛等。7月，举办杨可扬版画艺术传承联展。9月，举办遂昌县首届“美好生活”手机摄影展。10—11月，遂昌文化交流团受邀到诸暨市、南湖区、象山县、上虞区开展文化走亲演出。

定期推送文化慕课，推出广场舞线上教学，录制各类文艺教学视频。举办遂昌县原创舞蹈推广培训班。举办“文化四季风”摄影、戏曲、戏剧、舞蹈公益培训班。组织文化志愿者开展志愿服务，支持基层文化建设，县文化馆干部人均下基层辅导36次，实现由“送文化”向“种文化”转变。

选送歌手丁子豪参加浙江省青年歌手大赛，获得美声B组金奖；参加浙江省群众声乐大赛，获得美声组铜奖。在丽水市第六届群众声乐大赛中，遂昌县文化馆选送的6位歌手获3金3银。原创歌曲《小村》入围浙江省第二十届群众音乐大赛决赛。

5月10日，科幻电影《超能水怪》在湖山“天工之城”举行开机仪式暨新闻发布会。10月15—17日，2021“万物开源·遂昌”摄影训练营举办，全国各地200余名摄影爱好者参加。

【非遗传承】4月，举办“班春劝农”典礼，重现明代乡村农耕盛典。典礼上开展“百县千碗”现场展示、传统技艺展示、昆曲十番展演。编制“班春劝农”五年保护计划。13个项目列入遂昌县第八批非遗名录，9个项目列入丽水市第七批非遗名录。开展浙江省第六批非遗传承人项目申报，汤建华等4人入选。继续征集遂昌非遗馆展示资料，完成布展。

结合旅游推荐活动，在厦门、泉州、青岛等地展示遂昌黑陶烧制技艺、畲族字带编织、遂昌长粽制作等。新建田木居非遗民宿，把提线木偶元素结合进民宿建设。创建关睢文化园非遗研学基地、田木居民俗文化研学基地2个县级非遗研学基地。指导中国竹炭博物馆创建省级非遗研学营地。将国家级非遗项目“班春劝农”云上线，创新线上体验活动。2月，开启“非遗过大年文化进万家”云上视频活动，每天推出一期“年味非遗”视频，包括遂昌传统美食、传统技艺等。4月，结合仙侠湖马拉松赛事活动，举办遂昌非遗美食节。

▲2021年，中国竹炭博物馆创建省级非遗研学营地

【文物保护管理】开展全县文物安全大排查大整治大提升攻坚行动。5月，出台《遂昌县文物保护建筑修缮管理办法》，对县级文物保护单位2020年度修缮项目进行验收。省级文物保护单位鞍山书院、奕山朱氏宗祠维修方案获批。编制苏氏大屋（苏氏家庙）和陈家大屋的消防、安防项目方案。争取到全国重点文物保护单位独山石牌坊环境整治项目经费74万元。启动奕山朱氏宗祠修缮项目，11月完成招投标。启动宏济桥抢险加固工程。参与县城南街区块征迁工作，配合县城市更新办公室对南街6弄1号民居进行易地迁建。召开门阵抗日和谈纪念碑亭保护行政诉讼案公开听证会。

邀请省文物鉴定中心对遂昌县未鉴定文物进行鉴定，共鉴定文物42件（组），其中4件（组）被认定为三级文物。联合中国社科院考古所、省考古所开展好川遗址保护和遗址持续考察勘探、聚落区和作坊区考古调查等工作。发挥博物馆之间指导帮扶、合作共享功能，将部分藏品外借各纪念馆用于展览，提高藏品利用率。开展浙江省第一批革命文物简介和第七批省保单位简介校勘工作。开展资产云系统文物数据录入，至年底完成数据录入不可移动文物1064处、可移动文物2958件（组）。

7月30日，遂昌县文物局挂牌成立。10月18日，召开全县文物安全工作会议。12月，联合丽水市博物馆共同举办“万年处州——瓯江史前先民的家园”展览，展出数百件好川出土器物。

▲12月28日，好川出土文物在“万年处州——瓯江史前先民的家园”展览中展出

【图书馆】2021年，遂昌县图书馆采购图书25782册，新增各类藏书29888册。征订期刊1725种、报纸306种。其中：县图书馆订购期刊408种、报纸69份；城西分馆订购期刊78种、报纸33份；石练分馆订购期刊103种、报纸13份。农家书屋52个重点村和25个普通村，共订购期刊1136种、报纸191份。县图书馆新办借阅证1722张，全年到馆读者18.74万人次，流通29.55万人次，图书借还5.41

万人次、16.20 万册次。实现数字资源访问量 61.55 万次，下载电子图书 10.29 万册次。

完成新型电子阅览室（有声图书馆）建设，增加红色、党建、艺术等内容有声读物 3000 余种。完成“一键借阅”“场馆预约”在“浙里办”App 数字社会专区上线，读者足不出户即可借阅新书。新建 1 个城市书房（相圃书房开元分馆），3 个图书分馆（腾龙分馆、横坑分馆、淤溪分馆），6 个图书流通点，3 个农家书屋。全年送书下乡 1.83 万册。

▲11 月 30 日，遂昌县相圃书房开元分馆开馆

县图书馆地方文献室接待读者文献查询 52 人次，收集地方文献资料 176 种 369 册，其中：征集 119 种 229 册、接收捐赠 57 种 140 册。收集与本地相关的电子文献 59 种、古籍图片 24 张。配合县委宣传部完成中华版本征集工作，选送 120 余种中华版本资料。

2021 年，县图书馆共组织活动 399 场，3.36 万人次参与，包括各项主题亲子阅读活动、青少年中华经典诵读大赛、《遂昌英烈》读书分享会等。开展相圃讲堂 15 场、相圃大讲堂 23 场、相圃微讲堂 10 场，送讲座进社区（文化礼堂）32 场。举办相圃故事会、相圃朗读、相圃学堂、相圃展览等 92 场。

4 月 21 日，遂昌县第十七届未成年人读书节活动启动仪式在王村口小学举行。23 日，遂昌县庆祝中国共产党成立 100 周年暨全民阅读月系列活动启动仪式在县图书馆举行。5 月 22 日，全县少儿阅读马拉松挑战赛在县图书馆举行。

【汤显祖纪念馆】2021 年，遂昌汤显祖纪念馆共接待参观人数 17.86 万人次，提供讲解 260 场，举办临时展览 3 场，分别为：2 月 10 日至 4 月 30 日，举办汤显祖戏曲名家书画作品展，分为线下展览和线上云展览。6 月 10 日至 8 月 31 日，举办庆祝中国共产党成立 100 周年主题展。6 月 30 日至 7 月 30 日，举办“初心承百年·清香润遂昌”主题作品展。

全年，汤显祖纪念馆昆曲曲社开展学习交流活动 16 场。7 月 11—21 日，邀请浙江省昆剧团的薛小英、张金魁 2 位老师，对曲社会员及爱好者进行昆曲唱腔、身段教学和培训。9 月 26—28 日，部分曲友参加了 2021 千灯第六届秦峰曲会。10 月 13—15 日，部分曲友参加了 2021 昆山巴城曲会。

4 月，举办昆曲茶艺培训班，部分昆曲爱好者和纪念馆志愿者参加。5 月，“昆曲进校园”活动走进县实验小学，先后开设昆曲精品课 10 次；10 月，联合遂昌中学汤显祖研究会学生开展昆曲学习交流活动。11 月，开展汤显祖文化走进企业活动，为关睢文化园的工作人员宣讲汤显祖文化知识。全年在老年大学开设昆曲课，为老年人授课 13 次。

▲5 月 18 日，遂昌汤显祖纪念馆内亲子研学活动

（徐丹/文 王久伟/图）

体 育

【概况】2021 年，遂昌县举办仙侠湖首届半程马拉松赛、中国遂昌古道越野跑、户外山地越野跑公开

赛（遂昌站）等全国性赛事活动。开发皮划艇、亲子桨板冲浪体验、零基础潜水体验、网红玻璃船体验等户外旅游项目。仙侠湖水上运动中心获批全省首张高危险性体育项目经营许可证（潜水），受到潜水爱好者追捧。持续打造“浙西川藏线”自驾游越野线路，引入车辆2.87万辆，人数7.18万人。

全县新增1个体育公园、3个百姓健身房、3个社区多功能运动场。提升全民健身中心田径场塑胶跑道。公共体育设施开放率100%。开展全民健身月活动。联合工会、妇联、教育等部门举办“我心向党”职工红色定向赛、第十二届机关篮球联赛，以及全县中小学生田径、乒乓球、篮球、排球等体育赛事。推出全民健身公益培训菜单式服务，举办各类科学健身与健康教育讲座。县老年体育协会举办太极系列、健身排舞、健身球等项目培训。县路跑毅行协会、县游泳协会针对青少年群体，开展防溺水急救培训进校园活动。

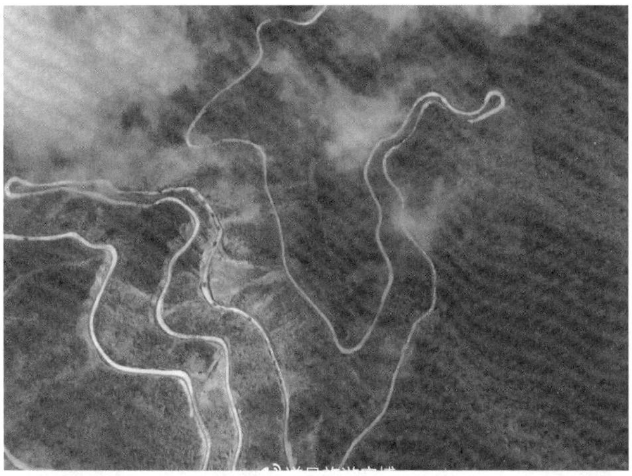

▲“浙西川藏线”自驾游越野线路

【竞技体育】2021年，在省级以上体育赛事中，遂昌籍运动员于继宁为浙江队主力队员，获全国青年乒乓球锦标赛团体冠军；雷莹获中国山地自行车联赛第一站成年女子山地越野赛团体第3名，入围全运会山地自行车项目十六强；雷滢入围全运会空手道项目十六强。

在第五届丽水市运动会上，遂昌代表团700余名选手在田径、跆拳道、篮球、乒乓球、围棋等16个比赛项目中，共夺得金牌66枚、银牌53枚、铜牌53枚，遂昌代表团获体育道德风尚奖。其中，竞技体育部共夺得金牌42.5枚、银牌44枚、铜牌33枚，以总分850分的成绩，列奖牌榜第四名、金牌榜第五名、团体总分第四名；大众体育部共夺得金牌23.5枚、银牌9枚、铜牌20枚，以总分324分的成绩，获县级组奖牌总数二等奖、团体总分二等奖。

【仙侠湖半程马拉松赛】4月18日，首届仙侠湖半程马拉松赛开跑，来自全国18个省、市的1200余名跑友参加比赛。赛道位于遂昌仙侠湖畔“天工之城”，线路长21.0975千米，串联了湖山乡的旖旎风光和特色人文。宁波选手李子成和遂昌选手唐红芳分获男子组、女子组冠军。本次比赛，仙侠湖水上运动中心进行了游艇、皮划艇、水上桨板冲浪等展示，沿线设置了昆曲茶艺、茶园武术表演，并为参赛选手提供遂昌长粽、千层糕等遂昌特色美食。

▲4月18日，在首届仙侠湖半程马拉松赛中，唐红芳（左）与队友携手冲线

【户外山地越野跑公开赛遂昌站】5月9日，“万物开源·古道探秘”2021中国户外山地越野跑公开赛遂昌站在三仁畲族乡坑口村开赛。本次赛事设置50千米组、20千米组、10千米徒步行3个组，有来自北京、上海、广东等10多个省、市的600余名选手参赛。经过激烈角逐，贵州赵国虎和龙泉刘善英分获50千米男子组、女子组冠军；江西罗词华和湖州李亚分获20千米男子组、女子组冠军。本次越野跑线路途经三仁畲族乡、妙高街道、新路湾镇。

▲5月9日，2021中国户外山地越野跑公开赛遂昌站开跑，600余名选手参赛

【遂昌绿道全民健步走】6月19日，以“喜迎建党100周年，共享绿道建设成果”为主题的遂昌绿道全民健步走活动，在仙侠湖环湖绿道、叶坦至资口段绿道、大柘茶园绿道同时举办。全县机关、企事业单位职工，以及学校、社区的近900名健身爱好者分别从金岸天然气站、湖山乡西山村、汤沐园停车场出发，健步行走于遂昌山水风光中。此次健步走叶坦至资口段绿道线路长5千米，仙侠湖环湖绿道线路长7千米，大柘茶园绿道线路长7千米。活动由县总工会、团县委、县妇联共同组织。

▲6月19日，遂昌绿道全民健步走活动举行

【“体育下乡·红色行”走进革命老区】5月27—28日，省体育局“体育下乡·红色行”活动走进革命老区王村口镇。省体育服务中心向王村口镇送上价值15万元的超级体育大礼包，并带来精彩的文艺演出，省象棋队和省模型队与王村口镇中心小学的学生互动交流。活动人员参观了中国工农红军挺进师纪念馆、月光山公园，在桥东村、桥西村开展“三服务”活动，了解基层体育建设情况。

（徐丹/文 王久伟/图）

旅游

【概况】2021年，遂昌县接待国内外游客359.9万人次，实现旅游综合收入41亿元，分别比2020年增长35%和45.1%，两项增幅均位居全市第二。其中，农家乐民宿综合收入7.62亿元。

紧扣“长三角户外运动休闲生活目的地”品牌定位，全力推进旅游项目建设、业态创新、文体惠民各项工作，打造研学、旅居、团建、会议4大主题，推进王村口AAAAA级景区镇提升工程、温泉养生岛、兰台居等重点文旅项目，激活“浙西川藏线”“诗画浙江·百县千碗”等品牌活力。举办“遂昌国庆嘉年华”“牧马人俱乐部遂昌自驾游暨春笋节”“夏天的风，遂心炊美食奢享活动”“畲享风炉”等活动。通过2021年省级全域旅游示范县复评考核，编写全域旅游暨旅游专班工作周报44期。

2021年，遂昌县上榜“中国县域旅游综合竞争力百强县市”名单，入围全省旅游业“微改造、精提升”工作前20名和山区26县高质量发展工作前10名。新增AAAA级景区镇3个，浙江省乡村旅游重点村1个，省金宿级民宿1个，省文化主题民宿1个，市级研学基地6家、研学营地1家。

【市场营销】围绕“百县千碗”“庆祝中国共产党成立100周年”等主题，推广汤显祖文化、遂昌风炉宴等卖点，宣传县域旅游品牌。举办“国庆嘉年华”“走读红色遂昌”“越野自驾露营”等特色活动30余场，赴厦门、泉州、济南等大众城市开展客源地精准营销，引流江苏、福建等300人铁路大团30余个。输出“沉浸式”玩法，打造小红书、抖音号、视频号等新媒体矩阵，达到互联网亿万级传播量。在2021年度全省文化和旅游新闻宣传工作考核中，位居前六名，营销转型成效逐步显现。

▲10月1日，遂昌国庆嘉年华之金矿嗨玩节

【民宿发展】制定全国首个民宿类团体标准《温泉民宿等级划分与评定》。开展2021年等级民宿培育工作。新建“吾悦方”“一束”“云端”“仙侠云居”“茶园里”等精品民宿。湖山乡精品民宿联建项目完成主体建设，诗里湖山二期、黄泥岭民宿进行装修。田木居、遂昌宴、汤公酒楼、风炉记忆餐厅入选“诗画浙江·百县千碗”省级美食体验（示范）店。望辰民宿提升为省金宿级民宿，非云民宿获评省文化主题民宿。

【研学旅行】召开2021年全县研学旅行工作交流会议。对全县研学旅行资源进行普查。对《研学旅行在遂昌》画册和宣传片进行修改。参加第二届丽水市研学旅行产品策划设计大赛，获二等奖和三等奖各1项，参加2021年丽水市研学基地（营地）运营管理培训班。指导各营地基地开展研学旅行和夏令营活动。评定遂昌县第三批中小学生研学实践教育营地2家、基地10家。申报丽水市中小学生研学实践教育营地2家、基地11家。

【产业融合】深入挖掘汤显祖文化内涵，开展汤显祖文化IP创建工作。王村口革命纪念建筑群、遂昌革命纪念馆（大柘泉湖寺）获评浙西南革命文物金名片。开展文旅领域领军型、骨干型、新锐型企业申报。出台《遂昌县加快推进文化、旅游、体育产业发展政策补充意见》及申报指南，完成2020年度奖励政策兑现208.88万元。百丈坑家庭农场获评首批浙江省采摘旅游体验基地。

【乡村旅游】指导蕉川村、大田村、湖山村开展“未来乡村”创建工作。拟定遂昌县金融支持乡村旅游重点村建设合作协议，在民宿招商会上与业主签约授信。制订《遂昌县2022年度200万区域协调资金使用计划》。推进王村口创AAAAA级景区镇工程。推进高坪乡茶树坪村田园综合体项目。2021年，大柘镇、蔡源乡、应村乡获评AAAA级景区镇。王村口镇、湖山乡获评浙江省乡村旅游重点镇，王村口镇桥西村获评浙江省乡村旅游重点村，焦滩乡独山村获评浙江省美育村。

【遂昌县大过端午活动】6月3日，“丽水味道”创意大赛·粽暨遂昌县大过端午活动开幕式在平昌广场举行。以箬叶为龙鳞、百根长粽为龙骨制作的百米巨粽现身开幕式。活动主要包括“丽水味道”端午宴大赛、“粽望所归”粽子大赛、特色小吃和生态食材品鉴展销等。丽水9个县（市、区）的60多家农业主体参加。活动评选出获奖产品和选手，遂昌百县千碗端午宴、庆元百山端午宴、景宁畲山端午宴获得“丽水味道”端午宴金奖。

▲6月3日，遂昌县大过端午活动开幕式现场

（徐　丹/文　王久伟/图）

卫生健康

综 述

【概况】2021年，遂昌县有各级各类医疗卫生机构172家，其中二级甲等综合性医院1家、二级甲等中医医院1家、直属医疗卫生单位5个、职工医院1家、精神专科医院1家、护理院1家、血液透析中心1家、乡镇（社区）卫生院（卫生服务中心）21家、卫生服务站18个，民营医院3家，诊所、医务室、卫生室119家。全县有卫生专业技术人员1237人，每千人医生数3.45人。各医疗机构实际开放床位数共941张。全县医疗机构门急诊人数186.23万人次，出院总人数2.46万人次。

出台《遂昌县卫生健康事业发展“十四五”规划》，谋划15个、总投资7.8亿元的卫生健康基础性引领性项目，其中2021年投资1.35亿元。启动史上最大规模的公共卫生基础设施项目（县人民医院迁建工程），总投资7.5亿元。完成妙高社区卫生服务中心新建、妙高中心卫生院改扩建、黄沙腰卫生院迁建等项目。

县级医院门诊诊间结算率65.94%，门诊智慧结算率70.29%，住院智慧结算率65.06%。县120急救中心网络一体化建设项目平台接入浙江省云急救平台。93个检验类项目和180个放射类项目实现全省互认共享，实现结果互认2764人次，节约患者检查费用10余万元。

出台《关于做好2021年度遂昌县无偿献血和造血干细胞捐献工作的通知》，将无偿献血工作纳入各部门、单位健康遂昌考核指标。常态化开展无偿献血宣传，全年完成献血3179人次，献血量989.4万毫升，超额完成全年采血计划。

▲2021年，《遂昌县卫生健康事业发展“十四五”规划》出台。图为全县卫生健康规划项目

【“健康遂昌”建设】实施《“健康遂昌”2030行动纲要》，开展健康促进县创建工作，出台《关于做好2021年度遂昌县健康素养促进项目工作方案的通知》，推进24项“健康遂昌”专项行动。开展公共政策健康影响因素评价省级试点工作。6个乡镇通过省级卫生乡镇复审，4个乡镇通过国家级卫生乡镇创建市级评审。继续推进厕所革命，遂昌县病媒生物控制水平达到国家C级标准。推进健康促进学校工作，29所中小学全部创建省级健康促进学校。

【“三医联动、六医统筹”医改试点】遂昌县是丽水市唯一的省级“三医联动、六医统筹”综合集成创新医改试点县。2021年，遂昌县医改围绕清单任务，系统推进，精准落实，完成813个医疗服务项目价格调整，两家公立医院因此增加医疗服务收入750万元。实行药品带量采购，通过压缩不合理药品、医用耗材、检查、检验4类项目的使用量，切实减轻患者负担，为患者节省就医费用1265.76万元，真正让群众享受到医疗改革红利。

【“山海”提升工程】持续深化医疗卫生“山海”提升工程，浙江大学医学院附属第二医院下沉遂昌县人民医院常驻专家12名、对接管理专家3名，其中1名常驻专家担任副院长。开设服务专窗，遂昌患者可通过预约优先享受浙大二院住院、远程会诊、特种设备检查等优质医疗服务。挂牌成立浙西南精准医学基因研究中心，与陈润生院士团队合作，推动基因工程在精准医疗中科学研究和临床转化应用。

3月29日，浙江省医疗卫生“山海”提升工程签约仪式举行，遂昌县与浙江大学医学院附属第二医院签订合作协议，合作周期5年。

▲在3月29日举行的浙江省医疗卫生“山海”提升工程签约仪式上，遂昌县与浙医二院签约

【老龄工作】制定《遂昌县2021年困难老年人家庭适老化改造实施方案》，对150户困难老年人家庭进行适老化改造，实现全县“三老”人员和失能困难老年人全覆盖。开展医养结合服务试点项目，试点单位云峰街道卫生服务中心基本满足辖区内群众医养结合服务需求。推进医疗机构全面落实老年人医疗服务优待政策。叶坦社区创建“全国示范性老年友好社区”。县人民医院、县中医院等6家医疗机构被评为浙江省老年友善医疗机构。叶法瑞被评为“浙江好人榜”——“孝老爱亲好人”。

【“医帮人”志愿服务项目】9月，在丽水市第二届新时代文明实践小园丁志愿服务项目大赛中，遂昌县人民医院“医帮人”情暖山村志愿服务项目获铜奖。该志愿服务项目于2018年启动，属于“阳光助残及恤病助医”志愿服务项目类别，2021年有在册志愿者260余人。项目创建以来，“医帮人”志愿者通过集市摆“健康摊”、送医下乡、建立爱心联系卡等活动，为山区群众提供医疗卫生服务4000多个小时，服务群众3500余名，足迹踏遍100多个山村，并开展线上科普送医、健康咨询等服务2000余人次。

▲2021年，遂昌县“医帮人”志愿者进企业为群众开展健康体检服务

【“全民健康管理示范医院工程”落户遂昌】12月11日，健康县域“全民健康管理示范医院工程”启动仪式在县人民医院举行。这是落户浙江省县级医院的首个“全民健康管理示范医院工程”。启动仪式上，中国县域医院院长联盟与遂昌县人民医院签署了全民健康管理示范医院合作项目协议。中国县域医院院长联盟医院发展专家委员会主委、清华大学健康中国领导力研究中心主任周生来及北京体育大学科技成果转化中心主任李松波分别以《健康管理与疾病管理服务模式》《体质测评与运动处方》为题，为与会人员授课。（吴翌阳 文/图）

医政管理

【学科建设】持续深入推进医疗卫生人才“省属县用”。5—12月，浙江大学医学院附属第二医院下沉遂昌县人民医院专家，开展手术498例，门诊接诊13128人次，开展学术讲座、技能培训243次，开展疑难危重病例会诊502人次，教学查房 252次，带教1272人次，开展远程业务指导40余次。

浙江大学医学院附属邵逸夫医院结对帮扶遂昌县中医院，派出5名高年资专家精准下沉，共建泌尿外科、口腔诊疗中心、眼科中心，开展7项新技术。2021年，泌尿外科、口腔诊疗中心、眼科中心门诊人次分别比2020年增长65%、40%、40%。

【医共体建设】建立2家医共体牵头医院和成员单位协同发展、资源共享模式，加强全一专科联合门诊建设，细化6S管理，将县级医院现代化、精细化管理模式延伸到基层医疗机构。整合2家医共体牵头医院师资力量，对成员单位进行统一的医疗帮扶和指导。开展2期急救技能培训，乡镇卫生院医护人员和乡村医生420人次参加培训。开展牵头医院专家到成员单位坐诊、带教、培训等服务，全年派出682人次，服务群众7600多人次。

建立专员派驻制度，定期到成员单位指导公共卫生工作。加大双向转诊工作力度，规范云峰、湖山两家医共体成员单位住院病房运行。6月，《浙江遂昌县念好“三字经”打造山区县域医共体建设样板》经验文章，登上国家卫健委“紧密型县域医共体专刊”第一0期。

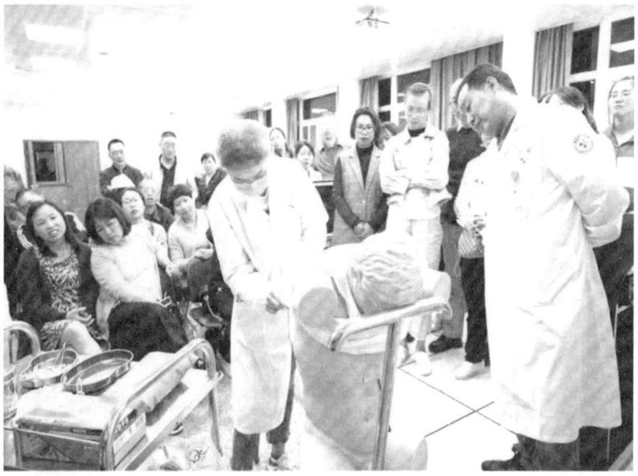

▲2021年，遂昌县医共体牵头医院（县人民医院）专家到乡镇卫生院开展带教培训

【中医药工作】落实“坚持中西医并重，传承发展中医药事业”卫生工作方针。6月，遂昌县首届“西学中”培训班开班，90名西医在职人员采用线上+线下授课模式，集中学习中医药知识和技能，培训期2～3年。5月和10月，县中医院两次举办“中医适宜技术推广应用”培训，参加培训医护人员700余人次。推进黄沙腰中心卫生院、妙高社区卫生服务中心2家中医馆建设。开展中医药进农村文化礼堂活动28场，参与活动医护人员近百人次，服务群众2600人次。

【五分钟社会应急救护圈】召开建设“五分钟社会应急救护圈”项目推进会议。组织医护人员参加全市红十字二级应急救护师培训，培养应急救护师21名。完成应急救护员培训335人次。遂昌县急救中心完成提升达标工作（指挥调度型），急救调度系统与省云急救平台实现互联互通，完成王村口应急救护点规范设置，新增1个急救点（黄沙腰），在学校、车站、景区等公共场所新增配置AED（自动体外除颤仪）急救设备40台。12月，县人民医院创伤中心通过省级预评审。

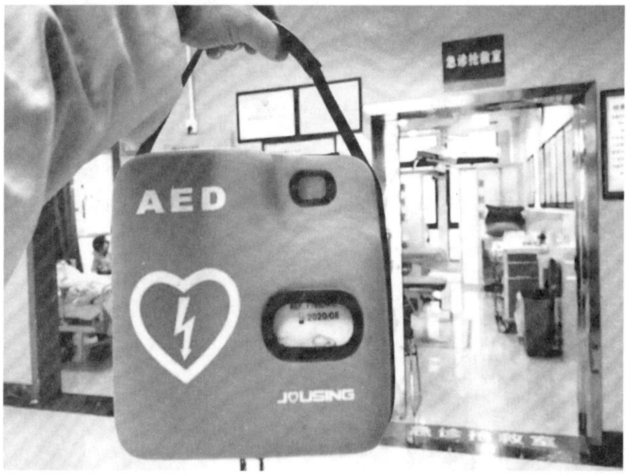

▲2021年，遂昌县在公共场所增配了40台AED急救设备，打造“五分钟社会应急救护圈”

【医疗卫生综合监管】梳理医疗卫生行业综合监管工作任务清单，召集各部门召开医疗卫生行业综合监管联席会议。开展定点医药机构规范使用医保基金自查自纠，以及医疗美容、医疗污水处理等专项治理。推进“互联网+监管”模式，34家医疗机构上线医疗废物采集终端，15家口腔诊疗机构纳入智慧化监管范围，30家住宿场所完成消毒保洁智能监管项目建设。公布投诉举报电话，设立举报信箱。处理投诉举报案件4起。（吴翌阳 文/图）

公共卫生

【基本公共卫生服务】实施基本公共卫生服务项目绩效评价，推动专业公共卫生机构形成合力。打通医保诊间结算壁垒及服务站和卫生院之间的报销壁垒，方便群众直接享受报销优惠政策。开展城乡居民电子健康档案“自助建档”活动，累计建档18.46万份，建档率94.95%，开放档案数16.35万份，档案开放率88.57%。

在各乡镇（街道）开展高血压糖尿病患者及高危人群健康管理业务培训17场，开展慢性病管理人员业务培训3场，开展基本公共卫生服务暨慢性病患者健康管理业务培训1场，培训乡村医师56人。

【公共卫生民生实事】2021年，遂昌县新增村卫生室（社区卫生服务站）10家，完成率100%。重点人群结直肠癌筛查1.07万例，完成率106.6%，375名阳性人员结肠镜检查依从率37.2%。完成前列腺癌筛查1.13万人，完成率107.7%，480名阳性人员纳入后续健康管理及跟踪随访。完成胎儿系统超声检查111例，完成率146.1%。完成年度新增低保人群免费血清学筛查40人。完成免费宫颈癌、乳腺癌筛查1.17万例，完成率145.9%。完成60周岁以上老年人23价肺炎疫苗免费接种1.02万人、重点人群流感疫苗接种0.82万人，完成率均超过100%。

【家庭医生签约】规范家庭医生签约服务，利用“家庭医生签约宣传月”开展义诊和现场签约。实施家庭医生“移动随访”“刷脸随访”。完成“两慢病”患者刷脸随访13.20万人次。推广家庭医生电子化签约，实现签约数据与医保报销系统共享互通。至年底，全县家庭医生签约总人数84646人，签约率43.54%，其中十类重点人群签约46704人，签约率82.27%。“两慢病”患者签约19388人，签约率92%。

▲10月，西畈乡卫生院进村开展家庭医生签约

【精神障碍患者管理】开设“健康遂心亭”（壹点心亭）自助心理服务终端，为心理服务需求用户提供24小时心理服务。发挥乡镇（街道）心理健康辅导站和关爱帮扶小组作用，加强严重精神障碍患者等重点人员的管理和服务。全县在浙江省严重精神障碍信息管理系统中登记患者数1003人，规范管理率99.60%，全市排名第二；面访率98.50%，全市排名第一；规律服药率94.02%，全市排名第一；精神分裂症患者规律服药率91.43%，全市排名第四。全年综合评分全市排名第一。

【“两慢病”全周期管理】出台《遂昌县加强高血压糖尿病全周期健康管理推进分级诊疗改革方案》。开展“两慢病”一体化门诊试点建设，实现患者抽血、血压血糖监测、体重腰围测量等“防、治、管”全周期健康管理。以糖尿病病友会、流动医院为平台，开展线上服务和上门服务。2021年，遂昌县“两慢病”规范管理率稳定在70%以上，高血压患者规范管理率83.12%，血压控制率76.37%，糖尿病患者规范管理率 70.02%，血糖控制率 58.58%。

9 月 1 日起，实施 60 周岁以上“两慢病”患者免费用药保障方案，免费药品包括糖尿病 5 类、高血压 11 类，共 19 种不同规格的药品，其中 14 种为带量采购药品，解决基层慢性病患者购药困难。至 12 月底，全县有 19985 名“两慢病”患者享受免费用药政策，共减免药费 35.69 万元。

10 月，全市“两慢病”建设工作现场推进会在遂昌县召开。11 月，新路湾镇蕉川村慢病管理中心启用，为丽水市首个村级慢病智慧化管理中心。县中医院医共体安排医生长期驻守村级慢病管理中心，为村民提供健康服务。

▲11 月，在蕉川村慢病管理中心内，医生为群众提供健康体检服务

（吴翌阳 文/图）

疾病预防控制

【传染病防治】2021 年，全县发现和报告法定传染病 13 种 1769 例，发病率 919.93/10 万人，报告死亡病例 4 例。其中，乙类传染病 9 种 274 例，发病率 142.49/10 万人；丙类传染病 4 种 1495 例，发病率 777.44/10 万人。

开展霍乱危险因素监测 4 次、伤寒副伤寒监测 6 次、人感染 H7N9 禽流感外环境监测 4 次，均未检出。开展手足口病监测 12 次，检测标本 61 份，其中阳性标本 10 份。开展流感监测 27 次，135 份标本检出 2 份乙型流感 Victoria 系。开展登革热伊蚊监测 8 次，开展蜱虫监测 5 次。

结核病防治。全年纳入管理患者 63 例，较 2020 年下降 22.22%。报告需转诊追踪患者 135 例，总体到位率 100%。2020 年患者治疗成功率 92.5%。实行结核病患者诊疗补助机制，全年发放补助金 359 人次 44080 元。

艾滋病防治。2021 年新增病例 6 例，全县在管艾滋病感染者及病人 63 例，其中实施抗病毒治疗管理 59 例。开展艾滋病哨点监测和流动人口艾滋病防治干预工作，未发现 HIV 阳性病例。

狂犬病防治。全年处置暴露人员 2033 例，其中三级暴露 889 例，联合免疫 233 例。规范处置 1 起一犬伤四人事件，未出现狂犬病病例。王村口卫生院、金竹卫生院、县中医院 3 家犬伤门诊建设达到浙江省规范化犬伤门诊建设标准。

麻疹、急性弛缓性麻痹、疑似预防接种异常反应监测。共发现和报告麻疹排除病例 4 例，发病率 2.09/10 万人；报告急性弛缓性麻痹病例 1 例，发病率 3.78/10 万人。规范处置疑似预防接种异常反应 113 例。

【免疫规划实施】实施 70 周岁以上老年人流感疫苗免费接种和 60 周岁以上老年人 23 价肺炎疫苗免费接种项目。常住人口中适龄儿童免疫规划疫苗接种率 95%以上；流动人口中适龄儿童免疫规划疫苗接种率 90%以上。县人民医院产科乙肝疫苗接种门诊为全省首家使用“疫苗和预防接种综合管理信息系统”的单位。加强生物制品冷链管理，新建冷库 1 个，容积 40 平方米，各预防接种门诊均使用医用冰箱，冷链监测系统与省药品监督管理局数据平台对接，确保疫苗接种有效性、安全性。

【健康危害因素监测】每季度开展一次饮用水卫生监测，全县合格饮用水人口覆盖率 100%。开展职业健康检查审核 4831 例，报告职业病 7 例，报告疑似职业病 27 人，报告农药中毒病例 40 例。对 164 例尘肺病病例进行随访和回顾性调查。完成 35 家企业危害因素监测和6家企业职业病危害风险评估。开展学生健康状况综合监测，全县学生视力不良率61.23%、营养不良率17.12%、龋患率13.79%、肥胖率10.17%。处置食源性疾病暴发事件1起，为鼠伤寒沙门氏菌引起。学校营养健康开展率70%，养老机构营养健康开展率100%。

【健康教育】开展健康教育宣传活动10场，发放宣传资料2.3万余份，发放支持性工具0.38万件。实现健康素养进农村文化礼堂全覆盖，开展健康讲座和活动671场，总受益4.78万人次。组织开展省级巡讲2场、市级巡讲1场、县级巡讲128场。创成健康促进金牌学校2所、银牌学校3所、铜牌学校3所。创成健康促进企业1家，健康食堂和健康餐厅各5家。创建健康家庭示范户160户。全县共调查居民健康素养监测640人，经统计分析，2021年遂昌县居民健康素养水平为32.15%。

▲11月，云峰街道健康教育宣讲进文化礼堂

（吴翌阳 文/图）

妇幼保健

【母婴安全保障】严格落实高危孕产妇县级筛查制度，对高危孕产妇实行专案管理、专人追踪。高危孕产妇管理率100%、住院分娩率100%。开展新生儿复苏适宜技术演练，县人民医院建成危重孕产妇抢救中心和新生儿抢救中心。开展危重孕产妇、危重新生儿远程会诊服务，开展应急救治演练。全年无孕产妇死亡。成功实施危重孕产妇抢救3例。

【儿童健康发展】深化0～3岁儿童发育监测与筛查工作，加强0～6岁儿童健康管理服务，开展母乳喂养、儿童营养、儿童肥胖等健康指导。加强儿童体检。对各年龄段儿童进行预警征象发育监测和发育筛查。成立遂昌县3岁以下婴幼儿照护服务指导中心，开展业务培训和指导工作。新增3岁以下托育机构3家、托位136个。在妙高社区卫生服务中心开展“医、养、护”整合模式试点，举办全县托幼机构保育员培训班，187名保育员参加培训，并通过考试取得上岗证。

▲10月，遂昌县婴幼儿照护服务指导中心内

【妇幼公共卫生】开展对妇幼保健服务、高危孕产妇管理、儿童营养性疾病管理的督查和质控，努力提高保健质量。实施免费基本避孕服务项目，全县免费避孕药具使用覆盖到村级，有网点309个，免费避孕药具获得率98%。11月，对乡镇免费避孕药具管理员进行业务培训。完成全县妇女宫颈癌筛查11675例，筛查出低级别病变36例，高级别病变20例，原位癌1例。完成全县妇女乳腺癌筛查11675例，筛查出浸润性导管癌4例，乳腺纤维瘤40例。

【出生缺陷综合防治】做好免费婚前医学检查，全年应查729对，已查640对，婚前检查率87.8%。免费孕前优生健康检查应查600对，已查513对，孕前优生检测率85.5%。加强婚前孕前预防干预，适龄妇女免费补服叶酸。孕产妇梅毒免费检测率和艾滋病免费检测率均100%。开展新生儿、胎儿可疑先天性心脏病筛查和0～12个月婴儿耳聋基因筛查。开展新生儿遗传代谢性疾病筛查和听力筛查。为遂昌户籍的婴儿开展免费髋关节超声筛查481例。

（吴翌阳 文/图）

卫生监督

【概况】全年实施卫生行政处罚案件173件，其中大案要案17件，罚没款121.05万元。“遂昌家家皮肤护理有限公司未取得医疗机构执业许可证擅自开展医疗美容服务案”被评为全省卫生行政执法十大案例。“遂昌闽峰石业有限公司安排有职业禁忌的劳动者从事禁忌作业案”被评为全市卫生行政执法十大案件。

【打击非法医疗美容】针对美容行业存在的无证医疗美容、非法渠道购进药械等乱象问题，开展非法医疗美容专项治理，检查50余家生活美容场所，没收用于医疗美容的药品和器械价值14.06万元，没收违法所得13.92万元，处以罚款52.67万元，立案10起。4月28日，举办生活美容机构负责人依法执业培训会，县卫生监督所与各机构负责人签订生活美容场所卫生安全承诺书。

▲3月3日，遂昌县开展民营医疗机构业务培训

【职业病防治】开展石材行业、铸造行业领域专项监督检查。委托第三方技术服务机构上门指导，提高企业对职业卫生重要性的认识，加强对劳动者的职业健康检查与劳动防护。延续开展“企业职业病危害因素检测以奖代补”活动，为67家存在职业病危害企业发放检测补助，总金额24万元。对检查中发现的违法违规问题进行严厉查处，办理涉职业卫生相关案件20起，罚款金额22.7万元。

【数智赋能监督】在“口腔智慧化监管”“医疗废物智慧化监管”“住宿场所消毒保洁智能监管”“餐饮具消毒智慧化监管”“水质在线监测”5大领域开展“数智监管”场景应用与提升，对医疗卫生、公共卫生领域的违法行为实施在线监控，实现违法事实的网络取证、风险预警、电子存证，提前预警违法行为，精准查办违法案件。全年通过系列数字监管平台风险预警案件8起。

【卫生监督应急演练暨技能竞赛】9月22日，丽水市第六届卫生监督应急演练暨技能竞赛在遂昌县王村口镇举办。各县（市、区）共10支卫生监督队伍47名选手参加演练和技能竞赛。活动为期3天，应急演练以卫生监督执法和新冠疫情防控为主题，邀请省、市专家为全市卫生监督人员授课，并设置理论考试环节。竞赛项目围绕“应急”和“技能”展开，以测尘仪模拟快速检测为主题，模拟企业职业卫生执法现场。（吴翌阳 文/图）

新冠疫情防控

【概况】2021年，遂昌县认真贯彻落实中央、省市新冠疫情防控决策部署，始终保持三级应急响应体系。把好进口冷链物品关，全县74家冷链生产经营单位全覆盖运行“浙冷链”App。

成功处置阳性冻带鱼和涉疫奶枣、涉疫桂圆事件。阳性冻带鱼事件处置迅速规范有效，中央电视台《焦点访谈》栏目予以报道。完成定点医院负压病房建设，加强防护物资储备，组建医疗救治专家组。制作核酸检测采样分布图，全县设187个核酸检测采样点。

确定县体育馆为新冠病毒疫苗方舱接种点，设18个乡镇（街道）接种点。实行“定点+流动”接种模式，开通流动接种车进工地、进车站、进农户接种疫苗。

【处置阳性冻带鱼】1月15日晚，遂昌县府前中心市场罗氏水产店销售的冷冻带鱼新冠病毒核酸检测呈阳性，而这批阳性冻带鱼已部分销售至云峰、大柘、石练、北界等街道（乡镇）。遂昌县紧急启动应急预案，做好突发事件应对工作。卫生、公安等部门人员连夜开展工作。防疫人员入户回收相关批次冷冻带鱼30千克，进行消杀处置。

1月16日晚，遂昌县召开新冠疫情防控工作会议。1月17日下午，县委副书记、县长胡刚赴隔离服务点进行调研，要求工作人员严守阵地，严密防控，坚决阻断病毒传播链条。

至1月17日20时，遂昌县对进口冷链食品及所涉场所环境、设施设备等采集的568份样品进行核酸检测，结果均为阴性。对涉事经营场所、公交车完成终末消杀。此前，府前中心市场经消杀、评估，符合开业条件，于1月16日20时重新开业。

▲1月15日晚，工作人员对府前中心市场进行消杀

【新冠疫苗接种】3月26日，遂昌县召开新冠疫苗接种工作业务培训会。至31日，全县开设新冠疫苗接种点19处，其中乡镇（街道）接种点18处，县城方舱接种点1处。4月25日，在县体育馆方舱接种点组织进行新冠疫苗不良反应应急处置演练。

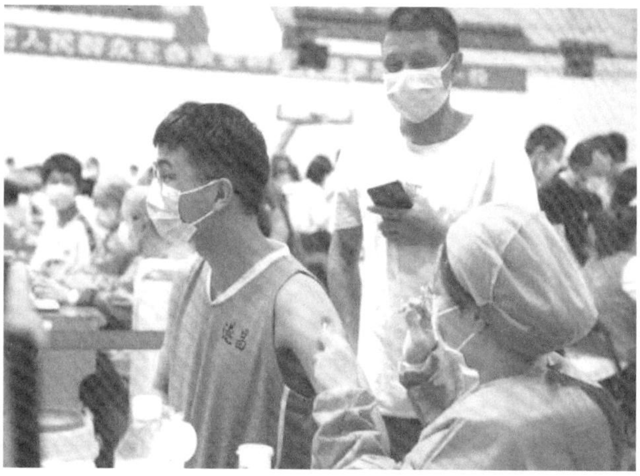

▲群众在方舱接种点接种新冠疫苗

【患者救治】9月29日，遂昌县发现一名境外返遂昌人员核酸检测阳性，立即启动应急预案，患者当天入住县人民医院城东分院发热诊室。县人民医院组建医疗救治团队入驻，市、县专家线上实时指导治疗方案。在患者反复出现核酸检测阳性时，联系专家给予心理疏导和支持。经积极治疗和照料，患者顺利出院。12月20日，又发现一例境外返遂昌人员核酸检测阳性，确诊为无症状感染者。遂昌县重新启动县人民医院城东分院发热诊室收治点，延续上次运行模式，给予中西医结合治疗。

（吴翌阳　文/图）

医疗机构

【遂昌县人民医院】2021年，遂昌县人民医院开展门急诊服务64.45万人次，出院1.72万人次。开展各类手术4685台。完成健康体检1.2万人次，“两癌”（宫颈癌、乳腺癌）筛查4602人次。全院业务总收入3.30亿元，其中医疗服务收入占比36.31%，药占比25.21%。医共体各成员单位开展门急诊诊疗服务22.02万人次。

推进医保专项治理，实行医院绩效分配模式改革，门诊及住院智慧结算率70%以上。开设浙江大学医学院附属第二医院服务专窗。加强临床路径管理，常规开展临床路径病种99个。对全院药品使用情况进行监测，重点监控使用量前30位的药品，基本药物使用率43.86%。成立康复医疗中心。参加国家创伤中心评审。危重儿童新生儿救治中心、危重孕产妇救治中心通过市级评审。10月，挂牌成立浙西南精准医学基因研究中心，实现卫生领域院士合作项目“零的突破”。开设特色专家门诊：烧伤和创面修复科、放疗科、口腔额面外科。开展“无废医院”建设，规范医疗废物、医疗污水的收集和处理。投入1640万元采购医疗设备63项。

引进紧缺急需专业人才8名。选送学科带头人和业务骨干20人赴上级医院进修。接收实习生、见习生75名，基层卫生院进修生4名。主办省级继续教育项目1项，市级继续教育项目19项，开展学术讲座28次。开展院外巡讲146场、义诊8场，服务群众2万余人次。开展年轻医师病案分析、危重病识别、心肺复苏等知识技能竞赛。举办全省首期基层医师营养实践培训班。在全市卫生健康系统院前急救竞赛中，遂昌县人民医院急诊科获一等奖。申报3项市级课题，8项县校合作课题，36个新技术和新项目获审批通过，在各类专业竞赛中获省级二等奖2人、市级一等奖5人。中医科学术文章《三叶青的前世今生》获2021年度中医药健康文化精品二等奖。营养科短视频《科学减重不是梦》获浙江省十佳科普短视频奖。

4月，县人民医院迁建工程开工，为遂昌历史上最大规模的公共卫生基础设施项目，总投资7.5亿元，位于古院区块，计划于2024年完工。

全年，医院发热门诊接诊41167人次，完成新冠病毒核酸筛查 32140人次，应急过渡缓冲病房接诊筛查45028人次，抽调医务人员参与新冠疫苗接种、集中医学观察点服务2000余人次。

2021年，遂昌县人民医院入围全国第二批“符合县医院医疗服务能力推荐标准县医院”名单，获得浙江省创伤中心建设示范单位、浙江省创伤数据申报优秀单位、浙江省文明单位等荣誉称号。

▲12月，遂昌县人民医院迁建工程已经完成项目进度的30%

【遂昌县中医院】2021年，遂昌县中医院门急诊服务33.19万人次，出院0.64万人次，开展各类手术3945台。全院业务收入1.28亿元。各医共体分院业务收入2049万元，门急诊19.4万人次。

开展60岁以上男性前列腺癌、结直肠癌筛查工作。推进“两慢病”全方位全周期健康管理。60岁以上老人健康体检12246人次，0～6岁儿童健康体检4465人次，中小学生健康体检8520人次，成年人健康体检2825人次。强化对18项核心制度的监管，完善用药管理、处方审核、抗菌药物临床应用管理等举措。开展新技术、新项目33项，课题研究4项，举办各类医学教育培训35次。开展“一院一品”建设，各医共体分院开设蛇咬伤特色门诊、疼痛科特色门诊等。全年县中医院专家下沉医共体分院坐诊1088人次，服务基层群众1.2万人次。

选拔青年干部30名，进行两年期培育。引进专业人才3人，选送24人次赴上级进修培养。选送业务骨干赴省、市参加各类医学技能竞赛，共计获奖120余人次。2021年，遂昌县中医院在全省县级中医院率先成立国家标准化代谢性疾病诊疗中心。成立省中医院驻遂昌县中医院谢小红名医工作室。在新路湾镇蕉川村成立村级慢病智慧化管理中心。与丽水市人民医院建立深化重点专科托管的医联体模式。与浙江中医药大学合办“西学中”学习班。全年省、市专家到院指导1096人次，服务群众9919

人次，开展手术437人次。

2021年，遂昌县中医院与浙江大学附属邵逸夫医院开展合作共建。3月，遂昌县中医院挂牌邵逸夫医院合作医院。邵逸夫医院派驻高年资专家常年下沉，帮助遂昌县中医院开展泌尿外科、眼科、口腔科建设，开展前列腺癌根治术、复杂牙微创治疗等新技术7项。至年底，三学科同比门诊、住院、手术人次大幅度增长。

发热门诊安装CT，对隔离观察室进行扩建。发挥中医药特色优势，为集中医学观察点、新冠疫苗接种点一线防控人员，以及企业、社区重点人群提供1.11万人次中药茶饮服务。

2021年，遂昌县中医院获得浙江省文明单位荣誉。医院CMI值（病例组合指数）处于全省38家县级二甲中医院第11位，药占比处于第4位。在全市质控中心年度检查中，得分居全市医院第2名。

【妙高社区卫生服务中心新院区落成揭牌】11月15日，妙高社区卫生服务中心新院区落成典礼暨揭牌仪式举行，即日起开展卫生服务。妙高社区卫生服务中心新院区位于县城清远路2号（吴乐畈安置小区旁），工程于2019年10月动工，占地面积近2000平方米，建筑面积约4000平方米，总投资2092万元。新院区按标准设置了独立医疗区、保健区、后勤保障区，开展卫生服务惠及辖区9万多人口。

▲11月15日，遂昌县妙高社区卫生服务中心新院区落成，即日起开展卫生服务

（吴 蕾、张 静 文/图）

综合监管

发展计划管理

【概况】2021 年，遂昌县实现地区生产总值 153 亿元，比 2020 年增长 12%，增幅位居全市第一。完成固定资产投资 62.48 亿元，比 2020 年增长 43%。共争取到各类补助和债券资金 37.87 亿元。申报 5 个省重大产业项目，涉及用地 66.7 公顷。连续获得第三季度、第四季度省政府投资“赛马”激励奖，共获得省政府建设用地指标奖励 13.33 公顷，获得中央预算内投资奖励 1000 万元。

中共丽水市委机关报
麗水日報
LISHUI DAILY
聚焦“双招双引”一号工程 两度获得省政府激励
遂昌投资“赛马”累计获千万中央预算内资金额度奖励

▲2021 年，遂昌县投资“赛马”累计获千万元中央资金奖励，被《丽水日报》头条报道

【产业培育】生态工业。2021 年，遂昌经济开发区获批成立。建成全省首个金属制品行业工业互联网平台。修订出台《遂昌县推进生态工业高质量绿色发展三十条》，累计为企业减负 6.55 亿元。新增规模以上工业企业 29 家、亿元企业 8 家。整治“低散乱”企业 32 家，淘汰落后产能企业 5 家。完成工业企业亩均效益综合评价 169 家、制造业企业智能化改造 11 家。

现代农业。出台《关于加快转型升级促进遂昌县茶产业高质量发展的扶持政策（试行）》《遂昌县竹产业高质量发展实施方案》，建成数字茶业创业园一期和浙南箬叶市场。完成“非粮化”耕地整治 1333 公顷，建成高标准农田 920 公顷。

现代服务业。出台《促进遂昌县服务业企业上规上限实施办法》，新增服务业规模以上和限额以上企业 32 家。出台《遂昌县加快电子商务发展若干政策意见》，建成全省首个数字乡村物流中心。启动省级数字生活新服务样板县创建。

【项目管理】完成重点项目投资 45.8 亿元，比 2020 年增长 59.8%。衢丽铁路二期、义龙庆高速、抽水蓄能电站等重大项目前期取得突破性进展。国道 528 线新路湾至石练段、温岭至常山公路遂昌湖山至黄沙腰段、清水源水库工程等项目加快推进。城市生活垃圾焚烧发电厂、大桥至洋浩公路、新客运中心竣工投入使用。吴突头至高碧街道路改造、梅溪区块路网一期开工。龙谷路三期安置房等 6 个项目入选省“共同富裕”集中开工项目。

【创新平台】扎实推进“天工之城·数字绿谷”建设，遂昌网易联合创新中心、阿里云创新中心（丽水遂昌）、遂昌县金属制品检测中心、航天科工集团增材制造技术创新中心浙南基地投入运营。2021 年，遂昌县高新技术产业增加值增长 28.0%，增幅位居全市第一。高新技术产业投资增长52.4%，增幅位居全市第二。新增国家级高新技术企业12家、省级科技型中小企业21家、省级高企研发中心4家。

【融合发展】推动农文旅加快融合发展。数字茶业创业园一期、农创研育所主体工程、浙南箬叶市场基本建成。签约引进国际赛艇中心项目，培育皮划艇、潜水、自驾越野等新业态。

吴突头、老茶厂区块城市更新完成签约。北门桥头至月亮湾道路拓宽工程、后江立体停车场、三溪口滨江公园项目完工，未来公园正式开园。连直线一、二期，小金线，龙板山道路景观提升工程全面完成，东城新区5G信号全覆盖。城镇生活垃圾分类覆盖面100%。

建成遂昌县花园数字乡村公共服务中心，蕉川村“数字乡村”建设报道登上中央电视台《新闻联播》。创成“红绿融合”乡村振兴示范带1条、新时代美丽乡村51个、花园乡村23个，入选全省首批县域风貌样板区试点1个。

▲8月8日，遂昌县蕉川村“数字乡村”建设报道登上中央电视台《新闻联播》

【社会保障】2021年，遂昌县城镇居民人均可支配收入55720元，比2020年增长10.5%；农村居民人均可支配收入25091元，比2020年增长12.7%。城镇新增就业人数888人。“浙丽保”参保率位居全市第一。低收入农户人均可支配收入14675元，比2020年增长15.8%。农村低保标准提高到910元/月。“大搬快聚富民安居”工程实现搬迁903户3200人，完成限价商品房选房570套。全县201个行政村均实现高质量“消薄”任务。

【公共服务】深化“三医联动”“六医统筹”集成改革，加强与浙江大学医学院附属第二医院、附属邵逸夫医院的合作。建成浙西南精准医疗中心，妙高社区卫生服务中心投入使用。实现义务教育到普通高中学校集团化办学全覆盖。义务教育段监测质量居全市前列，全县高考成绩创历史新高。遂昌三中、实验小学迁建项目投入使用。完成全民健身中心提升改造，举办仙侠湖首届半程马拉松、2021中国户外山地越野公开赛等活动。

（杨林君、曾丽雯/文 遂昌新闻网/图）

改革工作

【概况】2021年，遂昌县贯彻落实中央、省、市改革会议精神，以数字化改革为牵引，抢抓新一轮改革机遇，统筹推进各领域全方位改革，助力改革更好赋能治理、改善民生，改革效能全面迸发，迈出了山区县最美生态、绿色科技、数字经济、向往生活深度融合的跨越式发展步伐。是年，遂昌县生产总值增幅位居全市第一、全省山区26县第一，实现大幅度跨越。

【数字化改革】以《浙江省数字化改革总体方案》为指导，围绕“一年出成果、两年大变样、五年新飞跃”总时间表，切实抓好“152”体系架构、多跨场景建设、重大应用贯通等重点工作，深化数字化改革推进县域治理体系和治理能力现代化。一体化智能化公共数据平台持续完善，县级总门户和五大系统子门户全面建成，形成了一批理论和制度规范体系成果。项目协同管理、干部实绩数字化考评两个应用获丽水市数字化改革第一批场景应用评比优秀奖，项目协同管理应用被省数字政府专班列为市县特色应用，进入领跑榜。

印发《遂昌县数字化改革总体方案》，明确数字化改革核心指标和重点任务。每周编制数字化改革工作任务完成情况报表。全年召开县委深改委会议和县数字化改革领导小组工作会议5次、工作推进会和点评会8次、“7+N”联席会议25次。对责任单位下发20批次数字化改革重点任务交办单。举办“天工之城”引智共富大会、全国数字生态创新大赛总决赛、2021阿里巴巴诸神之战“数字经济赛道”全球挑战赛等一批高端学术会议和科技赛事活动。开展25个班次1750余人次数字化培训，赴发达地区跟班学习38批次1600余人次。2021年干部招录中，数字化相关专业比例提升至36%。

遂昌县数字化改革门户建设在全市第一个集成上线。全年拆解重大任务2276项，梳理核心业务3262项，梳理数字化改革重大需求、多跨场景、改革任务“三张清单”46项。推进项目协同管理、花园数字乡村、干部实绩数字化考评等10项多跨场景应用开发，承接14个省级试点。出台《天工智能化管理平台运行规则1.0》《遂心分（个人信用积分）管理办法（试行）》等17项制度文件，与北京大学中国政治学研究中心等院校合作开展山区县数字化改革的课题研究。

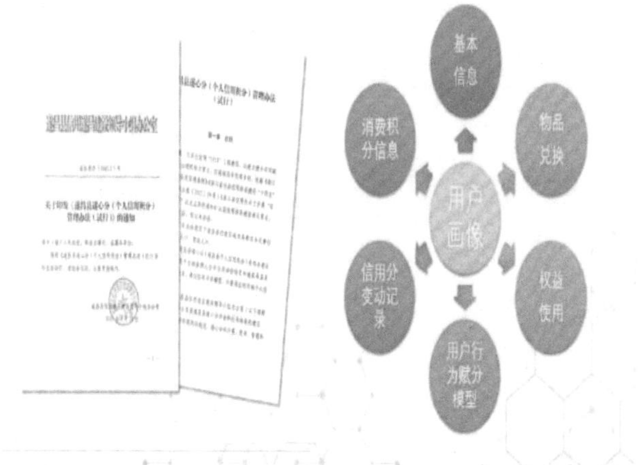

▲2021年，遂昌县出台《遂心分（个人信用积分）信用管理办法（试行）》

对标省级重大应用要求，承接省级重大应用35项。推进一体化智能化公共数据平台及一体化数字资源操作系统建设，增量开发数字乡村惠农、智慧民政、干部数字化考评等6个专题库。全县数据共享需求率99.2%，党政机关、数字政府、数字社会三大综合应用省市县贯通率100%。下发3份关于提高贯通率重要交办单，开展贯通情况专项督查，督促承接省级重大应用的单位加快应用上线，持续推进“152”和“141”体系贯通衔接。

【“县乡一体、条抓块统”改革试点】2021年，遂昌县确定为全省“县乡一体、条抓块统”改革扩面试点，形成“六个一”改革内容体系。

一张清单明权责。梳理乡镇（街道）权力清单140项、属地管理责任事项清单69项。建立清单动态调整和准入、机构编制管控奖优罚劣、“编制银行”联动使用机制，实现清单之外无属地管理事项。

一事理念促闭环。制定《遂昌县基层治理“一件事”集成改革实施方案》，上线20个“一件事”，处置各类事项269件。其中，美丽河湖面治理“一件事”纳入全省多跨场景重大应用“一本账”及数字法治“一本账”项目。

一沉到底强基层。锁定部门力量下沉乡镇（街道）359人，其中新下派人员108人。完善优秀年轻干部下沉、部门乡镇互派挂职、乡镇（街道）专业紧缺型干部招引机制等。

一网智治通全域。遂昌县社会治理中心（数智指挥中心）接入智慧城管、应急管理平台、基层治理“四平台”、“96345”便民服务等工作平台。上线网格员数字化考评应用场景，纳管全县449名网格员。研发“花园数字乡村”“信用乡村”等应用。10月，打通完成i遂昌、平安浙江、大气协同（智慧环保）等多个信息来源渠道。建成全省首个数字乡村物流中心。

一支队伍管执法。制定《遂昌县“大综合一体化”行政执法改革实施方案》《遂昌县综合行政执法事项目录（拟划转）》，推进“1+7+X”执法模式（综合行政执法+7项专业执法+其他执法），组建8支乡镇（街道）综合行政执法队。

一套体系优考评。建立县乡一体考评体系，出台乡镇（街道）干部“战斗力指数”考评管理实施意见。开发干部数字化考评场景应用，建立“思想作风+模块岗位+片区协同+组团专班+智能考评”五维立体考评体系，纳管20个乡镇（街道）的干部。

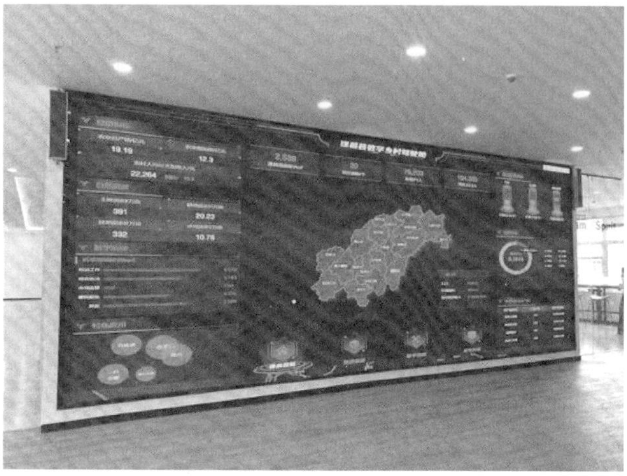

▲2021年，遂昌县研发“花园数字乡村”应用，建成花园数字乡村公共服务中心

【全面深化改革】一是推进便民利企“一件事”集成改革。逐项多轮梳理机关内部办事事项，推动部门间“一件事”上线，推广丽水市机关内部协同办事平台应用，部门间“最多跑一次”事项达42个部门365项，适宜网办非涉密事项上线率100%。推进惠企政策兑现“直通车”，上线惠企政策事项219项，兑现金额4068万元。提升企业全生命周期“一件事”服务水平，通过业务整合、流程再造、数据共享，提高“一件事”网办率、掌办率。

二是推进“天工系统”建设。对重大项目和重点工作、重要指标进行数字化、标准化、可视化管理，助推天工智能管理平台迭代升级。共上线项目230个，涉及工作环节3682个，活跃用户数4358人，发牌8080张，亮灯2059盏，较好地解决了工作任务不明、岗位责任不清、跨域推进不力、督查定位不准等10个方面问题，实现任务颗粒分解、跨域协同作战、进度全程晾晒、指令快速到达、督查精准有力等10项主要功能，在场景化多业务协同应用建设上取得重大突破。

三是推进相关试点争取工作。抓好关键改革事项，积极向上对接，多项应用被列为省级试点。信用乡村场景应用被列为“信用+乡村治理”全省唯一场景试点；“一床一码”场景应用被列为全省数字化改革七大场景应用试点；遂昌县仙侠湖流域生态环境导向开发（EOD）模式被纳入省部级试点；社区矫正心理健康智能场景应用被列为全省试点；核心战斗力指数考评被确定为浙江全域数字法院改革重点项目试点；低收入农户帮促和“浙农码”等应用场景被列为全省第一批试点；纪检监察整体智治应用“一站式”办理被列为省级试点；云峰街道被列为第一批公务员考核工作省级联系点；水域保护项目被列为全省水利数字化改革试点项目；农房全生命周期综合管理服务、生活垃圾分类监管被列为全省住房和城乡建设系统数字化应用场景试点。此外，遂昌县被列为县域共青团基层组织改革全国试点、省级公办幼儿园办园体制改革创新配套政策试点县、第二批省级数字乡村建设试点县、2021年度浙江省数字生活新服务样板县。

四是推进改革经验固化成型。总结提炼工作中带有启示性、指导性的改革经验做法，及时上报固化成型的遂昌经验与遂昌模式。在微信公众号“浙里改”子栏目《竞跑者》发布文章2篇，在微信公众号“丽水改革先锋”发布文章1篇，在丽水市政府官网的子栏目《丽水数字化改革工作动态》发布文章1篇，通过经验总结，明确下一步工作的重点和主攻方向。（县委办/文 遂昌新闻网/图）

审 计

【概况】2021年，遂昌县审计局完成审计项目13个，查出违规及管理不规范金额1.01亿元。移送司法机关、纪检监察机关处理事项4件，移送处理人员1人。通过审计促进整改落实有关问题金额266万元。出具审计报告和专项审计调查报告15篇，审计提出建议被采纳45条，促进被审计单位制定、完善规章制度10项，提交审计信息13篇，获采用7篇。《遂昌县生态工业扶持政策落实情况专项审计调查》获评省优秀审计项目二等奖。3个内审项目获丽水市优秀内部审计项目。

【专业审计】财政资金审计。组织完成县本级财政预算执行情况和决算（草案）审计以及4个乡镇财政决算审计，开展生态环境保护专项资金管理使用情况专项审计调查。发现预算执行、财政收支、国有资产管理等各类问题50余个，从加强财政预算管理、规范财务收支、强化国有资产管理等方面提出审计建议，促进财政资金管理提质增效。

政府投资项目审计。完成政府投资项目造价管理情况专项审计调查和遂昌三中迁建工程预算执行情况审计。开展国投集团建设项目实施情况专项审计调查，从造价管理、招投标管理、合同管理等方面揭示普遍性和倾向性问题，提出防范改进措施建议，督促项目建设责任主体履职尽责，规范建设市场秩序，提高资金使用绩效。

▲8月27日，遂昌县召开审计整改工作推进会

【经济责任审计】2021年，县审计局对7名党政领导干部进行经济责任审计，选取2个乡镇同步开展自然资源资产任中（离任）审计，从领导干部权力规范运行、生态环境保护责任落实、资金使用绩效等方面客观审慎评价领导干部担当作为、履职尽责情况，给领导干部精准“画像”，为组织部门选人用人提供重要参考。

【政策跟踪审计】开展农业产业现代化政策落实情况专项审计调查，重点关注数字茶业创业园、石练健康产业园等项目建设和农业龙头企业培育扶持情况，发现农业政策制定执行、政策资金兑现、项目建设管理、涉农企业三资管理等方面存在的15个问题。以审计揭示农业产业现代化政策落实中存在的风险隐患，提出有针对性的对策建议，促进农产品质量、综合效益和品牌竞争力提升，推动脱贫攻坚与乡村振兴有效衔接。

【审计管理】修订关于“内部审计监督指导员”制度，梳理审计发现常见问题清单，抓好制度规范和程序规范。与县人大、县政府督查室联合开展审计整改情况督查，构建权威高效的审计监督体系。运用干部“战斗力指数”数字化考评系统，对思想作风、岗位业绩、争先进位、个性工作4大块内容进行赋分，实现干部实绩全方位精准考评。

（傅志鹏 文/图）

统 计

【概况】2021年，遂昌县统计局坚持以服务经济社会高质量发展为重点，充分发挥统计职能，不断提高统计数据质量和统计服务水平，各项工作取得新突破。向县委、县政府及各部门提供统计信息187篇，统计分析和调研报告40篇，发布统计专报13期。创新编印《“画说统计”数理通》工具书，编印《遂昌统计年鉴（2021）》，发布《2020年遂昌县国民经济和社会发展统计公报》。

【第七次全国人口普查】完成第七次全国人口普查后期各项工作，根据普查数据结果，形成《2020年遂昌县人口发展报告》，报告内容包括人口总量与分布、性别与年龄、自然变动、婚姻与家庭、受教育状况、少数民族人口、迁移流动、劳动就业、人口老龄化、居住状况10个篇章。截至2021年12月31日，完成撰写关于第七次全国人口普查工作总结5篇、技术业务总结9篇、发展报告10篇。

【经济运行预警监测】完善月度经济运行监测预警机制，及时发现问题并作出预警，做到月度数据有分析，经济走势有研判，重大问题有预警，确保统计监测的准确性和时效性。对全县“四上”重点单位（规模以上工业企业、限额以上批发零售业和住宿餐饮业、规模以上服务业企业、有资质的建筑业和房地产企业）做好实时监测，统筹研判能源双控下的“形”与“势”，每月向县委、县政府提供遂昌县统计反映指标、分县核算基础资料表、遂昌县域周边县市区主要经济指标对比情况等数据卡片。

【统计分析】围绕全县重点工作、重点项目开展统计分析，把经济形势、产业发展、结构优化、动能转换等研究透彻，完善预测预警职能。完成统计分析、统计专报、调研报告共53篇。谋划“十三五”发展成果统计分析，开展遂昌县发展横、纵向比较研究，编印《“天工开物”融三创，砥砺奋进“十三五”》课题集，对遂昌县的社会经济发展成就进行总结提炼。开展地区生产总值和GEP（生态系统生产总值）转化问题研究。遂昌县统计局连续两年成为统计制度方法改革省级联系点。

【统计数据管控】贯彻执行《中华人民共和国统计法》及其实施条例，以及《关于深化统计管理体制改革提高统计数据真实性的意见》《统计违纪违法责任人处分处理建议办法》，制定《遂昌县统计局数据质量管控办法》《遂昌县统计数据质量管控实施细则和专业规范》，严格执行国家统计标准和相应的指标体系，严格执行《专业统计数据质量评审办法》，落实统计岗位责任，加强统计数据各环节质量把控。

【统计法治建设】将《中华人民共和国统计法》纳入县委、县政府专题学习和各乡镇（街道）、部门理论学习中心组学习内容，纳入党校培训课程。举办多轮次业务培训，组织参训人员学习统计法律法规。结合“统计开放日”“宪法宣传周”活动，开展“以案释法”“以讲固法”“以宣促优”系列活动，营造依法统计、依法治统的氛围。完成“双随机、一公开”执法检查21家，立案查处1家。对照国家督察问题清单，全面清理违反《中华人民共和国统计法》的文件和做法。

▲9月，县统计局在平昌广场开展“统计开放日”活动，宣传统计知识和法规

【基本单位名录库维护管理】2021年，县统计局维护好工商、税务、民政、编办、质检等部门提供的单位信息变更情况，做好新名录入库和原名录库数据维护工作。至年底，全县基本单位名录库在库企业5257家，其中法人单位4793家、产业活动单位464家。基本单位名录库“四上”企业285家（含5000万元以上投资项目），其中规模以上工业企业106家、限额以上批发零售贸易业46家、房地产开发经营企业26家、有资质的建筑业30家、住宿餐饮业11家、重点服务业19家、5000万元以上投资项目单位47家。（包依萍 文/图）

市场监督管理

【概况】2021年，遂昌县新增市场主体5947户，比2020年增长21.4%。年底共有在册市场主体27794户，比2020年增长30.4%，增幅创历年新高。新增小微企业2879家，完成“个转企”112家。办理股权出质31件，出质股权3.48亿元，助企融资9.94亿元。开展企业年报讲解直播，企业、个体户、专业合作社年报率均在99%以上，均居全省前列。

建成食品生产企业“阳光工厂”25家、农村家

宴“阳光厨房”18家、民生药事服务站1家，实现56家学校食堂“阳光厨房”全覆盖。遂昌县金属制品检测中心于9月正式运行，具备力学性能、金相组织、化学分析检测能力。完成1个五星级、3个四星级、8个三星级乡镇（街道）食品安全委员会办公室建设。培育放心消费单位775家、无理由退货单位299家、放心工厂72家、放心商圈1个。凯兴商业圈创建省级“阳光餐饮街区”。

协调29个执法部门开展“双随机、一公开”监督管理工作，完成执法部门“两库”（检查对象名录库、执法检查人员名录库）建设并动态维护。全县“掌上执法”开通数1278人，开通率100%。全年县市场监管局收到行政许可申请7804宗，经审查予以许可7758宗。

【安全智慧监管】依托“浙冷链”“浙品码”和特种设备“安全码”等11项数字化场景应用，推进食品药品、产品质量、特种设备安全智慧监管。全县74家“浙冷链”经营单位赋码率扫码率100%。548家“浙食链”生产经营单位均实现数字化监管。21家新冠疫苗接种单位“浙苗链”全覆盖。推广使用药店“花园码”，确保购药信息可追溯、人员可追踪。全县2265台特种设备“安全码”全覆盖，实现物联远程动态监测，识别风险隐患12起，全部及时处置。2021年，遂昌县“阳光工厂”建设成效成为全省典型。试点推行重要工业产品“浙品码”数字化全链条监管模式，累计赋码156家。

【技术监督服务】5月，遂昌县成立全市首家知识产权研究服务中心——“天工之城·数字绿谷”创新支持中心。至年底，实现知识产权质押融资1.51亿元，专利转移转化21件，贯标企业认证5家，新增注册商标465件，专利申请370件。推进“三强一制造”（质量强县、标准强县、品牌强县、品字标浙江制造）建设，主导制定国家标准1个、浙江制造团体标准2个、市地方标准1个；参与制定国际标准3个、国家标准1个、省地方标准1个。“遂昌竹炭”实现中国竹炭国际标准“零的突破”，登上《中国质量报》头版。推广“浙江质量在线”应用，指导640家企业应用一站式服务平台。全县新增“品字标”企业6家、“浙江制造培育”企业6家，品牌企业和实施“浙江制造”标准企业销售占比67%，位居全市第一。

▲4月22日，遂昌县举办知识产权保护专题讲座

【市场监管执法】开展“亮剑2021”消费安全执法行动、“铁拳2021”综合执法行动、药品网络销售治理行动，以及反走私、反不正当竞争等行动，对冷链食品、保健食品、非标电动自行车、石材行业进行专项治理。全年出动执法2.64万人次，检查单位1.30万家次，立案282件，其中大要案39件，罚没款194.61万元，移送公安机关侦查9起。查获特大网络销售假药案，涉案金额超千万元。查获某民营医院无证配制制剂案，罚没款84.74万元，系新修订的《中华人民共和国药品管理法》实施后，全市罚没额最高的药品案。查获丽水亚上信息技术公司侵权案，涉案金额1.5亿元，该案入选全省“亮剑2021”消费安全执法行动十大典型案例。依托浙江省统一政务咨询投诉举报平台和“12315”平台，全年受理投诉268件、举报842件，为消费者挽回经济损失19.47万元。

【制定和发布标准】1月，由县农业农村局为主起草的《青钱柳叶用林栽培技术规程》市级地方标准发布。2月，《三叶青种苗生产技术规程》县级地方标准通过评审。5月，由遂昌县畲族文化研究会为主起草的《畲族手工织带编织技艺规范》市级地方标准发布。6月，遂昌县“猕猴桃避雨栽培技术标准化种植推广”示范项目通过市级验收。7月，浙江翱力新材料科技有限公司起草《手动液压托盘搬运车安全技术标准》列入浙江省第四批“品字标”团体标准制定计划。11月，遂昌县茶叶生产社会化服务标准化试点项目通过省级验收。12月，遂昌县政法委牵头起草的《“四治融合”和合乡村建设规范》经批准发布，为浙江省首个“四治融合”乡村基层治理地方技术性规范；县农业农村局起草的《毛竹鞭笋培育技术规程》地方技术性规范发布。

【“遂昌土蜂蜜”获评国家地理标志】6月，省农产品质量安全中心公布了浙江省2021年度国家地理标志农产品保护工程项目名单，“遂昌土蜂蜜”榜上有名，是继“遂昌菊米”“遂昌龙谷茶”“遂昌三叶青”后该县第4个国家地理标志农产品。

遂昌县以国家地理标志农产品保护工程、省级绿色精品农产品基地及农业标准化基地建设（“一县一品一策”）为主要平台，挖掘培育一批有产业规模、发展潜力的地理标志农产品，积极开展地理标志农产品区域公共品牌强度、价值评估，增强市场知名度和竞争力。已获认定绿色食品53个，获国家地理标志农产品保护登记4个。

▲2021年，“遂昌土蜂蜜”获评国家地理标志保护农产品

【冷链食品风险处置】推进冷链食品数字化、网络化监管，全县74家冷藏冷冻食品生产经营单位“浙冷链”全覆盖，对8家进口冷链食品经营单位实行重点监管。开展食品核酸检测4003批次、人员核酸检测3465批次、环境核酸检测3800批次，检出新冠病毒阳性2份（冻带鱼、鲜龙眼），查处违法行为5起，查封问题产品1.5吨，处以罚没款10.9万元。在“阳性冻带鱼”事件中，依托“浙冷链”实现精准溯源，以流向追踪“思维导图”实现以物溯人，这一做法得到国家市场监督管理总局肯定，中央电视台、浙江在线等媒体作专题报道。

▲1月28日，中央电视台报道遂昌县依托“浙冷链”实现冷链食品精准溯源的做法

【电动自行车综合治理集成改革】10月15日，遂昌县部署电动自行车综合治理集成改革工作，正式铺开电动自行车生产经营企业摸排、电动自行车和蓄电池“浙品码”赋码工作。建立以电动自行车车架号、蓄电池序列号为唯一性标识的“浙品码”数字化追溯链，从生产、销售、登记、骑行、充停、维修、回收7个环节入手，构建起混合编码、标配销售、合体登记、文明骑行、规范充停、诚信维修、闭环回收7大“链式”核心应用场景，打通公安、消防、环保、交通、住建等10多个系统，集成22项业务，实现电动自行车全生命周期闭环管理，使违规生产销售和非法改装及安全事故得到有效遏制。

【食品安全事故应急处置演练】12月17日，县市场监管局组织开展食品安全事故应急处置演练。演练采用现场模拟、拍摄视频、多媒体展示、实时连线的形式进行。演练内容为：在三仁畲族乡高碧街村发生食品安全群体事故，接报后，县人民医院、县市场监管局、县卫生健康局、县公安局等部门积极响应，围绕事件报告、先期处置、应急响应、应急处置、舆情应对、善后工作、综合评估、终止响应等各个环节，进行了全方位模拟演练。

（梁倌瑞/文 遂昌新闻网/图）

行政综合执法

【概况】2021 年，遂昌县综合行政执法局强化顶层设计，规范办理流程，严格规范执法，推进“大综合一体化”行政执法改革，维护城市市容秩序。全年一般程序立案 587 起、结案 583 件，简易程序立案 2096 起、结案 2096 件，行政处罚 2747 起，处罚金额 592 万元。

【大综合一体化改革】建立综合行政执法+市场监管、环境保护、交通、文化等部门“1+8”执法队伍体系。划转民族宗教、档案、建设等 10 个领域的全部行政处罚事项及发展与改革、科技、教育 3 个领域的部分行政处罚事项，遂昌县综合行政执法事项达 25 个领域 1466 项。开展“综合+专业+联合”执法，实现“进一次门、查多项事”。

以云峰街道和湖山乡为试点，组建综合行政执法队，选取 278 项事项赋权云峰街道，229 项事项赋权湖山乡，其余乡镇（街道）以联合执法模式开展工作，实现乡镇（街道）“审批—监管—执法”全闭环。以“全时下沉、分时下沉、实时下沉”模式下沉 2 个试点乡镇（街道）执法力量 72 人。

制定《遂昌县“大综合一体化”行政执法改革实施成效评估机制》《遂昌县综合行政执法争议协调办法》等 15 项制度。建立“导师帮带”机制，选聘 10 名优秀执法队员担任导师，5 名公安干警担任执法顾问，选派 29 名年轻干部参与应急处突、重点工程等工作。

▲10 月，湖山乡综合行政执法队在仙侠湖巡逻

【市容市貌整治】联合县交警、市场监管等部门开展为期 6 个月的市容市貌综合整治，全面推进城区市容秩序提升。对接西街、龙谷路、龙潭 3 处便民农贸市场，新设摊位 54 处，引导自产自销经营户入市经营。根据应划尽划原则增设非机动车停车位 6000 余个，加强日常巡查监管，提升全民规范停车意识。全年拖移非机动车 6942 辆，清理僵尸车 78 辆，处置率比 2020 年上升 50%，处罚机动车违停 12680 辆，处置率比 2020 年上升 60%，城区人行道停车秩序明显改善。

【垃圾分类执法】实施“周三固定执法日+日常巡查”机制，对城区的其中 92 个生活垃圾固定投放点和 72 个流动投放点实行联巡联管。将垃圾分类投放点位视频监控接入监管平台，及时发现居民混投行为和线索，截取违法违规事实证据，对未按规定分类投放生活垃圾的行为实施“非现场执法”。创新溯源执法方式，依托垃圾分类“一户一码”，精准识别违法违规当事人信息，实现执法可溯源、可管控。全年查处 137 起垃圾分类违规违法案件，处罚金额 2.16 万元。

【建筑垃圾运输管理】严格按照《遂昌县建筑垃圾运输管理办法》，开展建筑垃圾运输整治，对违规运输建筑垃圾的施工单位或运输管理企业进行依法查处。牵头县交通局、公安局交警大队开展专项执法检查，开展工地巡查整治行动260次，处置滴洒抛漏、扬尘污染事件58起，立案查处33起，处罚金额4.25万元。

【蓝天保卫战】落实重点区域、重点路段禁烧秸秆联合督查，加强对重点路段及高峰时段的巡查执法力度。共查处露天焚烧秸秆55起，处罚金额1.02万元。牵头开展餐饮油烟专项整治行动，积极处置省环保督查交办的西街餐饮店油烟扰民问题，聘请第三方检测公司进行油烟检测。共检查城区餐饮单位442家，完成西街所有餐饮店调查摸底工作，登记造册70余家餐饮店油烟排放情况，责令更换油烟净化器2台，整改油烟管道7家。

▲12月，遂昌县召开禁烧秸秆工作会议

【违法建筑管控】开展“先勘查、后办证”“干部提拔任用违建审核”“即查即拆”行动，严防严控各类违法违章建筑，强化对居住区、工业园区及道路两侧违法（章）建筑的巡查和处置力度。发出责令停止违法建设行为通知书37份、责令限期整改违法行为通知书58份，暂缓办理停水、停电手续64次，拆除违法建筑306宗、面积2.1万平方米。勘查二手房1028户，完成对1600余名党代表、人大代表、政协委员及模范人物的联审，对52户二手房违建实施拆除，对其中21人进行了处置。

【城区犬类管理】联合公安、住建等部门，开展城区不文明养犬行为集中整治。实行日检查、夜巡查机制，发送宣传资料3000余份，纠正不文明养犬行为500余起，处理相关投诉举报26起，抓捕无主犬68只，查处犬类案件65起。3月，推出养犬一站式办理服务，便捷市民办理养犬登记，实现“免疫+登记”最快10分钟办结。全年办理养犬证116本，对71只犬类进行年审。

【数字执法建设】8月起，全面应用丽水市智慧执法平台，至年底，分析研判形成4389件综合执法处置事件，处置率100%。迭代升级美丽河湖面治理“一件事”应用，被纳入全省多跨场景重大应用“一本账”及数字法治“一本账”联合行政执法指挥综合集成改革项目，入选浙江省2021年度有辨识度有影响力法治建设成果。全面推进人行道违章停车移动取证系统建设，实现移动端取证上传—审核校对—转入公安系统的闭环处置。

（张苏俊/文 遂昌新闻网/图）

安全生产

【概况】2021年，遂昌县调整安全生产委员会，所有县领导均担任委员会副主任，承担职责范围内安全生产领导责任。安委会下设道路交通、消防、建筑施工等9个专业委员会。开展第二轮“安全生产专项整治三年行动”，先后开展了复工复产安全生产专项检查、平安护航百年大庆安全生产大排查大整治、危险化学品运输综合治理等行动。坚持每月安全生产固定检查日制度。全年共发生上报类生产安全事故4起、死亡4人，未发生较大及以上生产安全事故和有较大社会影响事故。

【安全监管】开展在建工地规范化管理大排查大整治，结合工地特种设备、建筑工程渣土管理等进行检查，明确整改内容和时限。联合交通、交警部门和属地乡镇（街道）对农村道路开展检查，根据省级挂牌督办隐患整治要求，形成整改方案。每月对事故发生的路段以挂牌督办模式进行交办。开展节前旅游市场专项检查，牵头文旅、消防、卫生健康等单位对景区、宾馆酒店进行专项检查。开展沿街店铺三合一场所、消防重点隐患单位专项整治。对乡镇（街道）瓶装液化气开展专项检查。开展园区企业特种设备专项整治，重点对石材园区内的特种设备进行检查。开展烟花爆竹专项整治等。

【化工园区建设】2021 年，遂昌县化工园区通过浙江省经信厅、应急管理厅、生态环境厅审核，成为全省 52 个化工园区之一。遂昌县多举措推进化工园区标准化建设，一是成立化工行业协会，每季度召开工作例会，商讨相关工作。二是分期推进“智慧园区”建设，一期投资 2000 万元，项目方案已通过审查。三是成立园区安全监管办公室，抽调专业监管人员 5 人，人员数量和专业满足化工园区安全监管要求。四是加强应急保障建设，组建专业救援队伍，建设专用停车场、气防站等。

【复工复产安全检查】春节后，县应急管理局开展复工复产“三服务”和安全生产检查，走访企业 30 家次。2 月 22 日至 3 月 16 日，对全县 13 家危险化学品生产、试生产和一般化工企业进行检查，查出隐患 90 条，经督促全部完成整改。主要检查了企业安全生产主体责任落实、设备设施安全运行、重大危险源管控、工艺安全技术标准、危化品存储使用管理等方面。要求企业制定复工复产方案，确保复工复产的每一个步骤规范、严格、稳妥、有序，坚决克服侥幸松懈思想，防止安全事故发生。

【“遏重大”攻坚战】2021 年，遂昌县在工矿、消防、道路交通等 8 个领域开展“防范较大，杜绝重大”安全生产攻坚战。3 月，发布了 8 个领域“遏重大”安全生产子方案，4 月，发布遂昌县“遏重大”安全生产攻坚战总方案。制作遂昌县安全生产重点隐患清单。梳理出的 226 条隐患全部列为重点隐患予以整改。

遂昌县有省级挂牌整治重大安全隐患 2 个，一个是道路交通领域，另一个是省大排查大整治专项行动暗访组确定的对遂昌县 2 家企业实施安全隐患挂牌整治，至年底均完成整改并销号。此外，有市级挂牌整治安全隐患点位 2 个、县级挂牌整治安全隐患点位 9 个，均完成整改并销号。

【安全生产隐患大排查大整治】开展“护航百年大庆安全生产隐患大排查大整治”，按要求分领域开展安全隐患排查整治，对 191 家企业和活动场所开展检查，发现安全隐患 76 个，完成整改 76 个。邀请省、市专家对遂昌县 3 座尾矿库开展安全生产专项检查。各乡镇（街道）均制定大排查大整治工作方案，企业每月向乡镇（街道）上报隐患排查治理情况，乡镇（街道）每月向县安全生产委员会办公室上报。大排查大整治期间，县应急管理局组织安全生产检查 264 次，出动检查 566 人次，发现隐患 480 条，完成整改 414 条，立案查处 30 起，处罚 23 起，处罚金额 53.45 万元。

【建设领域安全生产观摩会】6 月 2 日，全县建设领域安全生产暨“红绿标杆工地”现场观摩会在大柘数字茶业创业园施工现场召开。会议表彰了先进项目，与施工方、监理企业签订安全生产目标管理责任书，施工、监理企业就安全生产工作开展交流发言。与会人员视察了金岸安置房工程、县人民医院迁建工程、大柘数字茶业创业园，听取了安全生产工作情况介绍。

▲6 月 2 日，遂昌县“红绿标杆工地”现场观摩会

（谢凤琼 文/图）

应急管理

【概况】2021年，遂昌县应急管理工作围绕防汛防台抗旱、森林防灭火、防灾减灾和应急体制机制改革持续发力，完成全国自然灾害综合风险普查试点县调查任务，成功防御强台风“烟花”“灿都”和局地强降雨，全年未发生较大火情，梅汛和台汛期未造成人员伤亡。

【防汛防台风】全县共组建231支乡镇、村居应急突击队和21支专业应急队伍。建成109个规范化避灾安置场所，72处避灾安置点完成可视化建设。全年出动排查巡查1.61万人次，转移风险区群众2628人。建立县数智指挥中心，缩短应急响应和救援调度时间，提高应急处置工作的准确性和时效性。

梅汛台汛期间，县防汛防台指挥中心组织会商18次，发布5期综合预警信息，启动防汛Ⅳ级应急响应3次、Ⅲ级响应3次、Ⅱ应急响应1次。启动防台风Ⅳ级应急响应1次、Ⅲ级响应1次、Ⅱ应急响应1次。利用农村广播、防汛防台App、电视游字等方式向群众传递灾情信息。通过吹哨、敲锣等手段向老年群体紧急预警，挨家挨户上门检查，帮助群众撤离。气象部门发布了43次暴雨预警，水利部门发布了5期山洪灾害预警，自然资源部门发布了25期地质灾害预警，共发布预警短信32.2万条。

▲2021年，新路湾镇新溪村避灾安置点内，用于防灾救灾的物资储备充足

【森林防火灭火】在重要时段和高火险期，加强对树林边缘、山区的巡查劝导，严控农村炼山、烧垦开荒、烧灰积肥等野外用火行为。在主要干道、路口设置值守卡点，严防火种入山。安装300余个太阳能语音播放器，播放遂昌话版防火宣传语。乡村干部、护林员、网格员不间断开展巡护巡防，发放5000余份防火告知书，发送森林防火、禁烧秸秆提醒短信70余万条。将违规野外用火案例的处罚过程和处罚结果、赔偿损失情况进行曝光。全年制止野外违规用火60起，行政处罚25起，未发生较大火情。野外违规用火行为比2020年下降70%，森林火情发生率下降85%。

【防灾减灾】自2020年被列为全国自然灾害综合风险普查试点县以来，遂昌县按时保质保量完成了所有普查任务，并提供经验做法，被国务院列入第一次全国自然灾害综合风险普查典型经验做法县市名单。其中，应急系统完成了11项技术规范1766个数据的调查任务。组建“第三方机构+行业主管部门+基层干部”普查队伍，联合开展实地调查，保障普查数据的真实性、准确性。做好数据归集处理及质量把控，在全省5个试点县普查数据成果质量抽检中，遂昌县数据质量合格率位居第一。结合“5·12”全国防灾减灾日，开展自然灾害综合风险普查应急安全体验活动，全县52支队伍近300人参与。

【独居老人家庭安装火灾探测器】为2260户独居老人家庭安装火灾探测器，超额完成原定1500户的安装目标。火灾探测器不但能发出警报声，还附带联网功能，当警报发出后，消息会反馈到互联网管控平台，管控平台确保发生险情后能最快联系人员到现场查看救援，从源头上保护独居老人的生命财产安全。为独居老人住宅增设联网式火灾探测器，是2021年丽水市十件民生实事项目之一。

【应急演练】5月12日，遂昌县在平昌广场举行“5·12”防灾减灾日暨全国自然灾害综合风险普查应急安全体验活动。活动以定向赛形式展开，将自然灾害风险普查、防灾减灾、安全生产、趣味活动相结合。全县各单位52支队伍近300人参与活动。

8月10日，全市水旱灾害防御应急演练在遂昌县举行。演练主要模拟遂昌县梅汛期遭遇强降雨引发山洪灾害、水利工程调度、水利工程发生险情等情况，设置了多个演练项目，通过视联网将主会场和3个演练现场画面向分会场进行转播和直播。

9月24日，遂昌县防汛防台应急演练暨突发地质灾害处置与自然灾害救助演练在垵口乡桂洋村举行。县应急管理局、气象局、水利局等9个部门参加演练，20个乡镇（街道）防汛工作分管负责人在县应急指挥中心观摩演练全过程。

10月28日，2021年遂昌县有限空间应急救援演练在遂昌汇金有色金属有限公司生产车间举办。

▲10月28日，县应急管理局组织开展有限空间应急救援演练

（谢凤琼/文 遂昌新闻网/图）

交通安全

【概况】2021年，遂昌县公安局交通警察大队接处警情7508起，比2020年上升18.5%。全县发生道路交通亡人事故24起，死亡24人，比2020年少2起2人，下降7.7%。发生道路交通、公共场所特定事故18起，死亡18人，比2020年多3起3人，上升20%。发生道路交通伤人事故74起，比2020年多41起，上升124%。

全面优化勤务模式，延长早、晚交通高峰岗执勤时间，在城区主要拥堵路段设置14个交通执勤点，执勤时间为早上7:30—8:30，下午16:30—17:30，实行遇堵疏导、交通劝导，提升路面“见警率”和“管事率”。

【交通事故预防“减量控大”】2021年，县交警大队查处各类交通违法行为18.29万余起，比2020年增长27.6%。其中：酒驾467起、超速6205起、未系安全带31802起、违章停车71023起、机动车脱检1031起、未礼让行人2858起、三轮车载人1976起、货车超限超载523起、未佩戴安全头盔24768起。全县“两客一危”（公路客运、旅游客运、危化品运输车）驾驶人验审率、换证率、学习率均100%。具有A1、A2、A3、B1、B2准驾资格的重点驾驶人3807人，审验率99.1%。全县有面包车1178辆，重型货车642辆。

3月，会同县交通运输局召开农村道路交通安全综合治理三年行动推进会，围绕农村人、车、路、管理力量、救治力量、守法意识6方面进行部署落实，开展专项治理，实现交通事故“减量控大”（减少道路交通事故发生数量、死亡人数，控制较大以上交通事故发生，坚决遏制重特大道路交通事故发生）总体目标。

【隐患排查治理】10月，完成省级挂牌治理路段龙广线2处交通安全隐患整改。将连直线某路段和湖山乡湖滨路与峡北线路口点段，列为县级挂牌治理路段，连直线路段已安装信号灯，湖滨路与峡北线路口启用高杆灯。农村道路交通安全隐患治理，共排查安全隐患88处，完成整改88处，县级挂牌治理路段7个点段，已整改完成5处。

排查整治车辆隐患。针对涉交通事故企业进行集中约谈15次，组织重点车辆运输企业驾驶员教育整顿会议8次，暂扣城区通行证100辆车次，走访重点企业、在建工地30余处。3家企业停业整顿1个月，1家企业停业整顿3天。开展拖拉机顽瘴痼疾专项整治，完成277辆变型拖拉机“清零”任务。

【科技交通】对元立大道、源古路、北门桥头至月亮湾段实行“机非分离”。对元立大道2000余米路段进行硬隔离，有效解决该路段安全隐患问题。新增机非隔离道2处，施划2处非机动车等待区。新建云峰街道6组、石练镇2组信号灯项目、南门区块交通渠化项目改建3个信号灯。建成并启用丁大线路口平交口安全预警系统、十三都路段违法载人识别预警系统、峡口门段货车违法载人自动检测系统。升级改造县交警大队机房及卡口建设。

研发工程车数字化监控系统，构建工程车辆系统化精密智控新模式。自6月接入该系统以来，城区涉工程车辆交通亡人事故“零发生”。10月，遂昌县第一辆拥有“码牌合一”数字化车牌的电动自行车上牌，通过扫描车、电池的“浙品码”，即可获取相关信息数据，实现“一码知全貌”。

【交通宣传】加强马路市场专项整治，印发1万余份茶季交通安全致茶农的一封信、致面包车驾驶员一封信。广泛宣传交通安全文明出行，发放宣传资料6.5万余份，发放小黄帽1万余顶。开展交通安全进农村、进校园、进企业等“七进”宣传430余场次，为农村群众、企业员工、中小学生宣讲交通安全知识160余课次，发送交通安全提示短信5万余条。指导“平昌守护者联盟”开展“文明交通出行从我做起”宣传进村（社）100场次。

▲2021年，遂昌县开展交通安全“七进”宣传。图为交通警察在街头向群众发放交通安全资料

（丁剑平）

消防救援

【概况】2021年，遂昌县消防救援大队共接警出动235次，出动车辆407辆、警力2578人，抢救被困人员50人，疏散被困人员34人，有效保护财产价值1307.67万元。

▲4月26日，遂昌县开展公路隧道车辆火灾事故应急救援演练

【岗位练兵】全面推进岗位练兵工作，详细制定练兵方案。开展实兵实装实战化训练，开展水域、绳索救援培训。开展有限空间、隧道、危化企业、人员密集场所等类型多单位、多部门演练4次，开展重点单位熟悉演练120次，修订完善重点单位消防预案116个（家）。对278只市政消火栓进行检查保养。完成10只消火栓和1个天然水源取水口建设任务。对3家大型商贸市场、4条隧道开展通信装备测试，修订灭火救援预案，完成建模及标绘。

【构建多元应急体系】针对政府专职消防队开展检查、指导12次，召开消防专职队队长例会3次，发文通报3次，对全县微型消防站进行电话拉动752次、实地拉动132次，组织开展培训11次，达到覆盖率100%的预期目标。组织开展多部门协同会商10次。与龙丽高速公路管理中心、高速交警共同构筑“消警路卫企联动模式”，畅通沟通平台，提升高速公路、高速隧道内的灭火救援能力。

【培训比武】选派1人加入全国消防安全培训教学团队，选派20余人次外出参加指挥员、安全员、山地救援、车辆装备、通信骨干实战化专业培训。承办全市山地搜救技术培训班和锂电池企业灭火救援调研班。举办遂昌县应急救援技能大赛。在全省第二届“火焰蓝”全员岗位练兵大比武中，遂昌县消防救援大队获高层专业队总分第一名，王海斌和吴建获桌面推演第二名和综合排名第二名的好成绩。

【消防执法监督】全年，县消防救援大队共检查单位1007家次，发现火灾隐患1014处，下发责令限期改正通知书590份，下发行政处罚决定书81份，下发临时查封决定书17份，责令“三停”（停止施工、停止使用、停产停业）17家，处罚金额共33.3万元。召开与消防工作有关的会议15次。联合县建设局、公安局和各乡镇（街道），对高层住宅小区楼道电瓶车充电、占用消防车通道、阳台违规堆放等行为集中整治。邀请持有“一级注册消防工程师”职业资格证的消防专家，为消防安全重点单位开展“把脉问诊”，指导消防安全重点单位建立消防安全管理机制，落实主体责任制。

【消防宣传】组织全县师生及家长参与“2021年教育系统消防安全知晓率普及”“少先队员‘红领巾走遂昌’国防教育校外实践”等多场宣传活动。打造“线上+线下”全方位、多样化的宣传模式。全年进村入户宣传消防安全常识150余次，组织授课培训40余场，参训人数2000余人，发送消防安全提示短信15万余条，在新媒体上推送消防安全常识22万余条。（周玲玲/文 遂昌县新闻网/图）

社会民生

劳动就业

【概况】2021年，县人力资源和社会保障局贯彻稳就业、保民生决策部署，帮助企业解决招工稳工难题，促进人力资源供需匹配对接。举办了春季、夏季人力资源交流大会，以及“金秋招聘月”、就业招聘下乡入村等活动。组织664家次企业、事业单位赴省内外开展引才活动47场次，引进高校毕业生4590人，其中博士20人、硕士157人。新设省级博士后工作站2家（累计6家），凯恩特材公司李丽姿博士全职入企，成为全市首个留企博士后。

全年召开各类评审会及自主评聘会议32场，经评审，确定6人具有正高级职称，29人具有高级职称，70人具有中级职称，161人具有初级职称。向上级推荐申报高级职称22人，中级职称33人。推进职业技能提升行动，开展企业登记认定试点12家，完成补贴性职业技能培训85期5289人次。

▲7月，李丽姿博士（右四）通过出站考核，成为丽水市首个留企博士后

2021年，全县社区（村）公益性岗位在岗就业183人。新增创业担保贷款1245万元，发放一次性创业补贴8万元，发放场租补贴2.1万元。发放灵活就业社保补贴292人次139.76万元。城镇登记失业率1.82%。11月，开展根治欠薪冬季专项行动。

经评审，认定鲍夏鸿技能大师工作室等8家工作室为第二批遂昌县技能大师工作室，全县累计建成15家技能大师工作室，给予每家工作室1.5万元建设经费。遂昌县高技能人才黄应勇入选新时代浙江培育工程第三层次“浙江工匠”培养项目。

【人力资源交流大会】2月28日，县人力社保局在平昌广场举办2021年遂昌县“春风送岗”暨高校毕业生人力资源交流大会。活动采取“线上+线下”同步进行的模式。现场招聘会共吸引150家县内外企业参会，提供制造业、餐饮业、服务业等岗位785个、用工需求3064人。现场达成意向549人，当场录取45人。

8月，线上举办2021年夏季乡村振兴人力资源交流大会暨高校毕业生专场招聘会，推送8期80家企业的367个就业岗位，用工需求1163人。

【就业招聘】全年，“遂昌就业”微信公众号、“遂昌就业招聘”微信小程序、报纸《遂阅》的《就业之窗》专栏同步发布招聘信息。“遂昌就业”微信公众号推送52期，为960家企业发布岗位数4481个、用工需求15587人。“遂昌就业招聘”微信小程序上注册企业862家，发布岗位数3556个、用工需求 7118 人。网上招聘浏览量 18 万余次。

8—9 月，整理出 40 家企业的招聘信息，到王村口、黄沙腰、云峰等 6 个乡镇（街道）集市点，举办下乡入村“赶集”招聘。11 月，开展“金秋招聘月”活动，“遂昌就业”微信公众号推出 3 期“高校毕业生就业服务周”专题。“遂昌就业招聘”微信小程序、报纸《遂阅》的《就业之窗》专栏为 195 家用人单位发布 485 个用工需求的招聘信息。

【人事管理】推进“数字工资”改革，应用“事业单位人事工资全周期管理”系统，初步实现工资数据全省集中，全覆盖、全链条、全口径管理。按时发放奖金福利，集中审批、备案发放 2020 年度全县机关事业单位工作人员未休年休假补贴、公务员第一 3 月工资、离退休人员慰问金三大项目。保证机关事业单位人员 2021 年度工资和职级正常晋升。

擦亮“阳光招考”品牌，完成事业单位 67 人公开招聘。招聘专职就业社保员 12 人、机关事业单位编外用工 47 人。监督、指导教育系统和卫生系统开展 2021 年教师、卫技人员公开招聘。完成 2021 年农业农村系统“人才引进”人员和卫生系统卫技人员选调工作。

【数字就业重点帮扶模块应用】根据全面深化改革要求，遂昌县在数字化建设基础上，启动数字就业重点帮扶模块应用。该应用在“浙政钉”上线，全县 234 名服务人员组成基层公共就业服务网络，可实时收到针对某个失业者或群体的政策帮扶、回访跟踪、失业预警等“在线派单”，开展主动精准服务。该应用覆盖 20 个乡镇（街道）和社区。全年开展帮扶援助 3953 人次，帮扶就业 3160 人，帮扶率 79.2%，导入劳动力资源库 88110 人。至年底，各乡镇（街道）均完成了重点群体就业帮扶应用场景数字化考核验收。

【职业技能等级认定】2021 年，遂昌县职业中专成为全县首个职业技能等级认定试点，可面向社会人员开展电工与钳工（五级、四级、三级）职业技能等级认定工作。全县新增宇恒电池、凯恩特材、遂网电子商务、元立国际饭店等 13 个职业技能等级认定试点企业。在人社部门指导下，开展等级认定 10 期，185 名企业职工取得职业技能等级证书。

9 月 3—5 日，全国乡村振兴职业技能大赛浙江省选拔赛（电工项目）在杭州举行，浙江元立集团的王杰德代表遂昌县参赛获得第一名，被授予“浙江省技术能手”称号，并代表浙江省参加 10 月在乌鲁木齐市举行的全国乡村振兴职业技能大赛。

【人力资源服务产业园建成】6 月 28 日，遂昌人力资源服务产业园举行开园仪式。产业园坐落于云峰街道工业区块，占地约 2600 平方米，是丽水市首家县级层面的人力资源产业园。产业园为企业引才招工和群众就业创业提供“一站式”双向服务。开园仪式上，与会人员观看了遂昌县“人才新政”宣传片，县人力社保局和入驻人力资源服务公司代表作表态发言，县工业园区管委会和丽水优鸿企业管理有限公司签订产业园运营协议。至开园之日，已有来自宁波、绍兴、丽水等地的 12 家人力资源服务机构入驻。对接 200 多名求职者，成功入职 65 人。

【“奇思妙想·创赢绿谷”创业创新大赛】8 月 30 日，由县人力社保局、团县委、县妇联共同主办的 2021 年遂昌县“奇思妙想·创赢绿谷”创业创新大赛落幕。本次入围创业创新大赛项目共 11 个，涵盖

▲8 月 30 日，遂昌县举办“奇思妙想·创赢绿谷”创业创新大赛

新能源、文旅融合、传统技艺、新媒体等热门创新领域。参赛项目代表通过VCR播放和现场路演，展示最新文创、科创成果，并接受评委质询。宇恒电池股份有限公司的“年产1千兆瓦时新型磷酸铁锂储能电池”项目获得一等奖。9月16日，遂昌县两个项目参加2021丽水市“奇思妙想·创赢绿谷”创业创新大赛决赛，宇恒电池项目获得二等奖。

（张冬雨 文/图）

社会保障

【概况】2021年，遂昌县基本养老保险参保人数共17.53万人，工伤保险参保人数共5.85万人。完成2522名被征地农民基本养老保险参保工作，对1063名城乡档次到龄人员进行待遇核定和计发。全年受理工伤认定申请594件次，作出工伤认定决定580件次，不予认定5件，撤销工伤认定申请17件。全年办理社会保障高频率事项11.97万件，其中网上办理10.78万件，网办率90.13%。推进社保卡扩面工作，发放社保卡3229张，签发电子社保卡89068张。启动三代社保卡升级工作，配合各定点医疗机构完成读卡设备芯片升级。

【养老金调整发放】完成2021年度全县养老金调整和发放工作。其中机关事业单位养老保险退休3426人，月人均增资237元；企业职工基本养老保险待遇领取人员23483人，月人均增资121元。平均养老金待遇从每月2614元提高至2734元。城乡居民基本养老保险待遇领取人员36015人，城乡居民基础养老金水平从每月180元调整至225元，65周岁及以上每人每月再增加5元。

【社保基金风险防控】完成2021年全国社保基金审计，以及2021年社保基金运行风险专项审计、基金管理风险排查、基金安全评估、第三方审计、待遇资格认证专项检查以及城乡养老待遇暂停人员专项清理工作。对于检查和审计发现的问题，均落实整改。完成人力资源和社会保障部、省人力资源和社会保障厅下发的各类疑点数据的核查及整改，核查整改率均100%。（张冬雨）

民政工作

【概况】2021年，遂昌县民政局履行最底线民生保障、最基本社会服务、最基础社会治理，着力提升社会救助水平，加快养老服务事业发展，创新社会治理机制，为遂昌县实现“共同富裕”、建设山区县跨越式发展“重要窗口”提供更加优质的基本社会服务。

【民生保障和社会救助】2021年底，全县有低保对象3984户5744人，有低保边缘对象1402户2578人。全年退出低保对象624人，新增低保对象498人，发放低保金7.02万人次、4384.23万元，发放临时救助金125户、44.27万元，发放困难群众临时生活补助6002户、459.73万元。7月1日起，遂昌县最低生活保障标准从10200元/年调整为10920元/年。全县有特困人员276人（集中供养197人、分散供养64人、委托供养15人），全年发放供养金419.48万元。加强流浪乞讨、生活无着落人员的救助工作，救助10名流浪乞讨、生活无着落人员。

【养老服务】完成151户生活困难老人家庭适老化改造。与县中医院合作，完成遂昌县颐养中心康养联合体试点建设。实现20个乡镇（街道）居家养老服务中心全覆盖。在古院未来社区、月亮湾社区中心、源口社区中心建设嵌入式养老服务中心。

编制《遂昌县养老设施专项布局规划（2020—2035）》，严格执行新建住宅小区按标准配建养老服务用房。对王村口、湖山2个中心敬老院进行改造提升。推进北界、黄沙腰2个中心敬老院迁建项目，已完成主体工程。谋划妙高中心敬老院迁建及遂昌县颐养中心二期项目。至年底，遂昌县颐养中心入住老人188人，入住率81%。

完成对 780 名家庭照护者和对 100 名养老护理人员的培训。对投入运营的 13 家乡镇级居家养老服务中心进行等级评估，将运营经费和等级评估相挂钩。发放 13 家乡镇级居家养老服务中心和 152 家日间照料服务中心运营补助 394.58 万元。完成全县 23673 名高龄老人意外保险投保工作。10 月，举办遂昌县第二届养老护理人员技能比赛，并在丽水市第一届养老护理人员技能大赛中获得二、三等奖。

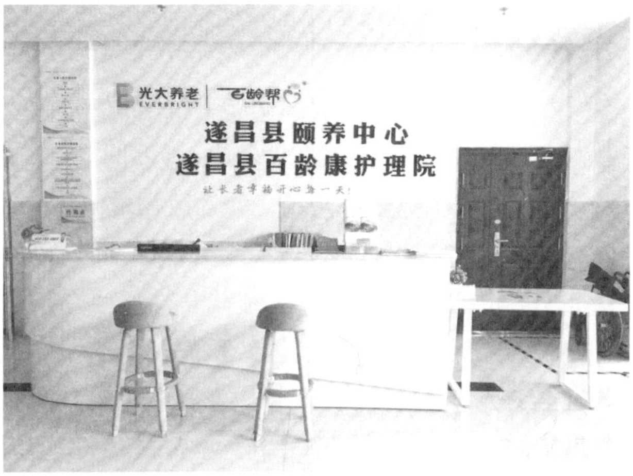

▲遂昌县颐养中心——百龄康护理院

▲10 月 21 日，遂昌县举办“天工巧匠”养老护理员职业技能大赛

【婚姻和收养登记】 开展 AAA 级婚姻登记机关评定，推进婚姻登记、生育登记、户口迁移和收养登记等“一件事联办”，开展婚姻家庭辅导工作。全年办理结婚登记 952 对，比 2020 年减少 196 对。办理离婚登记 238 对，比 2020 年减少 308 对。补发婚姻证件 842 本，依法办理弃婴收养登记 9 起。

【地名管理】 完成金华丽水行政区域界线婺城—遂昌段、武义—遂昌段第四轮联合检查。对新版《遂昌县标准地名图册》终稿进行校对。全年命名地名 11 个，预命名地名 8 个。制作并安装各类地名标志牌 740 块。完成省、市交办的各类图、志、录的数据收集、文字整理和校对修改工作。

【社会组织管理】 2021 年底，全县共有登记备案社会组织 1978 家，其中已注册 376 家（社会团体 280 家、民办非企业单位 96 家）。年内新增 2 家，注销 3 家，变更 11 家。获评 AAA 级社会组织 1 家，培育 1 家品牌社会组织和 1 名社会组织领军人物。开展优秀公益社会组织和满意社会组织公益项目评选活动，14 家社会组织获得奖励。配合教育、市场监管、文旅等部门推进“双减”工作，排查走访学科类校外培训机构 28 家，确认 2 家学科类校外培训机构转为非营利培训机构。

【社会工作】 完成云峰街道、大柘镇、北界镇 3 个乡镇（街道）社会工作站建设，全县共建成 5 个社会工作站，新增社工岗位 25 个。鼓励机关事业单位工作人员报考社会工作师，开展考前培训，考试报名人数 281 人。举办专职社区工作者培训班。开展农村（社区）党组织书记擂台赛。组织妙高街道和云峰街道的 51 名社区工作者，前往诸暨市、上虞区参观学习。2021 年，全县有在岗在编社区专职工作者 60 名，社会工作者持证人数 145 人。

【城乡社区治理】 出台《遂昌县关于推进社区建设高质量发展三年行动计划（2021—2023）》，优化妙高街道社区规模调整，新增 3 个、调整 6 个，从原来的 8 个社区增至 9 个社区，并完成社区命名工作。改造提升古院、梅溪、飞鹤、腾龙、含晖 5 个社区中心，高标准解决社区工作服务用房。推进石练镇省级社区治理和服务创新实验区建设。推进农村社区（便民）服务中心运行管理“以奖代补”项目，共补助 30 个村 88.34 万元。全县 201 个村均做到重大事项决策程序上墙、重大事项决策结果公开。

▲2021年，石练镇创建省级城乡社区治理和服务创新试验区

【殡葬改革】推进移风易俗，倡导文明祭扫，开展清明节“鲜花换纸钱”活动。完成4例骨灰海葬仪式。编制《遂昌县公墓建设和布点规划》，实施村级生态公墓提升工程57处，予以补助86万元。开展惠民殡葬专项治理。县殡仪馆全年火化遗体1798具，为群众减免费用103.42万元，古塘源公墓共安葬骨灰151具。

推进遂昌县殡仪馆、公墓迁建工程。该项目总投资2.51亿元，选址在妙高街道后江村荷山湾自然村，总占地面积约52.9万平方米，其中馆区占地面积5.85万平方米，墓区占地面积33.6万平方米，设计墓穴1万余个。项目于2020年9月开工建设，预计2024年底建成。（林曦雨 文/图）

慈善事业

【概况】截至2021年底，遂昌县慈善总会慈善基本金累计3150万元，比2020年底增加150万元。全年收到社会募集善款及省、市慈善项目资金1301.94万元，发放省、市慈善项目及慈善帮扶资金597.8万元，5793人次受助。

发挥慈善组织桥梁纽带作用，倡导有条件的单位、企业、个人成立慈善基金。2021年新成立慈善基金19支，历年累计成立29支。9月，应村乡慈善分会成立，为全县首个乡镇慈善分会。10月，诸暨市慈善总会向遂昌县慈善总会“山海协作”慈善项目捐赠200万元。这是诸暨市慈善总会连续第3年向遂昌捐赠200万元。全年，县慈善总会共收到慈善基金、慈善分会捐款959.31万元。

5月24日，遂昌县慈善总会第三届第五次理事会议召开，审议通过了理事会工作报告、慈善资金收支预算报告，通报了2020年接受审计情况。会议表彰了11名获得遂昌县慈善奉献奖的优秀个人。

【慈善援助】2021年，县慈善总会组织开展了春节慰问、“六一”慰问、重阳节慰问、爱心助学、“关爱好人”、慈善拥军等活动。共发放慈善援助资金477.53万元，援助5371人次。其中慈善助医125.5万元，援助773人次；慈善帮困48.6万元，援助528人次；慈善助学24.8万元，援助515人次；慈善助老68.8万元，援助907人次；慈善赈灾171.7万元，援助1763人次；发放村（社）慈善帮扶、“关爱好人”等项目资金38.1万元，援助885人次。

【项目救助】2021年，县慈善总会发放省、市相关慈善资助项目资金120.27万元。主要有：省慈善联合总会助残危房改造项目，帮助15户残疾人进行危房改造，发放项目款56万元；民生通惠公益基金会助学项目，发放助学项目款14.64万元；丽水市慈善总会春节慰问项目，慰问145户低保户、低收入家庭，发放慰问款8万元；丽水市慈善总会大病救助项目，帮助36名身患特重大疾病患者，发放救助款12万元；丽水市慈善总会助学项目，向20名大学新生发放助学款10万元；丽水市慈善总会丽水供电公司扶贫项目，对独山村、蔡口村进行结对帮扶；丽水市慈善总会关爱抗美援朝老兵项目，慰问参加抗美援朝出国作战且健在的31名志愿军老战士，发放慰问款9.3万元，慰问品31份。

【“慈善一日捐”活动】9月2日，遂昌县印发《关于开展2021年“慈善一日捐”活动的通知》，县慈善总会向全社会发出倡议书。9月3日，在县政府大院内举行 2021 年“慈善一日捐”活动启动仪式。至 10 月 31 日，共有 29 家企业、106 家机关事业单位及社会各界爱心人士 9302 人次参与活动，是历年来参加“慈善一日捐”活动人数最多的一次，共收到爱心捐款 236.89 万元。

▲9 月 3 日，遂昌县“慈善一日捐”活动启动仪式

【慈善嘉年华活动】9 月 5 日，由丽水市慈善总会举办的“中华慈善日”主题宣传活动暨 2021 年慈善嘉年华活动在市图书馆报告厅举行。各社会组织、企事业单位、爱心人士代表齐聚一堂，汇聚丽水慈善力量，助力乡村振兴。活动表彰了 44 名对慈善事业有着突出贡献的爱心企业、个人和慈善工作者。遂昌县 1 家爱心企业（永上特材）、2 名爱心个人、1 名慈善工作者受到表彰。活动还举行了慈善捐赠仪式，浙江遂昌圣豪矿业有限公司现场捐赠慈善款 10 万元。（毛莉丰 文/图）

医疗保障

【概况】2021 年，遂昌县城乡居民基本医疗保险参保人数 16.29 万人，职工医疗保险参保人数 4.31 万人，合计参保人数 20.60 万人，医疗保险总参保率 99.69%。其中，城乡居民基本医疗保险收入 25080 万元，支出 23396 万元，年度结余 1684 万元，累计结余 15170 万元。全县职工医疗保险收入 17683 万元，支出 17206 万元，年度结余 477 万元，累计结余 19347 万元。全县享受生育医疗待遇 3081 人，享受生育津贴待遇 262 人。

提升参保人员大病保险待遇，个人自付费用累计超过 1.8 万元（含）以上部分，报销比例从 50% 调整为 70%，年度最高支付限额调整为 45 万元。落实医保向困难人员倾斜待遇，大病保险起付线降低 50%，即 0.9 万元起付，报销比例调整至 80%，并且不设最高支付限额。

【基本医疗保险支付方式改革】2021 年，全县 5 家定点医疗机构共有 20632 份病例纳入 DRGs（疾病诊断相关分组）清算范围。通过 DRGs 付费方式改革共获留用（奖励）基金 882 万元，其中本县基本医疗保险基金奖励 831 万元（本县医保基金支出 410 万元，县外定点医疗机构扣回基金 421 万元），县外基本医疗保险基金奖励 51 万元。

根据《丽水市基本医疗保险门诊按人头付费结算实施意见（试行）》要求，遂昌县 94 家医药医疗机构中，有 33 家定点零售药店门诊统筹基金支付为零，无须清算，最终纳入基本医疗保险门诊按人头付费清算的医疗机构 58 家，城镇职工医疗保险获奖励金额 37.37 万元，城乡居民医疗保险需扣回金额 92.63 万元。

【医保基金监管】加大对全县医保定点医药机构的监管力度，持续严厉打击欺诈骗保行为。7 月、11 月、12 月，联合县卫生健康局、市场监督管理局多次开展定点医药机构现场检查。至年底，共检查定点医药机构 85 家次，查实存在医保违规问题 24 家次，下发稽核处理意见书 24 份，查出并追回违规医保基金 38.34 万元，暂缓拨付 48.9 万元，暂停医保服务协议 6 家，书面警告 15 家次，限期整改 16 家次，约谈机构负责人 19 人次。共处理隐瞒事实、违规享受医保待遇的参保人 9 人次，移送司法机关 1 人，约谈 8 人，追回违规医疗费用 14.54 万元。

【医疗助困】建立完善医疗助困机制，针对低收入人群精准施策、综合保障，实现对贫困人口资助参

保和医疗救助“两个100%”。8月，县政府常务会议审议通过《遂昌县医疗救助管理办法》，自10月1日起施行。该办法对省、市医疗救助政策未覆盖到的部分困难群众的认定范围和救助标准进行了明确。全年共资助困难群众参加基本医疗保险17744人，资助金额1008万元。医疗救助困难群众68800人次，救助金额939万元。2021年，遂昌县困难人群综合保障率93.06%，位居全市第一。

【“浙丽保”待遇升级】2021年，“浙丽保”在100元保费不变的前提下，保障范围进一步扩大，1月1日起实施。升级后的“浙丽保”保障范围，药品从671个提升至699个，诊疗项目及医用材料从31项提升至70项，报销起付标准从1.8万元降低至0.5万元，0.5万元～1.8万元之间设3档报销比例，分别为20%、30%、50%。待遇升级后，遂昌县“浙丽保”参保人数达19.89万人，参保率98.02%，位居全市第一。

▲2021年，遂昌县干部入户宣传“浙丽保”政策

（梁丽/文 遂昌新闻网/图）

移民工作

【概况】遂昌县境内有乌溪江、成屏一级、成屏二级、应村、周公源、梧桐源、清水源7座大中型水库库区，接收安置新安江、滩坑2座大中型水库县外移民，另有小型水库65座。至2021年底，全县有水库移民28501人，占总人口的12.34%。这些移民分布在20个乡镇（街道）的185个行政村。

2021年，中央、省下达遂昌县各类移民资金4102.98万元，其中直补资金827.02万元、项目资金3260.96万元、监测评估经费15万元。安排移民后期扶持项目100个、资金3259.38万元，实际完成资金拨付2823.21万元，项目完成率97%，资金支付率90.5%。全县移民人均可支配收入24355元，比农村居民人均可支配收入少736元。

遂昌县移民工作中心全面落实水库移民后期扶持政策，开展水库移民、下山脱贫移民高质量可持续发展课题调研，推进“天工鱼仓”项目建设。编制《遂昌县水库移民后期扶持“十四五”规划（2021—2025年）》，谋划储备了556个计2.1亿元额度的移民资金项目。对9个乡镇（街道）91个移民资金项目开展末端检查。

【移民资金末端监管】2016—2021年，遂昌县连续6年开展移民资金末端监管试点工作。县移民工作中心与财政部门联合成立移民专项资金检查组，邀请县纪委派驻监察组参与，对20个乡镇（街道）的移民资金项目开展检查。从刚开始检查面上的共性问题，到针对发现的个性问题逐一整改落实，有效保障了全县移民资金使用安全，成为监管风险的有效手段。2021年，末端检查共发现7个问题，均向所属乡镇（街道）进行了反馈，落实了整改措施。

【移民项目样板】2021年，遂昌县在移民项目安排上，向发展村集体经济和产业类项目集中，从之前的“撒胡椒面”向“聚指成拳”改变。湖山乡“天工鱼仓”消薄联建项目，由11个移民村总投资758万元，其中移民资金补助695万元，建成15700平方米的生态网箱，该项目每年为入股村增加6万元以上集体经济收入。妙高街道含晖村文化礼堂也是“消薄”联建项目，总投资282万元，其中移民补助资金260万元，项目建成后整体出租，为妙高街道余家、东红、新东、含晖4个移民村每年增加共30万元集体经济收入，并带动移民就业。

▲2021 年，湖山乡 11 个移民村联建的“天工鱼仓”消薄项目

【移民发展课题调研】2021 年，县移民工作中心完成《协同推进乡村振兴和城镇化发展的县域治理实践——遂昌县农村移民高质量发展课题报告》，为更好地开展水库移民、农民易地搬迁安置、移民村治理工作提供智力支撑。报告从遂昌县农民易地搬迁的宏观背景、发展历程，安置的主要方式和政策适应性，政策的实施情况、实施效果评价，易地搬迁影响因素分析，创新移民安置社区管理和服务的政策思考 5 个方面进行了阐述，为县委、县政府提供农民易地搬迁安置决策依据，为遂昌县乡村振兴和城镇化发展贡献力量。（周云芳 文/图）

退役军人事务

【概况】2021 年，遂昌县退役军人事务局联合县民政、医保等 7 个部门，印发《关于加强困难退役军人帮扶援助工作的实施细则》。建立常态化走访和困难退役军人关爱帮扶机制。对县域内 18 处烈士纪念设施进行实地走访、调查核查、数据更新。建立烈士纪念设施保护工作机制，落实专人看护、专项资金维护、定期巡查巡护、协商共管共护等。

做好接收退役士兵工作，为 2020 年接收的自主就业退役士兵发放一次性经济补助。完成优抚对象辅具配备、残疾军人的伤残关系转移、残疾军人换证、伤残评定人员的医疗鉴定等工作。走访慰问烈士遗属 21 户、抗美援朝老战士 31 名，发放慰问金和慰问品价值 40 余万元。

建成新时代枫桥式退役军人服务中心 1 个、新时代枫桥式退役军人服务站 19 个；建成浙江省百家红色退役军人服务站 1 个、省级示范型退役军人服务站 16 个。推选 458 名“轮值站长”到岗履职。成立退役军人关爱基金“遂昌戎耀慈善基金”，完善资金帮扶援助机制。该基金由困难救助个人提出申请，村上报，乡镇（街道）审核，县级审批。

2021 年，遂昌县再次提高义务兵家庭优待金标准，为义务兵家庭发放优待金。8 月，再次提高部分优抚对象人员抚恤和生活补助标准。

▲2021 年，王村口镇建成浙江省百家红色退役军人服务站、新时代枫桥式退役军人服务站

【退役“一件事”服务】加快退役军人领域数字化改革步伐，深入开展退役“一件事”服务，退役军人全生命周期管理保障平台投入使用。办理 91 名老兵退役“一件事”业务，办理范围从退役报到拓展到恢复户口、军人退役基本养老保险关系接续等项目。启用优抚对象住院医疗补助“一站式”结报系统，完成退役军人档案数字化、信息化建设。

探索推行以基层服务站守信体系、退役军人信用积分和社会主体崇军指数为主的“三个体系”建设，通过基层服务站、退役军人、社会主体“三个维度”切入，以数字赋能、信用激励、指数量化为手段，开展“信用老兵”创建工作。

【退役军人就业创业】在县退役军人事务局建立退役军人就业创业孵化基地，为全县退役军人提供就业招聘、创业扶持等“一站式”就业创业服务。与县移动公司、县农商银行等4家企业签订战略合作和拥军优抚协议，优先招聘退役军人，为退役军人提供创业免担保低息贷款。12月，在浙江省第二届建行杯退役军人创业创新大赛决赛中，遂昌籍退役军人钱建国创办的浙江海槿生物科技有限公司，获得农业赛道三等奖。

【关爱老兵活动】春节和“八一”前夕，开展走访慰问驻遂昌部队官兵、困难退役军人活动，发放慰问金和慰问品价值40余万元。“七一”前夕，走访慰问烈士遗属21户、抗美援朝老战士31名。为优抚对象提供轮椅、血压计、防褥疮床垫等康复器械服务。为退役军人提供免费听力筛查服务。“八一”前夕，召开退役军人座谈会。9月，组织人员到丽水高铁站举行欢迎退役老兵返乡仪式，为退役老兵佩戴“光荣退伍”绶带和大红花。在全县范围内播放欢迎老兵返乡的宣传视频。在县退役军人服务大厅设立退役军人报到专属服务点，为退役军人返乡办理各项事务提供便捷服务。（巫维真 文/图）

资源·生态

自然资源管理

【概况】2021 年，遂昌县自然资源和规划局着重在优化布局、保障发展、保护生态、改善民生 4 个方面下功夫。将“千亩方”永久基本农田集中连片整治、全域土地综合整治、盘活存量建设用地、规划用地“多审合一、多证合一、多测合一”改革纳入数字政府应用管理。完成不动产登记电子证书（证明）应用、“金融信贷+不动产抵押登记”联办、不动产登记与纳税联办、二手房过户与不动产登记水电气联办 4 项工作任务。

对地质灾害隐患点进行综合治理 3 处，核销隐患点 12 处，新增监测点 16 处。开展野外火源治理专项行动，开展野外秸秆焚烧治理和文明祭扫治理行动，制止野外违规用火 60 起，行政处罚 9 起。开展突发地质灾害救援演练。开展“一户多宅”清理整治，拆除建（构）筑物 6742 宗，占地面积 56.14 万平方米。开展耕地“非农化”、农村乱占耕地问题专项整治，推进违建别墅和“大棚房”问题再排查、回头看。完成耕地非农化图斑整改 14 个，面积 4.86 公顷。办理林业行政处罚案件 54 起、违法占用土地和非法开采矿产资源行政处罚案件 11 起。

【第三次全国国土调查】11 月，遂昌县第三次全国国土调查成果通过省级验收，成为全省首批通过验收的县。遂昌县第三次全国国土调查，全面采用优于 1 米分辨率的卫星遥感影像制作底图，广泛应用互联网、云计算、无人机等新技术，创新运用“互联网+调查”机制，全流程严格实行质量管控，历时 3 年，全面查清了遂昌县国土利用状况。遂昌县第三次全国国土调查数据成果公布，分别为：耕地面积 12144.64 公顷，园地面积 14289.95 公顷，林地面积 212585.19 公顷，草地面积 595.20 公顷，湿地面积 53.09 公顷，交通运输用地面积 2062.44 公顷，城镇村及工矿用地面积 4758.34 公顷，水域及水利设施用地面积 4988.65 公顷。

【重大项目用地保障】完成 3 个省重点项目（清水源水库、国道 528 线遂昌新路湾至石练段、温岭至常山公路遂昌湖山至黄沙腰段）用地报批工作，总面积 329.87 公顷。省自然资源厅下达遂昌县 2021 年新增建设用地计划指标 82 公顷，保障金竹王川研育所、北界警务中心、古院变电站、未来公园、牌坊门安置地、梅溪路网纵一路、龙井坑水库、县殡仪馆迁建工程剩余地块、洋浩宇恒电池区块、后江盘山公路、易地搬迁后江安置地、气象观测站迁建等项目用地规划实施。

【土地节约集约利用】开展“五未”（批而未供、供而未用、用而未尽、建而未投、投而未达标）土地盘活利用，推进存量土地盘活、城镇低效用地再开发、批而未供土地消化等工作。盘活存量建设用地 32.85 公顷，消化批而未供土地 25.22 公顷，完成城镇低效用地再开发 16.38 公顷，完成闲置土地处置 2.45 公顷。推进集体建设用地入市前期准备，完成遂昌县集体建设用地和农用地基准地价、标定地价制订，城镇基准地价更新成果通过市级验收。

【经营性用地管理】科学编制2021年遂昌县土地收储计划，收储土地78宗，总面积367.78公顷，其中以收回或回购方式储备存量建设用地6.88公顷，合同金额4968万元。开展存量土地基础数据核查采集工作，核查妙高、云峰、湖山区块存量土地图斑265个，总面积998.60公顷。与县国投集团、县经投公司、县两山集团签订存量土地管护合同，委托3家国企分别负责妙高、云峰、湖山区块的存量土地巡查管护和前期开发等工作。

【耕地保护】全年实施建设用地复垦项目36个34公顷，其中续建项目9个9.4公顷，新建项目27个24.6公顷。完成垦造耕地竣工验收项目15个14.47公顷。5个全域土地综合整治与生态修复工程，已完成市级验收1个，完成县级初验3个，遂昌县北界苏村全域土地综合整治与生态修复工程被评为省级精品工程。完成“千亩方”永久基本农田集中连片整治年度工作任务，项目总面积234.76公顷，整治后连片耕地面积207.56公顷。遂昌县在全市率先完成全部垦造耕地项目整改验收工作。

▲新路湾镇蕉川村“千亩方”永久基本农田

【矿山生态修复】成立遂昌县机制砂行业清查整治领导小组，重新制定《遂昌县露天矿山、制砂、石材加工企业和“插花石”整治再提升标准》。从源头上控制矿山和砂场生产环境，建立环境整治长效管理机制。清查整治以来，全县共取缔制砂企业9家，下发限期整改通知书19份，6家矿山配套砂场完成提升改造，3家工程性临时砂场完成整改。经多部门联合验收后，8家砂场已恢复生产。

【自然资源确权登记】完成第三次全国国土调查项目成果上报工作。开展10条县级以上河流和3宗国有森林确权登记工作。完成前期资料收集、工作底图编制、预划登记单元、发布通告、调查核实、地籍调查、自然资源登记簿制作等工作，开具各登记单元的地籍调查图和登记单元图，经相关交界行政村核实签字确认，全面完成省、市工作任务。

【“世界地球日”活动】4月22日，县自然资源与规划局在平昌广场开展“世界地球日”主题宣传活动。本次活动的主题是“珍爱地球、人与自然和谐共生”。活动现场接受群众咨询，发放了9000余份宣传资料，涉及不动产登记、农村宅基地确权、地质灾害防治，以及《中华人民共和国森林法》《中华人民共和国土地管理法》宣传等内容。

（姜玉婷 文/图）

规划编制

【概况】2021年，遂昌县自然资源和规划局积极开展各项规划编制。完成遂昌县老城区（三溪口、南街、西街）城市设计暨控制性详细规划成果稿，开展了南街区块修规和老茶厂区块城市设计工作。全年累计出具规划设计件93份，完成72个建设项目设计方案审查工作。

合理把控土地出让时序、节奏和区域分布，全年共出让国有建设用地57宗，面积89.87公顷，合同约定出让金36.65亿元。3月，在杭州举办2021遂昌生态（温泉）住区推介会，重点推出“天工之城”“未来社区”等8宗地块，吸引杭州、宁波等地52家房地产开发商参加推介会。

【国土空间规划编制】按照“多规合一”的总体要求，加快推进国土空间规划编制。遂昌县生态保护红线评估调整最新成果先后上报省自然资源厅、自然资源部、国务院。完成乡镇级国土空间规划和生态保护红线勘界定标招标工作，完成过渡期城镇开发边界报批工作。完成“三区三线”第二轮试划成果并上报省自然资源厅。完成国土空间规划支撑两山转化实践试点专题研究初步方案，开展国土空间规划城市体检评估和数及汇交工作。

完成古院新城行政中心区块、后江区块、梅溪区块、“天工之城”核心区控制性详细规划报批工作。完成老城区（三溪口、南街、西街）城市设计暨控制性详细规划成果稿。

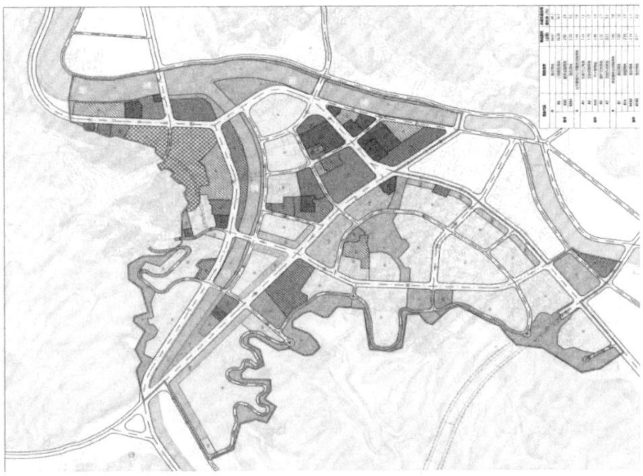

▲2021 年，遂昌县完成老城区城市设计暨控制性详细规划成果稿。此为用地规划图

【各区块控制性详细规划编制】抓住国土空间规划编制和“天工之城”建设、城市更新组团建设的契机，充分对接，确保两项规划编制工作协调。积极推进完成《遂昌县后江区块控制性详细规划》《遂昌县古院新城行政中心区块控制性详细规划》《遂昌县梅溪区块控制性详细规划》《遂昌县湖山“天工之城（仙侠湖）”核心区控制性详细规划》的报批工作。（姜玉婷 文/图）

生态林业

【概况】2021 年，全县林业总产值 53.75 亿元，比 2020 年下降 32.05 亿元。其中，第一产业产值 15.98 亿元，比 2020 年增长 8.86%；第二产业产值 10.54 亿元，比 2020 年增长 70.34%；第三产业产值 27.23 亿元，比 2020 年下降 57.91%。

完成绿化造林 1741 公顷，其中人工造林 652 公顷，封山育林 292 公顷，退化林修复 797 公顷。完成珍贵树种造林 201 公顷。编制《遂昌县竹产业高质量发展实施方案》，5 月印发实施。编制《三仁畲乡竹业富民创新示范区建设方案》，规划面积 763 公顷，其中核心区 158 公顷。组织 48 家企业参加第 14 届中国义乌森林博览会。指导湖山林场申报浙江省现代国有林场。2021 年，浙江佳禾竹业科技有限公司建成高端户外竹地板深加工生产线，至年底实现产值 1.72 亿元。

【林业生态保护】制定《遂昌县森林植被（生态修复）技术指南》，开展恢复森林植被作业设计。选派技术人员到退耕还林项目现场，指导种植、苗木修剪、固定等工作。全县生态修复和退耕还林共 70 片 56 公顷。安排省下达资金 220 万元，用于国有林场天然林停伐管护。4 个国有林场均组建森林消防应急队伍，共有应急队员 114 人。

开展林地、草地、湿地数据与第三次国土调查数据对接融合，进行国家级公益林和省级公益林优化工作。国家级公益林调出面积 970 公顷，补进 969 公顷，省级公益林调出面积 1905 公顷，补进 3063 公顷。全县省级以上公益林面积由 15.25 万公顷调整至 15.36 万公顷。

【林业产业发展】完成 2020 年度遂昌县绿色发展林业产业资金发放，其中森林康养特色小镇 1 个、森林康养特色村 3 个、海拔 600 米以上绿色有机产品基地 28 个。完成 2020 年度遂昌县农业产业化奖励申报，涉及 53 家企业、经济合作社、家庭农场，奖励金额 33.5 万元；完成 2020 年度遂昌县发展健康农业政策奖励申报 4 个，奖励金额 26 万元。对大竹小岱村和十三都村森林古道建设项目进行验收。培育绿色有机笋竹产业基地 288 公顷、木本油料绿色产品基地 1008 公顷。

遂昌县三仁畲族乡竹业富民创新示范区建设项目，主要建设内容有：低碳高品质毛竹笋生产技术示范区、功能型材用林定向培育技术示范区等5个重点示范项目，申请项目补助资金1000万元。申报林区道路建设15千米、森林古道修复1条、林权抵押贷款贴息3个项目，申请项目资金495万元。创建现代林业经济示范区1个，申报“森林氧吧”3个，培育现代林业经济主体4个。

▲三仁畲族乡竹业富民创新示范区的功能型材用林

【林业工程项目】省林业重点工程项目——遂昌县两江源头森林生态保护与修复提升工程，2021年实施面积314公顷，其中：湖山库区林相彩化158公顷、城区周边山体林相改造141公顷、妙高山植物园建设15公顷。

完成全县绿化造林用苗调剂调运108万株。井桐坞林业保障苗圃基地建成荫棚4876平方米、温室大棚576平方米，完成喷灌系统等建设，生产规模从原来每年7万株增至21万株以上。从省内调集各类种子发放到育苗户手中，共调剂各类种子600千克，落实新育苗计划任务5300余平方米。

完成云峰街道龙祥村、濂竹乡大竹小岱村、大柘镇梭溪桥村、金竹镇金竹村4个“一村万树”示范村建设。申报“一亩山万元钱”科技推广高质量示范基地2个。建成重楼、多花黄精、三叶青等林下经济示范基地共计39公顷。认定9名遂昌县首席林技推广专家、39名县级林业乡土专家。全年举办林业技术培训班7期，参加培训400余人。

【森林火灾风险普查】开展1978年以来森林火灾事件及1949年以来重大森林火灾事件资料的调查和整理，开展森林火灾政府综合减灾资源调查，共采集样品1334份，106个标准地、11个大样地外业调查数据和实验室分析数据，全部录入国家森林和草原火灾风险普查数据采集系统。及时进行调查质量检查，共检查标准地12个，其中乔木林10个、竹林2个、大样地2个、计角规点10个。编制《遂昌县森林火灾风险普查成果》并通过专家评审。

【林业有害生物防治】2021年，国家林业和草原局松材线虫病防控应急科技攻关“揭榜挂帅”项目落户遂昌县。全县完成松材线虫病除治面积1.23万公顷，清理病死松树19.40万株，疫木除害处理3.96万吨。完成树干注射18万余瓶，对古松树和重点片区、地段松树实施打孔注药保护治理。4月22—23日，中国林科院组织松材线虫病防治专家到遂昌县落实无人机“飞防”治理实验工程。

▲2021年，遂昌县林业工人开展松材线虫病除治

加强全县松褐天牛发生情况监测，布设临时监测点28个，挂设诱捕器168套。在妙高、云峰、北界3个乡镇（街道）设置美国白蛾固定监测点、挂设诱捕器5只。做好马尾松毛虫、银杏大蚕蛾等虫情监测调查。对发生松材线虫病的区域实施全域监测，监测面积46.32万公顷。

做好“云森防”场景应用推广。9月18日，召集乡镇（街道）分管领导、平台管理员进行操作培训。开展松材线虫病秋季疫情无人机普查，将普查结果数据导入“丽水·云森防”松材线虫病智治管理平台，全面掌握疫情发生动态。

对北界镇、王村口镇2处未经许可利用疫木加工的企业非法存放加工松木行为进行立案查处。各乡镇（街道）对房前屋后、林间空地上私自存放的松木薪材开展清缴行动，完成清缴松疫木薪材135吨，就地焚毁68吨。

（潘　军/文　遂昌新闻网/图）

九龙山国家级自然保护区

【概况】2021年，九龙山国家级自然保护区管理中心围绕“一个目标”（推动九龙山保护区综合评估走在全省11个国家级自然保护区前列），打造“三大基地”（科普基地、研学基地、康养基地），实施“五项工程”（党建引领、保护能力提升、自然博物馆、探秘绿道、保护区扩区），奋力维护绿水青山成果，建设生态高地。以保护区扩面、资源管护、社区共建为抓手，全面开展生态保护、科研监测、自然教育、科普宣传等工作。发放2021年度集体林租赁租金276万元，保护区内生态移民2户9人，支付移民补偿资金6.8万元。

2021年，九龙山国家级自然保护区成功申报为浙江省十大名山公园、省级康养基地、市级研学营地，获评全国自然教育学校、浙江省科普教育基地和浙江省中小学生研学实践教育基地。

【扩区工程】为实现保护扩面、生态扩容，九龙山国家级自然保护区开展扩区工程。拟扩区范围涉及黄沙腰镇上定村和柘岱口乡柘岱口村、尹家村，扩区后，保护区面积增至7203公顷。保护区管理中心委托省林业调查规划设计院开展《浙江九龙山国家级自然保护区总体规划（2021—2030）》编制，编制的扩区论证报告、申报书、总体规划通过省级专家评审。完成林权调查及协议签署，形成村民小组会议纪要80余份，范围内1115户农户同意林权处置方式。保护区区划调整方案上报省政府审批。此外，保护区管理中心组织进行区域生物多样性综合科考，先后实施植被群落、大型真菌、昆虫、两栖爬行、鸟类及植物资源等科目综合考察，完成扩区范围综合科考报告。

【资源管护】构建多部门联合执法、跨区域联合保护机制。深化生态司法保护示范区建设，实现大保护、大联防，共同维护生态安全。严厉打击资源破坏行为，常态化开展野生动物全境网格化监测、疫源疫病及松材线虫病情监测。严格入区管理，保护生物资源安全。对县环保局、县自然资源和规划局提交的遥感监测线索（3个疑似点位）进行核查，排除违规人为活动。精心绘制森林消防作战图，组建应急队伍，组织4次实战演练，组建2支队伍参加2021年遂昌县“温商杯”应急救援技能大赛。完成保护区内44千米生物防火林带和80千米巡护步道维修。重新编印《野生动物保护宣传手册》，增强群众生物多样性保护意识。

【科研监测】深化与浙江大学、浙江农林大学、浙江师范大学、浙江自然博物院等高等院校的合作研究。持续推进《珍稀濒危植物九龙山榧的拯救与保护》《九龙山保护区综合科学考察》《九龙山兽类（豹猫等）监测研究》《浙江九龙山珍稀植物香果树的种群生态学研究》等科研项目实施。开展野生动植物调查，通过网格化布设红外相机，监测到国家二级以上重点保护动物14种，以及一批浙江省重点保护动物。新增福建观音座莲、福王草、叉唇角盘兰、银兰、舟柄铁线莲、绒皮地星等九龙山物种新纪录。在拟扩区范围内发现九龙山新物种记录黄喉貂，以及黑熊、黑麂、黄腹角雉、白颈长尾雉等物种新的分布点。11月25—26日，九龙山监测站作为全省监测站代表，在浙江省陆生野生动物疫源疫病监测防控技术培训班上作经验交流。

【基础设施建设】保护区内巡护步道、杨茂源保护站、泗洲栏环线等工程完成验收，投入使用。九龙山科教馆项目通过省林学会组织的专家评审，给出“在国内自然保护区科教展馆中达到领先水平”的意见。九龙山研学基地提升改造工程完工。九龙口生态科研中心项目完成主体工程建设。内九觉哨卡改造项目交付使用。黄基坪营地建设完工，配套人员、设施到位。

【自然教育】推进九龙山科教馆、科研大棚、珍稀植物园建设。编制《研学课程方案》《研学讲师教案》《研学学生手册》，培育专业讲师队伍，开展科普研学实践活动。组织开展了丽水学院、柘岱口乡中心小学、西畈乡中心小学、碧桂园集团浙江区域公益融合夏令营等研学之旅。科研站策划设计的研学课程“九龙山原始森林迷你科考研学行”参加第二届丽水市研学旅行产品策划设计大赛获优胜奖，研学课程被选入《丽水市研学课程优秀作品成果集》。开展“自然教育进课堂”活动，组织专业人员到黄沙腰镇小学，定期开展自然知识普及。

▲5 月，参加研学的学生在九龙山科教馆内参观

【科普宣传】制作完成《九龙山动物世界》《九龙山的秘境精灵》等宣传视频，出版《浙江九龙山昆虫》《浙江九龙山两栖动物》书籍。2021 年，九龙山野生动物监测视频 6 次在央视 1 套《秘境之眼》栏目播放。5 月，联合浙江卫视直播拍摄《走进遂昌九龙山寻找猕猴之旅》宣传片，新闻专题报道九龙山生物多样性保护内容 4 分多钟。利用野生动物保护宣传月暨“爱鸟周”“国际生物多样性日”“世界森林日”等，深入社区、校园开展科普宣传，提升九龙山国家级自然保护区在公众中的知晓率。

【拍摄到“三熊同框”影像】4 月，保护区科研站工作人员整理红外相机数据时发现一段珍贵影像。影像显示，一只成年黑熊“拖家带口”在红外相机前悠闲走过。经专家分析比对，两只小熊年龄在 1 岁左右，成年黑熊与 2018 年九龙山首次拍摄到的为同一只。此次“三熊同框”证明了之前曾被拍摄到的两只成年黑熊已经在保护区内栖息繁衍。九龙山国家级自然保护区优越的生态环境为野生动物的栖息、繁衍提供了良好条件，自 2018 年首次监测到黑熊以来，保护区共监测到 6 只黑熊个体，表明已有黑熊群体在九龙山区域生存。

▲4 月，九龙山保护区内拍到的“三熊同框”画面

（朱子安 文/图）

生态环境保护

【概况】2021 年，遂昌县环境质量状况居浙江省前列，生态环境状况指数、生态环境质量公众满意度领跑全省。全县跨行政区域交接断面水质综合评价为优秀，出境水均达Ⅱ类以上。空气环境质量指数优良率 99.7%，空气质量综合指数排名全省第六、全市第四；PM2.5 均值下降至 19 微克/立方米，位居全市第二。遂昌县实现“美丽浙江”考核四连优，“五水共治”第 3 次夺得“大禹鼎”。

2021年，丽水市生态环境局遂昌分局扎实开展蓝天、碧水、净土清废专项行动，围绕遂昌“天更蓝、水更清、地更净”持续发力，开展第二轮中央生态环境保护督察整改和第二轮省委环保专项督察迎检工作。获得省级环保专项资金1292.3万元，用于污染防治、监测执法、生态环境规划等工作。举办“保护生物多样性，共建美丽遂昌”“国际生物多样性日”宣传活动，举办丽水市第二届鸟类观察邀请赛，加大生态环保宣传力度。

【蓝天保卫战】抓好PM2.5与臭氧浓度协同控制，完成32家“低散乱”企业整治，督促12家企业清洁生产，完成2个臭气异味、4个挥发性有机物、4个工业炉窑整治项目。2家企业申报丽水市“绿色工厂”，淘汰5家落后产能企业。协同公安机关查处违规燃放烟花爆竹案12起，行政处罚13人。

柴油货车污染治理。完成禁止高排放非道路移动机械使用区域划定，为360辆非道路移动机械登记上牌，为320辆柴油车安装OBD（车载自诊断系统）。新增黑烟遥感监控设备1套，淘汰老旧营运车辆39辆，完成非道路移动机械新能源替代6辆。

秋冬季秸秆禁烧治理。在夏收和秋收阶段开展禁烧专项巡查。建设30个高空瞭望监控点，覆盖全县各乡镇（街道）。依托基层治理“四平台”，实现对禁烧巡查、发现、处置全闭环。全年各网格点发现、制止秸秆焚烧256起。2021年，遂昌县农作物秸秆综合利用率达96%。

扬尘综合管理。印发《遂昌县2021年城区拆迁工地扬尘污染防治监管实施方案》，对全县拆迁工地开展常态化巡查，全年开展160次扬尘污染现场巡查。加强自动冲洗、自动喷淋、雾炮、洒水等扬尘防控作业，建立1个道路扬尘监控点位。

餐饮油烟整治。印发《遂昌县城区餐饮油烟污染整治工作实施方案》，处置餐饮店油烟投诉举报40件。摸排餐饮单位431家，发放责令限期改正通知书98份。每季度对城区餐饮店油烟整治进行“回头看”，确保餐饮单位油烟净化设施全安装。

推进露天矿山综合整治和绿化工程。对云峰街道徐岙村花岗岩矿场开展整治，配备洒水车、粉尘监测仪、雾炮机，按照绿色矿山创建要求，实施生态修复。对云峰街道洋浩口花岗岩矿区道路实施硬化，可绿化区域进行植树绿化，覆盖裸露宕面7000平方米。完成湖山萤石矿绿色矿山第三方评估。

【碧水保卫战】加强“千吨万人”饮用水水源保护区规范化建设。在成屏一级水库保护区安装隔离防护网约10千米，重要点位安装视频监控，建成成屏一级水库水源地水质自动监测站。完成毛田洋浩区块、龙板山工业集聚区“污水零直排区”建设，完成育才小学北侧、乌溪江小区、金溪保障房3个城市生活小区和云峰街道、妙高街道、大柘镇“污水零直排区”建设。新建污水管网13千米、雨水管网5.3千米，提标改造管网8.7千米，完成雨污分流管网12千米、清淤排水管网160千米。推进遂昌黄铁矿地下水污染治理、湖山库区水生态保护修复工程等重大项目建设，争取到2022年第一批中央水污染防治资金5400万元。完成周公源流域和湖山源流域综合治理续建项目，实施河道治理11千米，完成库尾湿地治理2.4万平方米，建成沿河绿道14千米。

▲2021年，遂昌县三归生态湿地成为网红打卡地

【净土清废行动】督促13家土壤污染重点监管单位严格执行土壤污染防治相关制度，按时完成年度土壤（地下水）自行监测、土壤污染隐患排查、有毒有害物质排放情况报告。完成4个用途变更为敏感用途地块的土壤污染状况调查。开展地下水国家考

核点位水质现状监测。督促浙江遂钢金属制品有限公司和浙江新恒金属制品有限公司编制完成地下水污染管控（治理）方案。遂昌黄铁矿地下水污染治理试点项目通过竣工验收，完成井下充填16000立方米，井下浮石清理3314立方米，巷道淤泥、杂物等清理2510立方米。

推进遂昌县“无废城市”创建，强化“一废一库一品”（危险废物、尾矿库、化学品）监管，完成27个“无废城市”建设指标和任务。完善小微企业危险废物收集体系，全县小微企业危险废物收集覆盖面100%，工业固体废物利用处置率100%。完成15家重点危险废物企业的规范化管理考核工作。

▲2021年，遂昌黄铁矿地下水污染试点治理项目通过竣工验收

【中央、省级生态环保督察】2020年第二轮中央生态环境保护督察组交办的遂昌县信访件25件，全部办理完毕。2021年第二轮省级环境保护督察组交办的遂昌县信访件3件，全部按时办结，所有信访件“零退办”“零问责”，无典型案例、无高度关注问题。开出2021年度全县突出环境问题挂账销号责任清单，开展华东督察组督察生态环境问题、长江经济带生态环境问题排查，形成整改责任清单，严抓整改落实，按时序要求销号。加快推动行业转型升级，推动环境保护由“整改一个企业”向“规范一个行业”提升。

【环境监察】开展环境执法监察，检查企业700余家次，对182家次存在环境违法行为的排污企业下达限期改正通知书，立案查处40件，罚款447.99万元，行政拘留7人。开展建筑工地污染整治专项行动，出动执法480人次，下发责令改正通知书30份，签订整治承诺书10份，约谈项目业主、施工单位27人次，立案查处企业6家，罚款120万元。受理处置群众环境信访投诉案件65件。

为企业提供环境绿色服务97次，解决问题72个。推进生态环境智慧监管，生态环境自动监测网络覆盖全县域，涉水涉气污染源监管、秸秆焚烧监管、噪声监管等场景上线应用。

【环评服务】围绕“事项、流程、材料、时间、次数”5个关键点位，对环境影响评价采取豁免、告知承诺制、先开工后补办等简化手续，持续优化营商环境。全年受理、办结行政许可及其他权力事项92件，其中环境影响报告表29件、环境影响报告书3件、“区域环境+环境标准”降级备案登记2件、登记备案41件、“零土地”技改备案3件。完成规划环境评价审查1个，其中环保投资3222万元，所有事项限期办结率均达到100%。2021年，遂昌县通过浙江省排污权交易平台完成13家企业新增排污权指标工作，共计缴费金额251.36万元。全年发放排污许可证122本，登记管理535家。

【生态文明建设】开展生态文明建设示范县复核评估，创建省全省首批大花园示范县。开展全省第一批低（零）碳乡镇试点创建，发挥光伏发电项目作用，从根本上助力农村经济绿色低碳发展。石练镇淤溪村、高坪乡箍桶丘村，垵口乡垵口村入选全省低（零）碳村（社区）试点创建名单。高坪乡创成省级生态文明教育基地。

全面推行生态环境状况报告制度。实施《遂昌县生态文明示范创建行动实施方案》，打赢污染防治攻坚战，对“绿盾”自然保护区监督检查专项行动中发现的违法违规问题进行核实整改。推进《丽水市生态环境损害赔偿改革实施方案》的落实，与浙江庄禾环保咨询服务有限公司、遂昌晓余墙体材料有限公司、浙江康鑫钢管有限公司、遂昌诺铭新能源发展有限公司达成生态环境损害赔偿协议，共缴纳生态环境损害赔偿金 8.877 万元。

【保护生物多样性作品有奖征集】4 月，市生态环境局遂昌分局联合县教育局、县文联举办“保护生物多样性，共建美丽遂昌”作品有奖征集活动，面向社会征集文学作品、短视频、宣传口号等作品，要求能够反映遂昌县生态保护修复情况和生物多样性保护及利用情况，相关的典型案例、丰富成果、人物事迹等。本次活动共收到文学作品 87 份、视频作品 23 个、口号金点子 41 个，评选出一、二、三等奖。此外，还联合南京环境科学研究所，开展了生物多样性传统知识调研——乌米饭的制作工艺，并拍摄纪录片。

【仙侠湖流域生态环境导向开发项目入选全国试点】4 月，生态环境部印发《关于同意开展生态环境导向开发（EOD）模式试点的通知》，全国有 20 个省（市）的 36 个项目入选生态环境导向开发（EOD）模式试点，《遂昌县仙侠湖流域生态环境导向开发（EOD）模式试点实施方案》成为丽水市唯一入选项目。试点范围为仙侠湖流域，涉及 11 个乡镇，核心区位于湖山乡。项目实施期限 2021—2023 年，方案明确了试点工作目标、内容和生态环境治理、绿色产业开发两大类 9 个依托项目，资金总额 44.34 亿元。预计到 2025 年，基本形成“湖库水质保持优良、生态环境全面提升、生态经济高效发展、人与自然和谐共处”的持续健康发展态势。

【丽水市第二届鸟类观察邀请赛】5 月 16 日，丽水市第二届鸟类观察邀请赛在遂昌县落下帷幕。从 14 日 10 时至 16 日 10 时，来自华东六省一市的 60 名观鸟爱好者组成 20 支队伍，不分昼夜穿越在遂昌县的丛林深处、溪流水库、城镇农田等处，用镜头追寻野生鸟类踪迹。历经 48 小时，共提交了 227 篇有效的观鸟记录，记录到野生鸟类 165 种，包含国家一级重点保护动物 2 种、国家二级重点保护动物 23 种，其中记录拍摄到丽水鸟类新纪录棕噪鹛。经评选，鸟人课堂 2 队、丽水松云队、丽水大自然队分别获得本次比赛前三名。

▲5 月 14—16 日，丽水市第二届鸟类观察邀请赛在遂昌县举办

【城市生活垃圾焚烧发电厂投入使用】9 月初，遂昌县首个生活垃圾焚烧发电项目——城市生活垃圾焚烧发电厂投入使用。遂昌县城市生活垃圾收运及焚烧发电一体化项目总投资约 3.3 亿元，占地面积约 8.57 公顷。项目总规模为日处理城市生活垃圾 600 吨，配套 2 炉 2 机，分两期建设。已建成的一期具备日处理城市生活垃圾 300 吨的能力，每吨垃圾可发电 480 千瓦时左右，同时配置了 1 条处理能力为每天 20 吨餐厨垃圾处理线和 1 条处理能力为每天 10 吨粪便处理线。一期项目预计全年垃圾焚烧量在 11 万吨左右，发电量 4960 万千瓦时左右。

▲9 月，遂昌县生活垃圾焚烧发电厂投入使用

【“五水共治”推进会】4月28日，遂昌县召开“五水共治”（河长制）工作暨“找寻查挖”专项行动推进会，研究部署2021年“五水共治”（河长制）工作。会上，县建设局和王村口镇作交流发言，云峰街道、县建投公司结束“污水零直排区”建设情况。各单位签订“五水共治”（河长制）工作责任书。

7月7日，遂昌县召开“五水共治”（河长制）考核量化指标完成情况专题分析暨重点工作推进会。县治水办、县建设局、县水利局、市生态环境局遂昌分局等单位负责人汇报了“五水共治”（河长制）考核量化指标完成情况。

【推进“美丽遂昌”创建】8月12日，遂昌县召开推进“美丽遂昌”“无废城市”创建和“五水共治”工作推进会。会上，市生态环境局遂昌分局、县治水办、县综合行政执法局等部门就本单位涉及的指标内容、完成情况、存在问题及下一步计划作交流发言。云峰街道、湖山乡、妙高街道、高坪乡就“污水零直排”“无废城市”“美丽遂昌”工作进行交流发言。（邓晓玲 文/图）

街道·乡镇

妙高街道

【概况】妙高街道位于遂昌县东部，辖区面积192平方千米，辖27个行政村180个自然村，设8个社区。妙高街道是遂昌县城所在地，是全县政治、经济、文化、交通中心。遂昌县城距离省会杭州255千米，距离丽水市区96千米。街道办事处驻地在北街262号。

南溪、北溪穿城后合一，称襟溪，为松阴溪上游。南溪上游有成屏一、二级水库。沿南溪从源口村至垵口乡境内，生态优越，为十八里翠国家级水利风景区。妙高街道主交通干线有国道528线、省道227线、龙丽高速公路、衢宁铁路。

2021年末，妙高街道户籍26008户，户籍人口68530人。其中，农业户籍10708户，农业人口26384人。年内出生317人，死亡399人。

全年实现工业总产值179.9亿元（含辖区内工业园区企业），比2020年增长43.7%。实现财政总收入5997.5万元，比2020年增长6.4%。农村居民人均可支配收入23368元，比2020年增长9.1%。村集体经济总收入1314.94万元，村均48.70万元，其中村均经营性收入31.69万元。

妙高街道自然和人文景观有妙高山、唐山、含晖胜境、十八里翠水利风景区、竹炭博物馆、汤显祖纪念馆、双峰塔、未来公园等。

2021年妙高街道各行政村基本情况统计表

表10

村名	自然村（个）	户数（户）	人口（人）	山林面积（公顷）	耕地面积（公顷）	集体经济（万元）	人均收入（元）	党组织书记村委会主任
东街	8	516	1189	191	6	160.47	24715	徐春琴
南街	3	275	648	312	3	32.32	24767	林昌彪
西街	6	191	386	196	20	20.04	25079	叶伟奎
北街	7	301	625	128	0	96.01	24713	包振枫
龙潭	4	147	323	160	3	25.58	24803	曾志能
东峰	11	361	1000	786	44	59.24	23569	项梅玉
新东	1	53	135	36	3	20.09	23577	胡杨锟
后江	7	420	1084	10	5	39.44	22823	雷金根

续表10

村名	自然村（个）	户数（户）	人口（人）	山林面积（公顷）	耕地面积（公顷）	集体经济（万元）	人均收入（元）	党组织书记村委会主任
古 院	6	352	934	55	1	68.39	25091	雷文举
北 门	22	617	1535	985	47	30.61	22575	雷蕾
井 东	6	363	893	528	35	22.45	23827	蓝庆发
东 红	1	50	114	36	5	51.78	22493	胡鑫
含 晖	6	722	1865	374	16	23.43	23972	叶林福
上 江	4	463	1200	482	12	27.67	23677	朱晓华
黄 庄	4	271	740	741	46	20.54	23468	何永宏
金 溪	3	516	1243	394	38	22.37	22375	周宗春
庄 山	6	373	986	414	29	22.37	23229	田明良
金 岸	5	503	1173	169	4	86.03	24856	徐瑞华
大 桥	9	596	1393	536	41	33.60	22606	何瑞林
苍 畈	4	506	1179	431	45	25.41	22420	姜松长
源 坪	3	668	1504	558	63	28.87	22787	潘子俊
余 家	1	161	369	47	0	20.13	24095	叶君花
上南门	18	654	1671	782	102	25.59	23600	张文瑞
螺蛳垵	7	216	549	262	35	70.10	23572	孟永福
源 口	14	769	1944	3806	49	196.21	23227	骆文春
仙 岩	8	318	891	880	61	46.28	19527	翁培斌
七山头	6	326	811	688	85	39.92	19503	张关良
合 计	180	10708	26384	13987	798	1314.94	23368	

【产业发展】2021年，妙高街道有茶园面积740公顷，茶叶产量1335吨、产值12012万元。27个行政村全面完成“20+10”高质量“消薄”任务（集体经济总收入20万元以上，其中经营性收入10万元以上），5个村集体经济收入超50万元，2个村集体经济收入超100万元。

全年规模以上工业产值174.9亿元，比2020年增长44.2%。新增规模以上企业6家，亿元企业2家，服务业限额以上企业10家。实施技改项目20个，总投资9072万元。宇恒电池股份有限公司通过省智能工厂（数字化）车间认定，大桥科创小微园通过2021年度省级小微企业园审核认定。

【项目建设】2021年，妙高街道有43个省、市、县重点项目建设，占全县总数的一半以上。完成土地征收21宗61.8万平方米、房屋征收31幢1.5万平方米，保障了国道528线改建和县客运中心、县人民医院、县殡仪馆迁建等重点项目无障碍施工，以及县科创培训中心、县气象站、外庄至高碧街道路改建、北门桥头至月亮湾道路拓宽工程等项目顺利推进。渡船头文化礼堂、北街综合楼、龙潭创业楼3个村集体项目完工，开工建设大桥综合楼、螺蛳垵农事体验大楼、金溪村文体中心。推进腾龙小区三期建设，配套社区服务中心，涵盖卫生服务、养生养老、文化礼堂、社区管理等功能。

【环境整治】推进后江公路、环城北路、小金线等重点区域环境整治，清理整治点位1200余处。全年巡查河流1800人次，发现整改问题45起，整改河道垃圾乱堆放点位93处，推动“污水零直排区”建设。排摸违法违章建筑455宗，拆除面积14万平方米。启动古院、仙岩等8个新时代美丽乡村创建工作，创建2个精品村、6个达标村。在全市率先实现生活垃圾“两定四分”，聘请专业督导员，实行“桶长制”，完成156个垃圾投放点位标准化提升改造。

【民生事业】全年发放低保金380.73万元、残疾人生活补贴和重度残疾人护理补贴212.10万元、临时救助金5万余元。完成上南门、源口等7个村385公顷高标准农田建设，完成金岸、东峰等6个村“一事一议”项目。完成危旧房改造46户，拆除“一户多宅”145宗，面积1.19万平方米，复垦建设用地1.4万平方米。建成腾龙小区图书馆。城区亲水游步道提升改造工程完工。北门、东峰、古院、上江4个村入选2021浙江省电子商务专业村名单。这4个村年度网络零售额都在1000万元以上。

【成立五大党史宣讲团】4月，妙高街道成立“青言青语”“美丽巾帼”“赤诚为民”“妙言高语”“全心为企”五大党史学习教育宣讲团。宣讲团成员由街道“85后”年轻干部、优秀党员组成。宣讲团集中培训、集体备课，开展交流研讨，通过“书记上党课”“青年说党课”等模式，至年底开展38场宣讲。宣讲团还开通微信公众号，进行线上宣讲。

▲12月，妙高街道党史学习教育宣讲团在东峰村文化礼堂开展宣讲

【社区工作】妙高街道下设8个社区，分别为：城东社区、城西社区、城南社区、城北社区、城中社区、前山社区、叶坦社区、腾龙社区，共有89个居民小组，88家共建单位。有社区工作人员49名。

2021年末，八大社区总人口42146人，年内出生194人，死亡277人。婚姻登记159对。共有低保户119户162人，残疾人1027人。设有来料加工场所13个，从业人员215人。全年，社区居委会走访慰问孤寡老人、低保户687人次，慰问生病和生活困难党员130人次。

八大社区联合卫生服务中心开展医养结合进社区活动，社区医生每周为老人开展测量血压及相关医疗服务。春秋两季开展“除四害”工作，向共建单位及居民发放灭鼠药、灭蟑粉剂13000余包、宣传资料2400余份，组织党员志愿者、巾帼志愿者开展环境卫生专项清洁活动。配合城投公司开展老旧小区改造，如下南门、平昌路“污水零直排区”改造、叶坦至溪边路外立面微改造等。

2021年，遂昌县妙高街道叶坦社区被国家卫生健康委（老龄办）授予全国示范性老年友好型社区荣誉，叶坦社区党组织被省委授予浙江省先进基层党组织荣誉。城中社区被省慈善总会评为第二批省级示范慈善工作站。

▲1月1日，叶坦社区举办元旦猜灯谜活动

（谢静 文/图）

云峰街道

【概况】云峰街道位于遂昌县东部，辖区面积214平方千米，辖17个行政村136个自然村、设1个社区。街道办事处驻地湖边村，距县城14千米。主要河流为清水源、濂溪，主交通干线为连（头）直（坑岙）线、长（濂）社（后）线。

2021年末，云峰街道户籍9667户，户籍人口23782人，其中农业户籍9377户，农业人口22393人。年内出生163人，死亡192人。

云峰街道是遂昌县东城工业新区。龙板山区块和毛田洋浩区块完成土地开发4.06平方千米，遂昌—诸暨“山海协作”产业园、遂昌石材园区坐落其中。2021年，全街道（遂昌县工业园区）规模以上工业产值233.13亿元，比2020年增长46.26%。17个行政村实现集体经济总收入577.29万元，平均各村33.96万元，均实现高质量“消薄”。农村居民人均可支配收入22695元，比2020年增长9.7%。

云峰街道自然和人文景观有鞍山书院、长濂历史文化街区、千年银都、华东天路、门阵国共和谈纪念馆、牛头山天师殿等。

2021年云峰街道各行政村基本情况统计表

表11

村名	自然村（个）	户数（户）	人口（人）	山林面积（公顷）	耕地面积（公顷）	集体经济（万元）	人均收入（元）	党组织书记村委会主任
社后	1	656	1642	40	70	69.42	22692	刘起贵
湖边	2	549	1380	53	21	36.04	22500	黄小英
洋浩	2	363	907	207	4	23.47	22304	吴伟根
古亭	3	567	1364	67	49	16.15	25264	叶宗美
东亭	3	178	388	0	15	21.65	25155	戴凤兰
长濂	3	458	1097	380	31	28.07	25323	张黎明
银都	15	538	1318	1021	63	44.60	22777	刘仙明
东姑	14	891	2084	429	207	41.68	25096	叶素萍
下马	12	706	1638	2967	149	28.76	21471	李菊媛
龙口	12	934	2185	210	137	37.42	25057	陈根明
龙祥	13	825	1985	801	287	34.89	20539	毛土华
门阵	7	353	805	1142	26	14.88	22472	张红梅
连头	3	372	880	267	42	45.38	22818	陈德顺
范村	7	526	1256	360	189	36.99	20780	余青山
马头	6	444	1022	236	102	26.97	20972	杨海龙
隔溪	10	412	1047	290	148	30.58	20334	刘永岳
同心	23	605	1395	4127	152	40.34	20251	蔡子华
合计	136	9377	22393	12597	1692	577.29	22695	

【产业发展】2021年，云峰街道有茶园面积694公顷，茶叶产量1533吨，比2020年增长9.2%，产值15014万元，比2020年增长11.9%。古亭村西山下畈建成6.87公顷杂交稻制种示范基地。完成粮食生产功能区与“非粮化”抛荒整治排摸工作，排摸出11个行政村“非粮化”抛荒面积26.82公顷。全街道灾毁农田修复项目完工。同心村金堂基、下马村竹业坑等4个垦造耕地整改全部通过验收。全县首个万头标准化规模养猪场项目——同心村陈岙生猪养殖基地开工建设，项目占地面积10公顷，总投资6700万元（一期）。

2021年，遂昌县工业园区新增上规模企业20家（共94家），新培育亿元以上企业8家（共35家），新培育10亿元企业1家。引进生态工业项目20个，合同引资82.05亿元，其中亿元以上项目14个、10亿元以上项目3个，涵盖金属制品、环保智能、新能源、装备制造、生物医药等领域。

完善街道的城市功能。5月，成立遂昌县生态工业“双招双引”服务中心，实现涉企事项在云峰工业园区就地办理。6月，全市首家县级专业人力资源产业园建成投入运行，为企业引才招工和群众就业创业提供“一站式”双向服务。

2021年，云峰街道引进乡贤资本，盘活千年银都民宿，重新开业。以“绿水山居红色门阵”为主题，新建门阵国共和谈纪念馆暨红色学堂、和谈纪念碑、红军广场。打造“华东天路”乡村旅游精品线路。创建A级景区村2个，市级民主法治村4个。

▲6月28日，新建的门阵国共和谈纪念馆开馆

【集镇建设】2021年，云峰街道成功创建新时代美丽城镇建设省级样板。实施亮化绿化美化工程，新建园区道路照明20千米，布置1930盏路灯。完成集镇范围内截污纳管和“污水零直排区”建设，完成防洪堤坝、生态堰坝修复，推进农村饮用水提标达标工程。第二污水处理厂投入运营，集镇90%以上的生活、企业污水得到集中妥善处理。完成白沙溪门阵段生态水电示范区项目建设。完成连直线一期、二期沿线和龙板山主要道路绿化景观提升。龙口—墩头、墩头—门阵2条农村公路列入2021年农村公路大中修工程项目。完成连头矿地综合开发利用基础设施建设配套一期工程。

【社保民生】2021年，云峰街道共有低保对象284户371人，低保边缘对象135户213人，全年发放低保金264.14万元。发放低收入农户生产补助636人共38.16万元。实施困难大学生“雨露计划”17人，补助资金共5.1万元。建成云峰街道退役军人服务站，村级退役军人服务站5个。长濂村退役军人服务站被授予全省新时代“枫桥式”退役军人服务站。云峰街道社区卫生服务中心医养结合服务能力提升工程投入使用。

2021年，云峰街道被省委组织部确定为第一批公务员考核工作省级联络点；被省委宣传部评为浙江省农村文化礼堂建设示范乡镇（街道）；被省人力资源和社会保障厅评为2021年度劳动争议调解先进集体。街道人武部被市政府、丽水军分区评为五星级基层武装部，云峰司法所被省司法厅命名为浙江省枫桥式司法所。

【全省首批成熟早稻开镰收割】7月9日，6.87公顷早稻新品种“中组18”示范方在云峰街道古亭村开镰收割，为浙江省首批成熟收割的早稻。该早稻新品种示范方于3月17日种下。“中组18”是2020年浙江省审定的早稻新品种，由中国水稻研究所和浙江勿忘农种业股份有限公司联合选育。该品种全生育期110天，分蘖强，有效穗多，结实率高，抗倒性好，是早熟与高产兼顾的品种。当日机械收割经过现场实测，“中组 18”早稻亩产 530 千克，较传统早稻亩产提升 10%。

▲7 月 9 日，云峰街道开镰收割早稻新品种

【龚原文化研讨会】10 月 12 日，云峰街道举办龚原文化研讨会，县委宣传部、县教育局、县文广旅体局相关人员，龚原后裔及热衷地方文化的人士近 30 人参加研讨。龚原（约 1043—1110），字深之，号武陵，遂昌马头庄人。北宋嘉祐八年（1063）中进士，为遂昌县有记载的第一个进士。龚原曾师从王安石，积极参与王安石变法，宣传变法维新。著有《易讲义》《颍川唱和集》等。《宋史》有传。龚原与子龚楫、孙龚敦颐皆是宋代文化名人，为遂昌留下了宝贵的精神文化财富。

【社区工作】云峰街道下设 1 个社区九云社区，有 7 个居民小区，社区工作人员 5 名。2021 年，九云社区有户籍人口 4757 人，其中农业人口 4439 人，非农业人口 318 人。有低保低边户 259 人、残疾人 136 人。居委会开展走访慰问 67 人次。排查化解各类矛盾纠纷 120 起。为居民办理户籍迁移、开据各类证明、代办老年优待证等。开展居民养老保险和医疗保险、“浙丽保”缴费工作。开展夏送清凉冬送温暖、认领“微心愿”活动，以及调解民事纠纷，开展普法宣传等。（范革/文 章建辉/图）

大柘镇

【概况】大柘镇位于遂昌县中部，是遂昌县西部 4 镇 6 乡通往县城的必经之地。区域面积 123 平方千米，辖 12 个行政村 133 个自然村。镇政府驻地柘溪上村，距县城 18 千米。主要河流为柘溪。主交通干线为三（墩桥）际（下）线。

2021 年末，全镇户籍 4825 户，户籍人口 14094 人，其中农业户籍 4819 户，农业人口 13722 人。年内出生 78 人，死亡 137 人。

全年实现工农业总产值 7.16 亿元，比上年增长 19.3 %。村集体经济总收入 546.99 万元，村均 45.58 万元。农民人均可支配收入 27638 元，比上年增长 10.5%。

大柘镇是遂昌县茶乡，茶叶产值和产量占全县 1/3 以上。自然和人文景观有遂昌革命纪念馆（泉湖寺）、汤沐园温泉、万亩茶园自行车赛道等。

2021 年大柘镇各行政村基本情况统计表

表 12

村名	自然村（个）	户数（户）	人口（人）	山林面积（公顷）	耕地面积（公顷）	集体收入（万元）	人均收入（元）	党组织书记村委会主任
车前	3	158	446	668	25	33.50	25799	叶水明
双溪新村	14	443	1309	399	69	43.26	27176	涂岩林
柘溪上村	12	683	2037	2544	110	101.35	28745	黄松恒
柘溪下村	12	595	1706	1025	68	61.43	27999	尹素琴
永安	11	304	964	60	45	21.06	27818	叶樟洪

续表 12

村名	自然村（个）	户数（户）	人口（人）	山林面积（公顷）	耕地面积（公顷）	集体收入（万元）	人均收入（元）	党组织书记村委会主任
黄垵	9	308	913	145	54	23.46	27751	钟素云
新旦	12	650	1731	1230	83	56.22	27841	范裕龙
北山	14	310	855	323	43	38.85	27104	王卫平
后垄	10	255	775	394	55	57.56	28652	肖志水
大田	15	577	1467	445	65	47.89	30713	项　萍
华洋	10	240	663	734	28	41.00	25981	吴国华
梭溪桥	11	296	856	517	30	21.41	26086	王松福
合计	133	4819	13722	8484	675	546.99	27638	

【产业发展】2021 年，大柘镇有茶园面积 1419 公顷，茶叶产量 3376 吨、产值 2.82 亿元。茶青交易市场功能完善，已初步形成一条集茶叶生产、加工、销售于一体的完整产业链。建成剑光茶厂展示型厂房、茗道茶业社会化服务中心、车前高山老树红茶基地。同步发展中药材产业。

凭借遂昌革命纪念馆（泉湖寺）、万亩茶园自行车赛道、汤木园温泉养生养老、车前村黄泥房仿古徽派建筑等特色资源，乡村旅游吸引力增强。全年接待游客 40 余万人次，综合收入 5180 万元，比 2020 年增长 1.5%。

【项目建设】推进国道 528 线大柘段建设，完成 68 户 2.53 公顷临时用地租用签约。完成双溪新村和高山道路拓宽工程，完成 7 千米万亩茶海绿道建设以及路面硬化。推进数字茶业创业园建设，完成总投资约 90%，一期 5 幢建筑全部结顶进行内部装修，5 号楼完成阿里巴巴电商产地仓建设。启动大柘综合市场建设项目。完成宅基地复垦立项 3.40 公顷，推进涉林垦造问题整改、粮田非农化整改等工作。

【未来乡村建设】2021 年，大柘镇争取到省财政厅人居环境集成创新项目资金 7000 万元，项目涵盖柘溪上村、柘溪下村、华洋村、大田村。完成大田村生态产品价值实现展陈馆布展，完成荷花餐厅主体工程。后重山塘水库工程完工，实现大田村活水进村，水环境提升。茶文化街区、村史馆茶吧、大田村俱乐部、茶山供电工程、大田弱电序化等项目稳步推进。推进农村垃圾分类工作，建设大柘垃圾分拣中心，置换新型分类垃圾桶。加强松材线虫病防控、秸秆焚烧、森林防火巡查，保护生态环境。开展“一户多宅”清理整治、“三改一拆”工作，共拆除违章违房 252 宗，腾出空地 32867 平方米。梳理盘活大柘中学地块资源。推进“大搬快聚富民安居”工程，车前村高坞源自然村完成整村搬迁。

▲2021 年，大田村引活水进村，村貌焕然一新

【大柘乡贤教育基金成立】4 月 15 日，大柘镇举行“百年荣光，感念家乡”乡贤教育基金成立暨首期表彰大会。镇领导、部分乡贤、家长代表出席。首

期乡贤教育基金注入资金25万元，其中，奖励学生的10万元由那然生命文化股份有限公司捐助，奖励教师的15万元由大柘镇乡贤捐助。根据基金奖励办法，每个学期大柘镇中心小学的学生获得各项表彰，可以获得50～100元现金奖励，学校教师获得各项先进，可以获得700～1500元现金奖励。

（程斌海 文/图）

石练镇

【概况】石练镇位于遂昌县中部，区域面积109平方千米，辖12个行政村79个自然村。镇政府驻地石练村，距离县城28千米。主要河流为练溪，主交通干线为三（墩桥）际（下）线。

2021年末，全镇农业户籍4240户，农业人口12323人。年内出生57人，死亡81人。

全年实现农业总产值2.14亿元，比2020年增长3.2%；实现工业总产值3.86亿元，比2020年增长2.5%；接待游客25万余人次，旅游综合收入0.46亿元，比2020年增长21.7%。农村居民人均可支配收入26311元，比2020年增长11.1%。

石练是遂昌县移民大镇，有水库移民和下山脱贫移民5000余人。自然和人文景观有：AAAA级景区千佛山、淤溪村班春劝农基地、太虚观等。非物质文化遗产有石练台阁、昆曲十番等。

2021年石练镇各行政村基本情况统计表

表13

村名	自然村（个）	户数（户）	人口（人）	山林面积（公顷）	耕地面积（公顷）	集体经济（万元）	人均收入（元）	党组织书记村委会主任
石　练	3	792	2033	240	57	42.52	26941	祝方明
淤　溪	18	537	1470	1635	75	45.54	27025	汪金全
宏　象	9	419	1255	430	62	89.02	26751	王新根
迎　新	15	376	1186	1389	72	27.32	26399	胡育飞
柳　村	4	412	1138	146	69	32.48	26475	陈方明
竹溪新村	8	324	1055	1238	57	22.24	26049	上官继勇
景　新	1	306	1016	0	46	31.19	26459	陈碎平
姚　埠	4	312	922	216	86	20.55	25869	钟建华
金练兴村	3	269	765	300	92	28.33	26167	张桂亭
黄　皮	6	233	736	1202	127	23.22	25158	朱文清
大茂坑	7	192	562	2544	43	31.71	26359	叶志建
爱　丰	1	68	185	49	11	20.07	26075	胡　镇
合　计	79	4240	12323	9389	797	414.19	26311	

【产业发展】2021年，石练镇有茶园面积1126公顷，茶叶产值比2020年增长20%以上。完成高标准农田项目投资400万元，建成水渠14500米、管道600米、硬化道路1500米。争取宏象村产业楼等多个项目，累计争取农业资金近千万元。

完成石练产业园区基础设施改造提升和孵化中心建设，投资1.2亿元，将园区从单一的农业加工园发展为健康产业园区，获评市级特色小微园。惠康药业、晨阳木制品2家公司成为上规模企业，5家企业完成“腾笼换鸟”，3家食品企业建成达产。建成

5700平方米移民创业发展基地并达成招租协议。建成日处理能力1500吨的集镇污水处理厂。

持续开展非遗文化传承活动，举办辛丑年“班春劝农”典礼并云上线，得到市委主要领导“农文旅完美结合典范”的高度赞誉。大茂坑村望辰民宿被评为浙江省等级民宿“金宿”。

【项目建设】2021年，石练镇集镇和园区污水处理厂投入运营。全镇新安装太阳能路灯67盏，整改污水漏接、错接等点位32个。完成健康产业园区标准厂房建设，建成垃圾中转站，完成石练幼儿园征地工作，宏象、淤溪、石练3个数字花园乡村建设有序推进。3月14日，举行天工之城·健康产业园招引项目签约仪式暨工业项目建设推进会，与浙江绿魔环保科技有限公司、五养堂（浙江）中药有限公司、浙江纳福汇山茶油有限公司、浙江心颐生物医药有限公司4家入园企业签约。

▲3月15日，石练镇健康产业孵化中心揭牌

【社会民生】打造“班春劝农”基层治理品牌，石练镇矛盾纠纷调解中心和石练派出所一体办公。创建省级城乡社区治理和服务创新实验区，为全县社区治理提供“石练经验”。常态化开展巡河，练溪水质保持I类标准。完成松材线虫病防治面积218公顷，清理疫木1435株。

全年发放低保救助金218.81万元。开展急难救助5户共1.7万元。完成全镇3278幢自建房、116幢非自建房的复核排查录入。持续推进“大搬快聚富民安居”工程，共申报39户141人，已安置23户83人。城乡居民基本医疗保险参保9831人，参保率99.54%。

2021年，石练镇被省文化和旅游厅公布为AAA级景区镇，入选全省新时代美丽城镇建设基本达标名单。石练镇文化站上榜浙江省公共文化场馆服务功能拓展先行先试单位名单。淤溪村二十四节气主题馆参加2021长三角及全国部分城市最美公共文化空间大赛，获美丽乡村文化空间奖。在石练镇大茂坑村拍摄的微电影《坚守》获2016—2020年全国党史和文献部门优秀科研新媒体作品一等奖。

▲2021年，石练镇淤溪村建成二十四节气主题馆

【文体活动】7月30日，2021年“中和建设杯”石练镇第十届男子篮球邀请赛开赛。本次邀请赛为期17天，来自县内外共20支队伍参赛。该项比赛为全县规模最大、参赛人数最多、参赛面最广的民间篮球比赛。10月10—11日，在县城平昌广场举办“万物开源·多彩石练”摄影展。本次展览共展出摄影作品100余件，以石练自然风光、人文风情、绿色发展等为内容。（尹滢　文/图）

新路湾镇

【概况】新路湾镇位于遂昌县北部，区域面积136平方千米，辖12个行政村86个自然村。镇政府驻地新路湾村，距离县城17千米。主交通干线有省道

227线、国道528线、龙丽高速、衢宁铁路。主要河流有蕉溪、新溪，两溪汇合后称官溪。

2021年末，全镇有农业户籍4293户，农业人口11457人。年内出生77人，死亡76人。

全年实现生产总值2.31亿元，其中农业总产值0.87亿元，服务业总产值1377.27万元。农村居民人均可支配收入21298元，比2020年增长10.5%。

新路湾是浙江省种业特色强镇，全省最大的杂交水稻制种基地。自然和人文景观有：白马山森林公园、“小方岩”常乐山、蕉川村古民居等。

2021年新路湾镇各行政村基本情况统计表

表14

村名	自然村（个）	户数（户）	人口（人）	山林面积（公顷）	耕地面积（公顷）	集体经济（万元）	人均收入（元）	党组织书记村委会主任
新路湾	9	394	1140	1014	69	31.60	22990	朱利荣
官 溪	12	420	1186	1196	52	23.99	21804	华渭锋
新 溪	5	347	957	1294	74	32.91	19185	涂火华
新双溪	8	268	709	1156	40	30.65	21185	周瑞根
远路口	7	260	802	1274	45	26.90	20387	宋亦坪
三 井	1	115	251	835	14	20.98	20438	潘法其
社 杨	18	465	1236	1716	70	33.74	20979	钟孙华
蕉 川	11	330	2186	1335	183	104.69	22204	张建宏
大马埠	2	285	732	491	44	24.63	20785	上官春清
小马埠	2	337	905	358	43	21.17	20348	潘小珍
夹路畈	10	275	836	263	90	47.62	22321	钟建俊
胡 家	1	217	517	14	72	37.96	22940	胡建军
合 计	86	4293	11457	10946	751	436.84	21298	

【农旅融合】2021年，新路湾镇完成“千亩方”基本农田集中整治23.6公顷，整治抛荒地60公顷，补划粮食功能区153公顷。杂交水稻制种面积267公顷，保持全省第一的规模。全镇有茶园面积373公顷，有温室连体大棚0.5公顷，花卉、中药材、果蔬等育苗育种主体10余家，建设基地33公顷。

打造马埠农旅观光园、夹路畈凤凰花海等一批农旅研学打卡点，举办农民丰收节、花田喜事、三井问茶节等活动。蕉川村油菜花基地获评第七届华东十大油菜花胜地。赏花节期间，吸引游客8000余人，新华网线上直播3小时，点击量83.3万次。打造三井毛峰、白马玉笋、官溪香榧等特色农产品。

【统筹发展】打造以蕉川村为核心的未来乡村示范区、以白马山为核心的避暑养生区，依托国道528线改建工程打造交通优化发展区，5年累计投入建设资金2.2亿元。2021年，蕉川村未来乡村建设实施11个项目，总投资2123万元，完成道路提升、强弱电序化、古建筑修复等。建成未来乡村数字智慧中心，建成集教育、医疗于一体的第二空间。全市首个村级慢性病智慧化管理中心落户蕉川村。推进大马埠村和小马埠村花园数字乡村建设。实施新双溪村农村饮用水提升工程、新溪源水土保持项目。

【项目工程】全力保障国道528线新路湾段无障碍

施工，在2020年完成征地33公顷、拆除建筑1.75万平方米的基础上，2021年补征了搅拌厂等6个点位共3万多平方米土地。完成龙丽高速馒头山停车区建设任务。推动常乐康养中心建设，未来乡村会客厅、生态养殖区、垂钓休闲园等项目落地。对接实施北界中心敬老院迁建工程，选址在蕉川村。

【综合治理】完成桐川水库集中供水、农村生活污水治理、高标准基本农田建设等民生实事，持续推进“大搬快聚富民安居”工程，完成黄庄自然村整村搬迁。全力开展“三改一拆”“一户多宅”清理整治，拆除违法建筑219宗。疏浚河道30千米，整治岸线20余千米，修复和新建堰坝8座。推进垃圾分类工作，发放户用垃圾桶7000余只，蕉川生活垃圾资源化处理站投入使用。完成集镇污水零直排区创建工作，举办全市污水零直排区创建现场会。

【社会民生】2021年，新路湾镇提前完成城乡居民基本医疗保险、基本养老保险、“浙丽保”收缴工作，参保率近100%。12个村级党组织结对困难家庭361户533人，提供结对帮扶资金18万元，通过农创产业帮扶和公益性岗位就业，拓宽低收入农户增收渠道。新溪村居家养老服务中心投入使用，6个村开展养老配餐服务。蕉川村建立快递服务点，人工和物流费用由原来的20～30元/单降低到5元/单。

2021年，新路湾镇被省委、省政府授予“五水共治”先进集体荣誉，被省爱国卫生委员会办公室公布为省级卫生乡镇。蕉川村被国家粮食和物资储备局、农业农村部确定为全国粮食安全教育基地。

【制种田中安装“一杆农业眼”】新路湾镇是全省最大的杂交水稻制种基地。2021年，在蕉川村的制种田中安装高科技设备“一杆农业眼”，对监测区域内的田间温度、湿度、光照强度、雨量、土壤酸碱度等进行监测。“一杆农业眼”监测数据传输到未来乡村数字智慧中心，技术员通过数据分析，可以指导农民进行精细化耕作，促进农业数字化、产业化，实现农民增收。

▲新路湾镇为制种田安装的“一杆农业眼”

▲9月，新路湾镇蕉川村举办农民丰收节

（黄巧艳 文/图）

北界镇

【概况】北界镇位于遂昌县北部，区域面积83平方千米，辖9个行政村48个自然村。镇政府驻地北界村，距离县城27千米。主交通干线有龙丽高速、国道528线、衢宁铁路。主要河流为桃源、桃溪。

2021年末，全镇有农业户籍3059户，农业人口8813人。年内出生53人，死亡61人。

全年实现工农业总产值2.31亿元，其中农业总产值0.99亿元，工业总产值1.32亿元。农民人均可支配收入23909元，比2020年增长11.6%。

名胜古迹和文化遗产有：北界窑址、坑里潘村应樌墓地、苏村苏氏家庙和苏姓大屋等。

2021年北界镇各行政村基本情况统计表

表15

村名	自然村（个）	户数（户）	人口（人）	山林面积（公顷）	耕地面积（公顷）	集体经济（万元）	人均收入（元）	党组织书记村委会主任
大谷岭	10	227	623	607	17	20.66	24455	周成雄
北　界	5	577	1650	1025	66	34.30	23155	余海银
周　村	5	333	1002	306	39	44.49	23444	余旭辉
淤　弓	7	377	1004	408	54	33.69	23925	廖建祥
白　水	6	452	1305	897	67	42.88	23639	王朝基
苏　村	2	230	668	652	52	37.95	25209	华素萍
登　埠	5	304	958	1162	59	25.01	23273	叶俊民
王　坞	3	318	898	667	62	35.38	23358	王冬洪
王宅桥	5	253	705	1106	55	36.58	24726	王长松
合计	48	3059	8813	6830	471	305.41	23909	

【打造农合组织】2021年，北界镇开展特色农业产业标准化示范推广，规模化家庭农场和合作社突破100个，精品果蔬种植面积467公顷，产值0.92亿元。其中葡萄提子种植面积38公顷，猕猴桃种植面积57公顷。获评省、市级示范家庭农场和生态精品农业示范家庭农场15家，纳入县猕猴桃标准化生产示范基地4家。成立果蔬产业发展专班，深入调研全镇果蔬产业发展情况，形成《北界镇果蔬产业发展调研报告》。

【优化环境】2021年，北界镇被省城乡环境整治工作领导小组评为浙江省美丽城镇基本达标乡镇。被市委、市政府评为“美丽丽水”模范集体。苏村全域土地综合整治项目被评为省级乡村全域土地综合整治与生态修复精品工程。王坞村茶山垦造耕地整改项目成果获得市、县肯定，作为市级现场会重要点位供参观学习。创建国家级卫生乡镇工作通过省级验收。开展多轮次跨区域联合治水行动，获得丽水新闻专题报道。

【拓宽平台资源】争取项目资金810万元，推动基础设施建设项目11个，流转土地0.8公顷，建成党员扶贫致富产业园。建立省委老干部局—北界党建产业联盟、北界—塔石毗邻党建联心社，打造“党建+农业”产销新模式。同杭州乐活老年商城达成产供销一体化合作协议，开启“专享定制”“云上订单”模式。5月，在苏村举办“奋起潮头跟党走”红色定向赛，9个村和镇机关、单位共12支队伍参加。

▲5月，北界镇举办红色定向赛，队员在苏村大樟树下重温入党誓词

【民生服务】2021年，北界镇开展医保电子凭证申领激活试点工作，在全市医保推广现场会上作经验交流。拍摄的“乡村事务员”短视频在省级平台进

▲北界镇淤弓村“古坪山居”项目

行展播，“助农理发”民生实事获评丽水市示范民生项目。实施北界高速出口至北界加油站路灯亮化工程，推进淤弓村上坪自然村“古坪山居”项目建设。完成“大搬快聚富民安居”工程3年指导性任务。打造“情暖北界”志愿服务品牌，开展微心愿认领、乡贤送温暖等活动，为100户困难家庭送上健康睡枕。完成2021年度城乡居民基本养老保险人脸识别认证工作，确保养老金按时发放。关心关爱农村计划生育困难家庭，补助4户特别困难家庭生活必需物资。开展“绿色惠农卡”惠民服务，补贴农户2491人共40.18万元。（翁晓军 文/图）

金竹镇

【概况】金竹镇位于遂昌县西北部，区域面积140平方千米，辖14个行政村128个自然村。镇政府驻地金竹村，距离县城40千米。主交通干线为峡（口门）北（界）线。主要河流有金竹溪、梭溪。

2021年末，全镇农业户籍4997户，农业人口13219人。年内出生89人，死亡110人。

全年实现工业总产值2.45亿元，比2020年增长4.23%；农村经济总收入2.66亿元，比2020年增长9.07%。村集体经济总收入402.18万元，村均28.73万元。农民人均可支配收入21853元，比2020年增长10.2%。实现财政总收入5605万元，比2020年下降5%。

金竹山茶油是遂昌县特产。名胜古迹有：中共遂昌县委机关驻地旧址（傅正友公祠）、局下古矿洞、唐公宪故居等。

2021年金竹镇各行政村基本情况统计表

表16

村名	自然村（个）	户数（户）	人口（人）	山林面积（公顷）	耕地面积（公顷）	集体经济（万元）	人均收入（元）	党组织书记 村委会主任
金　竹	7	564	1678	894	110	25.18	22348	吴慧芳
岭　内	5	192	563	201	37	21.39	21689	王根华
早　坞	6	368	989	507	94	30.13	21285	曾小明
王　川	9	404	1004	693	72	25.74	22723	罗飞
百　胜	7	296	759	504	57	33.78	21965	曾梨萍
叶　村	7	347	930	630	64	19.15	22188	涂志光
夏　东	8	338	895	821	74	10.14	21142	包发根
古　楼	19	633	1574	1176	100	33.09	21997	罗永仁
龙　溪	7	212	553	370	46	26.22	22052	谢申豪
茶竹岭	16	359	975	1436	62	56.93	22054	谢金伟
王　村	12	335	867	1524	90	22.13	21145	唐家松

续表 16

村名	自然村（个）	户数（户）	人口（人）	山林面积（公顷）	耕地面积（公顷）	集体经济（万元）	人均收入（元）	党组织书记村委会主任
兰 蓬	12	301	789	1916	43	29.98	22782	黄胜军
交 塘	5	243	631	523	31	43.93	21496	郑长川
梭溪塘岭	8	405	1012	860	73	24.39	21074	傅国军
合 计	128	4997	13219	12055	953	402.18	21853	

【农业】2021年，金竹镇巩固提升山茶油、高山蔬菜、茶叶、杂交稻制种等传统产业地位。山茶油种植面积2000余公顷，占全县1/3以上，通过举办山茶油开榨节、参加农产品推介会等活动，提升金竹山茶油品牌影响力。全乡有茶园面积673公顷，杂交稻制种面积130公顷。通过“问海借力”，成功争取“天工之城”农创研育所落地金竹，投资2500余万元。与清华长三角研究院合作，引进种植羊肚菌20余公顷，亩产值3万元以上。引进种植嘉兴凤桥水蜜桃9公顷。在王村村建立省级科技扶贫示范基地，开发香榧基地230余公顷。

金竹镇通过流转田地、旱地、林地等资源，发展特色农业，推动乡村产业振兴。2021年，喜农（丽水）农创有限公司租赁金竹镇龙溪村集体水田和旱田17.33公顷，建立喜农氢农业水稻示范基地。

▲2月18日，农业干部送服务到金竹镇羊肚菌基地

【旅游】2021年，金竹镇入选市级红色乡镇，梭溪塘岭村入选市级红色乡村，梭溪—兰蓬红旅专线入选省级旅游精品线路点位。茶竹岭村争取到省级补助资金200万元，创建省级休闲乡村，吸引高山避暑人群，发展旅游经济。开办多家民宿，苎上自然村完成美丽庭院改造。全年金竹镇累计接待游客1.2万余人次，带动农户增收80余万元。

【项目工程】完成梭王线、峡北线提升工程，打造路边景观小品，实现全线美化、亮化。完成茶竹岭至高坪箍桶丘、叶村至高坪岱岭2条“四好农村公路”建设。完成镇区和夏东、兰蓬等8个村的自来水提升工程。投资2000余万元，完成重点山塘综合整治、高标准农田建设、茶叶喷灌等项目。争取到6000万元省级农村综合改革集成建设项目。完成湖山源金竹溪王川段右岸坡岸整治工程。

2021年，金竹镇实施土地整改项目27个，面积180.47公顷，占全县土地整改项目的25%。至年底，27个整改项目中，经市级验收、省级销号5个，市级验收并销号8个，通过县级验收10个，乡镇验收4个，在全县率先完成全部项目整改验收，获得市涉林垦造耕地督导组的肯定。

【集镇建设】拆除违章建筑119宗，面积2.04万平方米。拆除“一户多宅”117宗，面积1.10万平方米。建设用地复垦2公顷，土地流转105公顷。围绕门前“三包”、畜禽散养、乱搭乱建等问题，开展环境整治大比拼活动，整治点位近3000个。茶竹岭村半山自然村实现整村搬迁，全年完成“大搬快聚富民安居”搬迁296人。落地2个光伏“消薄”项目。金竹镇居家养老服务中心投入使用。完成全镇“污水零直排”项目建设。美丽城镇创建工作通过省级验收。金竹镇新建农贸市场正式开业，该项目为村集体联建“消薄”项目，由岭内、王川、金竹、百胜、龙溪、王村、梭溪塘岭7个村集体参与入股，占地面积1200余平方米。

▲美丽金竹镇全景

（蓝恩乐 文/图）

王村口镇

【概况】王村口镇位于遂昌县西南部，区域面积165平方千米，辖13个行政村115个自然村。镇政府驻地钟根村坑根自然村，距离县城58千米。主交通干线有国道528线石（练）王（村口）公路，县道桂（义岭）王（村口）线。主要河流为乌溪江。

2021年末，全镇户籍3259户，户籍人口8448人。其中农业户籍3072户，农业人口8124人。年内出生24人，死亡71人。

全年实现工农业总产值2.18亿元，其中农业产值2.12亿元，比2020年增加0.18亿元，工业产值0.06亿元，与2020年持平。全年接待游客20.9万人次，实现旅游综合收入3000万元。实现财政总收入3779万元，比2020年增长30.7%。农村经济总收入21853万元，比2020年增长9%；农民人均可支配收入21801元，比2020年增长7.6%。

王村口是浙西南红色古镇，保存有宏济桥、天后宫、蔡相庙等革命遗址。20世纪80年代以来，陆续建成月光山公园（粟裕骨灰敬撒处）、中国工农红军挺进师纪念馆、张麒麟烈士纪念碑、1935文旅街区，共同组成王村口红军挺进师革命旧址群，被授予浙江省爱国主义教育基地。

王村口镇另有“1942”遂昌民众营救美军飞行员纪念馆。AAAA级风景旅游区南尖岩坐落在石笋头村，云海梯田蔚为壮观，被联合国教科文组织授予国际摄影创作基地。

2021年王村口镇各行政村基本情况统计表

表17

村名	自然村（个）	户数（户）	人口（人）	山林面积（公顷）	耕地面积（公顷）	集体经济（万元）	人均收入（元）	村支部书记村委会主任
桥 东	17	291	716	2509	139	53.10	22396	季建斌
桥 西	8	376	875	2858	192	42.06	21237	华秋长
钟 根	7	188	479	369	75	20.15	21464	季伟松
山枣坪	6	182	491	857	521	26.10	21833	刘意雄
石笋头	1	128	308	425	128	20.03	22349	毛火明
大 坑	7	193	560	1167	142	20.10	20730	毛建忠
山 前	12	321	845	2655	142	24.38	21216	朱志明
吴 处	14	196	547	981	105	20.04	21929	邓建明
对 正	9	267	691	1469	132	39.51	20447	刘建彬
后 塘	11	230	688	4184	269	20.04	21822	卢心红

续表 17

村名	自然村（个）	户数（户）	人口（人）	山林面积（公顷）	耕地面积（公顷）	集体经济（万元）	人均收入（元）	村支部书记 村委会主任
官 塘	7	206	566	591	125	22.76	22260	刘吉富
弓桥头	11	344	949	1025	237	39.56	22932	毛卫强
尹 坞	5	150	409	436	37	20.05	22800	涂楹海
合 计	115	3072	8124	19526	2244	367.88	21801	

【农旅融合】2021 年，王村口镇有茶园面积 224 公顷，有茶叶加工企业及个体作坊 14 家。有家庭农场 28 家、专业合作社 19 家。遂昌神龙雾峰茶叶专业合作社被评为国家级农民专业合作社。

提档升级浙西南干部培训中心软硬件水平，新开发“浙闽红军古道”项目，将 23 处红色点位进行微改造，纳入“智慧云地图”。推进王村口 AAAAA 级景区镇整体提升工程，建成游客接待中心、红色研学培训基地。2021 年，全镇有农家乐及民宿 60 家，床位数 1600 个，接待游客 15 万人次。王村口镇入选长三角 20 条红色旅游精品线路，王村口红军革命纪念建筑群被确定为全省党史学习教育基地。

▲王村口红色研学基地内的训练场

【项目建设】遂昌县申报的“挺进王村口·烽火浙西南”乡村振兴示范区建设项目获得 2021 年中央专项彩票公益金 5000 万元，为丽水市获得的第一笔革命老区中央支持资金，项目内容为示范区基础设施建设、人居环境改善。石笋头村申报 2021 年省级休闲乡村项目建设，获得项目资金 200 万元。

实施农村饮用水达标提标工程单村供水项目 3 个，涉及桥西村、桥东村、弓桥头村的自然村。实施移民项目 2 个（钟根村、大坑村），实施“一事一议”项目 2 个（弓桥头村、山前村）。实施耕地垦造整改项目 5 个，总面积 26 公顷。推进南尖岩至王村口公路改建项目。

【重点工作】2021 年，王村口镇清理整治“一户多宅”82 宗，拆除面积 6349 平方米。实施危旧房改造 47 户。“大搬快聚富民安居”工程报名 544 人，购买非限价普通商品房 5 户 15 人。全镇 13 个行政村集体经济总收入均达到 20 万元以上，其中经营性收入均达到 10 万元以上，全面完成“消薄”任务。

【“守护红色古镇”志愿服务队】2021 年，王村口镇组建“守护红色古镇”志愿服务队，志愿者包括镇、村干部，先锋党员，青年团员，“小红军”学生，热心群众等，服务内容涵盖游客咨询、党史宣传、洁净乡村（垃圾分类）监督宣传、平安应急巡防、医疗帮助、消防安全巡防、电器修理等。至年底，已开展守护红色古镇志愿服务 60 余次，志愿者从 25 名增加到 120 名，服务群众和游客上千人次。

【乡贤新生代“培根”活动】5 月 1 日，王村口镇开展“红心向党”乡贤新生代“培根”活动，邀请全县乡贤及其子女近 100 人参加升国旗、学党史、参观纪念馆等红色教育。在中国工农红军挺进师纪念馆，大家听解说、看展板、观纪录片；在月光山粟裕将军陵园，大家缅怀英烈，向粟裕将军致敬；在浙西南干部培训中心，乡贤及其子女们开展党史知识连连看活动。

【红色运动会走进革命老区】6月22日，“体彩复兴路·百年新征程”红色运动会走进革命老区（丽水遂昌站）在王村口举办，全省共有24支队伍249人参加了本次活动，王村口镇和焦滩乡各行政村也组队参加了比赛。本次活动为省委宣传部、省体育局、《浙江日报》报业集团共同主办的“红动浙江温暖有光”系列活动之一，红色运动会走进革命老区活动共分6站，遂昌站是最后一站。

▲6月22日，红色运动会走进革命老区（丽水遂昌站）比赛项目“营救飞行员”

【13名支部书记“打擂台”】11月25日，王村口镇举办第一届村支部书记擂台赛，13个行政村的支部书记共聚一堂，以“消薄”项目谋划为主题，同商共同富裕大计。经过激烈角逐，6个村支部书记获得优胜。遂昌农商银行当场向6个村的优秀项目及王村口镇生态强村发展有限公司贷款授信1410万元。这也是遂昌农商银行首次面向基层乡镇、村级项目进行贷款授信。（方瑢 文/图）

黄沙腰镇

【概况】黄沙腰镇位于遂昌县西部，区域面积169平方千米，辖7个行政村66个自然村。镇政府驻地黄沙腰村，距离遂昌县城85千米。主要河流为周公源，主交通干线三（墩桥）际（下）线。

2021年末，全镇农业户籍2505户，农业人口7113人。年内出生32人，死亡52人。

全年实现农村经济总收入1.34亿元，比2020增长5.12%。7个村全部完成“20+10”高标准“消薄”任务。农村居民人均可支配收入21456元，比2020年增长9.9%。

境内有九龙山国家级自然保护区，有省级文物保护单位李家大屋。

2021年黄沙腰镇各行政村基本情况统计表

表18

村名	自然村（个）	户数（户）	人口（人）	山林面积（公顷）	耕地面积（公顷）	集体经济（万元）	人均收入（元）	党组织书记村委会主任
黄沙腰	10	376	1211	1926	49	37.63	21555	李子林
大熟	9	351	969	945	81	31.95	20828	黄邦远
仙人坝	5	287	792	1461	53	39.69	21295	巫松年
上定	20	483	1296	4484	86	57.94	21362	黄俊华
邵村	2	403	1197	1895	63	40.79	21797	吴开铭
大洞源	6	44	1185	2067	123	35.36	23005	唐昌林
小洞源	4	161	463	443	45	20.3	20349	唐隆申
合计	66	2505	7113	13221	500	263.66	21456	

【产业扶持】扶持帮助大熟村剑光茶叶基地，成功创建省级农业龙头企业。帮助山泉石蛙养殖专业合作社引进黄粉虫养殖，作为石蛙饲料，以扩大石蛙养殖产业，石蛙养殖基地规模进一步扩大，养殖技术上升为浙江省地方标准。杨茂源石斑鱼养殖基地成功评为省市规模化、示范化基地。大洞源“仙霞岭上”田园综合体一期仙霞云墅建成试营业。引进重庆乐融融企业管理咨询有限公司、丽水智税信息科技有限公司、丽水颢仁企业管理有限公司3家总部经济平台企业。

▲2021年，黄沙腰镇建成“仙霞云墅”田园综合体

【项目工程】黄沙腰警务中心工程完工，用地面积3325平方米，总投资1099万元，6月投入使用。推进黄沙腰镇中心卫生院项目工程，总投资1000余万元，用地面积2933平方米。推进黄沙腰中心敬老院项目工程，总投资2556万元，用地面积3668平方米。完成涉林垦造耕地整改6个项目，面积16.73公顷。粮食功能区“非粮化”整治面积21.27公顷和弃耕弃管抛荒腾退整治面积42.28公顷。

【重点工作】2021年，黄沙腰镇“大搬快聚富民安居”工程通过审核公示170户617人，至年底，已安置86户269人。完成大洞源村半山下和上定村大娄寺、五主地、木瓜洋4个自然村整村搬迁，涉及52户185人。“一户多宅”清理整治共拆除房屋120宗、面积9538平方米。完成土地流转46.67公顷。

【民生保障】推进城镇居民医疗保险参保和“浙丽保”征缴，实现2项参保率99%以上。完成10户低收入农户危房改造解危工作。建成“大搬快聚富民安居”工程兜底安置楼。落实好温岭至常山公路遂昌湖山至黄沙腰段被征地农民基本养老保险222个参保名额分配工作。完成上定村省级历史文化村落建设，获评省级优秀规划。严格落实河湖长制，督促做好河湖长巡河工作。统筹推进“洁净乡村”“垃圾分类”等工作。（高慧 文/图）

三仁畲族乡

【概况】三仁畲族乡位于遂昌县中部，区域面积79平方千米，辖8个行政村64个自然村。乡政府驻地高碧街村，距离遂昌县城10千米，主要河流为忠溪—北溪，主交通干线三（墩桥）际（下）线。

2021年末，全乡农业户籍3149户，农业人口8250人，年内出生45人，死亡69人。三仁畲族乡是遂昌县唯一的少数民族乡镇，2021年有畲族人口2061人，占全乡总人口的24.98%，是全县畲族人口比例最高的乡镇。

全年实现工农业总产值2.29亿元，比2020年增长1.7%。财政总收入3294.77万元，比2020年增长25.22%。农民人均可支配收入23434元，比2020年增长10.2%。

三仁畲族乡为遂昌县城“后花园”，开发有三墩文化园、关雎文化园。名胜古迹有：国家级文物保护单位好川遗址、精进院遗址。“小忠龙藏”牌冬笋是遂昌县著名特产。

2021年三仁畲族乡各行政村基本情况统计表

表19

村名	自然村（个）	户数（户）	人口（人）	山林面积（公顷）	耕地面积（公顷）	集体经济（万元）	人均收入（元）	党组织书记村委会主任
高碧街	15	602	1545	225	92	102.58	23469	应水寿
十三都	6	279	701	908	65	43.83	24723	邱仙良
大　觉	5	373	1001	116	75	23.33	23039	尹土松
坑　口	10	362	1056	889	101	39.90	23524	蓝法松
小　忠	9	584	1341	259	109	57.28	23403	程卫星
好　川	10	379	1028	745	129	58.50	23100	邓科炜
沙　口	5	284	772	215	90	40.69	22954	王利明
排　前	4	286	806	298	87	50.21	23257	雷月新
合　计	64	3149	8250	3655	748	416.32	23434	

【产业发展】全年实现农业总产值11720万元，比2020年增长4.99%。全乡有茶园面积639公顷，蔬菜种植面积193公顷，水果种植面积28公顷，其他经济作物种植面积302公顷。

全年实现工业总产值1.12亿元，比2020年增长1.04%。完成固定资产投资1064万元。统筹总部经济招引工作，完成总部经济纳税额583.14万元，比2020年增长91.07%。

把发展乡村休闲旅游与弘扬畲族传统文化相结合，打造中高端精品民宿，建设休闲渔场、稻鱼共生、竹酒探秘等特色项目。五一期间，举办“长情小忠·畲乡集市”，通过畲乡集市、民俗体验、畲族传统美食、畲族文化表演等方式，实现引流3万多人。5月9日，举办“万物开源·古道探秘”中国户外山地越野跑公开赛，全国各地共600余名选手参赛。

【集体经济】三仁畲族乡以“村企结对”帮扶资金加上县财政“消薄”项目补助资金，建成屋顶分布式光伏发电“消薄”联建项目。2021年，该项目实现收益50余万元，村均增收6万余元。

全乡8个村投资成立“共同富裕”联建强村公司，打造“小畲味”品牌。公司收购农户的笋、茶叶、黄米粿等农产品，包装成“小畲味”品牌，以畲族特色网红主播及畲乡农产品电商直播的形式进行营销。2021年，强村公司与诸暨市签订价值6万余元的“山海协作”订单，和南湖区签订80万元的采购意向协议。此外，三仁畲族乡木槿花种植基地和“花来花往”特色餐厅项目，自2019年5月建成投入经营后，每年为5个村实现稳定收益7万元。

▲2021年，三仁畲族乡开设“小畲味”直播平台

【村镇建设】2021年，完成关雎文化园迁建安置小区配电工程、集镇停车场项目工程、民族村光伏联建工程等一批重点工程，排前村生活污水处理终端工程、好川段河道综合整治工程、大觉村项村停车

场、十三都村水毁应急修复工程等一批村级项目竣工。打造小忠村、高桥村花园数字乡村精品村。

【社保民生】2021年，全乡居民基本医疗保险参保率99.90%，居民基本养老保险参保率99.29%，“浙丽保”参保率99.43%。举办全市防汛防台实战模拟演练，开展新冠疫情防控演练和消防安全演练。完成排前村、十三都村、好川村的“仁家”多功能服务站建设。完成建设用地复垦0.68公顷。购买了1台秸秆粉碎机，在沙口村进行秸秆粉碎试点。

【“爱健康送温暖美家园”志愿活动】3月4日，三仁畲族乡开展“爱健康送温暖美家园”巾帼志愿活动，乡、村50余名妇女参加。大家观看家风家教短片，听“关爱女性、预防两癌”健康知识讲座，开展志愿服务活动，清理村道、弄堂、河道两侧的垃圾，向村民发放垃圾分类宣传册，走访慰问“三留守”（留守儿童、留守妇女、留守老人）家庭，为困难老人和残疾人提供体检、家务清扫等服务。

【“青干惠农业直播带好货”活动】6月6日，由县第22期青干班策划主办，三仁畲族乡协办的“青干惠农业直播带好货”活动在“小畲味”生态农产品直播平台上举行，青干班学员通过平台向全国网友推介畲乡美食、风土人情。“小畲味”视频号观看直播1350人次，直播间最高在线人数600人。活动举行了青干助农签约仪式，嘉兴味道生态农业发展有限公司与遂昌“小畲味”生态农业发展有限公司签订价值80万元的笋制品销售合同。

▲6月6日，三仁畲族乡举行“青干助农”签约仪式

（叶婉珍 文/图）

垵口乡

【概况】垵口乡位于遂昌县西南部，区域面积163平方千米，辖9个行政村65 个自然村。乡政府驻地根竹口村，距离遂昌县城35千米。主要河流十四都源，主交通干线省道227线。

2021年末，全乡总农业户籍2152户，农业人口6415人。年内出生48人，死亡64人。

全年实现工农业总产值1.42 亿元，比2020年增长10.07 %。财政总收入2072.65万元，比2020年增长40.9 %。农村经济总收入11117.56万元，比2020年增长10.67%。农村居民人均可支配收入22690元，比2020年增长10.4 %。

名胜古迹和文化遗产有：十八里翠国家级水利风景区、神龙谷AAAA级景区、神龙谷漂流。

2021年垵口乡各行政村基本情况统计表

表20

村名	自然村（个）	户数（户）	人口（人）	山林面积（公顷）	耕地面积（公顷）	集体经济（万元）	人均收入（元）	党组织书记村委会主任
根竹口	8	254	883	2239	37	39.41	24000	吴良雄
垵 口	6	277	828	2104	51	67.73	24129	林火发
大 山	9	189	504	2123	22	68.49	22378	陈先明

续表20

村名	自然村（个）	户数（户）	人口（人）	山林面积（公顷）	耕地面积（公顷）	集体经济（万元）	人均收入（元）	党组织书记村委会主任
乐山头	3	144	448	1297	21	29.13	21507	吕骁
小 岩	5	116	327	1443	17	31.24	22835	尹 冰
石 仓	6	171	522	2101	24	26.54	24606	周立文
桂 洋	11	383	1099	1507	62	44.99	21888	周土高
葛程村	10	343	954	620	82	43.09	20843	翁建贵
徐 村	7	275	781	370	63	32.00	22028	毛仁风
合计	65	2152	6415	13806	379	382.62	22690	

【产业发展】全乡有茶园面积200余公顷，蔬菜种植面积120公顷，香榧种植面积60公顷，中药材种植面积133公顷。松涛家庭农场与江西百康药业签订长期合作协议，遂昌星火中草药专业合作社将三叶青销往衢州、上海、湖北等地。新建遂昌云谷生态农业基地40公顷。“百山青绿”牌三叶青参展第12届中国义乌国际森林产品博览会获金奖。全乡中蜂养殖3730箱，年产值500余万元。出台《中华蜜蜂特色小镇发展规划》。

2021年，全乡工业总产值3653万元。其中，11家水电站产值1673万元，27家茶叶加工企业产值1780万元，立新竹木加工厂产值100万元。浙江水立方有限公司生产的“十八里翠”山泉水年产10万吨天然饮用水，实现经济效益100余万元，主要用于宾馆定点用水或各种规格会议指定用水。

▲暑期，垵口乡神龙谷漂流迎来旺季

2021年，全乡旅游综合收入880万元，其中神龙谷景区门票收入110万元，农产品销售收入400万元，农家乐民宿收入350万元。依托南尖岩、神龙谷AAAA级景区辐射带动，推进石仓石柱源、仓库坛民宿建设。

【乡村建设】完成大山村花园数字乡村建设。持续推进草甘膦等高风险农药禁售禁用工作。对标新时代美丽城镇省级样板，深化环境整治，开展“家家整洁，村村清洁”洁净乡村专项整治。完成农户旱厕拆除39户、改建45户。巩固“四位一体”河道管护模式，确保一江清水送县城。朱口大桥、徐村村饮用水改造提升、乐山头村级办公场所等一批民生项目完工。组织258名党员开展困难群众微心愿认领活动，为群众办实事好事1592件。

2021年，垵口乡完成“大搬快聚富民安居”工程意向户签约154户593人。葛程村横坞儿自然村整村搬迁。推进“一户多宅”清理整治，全年拆除建筑面积12252平方米。第一批建设用地复垦立项0.50公顷完成验收，第二批0.49公顷已立项。

【社会民生】城乡居民基本医疗保险、基本养老保险、“浙丽保”参保率均在99%以上。有低收入农户245户379人，享受“雨露计划”11人。对全乡文化礼堂进行改造提升，举办文化走亲、桂洋花灯传承讲座等文化活动。徐村村文化礼堂获评四星级文化礼堂。撤垵口乡中心小学，并入遂昌实验教育集团后江校区。垵口卫生院设“流动医院”，方便群众在家门口就医，低收入农户家庭医生签约全覆盖。开展“两慢病”（高血压、糖尿病）免费用药工作，惠及全乡500余人。做好水电站分红、山林承包、光伏小康项目增收、“飞地”项目收益等工作。争取到县批扶持村级集体经济发展项目资金350万元，完成入股水电站签约。（黄燕）

濂竹乡

【概况】濂竹乡位于遂昌县东部，区域面积55平方千米，辖9个行政村17个自然村。乡政府驻地治岭头村，距县城23千米。主要河流有梧洞源上游和濂溪支流。主交通干线连（头）直（坑岙）线。

2021年末，全乡农业户籍1407户，农业人口3797人。年内出生25人，死亡36人。

全年完成固定资产投资1489万元，实现财政总收入2402万元，比2020年增长33.56%。农村经济总收入4398万元，比2020年增长7.84%。村集体经济总收入381.67万元，村均42.4万元。农村居民人均可支配收入18717元，比2020年增长6.4%。

自然和人文景观有：AAAA级景区遂昌金矿国家矿山公园、牛头山景区。遂昌金矿开采历史逾千年，被誉为“江南第一矿”。大竹小岱村古松树长廊，有保护完好的古树群22片，散生挂牌保护树龄超100年古树115株。

2021年濂竹乡各行政村基本情况统计表

表21

村名	自然村（个）	户数（户）	人口（人）	山林面积（公顷）	耕地面积（公顷）	集体经济（万元）	人均收入（元）	党组织书记村委会主任
治岭头	2	135	366	854	37	53.09	20465	周海斌
苏　旺	1	37	114	139	18	23.29	20420	李伟强
黄　坛	2	105	324	755	26	51.67	17662	潘林贵
刘　坑	3	144	411	367	30	56.16	17625	刘文旺
大竹小岱	2	270	705	758	63	38.88	18924	潘庆华
柘　坑	1	92	264	374	21	31.48	18485	郑仁亮
瓦窑岗	2	184	352	438	42	30.34	17358	郑兆岳
横　坑	2	261	774	796	62	53.72	17262	潘枝旺
千义坑	2	179	517	736	58	43.04	20248	刘建明
合　计	17	1407	3797	5127	357	381.67	18717	

【农业】全乡有茶园面积90公顷。利用海拔600米以上山区生态优势，从四川省通江县引进紫色马铃薯，在横坑村、瓦窑岗村、柘坑村试种。争取项目资金，帮扶苏旺蛋鸡养殖场实现投喂、捡蛋、粪便处理“一体化”，全年产值超千万元。千义坑宅拳头、苏旺白田、苏旺鲤鱼岗3个区块，涉林垦造整改面积10.93公顷，通过省、市验收。

“大搬块聚富民安居”工程有51户182人完成选房工作。瓦窑岗村安门自然村整村搬迁，涉及37户142人，大部分搬迁至金岸小区和腾龙小区。

【项目工程】完成刘坑村至潘村机耕路硬化，完成刘坑村小流域综合治理项目，完成大竹小岱村农村饮用水提升项目。实施“矿耕古村、花园濂竹”沿线路灯亮化工程。完成大竹小岱和村和苏旺村文化礼堂建设。濂竹大桥项目稳步推进。推进遂昌县土石方消纳场项目、遂昌金矿黄铁矿废水综合治理项目政策处理。全年完成固定资产投资1489万元。

【社会民生】2021年，城乡居民基本养老保险、基本医疗保险、“浙丽保”参保率均在99%以上。全乡有低保户78户116人，全年发放低保金59.48万元，发放残疾人“两项补贴”15.23万元。濂竹乡居家养老中心交付使用。成功创建国家级卫生乡镇。

【农产品网络直销活动】6月18日，由濂竹乡政府主办、遂昌县电子商务公共服务中心承办的“深山紫土豆，达人来带货”电商直播活动在横坑村举办，10位遂昌达人主播通过抖音平台进行了2小时直播，累计销售紫土豆5000余千克，直播观看20.1万人次，点赞50.3万人次。4家企业与横坑村股份经济合作社达成长期食材供应协议。

▲6月18日，濂竹乡举办“深山紫土豆，达人来带货”电商直播活动

6月30日，在刘坑村局下自然村举办“爆浆水果玉米开采节”暨“古松长廊”打卡营销活动。活动邀请遂昌“赶街”电商、抖音直播达人进行线上直播，当天累计观看直播人数2万余人，销售2万多把水果玉米。

【网络直播大赛总决赛】11月12日，濂竹乡网络直播大赛总决赛在黄金大酒店进行，从初赛中晋级的10名选手角逐桂冠。参赛选手中有兼职主播、企业员工、农民。赛事通过抖音平台同步直播，最高在线人数超过1000人。评委综合选手主播形象、直播话术、产品知识等，评选出一等奖1名，二等奖2名，三等奖3名。（张诗雨 文/图）

湖山乡

【概况】湖山乡位于遂昌县西部，区域面积187平方千米，辖11个行政村123个自然村。乡政府驻地湖山村，距县城32千米。全境水域面积广阔，有17平方千米，称仙侠湖。

2021年末，全乡农业户籍3652户，农业人口10975人。年内出生55人，死亡83人。

全年实现工业总产值2.85亿元，比2020年增长27%。实现财政收入4636.36万元。农村居民人均可支配收入22034元，比2020年增长11%。

湖山乡拥有温泉、湖泊、森林、生态农业、非遗等丰富的农旅文化资源。自然和人文景观有：湖山国家森林公园、红星坪温泉度假村、赤山塔、黄泥岭躬耕书院等。

2021年湖山乡各行政村基本情况统计表

表22

村名	自然村（个）	户数（户）	人口（人）	山林面积（公顷）	耕地面积（公顷）	集体经济（万元）	人均收入（元）	党组织书记村委会主任
湖　山	10	500	1505	1071	81	41.47	23190	梁根文
珠村畈	8	237	695	932	51	20.29	22461	梁国强
湖　方	14	215	794	1672	68	32.24	22305	彭火贤

续表 22

村名	自然村（个）	户数（户）	人口（人）	山林面积（公顷）	耕地面积（公顷）	集体经济（万元）	人均收入（元）	党组织书记 村委会主任
三　归	10	281	839	1055	80	28.81	22407	谢春旺
长　安	17	550	1666	658	112	68.15	21879	邱金源
奕　山	10	541	1561	788	135	23.52	21901	涂火祥
坪　峰	10	170	546	2892	32	29.43	23115	罗裕建
红星坪	8	252	749	753	38	29.13	23233	曾　鸿
黄泥岭	18	433	1181	1639	88	35.76	20905	叶素珍
福罗淤	9	264	803	1597	44	24.71	20482	叶林兵
姚　岭	9	209	636	1742	55	26.84	20491	赖利俊
合　计	123	3652	10975	14798	785	360.35	22034	

【产业发展】全乡粮食播种面积530公顷，番薯新品种推广100余公顷。完成山油茶、茶叶等传统产业改良460公顷。打造仙侠湖环湖绿道四季鲜果产业带，发展青钱柳、猕猴桃、蓝莓等水果面积80公顷。投资1100万元，建成规模化节水灌溉增效示范项目，受益农田面积400余公顷。

对全乡61家工矿企业开展生产和安全检查，服务企业发展。塘坞里矿区萤石矿详查绿色勘查示范创建项目入选全国第二批绿色勘查示范项目名单。

全力开展“三乡建设”（温泉旅游度假乡、精品民宿集聚乡、高端户外运动乡）。地心温泉、开元芳草地酒店、悬崖酒店、米蜗民宿等项目全面推进，赛艇俱乐部、房车露营等新经济项目落地，玉茗山居、诗里湖山、溪云里等10余家精品民宿经营良好。培育规模以上旅游企业4家。全年接待游客40万人次，实现旅游综合收入3100万元。

10月13日，在省委组织部举办的“党课开讲了”丽水主场活动中，湖山乡作“天工之城”建设经验介绍。11月1日，在第十届“智汇丽水”人才科技峰会上，湖山乡作“天工之城”建设经验介绍。

【城镇建设】全力推进遂昌—江山公路、湖山新大桥建设，完成大溪边及黄泥岭交通码头、水上救助指挥中心、乌溪江大桥等项目建设。有序实施自来水厂、温泉水厂、未来乡村、集镇沿线外立面改造等项目。建成垃圾分类站、资源化处理站、智能回收超市等66个站点。完成4个村级活动场所和5个文化礼堂建设。推进医共体湖山分院扩建、湖山中心敬老院改造提升项目。实施福罗淤村省级历史文化村和姚岭村省级传统村落项目建设，红星坪村获评丽水市首批生态价值实现示范村。完成建设用地复垦0.63公顷。通过“基本无违建”乡镇创建考核验收。创建2021年度浙江省美丽城镇建设样板。

▲2021年，提升改造后的红星坪温泉度假村

【社会民生】城乡居民基本医疗、基本养老保险参保率均在99%以上。全年发放低保、“五保”、特困供养资金360余万元。临时救助群众80人，发放

救助金8.1万元。资助10名贫困生。推进“大搬快聚富民安居”工程，全乡34户120人实现搬迁，完成坪峰村九峰岩自然村整村搬迁。建成红星坪村湖畔旅游接待中心、黄泥岭村校舍改建民宿、“天工鱼仓”等“消薄”项目。全乡11个村集体经济总收入360.35万元，其中经营性收入142.73万元。

【河湖整治】乡、村干部开展巡河400余人次。完成7个村生活污水治理，完成6个村中小河流整治项目。建成智慧化巡检项目——智慧水域立体化巡检系统，运行美丽河湖面治理“一件事”，全面管控湖面漂浮物、渔业养殖、非法船舶等水域环境问题，实现龙鼻头交接断面水质常年保持一类水质。

【躬耕戏剧工作室挂牌】8月27日，躬耕戏剧工作室正式挂牌成立。位于湖山乡黄泥岭村的躬耕书院成立于2011年，旗下的音乐筑梦班，面向遂昌山区儿童进行音乐专业教学，邀请国内知名音乐界人士执教。筑梦班学员先后在中央电视台、苏州太湖大学堂、杭州大剧院、处州大剧院等舞台上演出，并参加了2019北京世界园艺博览会开幕式、中央电视台改革开放四十周年演唱会、遂昌汤公音乐节等演出。躬耕戏剧工作室创作、音乐筑梦班首演的音乐剧有《糖果屋》《汤显祖与莎士比亚》《不要留我一个人在角落》等。（蓝景 文/图）

▲2021年，躬耕书院邀请知名音乐家为音乐筑梦班学员授课和排练

应村乡

【概况】应村乡位于遂昌县北部，区域面积83平方千米，辖9个行政村57个自然村。乡政府驻地应村村，距县城37千米。主要河流为桃溪。主交通干线峡（口门）北（界）线、北（界）应（村）线。

2021年末，全乡农业户2760户，农业人口8367人。年内出生45人，死亡96人。

全年实现工农业总产值5417万元，比2020年增长27.2%。财政总收入1809.68万元，比2020年增长7.48%。村集体经济总收入288.22万元，其中经营性收入112.95万元。农村居民人均可支配收入21018元，比2020年增长9.7%。

应村乡有竹林面积3300公顷，面积居全县第一位。西山头小辣椒为遂昌县特色农产品。

2021年应村乡各行政村基本情况统计表

表23

村名	自然村（个）	户数（户）	人口（人）	山林面积（公顷）	耕地面积（公顷）	集体经济（万元）	人均收入（元）	党组织书记村委会主任
应　村	8	436	1305	425	66	27.59	21225	周程锋
东　源	8	293	861	811	35	46.44	21362	傅英林
桃　溪	4	387	1094	504	59	47.14	21162	罗建洪
西山头	6	156	536	368	32	20.55	20458	郑春青
天师坛	7	275	885	442	30	35.62	21096	郑春耕

续表 23

村名	自然村（个）	户数（户）	人口（人）	山林面积（公顷）	耕地面积（公顷）	集体经济（万元）	人均收入（元）	党组织书记村委会主任
竹 溪	6	286	816	1032	23	23.17	21052	郑朝晖
双 里	4	328	1035	555	25	21.29	20967	张良信
定 溪	7	254	803	667	19	23.82	20612	周 俊
高 棠	7	345	1032	1454	51	42.60	21228	周焕兰
合 计	57	2760	8367	6258	340	288.22	21018	

【产业发展】2021 年，应村乡推进红心猕猴桃、西山头辣椒、高棠番薯干等农产品标准化和品牌化建设。全乡有茶园面积 43 公顷、猕猴桃种植面积 18 公顷、中药材种植面积 10 公顷。高棠村通过土地流转，实现番薯与蟠桃间作套种 10 公顷。全乡有生态公益林面积 3415 公顷。2121 年涉林垦造耕地项目通过市级验收。桃溪村完成“一村万树”省级示范村工程建设。

高棠村被认定为省级农家乐集聚村，应村村猕猴桃观光园获评省级旅游果蔬采摘基地。兰台居康养中心开工建设。通过举办赏花踏青节、猕猴桃采摘节、春笋节、“动感桃溪”素质拓展等活动，实现农旅综合收入 3000 余万元。

【村镇建设】完成桃溪村美丽乡村建设、高棠村文化礼堂等“一事一议”项目。完成 6 个村的饮用水达标提标工程。建成 35 千伏应村输变电站和综合能源站，实施 10 千伏线路、配网改造项目。实施移民库区项目，总投资超 500 万元，移民村庄基础设施明显改善。全乡共设垃圾分类点位 156 处，生活垃圾集中处理站建成投运。推进美丽桃溪沿线环境整治，创建国家级卫生乡镇和 AAAA 级景区乡镇。应村村、桃溪村被评为省级美丽乡村特色精品村，高棠村被评为省级生态文化基地。

【重点工作】完成桃溪村半岭、天师坛村平坛、定溪村汀溪 3 个地质灾害隐患点整治，实现签约、撤离、腾空、拆除“四个 100%”目标，建成南塘安置小区，完成全省大搬快治现场会点位考察任务。完成“大搬快聚富民安居”工程三年任务，累计搬迁 170 余户 600 余人，高山、白家岭、铁索岭、黄庄岭头、大垄坑、白岩 6 个自然村实现整村搬迁。完成建设用地复垦 6.8 公顷。桃溪、天师坛、应村、竹溪 4 个村联建的“动感桃溪”户外拓展基地实现获利分红。全乡 9 个村均完成集体经济“消薄”任务。

【社会民生】城乡居民基本医疗保险和基本养老保险参保率均在 98%以上，“浙丽保”参保率 90%以上。全乡建成 9 个居家养老日间照料中心和 1 个居家养老服务中心，建成应村乡“残疾人之家”。完成桃溪、应村、高棠、双里等村的公墓提升。成立全县首个乡镇级慈善分会。实现全乡低收入农户信息数字化，低收入农户结对率 100%。

全乡建成 7 个文化礼堂，完成应村乡综合文化站和 9 个村农家书屋建设。创成省三星级乡镇食品安全委员会办公室。改造学校配套设施。完成应村乡卫生院中医馆、康复中心改建。开展家庭医生签约服务，年签约 3000 余人，签约率为 42%。

【春笋节暨牧马人俱乐部联盟越野踏春活动】3 月 20 日，应村乡首届春笋节暨牧马人俱乐部联盟越野踏春活动在高棠村举办。活动吸引了华东地区 70 余辆牧马人越野车和 100 余位车友参与。本次活动结合春笋上市时节，将挖笋体验活动与踏春、越野自驾相结合，挖笋优胜和越野优胜的车友都可以得到主办方提供的农特产品大礼包。活动还向“浙西川藏线”推广大使进行了颁奖，为高棠村越野驿站授牌。辰通、西子等5个牧马人俱乐部将“江南越野第e村”（应村乡高棠村）作为指定越野驿站。

▲3月20日，应村乡举办首届春笋节活动

【“我心向党”主题竹韵嘉年华】4月，应村乡中心小学举办“我心向党”主题竹韵嘉年华活动，以此庆祝中国共产党成立100周年。180多位学生在老师指导下，在竹匾、斗笠等竹编制品上绘制百年党史图。学校让绘制竹匾画的学生当党史讲解员，给其他师生讲解竹匾画背后的党史故事。为此，学校采购制作了1000多个竹匾、斗笠。

▲4月，应村小学举办竹韵嘉年华活动

【兰台居文化园开工】5月25日，兰台居文化园项目开工仪式在应村乡举行。兰台居文化园规划占地面积39.4公顷，预算投资4亿元。该项目以金田寺为核心地块，打造一个集文化体验、禅意空间、森林康养、旅游休闲等功能于一体的大型文化精品高端民宿，成为森林康养综合性休闲度假胜地。项目共分三期，本次开工一期项目金田寺康养中心，投资约5000万元。（李慧君 文/图）

高坪乡

【概况】高坪乡位于遂昌县北部，区域面积48平方千米，辖6个行政村43个自然村。乡政府驻地高坪新村，距离县城53千米。主要河流桃溪。主交通干线应（村）高（坪）线。

2021年末，全乡农业户籍1873户，农业人口5473人。年内出生19人，死亡42人。

全乡农村经济总收入12467万元，比2020年增长20.63%。财政总收入2139.28万元，比2020年增长9.17%。农村居民人均可支配收入19549元，比2020年增长9.5%。

风景名胜有北斗崖景区、石坪花海、桃源尖万亩杜鹃林等。

2021年高坪乡各行政村基本情况统计表

表24

村名	自然村（个）	户数（户）	人口（人）	山林面积（公顷）	耕地面积（公顷）	集体收入（万元）	人均收入（元）	党组织书记村委会主任
高坪新村	6	446	1338	936	79	33.03	20271	祝青锋
茶树坪	10	303	885	453	45	30.39	19749	黄久富
湖　连	9	361	1050	802	33	21.47	18902	周根洪

续表 24

村名	自然村（个）	户数（户）	人口（人）	山林面积（公顷）	耕地面积（公顷）	集体收入（万元）	人均收入（元）	党组织书记村委会主任
淡　竹	4	185	494	355	31	21.66	19269	周文顺
石　坪	9	300	898	662	67	25.46	19388	傅元金
箍桶丘	5	278	808	650	43	35.28	19714	张传荣
合　计	43	1873	5473	3858	298	167.29	19549	

【产业发展】全乡粮食播种面积332公顷，高山蔬菜种植面积249公顷。有茶园面积33公顷、山桠皮种植面积707公顷。完成农田“非粮化”整治面积35.3公顷。开展炭基肥改良土壤和连作障碍试点示范，推进“一根稻草”革命。桃源小蜗牛家庭农场流转土地10.7公顷，以自然农法种植生态水稻。

全乡6个村全部发展乡村休闲旅游，共开办农家乐（民宿）249家，有床位数4216个。全年接待旅游46万余人次，实现综合收入5100万元。高坪游客服务中心建成开放，箍桶丘村“云隐源奢”“石门云栖”精品民宿开业。加强与上海碧云花园、杭州大成旅行社、西湖景区民宿协会的合作，拓展避暑康养市场。

▲7月，都市游客“扎堆”到高坪乡避暑休闲

【乡村建设】“大搬快聚富民安居”工程累计签约211户738人，已搬迁59户232人。推进“一户多宅”清理整治、“三改一拆”“五水共治”等工作。开展“微笑高坪、洁净乡村”活动，实施村庄整治工程，提升村容村貌环境。投入1550万元开展小城镇环境综合整治工作。《高坪乡集镇规划》文本入围丽水市规划样板名录推荐乡镇。

6月6日，“天工之城”杯高坪乡村活化设计大赛举行评审会，特邀专家、教授对参赛作品进行评审。本次赛事吸引全国83所高校的团队参赛，共收到265份设计作品。经过多轮评审和投票，产生入围决赛的前15强作品。

【社会民生】城乡居民基本医疗保险、基本养老保险、“浙丽保”参保率均超99%。核查摸底低保户255户402人，开展走访慰问，做好动态管理。低收入农户户均增收超20%。继续推行“稻梦空间、一元扶志”基金计划，19户低收入农户得到帮扶。

金竹叶村至高坪岱岭道路改建工程完成全线硬化，应村双溪口至淡竹道路改建工程全面完工。新建竹山道路4条。完成“智慧乡村”一期、二期建设，“智慧高坪”初具模型。完成遂昌碧云花园生态产品价值实现培训基地征地工作，该项目流转土地2.67公顷，总投资2180万元，其中2021年度投资800万元。推进“一事一议”、移民扶持、扶贫开发等项目建设。

【石姆岩越野基地俱乐部授牌】1月2日，由路虎杭州俱乐部主办、丽水蚂蚁探路乡村服务有限公司承办的“2021路虎杭州年会遂昌穿越”暨“石姆岩越野基地”俱乐部授牌仪式在箍桶丘村圣塘自然村举行。活动吸引了60台路虎车140余名车友参与。路虎杭州俱乐部与高坪乡签订协议，建立长期合作关系，将石姆岩基地作为俱乐部指定体验场地，将遂昌的湖光山色、温泉、滑雪、户外运动与自驾越野组合，推荐给省内外越野爱好者群体，为遂昌的乡村旅游吸引人气。

▲1月2日，2021路虎杭州年会遂昌穿越活动在高坪乡北斗崖下举行

【全市优秀“消薄”项目大比拼】5月19日，在丽水市首届优秀“消薄”项目大比拼活动中，全市9个乡镇（街道）强村公司优质“消薄”项目同台竞技，遂昌县高坪乡强村公司获评三等奖，获得奖金50万元及省农信联社的授信额度500万元。2018年以来，高坪乡结对南湖区余新镇，打造全省首个乡镇“科创飞地”项目——余新两创中心，通过“借鸡生蛋”推动全乡6村集体经济高质量“消薄”。

（钟敏 文/图）

焦滩乡

【概况】焦滩乡位于遂昌县西南部，区域面积85平方千米，辖5个行政村33个自然村。乡政府驻地焦娄村，距离县城46千米。主要河流为乌溪江。主交通干线三（墩桥）际（下）线。

2021年末，全乡农业户籍1064户，农业人口2805人。年内出生18人，死亡21人。

全年实现工业总产值1101万元。农村经济总收入5937.61万元，比2020年增长3.9%。农村居民人均可支配收入20376元，比2020年增长7.7%。

独山村是中国历史文化名村、浙江省历史文化保护区；独山石牌坊是全国重点文物保护单位。焦滩鱼头是遂昌县有名的美食。

▲焦滩乡“鱼头一条街”标志雕塑

2021年焦滩乡各行政村基本情况统计表

表25

村名	自然村（个）	户数（户）	人口（人）	山林面积（公顷）	耕地面积（公顷）	集体经济（万元）	人均收入（元）	党组织书记村委会主任
独山	9	252	587	2900	29	38.44	19495	叶利雄
蔡口	4	174	403	182	27	26.18	21400	叶尚芳
焦娄	4	192	511	1019	35	37.62	20846	江利明
大路沿	9	188	538	1663	39	29.06	20530	曹昌根
前山	7	258	766	995	36	34.02	19610	陈荣胜
合计	33	1064	2805	6759	166	165.32	20376	

【产业发展】2021年，焦滩乡依托大路沿村名优桃基地、覆盆子基地，大溪坝有机鱼养殖（垂钓）基地，推动农业产业从单一向多元化发展，大路沿村名优桃基地成为网红打卡点。全乡有茶园面积402公顷，茶叶产量633吨，产值5482万元。有中药材种植面积33.3公顷、名优桃种植面积26.7公顷、油茶种植面积100公顷。

全乡有农家乐及民宿37家、餐位2200个，主要集中在焦滩鱼头一条街和独山村。全年旅游综合收入4000余万元。2021年，焦滩乡引进“盛世花园·竹邻院”和诗莉莉度假村项目。谋划独山村耕读传家项目，腾退闲置住宅，保护古建筑，盘活现有建筑，实现古村落的活化。

【乡村建设】完成小城镇环境综合整治，开展景观微改造工程，推进焦娄村花园数字乡村建设，提升城镇品质。完成焦滩乡居家养老服务中心建设。完成焦娄村垃圾分类中转站建设工作。焦滩乡移民创业服务中心开工建设。提升改造鱼头一条街。创建省级卫生乡镇。

完成4个村的建设用地复垦项目。完成大路沿村香菇寮山塘水毁应急修复工程、蔡口村水毁应急修复工程。完成在蔡口村、前山村、独山村机耕路硬化项目。在前山村新建2座公厕。

【社会民生】深入开展“一户一策一干部”结对帮扶工作，整合各项帮扶政策、惠农政策。全年发放低收入农户补助资金12.3万元，发放低保金84.89万元，发放残疾人“两项补贴”35.5万元，开展困难慰问50余人次。

完成大路沿村大横岗自然村整村搬迁，拆除房屋45宗，耕地垦造0.67公顷。坟垵里垦造耕地项目被定为全市涉林垦造耕地现场会点位。

谋划“渔旅融合、宜美焦娄”水库移民共同富裕示范项目，促进村集体经济发展。2021年，全乡5个村均高质量完成“消薄”任务，主要收入来自5个村联建的“消薄”项目——为农水电站，自2020年6月投产发电以来，已实现分红48.3万元。

▲为农水电站厂房。该电站是焦滩乡5个村联建的“消薄”项目

【引进诗莉莉·漫戈塔度假村项目】9月1日，遂昌县文广旅体局与杭州聚程文化有限公司签订《遂昌焦滩诗莉莉·漫戈塔度假村项目协议书》。该项目位于焦滩乡大路沿村沿上自然村，计划利用该村香菇寮区块，打造集度假、游乐、趣味田园、网红打卡于一体的沉浸体验式度假空间。漫戈塔是诗莉莉集团旗下的知名度假品牌，主营高端度假村、度假酒店和相关主题业务。（叶清青 文/图）

龙洋乡

【概况】龙洋乡位于遂昌县西南部，与龙泉市岩樟乡、住龙镇毗邻，区域面积148平方千米，辖6个行政村69个自然村。乡政府驻地龙洋村，距离县城67千米。主要河流有住溪源、碧龙源，汇合称乌溪江。主交通干线国道528线。

2021年末，全乡农业户籍1519户，农业人口3962人。年内出生20人，死亡39人。

全乡农业总产值6589.8万元，比2020年增长4.7%；实现财政总收入137.4万元，比2020年下降7.58%。村集体经济总收入170.48万元。农村居民人均可支配收入21001元，比2020年增长10.7%。

西滩村是全国生态文化村，茶园武术被列为省级非物质文化遗产。

2021年龙洋乡各行政村基本情况统计表

表26

村名	自然村（个）	户数（户）	人口（人）	山林面积（公顷）	耕地面积（公顷）	集体经济（万元）	人均收入（元）	党组织书记村委会主任
龙 洋	5	244	609	1543	18	32.01	22051	项梅英
凉潭口	5	262	763	1596	34	25.92	20308	朱建友
九龙口	18	381	953	2801	42	36.61	20200	戴向伟
西 滩	7	134	342	2411	9	21.87	22625	张根信
埠头洋	25	324	806	1804	36	28.23	20556	林慧华
黄 赤	9	174	489	1915	23	25.84	20263	程昌贵
合 计	69	1519	3962	12070	162	170.48	21001	

【项目建设】2021年，龙洋乡主要建设项目有：遂昌县第九批历史文化（传统）村落保护利用项目（凉潭口村、龙洋村、埠头洋村）；乡村振兴示范带环境提升项目；建设用地复垦项目；九龙口村污水处理设施提升改造；凉潭口村停车场工程和文化健身休闲公园项目；凉潭口村水毁修复工程；西滩村茶园自然村新建游步道、廊亭及观光平台项目。

开工建设集镇自来水厂，位于凉潭口村，厂房占地300平方米，铺设管道长7000米，建成后可解决凉潭口、九龙口、龙洋3个村近千户农户的生活用水需求。建成龙洋村屋顶光伏“消薄”项目，该项目总投资150余万元，光伏发电装机容量315千瓦，11月正式并网发电。年发电量30万千瓦时，每年可为村集体增收约15万元。

【社会民生】2021年，龙洋乡城乡居民基本医疗保险、基本养老保险、“浙丽保”参保率均在98%以上。全乡有低保户106户163人。推进“大搬快聚富民安居”工程，实施搬迁21户67人。开展“一户多宅”清理整治和“三改一拆”，共拆除房屋46宗、面积6030平方米。完成5幢7户危旧房治理改造，拆改旱厕26个。垦造耕地复垦0.41公顷。

全乡中蜂养殖2285箱（桶），全年蜂蜜产量约12吨。11月，九龙口村村庄环境、蚊虫孳生地清理情况、蚊虫密度控制水平等考核内容均达标，成为遂昌县首个通过“无蚊村”评估的村庄。

【乡村获评全国性荣誉】12月3日，以“激发乡村活力，聚力城乡融合”为主题2021乡村振兴促进共同富裕论坛暨“中国最美村镇”颁奖典礼在浙江省丽水市举行。遂昌县龙洋乡西滩村获评“2021中国最美村镇”生态宜居成就奖。该项评选活动由第一财经发起并联合全国80多家媒体创办。截至2021年，全国有5726家村镇参与了评选。

12月29日，由《小康》杂志社主办的2021第十六届中国全面小康论坛暨首届中国经济社会高质量发展论坛在广州市举行，遂昌县龙洋乡被评为“2021年度中国乡村振兴十大示范村镇”。深圳乐

▲12月3日，龙洋乡西滩村获评“2021中国最美村镇”生态宜居成就奖

领生活发展有限公司选择龙洋乡茶园村，探索乡村活化模式，打造历史、文化、民俗等与现代艺术融合的“情境乡村”，为业界和地方提供可借鉴的实践经验，助力龙洋乡获得该项全国性荣誉。

（邱佳伟 文/图）

蔡源乡

【概况】蔡源乡位于遂昌县中西部，区域面积56平方千米，辖4个行政村36个自然村。乡政府驻地蔡和村，距离县城51千米。主要河流为蔡源。主交通干线三（墩桥）际（下）线。

2021年末，全乡农业户籍1169户，农业人口3246人。年内出生21人，死亡28人。

全年实现工农业总产值5471万元，比2020年增长1.4%。其中，农业产值3476万元，工业产值1995万元。农村居民人均可支配收入21430元，比2020年增长11.1%。

蔡和文化有470多年历史，其代表蔡和班、蔡和脸谱、蔡和米塑均为市级非物质文化遗产。自然和人文景观有：蔡相翠谷、蔡王殿、大柯摄影基地。

2021年蔡源乡各行政村基本情况统计表

表27

村名	自然村（个）	户数（户）	人口（人）	山林面积（公顷）	耕地面积（公顷）	集体经济收入（万元）	人均收入（元）	党组织书记村委会主任
蔡和	3	450	1288	2982	91	41.15	21749	郑惠仁
双溪	13	262	697	1374	68	22.62	21569	巫根卫
大柯	10	195	505	444	101	20.16	21137	罗勤
永兴	10	262	756	384	80	28.15	21266	林建明
合计	36	1169	3246	5184	340	112.08	21430	

▲2021年，蔡源乡新建成的高山茶室

【农村经济】2021年，蔡源乡有水果种植面积36公顷，其中生态猕猴桃种植面积28公顷。有茶园面积327公顷，竹林面积305公顷，油茶林面积130公顷。农村经济总收入8271万元。

蔡和、双溪、大柯、永兴4个村均完成集体经济“消薄”任务。蔡和村出租村集体资产，发展户外休闲运动基地和研学基地。大柯村与省电力设计研究院结对，建成屋顶光伏发电增收项目。永兴村与财通证券资产管理有限公司结对，通过“一亩茶园”认领计划，为村集体增收15万元以上。双溪村引进种植小香薯，为村集体增收提供保障。

【乡村建设】全年向上级争取资金1500余万元，实施项目建设15个，包括蔡源乡自来水厂、水毁修复项目、产业道路、高山茶室等。推进“大搬快聚富民安居”工程、“一户多宅”清理整治、宅基地复垦等重点工作，易地搬迁签约23户92人，已搬迁7户24人。完成建设用地复垦0.3公顷。实施危旧房改造11户、老旧线路改造16户。

【社会民生】开展低保户及低保边缘户核查并建档，对低收入人群实行动态管理。全年发放低保金85.58万元、临时救助金1.4万元、残疾人“两项补贴”20.45万元。全乡110户179人低收入农户获得产业扶持和困难救助。实行“一户一册一干部”结对和定期走访制度，点对点对贫困户进行脱贫成效跟踪。与专业公司合作培育小香薯、宠物牧草等产业，丰富传统产业门类。（雷泽远 文/图）

西畈乡

【概况】西畈乡位于遂昌县西部，与江山市和衢州市衢江区接壤，是遂昌县最偏远的乡，被称作“遂昌的西藏”。区域面积135平方千米，辖6个行政村53个自然村。乡政府驻地西畈村，距遂昌县城109千米。主要河流洋溪源，注入湖南镇水库。主要交通干线三（墩桥）际（下）线接黄（脱坑）九（牛岙）线，另有西畈至江山公路。遂昌—江山公路在建设中。

2021年末，全乡农业户籍1525户，农业人口4317人。年内出生26人，死亡38人

全年实现工农业总产值7456万元，比2020年增长0.06%；财政总收入1192.4万元，比2020年增长5.78%；农村居民人均可支配收入18609元，比2020年增长8.8%。

举淤口村是中国版画大师杨可扬的故里，保存有杨氏宗祠、杨可扬故居，建有可扬文化公园。

2021年西畈乡各行政村基本情况统计表

表28

村名	自然村数（个）	户数（户）	人口（人）	山林面积（公顷）	耕地面积（公顷）	集体经济（万元）	人均收入（元）	党组织书记村委会主任
举淤口	3	155	465	920	25	32.07	18617	杨昌兴
渡　口	7	277	767	1219	49	20.52	18599	徐益华
西　畈	8	405	1168	3453	56	48.19	18616	罗华增
湖岱口	20	381	1039	5092	69	34.98	18620	刘祖飞
上西坑	10	161	436	1026	30	23.11	18607	廖明章
独　坑	5	146	442	1000	25	20.78	18595	张布祥
合　计	53	1525	4317	12710	254	179.65	18609	

【产业发展】全乡有茶园面积150公顷，猕猴桃种植面积11.8公顷，三叶青、山桠皮等中药材种植面积15.6公顷，香榧基地面积33.2公顷。全乡竹林面积222公顷。全乡中蜂养殖4600余桶，年产蜂蜜约15吨。有农业企业5个，家庭农场6个。

全乡外出务工、经商1800余人，估算年总收入4740万元。来料加工从业人员682人，全年发放来料加工费410.2万元。有农家乐8家，全年接待乡村休闲旅游5000余人次，综合收入50余万元。

【项目建设】2021年，西畈乡开展历史文化村、党建示范强村等项目建设，湖岱口村新建游步道、景观长廊、村民文化广场、特色党建节点，完成古炮台修复及点位加固。渡口村完成特色景观亭及休闲广场建设。遂昌—江山公路西畈段线路长1.2千米。2021年完成补充征地300余平方米，完成施工临时用地租用13000平方米。租用民房7栋。

西畈乡强村公司光伏“消薄”项目，9月实现并网发电。该项目位于遂昌县工业园区大桥区块，占

地约4000平方米，装机容量340千瓦。西畈乡的地形地貌不适合建设光伏发电项目，乡里成立项目推进小组，到县内各个区块现场勘探，摸排了10余家工业厂房，最终与浙江易开铜制品有限公司达成合作意向，项目得以顺利落地。

▲9月8日，西畈乡光伏“消薄”项目并网发电

【社会民生】2021年，西畈乡基本医疗保险参保率99.9%，全年住院报销493人次、金额546万元。全乡有低保户73户100人，发放补助金78.5万元。发放医疗救助金10.12万元，救助18户47人。发放残疾人“两项补贴”19.66万元。

全年开展各类环境整治12次，完成巡河500余次。推进农村信用体系建设，完成“绿谷分”推广1569人。“大搬快聚富民安居”工程完成资料审核278户1112人，其中27户110人已选房购房。开展“一户多宅”清理整治，拆除建筑35宗、面积3195平方米，清理可复垦面积9125平方米。

2021年，西畈乡创建国家卫生乡镇、浙江省食品安全乡。举淤口村获评浙江省文明村，村党支部书记杨昌兴获评“丽水市十大强基先锋”。

【中交一公局集团认领“微心愿”】8月，遂昌—江山公路的施工方——中交一公局集团有限公司认领了西畈乡38名老人的“微心愿”，志愿者及时采购物品，送到每一位老人手中。中交一公局集团党支部得知西畈乡党委开展“微心愿”认领活动，第一时间认领了38名老人的“微心愿”。心愿单发送后的第三天，就完成了所有物品的采购。

2021年，西畈乡结合“足印农户情到万家”活动，向各村困难老人、留守儿童征集“微心愿”50个，被县里的结对部门、西畈籍乡贤、中交一公局集团认领完毕。（周梅清/文 章建辉/图）

柘岱口乡

【概况】柘岱口乡位于遂昌县西部，与江山市和福建省忠信乡接壤。区域面积169平方千米，辖5个行政村54个自然村。乡政府驻地柘岱口村，距离遂昌县城90千米。主要河流为周公源。主交通干线是三（墩桥）际（下）线。

2021年末，全乡农业户籍2149户，农业人口5756人。年内出生25人，死亡58人。

全乡财政总收入1582.77万元，比2020年下降14%。农村经济总收入11841万元，比2020年增长20%；农村居民人均可支配收入22916元，比2020年增长16.7%。

名胜古迹有：柘岱口古寨墙、庙柘滩“观澜”摩崖石刻、尤家墩神仙叠石、龙山老殿等。

2021年柘岱口乡各行政村基本情况表

表29

村名	自然村（个）	户数（户）	人口（人）	山林面积（公顷）	耕地面积（公顷）	集体经济（万元）	人均收入（元）	党组织书记村委会主任
柘岱口	14	592	1611	5083	55	133.79	21344	黄彤飞
毛 阳	7	289	780	1332	39	34.3	22753	周志卫

续表 29

村名	自然村（个）	户数（户）	人口（人）	山林面积（公顷）	耕地面积（公顷）	集体经济（万元）	人均收入（元）	党组织书记村委会主任
尹家	10	342	896	4485	33	38.45	27436	张安明
际下	8	262	687	2596	33	60.41	25409	林光友
五星	15	664	1782	1844	93	39.69	17638	胡祖法
合计	110	2149	5756	15340	253	306.64	22916	

【产业发展】2021 年，柘岱口乡有茶园面积 223 公顷，蔬菜种植面积 271 公顷。有园林水果面积 72 公顷，其中猕猴桃种植面积 31.5 公顷。全乡中蜂养殖 1350 箱。柘岱口乡是仙侠湖源头生态保护区和九龙山自然保护区重点核心区块，全乡有生态公益林面积 11520 公顷，2021 年人工造林面积 47 公顷。

柘岱口乡坚持“一块番薯实现乡村振兴”的发展定位，深化与浙江农林大学、浙江薯类作物研究所的合作。与浙江农林大学合作实施柘岱口工艺薯条保健价值分析和品牌建设项目，以科技创新为助力，打造“柘岱口”优质生态薯干品牌，以实现增产增收，助力乡村振兴。

【项目建设】实施柘岱口村花园数字乡村建设，加快五星村单轨农用运输机制项目，在番薯成熟前投入使用。完成小学路口华家路改造工程。加快五星村饮用水提升工程建设进度。完成五星村文化礼堂建设工程及尹家村党建示范村项目。8 月，周公源流域治理柘岱口段拓宽工程完工，该项目将原河道拓宽 8～10 米，使河道泄洪能力显著提升，起到很好的防洪作用。

【“遂心分”信用乡村建设】6 月，柘岱口“信用乡村”平台上线。为构建更加和谐的社会基层治理环境，柘岱口乡通过“遂心分”积分奖励的方式，助推信用乡村建设。村民通过建队互帮互助、做好人好事等积累“遂心分”，使用“遂心分”可以兑换米、面、粮油等生活物资，还能够在信用贷款方面获得优惠。至年底，全乡累计上报“遂心分”奖励事件 4000 余件。11 月 22 日，中央电视台《经济半小时》栏目以“村里的数字生活”为题报道了柘岱口乡创建信用乡村的美好景象。

【番薯条新品上市直播销售】12 月 9 日，以“聚力‘柘里薯条’齐助薯乡共富”为主题的 2021 遂昌县柘岱口乡番薯条新品上市暨电商资源对接会在五星村举办。活动邀请遂昌县 10 位直播达人进行现场直播销售柘岱口番薯条。当天，直播间超过 30 万人次观看，现场销薯条 750 千克，签订意向采购订单超 10000 千克。活动内容除了邀请达人直播外，还包括番薯条新品上市、五星薯条农户现场评选、电商资源对接活动、非遗制作技艺展示等环节。柘岱口乡与浙江赶街电子商务有限公司签署合作协议；5 家店铺签约为柘岱口番薯条定点销售门店；10 名电商达人签约为“薯”你最棒柘岱口番薯条推荐官；柘岱口乡五星村被授予番薯条产业特色村。

▲12 月 9 日，柘岱口乡举办番薯条新品上市活动

（柘岱口乡 文/图）

组织机构及负责人名录

中共遂昌县委员会

书　记：张壮雄（至11月）
　　　　胡　刚（11月始）
副书记：胡　刚（至11月）
　　　　李　锋（11月始）
　　　　罗运乾（至11月）
　　　　顾奕滨（11月始）
常　委：周立民（至11月）
　　　　许积标（至5月）
　　　　孙培莲
　　　　谭国庆（11月始）
　　　　梁　成
　　　　苏中山（8月始）
　　　　练如库
　　　　郭劲松（至11月）
　　　　李　宣（至11月）
　　　　季晓立（11月始）
　　　　潘吉文（11月始）
　　　　徐　清（11月始）

遂昌县人大常委会

主　任：尹建中
党组书记：尹建中（至12月）
　　　　　罗运乾（12月始）
副主任：鲁子钗
　　　　蓝献民
　　　　赵文明
　　　　张少啸
　　　　张仪辉

办公室主任：邵小根
代表工作委员会主任：廖陈尉
法制工作委员会主任：李丽春（至8月）
　　　　　　　　　　蓝关洪（8月始）
财政经济工作委员会主任：郑俊良（至8月）
　　　　　　　　　　　　蓝一平（8月始）
农业与农村工作委员会主任：林延旺
城乡建设与环境资源工作委员会主任：
　　　　罗仕军（至8月）
　　　　雷伟东（8月始）
教科文卫民族侨务工作委员会主任：杨　力

遂昌县人民政府

县长、党组书记：胡　刚（至11月）
　　　　　　　　李　锋（11月始，代县长）
副县长：许积标（至5月）
　　　　谭国庆
　　　　张春根（至5月）
　　　　李建霞（至11月）
　　　　陈积林（至11月）
　　　　杨朝晖（至11月）
　　　　季晓立（11月始，副县长候选人）
　　　　王向荣
　　　　王　庆（12月始）

李军杰（11 月始，副县长候选人）
叶祥根（12 月始）
瞿宗囡（12 月始）

政协遂昌县委员会

主　席：华治武
党组书记：华治武（至 12 月）
王立武（12 月始）
副主席：林成高
马翔华
姜雄伟
潘堂根
周黎平
秘书长：尹渭彬

办公室主任：黄美丰
提案委员会主任：林延忠
委员工作委员会主任：李建平
经济委员会主任：罗晓平（至 8 月）
范建文（8 月始）
农业和农村委员会主任：雷先华
人口资源环境委员会主任：周松华
教育科技卫生体育委员会主任：章勇军
社会法制和民宗港澳台侨委员会主任：蓝方贤
文化文史和学习委员会主任：董小达（至 8 月）
罗仕军（8 月始）

中共遂昌县纪委　遂昌县监察委

纪委书记、监察委主任：练如库
纪委副书记、监察委副主任：舒坚阳（至 12 月）
邱根松（12 月始）
鲁旭晖
纪委常委：张伟武（8 月始）
华俊锋
毛惠红（2 月始）
毛长峰
徐　斌（至 8 月）
王匡政（12 月始）
监察委委员：张伟武（8 月始）
华俊锋
鲍晓会（至 2 月）
刘亦非（8 月始）
叶　波（至 12 月）
黄　军（12 月始）

派驻第一纪检监察组组长：詹建平
派驻第二纪检监察组组长：唐振根
派驻第三纪检监察组组长：毛惠红（至 2 月）
鲍晓会（2 月始）
派驻第四纪检监察组组长：王　微
派驻第五纪检监察组组长：杨　慧（至 8 月）
潘　驰（8 月始）
派驻第六纪检监察组组长：余建飞
派驻县人民法院纪检监察组组长：黄彤兴（至 4 月）
郑爱芽（4 月始）
派驻县人民检察院纪检监察组组长：叶　波
派驻县委组织部纪检监察组组长：郑爱芽（至 4 月）
谢　飞（8 月始）
派驻县公安局纪检监察组组长：范显洪（至 2 月）
华俊锋（4 月始）

遂昌县人民法院

院长、党组书记：陈裕琨
副院长：李　洋（2 月始）
李红群（至 11 月）
周惠平（至 11 月）
吴征峰（11 月始）
政治处主任：巫红梅

遂昌县人民检察院

检察长、党组书记：易远明（1月始）
副检察长：张桂旺
吴征峰（至11月）
刘　悦
陈武文（11月始）
政治处主任：周欣洁

县委工作部门

县委办公室
主　任：方建雄（至12月）
叶名颉（12月始）
副主任：李飞华
潘光明（8月至12月）
廖承川（至4月）
李上锋（至2月）
张俊雄（8月始）
濮玮渊（2月始）

组织部
部　长：顾奕滨（至12月）
徐　清（12月始）
常务副部长：潘光明（至8月）
廖承川（8月始）
副部长：郑月娥
陈　永（至4月）
廖承川（4至8月）

宣传部
部　长：郭劲松（至12月）
潘吉文（12月始）
常务副部长：郑水松（9月始）
副部长：胡志忠（至2月）
张文华
蓝培忠

统战部
部　长：周立民（至12月）
孙培莲（12月始）
常务副部长：黄存贵
副部长：蓝水林
张志伟

机构编制委员会
主　任：叶松华
副主任：雷奇峰
周珠凤

县委巡察工作办公室
主　任：鲁旭晖（至2月）
毛惠红（2月始）
副主任：张益熊

信访局
局　长：庾善彬（至8月）
张雪芬（8月始）
副局长：华宗新（至8月）
应水法
杨伟尔
叶巧军（8月始）

政法委
书　记：罗运乾（至12月）
顾奕滨（12月始）
副书记：陈积林（至12月）
李军杰（12月始）
周根旺
李建华（至8月）
鲍王富
毛剑波（8月始）

县政府工作部门

县政府办公室
党组书记、主任：朱与滨
副主任：曹　昱
　　杨松长
　　张新华
　　叶君美（至2月）
　　葛海东（8月始）
　　林伟华（8月始）
　　邱佳俊（8月始）
　　孟　波（至8月）
　　叶　斐（2月始）
　　华新强
　　吴樟根

发展和改革局
党组书记、局长：雷伟东（至8月）
　　王修华（8月始）
副局长：钟雪飞
　　徐水江
　　刘伟良
总工程师：胡　鹏

教育局
党组书记、局长：邱根松
副局长：龚彩云（至2月）
　　江志军（8月始）
　　毛立华（至8月）
　　徐晓峰（8月始）
教育总督学：肖　飞

经济商务局
党组书记、局长：巫惠祥
副局长：尹卫中（至8月）
　　刘　萍
　　曾　悦（8月始）
总工程师：毛巧明

科学技术局
党组书记、局长：杨　捷
副局长：周新颜
　　黄文法（至8月）
　　郑　伟（8月始）

公安局
党委书记、局长：陈积林（至12月）
　　李军杰（12月始）
政治委员：吴华军（至12月）
副局长：姜文伟
　　张蕴铭
　　周林剑
　　翁昌慧
政治处主任：邝剑飞

财政局
党组书记、局长：张宗渭（至12月）
副局长：程昌文
　　方文初
　　王金品
总会计师：叶樟土

民政局
党组书记、局长：蓝一平（至8月）
　　孟晓明（8月始）
副局长：余仙青（至8月）
　　雷菊香（8月始）
　　徐建明

司法局
党组书记、局长：傅准卫
副局长：翁慧平
　　瞿成明

自然资源和规划局
党委书记、局长：王坚兵
副局长：周亚锋
朱爱军
陈团进
总规划师：曹　锋

住房和城乡建设局
党组书记、局长：叶名颉（至12月）
副局长：华宗新（8月始）
张文豪
毛剑波（至8月）
总工程师：李君飞

交通运输局
党组书记、局长：章君剑
副局长：邱　晨
潘　勍
总工程师：张朝辉
专职副队长：朱建伟

水利局
局　长：王朝辉
副局长：张水明
徐伟军
总工程师：孟伟烽

人力资源和社会保障局
党组书记、局长：金　飞（4月始）
副局长：徐晓峰（至8月）
陈　蓉（8月始）
叶会华

应急管理局
党委书记、局长：潘敏鹏
副局长：阮定豹
刘亦非（至8月）
刘卫斌（8月始）
包志斌
总工程师：叶凌霄（至8月）
廖美恩（8月始）

卫生健康局
党委书记、局长：徐春球
副局长：秦丽君
华利颖
李新标

医疗保障局
党组书记、局长：朱立军（至8月）
庾善彬（8月始）
副局长：汤建雄
金忠平

农业农村局
党组书记、局长：周安涛
副局长：叶丽娟
王肖波
汪樟英（至8月）
郑富毅（8月始）
总农艺师：朱金星（至8月）
叶　英（8月始）

文化和广电旅游体育局
党组书记、局长：叶孔贤
副局长：徐晓平（8月始）
许　艳
洪　斌
张腾海（至8月）
文化市场综合执法队专职副队长：蓝培富

市场监督管理局
党组书记、局长：叶少磊（2月始）
副局长：华　俊
尹新华
顾飞翔

王樟松
市场监管综合行政执法队专职副队长：祝雄鹰

综合行政执法局
党组书记、局长：华建平
副局长：雷根松
沈　强

退役军人事务局
党组书记、局长：孟晓明（至8月）
李　宗（8月始）
副局长：周朝霞
朱柏成

审计局
党组书记、局长：罗铁明
副局长：叶根会（11月始）
林延彬
总审计师：包宏敏

统计局
党组书记、局长：姜　敏
副局长：邹丽景
总统计师：沈慧珠

市生态环境局遂昌分局
党组书记、局长：杜维涛
副局长：潘来根
孙顶旭（至8月）
总工程师：林家成（至4月）
吴振晖（4月始）
生态环境保护综合行政执法队专职副队长：杨　弘

县级民主党派

中国民主促进会遂昌县基层委员会
主　委：潘堂根
副主委：郑俊良（至9月）
唐　巍（至9月）
肖　飞（9月始）
黄文法（9月始）
张　松（9月始）

群众团体

工商业联合会（总商会）
执委会主席（会长）：谢旭峰（至11月）
江伟峰（11月始）
党组书记、常务副主席：程利贤
副会长：周小明（至4月）
王　俊（4月始）

总工会
党组书记、主席：钟月英
副主席：黄素云
刘卫军
尹卫中（8月始）

共青团遂昌县委员会
书　记：李昌华（至8月）
副书记：毕丹雯（至2月）
朱建夏
王晓波（2月始）

妇女联合会
党组书记、主席：黄丽萍（至2月）
龚彩云（2月始）
副主席：吴素好（至8月）
吴丽芳
叶凌霄（8月始）

科学技术协会
主　席：黄文法（8月始）
党组书记：朱宜根

副主席：雷小德（至8月）
雷丽英（8月始）
吴永良

归国华侨联合会
主　席：李　波

文学艺术界联合会
主　席：朱旭明
副主席：涂文卿

残疾人联合会
党组书记、理事长：曹　昱（至2月）
叶君美（2月至8月）
王　耀（8月始）
副理事长：余雪峰
林素贞

社会科学界联合会
主　席：周淑赟
副主席：吴素妤（8月始）

红十字会
会长：李建霞
常务副会长：傅长贵
副会长：傅秉辉（至8月）
周小明（8月始）

计划生育协会
会　长：李建霞
副会长：徐春球

关心下一代工作委员会
名誉主任：顾奕滨
主　任：林成高
副主任：王炽耀
徐桂妹
陈杏生

专职副主任：毛水兰（至8月）
赖佩珺（8月始）

中央、省、市和县双重管理部门

国网遂昌县供电公司
总经理：周伟军
副总经理：苏　恺
徐　岿
胡建群
党委书记：陈晓春

丽水市住房公积金管理中心遂昌分中心
主　任：郑必强

国家税务总局遂昌县税务局
党委书记、局长：刘　云（至12月）
陈宝山（12月始）
副局长：张志德
翁永明
张坛火
葛伟敏
纪检组组长：王先军（至9月）
李木能（9月始）

气象局
党组书记、局长：卢　钊
副局长：潘建新
许建义

浙江遂昌农村商业银行股份有限公司
董事长、党委书记：刘俊毅
行　长：王　峰
副行长：吴振宇
赵　楷（至8月）
李晓波（8月始）
监事长：潘立文

中国邮政集团有限公司浙江省遂昌县分公司
党委书记、总经理：潘伟杰
纪委书记、副总经理：邱耀祖

中国电信股份有限公司遂昌分公司
总经理、党委书记：戴　斐
副总经理、纪检书记：包肖波

中国移动通信集团浙江有限公司遂昌分公司
总经理：潘志恒
副总经理：杨兴力
　　　　　邱维珍

中国联合网络通信有限公司遂昌县分公司
经　理：曹　玲
副经理：杨建欣

中国人民财产保险股份有限公司遂昌支公司
总经理、党组书记：王　亮
副总经理：陈　均

中国人寿保险股份有限公司遂昌县支公司
总经理：康逸兵
副总经理：高杭伟

烟草专卖局（丽水市烟草公司遂昌分公司）
局　长：蔡芳晖
副局长：骆建明
副经理：叶宏海

企事业单位

九龙山国家级自然保护区管理中心
党组书记、主任：吴建华（至12月）
　　　　　　　　方建雄（12月始）
副主任：郑子洪
　　　　郑伟成

县委党校（电大）
校　长：顾奕滨（至12月）
　　　　徐　清（12月始）
党委书记、常务副校长：徐土生
副校长：赵宏华
　　　　王俊杰

全面深化改革服务中心
主　任：廖承川（至8月）
　　　　林庆雄（8月始）
副主任：肖　靓
　　　　张俊雄（至8月）

新经济与新社会组织工作委员会
书　记：郑月娥
副书记：潘　驰（至8月）
　　　　项俊锋（8月始）

台湾工作办公室
主　任：方建雄（至12月）
　　　　叶名颉（12月始）
副主任：潘建龙

机关事务保障中心
主　任：潘文华
副主任：毛淑景
　　　　王　辉（至8月）

民族宗教事务局
局　长：蓝水林

精神文明建设指导中心
主　任：徐根明
副主任：叶刚强
　　　　郑立盛

移民工作中心
党组书记、主任：龚水伟

行政服务中心
党组书记、主任：范建文（至8月）
陈林军（8月始）
副主任：上官献雄
罗峰云

工业园区管理委员会
主　任：张延洪（至12月）
副主任：叶勇飞
毕丹雯（2月始）
总工程师：罗　亮

档案馆（党史和地方志研究室）
馆长、主任：肖陈明
副馆长：潘伟平
华金芽

老干部服务中心
主任：涂三文
副主任：巫根成（至8月）
程　昕（至8月）
应文军（8月始）
汪樟英（8月始）

融媒体中心
党组书记、主任：孟　波（8月始）
副主任：吴立忠
胡永军
杨　曦
总　编：李法贵

供销合作社联合社
党组书记、主任：朱建平
副主任：方一丰
李逢庆

县大数据和金融发展中心
主　任：张永庆
副主任：蒋国海
彭　涛（8月始）

经济合作交流中心
党组书记、主任：徐玮珺（至8月）
朱　亮（8月始）
副主任：张文松
包丽卿

交通运输发展中心
主　任：廖美恩（至8月）
洪尚富（8月始）

畜牧兽医发展中心
主　任：朱日周

人民医院
党委书记：巫智强
院　长：周小伟
副院长：卜文良
雷招媛
詹义星

中医院
党委书记：朱　政
院　长：张建生
副院长：阙建伟
张布明
徐光元

遂昌中学
校　长：郑小斌
党委书记：雷永春（至8月）
副校长：刘仁海（8月始）
项土发（至8月）

遂昌职业中专
党委书记、校长：徐晓平（至8月）

彭津涛（8 月始）
副校长：郑建雄（至 8 月）
雷志明
董志军

国有资本投资运营集团有限责任公司
副董事长、总经理、党总支书记：邱小松

遂昌县经济投资发展有限公司
董事长、总经理、党支部书记：李宏方

遂昌县两山投资发展集团有限责任公司
董事长、总经理、党委书记：刘　锋（8 月始）

遂昌县建设投资发展有限公司
董事长、总经理、党总支书记：程延根

遂昌县金融控股集团有限责任公司
董事长、总经理、党支部书记：朱　亮（至 8 月）
江振军
涂文平（8 月始）

街道 · 乡镇

妙高街道
党工委书记：陈海标
党工委副书记、办事处主任：林　巍（至 4 月）
陈　永（4 月始）
人大工委主任：刘苏明
党工委副书记：叶宗林（至 8 月）
吴群林（8 月始）

云峰街道
党工委书记：巫林富
党工委副书记、办事处主任：张海锋（至 8 月）
叶宗林（8 月始）
人大工委主任：李上锋（2 月始）
党工委副书记：李文富（至 8 月）

大柘镇
党委书记：叶少磊（至 4 月）
林巍（4 月始至 11 月）
党委副书记、镇长：陈　锋（至 8 月）
叶熙华（8 月始）
人大主席：吴子峰
党委副书记：罗根爱（至 8 月）
蓝骁（8 月始）
单佳旻（8 月始）

石练镇
党委书记：吴志春
党委副书记、镇长：邱佳俊（至 8 月）
毛守飞（8 月始）
人大主席：袁欣豪（至 8 月）
徐　斌（8 月始）
党委副书记：范宏伟（至 2 月）
吴凌涛
范　军（8 月始）

新路湾镇
党委书记：毛　洁
党委副书记、镇长：严育根（至 8 月）
李文富（8 月始）
人大主席：刘金洪（至 8 月）
涂　挺（8 月始）
党委副书记：童宣明

北界镇
党委书记：林伟华（至 8 月）
林卫锋（8 月始）
党委副书记、镇长：彭智强
人大主席：林晓礼
党委副书记：黄　华

金竹镇
党委书记：向尉文
党委副书记、镇长：潘　俊（至8月）
　　　　　　　　　陈　锋（8月始）
人大主席：黄建斐
党委副书记：苏　毅

王村口镇
党委书记：姚路杨（至8月）
　　　　　毛雄华（8月始）
党委副书记、镇长：毛雄华（至8月）
　　　　　　　　　张腾海（8月始）
人大主席：胡敬柱（至8月）
　　　　　傅聪花（8月始）
党委副书记：毛守飞（至8月）
　　　　　　王　辉（8月始）

黄沙腰镇
党委书记：毛　威
党委副书记、镇长：毛　威（至8月）
　　　　　　　　　郑兴夷（8月始）
人大主席：涂　挺（至8月）
　　　　　叶富洪（8月始）
党委副书记：叶富洪（至8月）
　　　　　　刘跃良（8月始）

三仁畲族乡
党委书记：陈林军（至8月）
　　　　　张海锋（8月始）
党委副书记、乡长：雷菊香（至8月）
　　　　　　　　　雷声亮（8月始）
人大主席：叶　英（至8月）
　　　　　袁欣豪（8月始）
党委副书记：江　峰

湖山乡
党委书记：王修华（至8月）
　　　　　姚路杨（8月始）
党委副书记、乡长：叶熙华（至8月）
　　　　　　　　　潘　俊（8月始）
人大主席：谢法富（至8月）
　　　　　曾会良（8月始）
党委副书记：刘　锋（8至月）
　　　　　　刘夏丹（8月始）

濂竹乡
党委书记：黄梦怡
党委副书记、乡长：叶　斐（至2月）
　　　　　　　　　范宏伟（2月始）
人大主席：范桂林
党委副书记：钟仙琴（至8月）
　　　　　　郑斌华（8月始）

垵口乡
党委书记：葛海东（至8月）
　　　　　董美俊（8月始）
党委副书记、乡长：董美俊（至8月）
　　　　　　　　　吴俊毅（8月始）
人大主席：应文军（至8月）
　　　　　李卫东（8月始）
党委副书记：吴俊毅
　　　　　　蓝邹霖（8月始）

应村乡
党委书记：张雪芬（至8月）
　　　　　董小达（8月始）
党委副书记、乡长：包育盛
人大主席：林涛
党委副书记：方小飞（至8月）
　　　　　　徐海波（8月始）

高坪乡
党委书记：林庆雄（至8月）
　　　　　周玲莉（8月始）
党委副书记、乡长：张伟武（至8月）
　　　　　　　　　翁　捷（8月始）

人大主席：雷声亮（至8月）
周建军（8月始）
党委副书记：方丽红

焦滩乡

党委书记：周　辛
党委副书记、乡长：洪尚富（至8月）
严育根（8月始）
人大主席：谢明富（至8月）
蔡荣建（8月始）
党委副书记：项俊锋（至8月）
雷　骁（8月始）

龙洋乡

党委书记：王　耀（至8月）
李昌华（8月始）
党委副书记、乡长：周玲莉（至8月）
方小飞（8月始）
人大主席：钟仙琴（8月始）
党委副书记：黄建峰（8月始）

蔡源乡

党委书记：李　宗（至8月）
包新飞（8月始）
党委副书记、乡长：包新飞（至8月）
罗根爱（8月始）
人大主席：谢名胜
党委副书记：李　晖（2月始）

西畈乡

党委书记：柳启斌
党委副书记、乡长：江志军（至8月）
叶海波（8月始）
人大主席：傅聪花（至8月）
卜洪斌（8月始）
党委副书记：刘华香（8月始）

柘岱口乡

党委书记：肖德富
党委副书记、乡长：王晶晶
人大主席：黄晓松
党委副书记：郑　伟（4月始）
应　波（8月始）

人物·先进

国家科学技术进步一等奖

【浙江勿忘农种业股份有限公司】11月3日，2020年度国家科学技术奖励大会在北京人民大会堂隆重召开。由浙江勿忘农种业股份有限公司（参与人唐昌华）参与完成的“水稻遗传资源的创制保护和研究利用”项目获国家科学技术进步一等奖。

位于遂昌的浙江勿忘农种业股份有限公司成立于1998年，是一家集科研、生产、加工、营销、技术服务于一体的现代种子企业，是国家高新技术企业，也是浙江省唯一的全国“育繁推一体化”种业企业。公司研发选育新品种60余个，其中国家一级优质稻品种6个，中浙优1号、华浙优1号、华浙优71获评全国十大优质超级稻，华浙优261、中浙优8号获第三届全国优质稻品种食味品质鉴评金奖，主导品种中浙优8号推广面积连续5年居全国三系杂交稻前五，青花菜“台绿”系列对青花菜国产化的贡献率达50%。唐昌华是浙江勿忘农种业股份有限公司总经理、副董事长。

“水稻遗传资源的创制保护和研究利用”项目在种质资源保护和利用平台的构建、重要种质的创制与共享利用、重要性状的基因发掘与遗传剖析以及适应不同生态条件的水稻新品种的培育上取得重要进展。中国水稻研究所和浙江勿忘农种业股份有限公司合作选育的“中浙优”系列组合，有效地解决了杂交稻高产与优质的矛盾，推动了中国杂交水稻优质化进程。“中浙优”系列组合年推广面积20万公顷以上。（宣传部）

全国优秀农民工

【周春芳】男，汉族，1963年2月生，遂昌县大柘镇人。遂昌县亲农谷休闲旅游有限公司负责人、遂昌县渔业产业农合联理事长。2000年，周春芳接任遂昌县乌溪江渔业有限公司董事长，他凭借“冬天捕鱼、夏天卖”的创新经营模式，辅以丰富的销售经验，带领濒临破产的渔业公司起死回生。至2021年，公司已成功开发生态养殖水面567公顷，年产鲢鱼、鳙鱼300多吨，鳊鱼、鲶鱼、黄颡鱼、桂花鱼、甲鱼等名贵鱼类捕捞产量50余吨。公司还培养了一批懂农业、渔业技术的农民。2012年，周春芳投资700多万元，通过土地流转方式，创办了亲农谷生态农业观光园，带动200多户农民参与生态精品农业建设。三仁畲族乡坑口村以茶叶和竹山作为资产入股，村集体每年获取20%的利润分红。2021年1月6日，全国优秀农民工和农民工工作先进集体表彰大会在北京召开，浙江省有87名优秀农民工和5家农民工工作先进集体获国务院表彰，周春芳被授予全国优秀农民工荣誉。（宣传部）

浙江好人榜

【李斌林】（已故）男，汉族，1996年11月生，云峰街道门阵村人，退伍军人。2020年1月20日，年仅24岁的李斌林因意外不幸离世。家人在悲痛之余履行李斌林的遗愿，决定捐献出他的健康器官。经过配对，李斌林的心脏、肝脏、肾脏分别捐赠给了4

名亟须等待救治的患者。其遗体也被捐献给杭州师范大学医学院，用于医学研究。2021年1月，李斌林被省委宣传部公民道德建设处公布为“浙江好人榜”——助人为乐好人。

【周陈松】男，汉族，1936年2月出生，县教育局退休干部。1996年退休以来，周陈松义务担任妙高街道东峰村春泥计划辅导员，组建了东峰村春泥计划军鼓队、演唱队、舞蹈队等14支队伍，组织孩子们参观红色景点，筹办青少年演讲比赛，策划举办东峰村农民运动会，导演了元宵晚会，在东峰村掀起了一波文化热潮。周陈松先后被丽水市文明委评为春泥计划实施工作优秀辅导员，被中央文明委评为全国未成年人思想道德建设优秀工作者。2021年3月，被省委宣传部公民道德建设处公布为“浙江好人榜”——助人为乐好人。

【叶法瑞】男，汉族，1950年5月出生，遂昌县石练镇金坤村村民。叶法瑞的妻子早年去世，他的继母患有类风湿病，长期卧床，生活无法自理。叶法瑞十几年如一日，悉心照料继母的生活起居，不怕脏，不怕累，经常半夜起来替其按摩直到凌晨。为了方便照顾继母，他就近择业，帮人采茶叶，靠微薄的收入支撑着整个家庭及继母的医疗费用。叶法瑞以实际行动诠释着纯朴的孝德传统和“百善孝为先”的古训，成为全村乃至全镇的榜样。2021年3月，叶法瑞被省委宣传部公民道德建设处公布为“浙江好人榜”——孝老爱亲好人。

【林水根】男，汉族，1929年8月出生，遂昌县垵口乡垵口村村民。2003年起，为保护水源卫生和村庄整洁，林水根拎起蛇皮袋开始义务捡垃圾，一捡就是18年。他经常从垵口村走到大山村，再从反方向走到根竹口村，拾捡沿线的垃圾，每次能捡1～2袋。他的坚持换来了家人的理解和支持。从2009年开始，林水根连续5年被垵口乡政府评为“环保卫士”，遂昌县政府授予他洁净乡村形象大使。2021年12月，林水根被省委宣传部公民道德建设处公布为“浙江好人榜”——助人为乐好人。

（宣传部）

新闻人物

【周功斌】男，汉族，1984年11月生，遂昌县应村乡高棠村人。杭州魅力新故乡信息科技有限公司负责人，“蚂蚁探路”创始人。2009年，周功斌大学毕业后考上入杭州市下城区科技局，成为一名公务员。2016年，一次偶然的机会让周功斌接触到越野车爱好者群体。他联想到家乡山路弯、海拔高、景色美，特别适宜山地越野，又想到中国有500多万越野爱好者，内心生出一个想法：回家乡开发一条越野路线，帮助乡亲们脱贫致富。2017年7月，他辞去公务员工作，回乡成立杭州魅力新故乡科技有限公司，开发“蚂蚁探路”越野品牌。很快，应村乡高棠村被周功斌打造成“江南越野第e村”，人流、车流、信息流不断涌入。至2021年，周功斌和他的团队已成功开发出包括“浙西川藏线”在内的9条越野路线，全长180余千米，贯穿遂昌全县，累计吸引25130辆越野车到遂昌县进行穿越挑战，带动了沿线16个村的发展。周功斌和他的团队多次被中央电视台报道宣传。2021年，周功斌获得浙江省青春助力乡村振兴带头人“青牛奖”。

【邓龙平】2021年5月20日15时15分，遂昌县大柘镇塘根村村民邓龙平途经县城南门路河边，看见南溪防洪坝内有一名女子落水，正在挣扎，此时正值汛期，水位持续上涨，情况危急。邓龙平迅速脱掉外衣，从3米多高的护栏上跳入河中，游到女子身边并抓住她的手往岸边游，在民警和群众合力施救下，将已昏迷的女子抬上岸并送往医院救治，成功挽救了其生命。邓龙平英勇救人的事迹被《浙江公安》《丽水新闻》等媒体报道。为表彰先进，大力弘扬见义勇为精神，经县政府研究决定，给予邓龙平同志嘉奖一次，并授予遂昌县见义勇为先进个人荣誉称号。（宣传部）

获省、部级以上表彰表扬的先进集体和先进个人

【先进集体】

民进遂昌县基层委员会被中国民主促进会中央委员会公布为“民进全国社会服务暨脱贫攻坚工作先进集体”“民进全国反映社情民意信息工作先进集体”，被民进浙江省委员会公布为“民进浙江省2021年度优秀基层组织”。

遂昌县治水工作领导小组办公室被水利部评为“全国全面推行河湖长制先进集体”。

遂昌县求和人民调解委员会（娟姐工作室）被中华全国妇女联合会评为“全国维护妇女儿童权益先进集体”。

遂昌县蔡源乡蔡和村被中央农村工作领导小组办公室、农业农村部授予“第二批全国乡村治理示范村”荣誉。

遂昌县湖山乡红星坪村被农业农村部公布为“2021年中国美丽休闲乡村”。

遂昌县云峰街道湖边村被司法部、民政部授予“国家级民主法治示范村”荣誉。

遂昌县革命老区开发建设促进会获得中国老区建设促进会授予的“2021年度全国老区宣传工作三等奖”。

遂昌县人民检察院、遂昌县司法局被中央宣传部、司法部、全国普法办公室评为“2016—2020年全国普法工作先进单位”。

遂昌县自然资源和规划局被省委、省政府评为“森林浙江建设工作突出贡献集体”。

遂昌县教育局、遂昌县财政局被省委、省政府授予“浙江省示范文明单位”荣誉。

丽水市生态环境局遂昌分局被省委、省政府评为“全省‘五水共治’工作先进集体”。

遂昌县高坪乡被省委、省政府授予“浙江省示范文明乡”荣誉。

遂昌县全面深化改革服务中心被省委、省政府评为“2020年度改革创新工作成绩突出集体”。

【先进个人】

遂昌县委组织部廖承川被省委、省政府评为“2020年度改革创新工作成绩突出个人”。

遂昌县生态林业发展中心余水生被省委、省政府评为“浙江省农业科技工作先进个人”。

遂昌县自然资源和规划局朱爱军、县白马山林场林少波被省委、省政府评为“‘森林浙江’建设工作突出贡献个人”。

遂昌县新路湾镇毛洁被省委、省政府评为“浙江省生猪增产保供成绩突出个人”。

遂昌县公安局尹渭俊被省委、省政府评为2019—2020年度全省反邪教工作成绩突出个人。

遂昌县北界镇郑许光被省政府评为“农产品质量安全卫士”。

获市委、市政府表彰表扬的先进集体

遂昌县检察院机关党委、梅溪小学党支部、湖山乡长安村党支部、王村口镇桥西村党支部、三仁畲族乡党委、浙江利民控股股份有限公司党委、遂昌县税务局妙高税务所党支部、湖山林业工作中心党支部被市委授予“丽水市先进基层党组织”荣誉。

石练镇、王村口镇、北界镇、三仁畲族乡、垵口乡、市生态环境局遂昌分局、县建设局、县自然资源和规划局、县经济商务局被市委、市政府授予“美丽丽水模范集体”荣誉。

遂昌县农业农村局、大柘镇被市委、市政府评为“丽水市实施乡村振兴战略工作突出贡献集体”。

遂昌县委政法委被市委、市政府授予“指导人民调解工作成绩突出单位”荣誉。

遂昌县发改局被市委、市政府评为“2020年度大花园建设先进集体”。

遂昌县委编办、县国有资本投资运营集团有限责任公司被市委、市政府评为“‘丽水之干’模范集体”。

遂昌县纪委监委、县公安局、县委政法委、县

检察院第一检察部被市政府授予“丽水市扫黑除恶专项斗争先进集体”嘉奖。

遂昌县人民法院被市政府授予“丽水市扫黑除恶专项斗争先进集体”三等功。

遂昌县公安局、垵口乡、西畈乡被市政府、中国人民解放军丽水军分区授予“2020年度征兵工作成绩突出单位”荣誉。

获县委、县政府表彰表扬的先进集体和个人

【乡镇（街道）和部门综合考核结果】

乡镇（街道）综合考核一等奖（6个）：妙高街道、大柘镇、湖山乡、金竹镇、柘岱口乡、高坪乡；

部门综合考核一等奖（22个）：县检察院、县委政法委、县委编办、县法院、县总工会、县自然资源和规划局、县财政局、县农业农村局、县经济商务局、市生态环境局遂昌分局、县发改局、县建设局、县市场监管局、县税务局、县公安局、县综合行政执法局、县教育局、县科技局、县卫生健康局、县审计局、县工业园区、县两山转化发展中心；

【年度纳税大户】

纳税超亿元企业（1家）：浙江新宏钢制品有限公司；

纳税超8000万元企业（1家）：浙江元立金属制品集团有限公司；

纳税超4000万元企业（2家）：遂昌祥生房地产开发有限公司、浙江遂昌农村商业银行股份有限公司；

纳税超3000万元企业（3家）：浙江凯元置业有限公司、浙江中和建设有限公司、浙江新元焊材有限公司；

纳税超2000万元企业（8家）：遂昌凯宏置业有限公司、浙江大金庄矿业有限公司、遂昌县国润置业有限公司、遂昌县松泰置业有限公司、浙江凯恩特种材料股份有限公司、丽水市鸿科置业有限公司、浙江遂昌遂钢金属制品有限公司、浙江遂昌汇金有色金属有限公司；

纳税超1000万元企业（14家）：遂昌县恒嘉房地产开发有限公司、遂昌凯顺置业有限公司、丽水市烟草公司遂昌分公司、遂昌瑞兴房地产开发有限公司、浙江罗邦建设有限公司、浙江遂昌正中莹石精选有限公司、浙江遂昌圣豪矿业有限公司、遂昌县昌盛置业有限公司、浙江宜方建设有限公司、浙江平昌矿业开发有限公司、国网浙江省电力有限公司遂昌县供电公司、浙江利民化工有限公司、浙江永上特材有限公司、浙江旺诚矿业有限公司；

纳税超500万元企业（25家）：遂昌县宏昌矿业开发有限公司、遂昌凯华置业有限公司、浙江遂昌富民村镇银行股份有限公司、遂昌东城建材有限公司、遂昌澳坤房地产有限公司、浙江永联民爆器材有限公司遂昌永新分公司、浙江龙川水利水电开发有限公司、浙江荣凯科技发展股份有限公司、浙江凯恩特种纸业有限公司、宇恒电池有限公司、丽水德悦五金有限公司、遂昌县九龙山水电开发有限公司、遂昌县建投市政工程有限公司、遂昌同展贸易有限公司、遂昌县明盛电业有限责任公司、遂昌县湖山萤石矿、浙江凯恩建设有限公司、遂昌县国有资本投资运营集团有限责任公司、浙江翱力新材料科技有限公司、浙江新恒金属制品有限公司、中国农业银行股份有限公司遂昌县支行、浙江汇丰市政园林有限公司、中国建设银行股份有限公司遂昌支行、遂昌建业房地产开发有限公司、浙江遂昌三利实业有限公司。

【遂昌县先进基层党组织、优秀共产党员和优秀党务工作者】

先进基层党组织（40个）：妙高街道金岸村党总支、妙高街道古院村党支部、云峰街道湖边村党总支、云峰街道银都村党总支、大柘镇大田村党总支、北界镇王坞村党支部、王村口镇弓桥头村党总支、黄沙腰镇上定村党总支、柘岱口乡柘岱口村党总支、金竹镇叶村村党总支、濂竹乡治岭头村党支部、高坪乡茶树坪村党支部、龙洋乡九龙口村党总

支、垵口乡垵口村党支部、湖山乡坪峰村党支部、应村乡应村村党总支、蔡源乡蔡和村党支部、西畈乡举淤口村党支部、浙江凯恩特种材料股份有限公司第四党支部、浙江罗邦建设有限公司党支部、浙江新恒金属制品有限公司党支部、遂昌县国投集团机关党支部、遂昌县老干部服务中心党支部、中国电信股份有限公司遂昌分公司党委、遂昌县退役军人事务局机关党支部、遂昌县实验小学教育集团党总支、遂昌县文学艺术界联合会党支部、遂昌县文化和广电旅游体育局机关党支部、遂昌县残疾人联合会党支部、遂昌县人民医院党委、遂昌县移民工作中心党支部、遂昌县应急管理局机关党支部、遂昌县发改局机关党支部、遂昌县市场监督管理局机关第二党支部、遂昌县统计局机关党支部、遂昌县财政局第一党支部、遂昌县委政法委机关党支部、遂昌县人民法院机关党委、遂昌县公安局机关第一党支部、遂昌县公安局机关离退休老干部党支部；

优秀共产党员（45 名）：潘葱兰、叶昌达、叶伟奎、周宝贤、田宁、刘根林、雷月新、周土高、刘建明、周焕兰、纪律、张安明、叶小根、黄家春、韦娅珍、包海彬、王悦、华一鸣、何正武、刘成群、吴菁菁、梅卫平、张辉、毛春莲、吴建荣、张树忠、潘经纬、周瑾、黄芸芳、罗高伟、金豪龄、华利颖、李静、王卫东、王丽芳、叶柳希、刘红鸣、严国金、黄罡、范霄雯、黄根华、李建青、瞿成明、程克伍、叶新华（供销社）；

优秀党务工作者（45 名）：雷文举、潘水花、刘仙明、刘杰、陈碎平、程华雄、组相杰、施红艳、汪辉、范樟海、谢正基、雷仙爱、朱曜宇、姜李强、邱善斌、刘春明、钟慧茜、江峰、吴俊毅、钟仙琴、夏雨、胡春晓、刘华香、周珠凤、廖慧渝、周璐琳、周诗华、吴浩锋、余娟、蓝席斌、杨晓君、张丽香、张良、胡建强、应琦奋、汤建雄、严秋玲、程昌文、吴祖德、吴旻、徐春伟、周祀飞、周燕、张先荣、余勤。

【平安遂昌建设工作突出贡献集体和个人】

突出贡献集体（24 个）：县应急管理局、县大数据和金融发展中心、县市场监管局、县法院、县检察院、县司法局、县财政局、县委编办、县建设局、县信访局、县发改局、县人力社保局、市生态环境局遂昌分局、县公安局、县水利局、县综合行政执法局、县农业农村局、大柘镇、湖山乡、三仁畲族乡、蔡源乡、垵口乡、妙高街道、云峰街道；

突出贡献个人（60 人）：徐超、包凯雷、王赟、周晓航、周媛丽、雷永祥、刘丽梅、杨竞超、周晶、陈素萍、李香梅、吴水香、叶凌霄、陈晨阳、黄华、杨林君、李上游、雷菊香、包冰星、范鑫、罗一星、蓝培富、吴翌阳、黄奕骏、周雅莉、罗迷洁、钟杰、叶慧娟、雷梨花、何伟平、钟莹、郑茂渭、黄应权、潘兴跃、赖兴强、江振军、董金培、周燕燕、叶鹏、王昱婷、姜珂卿、江建红、应水法、高翔、雷俏晓、谢水源、毛时清、龚海华、盛思佳、诸葛鸿逸、叶珠香、潘欢新、李亚萍、单佳旻、上官日红、陈海银、朱智平、邵裕初、董小芸、李伟强。

【扩大有效投资（招商引智）工作突出贡献集体和个人】

突出贡献集体（36 个）：县交通运输局、县发改局、县建设局、县水利局、县教育局、县工业园区管委会、县农业农村局、县文广旅体局、县两山转化发展中心、县纪委监委、县委组织部、县委宣传部、县委统战部、县财政局、县自然资源和规划局、县统计局、县公安局、县应急管理局、县经济商务局、县经济合作交流中心、市生态环境局遂昌分局、县行政服务中心、县总工会、县科技局、县市场监管局、县人力社保局、县妇联、湖山乡、濂竹乡、妙高街道、云峰街道、浙江利民控股股份有限公司、浙江凯恩特种材料股份有限公司、宇恒电池有限公司、浙江荣凯科技发展有限公司、菲立化学工程（遂昌）有限公司

先进个人（110 人）：包海涯、陈聪、程芳连、陈浩、陈宏明、李立军、曹利民、程延根、曹月球、范革、范海平、甘林叶、华安安、黄存贵、黄灵峰、胡松余、黄炜、金存序、江建红、蓝纯真、李大标、刘锋、李火青、刘骏平、刘夏丹、雷先华、罗仙芽、

罗峰、林晓英、毛以林、林延彬、雷勇波、楼映方、李梅、徐利军、毛樟悦、阮定豹、宋瑜斐、涂麟兴、范剑、王佳慧、巫军振、王其孔、吴文忠、王显财、许家辉、蓝敏、徐崧耀、徐益民、项寅骁、余方芳、洪斌、曾悦、华俊、叶飞华、雷赟、徐萍、叶林华、叶林海、余石伟、尹莹、李花、朱爱军、郑俊良、张丽香、张腾飞、蓝景、林璐、周塘根、张伟俊、黄捷、曾晓芳、张怡奇、郑燕、郑英春、周旭鹏、周艳萍、叶奕、叶英、程文威、程卓艺、杜跃威、黄建飞、黄玲慧、项晔、雷悦、黄建英、黄泽成、金宇超、金正轩、林武强、李志坚、沈颖、毛丽花、苏春英、童宣明、王石林、吴炜堃、翁永明、张纯、项国霞、叶柳希、应薇薇、杨笑婕、叶益剑、杨曦、俞妍云、张碧莲、张文松、张志明

【遂昌县生态文明村镇】

生态文明乡镇（11个）：妙高街道、大柘镇、石练镇、新路湾镇、北界镇、王村口镇、金竹镇、黄沙腰镇、濂竹乡、应村乡、西畈乡；

生态村（17个）：妙高街道后江村、仙岩村，大柘镇柘溪下村，石练镇景新村，新路湾镇新双溪村、胡家村，北界镇登埠村，金竹镇夏东村，王村口镇尹坞村、大坑村、石笋头村，黄沙腰镇邵村村，濂竹乡柘坑村、瓦窑岗村，湖山乡奕山村、福罗淤村，应村乡竹溪村

党代表、人大代表、政协委员

【中共遂昌县第十六次代表大会代表】

毛仁凤、林火发、董美俊、蓝邹霖、华素萍
林卫锋、黄　华、黄建文、尹素琴、叶熙华
程　冬、蓝利春、蓝　骁、翟　峰、周玲莉
祝青锋、刘夏丹、邱黎辉、姚路杨、梁根文
谢益素、潘　俊、周　辛、曹昌根、向尉文
苏　毅、罗　飞、郑长川、曾梨萍、谢金伟
郑兆岳、黄梦怡、王金玲、刘爱萍、李立军
吴惠娟、吴群林、何永宏、应永军、陈　永
陈海标、林昌彪、孟永福、胡　鑫、钟　慧
姜松长、徐春玲、翁培斌、唐美华、梁启明
雷金根、鲍灵巧、张海锋、应水寿、雷声亮
雷思敏、吴志春、吴凌涛、汪金全、范　军
雷坛春、雷　哲、柳启斌、杨昌兴、毛　洁
张建宏、周惠益、童宣明、潘小珍、董小达
李菁菁、周程锋、周　俊、刘仙明、李红影
巫林富、张红梅、张　展、周晓剑、姜志华
涂文平、戴凤兰、戴养园、包新飞、黄海峰
毛　威、李子林、吴开铭、钟菊梅、李昌华
戴建飞、肖德富、胡友忠、张苏娟、毛雄华
邓建明、朱雅青、华秋长、涂楹海、王杰德
王俊卫、毛秋萍、林　丽、林志龙、郑伟平
刘成跃、李丽姿、章　磊、杨松沅、余君芳
方朝佳、徐璐敏、周琦红、石星磊、周欢欢
林剑锋、钟芳兰、徐春球、曾法根、刘　锋
罗　亮、毛邱芽、杨秋林、邱根松、张台君
陆　璐、季建隆、金存根、顾梅娟、黄晓燕
程　红、邱小松、梁　成、叶　茂、李军杰
姜文伟、王坚兵、华朝晖、汪华成、颜慧丹
王　庆、王　耀、王立武、王向荣、王修华
方建雄、尹　莹、尹建中、尹渭彬、叶少磊
叶孔贤、叶名颉、叶丽娟、叶松华、叶祥根
朱与滨、朱科巧、华治武、华建平、孙培莲
苏中山、杜维涛、巫丽华、巫惠祥、李　锋
李飞华、李红群、杨　捷、杨朝晖、肖陈明
吴建华、吴素妤、何　颖、张少啸、张水明
张仪辉、张永庆、张爱梅、张雪芬、陈　蓉
陈林军、陈裕琨、林成高、林庆雄、易远明
罗运乾、罗铁明、季晓立、周　圣、周立民
周欣洁、周根旺、周黎平、周璐琳、郑水松
郑月娥、郑必强、孟　波、孟晓明、练如库
胡　刚、姜　敏、顾奕滨、徐　清、徐土生
郭劲松、涂三文、黄　茵、黄存贵、黄芸芳
龚彩云、庾善彬、葛伟敏、程昌文、鲁子钗
鲁旭晖、曾胜平、蓝丹萍、蓝献民、雷巧丽
雷兴禾、雷美芳、雷勇波、廖承川、谭国庆
潘文华、潘吉文、潘香兰、瞿成明（229人）

【出席中共浙江省第十五次代表大会的遂昌县代表】

胡　刚、邓朝平（2人）

【出席中共丽水市第五次代表大会的遂昌县代表】

华建平、李　锋、李昌华、肖德富、罗铁明
周玲莉、孟晓明、鲁旭晖、潘敏鹏、练如库
胡　刚、顾奕滨、徐　清、徐春球、黄梦怡
石星磊、苏　衡、金豪龄、徐璐敏、蓝丹萍
濮发祥、林剑锋、张建宏、金跃波、周琦红
雷文举（26人）

【遂昌县第十七届人民代表大会代表】

王娟娣、水祖平、尹建中、叶　丹、叶伟奎
叶林福、田明良、包振枫、华慧荟、刘苏明
刘岳军、李素娟、李　锋、张文瑞、张金芽
陈海标、范春梅、周立民、周丽梅、周宗春
周根保、郑雄超、骆骏强、徐美君、符丽芳
傅子丹、傅长泳、蓝忆聪、雷文举、雷巧梅
雷晓尉、鲍春洪、阙晓艳、叶宗美、叶素萍
刘永岳、刘起贵、巫林富、李上锋、李　锋
余杏琼、余新超、张黎明、罗法红、周黎平
胡　刚、骆和平、黄小英、蓝惠中、方仙萍
伊风萍、肖志水、吴子峰、项凌杰、黄松恒
雷仙军、雷伟东、雷美军、谭国庆、王新根
吴志春、余丽君、张庆辉、廖陈尉、徐余寿
徐　斌、雷秀娟、顾奕滨、潘亚斯、毛　洁
吴建彬、陈裕琨、周春德、顾菊香、涂　挺
廖承川、王长松、余旭辉、余海银、汪陈云
林晓礼、罗运乾、蓝关洪、廖建祥、濮春花
包林丽、向尉文、吴慧芳、范水根、唐根花
黄建斐、黄胜军、梁雯娟、谢新洪、毛卫强
毛雄华、叶良瑞、邹雨柔、林　辉、季伟松
徐　清、黄开俊、傅聪花、毛　威、叶丽娇
叶富洪、吴建华、郑富武、唐昌林、黄邦远
吴法余、吴根松、吴维宏、罗小海、袁欣豪
蓝丽娟、雷月新、朱立军、李卫东、周土高
周立文、洪　梅、王光标、刘建明、范桂林
周彬环、包俊杰、华建飞、邱金源、何美娟
邵小根、郑凤娟、练如库、涂火祥、曾会良
叶樟土、华　丹、林　涛、罗建洪、周根亩
周焕兰、郑春耕、钟月英、王良贤、杨　力
张金秀、陈吉生、周建军、吴　蓉、陈荣胜
林延旺、蔡荣建、刘良卫、钟仙琴、黄新园
戴向伟、张少啸、林春英、郑惠仁、谢名胜
卜洪斌、刘水媛、巫法源、罗华增、林光友
易远明、徐光跃、黄李园、黄晓松、王　刚
韦柳希、包丽仙、华一鸣、刘俊毅、李旭红
李　峰、杨建国、杨淑华、吴　敏、吴　燕
何品才、林晓莉、周伟军、郑小斌、赵福利
柳伟英、施六琴、高厚建、谢正基、蘧游江
（190人）

【政协第十届遂昌县委员会委员】

王立武、尹渭彬、冯　杰、江海英、李建平
周松华、郭劲松、黄雄伟、朱溯君、严家辉
张树英、林延忠、周淑赟、郑力引、黄美丰
韩丽芳、鲍志洪、向　东、郑丽君、黄素云
李　萍、吴丽芳、郑浣芬、王晓波、刘巧巧
陈冀锐、卢育新、巫永钧、李　斌、李韦俊
赵彰财、翁　升、翁　帅、程利贤、戴其土
王　学、石兴华、黄文法、刘娟锋、罗琦珺
郑全辉、徐益民、梁苏莉、万哲鹏、周　全
胡　镇、程　红、傅东雪、汤建华、许　艳
林胜男、程琳菲、王　宇、王　梁、文　亮
叶　璐、吕伟忠、华　瑜、刘博文、杨　敏
杨刘英、吴　涛、张鹏霆、陈　敏、周水香
周惠成、郑　伟、郑卫东、郑英春、施利进
施晓洁、姜振青、徐宏丽、章勇军、颜国权
潘华琪、潘剑明、潘堂根、毛　伟、叶志民
田凯歌、朱丽萍、朱树发、华治武、刘　尊
严国兴、李明池、杨文玉、何纯安、余方芳
邹丽景、宋晓旭、张明曲、陈　军、范建文
范霄雯、林学兴、林益锋、郑娇丹、郑富明
项　鸣、袁天增、翁慧丽、黄海平、曹万才
曾　悦、谢金花、滕顺根、王坚兵、叶　锴
吕慧平、朱少华、朱苏华、江振军、苏文一

李　珂、吴炎根、余小华、林春梅、罗时德
胡有恩、姜益方、涂则丹、黄久富、黄桂梅
雷先华、刘　靓、刘永贵、李长福、李建霞
肖　飞、张瑭凤、罗仕军、周　芸、龚建敏
潘宏峰、邓意祯、叶　肖、张文华、叶　斐
叶拥军、朱杰锋、吴丽辉、张　松、张益君
徐爱莲、蓝　威、赖佩珺、王樟华、黄雅屏
李南华、蓝水林、蓝智俊、雷云梅、雷永祥
雷金南、雷周灵、雷晓霞、毛根美、苏俊英
王文军、王海斌、尹厚明、叶青青、包宏敏
毕丹雯、朱　珊、朱建辉、华新荣、江建红
吴　琼、陈建东、周　瑶、周晓峰、郑月娥
姜雄伟、黄存贵、盛天明、谢星晨、蓝方贤
詹丽红、蔡芳晖、潘建龙、戴建军、朱旭明
罗　阳、王　耀、戴旭盛　　　　（188人）

2021年遂昌县取得高级专业技术职称人员一览表

表30

序号	姓名	性别	出生年月	工作单位	从事专业	资格名称	资格等级
1	翁伟忠	男	1966年8月	大柘镇农业推广服务中心	园艺	高级农艺师	副高级
2	潘火标	男	1971年5月	应村乡农业农村服务中心	兽医	高级兽医师	副高级
3	何超洪	男	1983年10月	浙江三雅项目管理有限公司	建筑工程管理	高级工程师	副高级
4	刘水凤	女	1975年2月	丽水泰豪市政园林建设工程有限公司	建筑施工	高级工程师	副高级
5	徐振军	男	1983年1月	浙江汇丰市政园林有限公司	市政道路	高级工程师	副高级
6	章进军	男	1977年11月	浙江汇丰市政园林有限公司	建筑施工	高级工程师	副高级
7	巫　辉	男	1981年7月	浙江盛康工程管理有限公司	建筑工程管理	高级工程师	副高级
8	赖忠明	男	1973年2月	浙江罗邦建设有限公司	工程造价	高级工程师	副高级
9	潘叶华	男	1974年9月	浙江罗邦建设有限公司	建筑施工	高级工程师	副高级
10	雷春平	男	1982年3月	浙江罗邦建设有限公司	市政道路	高级工程师	副高级
11	赖建勇	男	1978年2月	浙江罗邦建设有限公司	市政道路	高级工程师	副高级
12	朱智文	男	1969年2月	浙江罗邦建设有限公司	建筑施工	高级工程师	副高级
13	郑惠龙	男	1986年11月	遂昌县市政园林和智慧城管服务中心	风景园林	高级工程师	副高级
14	郭小华	男	1976年12月	浙江九龙山国家级自然保护区管理中心	森林培育	高级工程师	副高级
15	郑英茂	男	1965.年3月	浙江九龙山国家级自然保护区管理中心	生态保护修复	高级工程师	副高级
16	张乃芳	男	1963年10月	妙高林业工作中心站	森林培育	高级工程师	副高级
17	王卫东	男	1970年11月	桂洋林场	森林培育	高级工程师	副高级

续表 30

序号	姓名	性别	出生年月	工作单位	从事专业	资格名称	资格等级
18	朱相雄	男	1967 年 11 月	遂昌县生态林业发展中心	森林培育	高级工程师	副高级
19	曹 华	男	1969 年 6 月	遂昌县生态林业发展中心	林业调查规划	高级工程师	副高级
20	姚 磊	男	1983 年 6 月	遂昌县村镇建设管理服务中心	城乡规划	高级工程师	副高级
21	李国庆	男	1984 年 12 月	遂昌县矿产与地质监测中心	水工环地质	高级工程师	副高级
22	王爱平	女	1970 年 4 月	遂昌县交通运输发展中心	人力资源管理	高级经济师	副高级
23	程延根	男	1968 年 3 月	遂昌县建设投资发展有限公司	企业管理	高级经济师	副高级
24	方德伟	男	1972 年 3 月	浙江永上特材有限公司	材料工程	高级工程师	副高级
25	王京荣	男	1975 年 12 月	浙江荣凯科技发展股份有限公司	化学工程设计	高级工程师	副高级
26	罗东红	男	1974 年 7 月	浙江遂昌利民科技有限公司	化工技术研发	高级工程师	副高级
27	严高峰	男	1981 年 1 月	浙江元立金属制品集团有限公司	机电制造	高级工程师	副高级
28	刘成跃	男	1967 年 9 月	浙江凯恩特种材料股份有限公司	机电制造	高级工程师	副高级
29	巫金磊	男	1987 年 3 月	遂昌县交通建设项目服务中心	公路工程	高级工程师	副高级
30	詹志勇	男	1971 年 7 月	遂昌县交通运输发展中心	公路工程	高级工程师	副高级
31	黄文烈	男	1968 年 4 月	遂昌县交通运输综合行政执法队	运输与物流管理	高级工程师	副高级
32	胡志军	男	1973 年 8 月	遂昌县公路养护与应急保障中心	公路工程	高级工程师	副高级
33	王东辉	男	1972.年 12 月	浙江永联民爆器材有限公司遂昌永新分公司	爆破器材	高级工程师	副高级
34	万美忠	男	1972 年 12 月	浙江永联民爆器材有限公司遂昌永新分公司	爆破器材	高级工程师	副高级
35	叶 鑫	男	1963 年 7 月	遂昌县湖山萤石矿	采矿工程	高级工程师	副高级
36	王一军	男	1967 年 6 月	丽水恒业市政园林建设有限公司	水利工程施工	高级工程师	副高级
37	李雪兰	女	1972 年 11 月	中共遂昌县委党校（浙江广播电视大学遂昌分校）	教育管理	副研究员	副高级
38	周玲君	女	1985 年 9 月	云峰街道中心幼儿园	学前教育	高级教师	副高级
39	廖慧渝	女	1980 年 6 月	大柘镇中心幼儿园	学前教育	高级教师	副高级
40	朱溯君	男	1969 年 12 月	遂昌县教师发展中心	教育管理	副研究员	副高级

附 录

社会新闻

【找亲友“替贷”坑了上百人】男子找亲人朋友帮他贷款，总额近千万元，拿到钱后却“跑路”了，帮他贷款的亲友因此吃上了官司。1月，遂昌县人民法院审结了一系列这样的金融借款合同纠纷案。

2017年，周某找到朋友赖某，借口资金紧张让赖某帮忙为其贷款30万元，并表示自己在银行有熟人，会安排担保人，赖某只需要提供本人户头就行了，本金和利息都由周某按期偿还。因为二人“关系铁”，赖某没有多想就答应了。很快，以赖某名义办理的30万元贷款就到账了，赖某将银行卡交给了周某。第一年贷款到期后，在周某请求下，赖某又将这笔贷款续贷了一年。没想到一段时间后，银行却打来了催收电话，赖某才发现已经联系不上周某了。而且，事情远不止这么简单……

2019年7月，为赖某办理贷款业务的银行工作人员宋某到公安机关投案自首。原来，宋某曾接受周某给的好处，为赖某、陈某、王某等20余人办理贷款业务，这些钱绝大部分都给了周某使用。如今这些贷款陆续到期，周某却不见踪迹，眼见要东窗事发，宋某迫于压力投案自首。

2020年5月，赖某因未偿还贷款，被银行告上了法庭，要求偿还贷款本息。法庭审理认为，金融借款合同认定有效，赖某及其担保人应承担相应的民事责任。之后半年时间里，与周某有牵连的其他20来件金融借款合同纠纷案也陆续诉至法院，裁判结果基本同上。该批案件涉及借款人、担保人100余人，涉案金额近千万元，多名贷款人、担保人被纳入失信被执行人名单。

（1月20日《遂阅》第3版）

【被执行人向干警送锦旗】1月，遂昌县人民法院执行局干警收到一面锦旗，上面写着“依法为民做主，执行替民解忧”。这面锦旗是被执行人刘某志和他的父亲刘某平送的。这是怎么回事呢？

2011年，刘某平患上了直肠癌，刘某志为了给父亲治病，花光了所有积蓄，最后向银行贷款以维持生活。但因病致贫，各方面的开销让刘某志入不敷出，无法及时还款。2017年，刘某志被银行诉至法院，判决后进入执行程序，其工资除保留必要生活费外，全部被法院冻结。刘某志努力工作，积极履行还款义务，多年来也还了不少钱。

2020年9月，刘某平再次患病住院，需要进行手术，本已节衣缩食的家庭却再度陷入困境。无奈之下，刘某志向法院提出申请，希望能返还一部分被冻结的工资，用于支付父亲的治疗费用。收到刘某志的申请后，执行局干警及时走访了解，确认情况属实，于是联系了执行申请人（银行），为刘某志取得了申请人的谅解。之后，执行局召开执行会诊会议，决定为刘某志“解冻”4.5万元工资，用于其父亲的治疗。2021年1月，手术后出院的刘某平父子到法院，向执行局干警送上了锦旗。

（2月8日《遂阅》第3版）

【辱骂法警被罚500元】3月19日，遂昌县人民法院开庭审理被告人刘某某故意伤害一案。上午9时许，刘某某在其妹刘某及母亲陪伴下到达法院。在安检通道外等待时，刘某看到法警给其哥哥带上手铐，突然情绪激动，大声质问。法警解释后，刘某仍不配合，大声辱骂法警并拍打安检口的桌子，法警对其行为进行了制止。待刘某情绪稳定后，法警要求其下午2时到法院接受训诫。当日下午，刘某按时到法院，向法警表达了歉意，出具了书面悔过书。依据相关法律的规定，县人民法院对刘某处以罚款500元。22日，刘某到法院缴纳了罚款。

这是2021年1月1日《最高人民法院关于人民法院司法警察依法履行职权的规定》施行以来，丽水市司法警察办理的首例司惩案件。

（3月26日《遂阅》第3版）

【被骗后"学以致用"升级成骗子】7月，县公安局城西派出所破获一起网络刷单诈骗案，民警远赴湖北省武汉市，抓获一名刷单诈骗嫌疑人陈某。这名嫌疑人原本也是网络刷单的受害者，被骗后没有选择报警，反而总结出诈骗套路"学以致用"，升级成为骗子。

案件追溯到5月19日，在武汉的陈某给在遂昌的徐某发了一条信息，称帮忙刷个单就有200元报酬。由于双方是多年网络游戏好友，徐某没有多加怀疑。之后，陈某便通过语音指导陈某完成了第一笔刷单套现，称是帮朋友完成任务，刷单后京东白条的消费额度会返回。几次交流后，陈某要求徐某提供京东金融的账号和密码，自行操作。他登录进徐某的账户，将3200元额度全部用于购买游戏卡和Q币，然后用两个QQ号自导自演，分别饰演"朋友"和"上家"，找各种理由搪塞徐某，最后删除了好友，徐某才发觉被骗。接到报警后，县公安局城西派出所民警经过两个月的侦查，嫌疑人身份浮出水面，终被抓获归案。

审讯中，陈某交代，自己当初也被网络刷单诈骗，觉得这个套路就是广撒网、骗信任，很好上手。连徐某在内，他已经用同样的套路诈骗3人，共非法获取8200元。

（7月30日《遂阅》第3版）

【在废品堆中找回遗失的资料】7月的一天，县公安局王村口派出所接到一名群众求助，称其在县城读书的儿子在学校门口遗失了一个装有重要学习资料的黑色袋子，希望民警能帮助寻找。王村口派出所民警没有推脱，立即请求妙高派出所协助，妙高派出所民警调取了学校门口周边的监控，仔细观察甄别，发现确实有一个黑色袋子已经被一个老人捡走了。当民警确认信息找到该老人后，却被告知袋子连同废品一起卖到收购站了。在收购站里面，面对堆积如山的废品，民警刘皋高忍着难闻的异味徒手翻找了近一个小时，终于找到了黑色的袋子。经清点，资料一样不少，还给了该学生。

（8月2日《遂阅》第3版）

【离"确认转账"只差最后一步】"幸亏你们来得及时，再晚几秒钟，我的钱就全部被骗走了！"8月的一天，胡女士非常惊险地躲过了一场骗局。她感谢民警及时劝阻，在陷阱边拉住了她。

事件发生当日，城西派出所民警接到县反诈中心指令，称居民胡某疑似遭遇电信网络诈骗。接到指令后，民警迅速拨打胡女士电话，但对方手机一直处于通话中，很有可能已经钻进骗子的圈套，情况紧急。民警通过查询，得知胡女士在县城某工地上班，立即驱车前往劝阻。民警火速赶到现场并与工地负责人找到胡女士时，她正与诈骗分子在通话中，按对方指示在操作，手机停留在转账界面，距离"确认转账"就差最后一步！

胡女士说，当日下午，她接到一个显示为境外的来电，对方称是某电商平台的客服，由于操作失误，将胡女士办理成了平台会员，每月将从胡女士的账户中扣除600元会员费用。"客服"在电话里称，只要按照他们的指示操作，就可以"解绑"会员，并指引胡女士将钱转到指定账户，"解绑"后再转回来。胡女士信以为真，打算将卡里的47000元转账给对方，幸运的是，她因为输错了密码转账没有成功。正当胡女士准备进一步操作时，民警及时来到身边，帮她紧急"刹住了车"！

（8月25日《遂阅》第3版）

遂昌县推进生态工业和数字经济高质量绿色发展三十条

（遂委办发〔2021〕29 号）

为深入实施“绿水青山就是金山银山”发展战略，着力推进生态工业第一经济，加快产业转型升级，提振企业发展信心，经县委、县政府研究，决定出台本文件。

一、鼓励做大做强

1.鼓励销售上台阶。对年销售收入首次达到2000万元、5000万元、1亿元、2亿元、3亿元、5亿元、8亿元、10亿元、20亿元、50亿元（含）及以上且亩均增加值达到“标准地”规定的工业企业，分别给予企业10万元、15万元、20万元、30万元、35万元、40万元、45万元、50万元、80万元和100万元奖励。对符合《浙江省数字经济核心产业统计分类目录》的企业，在以上补助标准的基础上再提高20个百分点。

2.鼓励亩均效益上台阶。对当年度亩均效益达到“标准地”规定的工业企业，同比以往年度亩均效益提高20%以上的，按超出部分的地方综合贡献给予分档奖励，亩均效益提高20%～50%、50%～100%、100%（含）以上的，奖励比例分别为30%、40%、50%。享受地方综合贡献挂钩奖励的企业，不再享受本条款。

3.鼓励招大引强。新上工业项目列入省市县重点项目的，在约定期限内完成投资的，自投产之年起3年内，每年按对遂昌县地方综合贡献部分100%给予奖励，第4年、第5年按对遂昌县地方综合贡献部分的50%给予奖励。新上工业项目纳入统计库并在约定期限内竣工投产的且设备投资额不低于300万元的，按设备审计投资额给予分档奖励，1000万元以下部分、1000万元至2000万元部分、2000万元以上部分的奖励比例分别为6%、9%、12%。若采购本地企业生产的成套设备则按设备审计投资额的12%给予奖励。符合上述条件的项目，属于《浙江省高新技术产业统计分类目录》或《浙江省数字经济核心产业统计分类目录》的，奖励标准再提高2%。若项目列入省市重点项目，在享受以上奖励标准的基础上，项目设备投资额5000万元以上部分的奖励比例提高到20%。

4. 加快项目建设。对通过“标准地”出让方式取得工业用地使用权的企业（化工类项目除外），按期缴清土地出让金后，给予成交价与县工业用地指导价差额部分100%奖励，两个及以上企业参与竞价的，溢价部分不予奖励。对投资额5亿元以上的项目和投资额10亿元以上的化工类项目，在成交价与县工业用地指导价差额部分100%奖励基础上，再按照每亩5万元的标准给予奖励。

5.鼓励并购重组。企业经营发生困难且全面停产6个月以上或企业破产后引进新投资方进行并购重组，新投资方占总股本50%以上，且重组后实缴注册资本不小于1000万元的工业企业，以在并购重组过程中形成的地方综合贡献部分为标准（不含股权转让个人所得税），全额奖励给企业。在并购重组后，以被并购企业地方综合贡献最后三年形成部分的平均数为基数，按照重组企业超基数新增地方综合贡献为标准，自投产之年起3年内，每年给予100%奖励，第4年、第5年每年给予50%奖励。

6.培育领军企业。对首次评定为国家级专精特新“小巨人”企业的，给予50万元奖励；对列入省级制造业单项冠军培育企业的，给予10万元奖励；对首次评定为国家、省级制造业单项冠军企业的，分别给予100万元、50万元奖励；对于省级提升到国家级、省级单项冠军培育企业提升到省级单项冠军企业的，给予差额奖励；对首次评定为省级隐形冠军企业及培育企业的，分别给予30万元、10万元奖励，对已奖励过省级隐形冠军培育企业的，给予差额奖励；对首次认定为省级创新型示范中小企业的，给予一次性10万元奖励；对首次列入省级“雄鹰行动”培育企业名单的，给予一次性50万元奖励；对首次认定为浙江省创新型领军企业的，给予一次性50万元奖励。对新认定的战略性新兴产业规上企业且连续两年在库，增加值增幅高于全县规上工业增加值增幅的，给予10万元奖励。对获评省级制造业及分行业“亩均效益”领跑者企业给予每家50万元奖励，对获得市级生态工业“亩均效益”领跑者及重点行业领跑者企业，分别给予每家企业20万元、10万元奖励。

二、推进转型升级

1.鼓励盘活闲置资产。对通过司法拍卖、公开拍卖取得工业园区内闲置资产，且经主管部门认定符合遂昌县产业发展导向的新上工业项目，按土地使用面积给予一次性6元/平方米的奖励。对投产满3年的企业利用闲置用地（50亩以上）进行小微园建设的，经认定同等享受小微园运营机构相关政策。

2.支持“空间换地”。对已取得不动产权证的工业企业，在原有土地使用范围内，经批准实施的加层或翻建、改建、扩建、扩大生产用房的技术改造项目，在重新取得不动产权证后，给予新增生产性用房50元/平方米奖励，每家企业最高限额100万元。对新取得工业用地的企业，在取得不动产权证后，对第三层及以上生产性用房按80元/平方米奖励，每家企业最高限额100万元。

3.鼓励技术改造。经工业主管部门备案或核准的技改项目，年销售收入不少于1000万元且设备投资额不低于100万元的，按设备审计投资额给予分档补助，500万元以下部分、500万元至2000万元部分、2000万元以上部分的奖励比例分别为12%、15%、18%。对列入浙江省重点技术改造示范项目的，按设备审计投资额的25%给予补助；对列入丽水市重点技术改造示范项目，或完成股改进入上市辅导程序的企业，按设备审计投资额的20%给予奖励。对企业技术改造中购置工业机器人和智能化制造系统的（工业机器人按GB/T12643—2013标准定义执行），按设备审计投资额的20%给予奖励。以上项目需纳入年度工业投资项目库且按就高不重复原则兑现。

三、推动两化融合

1.鼓励企业深度推进数字化建设。鼓励本地云服务商全面开展本地企业上云服务工作，对当年度单个企业与云服务商签订云服务合同费用达到2000元及以上的，经省级经信部门认定为当年度上云企业的，每完成一家上云企业认定，给予云服务商1000元补助。对于列入省级上云标杆企业、行业云应用示范平台试点示范企业的，给予一次性20万元奖励。首版次软件产品自获得软件著作权登记证书起两年内实现销售（服务）收入达100万元以上的，给予两年内销售（服务）收入10%的奖励，最高不超过100万元。享受过“天工之城”相关政策的不再重复享受。

2.争创省级以上示范企业。对列入国家级、省级工业互联网平台创建名单、信息技术与制造业融合发展试点示范企业、大数据应用示范企业的，分别给予一次性40万元、20万元奖励（省级提升到国家级的给予差额奖励）。对获得国家级、省级政府部门颁发数字经济领域荣誉称号的企业，分别给予一次性50万元、30万元奖励（省级提升到国家级的给予差额奖励）。企业通过国家两化融合管理体系认证的，给予一次性20万元奖励。

3.培育工业信息工程服务机构。注册在遂昌县或入驻在遂昌县各“飞地”园区的工业互联网应用、机器换人、智能制造等工业信息工程服务机构，每年为遂昌县企业提供智能制造的工业互联网平台服务、综合解决方案服务、云服务、工业网络建设服务、智能化技术改造服务、工控安全服务、工业应用软件开发、数据应用服务、工业智能装备开发服务的，按实际销售收入的3%给予奖励。对列入省经信厅公布的工业信息工程、机器换人、智能化改造工程服务公司名单的，追加2%的奖励。每家企业最高奖励限额100万元。

四、强化创新发展

1.支持构建科技创新体系。建设金属制品产业创新服务综合体，打造重点孵化、协同创新、公共服务“三位一体”的产业创新综合体，构建以平台搭建为核心的公共创新服务体系。企业建成省高企研发中心（技术中心）、企业研究院、重点实验室

（工程实验室）、重点企业研究院，上级无经费补助的，分别给予一次性25万元、60万元、100万元、200万元奖励，被认定为国家级的给予加倍奖励；上级有经费补助的，给予实际补助额的50%配套奖励资金，单个项目最高限额200万元。对通过省级认定的本县企业与名院名校名企合作共建各类创新载体，分别给予一次性15万元奖励。对被认定为国家级、省级、市级行业（区域）科技创新平台（中心），分别给予一次性250万元、120万元、25万元奖励。

支持企业创新能力提升。对新认定省级和市级企业技术中心分别给予100万元和10万元奖励。对列入省级数字化车间/智能工厂、未来工厂的给予50万元奖励，对认定为省级工业旅游示范基地、省级服务型制造企业（平台）、省级智能制造工程服务公司的给予10万元奖励。

支持企业创新研发新产品。被认定为国内、省内、市内的首台（套）重大技术装备、首批次新材料，分别给予单个项目50万元、20万元、10万元奖励。对企业首年度购买首台（套）产品保险，在享受省财政补贴外，再给予10%保费补助。对通过鉴定（验收）的省级以上新产品（新技术），给予企业每个新产品（新技术）6万元奖励；对评为省优秀新产品（新技术）的再给予10万元奖励（同一产品科技与经信部门不重复奖励）；被认定为“浙江制造精品”产品的企业，给予10万元奖励。

2. 鼓励培育高新技术产业。首次被认定为国家、省创新型企业的，分别给予100万元、30万元奖励；首次被认定为国家高新技术企业的，给予40万元奖励。县外引进（迁入）的高新技术企业，视同新认定的高新技术企业；重新认定为国家高新技术企业的，给予10万元奖励；首次被认定为省科技型中小企业的，给予5万元奖励。对首次被认定为国家级新产品、省级新产品试制计划通过验收并列入浙江省科技成果库的，分别给予5万元、2万元奖励。对首次获得国家、省级高新技术特色产业基地的，分别给予100万元、50万元奖励，对首次被列入国家火炬计划项目的，给予10万元奖励。对纳入高新技术产业统计范围且高新技术产业增加值贡献率前五名的企业，分别给予第一名15万元、第二名12万元、第三名10万元、第四名8万元、第五名5万元奖励。对规模以上企业研发投入，按实际支出额的5%给予奖励，最高不超过30万元；对规模以下企业符合加计扣除政策的研发投入，按实际支出额的5%给予奖励，最高不超过20万元；对高新技术企业，只奖励超出要求部分的研发投入支出，按超出要求部分的研发投入支出10%给予奖励，最高不超过50万元。

3. 保护知识产权。企业当年获得国内发明专利授权的（以专利授权日为准），每件给予其获得专利权所缴纳的官方规定费用的50%的奖励；企业当年获得国外发明专利授权的，每件给予6万元奖励（一件专利多国授权的，仅给予一次奖励）；企业通过PCT途径申请国外专利的，每件给予1万元奖励。单个主体其当年授权国内发明专利奖励总额不超过10万元。鼓励企业应用人工智能，对软件著作权每件给予2000元奖励。企业通过知识产权贯标认证或评价，给予一次性6万元奖励。

支持企业进行国际商标注册，对申请马德里国际商标注册并被核准的，按每件核准商标注册费的50%给予补助，每家每年补助额不超过5万元；单一国家注册并被核准的，按每件核准商标注册费的30%给予补助，每家每年补助额不超过3万元。

对获得国家、省专利奖（外观设计和实用新型专利除外）的专利权人，按上级实发奖金给予等额配套奖励。获得国家知识产权示范企业、优势企业的，分别给予一次性20万元、10万元的奖励；获得省、市专利示范企业的，分别给予一次性10万元和5万元奖励。鼓励企业依照法律积极参加涉外专利诉讼，对取得胜诉的案件，本县企业每件案件给予50%的诉讼费（案件受理费）奖励，此项奖励最高限额50万元。

鼓励企业开展知识产权（专利权、商标权）质押融资，对其质押贷款的利息，按银行同期基准贷款利率60%进行贴息补助，与其他资产组合质押融资的，按银行同期基准贷款利率12.5%给予贴息补助。从知识产权质押登记日开始计算，单个企业每笔贷款享受第一整年贴息补助，最高限额20万元。

4. 营造“双创”氛围。积极打造众创空间（含飞地）、科技孵化器（含飞地），根据产业发展需求特点及优势，构建专业化、差异化、多元化的众创空间与科技企业孵化器、加速器、产业园区，积极探索以人才、技术为主的孵化模式，构建科技成果转移转化和创业孵化体系。

被认定为国家级、省级、市级科技企业孵化器的，分别给予一次性100万元、50万元、15万元奖励；被认定为国家级、省级、市级众创空间（星创天地）的，分别给予一次性50万元、20万元、10万元奖励。

引入孵化器运营主体，实行成效激励机制。科技企业孵化器被认定为国家级、省级的，按上级实际拨付资金总额的30%给予奖励。在孵化园引进与高校科研院所合作、国际合作在本地设立合作平台的，按本地实际成交金额的1%给予奖励，每项最高不超过10万元；在孵化园引进与世界500强、中国500强、浙商500强企业的本地技术合作，分别按本地实际成交金额的3%、2%、1%给予奖励，每项最高不超过10万元。其合作科技成果在本地转化产业化的，3年内按照每100万元销售额给予0.2万元标准的奖励，最高不超过10万元（以正式销售发票为准）。每引入或认定国家高新技术企业1家，给予20万元奖励；每引入或认定省科技型中小企业1家，给予2万元奖励。

5. 鼓励科技成果转化。对企业吸纳科技成果并在本地转化的（单项超过100万元），按其上年度委托开发和受让技术实现技术交易额（须完成技术合同登记并且纳入企业研发费）的8%给予补助，最高不超过50万元。企业参与技术市场组织的科技成果拍卖的，按实际技术交易额的2%给予补助，每家企业每年不超过5万元。

五、加强金融支持

1.加强产业基金引导。引进各类社会资本，重点投资对全县经济社会发展具有明显带动作用的创新项目和引领项目，加快产业和资本融合发展，打造政府产业基金2.0版本。

2.鼓励对接资本市场。实施“凤凰计划”，推进企业股改上市和并购重组工作，相关政策文件另行制定。

3.支持政策性融资担保。发挥遂昌县政策性融资担保有限公司政策性担保职能，根据担保业务管理暂行办法，为有融资需求且符合管理办法规定的工业企业提供原则上不超过500万元的融资贷款担保业务。推动政银企合作平台建设，在续贷手续完备的前提下，鼓励银行办理转贷业务，共同助力小微企业建设发展。

六、注重品牌建设

1.支持标准化创建。对承担全国专业标准化技术委员会秘书处和分技术委员会秘书处、承担浙江省标准化技术委员会秘书处和分技术委员会秘书处、丽水市标准化技术委员会秘书处的单位，经国家标准化管理委员会考核认定为一级，浙江省市场监督管理局、丽水市市场监督管理局考核认定为优秀的，每年分别给予20万元、15万元、10万元、5万元的补助。

对主导制（修）订国际标准、国家标准、国家级团体标准、浙江制造标准、行业标准、省级地方标准、市级地方标准并发布的企业，分别给予100万元、20万元、20万元、20万元、15万元、10万元、3万元奖励。对参与制（修）订国际标准并发布的企业，按照每制（修）订1个标准总奖励限额30万元，同一家企业当年获得总奖励限额不超过100万元。对参与制（修）订国家标准、国家级团体标准、浙江制造标准、行业标准、省级地方标准并发布的企业，分别给予10万元、5万元、5万元、3万元、2万元奖励。对对标国际标准或国外先进标准制订产品标准的第一起草单位，给予5万元奖励。

获得国家级、省级标准化试点示范项目立项并通过验收的企业或单位，分别给予20万元、10万元奖励；获得市级标准化试点示范项目立项并获得优秀、合格等次的单位，分别给予10万元、5万元奖励；获得县级标准化试点示范项目立项并通过验收的单位，给予 3 万元奖励。

2. 鼓励争创品牌。对首次通过浙江制造品牌认证的产品，每个产品给予一次性 20 万元奖励（同一项浙江制造标准通过认证的视为同一产品）。推动“品字标浙江农产”品牌建设，以特色品牌转化、自我声明+承诺、第三方认证模式获得“品字标浙江农产”公共品牌授权使用的企业，分别给予 2 万元、2 万元、5 万元奖励。首次获得中国驰名商标（不含司法认定）、地理标志证明商标、集体商标的企业或组织各给予 30 万元奖励。首次获得浙江省知名商号的企业，给予 8 万元奖励。首次获得浙江省信用管理示范企业、丽水市信用管理示范企业称号的企业，分别给予 8 万元、2 万元奖励。首次获得浙江省商标品牌示范企业的给予 5 万元奖励。

3. 提升管理水平。对首次通过 GB/T14000—ISO14000 系列环境管理体系认证、GB/T23331 能源管理体系认证、GB/T45000—OHSAS18000 系列职业健康与安全管理体系认证、SA8000 社会责任管理体系认证、TUV 欧盟安全认证、ISO10012 测量管理体系 AAA 级以上认证、GB/T31950 企业诚信管理体系认证、ISO22000 系列食品安全管理体系认证或 HACCP 认证、UL 美国安全认证的企业，分别给予 3.5 万元奖励。为应对国外技术性贸易壁垒（欧盟 ROHS、EUP、REACH 指令，日本肯定列表）而进行首次认证的，给予 3.5 万元奖励。对首次通过中国、美国、德国、英国、挪威、法国、日本、俄罗斯、韩国、意大利船级社认证的企业，给予 3.5 万元奖励（一个国家级奖励一次）。

4. 深化全生命周期绿色管理。支持企业开展绿色产品认证，对首次通过绿色产品认证的单位给予 20 万元奖励，每新增一张绿色产品认证证书再奖励 2 万元，最高限额 30 万元。

七、突出绿色发展

鼓励节能减排和循环发展。支持绿色制造工程，对列入国家级或省级绿色工厂、绿色供应链示范名单、绿色（设计）产品的企业，分别给予国家级 80 万元、省级 20 万元奖励；对通过清洁生产审核验收的企业，给予 6 万元奖励；对通过企业 5S 及以上精细化管理体系验收的企业，给予 20 万元奖励；对获得省、市级节水型企业称号的，分别给予 5 万元、3 万元奖励；对列入省级以上循环经济示范项目的企业，给予 10 万元奖励。

八、助推开放发展

1.鼓励出口。对生产型出口企业，按出口销售额 1.5%给予奖励。对出口企业当年获得“中国出口名牌”“浙江出口名牌”“丽水出口名牌”的，分别给予 30 万元、10 万元和 5 万元奖励。同年同一品牌获不同等级的，按就高不就低原则奖励，同一品牌同一等级只享受一次奖励。

2.支持企业参加展会。对参加发改、经信、商务、科技部门组织的国（境）内展会的企业，其摊位费给予全额补助，每家企业每次最高补助不超过 15 万元。对参加发改、经信、商务和科技部门组织的国（境）外展会及自行参加其他展会的企业，按照摊位费 70%给予奖励，每家企业每次最高奖励不超过 10 万元。对参加国（境）内展会的企业，交通费和住宿费补助以实际发票为准，最高限额为 2000 元；对参加国（境）外展会的企业，交通费和住宿费补助以实际发票为准，最高限额为 10000 元。

3.支持企业应对国际贸易风险。对参加“两反一保”等各类贸易摩擦案件应诉的，在案件取得终审结果后，对其发生的律师代理费用按实际支付额的 50%给予补助，单个企业单个案件最高补助不超过人民币 10 万元。对出口额在 500 万美元（含）以下的小微出口企业投保的出口信用保险费和资信调查费，给予 100%的补助；对出口额在 500 万美元以上的出口企业投保的出口信用保险费和资信调查费，给予 70%的补助，每年每家企业补助最高限额为人民币 10 万元。

九、优化营商环境

1.鼓励发展工业设计。认定为国家级、省级工业设计中心的，分别给予 30 万元、20 万元奖励；经认定的省级重点企业设计院，给予50万元补助；工业设计企业（中心）参加国际级、国家级、省级工业设计大奖赛并获得优秀工业设计奖的，分别给予50万元、20万元和10万元奖励。

2.支持小微企业园建设提升。鼓励引进非政府投资的民营机构。对认定为首批国家级小微企业创业创新示范基地、首批省级小微企业创业创新示范园的，分别给予园区运营管理机构50万元、20万元奖励。对首次认定为省级数字化示范园区、数字化试点园区，分别给予园区运营管理机构50万元、20万元奖励。对首次评定为三星、四星、五星的小微企业园，分别给予园区运营管理机构 20万元、40万元、50万元奖励；对于星级提档的，给予差额奖励。对小微园运营机构申报创成国家级、省级中小企业公共服务示范平台（或优秀运营机构）的，分别给予50万元、30万元奖励。

十、扶持对象和条件

在遂昌县工商登记、按相关规定报送数据的制造业企业、外贸出口企业以及科技服务机构、信息工程服务机构、工业设计条款中明确的单位可享受本政策（电力、热力、燃气及水生产和供应业，采矿业含机制砂、石材加工等不享受本政策）。政策兑现年度内发生较大安全生产事故、重大环境污染事故、涉税刑事案件的企业和“亩均论英雄”综合评价D类企业，实行一票否决制（由相关主管部门提出否决证明），不予兑现当年奖补资金。对“亩均论英雄”综合评价C类企业按本政策奖励标准的60%兑现。对欠税企业未缴清所欠税款的，不予兑现奖补资金。企业可同时享受本政策和省级及以上扶持政策（明确注明不同时享受的除外）；企业同一事项涉及本政策多项补助或奖励的不重复兑现。销售收入以税务部门数据为准，所有涉及投资额均不含税；企业年纳税额以税务部门提供的会计核算年度内实际净入库数为准。本政策条款中，“地方综合贡献”指企业生产经营产生的产值、地方财政贡献、科技创新投入、就业贡献等。对重大工业项目（含重大技改项目），可采取“一事一议”政策。

十一、附则

本文件自2020年1月1日起施行，《遂昌县推进生态工业高质量绿色发展三十条》（遂委办发〔2019〕108号）同时废止。本文发布之日前已兑现的不再重复兑现，未兑现的如果涉及已废止的政策相关内容和相关项目，本文件没有规定的，按原有政策执行；本文件有规定的，按就高不重复的原则由当事人择一适用。

遂昌县农村住房建设管理办法

（遂政发〔2021〕51号）

为落实农村村民户有所居，加强农村宅基地及房屋建设管理，推进乡村振兴战略实施，加快花园数字乡村建设步伐，进一步提高农村村民办理宅基地建房审批效率，根据《中华人民共和国土地管理法》《中华人民共和国城乡规划法》《浙江省城乡规划条例》《浙江省农村住房建设管理办法》《浙江省农民建房“一件事”办事指南》等法律、法规和政策规定，结合遂昌县实际，制定本办法。

一、适用范围

本办法适用于遂昌县行政区域内农村村民建房管理。农村村民，是指具有农村集体经济组织成员资格的人员。农村宅基地，是指农村集体经济组织成员经依法批准（或合法使用）建设住宅占用的农村集体土地。宅基地使用权人依法对其享有占有和使用的权利，有权依法利用该土地建造住宅及附属设施。农村宅基地的所有权属于农村集体经济组织。

二、基本原则

（一）规划引领、合理利用原则。农村宅基地的安排与使用应当坚持最严格的耕地保护制度，遵循“规划先行、一户一宅、标准控制、依法审批”的原则。农村村民应严格按照批准面积和建房标准建设住宅，禁止未批先建、超面积占用宅基地。农村集体经济组织成员一户只能拥有一处宅基地，建设住宅应当符合各级国土空间规划。

（二）节约用地、统筹保障原则。坚持建新拆旧、盘活存量、节约集约、提高效率的原则，合理保障农村村民建房用地。

（三）分类管理、有序建设原则。在遂昌县域内，农村住房建设管理划分为三个区域，分别是可建区（位于县城中心城区规划区以外的区域）、一般管控区和严格管控区。具体区域范围由县自然资源和规划局另行划定并经县政府同意后组织实施。

三、职责分工

乡（镇）人民政府、街道办事处：负责本辖区内宅基地及房屋建设管理工作，合理安排宅基地用地、闲置宅基地和闲置住宅盘活利用管理；负责农村村民建房资格审查；负责宅基地及建房审核审批和核发乡村建设规划许可证（或建设工程规划许可证）（受县自然资源和规划局委托），为农村村民提供便捷高效的服务；负责辖区内的农村村民建房巡查，做好村民建房批后施工的事中事后监管及乡村违法建设查处工作；指导村民会议制定和修改村民自治章程、村规民约，加强农村住房建设自治管理。做好村级网格员队伍管理。

县农业农村局：负责宅基地的分配、使用、流转、纠纷仲裁、用地标准制定、农村建设用地的违建处置工作；指导闲置宅基地和闲置农房利用；指导乡（镇）人民政府、街道办事处进一步规范宅基地的日常管理，优化审批流程，建立宅基地和村民建房乡镇（街道）联审联批制度，统筹协调各部门有关宅基地申请条件和用地审查、乡村建设规划许可证（建设工程规划许可证）、农村住宅建设监管等职责的落实。统筹新增建设用地计划指标、建设用地增减挂钩指标、存量建设用地、批而未供土地等土地资源要素，每年组织开展农村宅基地现状和需求情况调查统计，及时将农村村民建房新增建设用地需求报送上级农业农村主管部门和县自然资源和规划局。参与编制国土空间规划和村庄规划。

县自然资源和规划局：负责耕地、林地的违建处置；牵头做好国土空间规划和村庄规划、用地保障、确权颁证等工作；积极配合县农业农村局做好宅基地管理和改革；审核宅基地建房是否符合国土空间规划、用途管制的要求；指导核发乡村建设规划许可证（或建设工程规划许可证）；负责办理不动产登记、农转用报批等工作。

县住房和城乡建设局：负责确定农村住宅设计方案，指导农村住房使用安全监督管理和建筑风貌引导等工作；负责农村建筑工匠管理和巡查；负责编制更新农村住房设计的通用图集。

县综合行政执法局：负责对未取得建设工程规划许可证或者未按照建设工程规划许可证的规定进行建设的违法行为立案查处。

村民委员会：要依法完善宅基地村民自治管理程序，强化村规民约的监督约束作用，负责本村宅基地及建房的申请核实、宅基地用地调整、退出处置、纠纷调解以及宅基地违法用地的劝阻和报告。

其他有关部门在各自职责范围内，指导落实农村宅基地管理的相关工作。

四、宅基地申请资格和条件

（一）申请条件。农村村民一户只能拥有一处宅基地。符合下列条件之一的，可以申请宅基地建房：

1.具备分户条件的；

2.房屋因自然灾害受损且无法居住的受灾户；

3.原合法住宅人均建筑面积小于35平方米的住房困难户，新建房屋需要新增占用宅基地的；

4.已列入旅游、文物、饮用水源保护范围和地质灾害隐患点需搬迁的；

5.符合相关规划在原址拆、改建的；

6.实施旧村改造的。

（二）禁止事项。有下列情形之一的，其建房申请不予批准：

1.不符合“一户一宅”规定或者不具备分户条件的；

2.城镇、村庄列入近期建设或改造项目控制范围内申请建房的；

3.1987年1月1日《中华人民共和国土地管理法》实施以后，有出卖或者以其他形式转让地上建筑物的；

4.在拆迁或征收中已实行货币补偿、产权调换、有土安置的；

5.所有家庭成员作为一户申请批准建房后，不具备分户条件而以分户为由再申请建房的；

6.已批准由政府或集体供养的人员；

7.夫妻一方为城镇居民，已享受国家相关住房优惠政策（含房改房、集资建房、经济适用房、两限房）的；

8.违法占地建房尚未处理结案的；

9.法律法规规定不予批准的其他情形。

（三）其他规定

1.合法取得“一户二宅”以上的农村村民要求拆建的，须在数宅中指定一宅用于拆建，其余住宅依法处置到位。

2.蓝印户等非农户籍人员或者外村村民在本村依法拥有住房（已核发不动产权证）的，非农户未享受房改房、集资房等房改政策又无商品房，外村村民符合建房资格（建房资格由户口所在地乡镇人民政府、街道办事处认定）的前提下，可以在其不动产权证权属范围内申请原拆原建，用地面积参照本办法规定的建房用地控制标准执行。

五、用地标准与风貌管控

（一）用地标准。

1.可建区。符合建房的农户，其用地控制标准为：1～3人户建房用地面积100平方米；4～5人户建房用地面积120平方米；6人及以上户建房用地面积130平方米。在满足用地条件前提下，允许在上述用地标准基础上增加不大于20平方米、檐口高度不超过3.5米的一层附房，与主体建筑相连，同时设计、同时审批、同时验收。原住房用地面积小于建房用地控制标准的，不得单独申请建造附房。上述用地标准中使用耕地的，耕地面积不超过125平方米。建筑层数不超过3层，檐口高度控制在9.5米以内。斜屋面屋脊高度控制在11.7米以内。

2.一般管控区。符合相关规划的，原则上允许农村村民建房审批，严格控制新增宅基地审批。其用地控制标准为：1～3人户建房用地面积100平方米；4～5人户建房用地面积120平方米；6人及以上户建房用地面积130平方米。上述用地标准中使用耕地的，耕地面积最高不超过125平方米。建筑层数不超过三层，檐口高度控制在9.5米以内。斜屋面屋脊高度控制在11.7米以内。

3.严格管控区。农村村民的住房保障政策另行制定。

（二）风貌管控

1.村民建设农村住宅，由村民自行委托建设工程设计单位进行设计并出具施工图（盖章），不设地下室的农村住宅也可以选用免费提供的农村住宅设计通用图集。通用图集、建房户自己设计的图纸要注明空调外机、太阳能热水器、水箱等附属构件位置。房屋外立面色彩、风格与周边环境相协调。

2.空调外机、太阳能热水器、水箱等设施的位置在满足美观、隐蔽的基础上，要合理设置附属构件的尺寸，附属构件的数量与居室数量相匹配，方便维修。

3.农村建房户应建设配套的污水处理设施。

六、宅基地建房手续审批和建设管理

（一）符合规划。农村住宅建设应当符合国土空间规划，符合村庄设计的风貌要求，尽量利用小区用地、村内原有宅基地、空闲地以及其他未利用地；位于自然保护区、传统古村落或历史文化名镇名村等区域的，应当符合有关法律法规和保护规划的规定。

（二）拆建原则。符合建房条件、异地新建且有旧房的，在农村村民建房用地批准前应当自行拆除旧房，将原宅基地退还给本村村民委员会或本集体经济组织，依法注销原不动产权证（土地使用权证、房屋产权证）。若拒不拆除旧房、退还宅基地的，停止办理建房审批手续。因房屋结构、文物保护或已列入历史文化村落保护、传统古村落保护区范围等原因不能拆除的，应依法处置到位。在坚持农村宅基地“一户一宅”原则的前提下，允许村民将原合法的住宅调剂过户给本村符合建房条件的其他村民或本村集体组织。

（三）禁止事项。有下列情形之一的，新增宅基地不予批准：

1.宅基地选址不符合相关规划、不符合节约集约利用土地的规定或位于永久基本农田保护区范围内的。

2.在地质灾害易发区内和利用山体切坡进行建房，未达到治理安全要求的。

3.位于公路建筑控制区或者河道、湖泊管理范围的。

4.单独建设附房的。

（四）简化审批。建立遂昌县农村村民建房一件事审批管理系统，集建房审批、服务、管理于一体，数据互通共享，将系统纳入基层治理“四个平台”。建立农村村民建房审批村级网格化服务管理体系，推行农村村民建房一件事代办服务，指导村民依法实施农村住宅建设活动；乡镇（街道）建立联审联批制度，优化网上审批流程，为农村村民建房提供便捷高效的审批服务。

1.宅基地审批流程：

（1）向村民委员会提出书面申请或网上申请；

（2）村民委员会将申请宅基地的户主名单、宅基地位置、用地范围、建筑面积、建筑高度、是否符合“一户一宅”规定等情况提交村民小组、村民委员会讨论审核；

（3）经村民小组、村民委员会讨论通过后予以公示，公示无异议的，村民委员会将申请使用宅基地的有关材料报送乡（镇）人民政府、街道办事处或网上提交至乡（镇）人民政府、街道办事处；

（4）乡（镇）人民政府、街道办事处组织相关部门现场踏勘，核定建设用地位置、允许建设范围、建筑高度、建筑占地面积等规划要求，符合条件的予以审批，并核发乡村建设规划许可证（或建设工程规划许可证）；不符合要求的，应依法作出不予许可的书面决定，并说明理由。乡（镇）人民政府、街道办事处将上述材料报送县农业农村局备案。

2.农村村民申请建房用地审批，应当提交下列申请材料：

（1）农村住房建设申请表；

（2）标明位置和用地范围的宅基地用地平面图和农村住宅设计图纸（总平面图和建筑图）；

（3）村民与建筑施工企业或者农村建筑工匠签订施工合同。

（4）村民原有宅基地的，要提交原不动产权证（土地使用权证、房屋产权证）、建房用地批准文件或地源证明。使用新增建设用地或林地的，要取得农村住房建设用地指标方可申请建房。

（五）证书时效。未取得宅基地用地批准文件和乡村建设规划许可证（或建设工程规划许可证）的，不得开工建设。村民建房申请批准后 1 年内有效，逾期自动作废，乡村建设规划许可证（或建设工程规划许可证）上须注明有效期，因特殊原因逾期的，经当地乡（镇）人民政府、街道办事处批准延期 1 年，延期次数不得超过 2 次。

（六）现场放线。村民取得宅基地用地批准文件和乡村建设规划许可证（或建设工程规划许可证）后，由乡（镇）人民政府、街道办事处免费提供放线服务。乡（镇）人民政府、街道办事处应当自收到建房村民放线服务申请之日起七个工作日内，按照宅基地用地批准文件和乡村建设规划许可证（或建设工程规划许可证）确定的宅基地位置和范围进行放线。

（七）全程监管。农村住宅在施工期间，村民应当在建设现场设置公示牌，将宅基地用地批准文件和乡村建设规划许可证（或建设工程规划许可证）载明的宅基地位置、用地范围、建筑面积、建筑高度等内容予以公布，接受社会监督。乡（镇）人民政府、街道办事处应当做到基槽验收到场、施工过程到场；对实施监督检查，进入农村住房施工现场进行检查，个人和单位对乡（镇）人民政府、街道办事处进行的监督检查应当支持与配合，不得拒绝或者阻碍。

（八）安全施工。农村住宅建设地下室的，村民应当委托具有房屋建筑施工资质的建筑施工企业进行施工；农村住房建设不设地下室的，也可以委托具有相应技能的农村建筑工匠进行施工。村民与建筑施工企业或者农村建筑工匠应当签订施工合同，明确双方的权利、义务和责任，约定民工缴纳意外事故保险、农村住宅保修期限和保修责任。建筑施工企业或农村建筑工匠对农村住房的施工质量和安全负责，应当按照施工图、施工技术标准和操作规程施工，采取安全施工措施，及时发现和消除安全隐患，不得偷工减料。建筑施工企业或者农村建筑工匠不得承接未取得宅基地用地批准文件和规划许可证的建房工程。

（九）竣工验收。乡（镇）人民政府、街道办事处应当加强对农村住房施工现场的监督巡查。建房村民应当将确定的基槽验收、竣工验收时间告知或者经由村民委员会告知乡（镇）人民政府、街道办事处。乡（镇）人民政府、街道办事处届时应当派员到场监督并形成记录。农村村民建设住宅竣工后，乡（镇）人民政府、街道办事处组织相关部门进行验收，实地检查农户是否按照批准面积、四至、建筑高度等要求使用宅基地，是否按照批准面积和规划要求建设住房等情况，并出具《农村宅基地和建房（规划许可）验收意见表》。农村住房竣工验收合格的，依法向不动产登记机构申请办理不动产登记。农村住房竣工验收需提交建房用地呈报表和乡村建设规划许可证（或建设工程规划许可证）复印件和竣工测绘报告成果。

（十）档案管理。乡（镇）人民政府、街道办事处负责将农村住房建设管理收集的资料整理归档，参照城市建设档案管理规定和标准，加强农村住房建设档案管理并建立电子档案。

七、监督管理和法律责任

（一）监督管理

乡（镇）人民政府、街道办事处：依法组织开展乡村用地建房动态巡查，及时发现和处置涉及宅基地使用和建房的各类违法违规行为，具体实施对未按乡村建设规划许可证审批内容的违法行为进行查处。

县农业农村局：负责农村建设用地违建处置。

县自然资源和规划局：负责耕地、林地的违建处置。对城（镇）规划区内未按建设工程规划许可证内容进行建设的违法行为进行认定，并将认定结果函告县综合行政执法局查处。

县综合行政执法局：根据县自然资源和规划局认定的违法行为按程序查处并将处理结果反馈县自然资源和规划局。协助县水利局查处占用水利设施范围的违法建房行为。

（二）法律责任。县级职能部门、乡（镇）街道和村工作人员，在建房申请审查、审核和审批过程中玩忽职守、滥用职权、徇私舞弊的，按照干部管理权限依法依规给予行政处分；构成犯罪的，移送司法机关依法追究刑事责任。

本办法自 2021 年 6 月 25 日起施行。遂昌县人民政府印发的《遂昌县农村住房建设管理办法（试行）》（遂政发〔2019〕33 号）同时废止。

遂昌县高层次人才分类目录

（2021 年修订版）

一、国内外顶尖人才（A 类）

1.诺贝尔奖、图灵奖、菲尔兹奖、普利兹克奖等国际性重要奖项获得者。

2.国家最高科学技术奖获得者。

3.全国创新争先奖奖章获得者。

4.中国科学院院士、中国工程院院士、发达国家及前苏联国家院士。

5.中国社会科学院学部委员、荣誉学部委员。

6.国家级育才计划杰出人才。

7.省“鲲鹏行动”计划入选者。

8.近 5 年来，担任过世界 500 强企业主要经营管理人才（总公司董事长、总经理）。

9.经县委人才办认定，相当于上述层次的顶尖人才。

二、国家级领军人才（B 类）

1.国家级引才计划入选者；国家级育才计划中除杰出人才之外的入选者；中科院“百人计划”人才；

“长江学者奖励计划”人才；国家杰出青年科学基金获得者；何梁何利科技奖获得者。

2.中国政府“友谊奖”获得者、省级育才计划杰出人才；省特级专家；国家有突出贡献的中青年专家、“百千万人才”工程国家级人选、省“151”人才工程重点资助人员；全国文化名家暨宣传文化系统“四个一批”人才；中国青年女科学家奖获得者、中国青年科技奖获得者、全国创新争先奖获得者；享受国务院政府特殊津贴的专家。

3.国医大师，国家级名中医，国家级医学会专业委员会主任、副主任；国家级教学名师；中国工艺美术大师；中华技能大奖获得者、浙江大工匠。

4.国家自然科学奖、国家技术发明奖、国家科学技术进步奖一等奖获得者（前3位完成人）；浙江科技大奖获得者。

5.近5年来，担任过中国500强企业主要经营管理人才（指总公司董事长、总经理）、中国民营企业500强企业主要经营管理人才（指总公司董事长、总经理）；世界500强企业任高管的经营管理人才（指总部的副总经理、大洲级区域总裁、首席财务管理人员、首席产品管理人员、首席技术人员等）；管理资产超过300亿元的金融投资、资产管理、互联网金融机构总部主要负责人。

6.经县委人才办认定，相当于上述层次的领军人才。

三、省级领军人才（C类）

1.省级引才计划入选者；省级育才计划中除杰出人才之外的入选者；省领军型创新创业团队负责人；省“151”人才工程第一层次培养人选；省政府“西湖友谊奖”获得者、省“海外工程师”、省“钱江学者”特聘教授；省青年科技奖获得者；省有突出贡献的中青年专家；“百千万人才”工程第二层次人选；梁思成奖获得者。

2.省自然科学基金杰出青年基金获得者；国家自然科学奖、技术发明奖、科学技术进步奖二等奖获得者（前3位完成人），省自然科学奖、技术发明奖、科学技术进步奖一等奖获得者（前3位完成人）。

3.世界技能大赛金牌（一等奖）获得者、全国工程勘察设计大师、全国技术能手、国家技能大师工作室领办人；省级杰出工匠、钱江技能大奖、省级首席技师；省级工艺美术大师、国家级非物质文化遗产传承人。

4. 中央宣传部“宣传思想文化青年英才”入选者、省级宣传文化系统“五个一批”人才、省“宣传思想文化青年英才”入选者；教育部“新世纪优秀人才支持计划”入选者、省功勋教师（省杰出教师）、省特级教师、全国优秀教师、省高校教学名师、全国模范教师、全国优秀班主任；全国教书育人楷模；国家卫健委有突出贡献的中青年专家、省医学会专业委员会主任、省卫生领军人才、省级名中医；全国专业社会工作领军人才；省级以上会计领军（高端）人才；国家杰出青年农业专家；世界知名大学（全球排名前100）正式教职的教授。

5.近5年来，担任过管理资产超过200亿元的金融投资、资产管理、互联网金融机构总部主要负责人。

6.市“绿谷英才”特殊支持计划特级专家；市“绿谷精英·创新引领行动计划”重大项目类。

7.经县委人才办认定，相当于上述层次的领军人才。

四、市级领军人才（D类）

1.具有正高级专业技术职务任职资格，且近5年主持省级以上研究课题或成果获省级以上奖励的专业技术人才（参照省里修改）；省“151”人才工程第二层次人员；省有突出贡献青年科技人才；省卫生创新人才、省医坛新秀；获得A类外国人来华工作许可证的外国人才（不含市场评价人才）。

2.省级技术能手、浙江工匠；省级大师工作室领办人；省级非物质文化遗产传承人；市拔尖技能人才。

3.市“绿谷英才”特殊支持计划领军人才；市领军型创新创业团队负责人；市“绿谷精英·创新引领行动计划”A、B类人才；世界知名大学（全球排名前100）正式教职的副教授。

4.近五年来，担任过管理资产超过100亿元的金融投资、资产管理、互联网金融机构总部主要负责人。

5.经县委人才办认定，相当于上述层次的领军人才。

五、市级高级人才（E类）

1. 省基层名中医；浙江青年工匠；浙江省青年文艺“新荷”“新松”“新峰”“新光”计划培养人选；市级首席技师；市级工艺美术大师；市级宣传文化系统“四个一批”人才；市级大师工作室领办人。

2.具有正高级专业技术职务任职资格人才。

3.具有博士学位的专业技术人才。

4.市“绿谷精英·创新引领行动计划”C类人才；市“138”人才工程第一层次人选；市“绿谷英才”特殊支持计划青年拔尖人才。

5.近五年来，担任过管理资产超过50亿元人民币的金融投资、资产管理、互联网金融机构总部主要负责人；在中国饭店集团30强（中国旅游饭店业协会公布年度排名中的母品牌为准）和全球酒店集团100强（酒店业权威杂志《HOTELS》公布年度排名中的母品牌为准）旗下的母品牌酒店担任副总经理及以上职务3年以上的人才。

6.获得B类外国人来华工作许可证的外国人才（不含外籍语言教师及市场评价人才）。

7.经县委人才办认定，相当于上述层次的高级人才。

六、县级人才（F类）

1.市“138”人才工程第二层次培养人选、县拔尖人才。

2.市“绿谷名师”“绿谷名医名护士”“绿谷农师”“绿谷社工师”“绿谷新秀”等绿谷系列人才；企业精英人才；市企业骨干人才“绿谷企业英才”；市金牌导游；市级技术能手；高级技师；市级非物质文化遗产传承人；通过等级认证具有高级资质的本土特色人才。

3.具有副高级专业技术职务任职资格人才。

4.具有全日制硕士学历和学位的专业技术人才；国内外知名大学全日制本科及以上学历的毕业生（全球排名前100的高校和专业、“双一流”高校、“985”高校、“211”高校）；遂昌县重点领域紧缺急需的专业类人才和紧缺技师（以人力社保局当年公布的紧缺急需人才目录认定）。

5.经县委人才办认定，相当于上述层次的相关人才。

七、说明

1.高层次人才分类目录实行定期修订完善。本目录从2021年3月19日起执行。

2.本目录所称的“省”，均特指“浙江省”。

中共遂昌县委及办公室文件目录一览表

表31

文号	发文日期	文件标题
遂委〔2021〕4号	1月22日	关于2020年遂昌县食品安全工作情况的报告
遂委〔2021〕5号	1月29日	关于中共遂昌县委常委会民主生活会情况的报告
遂委〔2021〕6号	2月8日	关于2020年乡村振兴战略实施情况的报告
遂委〔2021〕7号	2月20日	关于遂昌县2020年法治政府建设的报告
遂委〔2021〕35号	12月10日	关于2021年政治生态建设自评自查的报告

续表 31

文号	发文日期	文件标题
遂委发〔2021〕3 号	1 月 29 日	关于加快集聚人才推动高质量绿色发展的补充意见
遂委发〔2021〕6 号	2 月 10 日	关于制定《遂昌县国民经济和社会发展第十四个五年规划和二〇三五年远景目标》的建议
遂委发〔2021〕21 号	9 月 10 日	关于印发《遂昌加快跨越式高质量发展打造山区县共同富裕先行样板行动方案（2021—2025 年）》的通知
遂委发〔2021〕22 号	9 月 18 日	关于印发《高水平建设新时代美丽遂昌规划纲要（2021—2035 年）》的通知
遂委发〔2021〕43 号	9 月 30 日	关于印发《遂昌县开发区（园区）整合提升实施方案》的通知
遂委发〔2021〕46 号	10 月 13 日	关于印发《遂昌县贯彻落实第二轮中央生态环境保护督察报告整改方案》的通知
遂委办〔2021〕1 号	1 月 4 日	关于 2020 年度落实全面从严治党主体责任情况的报告
遂委办〔2021〕8 号	8 月 10 日	关于落实县委巡察组反馈意见整改方案的报告
遂委办发〔2021〕1 号	2 月 8 日	关于印发《遂昌县坚决制止餐饮浪费行为行动方案》的通知
遂委办发〔2021〕2 号	1 月 29 日	关于推进社区建设高质量发展三年行动计划的通知
遂委办发〔2021〕8 号	8 月 10 日	关于落实县委巡察组反馈意见整改方案的报告
遂委办发〔2021〕10 号	4 月 14 日	关于印发《遂昌县国有企业深化人事制度改革工作方案》的通知
遂委办发〔2021〕11 号	4 月 14 日	关于印发《遂昌县 2021 年“防范较大 · 杜绝重大”生产安全事故攻坚行动的实施方案》的通知
遂委办发〔2021〕13 号	5 月 10 日	关于印发《遂昌县促进服务业企业上规上限实施办法》的通知
遂委办发〔2021〕23 号		关于完善“七张问题清单”晾晒整改工作机制的通知
遂委办发〔2021〕27 号	9 月 6 日	印发《关于加强基层应急管理体系建设的实施意见》的通知
遂委办发〔2021〕29 号	9 月 7 日	关于印发《遂昌县推进生态工业和数字经济高质量绿色发展三十条》的通知
遂委办发〔2021〕31 号	9 月 8 日	关于印发《遂昌县 2021 年扩大有效投资暨重大项目“百日攻坚”大会战方案》通知
遂委办发〔2021〕33 号	10 月 13 日	关于印发《遂昌县持续深化国有企业市场化改革工作方案》的通知
遂委办发〔2021〕36 号	10 月 29 日	关于印发《关于全面推行林长制的实施意见》的通知
遂委办发〔2021〕37 号	11 月 5 日	关于印发《遂昌县文物安全大排查大整治大提升攻坚行动实施方案》的通知
遂委办发〔2021〕41 号	11 月 17 日	关于印发《遂昌县 2021 年度乡镇（街道）部门个性工作考核细则》的通知

遂昌县人民政府及办公室文件目录一览表

表 32

文　号	发文日期	文件标题
遂政〔2021〕3号	1月14日	关于2020年度粮食安全县长责任制落实情况的报告
遂政〔2021〕10号	3月9日	关于2020年度耕地保护责任目标考核完成情况的自查报告
遂政〔2021〕23号	5月14日	关于《遂昌县“云梦茶香·净心大田”集成创新示范建设项目实施方案》的报告
遂政〔2021〕50号	9月7日	关于“大搬快聚富民安居”工作的报告
遂政〔2021〕57号	9月24日	关于遂昌县项目全周期管理应用迭代升级情况的报告
遂政〔2021〕70号	12月30日	关于2021年度消防安全形势分析情况的报告
遂政发〔2021〕33号	3月31日	关于公布《遂昌县土地征收青苗和地上附着物补偿标准》的通知
遂政发〔2021〕38号	4月7日	关于印发《遂昌县国民经济和社会发展第十四个五年规划纲要》的通知
遂政发〔2021〕63号	6月30日	关于印发《遂松聚落区块一体化发展实施方案》的通知
遂政发〔2021〕88号	11月9日	关于印发《遂昌县国土绿化五年行动规划（2020—2024年）》的通知
遂政发〔2021〕95号	11月20日	关于印发《遂昌县跨越式高质量发展五年行动计划》的通知
遂政办发〔2021〕8号	3月7日	关于推进3岁以下婴幼儿照护服务发展的实施意见
遂政办发〔2021〕9号	3月7日	关于印发《遂昌县河道管理规定（试行）》的通知
遂政办发〔2021〕10号	3月10日	关于印发《遂昌县公共停车泊位设置和使用管理办法》的通知
遂政办发〔2021〕23号	5月28日	关于印发《遂昌县全域旅游“微改造、精提升”五年行动计划（2021—2025年）》的通知
遂政办发〔2021〕26号	6月15日	关于印发《遂昌县重点生态功能区污染物排放控制方案》的通知
遂政办发〔2021〕37号	9月13日	关于印发《遂昌县综合立体交通运输“十四五”及中长期发展规划》的通知
遂政办发〔2021〕39号	9月15日	关于印发《遂昌县生态工业高质量发展“十四五”规划》的通知
遂政办发〔2021〕42号	10月2日	关于印发《遂昌县加快电子商务发展若干政策意见》的通知
遂政办发〔2021〕45号	10月2日	关于印发《关于加快转型升级促进遂昌县茶产业高质量发展的扶持政策（试行）》的通知
遂政办发〔2021〕65号	12月20日	关于印发《遂昌县2021—2022年度松材线虫病防治方案》的通知

中央、省级主流媒体有关遂昌报道目录选编

表 33

刊播媒体	标 题	刊播时间	版面/栏目
央视 1 频道	探出深山致富路	1 月 1 日	点亮 2021
浙江新闻客户端	遂昌 1316 名新任村社干部防寒一线保民生	1 月 1 日	丽水
浙江新闻客户端	遂昌以“大搬快聚”绘就富民安居图	1 月 5 日	丽水
浙江新闻客户端	遂昌整治“一户多宅”推动基层治理现代化	1 月 5 日	丽水
中国蓝新闻	丽水遂昌对 5 起垃圾未分类行为进行处罚	1 月 6 日	浙江
浙江新闻客户端	遂昌法院献礼首个“人民警察节”	1 月 9 日	丽水
《中国环境报》	推进碳达峰，基层生态环境部门如何搭框架抓重点?	1 月 21 日	第一版
学习强国	推出史上最优“人才新政 22 条” 丽水遂昌一年来吸引 1530 名人才“入巢”	1 月 22 日	区县新闻
《法治日报》	遂昌县法院探索建立基层乡镇现代化治理新模式	1 月 23 日	第 4 版
《浙江教育报》	遂昌为居家隔离学生同步直播上课	1 月 25 日	第 2 版
中国新闻网	浙江遂昌黄泥岭村：“音乐+民宿”激活发展潜能	1 月 27 日	浙江
学习强国	丽水遂昌王村口：红色基因激活乡村振兴新动能	1 月 29 日	城镇记忆
学习强国	寻访浙西南第一个党支部旧址：遂昌革命纪念馆	1 月 29 日	红色记忆
《浙江日报》	一条路的幸福猜想	1 月 29 日	头版
浙江新闻客户端	遂昌“县乡一体、条抓块统”为基层赋能	2 月 5 日	丽水
央视网	守住冷链关，防疫不“掉链”	2 月 7 日	焦点访谈
浙江新闻客户端	全省唯一！遂昌“村晚”登上央视舞台	2 月 7 日	浙江新闻
浙江新闻客户端	杀年猪请“年猪宴”，遂昌人舌尖上的年味	2 月 11 日	丽水
浙江新闻客户端	遂昌三仁畲族乡“云平台”激活乡村新活力	2 月 22 日	丽水
学习强国	丽水遂昌县门阵村“华东天路”春云处处生	2 月 23 日	城镇记忆
浙江新闻客户端	种植 4 个月亩均产值 4 万元，遂昌土里种出“金”	2 月 25 日	丽水
中国新闻网	中国名茶之乡“茶香四溢”：品质不变提前上市	2 月 28 日	浙江
新蓝网	丽水遂昌县开展“十进百场”系列宣传活动	3 月 1 日	浙江民生
学习强国	听丽水遂昌“泉湖小宣”讲浙西南革命故事	3 月 1 日	微宣讲
学习强国	跟随古诗，遇见“醉美”丽水遂昌	3 月 2 日	最想去的地方
学习强国	丽水遂昌首个金属 3D 打印多功能平台投入使用	3 月 3 日	区县新闻
浙江新闻客户端	每公斤 50 元，遂昌高山村田里长出“黄金条”	3 月 4 日	丽水

续表 33

刊播媒体	标　题	刊播时间	版面/栏目
学习强国	丽水遂昌畲族乡老师用畲族山歌向建党百年献礼	3月5日	微视频
浙江卫视	遂昌网易联合创新中心揭牌启用	3月18日	今日快讯
中国新闻网	中国名茶之乡新景：数字赋能乡村“蝶变”	3月19日	浙江
小时新闻客户端	因为这份独特的高山韵味，200份遂昌茶产品上架不到1分钟就被抢购一空	3月19日	在浙里
新华网	遂昌茶VLOG：我有名有颜又“生钱”	3月20日	浙江新闻
新华网	浙江遂昌：一个人的升旗仪式	3月21日	浙江新闻
中国新闻网	丽水遂昌首届春笋节开幕：以路为媒激活乡村振兴	3月22日	浙江
《浙江日报》	来自全国新时代文明实践中心试点地遂昌的探索	3月24日	第6版
人民网	浙江遂昌县优秀村社党组织书记暨基层党建骨干培训班在省委党校举行	3月30日	浙江频道
新华网	浙江遂昌：“学史力行”开启数字化发展新征程	3月31日	浙江新闻
浙江新闻客户端	遂昌“基金活水”激荡“产业春水”	4月2日	丽水
新蓝网	遂昌“五色书记”助力乡村振兴	4月7日	浙江之声
浙江新闻客户端	遂昌“智慧环保”平台为蓝天绿水保驾护航	4月10日	丽水
《浙江日报》	遂昌石蛙有养殖保险	4月12日	第4版
浙江新闻客户端	遂昌数字赋能擦亮政务监督“火眼金睛”	4月13日	丽水
中国新闻网	浙江遂昌山乡竹娃绘制“竹编党史图”感党恩	4月16日	浙江
学习强国	丽水遂昌“一杆农业眼”为现代高效农业再助力	4月16日	区县新闻
人民网	丽水遂昌：感受生态与科技的融合之美	4月19日	浙江频道
人民网	丽水遂昌：“班春劝农”励农桑	4月19日	浙江频道
人民网	丽水遂昌探路“智慧医疗”守护百姓健康	4月26日	浙江频道
学习强国	浙江省遂昌县为新村干把好“三道关”	4月27日	乡村干部报
浙江新闻客户端	遂昌积分“红黑榜”量化管理村社干部	5月8日	丽水
浙江卫视	中国户外山地越野跑公开赛遂昌开跑	5月9日	浙江新闻联播
学习强国	丽水遂昌政务监督从“纸间”迈向“指尖”	5月11日	区县新闻
学习强国	丽水遂昌“蚂蚁探路”探出一条致富路	5月11日	中国乡愁
学习强国	丽水遂昌村社积分“红黑榜”赋能基层社会治理	5月14日	基层党建
《中国社会报》	浙江省遂昌县妙高街道前山社区推动党史学习教育有温度、接地气、入人心	5月14日	第4版
浙江卫视	九龙山猕猴——高山密林是乐园	5月16日	浙江新闻联播

续表 33

刊播媒体	标　题	刊播时间	版面/栏目
浙江新闻客户端	遂昌这场座谈欢送会意义非凡	5 月 19 日	丽水
《浙江日报》	“稻梦空间”打开发展新空间	5 月 19 日	第 8 版
学习强国	遂昌为 42 名特殊学生开通网络课堂	5 月 21 日	便民服务
浙江卫视	尹伟锋：扎根农村干实事，当好群众贴心人	5 月 23 日	时代先锋
新华社客户端	浙江遂昌为修缮保护门阵纪念碑亭发出检察建议书	5 月 24 日	浙江新闻
学习强国	遂昌有一堂开在“家门口”的家长课堂	5 月 25 日	城乡教育
浙江新闻客户端	遂昌党员服务队助农耕	5 月 26 日	丽水
中国新闻网	浙江遂昌：村党支部书记“走亲”宣讲话初心	5 月 27 日	浙江
新华网	浙江遂昌“五送服务”为民解忧办实事	5 月 27 日	浙江新闻
浙江新闻客户端	遂昌：引进“双一流”高校人才，激活发展动能	6 月 3 日	丽水
浙江新闻客户端	遂昌：移栽水稻忙	6 月 3 日	丽水
浙江卫视	包粽子擂台赛：这样的粽子你见过吗？	6 月 6 日	浙江新闻联播
中国新闻网	浙江遂昌乘“云”而上建数字生态	6 月 9 日	浙江
浙江卫视	遂昌小忠村——网红村播带火山里货	6 月 10 日	浙江新闻联播
中国经济网	全国数字生态创新发展峰会在浙江遂昌举行	6 月 11 日	国内时政
中国小康网	记住这个让数字之梦落地的年轻人，他叫“遂昌”	6 月 11 日	郡县
浙江新闻客户端	遂昌：数字化改革牵引实现“换道超车”	6 月 15 日	丽水
天目新闻客户端	圆了“动车梦”的遂昌人：希望“幸福的列车”开得更密、跑得更快	6 月 16 日	浙江新闻
《中国经济导报》	数字化助力浙江遂昌乡村振兴	6 月 16 日	第 3 版
浙江新闻客户端	浙江遂昌“一杆农业眼”助力农业数字化	6 月 16 日	浙里有数
浙江卫视	遂昌：派出所成了留守儿童的“临时学堂”	6 月 21 日	浙江新闻联播
天目新闻客户端	遂昌正呈现出跨越式的发展态势	6 月 22 日	浙江新闻
中国新闻网	探访浙江遂昌“1935”文旅街	6 月 22 日	浙江
中国小康网	遂昌红绿融合助推共同富裕实录	6 月 23 日	郡县
《浙江日报》	红色运动会走进革命老区遂昌	6 月 23 日	第 5 版
学习强国	看山区县丽水遂昌如何“玩转”数字化	6 月 24 日	区县新闻
《中国体育报》	浙江体彩红色运动会遂昌落幕	6 月 24 日	第 2 版
《钱江晚报》	遂昌古镇王村口革命火种生生不息，挺进师以此为中心创建游击根据地	6 月 25 日	第一 2 版
中国新闻网	探访浙江遂昌中国工农红军挺进师纪念馆	6 月 28 日	浙江

续表 33

刊播媒体	标　题	刊播时间	版面/栏目
《浙江日报》	遂昌：满城尽唱《牡丹亭》	7月1日	第36版
学习强国	丽水遂昌又一红色文化展陈馆开馆啦！	7月2日	区县新闻
浙江卫视	亩产530公斤，全省首批成熟早稻在遂昌收割	7月8日	正午播报
学习强国	丽水遂昌全力打造浙西南智能制造先行县	7月8日	区县新闻
《中国环境报》	遂昌强化危废监管联动	7月13日	第8版
浙江新闻客户端	遂昌全领域“火拼”党建小招实招	7月20日	丽水
人民日报客户端	丽水遂昌：数字赋能乡村电商发展	7月21日	共同富裕
人民日报客户端	从“靠天吃饭”变“靠云吃饭”	7月21日	共同富裕
中国蓝新闻	看遂昌如何筑牢生态屏障	7月22日	浙江
学习强国	丽水遂昌率先实现“儿童之家”全覆盖全开放	7月26日	便民服务
新华每日电讯	“云数据”成“新金矿”，遂昌“换道”谋超越	7月27日	第一1版
浙江新闻客户端	遂昌：严肃换届纪律 筑牢换届“防火墙”	7月28日	丽水
学习强国	遂昌县举办“红色故事”演讲比赛	8月2日	红色印记
学习强国	丽水遂昌成“大学生老师”支教锻炼地	8月4日	城乡教育
学习强国	丽水遂昌这个村有个“党员伙计”联盟	8月5日	基层党建
新华网	浙江遂昌：风炉宴为遂昌文旅推广注入新动能	8月5日	浙江新闻
学习强国	宫崎骏动画里的夏天来啦！快来丽水遂昌打卡吧	8月6日	最想去的地方
《浙江日报》	遂昌获革命老区乡村振兴专项支持公益金	8月7日	第2版
央视网	浙江遂昌：升级版乡村游“未来乡村”促共富	8月8日	走乡村看小康
央视网	浙江遂昌：“强村公司”助村强，幸福生活握手中	8月9日	走乡村看小康
浙江经视	在遂昌遇见“一元村官”张建宏	8月13日	幸福浙里
浙江经视	共同富裕浙江行：在遂昌遇见阿戴	8月19日	幸福浙里
新华网	浙江遂昌“一拆”清除违建顽疾 “三改”打造未来之城	8月20日	浙江新闻
浙江卫视	遂昌：“数字绿谷”打开山区发展新路径	8月21日	浙江新闻联播
浙江经视	音乐筑梦牡丹亭原创地的文化翅膀	8月23日	新闻深呼吸
学习强国	全国首个混合分拣线，让丽水遂昌实现快递村村通	8月23日	便民服务
学习强国	丽水遂昌九龙山科教馆成新晋“宝藏地”	8月24日	青山绿水
中国新闻网	浙江遂昌新时代挺进师建设心中有“数”	8月25日	浙江
中国新闻网	探访浙江遂昌“中国名茶之乡” 万亩茶田连片成海	8月26日	浙江
中国新闻网	探访版画家杨可扬故乡——浙江遂昌西畈乡	8月26日	浙江
中国新闻网	何解山区县“城镇化纠结”？浙江遂昌重塑人与空间	8月29日	浙江

表 33

刊播媒体	标　题	刊播时间	版面/栏目
学习强国	唐战胜：不远万里“扎根”遂昌深山的90后研究生	9月3日	青春榜样
浙江新闻客户端	遂昌邱家荒山逐梦	9月14日	丽水
学习强国	王杰德：走上全国大赛舞台的遂昌电工	9月24日	青春榜样
学习强国	丽水遂昌数字化“云转型”全面提升工作效能	9月27日	区县新闻
学习强国	“未来工厂”怎么打造？遂昌这家企业正在探路	9月28日	微视频
浙江新闻联播	“数字经济” 全球挑战赛在遂昌举行	9月29日	今日快讯
浙江新闻客户端	遂昌以换促干创新业	9月30日	丽水
浙江新闻客户端	遂昌打造数字生态产业，携手奔向共同富裕	9月30日	丽水
中国新闻网	浙江遂昌山村以水为媒奔共富	10月7日	浙江
《浙江日报》	遂昌刘坑村打造彩色风景发展乡村旅游	10月8日	第2版
学习强国	丽水遂昌1700万元“数字订单”吸引全球“最强大脑”	10月9日	区县新闻
《浙江日报》	遂昌：探索山区县跨越式发展新路径	10月11日	第一2版
学习强国	遂昌木偶戏传承人郑根成的20余载人生路	10月15日	凡人凡事
学习强国	山上种满“摇钱树”，遂昌香榧种植户乐开花	10月20日	产销信息
学习强国	丽水遂昌：4000年前的好川遗址	10月20日	文化遗产
浙江新闻客户端	遂昌“牵”起共富“千里姻缘”	10月21日	丽水
浙江新闻客户端	遂医携手浙二共筑健康梦	10月22日	丽水
浙江卫视	八代人接力：为困难群众免费行医	10月23日	浙江新闻联播
《科技日报》	浙江遂昌发布白皮书，聚焦县域数字经济	10月29日	第7版
学习强国	遂昌九龙山：红外相机拍到黑熊“拖家带口”视频	10月29日	大观
学习强国	丽水遂昌这所学校实现“我的菜谱我做主”	11月2日	城乡教育
浙江卫视	全省首届民族乡村乡歌大展演活动在遂昌启动	11月4日	浙江新闻联播
新华社客户端	浙江遂昌举办数字人才发展峰会	11月5日	浙江新闻
中国新闻网	浙江遂昌按下引智“快进键”助力“数字金矿”发掘	11月6日	浙江
新华社客户端	浙江遂昌：2021“天工之城”引智共富大会开幕	11月8日	浙江新闻
浙江新闻客户端	遂昌山区一个水电站守站人的青春与梦想	11月8日	丽水
学习强国	挖掘党史学习教育的“遂昌味”	11月9日	基层党建
《浙江日报》	于大山深处守护光明	11月11日	第8版
《浙江日报》	遂昌“绿色”突破探寻“换道超车”新路径	11月12日	第一4版
《浙江日报》	遂昌：智聚仙侠湖共富山区县	11月16日	第一6版
人民日报客户端	丽水遂昌吃风炉宴去	11月16日	浙江之声

续表33

刊播媒体	标　题	刊播时间	版面/栏目
央视2套	村里的“数字”生活	11月22日	经济半小时
浙江新闻客户端	遂昌的“小忠龙藏”冬笋吃过没?	11月26日	丽水
学习强国	丽水遂昌：王村口革命纪念建筑群	12月1日	文化遗产
浙江新闻客户端	茶座书吧、技能培训室……遂昌人才驿站来了!	12月6日	丽水
学习强国	遂昌首场“民生议事堂”议了这件事	12月8日	请你来协商
学习强国	丽水遂昌：“数字物流”打通乡村振兴“共富路”	12月10日	区县新闻
《光明日报》	这里的生物多样性缘何丰富	12月11日	第9版
浙江卫视	郭冰凌：一起做一枚有灵魂的果子	12月12日	新闻深一度
学习强国	丽水遂昌：三叶青铺就中医药产业化大道	12月14日	青山绿水
人民日报客户端	遂昌这群外卖小哥不一般! 将十九届六中全会精神“送”进千家万户	12月21日	浙江之声
人民日报客户端	清华博士为来自山区的陌生电话“转身”	12月21日	浙江之声
人民日报客户端	粟裕大将原秘书鞠开向遂昌赠送红色书籍	12月22日	浙江之声
学习强国	遂昌“微改造”点燃乡村振兴“新引擎”	12月24日	区县新闻
人民日报海外版	黑白举淤口	12月27日	第一2版
浙江新闻客户端	未来五年，遂昌如何在新的赶考路上交出优异答卷?	12月28日	六江谭

统计资料

2021 年遂昌县国民经济和社会发展统计公报

2021 年，遂昌全县上下在县委、县政府的领导下，大力推动招商引资、招才引智，集中力量发展经济，稳增长、服务企业，积极推动项目建设、市场发展，各项工作扎实推进，经济持续恢复，实体经济稳中有进，发展质量稳步提升，民生、社会事业扎实推进。

一、综合

2021 年，遂昌县实现生产总值（GDP）153.00 亿元，按可比价格计算，比 2020 年增长 12.0%。其中，第一产业增加值 13.31 亿元，比 2020 年增长 4.4%；第二产业增加值 58.79 亿元，比 2020 年增长 14.6%；第三产业增加值 80.90 亿元，比 2020 年增长 11.6%。三次产业增加值结构为 8.7∶38.4∶52.9。

二、农业和农村建设

2021 年，遂昌县农林牧渔业增加值为 13.43 亿元，按可比价格计算，比 2020 年增长 4.5%。农林牧渔业产值 19.85 亿元，比 2020 年增长 6.2%。分行业看，农业产值 13.54 亿元，比 2020 年增长 7.8%；林业产值 3.64 亿元，比 2020 年下降 2.3%；牧业产值 2.11 亿元，比 2020 年增长 11.5%；渔业产值 3214 万元，比 2020 年增长 7.8%；农林牧渔服务业产值 2349 万元，比 2020 年增长 10.6%。

全县粮食作物播种面积 10678 公顷，其中谷物播种面积 6675 公顷（稻谷 4961 公顷、玉米 1649 公顷）。全县豆类播种面积 2431 公顷，薯类种植面积 1572 公顷，蔬菜种植面积 5362 公顷。全县共有茶园 8529 公顷，全年茶叶产量 14311 吨。年末生猪存栏 4.25 万头，比 2020 年末增长 13.1%，全年生猪出栏 5.84 万头，比 2020 年增长 13.4%；年末家禽存栏 32.64 万羽，比 2020 年末下降 3.5%，全年家禽出栏 32.56 万羽，比 2020 年下降 2.5%；全年禽蛋产量 2629 吨，比 2020 年增长 12.6%。

三、工业和建筑业

2021 年，遂昌县工业增加值为 47.94 亿元，比 2020 年增长 15.0%。其中，规模以上工业增加值增长 19.3%。分三大门类看，采矿业增加值比 2020 年增长 3.8%；制造业增加值比 2020 年增长 21.8%；电力、热力、燃气及水生产和供应业增加值比 2020 年增长 6.3%。分产业看，高端装备制造业、数字经济核心产业制造业、战略性新兴产业、高新技术产业增加值分别增长 26.6%、7.1%、19.1%、28.0%。全年建筑业增加值 10.86 亿元，比 2020 年增长 12.6%。

四、固定资产投资和房地产业

2021 年，遂昌县固定资产投资比 2020 年增长 43.1%。其中，第一产业投资增长 9.5%，第二产业投资增长 61.1%，第三产业投资增长 39.2%。基础设施投资增长 30.2%。制造业投资增长 44.1%。

民间投资增长 27.2%，交通投资增长 93.2%，生态环保、城市更新和水利设施投资增长19.2%，高新技术产业投资增长52.4%。房地产开发投资增长40.7%。全县商品房销售面积18.63万平方米，比2020年下降15.1%。

五、国内贸易和对外经济

2021年，遂昌县社会消费品零售总额76.64亿元，比2020年增长21.4%，其中零售业销售额增长36.5%，批发业销售额增长38.7%，餐饮业营业额增长49.9%，住宿业营业额增长51.5%。全县进出口总额15.64亿元，比2020年下降8.8%；其中，出口总额14.44亿元，比2020年下降8.9%。

六、交通运输、邮电和旅游

2021年，遂昌县交通运输、仓储和邮政业增加值4.38亿元，比2020年增长11.2%。完成邮电业务总量2.05亿元，电信业务收入1.72亿元。年末，全县有固定电话用户1.43万户，移动电话用户22.00万户。

全年公路货物周转量9.27亿吨千米；旅客周转量5338万人千米。铁路客运量21.75万人次，货运量21.85万吨。

全县有农家乐村（点）86个、经营户（点）654户。其中，省级农家乐特色村（点）25个、市级农家乐特色村（点）26个，“丽水山居”农家乐综合体8个、精品民宿示范项目17个，省级农家乐特色乡镇2个，市级农家乐特色乡镇1个，五星级农家乐户（点）5家，四星级经营户（点）14家。全县有农家乐民宿床位8000余个，餐位37000余个，从业人员8000余人。2021年，遂昌县农家乐民宿接待游客590.6万人，综合收入7.62亿元，其中直接营业收入4.35亿元。

七、财政、金融

2021年，遂昌县财政总收入为21.84亿元，比2020年增长17.5%；一般公共预算收入13.04亿元，比2020年增长14.1%。一般公共预算税收收入11.29亿元，比2020年增长21.7%。全年财政支出48.72亿元，比2020年增长14.2%。

年末，全县金融机构本外币存款余额301.59亿元，比年初增加57.59亿元，其中人民币存款300.83亿元，增长23.5%。全县金融机构本外币贷款余额238.98亿元，比年初增加53.17亿元，其中人民币贷款余额238.98亿元，比年初增长28.6%。

八、教育和科学技术

2021年，全县高考一段上线人数592人，其中上特殊段线206人，本科以上录取519人，其中北大录取1人、C9高校录取18人、省重点建设高校以上录取202人，总录取率、普通高考录取率、单考单招录取率均超过全省、全市平均水平；初中段七八年级总分平均分、优秀率、关注率六项指标全部居全市第一。

2021年，全县有效注册商标3760件，地理标志证明商标2件，地理标志保护产品1件，拥有发明专利127件，万人发明拥有量6.53件。

九、文化、体育和卫生

县图书馆全年到馆读者18.74万人次，总流通29.55万人次，借还书5.41万人次、16.20万册。数字资源访问量61.55万次，电子图书下载10.29万册次，网站访问量4.07万人次。

全县共有各级各类医疗卫生机构156家。其中医院6家，乡镇卫生院（社区卫生服务中心）21家；诊所、卫生所、医务室、村卫生室等129家，执业及执业助理医生669人，床位数941张，卫生技术人员1411人。

十、人口、人民生活和社会保障

2021年末，全县户籍人口227724人，其中城镇人口89238人，占全县总人口39.19%。共有男性117414人、女性110310人，分别占总人口的51.6%和48.4%。2021年，全县出生人口1233人，出生率5.41‰，死亡人口1700人，死亡率7.47‰。人口自然增长率为－2.06‰。

年末，全县有在册低保4045户5854人，低保边缘1521户2803人。年内新纳入低保197户317人，退出低保193户346人，新纳入低保边缘59户138人，退出低保边缘100户231人。全年发放低保金2110.09万元，实施临时救助54人、18万元，其中救急难29人、9.85万元。

2021年，遂昌县“大搬快聚”专题线上招聘累计发布351家企业、1659个岗位、5749人。发放灵活就业社保补贴292人次、139.76万元。

年末，全县参加企业基本养老保险人数6.79万人，比2020年末增加3219人；参加失业保险人数2.75万人，比2020年末增加2928人；参加工伤保险人数5.84万人，比2020年末增加9081人。正常缴费企业职工基本养老保险退休人员每月人均养老金2781.64元；城乡居民养老保险基础养老金最低标准为225元。

十一、资源、环境和社会安全

2021年，全县森林覆盖率83.59%，PM2.5均值下降至18微克/立方米。水质、空气质量位居全省前列。国家地表水考核断面、跨行政区交接断面、集中式饮用水水源地水质100%达标。创建省级美丽河湖5条，第3次夺得“五水共治”大禹鼎，创建国家生态文明建设示范县。

全年共发生各类上报事故4起，死亡4人，与2020年相比，事故起数减少4起，死亡人数减少2人，事故指标占全年指标的100%。其中生产经营性道路交通事故3起、死亡3人，工矿商贸企业事故1起，死亡1人。全年较大及以上事故继续保持“零纪录”。实现2012年11月以来连续110个月未发生较大事故，水上运输多年以来“零死亡”，未发生有重大负面影响的事故。

2020—2021年遂昌县生产总值和增速一览表

表34　　单位：万元、%

项目内容	2020年		2021年	
	总量	增速	总量	增速
地区生产总值	1307047	3.4	1529991	12.0
农林牧渔业	124053	2.6	134312	4.5
工业	395520	3.4	479355	15.0
建筑业	89484	−3.4	108605	12.6
批发和零售业	142856	1.0	176269	19.7
交通运输、仓储和邮政业	38590	9.7	43774	11.2
住宿餐饮业	52924	−3.2	70303	29.4
金融业	80740	15.9	98983	17.6
房地产业	97119	−2.7	101345	3.9
营利性服务业	80946	5.8	101798	9.3
非营利性服务业	204816	5.2	215248	3.8
第一产业	122928	2.5	133095	4.4
第二产业	484938	2.6	587898	14.6
第三产业	699181	4.1	808998	11.6

2017—2021年遂昌县社会经济主要指标一览表

表35

项目	单位	2017年	2018年	2019年	2020年	2021年
一、年末总人口	人	231819	230912	230121	229139	227724
其中：非农业人口	人	73916	85061	84874	88222	89238
常住人口	万人	19.19	19.19	19.27	19.44	19.51
城市化率（常住口径）	%	50.24	52.15	54.20	55.03	56.06
年出生人口	人	2561	2074	1779	1511	1233
年死亡人口	人	1869	1785	1745	1744	1700
年末总户数	户	87343	86730	85761	84852	84786
人口自然增长率	‰	2.99	1.24	0.15	−1.02	−2.04
二、全社会就业人数	万人	12.61	12.58	12.83	13.03	13.16
其中：第一产业	万人	–	–	–	1.65	1.63
第二产业	万人	–	–	–	4.62	4.66
第三产业	万人	–	–	–	6.76	6.87
三、生产总值（当年价格）	万元	1038049	1147558	1259416	1307047	1529991
第一产业	万元	111743	111996	119355	122928	133095
第二产业	万元	398231	450132	477044	484938	587898
其中：工业	万元	325172	361759	385515	395520	479355
第三产业	万元	528075	585430	663017	699181	808998
人均生产总值（按常住人口）	元	54277	59800	65492	67548	78663
人均生产总值增长	%	7.9	9.3	7.6	2.8	11.8
四、工农业总产值（当年价）	万元	1582027	2017108	2044229	–	–
工业总产值	万元	1407314	1842307	1856773	–	–
农业总产值	万元	174713	174801	187456	191921	199694
五、农业						
造林面积	亩	3932	1141	971	11415	10169
粮食	吨	46548	48968	53163	54503	63499
其中：谷物	吨	35048	37904	40130	41778	47623
油料	吨	1090	1136	1198	1282	1363
其中：油菜籽	吨	797	846	878	962	1024
茶叶	吨	10963	11793	12266	12732	14311
蔬菜	万吨	9.26	9.37	9.37	9.91	10.14
水果	吨	9817	9932	9499	9746	10258
其中：柑橘	吨	650	543	508	526	550
水产品	吨	1730	2326	2491	2090	2240
畜禽肉	吨	6243	5830	5767	4714	6327

续表 35

项目	单位	2017 年	2018 年	2019 年	2020 年	2021 年
猪年末存栏数	万头	3.78	3.72	3.70	3.76	4.25
六、全部工业总产值	万元	1407314	1842307	1856773	–	–
规模以上工业总产值	万元	1096940	1516420	1691518	1739256	2591023
其中：轻工业	万元	78488	83098	101985	107440	148668
重工业	万元	1018452	1433321	1589532	1631816	2442355
规模以下工业总产值	万元	310374	325887	165255		
发电量	万度	21827	14608	27590	21505	26087
人造板	立方米	43052	–	–	–	–
机制纸纸板	吨	29012	26254	26725	29112	35424
成品钢材	吨	234255	392214	1661231	1682680	2020001
规模以上工业企业家数	家	60	66	82	83	106
规模以上工业企业平均人数	人	10753	10826	11356	11705	13580
全社会用电量	万度	85877	102386	102554	107483	124704
其中：工业用电量	万度	61213	72555	72795	76841	89454
七、邮电业务收入	万元	15701	15911	16981	17930	20472
其中：邮政	万元	2534	2431	2877	3162	3301
八、全社会固定资产投资额	万元					
限额以上固定资产投资总计	万元	694727	–	–	–	–
1. 房地产开发完成	万元	130898	–	–	–	–
其中：土地购置费	万元	22613	–	–	–	–
2. 投资项目完成	万元	563829	–	–	–	–
其中：基础设施投资	万元	316605	–	–	–	–
工业投资	万元	190239	–	–	–	–
九、内外贸易、节能降耗						
社会消费品零售额	万元	515200	568315	621014	631523	719554
进口额	万美元	5182	5598	1604	13084	11980
自营出口额	万美元	7847	9991	16091	159340	144439
实际利用外资	万美元	1095	1010	0	0	0
单位 GDP 能耗	吨标煤/万元	0.60	0.62	0.58	0.58	0.54
单位 GDP 能耗降低率	%	4.8	−1.9	8.0	0.0	2.0
单位 GDP 电耗	千瓦时/万元	824	899	862	872	851
单位 GDP 电耗降低率	%	3.7	−8.6	7.0	−1.4	−3.6
单位工业增加值能耗	吨标准煤/万元	0.97	1.29	0.84	0.94	0.83
单位工业增加值能耗降低率	%	8.7	−2.5	14.5	−0.2	6.8
十、财政总收入	万元	133890	172496	190216	185850	218444
其中：地方财政收入	万元	83707	100968	109590	114325	130420
财政支出	万元	355812	411486	502916	426611	487156

续表35

项目	单位	2017年	2018年	2019年	2020年	2021年
十一、规模以上单位就业人数	人	24157	21447	21846	19388	19416
其中：在岗职工（含劳务派遣）	人	23929	21278	20400	18495	18416
其他就业人员	人	228	169	405	449	465
规模以上单位就业平均人数	人	21420	19183	20127	18165	19253
其中：在岗职工（含劳务派遣）	人	21195	19030	18822	17357	18269
其他就业人员	人	225	153	312	417	437
规模以上单位人员工资总额	万元	98136	107617	122303	124115	146674
其中：在岗职工工资总额（含劳务派遣）	万元	97220	106839	116069	119739	140062
其他就业人员工资总额	万元	915	778	1724	2035	2430
规模以上单位人员平均工资	元	45815	56100	60766	68326	76183
其中：在岗职工平均工资（含劳务派遣）	元	45869	56142	61667	68986	76666
十二、年末金融机构存款余额	万元	1465894	1642510	1934659	2440007	3015882
其中：居民储蓄存款年末余额	万元	838256	936731	1088189	1293816	1524215
年末金融机构贷款余额	万元	1084556	1252888	1443217	1858119	2389787
十三、全民人均可支配收入	元	27425	30078	33062	35067	39413
农村常住居民人均可支配收入	元	17100	18811	20749	22264	25091
城镇常住居民人均可支配收入	元	40355	44108	48254	50425	55720
十四、各类专业技术人员	万人	0.8195	0.7698	0.8087	0.0325	0.035
其中：中级技术职称以上	万人	0.3092	–	0.2601	0.007	0.007
十五、在校学生数	人	22046	21688	21350	21055	20746
其中：普通中学	人	8826	8967	8893	8874	8751
职业中学	人	2393	2254	2248	2305	2343
小学	人	10827	10462	10209	9876	9652
初中升高中段比例	%	98.15	98.23	98.38	99.15	98.64
十六、卫生机构数	个	137	139	144	145	156
其中：医院、卫生院	个	23	25	26	25	25
床位数	张	764	801	880	908	941
其中：医院、卫生院	张	764	801	816	886	909
卫生技术人员	人	1242	1204	1407	1450	1573
其中：医生	人	519	585	622	639	669
医院、卫生院诊疗次数	万人次	116.63	118.29	124.99	140.96	169.55
婴儿死亡率	‰	1.32	3.33	4.49	2.39	0.95
十七、旅游						
旅游总人数	万人次	1761.32	1802.55	1880.20	1383.50	359.9
旅游总收入	亿元	114.86	135.08	156.82	127.31	41.0
国内旅游人数	万人次	1759.77	1802.48	1880.10	1383.50	359.9
国内旅游收入	亿元	114.20	135.07	156.81	127.31	41.0

2021年全国、浙江省、丽水市、遂昌县经济主要统计指标一览表

表36

指 标	单 位	全国		浙江省		丽水市		遂昌县	
		本年	比上年±%	本年	比上年±%	本年	比上年±%	本年	比上年±%
年末常住人口	万人	141260	0.0	6540	1.1	251.40	0.2	19.51	0.4
地区生产总值	亿元	1143670	8.1	73516	8.5	1710.03	8.3	153.00	12.0
其中：第一产业	亿元	83086	7.1	2209	2.2	107.84	2.1	13.31	4.4
第二产业	亿元	450904	8.2	31189	10.2	637.27	9.2	58.79	14.6
其中：工业	亿元	372575	9.6	27015	11.4	510.65	12.6	47.9	15.0
第三产业	亿元	609680	8.2	40118	7.6	964.92	8.4	80.90	11.6
三次产业结构		7.3：39.4：53.3		3.0：42.4：54.6		6.3：37.3：56.4		8.7：38.4：52.9	
农林牧渔业增加值	亿元	–	–	–	–	109.12	2.2	13.43	4.5
规模以上工业增加值	亿元	–	9.6	–	12.9	–	15.0	–	19.3
固定资产投资	亿元	–	4.9	–	10.8	–	15.1	–	43.1
民间投资	亿元	–	7.0	–	8.9	–	16.0	–	27.2
交通投资	亿元	–	–	–	2.4	–	8.8	–	93.2
生态环保和公共设施投资	亿元	–	–	–	12.0	–	0.8	–	19.2
高新技术产业	亿元	–	–	–	20.5	–	7.4	–	52.4
社会消费品零售总额	亿元	440823	12.5	29211	9.7	772.87	13.1	71.96	21.4
进出口总额	亿元	391009	21.4	41429	22.4	329.28	−4.1	15.64	−8.8
其中：出口额	亿元	217348	21.2	30121	19.7	287.37	−4.3	14.44	−8.9
财政总收入	亿元	202539	10.7	14517	16.9	270.91	12.8	21.84	17.5
其中：地方财政收入	亿元	–	–	8263	14.0	163.97	14.0	13.04	14.1
财政支出	亿元	246322	0.3	11017	9.3	545.69	3.5	48.72	14.2
金融系统人民币存款余额	亿元	232.3万	9.3	–	12.0	3888.37	11.9	300.83	23.5
金融系统人民币贷款余额	亿元	192.69万	11.6	–	15.4	3277.70	18.6	238.98	28.6
旅游总收入	亿元	–	–	–	–	288.4	18.2	41.0	45.1
全社会用电量	亿千瓦时	83128	10.3	5514	14.2	135.48	14.7	12.47	16.0
其中：工业用电量	亿千瓦时	55090	9.1	3768	14.2	85.44	15.5	8.95	16.4
城镇常住居民人均可支配收入	元	47412	8.2	68487	9.2	53259	9.7	55720	10.5
农村常住居民人均可支配收入	元	18931	10.5	35247	10.4	26386	11.6	25091	12.7